판례
회사법

[이상복]

박영사

머리말

이 책은 상법 중 주식회사 편에 관한 법조문과 해당 주요 판례를 다루었다. 이 책은 저자가 2006년 대학에서 교편을 잡은 이후의 회사법 강의안과 판례 중심의 회사소송실무 강의안을 기초로 만들어졌다. 이 책은 다음과 같이 구성되어 있다. 제1장 회사의 개념, 제2장 주식회사의 설립, 제3장 주식과 주주, 제4장 주식회사의 기관, 제5장 회사의 재무질서, 제6장 기본적 변경, 제7장 회사의 조직재편을 다루었다.

법조문과 판례는 법규범의 핵심이다. 법조문의 의미를 파악하기 위해서는 판례를 이해해야 한다. 법조문으로부터 관련 법리가 도출되고, 관련 법리가 사안에 적용되기 때문이다. 이 책은 법조문을 중심으로 이론을 정리하고 그에 관한 판례를 배치하여 조문이 실생활에서 어떻게 살아 움직이고 있는가를 정리하였다. 법조문을 생동감 있게 하는 것이 법원의 판례임을 고려하여 대법원 판례뿐만 아니라 주요 하급심 판례도 반영하였다.

이 책을 출간하면서 감사드릴 분들이 많다. 바쁜 일정 중에도 초고를 읽고 조언과 논평을 해준 김태영 변호사에게 감사드린다. 박영사의 김선민 이사가 제작 일정을 잡아 적시에 출간이 되도록 해주어 감사드린다. 출판계의 어려움에도 출판을 맡아 준 박영사 안종만 회장님과 안상준 대표님께 감사의 말씀을 드리며, 기획과 마케팅에 애쓰는 최동인 대리의 노고에 감사드린다.

2023년 8월

이 상 복

차 례

제1장 회사의 개념

제2장 주식회사의 설립

제3장 주식과 주주

제4장　주식회사의 기관

제5장 회사의 재무질서

제6장　기본적 변경

제7장 회사의 조직재편

제 1 장

회사의 개념

상법("법")에서 회사란 상행위나 그 밖의 영리를 목적으로 하여 설립한 법인을 말한다(법169). 따라서 회사는 영리를 목적으로 하고, 법인의 성격을 가지며, 사단으로의 성격을 갖는다. 즉 회사는 영리를 목적으로 하는 사단법인이다. 상법이 입법정책상 1인 회사를 인정하고 있지만 회사의 본질은 사단이다.

제1절   영리성

Ⅰ. 전통적 의미

회사는 상행위 그밖의 영리를 목적으로 하는 법인이다. 회사가 영리를 목적으로 하기 위해서는 영리사업을 한다는 것과 영리사업으로 얻은 이익을 사원에게 분배하는 것을 목적으로 하여야 한다.

II. 현대적 수정: 기업의 사회적 책임

상법상 회사는 영리성을 갖고 있지만 일정한 한계가 있다. 즉 기업의 사회적 책임(CSR)에 따른 한계이다. 기업은 일정한 경우 영리를 추구하지 않고 비영리적 목적으로 출연하거나 사회공헌활동을 한다는 것이다.

** 관련 판례

① 대법원 2005. 6. 10. 선고 2005도946 판결

주식회사가 그 재산을 대가 없이 타에 기부, 증여하는 것은 주주에 대한 배당의 감소를 가져 오게 되어 결과적으로 주주에게 어느 정도의 손해를 가하는 것이 되지만 그것이 배임행위가 되려면 그 회사의 설립목적, 기부금의 성격, 그 기부금이 사회에 끼치는 이익, 그로 인한 주주의 불이익 등을 합목적적으로 판단하여, 그 기부행위가 실질적으로 주주권을 침해한 것이라고 인정되는 정도에 이를 것을 요한다(대법원 1985. 7. 23. 선고 85도480 판결).

② 대법원 2005. 5. 26. 선고 2003도5519 판결

[1] 관련 법리

회사의 대표이사가 보관 중인 회사 재산을 처분하여 그 대금을 정치자금으로 기부한 경우 그것이 회사의 이익을 도모할 목적으로 합리적인 범위 내에서 이루어졌다면 그 이사에게 횡령죄에 있어서 요구되는 불법영득의 의사가 있다고 할 수 없을 것이나, 그것이 회사의 이익을 도모할 목적보다는 후보자 개인의 이익을 도모할 목적이나 기타 다른 목적으로 행하여졌다면 그 이사는 회사에 대하여 횡령죄의 죄책을 면하지 못한다고 할 것이다(대법원 1999. 6. 25. 선고 99도1141 판결 참조).

[2] 판단

원심은 그 채택 증거에 의하여 판시와 같은 사실을 인정한 다음, 피고인들의 이 사건 정치자금의 기부행위는 다분히 개인적인 이해관계나 감정에 기초한 것으로서 합리적인 절차 및 범위 내에서의 지출이라고 평가할 수 없으며, 공소외 주식회사의 재정 궁핍상태, 경영실적 등을 고려할 때 사회통념상 의례적인 지출

이라고도 할 수 없으므로, 결국 이 사건 부외자금의 정치자금 교부행위는 회사 목적보다는 개인 목적을 위한 것이라고 봄이 상당하다고 판단하여 피고인들에게 불법영득의 의사를 인정하였는바, 원심판결 이유를 기록에 비추어 살펴보면, 원심의 위와 같은 사실인정과 판단은 정당하고, 거기에 상고이유에서 주장하는 바와 같은 채증법칙을 위반하여 사실을 잘못 인정하였거나 불법영득의 의사에 관한 법리를 오해하는 등의 위법이 있다고 할 수 없다.

③ 대법원 2019. 5. 16. 선고 2016다260455 판결

[이사회에서 주주 중 1인에 대한 기부행위 결의와 선관의무 위반 판단기준]

[1] 주식회사 이사들이 이사회에서 회사의 주주 중 1인에 대한 기부행위를 결의하면서 기부금의 성격, 기부행위가 회사의 설립 목적과 공익에 미치는 영향, 회사 재정상황에 비추어 본 기부금 액수의 상당성, 회사와 기부상대방의 관계 등에 관해 합리적인 정보를 바탕으로 충분한 검토를 거치지 않았다면, 이사들이 결의에 찬성한 행위는 이사의 선량한 관리자로서의 주의의무에 위배되는 행위에 해당한다.

[2] 카지노사업자인 갑 주식회사의 이사회에서 주주 중 1인인 을 지방자치단체에 대한 기부행위를 결의하였는데, 갑 회사가 이사회 결의에 찬성한 이사인 병 등을 상대로 상법 제399조에 따른 손해배상을 구한 사안에서, 위 이사회 결의는 폐광지역의 경제 진흥을 통한 지역 간 균형발전 및 주민의 생활향상이라는 공익에 기여하기 위한 목적으로 이루어졌고, 기부액이 갑 회사 재무상태에 비추어 과다하다고 보기 어렵다고 하더라도, 기부행위가 폐광지역 전체의 공익 증진에 기여하는 정도와 갑 회사에 주는 이익이 그다지 크지 않고, 기부의 대상 및 사용처에 비추어 공익 달성에 상당한 방법으로 이루어졌다고 보기 어려울 뿐만 아니라 병 등이 이사회에서 결의를 할 당시 위와 같은 점들에 대해 충분히 검토하였다고 보기도 어려우므로, 병 등이 위 결의에 찬성한 것은 이사의 선량한 관리자로서의 주의의무에 위배되는 행위에 해당한다.

제2절 사단성

I. 전통적 의미

사단이란 일정한 목적을 위하여 조직된 다수인의 결합체로서 대외적으로 사단을 대표할 기관에 관한 정함이 있는 단체를 말한다.[1] 2001년 상법 개정으로 1인회사를 인정하면서 회사의 사단성이 수정되었으나, 여전히 회사는 사단성을 갖는다.

II. 현대적 수정: 1인 회사

회사는 단체이므로 원칙적으로 다수의 구성원을 전제로 한다. 그러나 예외적으로 회사 설립시부터 또는 설립 후에 구성원의 숫자가 1인으로 축소될 수 있다. 이는 회사의 사단성에 배치되는 것이 아닌가의 문제가 있다. 다수의 주주를 전제로 하는 규정을 1인 회사에 적용하는 경우 수정이 필요하다. 특히 주식회사에서 주주가 1인인 경우 주주총회의 소집과 운영에 관한 것이다.

1. 주주총회의 운영

대법원 판례의 동향을 소개한다.

** 관련 판례

① 대법원 2004. 12. 10. 선고 2004다25123 판결

[주주총회 개최사실이 없음에도 주주총회의사록이 작성된 경우 결의 존재의 인정 여부(적극) / 주주총회의사록이 작성되지 않은 경우 증거에 의해 결의가 있었던 것으로 볼 수 있는지 여부(적극)]

주식회사에 있어서 회사가 설립된 이후 총 주식을 한 사람이 소유하게 된

---

[1] 대법원 1997. 12. 9. 선고 97다18547 판결.

이른바 1인회사의 경우에는 그 주주가 유일한 주주로서 주주총회에 출석하면 전원 총회로서 성립하고 그 주주의 의사대로 결의가 될 것임이 명백하므로 따로 총회소집절차가 필요 없고, 실제로 총회를 개최한 사실이 없었다 하더라도 그 1인 주주에 의하여 의결이 있었던 것으로 주주총회의사록이 작성되었다면 특별한 사정이 없는 한 그 내용의 결의가 있었던 것으로 볼 수 있고(대법원 1976. 4. 13. 선고 74다1755 판결, 대법원 1993. 6. 11. 선고 93다8702 판결 등 참조), 이는 실질적으로 1인회사인 주식회사의 주주총회의 경우도 마찬가지이며(대법원 1992. 6. 23. 선고 91다19500 판결 등 참조), 그 주주총회의사록이 작성되지 아니한 경우라도 증거에 의하여 주주총회 결의가 있었던 것으로 볼 수 있다. 사정이 원심의 인정과 같다면, 피고 회사 내에서 상근 임원에서 비상근 임원으로 변경되는 임원에 대하여는 위 퇴직금규정에 따른 퇴직금을 지급하는 관행 등에 의하여 원고와 피고 회사와 사이에 위 퇴직금규정에 따른 임원퇴직금의 지급약정이 묵시적으로 이루어졌다고 볼 것이고, 피고 회사는 위 이재연의 사실상 1인회사로 인정되고 실질적 1인 주주인 이재연이 위 퇴직금규정에 따른 퇴직금의 지급을 각 결재·승인함으로써 위 퇴직금규정을 묵시적으로 승인하여 그에 대한 주주총회의 결의가 있었던 것으로 볼 수 있어 원고는 피고 회사에 대하여 위 퇴직금규정에 따른 임원퇴직금 청구권을 행사할 수 있다.

② 대법원 2020. 6. 4. 선고 2016다241515, 2016다241522 판결
[주주총회 소집절차에 하자가 있거나 주주총회의사록이 작성되지 않았더라도 1인주주의 의사가 주주총회의 결의내용과 일치한다면 증거에 의하여 결의가 있었던 것으로 볼 수 있는지 여부(적극)]
주식회사의 총 주식을 한 사람이 소유하는 이른바 1인회사의 경우에는 그 주주가 유일한 주주로서 주주총회에 출석하면 전원 총회로서 성립하고 그 주주의 의사대로 결의가 될 것임이 명백하다. 이러한 이유로 주주총회 소집절차에 하자가 있거나 주주 총회의사록이 작성되지 않았더라도, 1인 주주의 의사가 주주총회의 결의내용과 일치한다면 증거에 의하여 그러한 내용의 결의가 있었던 것으로 볼 수 있다(대법원 1976. 4. 13. 선고 74다1755 판결 등 참조). 그러나 이는 주주가 1인인 1인회사에 한하여 가능한 법리이다. 1인회사가 아닌 주식회사에서는 특별한 사정이 없는 한, 주주총회의 의결정족수를 충족하는 주식을 가진 주주들이 동의하거나 승인하였다는 사정만으로 주주총회에서 그러한 내용의 결의가 이루어질 것이 명백하다거나 또는 그러한 내용의 주주총회 결의가 있었던 것과 마찬가지라고 볼 수는 없다.

③ 대법원 1966. 9. 20. 선고 66다1187, 1188 판결

[주주의 동의와 위법한 주주총회 소집절차의 효력]

주주총회의 소집절차에 관한 법의 규정은 각주주의 이익을 보호하려는데 그 목적이 있는 것이므로, 1964. 1. 18.자 임시주주총회가 소집권한 없는 자의 소집에 의하여 소집되었고, 또 그 임시주주총회를 소집키로 한 이사회의 정족수와 결의절차에 흠결이 있어 주주총회 소집절차가 위법한 것이라 하더라도, 피고 회사가 1인 주주로 그 주주가 참석하여 총회개최에 동의하고, 아무 이의없이 결의한 것이라면, 이 결의 자체를 위법한 것이라고 볼 아무런 이유가 없다.

2. 1인회사의 업무상 횡령·배임

1인 주식회사의 경우 1인 주주에게 업무상 횡령·배임을 인정한 판례가 있다.

** 관련 판례

① 대법원 1983. 12. 13. 선고 83도2330 전원합의체 판결

[1인 주주가 회사에 대한 배임죄의 주체가 될 수 있느냐 여부(적극)]

주식회사의 주식이 사실상 1인 주주에 귀속하는 소위 1인 회사에 있어서도 행위의 주체와 그 본인은 분명히 별개의 인격이며 그 본인인 주식회사에 재산상 손해가 발생하였을 때 배임의 죄는 기수가 되는 것이므로 궁극적으로 그 손해가 주주의 손해가 된다고 하더라도(또 주식회사의 손해가 항시 주주의 손해와 일치한다고 할 수도 없다) 이미 성립한 죄에는 아무 소장이 없다.

② 대법원 2010. 4. 29. 선고 2007도6553 판결

[1인 회사의 주주가 회사 자금을 임의로 처분한 경우 횡령죄를 구성하는지 여부(적극)]

주식회사의 주식이 사실상 1인 주주에 귀속하는 1인 회사에 있어서도 회사와 주주는 분명히 별개의 인격이어서 1인 회사의 재산이 곧바로 그 1인 주주의 소유라고 볼 수 없으므로, 사실상 1인 주주라고 하더라도 회사의 자금을 임의로 처분한 행위는 횡령죄를 구성한다(대법원 1989. 5. 23. 선고 89도570 판결, 대법원 1995. 3. 14. 선고 95도59 판결 등 참조).

제3절 법인성

Ⅰ. 법인성의 의미

상법은 모든 회사에 법인격을 부여하고 있다. 법인은 자연인과 같이 권리의
무의 주체가 될 수 있다. 회사에 법인격을 부여하느냐의 문제는 입법정책의 문제
이다.

Ⅱ. 현대적 수정: 법인격 부인론

1. 의의

법인이 사원으로부터 독립된 법인격을 구비하지 못하는 경우에 사원과 법인
간의 법적 분리의 원칙을 관철하는 것이 정의와 형평의 이념에 반하는 경우에는
특정 사안에 한하여, 법인격을 부인하고 배후의 실체를 파악하여 법인과 사원을
동일시하여 법인의 책임을 사원에게 묻는 법이론을 말한다. 법인격부인론은 주
로 주식회사에서 주주가 유한책임제도를 악용함으로써 발생하는 폐단을 해결하
기 위하여 발전된 이론이다.

** 관련 판례: 대법원 2013. 2. 15. 선고 2011다103984 판결

[법인격 형해화 또는 법인격 남용의 인정 요건]

어떤 회사가 외형상으로는 법인의 형식을 갖추고 있으나 실제로는 법인의
형태를 빌리고 있는 것에 지나지 아니하고 그 실질에 있어서는 완전히 그 법인격
의 배후에 있는 다른 회사의 도구에 불과하거나, 배후에 있는 회사에 대한 법률
적용을 회피하기 위한 수단으로 함부로 쓰이는 경우에는, 비록 외견상으로는 그
해당 회사의 행위라 할지라도 그 회사와 배후에 있는 회사가 별개의 인격체임을
내세워 해당 회사에게만 그로 인한 법적 효과가 귀속됨을 주장하면서 배후에 있
는 회사의 책임을 부정하는 것은 신의성실의 원칙에 위반되는 법인격의 남용으

로서 심히 정의와 형평에 반하여 허용될 수 없고, 따라서 해당 회사는 물론, 그 배후에 있는 회사에 대하여도 해당 회사의 행위에 관한 책임을 물을 수 있다고 보아야 한다. 그러나 그 해당 회사가 그 법인격의 배후에 있는 회사를 위한 도구에 불과하다고 보려면, 원칙적으로 문제가 되고 있는 법률행위나 사실행위를 한 시점을 기준으로 하여 두 회사 사이에 재산과 업무가 구분이 어려울 정도로 혼용되었는지 여부, 주주총회나 이사회를 개최하지 않는 등 법률이나 정관에 규정된 의사결정절차를 밟지 않았는지 여부, 해당 회사 자본의 부실정도, 영업의 규모 및 직원의 수 등에 비추어 볼 때 그 해당 회사는 이름뿐이고 실질적으로는 배후에 있는 회사를 위한 영업체에 지나지 않을 정도로 형해화되어야 한다. 또한 위와 같이 법인격이 형해화될 정도에 이르지 않더라도 그 배후에 있는 회사가 해당 회사의 법인격을 남용한 경우 그 해당 회사는 물론 배후에 있는 회사에 대하여도 해당 회사의 행위에 대한 책임을 물을 수 있으나, 이 경우 채무면탈 등의 남용행위를 한 시점을 기준으로 하여, 배후에 있는 회사가 해당 회사를 자기 마음대로 이용할 수 있는 지배적 지위에 있고, 그와 같은 지위를 이용하여 법인제도를 남용하는 행위를 할 것이 요구되며, 그와 같이 배후에 있는 회사가 법인제도를 남용하였는지 여부는 앞서 본 법인격 형해화의 정도 및 거래 상대방의 인식이나 신뢰 등 제반 사정을 종합적으로 고려하여 개별적으로 판단하여야 한다(대법원 2008. 9. 11. 선고 2007다90982 판결, 대법원 2010. 1. 28. 선고 2009다73400 판결 등 참조).

2. 적용요건

(1) 법인격의 형해화

법인격이 형해화되는 경우의 판례를 소개한다.

** 관련 판례: 대법원 2023. 2. 2. 선고 2022다276703 판결

[회사의 법인격을 부인하여 그 배후에 있는 개인에게 책임을 물을 수 있는 경우 / 회사에 대하여 회사 설립 전 개인이 부담한 채무의 이행을 청구할 수 있는 경우 / 회사에 대하여 개인이 부담한 채무의 이행을 청구하는 법리가 채무면탈을 목적으로 회사가 새로 설립된 경우뿐 아니라 기존 회사의 법인격이 이용되는 경우에도 적용되는지 여부(적극) 및 이 경우 법인격 형해화 또는 법인격 남용을 판단하는 기준시점]

[1] 사실관계

원심판결 이유와 기록에 의하면, 다음과 같은 사실을 알 수 있다.

(가) 피고는 2003. 4. 11. 부동산 중개업, 임대업 등을 목적으로 하여 설립된 법인으로 설립 당시 소외 2가 피고의 대표이사로 취임하였다. 당시 피고의 주식은 소외 2, 소외 3이 각 10%, 소외 1의 형 소외 4가 80%를 보유하고 있었는데, 그중 소외 3의 주식 10%는 2004. 1. 31. 증여를 원인으로 소외 1의 처 소외 5에게 명의가 이전되었다.

(나) 피고는 대구 수성구 (주소 1 생략) 토지 및 그 지상 건물(이하 '이 사건 각 부동산'이라 한다)에 관한 임의경매절차에서 2004. 2. 20. 매각대금을 납부하여 그 소유권을 취득하였다.

(다) 원고는 소외 1에게 2006. 7. 7. 2,000만 원, 2006. 11. 9. 1억 원 합계 1억 2,000만 원을 대여하였는데, 원고는 그 대여금 채권을 담보하기 위하여 2006. 11. 9. 소외 1의 아들 소외 6의 소유로서 이 사건 각 부동산에 인접한 대구 수성구 (주소 2 생략) 토지 및 그 지상 건물(이하 '이 사건 인근 각 부동산'이라 한다)에 관하여 원고의 처 소외 7을 가등기권자로 하는 소유권이전청구권가등기를 마쳤다.

(라) 원고의 처 소외 7은 2008. 10. 8. 이 사건 인근 각 부동산에 관한 강제경매절차에서 담보가등기권자로 52,390,097원을 배당받았다.

(마) 원고는 이후 대구지방법원 2008차14829호로 소외 1에 대하여 지급명령을 신청하여 2008. 12. 16. '소외 1은 원고에게 1억 640만 원 및 지연손해금을 지급하라.'는 지급명령이 발령되고 2009. 1. 7. 그 지급명령이 확정되었다(이하 지급명령에 기한 채무를 '이 사건 대여금 채무'라 한다).

(바) 피고는 2009. 12. 4. 상법 제520조의2 제1항에 의하여 해산간주등기가 마쳐졌다가 2011. 6. 28. 회사계속등기가 마쳐졌는데, 회사계속과 함께 소외 1이 피고의 대표이사, 소외 1의 처 소외 5가 피고의 사내이사로 각 취임하였다. 피고는 2017. 12. 12. 다시 상법 제520조의2 제1항에 의하여 해산간주등기가 마쳐졌고, 이와 동시에 소외 1이 피고의 대표청산인으로 취임하였다.

[2] 원심의 판단

원심은 다음과 같은 사정에 비추어 보면, 기존 채무자인 소외 1의 채무를 면탈할 의도로 피고의 법인격이 남용되었다고 보아야 하므로, 피고가 소외 1과 별개의 법인격임을 내세워 소외 1의 원고에 대한 이 사건 대여금 채무에 관한 책임을 부정하는 것은 신의성실의 원칙에 반하는 법인격의 남용으로서 심히 정의와 형평에 반하여 허용될 수 없다고 판단하였다.

(가) 피고의 발기인, 주주 및 대표이사는 모두 소외 1과 관련된 사람들로서 소외 1에 의하여 형식적으로 그 명의만 등재된 사람들이고, 소외 1이 실질적으로 피고의 모든 의사결정을 단독으로 하는 등 개인의 의사대로 피고를 운영하였으므로, 피고는 법인격이 형해화되어 독립된 법인으로서의 존재의의를 잃었다.

(나) 소외 1은 피고의 유일한 재산인 이 사건 각 부동산에서 오랜 기간 동안 거주하고 있고, 영리행위를 목적으로 하는 피고의 유일한 재산을 개인적으로 사용·수익하였으며, 피고의 청산 과정에서도 이와 같은 상황이 유지되고 있는 등 피고가 법인으로서의 독립적인 영리행위를 사실상 포기한 것으로 볼 수 있다. 또한 소외 1이 이 사건 각 부동산에 관한 재산세를 납부하고 있으므로, 소외 1의 개인 재산과 피고의 재산이 혼용되었다고 볼 수 있다.

(다) 피고가 해산간주 과정을 두 차례나 거쳤고 현재 청산 과정에 있으므로 피고의 법인격이 이미 형해화되어 있고, 파산·면책절차를 진행하고 있어 상당한 무자력 상태에 있는 소외 1이 피고를 사실상 지배하면서 이 사건 각 부동산을 임의로 사용·수익하고 있는데도, 피고가 법인격이 분리된 별개의 존재라고 주장하는 것은 신의성실의 원칙에 반하는 권리남용으로서 회사제도를 남용하여 채무를 면탈하기 위한 목적에 따른 것으로 보아야 한다.

[3] 대법원의 판단

(가) 관련 법리

가) 주식회사는 주주와 독립된 별개의 권리주체이므로 그 독립된 법인격이 부인되지 않는 것이 원칙이다. 그러나 개인이 회사를 설립하지 않고 영업을 하다가 그와 영업목적이나 물적 설비, 인적 구성원 등이 동일한 회사를 설립하는 경우에 그 회사가 외형상으로는 법인의 형식을 갖추고 있으나 법인의 형태를 빌리고 있는 것에 지나지 않고, 실질적으로는 완전히 그 법인격의 배후에 있는 개인의 개인기업에 불과하거나, 회사가 개인에 대한 법적 책임을 회피하기 위한 수단으로 함부로 이용되고 있는 예외적인 경우까지 회사와 개인이 별개의 인격체임을 이유로 개인의 책임을 부정하는 것은 신의성실의 원칙에 반하므로, 이러한 경우에는 회사의 법인격을 부인하여 그 배후에 있는 개인에게 책임을 물을 수 있다(대법원 2001. 1. 19. 선고 97다21604 판결, 대법원 2008. 9. 11. 선고 2007다90982 판결 등 참조).

나) 나아가 그 개인과 회사의 주주들이 경제적 이해관계를 같이 하는 등 개인이 새로 설립한 회사를 실질적으로 운영하면서 자기 마음대로 이용할 수 있는 지배적 지위에 있다고 인정되는 경우로서, 회사 설립과 관련된 개인의 자산 변동 내역, 특히 개인의 자산이 설립된 회사에 이전되었다면 그에 대하여 정당한 대가

가 지급되었는지 여부, 개인의 자산이 회사에 유용되었는지 여부와 그 정도 및 제3자에 대한 회사의 채무 부담 여부와 그 부담 경위 등을 종합적으로 살펴보아 회사와 개인이 별개의 인격체임을 내세워 회사 설립 전 개인의 채무 부담행위에 대한 회사의 책임을 부인하는 것이 심히 정의와 형평에 반한다고 인정되는 때에는 회사에 대하여 회사 설립 전에 개인이 부담한 채무의 이행을 청구하는 것도 가능하다고 보아야 한다(대법원 2021. 4. 15. 선고 2019다293449 판결 참조).

다) 위와 같이 개인의 채무 부담행위에 대한 회사의 책임을 부인하는 것이 심히 정의와 형평에 반한다고 인정되어 회사에 대하여 개인이 부담한 채무의 이행을 청구하는 법리는 채무면탈을 목적으로 회사가 새로 설립된 경우뿐 아니라 같은 목적으로 기존 회사의 법인격이 이용되는 경우에도 적용되는데, 여기에는 회사가 이름뿐이고 실질적으로는 개인기업에 지나지 않은 상태로 될 정도로 형해화된 경우와 회사의 법인격이 형해화될 정도에 이르지 않더라도 개인이 회사의 법인격을 남용하는 경우가 있을 수 있다. 이때 회사의 법인격이 형해화되었다고 볼 수 있는지 여부는 원칙적으로 문제가 되고 있는 법률행위나 사실행위를 한 시점을 기준으로, 회사의 법인격이 형해화될 정도에 이르지 않더라도 개인이 회사의 법인격을 남용하였는지 여부는 채무면탈 등의 남용행위를 한 시점을 기준으로 각 판단하여야 한다(대법원 2008. 9. 11. 선고 2007다90982 판결, 대법원 2010. 1. 28. 선고 2009다73400 판결 등 참조).

(나) 판단

앞서 본 사실관계 및 기록에 의하여 인정되는 여러 사정을 위 법리에 비추어 살펴보면, 원심의 판단과 같이 소외 1이 피고를 실질적으로 지배하면서 이 사건 각 부동산을 사용·수익하고 있다고 하더라도 소외 1이 원고에 대한 이 사건 대여금 채무 또는 이에 기한 강제집행을 면탈할 의도로 법인격이 형해화된 피고를 이용하였다거나 피고의 법인격을 남용하였다고 볼 수 없다. 그 이유는 다음과 같다.

가) 소외 1이 피고를 단독으로 지배하고 있다고 하더라도 그것만으로 1인회사를 넘어 피고의 법인격 자체가 무시될 정도로 형해화되었다고 단정할 수 없다. 소외 1이 피고의 재산인 이 사건 각 부동산을 정당한 대가를 지급하지 않고, 사용·수익하였다는 사정도 피고의 법인격이 형해화되었다고 인정하기에는 부족한 사정에 해당한다.

나) 피고는 대구지방법원 99타경85756, 92501(병합) 부동산임의경매절차에 참여하여 2003. 4. 15. 입찰보증금을 납부하였고, 대구 수성구 (주소 3 생략) 및 (주소 4 생략) 토지에 관한 공매절차에 참여하여 2004. 9. 9. 매각결정을 통지받았

으며, 2005. 1. 13. 대구 중구 (주소 5 생략) 아파트(동호수 생략)를 최고가매수인으로 매수하였다. 이는 부동산중개업, 임대업 등을 목적으로 하는 법인인 피고가 목적에 부합하게 활동을 하였다는 사정으로 볼 수 있다.

다) 상법 제520조의2에 의하면, 법원행정처장이 최후의 등기 후 5년을 경과한 회사에 대하여 본점의 소재지를 관할하는 법원에 아직 영업을 폐지하지 않았다는 뜻의 신고를 할 것을 관보로써 공고하고 일정한 기간 내에 신고가 없으면 그 회사는 신고기간이 만료된 때에 해산한 것으로 보고(제1항), 해산간주된 회사는 그로부터 3년 이내에 회사를 계속할 수 있으나(제3항), 회사계속 없이 3년이 경과하면 청산이 종결된 것으로 본다(제4항). 그러나 휴면회사의 해산간주 제도는 거래 안전 보호와 주식회사 제도에 대한 신뢰를 회복하기 위한 것으로서 해산간주등기만으로 곧바로 법인격이 형해화되었다고 단정할 수는 없다.

라) 소외 1은 피고가 이 사건 각 부동산에 관한 소유권을 취득한 2004. 2. 20.로부터 2년이 훨씬 지난 2006. 7. 7. 및 2006. 11. 9.에서야 원고로부터 금전을 차용하였으므로, 소외 1이 원고에 대한 채무를 면탈하거나 후에 있을 강제집행을 면탈하기 위하여 피고가 이 사건 각 부동산에 관한 소유권을 취득하는 방법으로 피고의 법인격을 남용하였다고 볼 수 없고, 양자 사이에 관련성이 있다고 볼 수도 없다.

마) 부동산경매절차에서 경매목적 부동산의 소유권은 매수대금의 부담 여부와는 관계없이 그 명의인이 소유권을 취득하게 되므로(대법원 2009. 9. 10. 선고 2006다73102 판결, 대법원 2014. 5. 29. 선고 2013다16039 판결 등 참조), 이 사건 각 부동산이 소외 1의 소유라고 볼 수 없다. 더 나아가 기록상 소외 1이 이 사건 각 부동산에 관한 매각대금을 자신의 자금으로 출연하였다는 사정도 보이지 않는다.

바) 소외 1은 원고로부터 금전을 차용할 당시 이 사건 대여금 채무를 담보하기 위하여 아들 소외 6 소유의 이 사건 인근 각 부동산에 관하여 원고의 처 소외 7을 가등기권자로 하는 소유권이전청구권가등기를 마쳐주었고, 실제로 원고의 처 소외 7은 2008. 10. 8. 이 사건 인근 각 부동산에 관한 강제경매절차에서 담보가등기권자로 52,390,097원을 배당받았다. 이러한 점에 비추어 보면, 소외 1이 원고로부터 금전을 차용할 당시 이 사건 대여금 채무 및 이에 기한 강제집행을 면탈할 의도를 가지고 있었다고 단정하기도 어렵다.

(다) 그런데도 원심은 판시와 같은 사정만으로 기존 채무자인 소외 1의 채무를 면탈할 의도로 피고의 법인격이 남용되었다고 보아 원고의 주위적 청구를 인용하였다. 이러한 원심판결에는 필요한 심리를 다하지 않은 채 논리와 경험의 법칙을 위반하여 자유심증주의의 한계를 벗어나거나 법인격 부인과 그 역적용에

관한 법리를 오해하여 판결에 영향을 미친 잘못이 있다. 이를 지적하는 상고이유 주장은 이유 있다.

(2) 법인격의 남용

법인격이 남용되는 경우의 판례를 소개한다.

** 관련 판례

① 대법원 2021. 3. 25. 선고 2020다275942 판결

[甲 주식회사의 채권자인 乙이, 丙 주식회사는 甲 회사의 채무를 면탈하기 위하여 설립된 회사이므로 법인격이 부인되어야 한다고 주장하며, 丙 회사를 상대로 채무의 이행을 구한 사안]

[1] 원심의 판단

(가) 원심은, 기존회사가 채무를 면탈할 의도로 기업의 형태·내용이 실질적으로 동일한 신설회사를 설립한 경우 기존회사의 채무면탈이라는 위법한 목적을 달성하기 위하여 회사제도를 남용한 것이어서 기존회사의 채권자가 신설회사에 채무이행을 청구할 수 있음을 전제로 그 판단기준에 관한 대법원 2016. 4. 28. 선고 2015다13690 판결의 법리를 원용한 다음, 기존회사인 주식회사 甲(이하 '甲'이라고만 한다)과 신설회사인 피고회사 사이에 탄화코르크를 이용하여 벽면녹화 사업을 하는 사업목적의 동일성이 인정되는 점, 신설 당시 甲의 본점소재지가 피고회사의 본점소재지인 '파주시 소재 건물 1층'의 일부분으로 되어 있는 점, 피고회사의 설립 당시 발기인으로 甲의 대표 乙과 그 친형이 포함되어 피고회사 발행주식 중 절반 이상을 인수하였고, 乙의 동생은 감사로 재직하였으며, 乙을 포함한 甲의 임직원 전부가 일정기간 피고회사의 피용자로 근무하는 등 인적 구성이 동일·유사한 점, 포르투갈에서 개최된 컨퍼런스에서 피고회사를 대표하여 乙이 탄화코르크보드를 이용한 벽면녹화에 대하여 발표를 한 바 있고, 피고회사가 甲이 진행한 벽면녹화 사업을 자신의 시공실적으로 홍보하였으며, 특히 甲이 주된 거래처를 피고회사에게 이전한 사정도 알 수 있는 등 사업의 연결성이 뚜렷한 점 등을 고려하여, 甲이 기업의 형태·내용이 실질적으로 동일한 피고회사를 설립한 경우에 해당한다고 판단하였다.

(나) 나아가 원심은 피고회사가 2016. 2.경 설립된 후, 甲은 2016. 5.경 대출금 연체로 채무초과에 빠지게 되었고, 2016. 11.경 폐업하게 된 점, 甲이 이미 피

고회사 설립 준비 당시 채무현황이 회복 불가능할 정도로 악화된 것으로 보이고, 폐업 당시 약 8억 4,500만 원이 넘는 채무를 부담하고 있었으며, 위 채무는 상당부분 중소기업진흥공단이나 금융기관으로부터 받았던 기업지원자금 채무로 보이는 점 등에 비추어 알 수 있는 폐업 당시 경영상태나 자산상황과 피고회사의 설립시점, 특히 벽면녹화 사업에 있어 중요한 무형자산인 영업노하우와 영업기술, 이를 이용한 거래선 등이 아무런 대가 없이 그대로 피고회사에게 이전된 것으로 보이는 사정이 어느 정도 드러나 있는 점 등을 종합하여 채무면탈 의도를 인정할 수 있고, 원고의 甲에 대한 채권 중 일부가 피고회사의 설립 이후에 발생하였더라도 설립 당시 이에 대한 채무면탈의 의도 역시 인정되므로 그러한 일부 채권에 대해서도 동일한 법리가 적용된다고 전제하여, 채무면탈이라는 위법한 목적을 달성하기 위하여 회사제도를 남용한 이상 피고회사가 甲의 채권자인 원고에 대해 甲과 별개의 법인격을 가지고 있음을 주장하는 것은 신의성실의 원칙상 허용될 수 없다고 보았다.

[2] 대법원 판단

앞서 본 법리와 기록에 비추어 살펴보면, 원심의 위와 같은 판단은 정당한 것으로 수긍할 수 있고, 거기에 상고이유 주장과 같이 회사제도 남용에 관한 법리를 오해하거나 이유모순, 심리미진, 채증법칙 위반 등으로 판결에 영향을 미친 잘못이 없다.

② 대법원 2010. 2. 25. 선고 2007다85980 판결

[특수목적회사(SPC)의 법인격을 부인하기 위한 요건]

[1] 관련법리

특수목적회사(SPC)는 일시적인 목적을 달성하기 위하여 최소한의 자본출자 요건만을 갖추어 인적·물적 자본 없이 설립되는 것이 일반적이다. 따라서 특수목적회사가 그 설립목적을 달성하기 위하여 설립지의 법령이 요구하는 범위 내에서 최소한의 출자재산을 가지고 있다거나 특수목적회사를 설립한 회사의 직원이 특수목적회사의 임직원을 겸임하여 특수목적회사를 운영하거나 지배하고 있다는 사정만으로는 특수목적회사의 독자적인 법인격을 인정하는 것이 신의성실의 원칙에 위배되는 법인격의 남용으로서 심히 정의와 형평에 반한다고 할 수 없으며, 법인격 남용을 인정하려면 적어도 특수목적회사의 법인격이 배후자에 대한 법률적용을 회피하기 위한 수단으로 함부로 이용되거나, 채무면탈, 계약상 채무의 회피, 탈법행위 등 위법한 목적달성을 위하여 회사제도를 남용하는 등의 주관적 의도 또는 목적이 인정되는 경우라야 한다(대법원 2006. 8. 25. 선고 2004다

26119 판결 참조).

[2] 판단

원심은 동아건설산업 주식회사(이하 '동아건설'이라 한다)가 피고의 공사자금 조달을 위하여 미쉘을 설립하였고, 미쉘의 자본금이 0.01달러, 발행주식이 1주이며, 그 주식을 동아건설이 소유하고 있었고, 미쉘의 이사 3인 중 2인이 동아건설의 국제금융팀 직원인 사실을 인정하면서도, 미쉘은 위와 같은 자본구성이나 인적구성에도 불구하고 피고로부터 이 사건 회원권을 매수하면서 도이치은행을 통하여 자금을 조달하여 그 대금을 지급하였고, 미쉘이 회원권 대금을 지급하기 위하여 발행한 채권대금 회수의 실효성을 확보하고자 동아건설과 이 사건 옵션계약을 체결하였으며, 동아건설 및 피고와는 독립된 이해관계를 가지고 있기 때문에 미쉘의 의사결정을 독립적인 대리인인 도이치은행이 담당하였고, 미쉘은 그 선택에 의하여 이 사건 회원권을 그대로 보유하거나 또는 동아건설에 대하여 이 사건 회원권을 매입가격에 구입하거나 제3자가 구입하도록 주선해 줄 것을 요구할 수 있는 권리를 보유하고 있는 등의 사정을 들어 미쉘이 독자적인 법인격을 보유하고 있다고 보아 미쉘의 법인격 부인을 전제로 하는 피고의 주장을 배척하였는바, 원심의 이러한 판단은 위와 같은 법리에 따른 것으로 수긍할 수 있고 상고이유에서 주장하는 법인격 부인 등에 대한 법리오해의 위법이 없다.

제4절 회사의 권리능력

회사는 법인이므로 권리의무의 주체가 될 수 있는 능력인 권리능력을 갖는다. 그러나 다음과 같은 제한이 있다. ⅰ) 성질에 의한 제한으로 회사는 자연인이 아니므로 자연인임을 전제로 하는 생명권, 상속권 등의 권리는 가질 수 없다. ⅱ) 법률에 의한 제한으로 회사는 법률에 의하여 법인격을 부여받은 것이므로 개별적인 권리능력은 법령에 의해 제한받을 수 있다. 상법에서 회사는 다른 회사의 무한책임사원이 되지 못한다고 규정 하고 있다(법173). 따라서 회사가 다른 회사의 유한책임사원이나 주주로 되는 것은 상관이 없다. 청산회사의 권리능력은 청산의 목적범위 내로 한정되며(법245, 법269, 법542조①, 법613①), 파산회사도 파산의 목적범위 내에서 존속한다(채무자회생법328). ⅲ) 목적에 의한 제한으로 판례는 제한긍정설을 유지하고 있으나 목적의 범위를 탄력성 있게 해석하여 정관에 기재된 사업목적에 한하지 않고, 목적사업의 수행에 필요한 행위도 포함하는 것으로 풀이하고 있고(대법원 1987. 9. 8. 선고 86다카1349 판결 등), 목적의 달성에 필요한 행위인가 아닌가는 정관 소정의 목적 자체로부터 객관적으로 필요한가 아닌가를 기준으로 하여 결정할 것이라고 한다(위 86다카1349).

** 관련 판례: 대법원 2005. 5. 27. 선고 2005다480 판결
[권리능력을 제한하는 정관상의 목적범위 내의 행위의 의미와 판단 방법]
[1] 관련 법리

회사의 권리능력은 회사의 설립근거가 된 법률과 회사의 정관상의 목적에 의하여 제한되나 그 목적범위 내의 행위라 함은 정관에 명시된 목적 자체에 국한되는 것이 아니라 그 목적을 수행하는 데 있어 직접, 간접으로 필요한 행위는 모두 포함되고 목적수행에 필요한지의 여부는 행위자의 주관적, 구체적 의사가 아닌 행위 자체의 객관적 성질에 따라 판단하여야 할 것인데(대법원 1988. 1. 19. 선고 86다카1384 판결, 대법원 1991. 11. 22. 선고 91다8821 판결 등 참조), 그 판단에 있어서는 거래행위를 업으로 하는 영리법인으로서 회사의 속성과 신속성 및 정형성을 요체로 하는 거래의 안전을 충분히 고려하여야 할 것인바, 회사가 거래관계 또는 자본관계에 있는 주채무자를 위하여 보증하는 등의 행위는 그것이 상법상의 대표권 남용에 해당하여 무효로 될 수 있음은 별론으로 하더라도 그 행위의 객관적 성질에 비추어 특별한 사정이 없는 한 회사의 목적범위 내의 행위라고 봄이 상당하다 할 것이다.

[2] 판단

원심판결 이유에 의하면 원심은, 원고 회사의 지배주주이자 대표이사이던 이용승 및 그 가족이 전 대표이사이던 망 이갑용의 사망으로 인한 원고 회사의 주식 등 상속재산에 부과된 상속세납부의무의 연부연납허가를 받기 위하여 피고와 납세보증보험계약을 체결함에 있어서 원고 회사가 위 이용승 등을 위하여 피고에 대한 연대보증채무를 부담한 행위(이하 '이 사건 연대보증행위'라고 한다)는 원고 회사의 정관상의 목적범위를 벗어난 권리능력 범위 밖의 행위로서 무효라고 보아야 한다는 이유로 무효인 위 연대보증계약에 기하여 피고에게 지급한 합계 1,311,875,806원 및 그 지연손해금 상당의 부당이득의 반환을 구하는 원고 회사의 주장에 대하여, 그 판시 인정 사실과 같은 이 사건 연대보증행위 당시 원고 회사의 경영난과 위 상속재산 중 원고 회사의 주식을 제외한 나머지 상당 부분을

차지하는 부동산이 원고 회사의 금융기관 대출을 위하여 담보로 제공되어 있던 점 및 원고 회사로서는 위 상속세의 일시 납부를 위하여 위 부동산의 담보를 즉시 해제하여 주기 어려운 형편이었던 점 등의 사정에 비추어 이 사건 연대보증행위는 그 실질 및 객관적 성질상 원고 회사를 위한 측면과 아울러 회사와 거래관계 혹은 자본관계에 있는 주채무자를 위하여 보증하는 경우와 유사하게 회사의 목적 수행에 간접적으로 필요한 행위로서 원고 회사의 목적범위 내의 것으로 봄이 상당하다는 이유로 위 주장을 배척하였는바, 위와 같은 원심의 사실인정과 판단은 앞서 본 법리 및 기록에 비추어 정당한 것으로 수긍되고, 거기에 상고이유에서 주장하는 것처럼 채증법칙 위배 혹은 심리미진으로 인한 사실오인이나 주식회사의 권리능력에 관한 법리오해 등의 위법이 있다고 할 수 없다.

제 2 장

주식회사의 설립

제1절 발기인

Ⅰ. 의의

발기인은 주식회사 설립의 주체로서 정관을 작성하고 기명날인 또는 서명한 자를 말한다(법289①).

Ⅱ. 발기인조합

회사의 설립절차에 착수하기 전에 설립기획자인 발기인 사이에 회사의 설립을 목적으로 하는 계약을 체결하는바, 이를 발기인조합이라고 한다. 그 법적 성질은 민법상 조합이다.

　　발기인은 발기인조합계약의 이행으로 정관작성 기타 설립절차를 수행하며, 설립 중의 회사가 성립하면 발기인조합의 조합원의 지위와 더불어 설립 중의 회사의 집행기관으로서의 지위를 겸하게 된다.

　　발기인조합과 설립 중의 회사는 별개로 병존하나 그 인적 범위가 동일할 뿐만 아니라 발기인에 의한 정관작성, 주식인수, 기타 회사실립에 관한 행위는 설립 중의 회사로서는 근본규칙의 제정·기관의 행위이고, 발기인조합으로서는 조합계약의 이행이므로 양자는 밀접한 관계에 있다. 설립 중의 회사는 설립등기에 의해 법인격을 취득하여 완전한 회사로 되나, 발기인조합은 회사가 성립하면 그 목적의 달성으로 소멸한다.

제2절　설립 중의 회사

Ⅰ. 의의

　　설립등기 이전에 어느 정도 실체가 형성된 회사를 설립 중의 회사라 한다. 이는 주식회사의 설립과정에서 발기인이 회사의 설립을 위하여 필요한 행위로 인하여 취득하게 된 권리의무가 회사의 설립과 동시에 그 설립된 회사에 귀속되는 관계를 설명하기 위한 강학상의 개념[1]으로서 이론상으로는 합명·합자·유한·유한책임회사에서도 인정되는 것이나 설립절차가 복잡하고 장시일이 걸리는 주식회사에서 주로 문제된다.

Ⅱ. 법적 성질

　　설립 중의 회사는 성립 후의 회사의 전신으로서 양자는 법인격의 유무를 제외하고는 실질적으로 동일하므로 그 성질은 권리능력 없는 사단이다.

---

1) 대법원 1994. 1. 28. 선고 93다50215 판결.

Ⅲ. 성립시기 및 기관

1. 성립시기

학설은 ① 정관작성시라는 견해, ② 발기인이 주식을 1주 이상 인수한 때라는 견해(판례), ③ 발행주식총수가 인수된 때라는 견해 등이 있다. 대법원[2]은 "설립 중의 회사는 정관이 작성되고 발기인이 적어도 1주 이상의 주식을 인수하였을 때 비로소 성립하는 것이고, 이러한 설립 중의 회사로서의 실체가 갖추어지기 이전에 발기인이 취득한 권리의무는 구체적 사정에 따라 발기인 개인 또는 발기인조합에 귀속되는 것으로서 이들에게 귀속된 권리의무를 설립 후의 회사에 귀속시키기 위하여는 양수나 채무인수 등의 특별한 이전행위가 있어야 한다"고 판시하였다.

2. 기관

설립 중의 회사의 기관으로는 그 집행기관인 발기인, 감독기관인 이사·감사, 의결기관인 창립총회 등이 있다.

Ⅳ. 설립 중의 회사의 대내관계

발기인 상호간의 권리의무는 정관과 발기인조합계약에 의하여 결정되며, 사원총회(창립총회)의 소집방법, 결의방법 및 발기인의 결의방법에 관하여는 상법에 일부 규정되어 있다(법308, 법309, 법291).

Ⅴ. 설립 중의 회사의 대외관계

1. 설립 중의 회사의 능력

설립 중의 회사는 권리능력 없는 사단이므로 형식적으로는 권리의무의 주체

---

2) 대법원 1994. 1. 28. 선고 93다50215 판결.

로 될 수 없으나, 하나의 사회학적 실재로 존재하고 있으며, 집행기관인 발기인에 의하여 활동하고 있으므로 은행과의 예금거래능력, 현물출자된 기업의 경영능력 등 제한된 실질적 권리능력을 가진다. 또한 당사자능력(민사소송법52), 등기능력(부동산등기법26)도 갖는다.

2. 설립 중의 회사의 집행기관의 권한

(1) 학설

① 제1설: 회사라는 사단의 형성·설립만을 직접의 목적으로 하는 행위(정관작성, 주식인수·납입에 관한 행위)는 발기인의 권한에 속하고, 거래행위는 개업준비행위 중 법정의 요건(법290(3))을 갖춘 재산인수만이 발기인의 권한에 속한다고 한다.

따라서 회사의 설립에 필요한 거래행위(설립사무소의 임차, 주식청약서 인쇄의 위탁)로 인한 채무는 발기인에게 귀속되고 발기인이 그 채무를 변제한 때에는 법정요건을 갖춘 설립비용의 한도에서 성립 후의 회사에 구상할 수 있다.

② 제2절: 회사의 설립에 관한 법률상·경제상 필요한 행위는 발기인의 권한에 속한다고 한다. 따라서 회사설립에 필요한 거래행위로 인한 채무도 회사에 귀속되어 성립 후의 회사에 귀속되고 회사가 이를 변제한 때에는 법정요건을 갖춘 설립비용의 총액을 초과한 금액에 대해서만 발기인에게 구상할 수 있다.

③ 제3설: 제2설과 같이 인정하는 것 외에 개업준비행위(기계의 도입, 영업의 양수)도 발기인의 권한에 속한다고 한다.

(2) 검토

제2설의 회사설립을 위한 법률상·경제상 필요한 행위란 그 범위가 모호하여 자칫 발기인의 권한남용을 초래하기 쉽고, 제3설의 개업준비행위는 그 일종인 재산인수가 변태설립사항으로서 제한되는 취지로 볼 때 허용되지 않는다고 보아야 할 것이다.

생각건대 상법상 주식회사의 설립에 관한 입법의 취지는 발기인의 권한남용을 방지하고자 하는데 있으므로 발기인의 직무권한은 회사의 설립 그 자체를 직접의 목적으로 하는 행위에 한한다고 보는 제1설이 타당하다.

제3절 주식회사의 설립절차

Ⅰ. 정관작성

정관은 회사의 조직 및 활동에 관한 근본규범으로 자치법규를 말한다.

1. 정관의 기재사항

(1) 절대적 기재사항

절대적 기재사항은 법률에 의하여 정관에 반드시 기재해야 할 사항으로, 기재하지 않으면 정관 그 자체를 무효로 하고, 회사설립의 무효사유가 된다.

발기인은 정관을 작성하여 ⅰ) 목적, ⅱ) 상호, ⅲ) 회사가 발행할 주식의 총수, ⅳ) 액면주식을 발행하는 경우 1주의 금액, ⅴ) 회사의 설립 시에 발행하는 주식의 총수, ⅵ) 본점의 소재지, ⅶ) 회사가 공고를 하는 방법, ⅷ) 발기인의 성명·주민등록번호 및 주소를 적고 각 발기인이 기명날인 또는 서명하여야 한다(법289①).

(2) 상대적 기재사항(변태설립사항)

상대적 기재사항은 정관에 기재하지 아니하여도 정관 그 자체의 효력에는 영향이 없지만, 이를 정관에 기재하지 아니하면 효력이 인정되지 않는 사항이다.

상대적 기재사항에는 변태설립사항(법290), 주식발행사항(법291), 명의개서대리인의 설치(법337②), 종류주식의 주식발행(법344①), 주권불소지제도의 배제(법358조의2①), 주주총회의 권한사항(법361), 주주총회의 결의방법(법368①), 이사의 임기연장(법383③), 이사의 보수(법388), 이사회의 소집통지기간의 단축(법390), 신주발행사항의 결정(법416), 제3자의 신주인수권(법418②) 등이 있다.

여기서는 회사의 자본충실을 해할 우려가 있는 사항으로서 남용될 경우 주주와 회사채권자에게 불리한 결과를 발생시키는 변태설립사항을 살펴본다.

(가) 발기인의 특별이익

발기인이 받을 특별이익과 이를 받을 자의 성명은 정관에 기재함으로써 그 효력이 있다(법290(1)). 특별이익은 회사설립의 기획자로서 발기인 개인의 공로의 대가로 받는 이익을 말한다. 회사설비 이용의 특권, 계속적 거래의 약속, 신주인수에 대한 우선권 등이 여기에 속한다.

(나) 현물출자

1) 의의

현물출자를 하는 자의 성명과 그 목적인 재산의 종류, 수량, 가격과 이에 대하여 부여할 주식의 종류와 수는 정관에 기재함으로써 그 효력이 있다(법290(2)).

현물출자는 금전 이외의 재산으로 하는 출자를 말한다. 즉 현물출자란 금전 이외의 재산에 의한 주식인수행위이다. 회사는 특정 재산을 확보할 필요성이 있으며, 출자자도 편리한 점이 있으므로 현물출자는 인정된다.

2) 규제이유

상법이 현물출자를 변태설립사항으로 규제하는 이유는 목적재산이 과대평가됨으로 인해 다른 주주들의 출자의 가치를 상대적으로 하락시키거나 회사의 자본이 실제의 순자산보다 과대하게 평가되어 회사채권자의 이익을 침해할 염려가 있기 때문이다.

3) 출자대상

현물출자의 대상은 금전 이외의 재산으로서 양도가능하고 대차대조표에 자산으로 기재할 수 있는 재산이면 된다. 동산, 부동산, 증권, 지적재산권 등이 출자의 목적이 될 수 있다.

현물출자는 회사설립 단계에서는 변태설립사항의 하나로서 현물출자의 목적인 재산의 종류, 수량, 가격과 이에 대하여 부여할 주식의 종류와 수를 정관에 기재하고(법290), 검사인 등을 선임하여 현물출자 검사를 해야 하며(법298①), 회사설립 후의 단계에서는 이사회(정관으로 주주총회에서 하는 것으로 정할 수도 있다)에서 위와 같은 사항을 결정하고(법416(4)), 검사인 등을 선임하여 현물출자 검사를 해야 하는(법422) 등 특별한 요건과 절차가 요구되고, 특히 현물출자의 목적인 재산의 종류와 수량, 가격 및 이에 대해 부여할 주식의 종류와 수는 현물출자의 본질적이고도 중요한 사항에 해당한다.

4) 현물출자의 이행

현물출자의 이행시기는 납입기일이고, 출자자는 그 시기까지 목적인 재산을 인도하고, 등기 · 등록 기타 권리의 설정 또는 이전에 필요한 서류를 완비하여 교부하여야 한다(법295②).

5) 현물출자의 효력

현물출자는 "현물출자를 하는 자의 성명과 그 목적인 재산의 종류, 수량, 가격과 이에 대하여 부여할 주식의 종류와 수"를 정관에 기재함으로써 효력이 있다.

(다) 재산인수

1) 의의

회사성립 후에 양수할 것을 약정한 재산의 종류, 수량, 가격과 그 양도인의 성명은 정관에 기재함으로써 그 효력이 있다(법290(3)).

상법 제290조 제3호 소정의 "회사성립 후에 양수할 것을 약정"한다 함은 회사의 변태설립의 일종인 재산인수로서 발기인이 설립될 회사를 위하여 회사의 성립을 조건으로 다른 발기인이나 주식인수인 또는 제3자로부터 일정한 재산을 매매의 형식으로 양수할 것을 약정하는 계약을 의미한다.[3] 즉 재산인수는 발기인이 설립 중의 회사를 위하여 회사의 성립을 조건으로 다른 발기인이나 주식인수인 또는 제3자로부터 특정의 재산을 양수할 것을 약정하는 계약이다.

2) 규제이유

재산인수는 목적물인 재산을 과대평가할 경우 회사의 재산적 기초가 위험에 빠지게 되고, 회사의 자본충실을 해하여 주주와 회사채권자의 이익을 해할 염려가 있으며, 현물출자의 탈법수단으로 악용될 소지가 있기 때문에, 상법은 이를 변태설립사항으로 정하여 엄격한 규제를 하고 있다.

3) 당사자

아직 원시정관을 작성하기 전이어서 발기인의 자격이 없는 자가 장차 성립할 회사를 위하여 재산을 인수하기로 하는 내용의 계약을 체결하고 그 후 그 회사의 설립을 위한 발기인이 되었다면, 비록 발기인에 의하여 체결된 것이 아니라고 하더라도 위 계약은 재산인수에 해당한다고 보아야 할 것이다.[4]

4) 현물출자와의 차이

재산인수는 금전 이외의 재산을 제공하여 금전 기타 주식 이외의 대가를 받는 것으로서 개인법상의 행위이고, 회사설립의 경우에만 인정되며, 이 점에서 사단법상의 행위로서 회사설립시뿐만 아니라 신주발행의 경우에도 인정되는 현물

---

3) 대법원 1994. 5. 13. 선고 94다323 판결.
4) 대법원 1992. 9. 14. 선고 91다33087 판결.

출자와 구별된다.

5) 정관에 기재가 없는 재산인수의 효력

정관에 기재하지 않은 채 이루어진 재산인수는 무효(무효설)이다.[5] 그러나 법정요건을 결하여 무효인 재산인수이더라도 그것이 동시에 사후설립에 해당하는 경우에는 주주총회의 특별결의에 의하여 이를 추인(무권대리행위설)할 수 있다는 판례[6]도 있다.

무효설에 의하면 회사뿐만 아니라 재산인수 계약의 상대방도 무효를 주장할 수 있다. 이해 반하여 무권대리행위설에 의하면 발기인이 설립 중의 회사의 명의로, 성립 후의 회사의 계산으로 한 것은 비록 그것이 발기인의 권한 밖의 행위라 할지라도 무권대리행위로서 민법 제130조 이하의 규정에 의하여 추인할 수 있으며, 추인 후에는 상대방도 무효를 주장할 수 없다.

** 관련 판례

① 서울고등법원 2013. 11. 29. 선고 2011나99247 판결

상법 제290조는 정관에 기재되어야만 효력이 있는 변태설립사항을 규정하면서, 제3호에서 '회사성립 후에 양수할 것을 약정한 재산의 종류, 수량, 가격과 양도인의 성명'을 포함하고 있다. 이렇게 회사성립 전 회사가 양수하기로 한 재산과 관련한 내용을 변태설립사항으로 정하여 이 내용이 회사 정관에 기재되지 않으면 효력이 없는 것으로 재산인수의 효력을 제한하는 이유는 회사설립 시에 재산인수인에게 부당한 이익을 줌으로써 회사의 재산적 기초를 위태롭게 하여 자본충실을 해하는 것을 방지하기 위한 것이다. 그러므로 위 상법 규정에 의하여 제한되는 재산인수란 양도인이 금전 이외의 재산을 제공하고 회사가 주식 이외의 것을 대가로 제공하는 약정을 말하고, 회사가 아무런 대가를 제공함이 없이 금전 이외의 재산을 양수하는 경우에는 재산인수인에게 부당한 이익을 주거나 회사의 자본충실을 해할 염려가 없으므로, 위 재산인수에 해당한다고 볼 수 없다.

② 대법원 2015. 3. 20. 선고 2013다88829 판결

상법 제290조 제3호는 변태설립사항의 하나로서 회사성립 후에 양수할 것을 약정한 재산의 종류, 수량, 가격과 그 양도인의 성명은 정관에 기재함으로써 그

---

5) 대법원 1994. 5. 13. 선고 94다323 판결.
6) 대법원 1992. 9. 14. 선고 91다33087 판결.

효력이 있다고 규정하고 있다. 여기서 회사의 성립 후에 양수할 것을 약정한다는 것은 이른바 재산인수로서 발기인이 회사의 성립을 조건으로 다른 발기인이나 주식인수인 또는 제3자로부터 일정한 재산을 매매의 형식으로 양수할 것을 약정하는 계약을 체결함을 의미하며, 아직 원시정관의 작성 전이어서 발기인의 자격이 없는 자가 장래 성립할 회사를 위하여 위와 같은 계약을 체결하고 그 후 그 회사의 설립을 위한 발기인이 되었다면 위 계약은 재산인수에 해당하고 정관에 기재가 없는 한 무효이다(대법원 1992. 9. 14. 선고 91다33087 판결 등 참조).

③ 대법원 1992. 9. 14. 선고 91다33087 판결

갑과 을이 공동으로 축산업 등을 목적으로 하는 회사를 설립하기로 합의하고 갑은 부동산을 현물로 출자하고 을은 현금을 출자하되, 현물출자에 따른 번잡함을 피하기 위하여 회사의 성립 후 회사와 갑 간의 매매계약에 의한 소유권이전등기의 방법에 의하여 위 현물출자를 완성하기로 약정하고 그 후 회사설립을 위한 소정의 절차를 거쳐 위 약정에 따른 현물출자가 이루어진 것이라면, 위 현물출자를 위한 약정은 그대로 상법 제290조 제3호가 규정하는 재산인수에 해당한다고 할 것이어서 정관에 기재되지 아니하는 한 무효라고 할 것이나, 위와 같은 방법에 의한 현물출자가 동시에 상법 제375조가 규정하는 사후설립에 해당하고 이에 대하여 주주총회의 특별결의에 의한 추인이 있었다면 회사는 유효하게 위 현물출자로 인한 부동산의 소유권을 취득한다.

(라) 설립비용 및 발기인의 보수액

회사가 부담할 설립비용과 발기인이 받을 보수액은 정관에 기재함으로써 그 효력이 있다(법290(4)).

1) 설립비용

설립비용은 발기인이 회사설립을 위하여 지출한 비용을 말하며, 이에는 정관작성·공증비용, 주주모집 광고비, 납입위탁수수료, 설립사무실 임차료, 직원급료, 검사인 비용 등이 해당한다. 과다 지출을 제한하여 자본충실을 기하기 위해 변태설립사항으로 한 것이다.

2) 발기인의 보수

발기인의 보수는 발기인이 회사설립에 들인 노력에 대한 대가로서 지급되는 금전이다. 과다하게 지출되면 회사의 재산적 기초를 위태롭게 할 염려가 있으므로 정관에 기재하게 한 것이다.

2. 정관의 효력 발생

(원시)정관은 공증인의 인증을 받음으로써 효력이 생긴다(법292 단서). 다만, 자본금 총액이 10억원 미만인 회사를 발기설립하는 경우에는 각 발기인이 정관에 기명날인 또는 서명함으로써 효력이 생긴다(법292 단시). 영세한 회사의 경우 비용을 절감시켜 설립을 촉진하기 위한 취지이다.

3. 정관의 비치, 열람과 등사

이사는 회사의 정관을 본점과 지점에 비치하여야 한다(법396①). 주주와 회사채권자는 영업시간 내에 언제든지 정관의 열람 또는 등사를 청구할 수 있다(법396②).

Ⅱ. 주식발행사항의 결정

회사설립 시에 발행하는 주식에 관하여 ⅰ) 주식의 종류와 수(제1호), ⅱ) 액면주식의 경우에 액면 이상의 주식을 발행할 때에는 그 수와 금액(제2호), ⅲ) 무액면주식을 발행하는 경우에는 주식의 발행가액과 주식의 발행가액 중 자본금으로 계상하는 금액(제3호)은 정관으로 달리 정하지 아니하면 발기인 전원의 동의로 이를 정한다(법291).

Ⅲ. 발기설립의 절차

1. 발기인의 주식 총수 인수(주주의 확정)

발기설립은 발기인들만이 주식인수인이 되는 설립방법이므로 설립시에 발행하는 주식의 총수를 발기인들이 인수한다(법295①). 각 발기인은 서면에 의하여 주식을 인수하여야 한다(법293).

2. 출자의 이행(자본의 형성)

(1) 금전출자

금전출자의 경우 발기인이 회사의 설립 시에 발행하는 주식의 총수를 인수한 때에는 지체없이 각 주식에 대하여 그 인수가액의 전액을 납입하여야 한다(전액납입주의, 법295① 전단). 이 경우 발기인은 납입을 맡을 은행 기타 금융기관과 납입장소를 지정하여야 한다(법295① 후단). 납입금을 보관한 은행이나 그 밖의 금융기관은 발기인 또는 이사의 청구를 받으면 그 보관금액에 관하여 증명서를 발급하여야 한다(법318①). 이는 납입의 부실을 방지하기 위한 것이다. 자본금 총액이 10억원 미만인 회사를 발기설립하는 경우에는 납입금 보관증명서를 은행이나 그 밖의 금융기관의 잔고증명서로 대체할 수 있다(법318③). 발기인이 납입의무를 이행하지 않는 경우에는 모집주주의 경우와 달리 실권의 제도가 없으므로 납입의 이행을 소구하거나 회사의 불성립으로 돌아갈 것이다. 또한 납입의무를 이행하지 않았는데도 설립등기를 마친 경우에는 불이행 금액이 근소하면 발기인 전원이 연대하여 납입담보책임을 부담하고(법321①), 불이행 금액이 과다하면 설립무효사유가 된다.

(2) 현물출자

현물출자를 하는 발기인은 납입기일에 지체없이 출자의 목적인 재산을 인도하고 등기, 등록 기타 권리의 설정 또는 이전을 요할 경우에는 이에 관한 서류를 완비하여 교부하여야 한다(법295②). 현물출자 불이행의 경우 의무의 이행을 소구할 수 있을 것이며, 그래도 불이행되는 경우는 회사 불성립으로 돌아가게 된다.

3. 임원선임(기관의 구성)

금전출자의 납입과 현물출자의 이행이 완료된 때에는 발기인은 지체없이 의결권의 과반수로 이사와 감사를 선임하여야 한다(법296①). 이 경우 발기인의 의결권은 그 인수주식의 1주에 대하여 1개로 한다(법296②). 선임이 있은 후 발기인은 의사록을 작성하여 의사의 경과와 그 결과를 기재하고 기명날인 또는 서명하여야 한다(법297).

4. 설립경과의 조사

이사와 감사는 취임 후 지체없이 회사의 설립에 관한 모든 사항이 법령 또는 정관의 규정에 위반되지 아니하는지의 여부를 조사하여 발기인에게 보고하여야 한다(법298①). 이사와 감사 중 발기인이었던 자·현물출자자 또는 회사성립 후 양수할 재산의 계약당사자인 자는 조사·보고에 참가하지 못한다(법298②). 이사와 감사의 전원이 이에 해당하는 때에는 이사는 공증인으로 하여금 제1항의 조사·보고를 하게 하여야 한다(법298③). 이는 조사·보고의 공정성을 확보하기 위한 것이다.

5. 변태설립사항의 조사

변태설립사항의 경우에는 자본충실을 담보하기 위해 다음의 규제를 하고 있다.

(1) 법원의 조사
(가) 검사인 선임 청구

정관으로 변태설립사항을 정한 때에는 이사는 이에 관한 조사를 하게 하기 위하여 검사인의 선임을 법원에 청구하여야 한다(법298④ 본문).

(나) 검사인의 조사·보고

검사인은 변태설립사항과 현물출자의 이행을 조사하여 법원에 보고하여야 하고(법299①), 조사보고서를 작성한 후 지체 없이 그 등본을 각 발기인에게 교부하여야 하며(법299③), 조사보고서에 사실과 다른 사항이 있는 경우에는 발기인은 이에 대한 설명서를 법원에 제출할 수 있다(법299④).

(2) 공증인의 조사·보고와 감정인의 감정(현물출자 등의 증명)

변태설립사항 중 발기인이 받을 특별이익과 이를 받을 자의 성명(법290(1)) 및 회사가 부담할 설립비용과 발기인이 받을 보수액(법290(4))에 관하여는 공증인의 조사·보고로, 변태설립사항 중 현물출자(법290(2)) 및 재산인수(법290(3))와 현물출자의 이행(법295)에 관하여는 공인된 감정인의 감정으로 검사인의 조사에 갈음할 수 있다(법299의2 전단). 이 경우 공증인 또는 감정인은 조사 또는 감정결과를 법원에 보고하여야 한다(법299의2 후단).

(3) 법원의 변경처분

법원은 검사인 또는 공증인의 조사보고서 또는 감정인의 감정결과와 발기인의 설명서를 심사하여 변태설립사항을 부당하다고 인정한 때에는 이를 변경하여 각 발기인에게 통고할 수 있다(법300①). 이 변경에 불복하는 발기인은 그 주식의 인수를 취소할 수 있다(법300② 전단). 이 경우에는 정관을 변경하여 설립에 관한 절차를 속행할 수 있다(법300② 후단). 법원의 통고가 있은 후 2주 내에 주식의 인수를 취소한 발기인이 없는 때에는 정관은 통고에 따라서 변경된 것으로 본다(법300③).

(4) 조사 · 보고의 면제

다음의 어느 하나에 해당하는 경우에는 검사인의 조사 · 보고 또는 이를 갈음하는 공인된 감정인의 감정은 필요하지 않다. 즉 ⅰ) 현물출자 또는 재산인수의 재산총액이 자본금의 1/5을 초과하지 아니하고 5천만원(상법 시행령7①)을 초과하지 아니하는 경우(제1호), ⅱ) 현물출자 또는 재산인수의 재산이 거래소에서 시세가 있는 유가증권인 경우로서 정관에 적힌 가격이 대통령령으로 정한 방법으로 산정된 시세7)를 초과하지 아니하는 경우(제2호)에는 조사 · 보고를 하지 아니한다(법299②).

(5) 조사를 결여한 변태설립사항의 효력

변태설립사항을 정관에 기재하지 아니하고 실행한 경우에는 무효이며, 정관에는 기재하였지만 위의 필요한 조사를 결여하고 실행한 경우에도 무효라고 보아야 할 것이다.

---

7) "대통령령으로 정한 방법으로 산정된 시세"란 ⅰ) 정관의 효력발생일부터 소급하여 1개월간의 거래소에서의 평균 종가(終價), 효력발생일부터 소급하여 1주일간의 거래소에서의 평균 종가 및 효력발생일의 직전 거래일의 거래소에서의 종가를 산술평균하여 산정한 금액(제1호), ⅱ) 효력발생일 직전 거래일의 거래소에서의 종가(제2호)의 금액 중 낮은 금액을 말한다(상법 시행령7②). 이 규정은 현물출자 및 재산인수의 재산에 그 사용, 수익, 담보제공, 소유권 이전 등에 대한 물권적 또는 채권적 제한이나 부담이 설정된 경우에는 적용하지 아니한다(상법 시행령7③).

Ⅳ. 모집설립의 절차

모집설립은 발기설립과 달리 제3자(모집주주)가 주주로 참여한다. 모집설립 절차의 경우에는 모집주주의 보호가 중요하다.

1. 발기인의 주식 일부 인수

모집설립의 경우 설립시에 발행하는 주식 중 일부만을 발기인이 인수한다 (법301 참조). 인수는 모집주주의 주식인수 청약 전에 하여야 한다.

2. 모집주주의 주식 일부 인수

발기인이 회사의 설립시에 발행하는 주식의 총수를 인수하지 아니하는 때에는 주주를 모집하여야 한다(법301). 모집방법은 공모이든 사모이든 관계없다. 주주의 모집은 응모주주를 보호하기 위하여 청약 조건 등을 기재한 주식청약서를 작성하도록 하고 있다(법302①②).

(1) 주식인수의 청약

주식인수의 청약을 하고자 하는 자는 주식청약서 2통에 인수할 주식의 종류 및 수와 주소를 기재하고 기명날인 또는 서명하여야 한다(법302①). 주식청약서는 발기인이 작성하고 ⅰ) 정관의 인증년월일과 공증인의 성명, ⅱ) 정관의 절대적 기대사항과 변태설립사항, ⅲ) 회사의 존립기간 또는 해산사유를 정한 때에는 그 규정, ⅳ) 각 발기인이 인수한 주식의 종류와 수, ⅴ) 설립 당시의 주식발행사항, ⅵ) 주식의 양도에 관하여 이사회의 승인을 얻도록 정한 때에는 그 규정, ⅶ) 주주에게 배당할 이익으로 주식을 소각할 것을 정한 때에는 그 규정, ⅷ) 일정한 시기까지 창립총회를 종결하지 아니한 때, ⅸ) 납입을 맡을 은행 기타 금융기관과 납입장소, ⅹ) 명의개서대리인을 둔 때에는 그 성명·주소 및 영업소를 적어야 한다(법302②).

(2) 주식의 배정과 인수

주식인수의 청약이 있으면 발기인은 청약인에게 주식의 인수를 결정하는데, 이를 배정이라고 한다. 주식인수를 청약한 자는 발기인이 배정한 주식의 수에 따라서 인수가액을 납입할 의무를 부담한다(법303).

주식인수인 또는 주식청약인에 대한 통지나 최고는 주식인수증 또는 주식청약서에 기재한 주소 또는 그 자로부터 회사에 통지한 주소로 하면 된다(법304①). 통지 또는 최고는 보통 그 도달할 시기에 도달한 것으로 본다(법304②).

(3) 주식인수의 무효·취소의 제한

주식인수는 청약의 의사표시와 승낙(배정)의 의사표시로 이루어지는 계약이므로 민법상의 의사표시의 무효·취소이론이 그대로 적용된다. 그러나 주식인수의 청약의 효력은 회사의 설립에 중대한 영향을 미치므로 하자가 있는 경우 회사의 불성립 또는 설립의 무효를 가져올 수 있다. 따라서 상법은 주식인수의 청약의 효력을 확보하기 위한 특칙을 규정하고 있다.

(가) 민법상 비진의표시의 특례

민법 제107조 제1항 단서의 규정은 주식인수의 청약에는 적용하지 아니한다(법302③). 따라서 발기인이 주식인수인의 청약이 진의 아님을 알았거나 이를 알 수 있었을 경우에도 청약은 유효하다.

(나) 무효·취소 주장시기의 제한

회사성립 후에 주식을 인수한 자 또는 창립총회에 출석하여 그 권리를 행사한 자는 주식청약서의 요건의 흠결을 이유로 하여 그 인수의 무효를 주장하거나 사기, 강박 또는 착오를 이유로 하여 그 인수를 취소하지 못한다(법320①). 회사성립 후란 설립등기를 마친 경우를 말하고, 창립총회에서 권리를 행사한 때란 의결권을 행사한 때를 말한다.

3. 출자의 이행

(1) 납입의무

(가) 금전출자의 이행

금전출자의 경우 발기인은 주식인수를 청약한 자에게 배정한 주식의 수에 따라서 인수가액을 납입하게 하여야 한다(법303). 금전출자의 경우 회사설립시에 발행하는 주식의 총수가 인수된 때에는 발기인은 지체없이 주식인수인에 대하여 각 주식에 대한 인수가액의 전액을 납입시켜야 한다(법305①). 납입은 현실적으로 하여야 한다. 실무상 금전납입이 대부분을 차지한다. 납입을 어음·수표로 한

때에는 어음·수표가 현실적으로 지급되어 현금화된 시점에 납입된 것으로 보아야 한다.[8]

주금납입은 주식청약서에 기재된 납입장소에 하여야 하는데(법305②), 납입장소는 납입을 맡을 은행 기타 금융기관과 납입장소(법302②(9))이어야 한다. 납입장소 또는 납입금의 보관자를 변경할 때에는 법원의 허가를 받아야 한다(법306). 이것은 납입금의 소재를 명백히 하고 부정행위를 방지하기 위함이다.

납입금을 보관한 은행이나 그 밖의 금융기관은 발기인 또는 이사의 청구를 받으면 그 보관금액에 관하여 증명서를 발급하여야 한다(법318①). 은행이나 그 밖의 금융기관은 증명한 보관금액에 대하여는 납입이 부실하거나 그 금액의 반환에 제한이 있다는 것을 이유로 회사에 대항하지 못한다(법318②). 이것은 회사 설립의 안정과 자본충실을 도모하기 위한 것이며, 발기인의 납입가장행위를 방지하기 위함이다.

(나) 현물출자의 이행

현물출자를 하는 자는 납입기일에 지체없이 출자의 목적인 재산을 인도하고, 등기, 등록 기타 권리의 설정 또는 이전을 요할 경우에는 이에 관한 서류를 완비하여 교부하여야 한다(법305③, 법295②).

(2) 실권절차

주식인수인이 주금을 납입하지 아니한 때에는 발기인은 강제집행으로 납입을 강제할 수 있으나, 이 경우 회사설립이 지연되므로 발기인은 실권절차를 취할 수 있다. 주식인수인이 납입을 하지 아니한 때에는 발기인은 일정한 기일을 정하여 그 기일 내에 납입을 하지 아니하면 그 권리를 잃는다는 뜻을 기일의 2주간 전에 그 주식인수인에게 통지하여야 한다(법307①). 통지를 받은 주식인수인이 그 기일 내에 납입의 이행을 하지 아니한 때에는 그 권리를 잃는다(법307② 전단). 이를 실권절차라 한다.

실권된 주식에 대하여는 발기인은 다시 그 주식에 대한 주주를 모집할 수도 있고(법307② 후단), 스스로 주식을 인수할 수도 있다. 손해가 있으면 실권한 주식 인수인에 대하여 손해배상을 청구할 수 있다(법307③).

---

8) 대법원 1977. 4. 12. 선고 76다943 판결.

(3) 가장납입

(가) 의의

가장납입이란 실제로 주금을 납입하지 않고 납입된 것으로 가장하고 설립등기를 마치는 것을 말한다. 가장납입은 회사채권자나 이해관계인에게 불측의 손해를 발생시키고 자본충실을 해할 염려가 있기 때문에 상법은 규제를 하고 있다.

(나) 유형

1) 통모가장납입(예합)

통모가장납입은 발기인 또는 이사 등이 납입금보관은행으로부터 금전을 차입하여 이 차입금을 납입금보관은행에 예금하고 그 예금으로 주식인수가액을 납입하는 것과 회사가 성립한 후에 그 차입금을 변제할 때까지는 그 예금을 인출하지 않을 것을 납입금보관은행과 약정하고 회사 성립 후에 그 예금을 인출하여 변제하는 방법으로 행해지는 것을 말한다.

상법은 이를 방지하기 위하여 납입금 보관은행이나 그 밖의 금융기관은 증명한 보관금액에 대하여는 납입이 부실하거나 그 금액의 반환에 제한이 있다는 것을 이유로 회사에 대항하지 못한다(법318②)고 규정하고 있다. 따라서 통모가장납입은 상법 제318조의 규제대상이 되므로 현실적으로 행해지기 어려우며, 실질적으로는 위장납입에 의한 가장납입이 주로 이용된다.

2) 위장납입(견금)

위장납입은 발기인이 납입금보관은행 이외의 제3자로부터 금전을 차입하여 이 차입금으로 주식납입금에 충당하고 회사성립 후 납입금보관은행으로부터 납입금을 인출하여 그 차입금을 변제하는 방법을 주금납입을 가장하는 방법을 말한다.

(다) 효력

위장납입(견금)의 경우, 위장납입한 경우의 주금의 효력은 어떠한가? 회사설립의 효력을 인정할 것인가? 발기인과 이사는 어떤 책임을 지는가?가 문제된다.

1) 주금납입의 효력

학설은 유효설과 무효설의 대립이 있으나 판례는 유효설을 취하고 있다. 대법원[9]은 "일시적인 차입금으로 단지 주금납입의 외형을 갖추고 회사설립이나 증

---

9) 대법원 1997. 5. 23. 선고 95다5790 판결.

자 후 곧바로 그 납입금을 인출하여 차입금을 변제하는 주금의 가장납입의 경우에도 금원의 이동에 따른 현실의 불입이 있는 것이고, 설령 그것이 실제로는 주금납입의 가장 수단으로 이용된 것이라고 할지라도 이는 그 납입을 하는 발기인 또는 이사들의 주관적 의도의 문제에 불과하므로, 이러한 내심적 사정에 의하여 회사의 설립이나 증자와 같은 집단적 절차의 일환을 이루는 주금납입의 효력이 좌우될 수 없다"고 판시하였다.

2) 회사설립의 효력

주금납입의 효력과 관련하여 유효설의 입장에 따르면 회사설립도 하자없이 성립하게 된다. 그러나 무효설의 입장에 따르면 회사설립시에 발행하는 주식에 대한 납입이 전혀 존재하지 않으므로, 설립무효의 소의 원인이 될 수 있고 주주, 이사 또는 감사는 소로서 회사설립 무효를 주장할 수 있을 것이며(법328), 다만 설립무효의 판결이 확정될 때까지는 사실상의 회사로 존속할 수 있다(법328②, 법190).

3) 위장납입한 발기인의 책임

주금납입의 효력과 관련하여 유효설의 입장인 판례에 따르면 주주의 납입금을 회사가 체당한 것으로 보고 회사가 주주에 대하여 납입금의 상환을 청구할 수 있다.[10] 이 경우 발기인들이 가장납입된 주식인수대금을 인출하면 회사에 대하여 공동불법행위를 한 것이 되므로 연대하여 손해배상책임을 부담한다.

** 관련 판례

① 대법원 2004. 3. 26. 선고 2002다29138 판결

[가장납입에 의한 주금납입의 효력(유효) / 타인의 승낙을 얻어 그 명의로 주식을 인수하고 주금을 납입한 경우, 실질상의 주식인수인으로서 주주가 될 자(=주금을 납입한 명의차용인) / 주금납입에 대한 연대책임을 부과하는 상법 제332조 제2항이 가장납입의 경우에도 적용되는지 여부(소극) 및 가장납입에 의한 주금상환채무를 부담하여야 하는 자(=실질상 주주인 명의차용인)]

[1] 주식회사를 설립하면서 일시적인 차입금으로 주금납입의 외형을 갖추고 회사 설립절차를 마친 다음 바로 그 납입금을 인출하여 차입금을 변제하는 이른바 가장납입의 경우에도 주금납입의 효력을 부인할 수는 없다고 할 것이어서 주

---

10) 대법원 2004. 3. 26. 선고 2002다29138 판결.

식인수인이나 주주의 주금납입의무도 종결되었다고 보아야 할 것이고, 한편 주식을 인수함에 있어 타인의 승낙을 얻어 그 명의로 출자하여 주식대금을 납입한 경우에는 실제로 주식을 인수하여 그 대금을 납입한 명의차용인만이 실질상의 주식인수인으로서 주주가 된다고 할 것이고 단순한 명의대여인은 주주가 될 수 없다.

　[2] 주식회사의 자본충실의 요청상 주금을 납입하기 전에 명의대여자 및 명의차용자 모두에게 주금납입의 연대책임을 부과하는 규정인 상법 제332조 제2항은 이미 주금납입의 효력이 발생한 주금의 가장납입의 경우에는 적용되지 않는다고 할 것이고, 또한 주금의 가장납입이 일시 차입금을 가지고 주주들의 주금을 체당납입한 것과 같이 볼 수 있어 주금납입이 종료된 후에도 주주는 회사에 대하여 체당납입한 주금을 상환할 의무가 있다고 하여도 이러한 주금상환채무는 실질상 주주인 명의차용자가 부담하는 것일 뿐 단지 명의대여자로서 주식회사의 주주가 될 수 없는 자가 부담하는 채무라고는 할 수 없다.

　② 대법원 2014. 12. 11. 선고 2014다218511 판결
　[주주명부상 주주 명의의 명의신탁관계에 관한 증명책임의 소재]
　　주주명부에 주주로 등재되어 있는 자는 그 회사의 주주로 추정되며 이를 번복하기 위하여는 그 주주권을 부인하는 측에 입증책임이 있으므로, 주주명부의 주주 명의가 신탁된 것이고 그 명의차용인으로서 실질상의 주주가 따로 있다고 하려면 그러한 명의신탁관계를 주장하는 측에서 이를 입증하여야 한다(대법원 2007. 9. 6. 선고 2007다27755 판결 등 참조).

4) 위장납입한 이사의 책임

　주금납입의 효력과 관련하여 유효설의 입장에 따르면, 이사는 회사의 자금을 인출하여 채무를 변제함으로써 임무를 해태한 것이 되어 손해배상책임을 부담할 수 있다(법399). 또한 이사의 주금에 대한 인출반환행위가 임무해태에 해당하게 되어, 그것이 악의 또는 중과실에 의한 것이고, 그로 인해 제3자가 손해를 입은 때에는 이사는 손해배상책임을 부담할 수 있다(법401).

　형사책임으로는 타인으로부터 금원을 차용하여 주금을 납입하고 설립등기나 증자등기 후 바로 인출하여 차용금 변제에 사용하는 경우, 상법상 납입가장죄(법628①)가 성립하고, 공정증서원본불실기재·동행사죄(형법228 및 229)가 성립하지만, 업무상횡령죄(형법356)는 성립하지 않는다는 것이 판례[11]의 입장이다.

---

11) 대법원 2004. 6. 17. 선고 2003도7645 전원합의체 판결.

4. 창립총회

창립총회는 주식인수인으로써 구성되는 설립 중의 회사의 최고의 의사결정 기관이며, 성립 후의 회사의 주주총회에 해당한다. 따라서 주주총회에 관한 규정이 준용된다(법308②).

(1) 소집

금전출자의 납입과 현물출자의 이행을 완료한 때에는 발기인은 지체없이 창립총회를 소집하여야 한다(법308①).

(2) 결의방법

창립총회의 결의는 출석한 주식인수인의 의결권의 2/3 이상이며 인수된 주식의 총수의 과반수에 해당하는 다수로 하여야 한다(법309).

(3) 권한 등
(가) 발기인의 보고

발기인은 회사의 창립에 관한 사항을 서면에 의하여 창립총회에 보고하여야 한다(법311①). 이 보고서에는 ⅰ) 주식인수와 납입에 관한 제반상황, ⅱ) 변태설립사항에 관한 실태를 명확히 기재하여야 한다(법311②).

(나) 임원의 선임

창립총회에서는 이사와 감사를 선임하여야 한다(법312).

(다) 설립경과의 조사

이사와 감사는 취임 후 지체없이 회사의 설립에 관한 모든 사항이 법령 또는 정관의 규정에 위반되지 아니하는지의 여부를 조사하여 창립총회에 보고하여야 한다(법313①). 이사와 감사 중 발기인이었던 자·현물출자자 또는 회사성립 후 양수할 재산의 계약당사자인 자는 조사·보고에 참가하지 못한다(법313②, 법298②). 이사와 감사의 전원이 이에 해당하는 때에는 이사는 공증인으로 하여금 제1항의 조사·보고를 하게 하여야 한다(법313②, 법298③).

정관으로 변태설립사항을 정한 때에는 발기인은 이에 관한 조사를 하게 하기 위하여 검사인의 선임을 법원에 청구하여야 한다(법310①). 검사인의 보고서는 이를 창립총회에 제출하여야 한다(법310②). 검사인의 검사를 공증인 또는 감정인의 조사 또는 감정으로 갈음할 수 있는 것은 발기설립의 경우와 같다(법310②, 법298④, 법299의2).

(라) 변태설립사항의 변경

창립총회에서는 변태설립사항이 부당하다고 인정한 때에는 이를 변경할 수 있다(법314①). 이 변경에 불복하는 발기인은 그 주식의 인수를 취소할 수 있다(법314②, 법300② 전단). 이 경우에는 정관을 변경하여 설립에 관한 절차를 속행할 수 있다(법314②, 법300② 후단). 법원의 통고가 있은 후 2주 내에 주식의 인수를 취소한 발기인이 없는 때에는 정관은 통고에 따라서 변경된 것으로 본다(법314②, 법300③). 이 규정은 발기인에 대한 손해배상의 청구에 영향을 미치지 아니한다(법315).

(마) 정관변경, 설립폐지의 결의

창립총회에서는 정관의 변경 또는 설립의 폐지를 결의할 수 있다(법316①). 이 결의는 소집통지서에 그 뜻의 기재가 없는 경우에도 이를 할 수 있다(법316②).

Ⅴ. 설립등기

1. 등기기간

주식회사의 설립등기는 발기설립의 경우에는 이사·감사의 조사·보고가 종료한 날, 변태설립사항이 있을 경우에는 그 조사절차 및 법원의 변경처분 절차가 종료한 날로부터 2주간 내, 모집설립의 경우에는 창립총회가 종결한 날 또는 변태설립사항의 변경절차가 종료한 날로부터 2주간 내에 이를 하여야 한다(법317①).

2. 등기사항

설립등기에 있어서는 ⅰ) 목적, 상호, 회사가 발행할 주식의 총수, 액면주식을 발행하는 경우 1주의 금액, 본점의 소재지, 회사가 공고를 하는 방법, ⅱ) 자본금의 액, ⅲ) 발행주식의 총수, 그 종류와 각종주식의 내용과 수, ⅳ) 주식의 양도에 관하여 이사회의 승인을 얻도록 정한 때에는 그 규정, ⅴ) 주식매수선택권을 부여하도록 정한 때에는 그 규정, ⅵ) 지점의 소재지, ⅶ) 회사의 존립기간 또는 해산사유를 정한 때에는 그 기간 또는 사유, viii) 주주에게 배당할 이익으로 주식을 소각할 것을 정한 때에는 그 규정, ix) 전환주식을 발행하는 경우에는 제347조에 게기한 사항, x) 사내이사, 사외이사, 그 밖에 상무에 종사하지 아니하는 이사, 감사 및 집행임원의 성명과 주민등록번호, xi) 회사를 대표할 이사 또는 집행임원의 성명·주민등록번호 및 주소, xii) 공동대표이사 또는 공동대표집행임원이 공동으로 회사를 대표할 것을 정한 경우에는 그 규정, xiii) 명의개서 대리인을 둔 때에는 그 상호 및 본점소재지, xiv) 감사위원회를 설치한 때에는 감사위원회 위원의 성명 및 주민등록번호를 등기하여야 한다(법317②).

주식회사의 지점 설치 및 이전 시 지점소재지 또는 신지점소재지에서 등기를 할 때에는 위의 사항 중 목적, 상호, 본점의 소재지, 회사가 공고를 하는 방법, 회사의 존립기간 또는 해산사유를 정한 때에는 그 기간 또는 사유, 회사를 대표할 이사 또는 집행임원의 성명·주민등록번호 및 주소, xii) 공동대표이사 또는 공동대표집행임원이 공동으로 회사를 대표할 것을 정한 경우에는 그 규정을 등기하여야 한다(법317③). 제181조(지점 설치의 등기), 제182조(본점, 지점의 이전등기), 제183조(변경등기)의 규정은 주식회사의 등기에 준용한다(법317④).

3. 설립등기의 효과

설립등기가 행하여지면 회사가 성립하여 법인격을 취득한다(법172). 따라서 주식인수인은 주주로 되고, 이사·감사는 성립 후의 회사의 기관이 된다. 또한 설립 중의 회사의 집행기관 또는 구성원인 발기인이 회사설립을 위하여 취득하거나 부담한 권리의무는 성립된 회사에 귀속된다.

회사성립 후에는 ⅰ) 주식인수의 무효·취소의 제한(법320), ⅱ) 권리주 양도제한의 배제(법319), ⅲ) 주권발행의 허용 및 강제(법355①), ⅳ) 설립무효 주장의 제한(법328①), ⅴ) 발기인의 자본충실책임(법321)이 적용된다.

** 관련 판례

① 대법원 2009. 4. 9. 선고 2007두26629 판결

[법인 설립의 의미]

법인의 설립에 관한 민법과 상법의 각 규정에 의하면, 법인의 설립에는 기본

적으로 설립행위와 설립등기가 필요하고, 법인은 설립행위를 거쳐 설립등기를 함으로써 성립함과 동시에 법인격을 취득하게 되어 그로써 법인의 설립은 완성되는 것이므로, 설립등기 없는 법인의 설립은 있을 수 없고, 일단 법인이 설립등기로써 성립한 이후에는 그 법인격이 소멸되지 않는 한 같은 설립등기에 의한 새로운 법인의 설립도 있을 수 없다. 위의 법리는 법인설립절차를 규율하는 기본법인 민법과 상법이 규정하는 바로서 법인설립에 관한 기본원칙이 되고 있고, 법인의 설립등기는 다른 법인등기 또는 상업등기와는 달리 창설적 효력을 가지며 그에 관한 규정은 강행규정인 점, 기타 관계 규정의 형식과 내용 등을 종합적으로 고려할 때, 구 지방세법(2001. 12. 29. 법률 제6549호로 개정되기 전의 것)에서 '법인의 설립'에 관하여 위와 같은 일반적인 법리와는 다른 별도의 정의 규정을 두고 있지 아니한 이상, 같은 법 제138조 제1항 제1호와 제3호에서 규정하는 '법인의 설립' 역시 '설립등기에 의한 설립'을 뜻하는 것으로 해석하여야 한다.

② 대법원 2020. 2. 27. 선고 2019도9293 판결

[설립등기를 함으로써 회사가 성립하였다고 볼 수 있는 경우, 설립등기와 그 기재 내용이 공정증서원본 불실기재죄나 공전자기록 등 불실기재죄에서 말하는 '불실의 사실'에 해당하는지 여부(원칙적 소극)]

주식회사의 발기인 등이 상법 등 법령에 정한 회사설립의 요건과 절차에 따라 회사설립등기를 함으로써 회사가 성립하였다고 볼 수 있는 경우 회사설립등기와 그 기재 내용은 특별한 사정이 없는 한 공정증서원본 등 불실기재죄에서 말하는 불실의 사실에 해당하지 않는다. 발기인 등이 회사를 설립할 당시 회사를 실제로 운영할 의사 없이 회사를 이용한 범죄 의도나 목적이 있었다거나, 회사로서의 인적·물적 조직 등 영업의 실질을 갖추지 않았다는 이유만으로는 불실의 사실을 법인등기부에 기록하게 한 것으로 볼 수 없다. 상세한 이유는 다음과 같다.

[1] 상법상 회사는 상행위나 그 밖의 영리를 목적으로 설립한 법인을 말한다(제169조). 주식회사는 상법 제170조에 정해진 회사로서, 상법 규정에 따라 설립되고 상법에 근거하여 법인격이 인정된다. 상법은 회사의 설립에 관해 이른바 준칙주의를 채택하고 있다. 즉, 상법 규정에 따른 요건과 절차를 준수하여 이에 따라 회사를 설립한 경우에 회사의 성립을 인정한다.

등기관은 원칙적으로 회사설립에 관한 등기신청에 대하여 실체법상 권리관계와 일치하는지 여부를 일일이 심사할 권한은 없고 오직 신청서, 그 첨부서류와 등기부에 의하여 상법, 상업등기법과 상업등기규칙 등에 정해진 절차와 내용에 따라 등기요건에 합치하는지 여부를 심사할 권한밖에 없다. 등기관이 상업등기법

제26조 제10호에 따라 등기할 사항에 무효 또는 취소의 원인이 있는지 여부를 심사할 권한을 가진다고 하더라도, 그 심사방법으로는 등기부, 신청서와 법령에서 그 등기의 신청에 관하여 요구하는 각종 첨부서류만으로 그 가운데 나타난 사실관계를 기초로 판단하여야 하고, 그 밖에 다른 서면의 제출을 받거나 그 밖의 방법으로 사실관계의 진부를 조사할 수는 없다(대법원 2008. 12. 15.자 2007마1154 결정 등 참조). 발기인 등이 상법 등에 정해진 회사설립의 실체적·절차적 요건을 모두 갖추어 설립등기를 신청하면 등기관은 설립등기를 하여야 하고, 회사설립의 실제 의도나 목적을 심사할 권한이나 방법이 없다.

상법에 따르면 회사는 본점 소재지에서 설립등기를 함으로써 성립한다(제172조). 상법 제3편 제4장 제1절에서 주식회사의 설립절차를, 제317조 제2항에서 주식회사 설립 등기의 필수적 등기사항을 정하고 있다. 상업등기규칙 제129조는 설립등기를 신청하는 경우 회사 본점 소재지의 관할등기소에 제공하여야 하는 정보에 대해 정하고 있다. 회사의 설립등기는 다른 상업등기와 달리 창설적 효력이 있고 그에 관한 규정은 강행규정이다(대법원 2009. 4. 9. 선고 2007두26629 판결 등 참조).

발기인 등이 상법에서 정한 회사설립절차에 따라 주식회사를 설립한다는 의사를 가지고 상법, 상업등기법과 상업등기규칙 등에 정한 회사설립의 실체적·절차적 요건을 모두 갖추어 설립등기를 신청하고 등기관이 심사하여 설립등기를 한 경우에는 특별한 사정이 없는 한 상법 제172조에 따라 설립등기의 기재사항을 구체적인 내용으로 하는 회사가 성립한다.

발기인 등 그 설립에 관여하는 사람이 가지는 회사설립의 의도나 목적 등 주관적 사정만으로는 회사설립에 관해 상법, 상업등기법과 상업등기규칙 등에서 정하는 요건과 절차가 갖추어졌는지 여부를 달리 평가할 수 없다. 이러한 사정을 이유로 회사설립행위 자체를 없었던 것으로 본다거나 회사설립등기에 따른 회사 성립의 효력을 함부로 부정할 수 없다. 회사설립등기가 발기인 등의 주관적 의도나 목적을 공시하는 것도 아니다.

상법에 정한 회사설립절차에 따르더라도 회사설립 시에 회사로서의 인적·물적 조직 등 영업의 실질을 갖추는 것까지 요구된다고 볼 근거도 없다. 회사설립등기를 한 다음에 비로소 회사로서의 실체를 형성하는 것이 불가능하다고 볼 이유가 없고, 회사설립 시에 정관에 기재된 목적에 따라 영업을 개시할 것도 반드시 요구되지 않는다.

[2] 회사설립등기에 관해 공정증서원본 등 불실기재죄의 성립이 문제되는 경우 설립 등기 당시를 기준으로 회사설립등기와 그 등기사항이 진실에 반하는

지 여부를 판단하여야 한다. 이때 원칙적으로 회사설립에 관한 발기인 등의 주관적 의도나 목적이 무엇인지 또는 회사로서의 실체를 갖추었는지에 따라 불실 여부에 대한 판단이 달라진다고 볼 수 없다.

　회사설립의 주관적 의도와 목적만을 이유로 그 설립등기가 불실기재가 된다고 본다면 형사처벌 범위가 지나치게 확대되거나 범죄의 성립 여부가 불확실하게 될 수 있다. 회사의 해산명령에 관한 상법 제176조 제1항은 제1호에서 '회사의 설립목적이 불법한 것인 때'에 법원이 이해관계인이나 검사의 청구에 의하여 또는 직권으로 회사의 해산을 명할 수 있다고 정하고 있다. 따라서 설립목적이 불법한 회사라도 회사로서 성립한다는 것을 전제로 하여 해산명령의 대상이 될 뿐이라고 보아야 한다.

　회사의 법인격을 범죄에 악용하는 여러 유형 중에서 이 사안의 경우와 같이 이른바 '대포통장' 유통의 목적이 있는 경우에 한해 그와 같은 목적으로 설립된 회사가 부존재한다거나 그 실체가 없다는 이유로 불실기재를 인정할 근거도 없다.

제4절 설립관여자의 책임

Ⅰ. 의의

　상법은 회사의 건전한 설립을 도모하고 이해관계자의 보호를 위하여 설립절차를 규정하고, 발기인 등의 설립관여자에게 엄격한 책임을 지우고 있다.

Ⅱ. 발기인의 책임

1. 회사성립의 경우

(1) 회사에 대한 책임

(가) 인수·납입담보책임

　회사설립시에 발행한 주식으로서 회사성립 후에 아직 인수되지 아니한 주식이 있거나 주식인수의 청약이 취소된 때에는 발기인이 이를 공동으로 인수한 것으로 본다(법321①). 이를 인수담보책임이라고 하는데, 인수담보책임은 발기인에 대한 손해배상의 청구에 영향을 미치지 아니한다(법321③, 법315). 인수담보책임으로 발기인은 주주로 되고 납입의무를 부담한다.

회사성립 후 발기인 또는 제3의 주식인수인이 납입을 완료하지 아니한 주식이 있는 때에는 발기인은 연대하여 그 납입을 하여야 한다(법321②). 이를 납입담보책임이라고 하는데, 납입담보책임은 발기인에 대한 손해배상의 청구에 영향을 미치지 아니한다(법321③, 법315). 납입담보책임으로 발기인은 연대하여 납입할 의무를 부담하게 되고, 발기인 자신이 주주가 되는 것은 아니다. 발기인과 납입을 하지 아니한 주식인수인과는 부진정 연대책임관계에 있다.

인수·납입담보책임은 일반 주주와 회사채권자의 이익을 보호하기 위한 자본충실의 요청으로 인정되는 무과실책임이다.

(나) 손해배상책임

발기인이 회사의 설립에 관하여 그 임무를 해태한 때에는 그 발기인은 회사에 대하여 연대하여 손해를 배상할 책임이 있다(법322①). 발기인의 손해배상책임은 회사가 성립한 경우에만 발생한다. 손해배상책임은 인수·납입담보책임과 달리 발기인의 임무해태에 대하여 인정되는 과실책임이다.

(2) 제3자에 대한 책임

발기인이 악의 또는 중대한 과실로 인하여 그 임무를 해태한 때에는 그 발기인은 제3자에 대하여도 연대하여 손해를 배상할 책임이 있다(법322②). 제3자는 회사 이외의 모든 자를 가리키며, 주식인수인 또는 주주도 포함한다. 성질은 상법이 인정하는 법정책임이다.

2. 회사 불성립의 경우

회사가 성립하지 못한 경우에는 발기인은 그 설립에 관한 행위에 대하여 연대하여 책임을 진다(법326①). 이 책임은 회사 불성립에 관하여 발기인의 고의 또는 과실을 요하지 않는 무과실책임이다. 이 경우에 회사의 설립에 관하여 지급한 비용은 발기인이 부담한다(법326②).

Ⅲ. 유사발기인의 책임

유사발기인이란 정관에 발기인으로서 기명날인 또는 서명은 하지 않았으나 주식청약서 기타 주식모집에 관한 서면에 성명과 회사의 설립에 찬조하는 뜻을 기재할 것을 승낙한 자를 말한다. 유사발기인, 즉 주식청약서 기타 주식모집에 관한 서면에 성명과 회사의 설립에 찬조하는 뜻을 기재할 것을 승낙한 자는 발기인과 동일한 책임이 있다(법327). 이것은 외관을 신뢰한 제3자를 보호하기 위하여 발기인과 동일한 책임을 지운 것이다.

유사발기인은 발기인과 동일한 책임이 있다고 규정되어 있으나, 유사발기인은 발기인으로서 임무해태가 문제로 되지 않으므로 회사가 성립한 경우에는 자본충실책임만을 지고(법321), 회사가 성립하지 아니한 경우에는 상법 제326조(회사불성립의 경우의 발기인의 책임)의 책임을 진다.

Ⅳ. 이사·감사의 책임

이사 또는 감사가 상법 제313조(이사, 감사의 조사, 보고) 제1항의 규정에 의한 임무를 해태하여 회사 또는 제3자에 대하여 손해를 배상할 책임을 지는 경우에 발기인도 책임을 질 때에는 그 이사, 감사와 발기인은 연대하여 손해를 배상할 책임이 있다(법323).

Ⅴ. 검사인의 책임

법원이 선임한 검사인이 악의 또는 중대한 과실로 인하여 그 임무를 해태한 때에는 회사 또는 제3자에 대하여 손해를 배상할 책임이 있다(법325). 검사인은 회사와 위임관계에 있지는 않지만, 상법은 주식인수인과 회사채권자를 보호하기 위하여 정책적으로 검사인에게 손해배상책임을 인정하고 있다.

제5절 설립의 무효

Ⅰ. 무효 원인

설립무효의 원인이 될 수 있는 하자는 객관적 하자이다. 객관적 하자는 설립절차가 선량한 풍속 기타 사회질서, 강행법규 또는 주식회사의 본질에 반하는 경우에 인정된다. 예를 들면 정관의 절대적 기재사항의 흠결, 정관에 공증인의 인증이 없는 경우, 설립등기가 무효인 경우 등이다.

Ⅱ. 설립무효의 소

1. 제소권자와 제소기간

회사설립의 무효는 주주·이사 또는 감사에 한하여 회사성립의 날로부터 2년 내에 소만으로 이를 주장할 수 있다(법328①).

2. 관할 등

설립무효의 소는 본점소재지의 지방법원의 관할에 전속하고(법328②, 법186), 설립무효의 소가 제기된 때에는 회사는 지체없이 공고하여야 하며(법328②, 법187) 수개의 설립무효의 소가 제기된 때에는 법원은 이를 병합심리하여야 하며(법328②, 법188), 설립무효의 소가 그 심리 중에 원인이 된 하자가 보완되고 회사의 현황과 제반사정을 참작하여 설립을 무효 또는 취소하는 것이 부적당하다고 인정한 때에는 법원은 그 청구를 기각할 수 있다(법328②, 법189).

3. 효력

설립무효의 판결은 제3자에 대하여도 그 효력이 있다(법328②, 법190 본문). 그러나 판결확정 전에 생긴 회사와 사원 및 제3자 간의 권리의무에 영향을 미치지 아니한다(법328②, 법190 단서). 설립무효의 소를 제기한 자가 패소한 경우에 악의 또는 중대한 과실이 있는 때에는 회사에 대하여 연대하여 손해를 배상할 책임이 있으며(법328②, 법191), 설립무효의 판결이 확정된 때에는 본점과 지점의 소재지에서 등기하여야 한다(법328②, 법192).

4. 청산

설립무효의 판결이 확정된 때에는 해산의 경우에 준하여 청산하여야 한다 (법328②, 법193①). 이 경우에는 법원은 사원 기타의 이해관계인의 청구에 의하여 청산인을 선임할 수 있다(법328②, 법193②).

** 관련 판례: 대법원 2020. 5. 14. 선고 2019다299614 판결
[설립무효사유 및 설립과 관련된 주주 개인의 의사무능력이나 의사표시의 하자가 설립무효사유가 되는지 여부(소극)]
[1] 관련 법리
상법은 회사의 설립에 관하여 이른바 준칙주의를 채택하고 있으므로, 상법 규정에 따른 요건과 절차를 준수하여 회사를 설립한 경우에 회사의 성립이 인정된다. 그러나 다수의 이해관계인이 참여하는 회사의 설립에 관하여 일반원칙에 따라 제한 없이 설립의 무효를 주장할 수 있도록 허용하면 거래안전을 해치고 회사의 법률관계를 혼란에 빠지게 할 수 있으므로 상법은 회사 설립의 무효에 관하여 반드시 회사성립의 날로부터 2년 내에 소를 제기하는 방법으로만 주장할 수 있도록 하였다(상법 제184조, 제269조, 제287조의6, 제328조, 제552조). 또한 주식회사를 제외한 합명회사와 합자회사, 유한책임회사와 유한회사에 대해서는 설립취소의 소를 규정하고 있으나 주식회사에 대해서는 설립취소의 소에 관한 규정을 두지 않았는데(상법 제184조, 제269조, 제287조의6, 제552조), 이는 물적 회사로서 주주 개인의 개성이 중시되지 않는 주식회사에 있어서는 취소사유에 해당하는 하자를 이유로 해서는 회사 설립의 효력을 다툴 수 없도록 정한 것이다. 회사 설립을 위해 주식을 인수한 자는 일정한 요건을 갖추어 주식인수의 무효 또는 취소를 다툴 수 있으나, 이 역시 주식회사가 성립된 이후에는 그 권리행사가 제한된다(상법 제320조). 이러한 상법의 체계와 규정 내용을 종합해 보면, 주식회사의 설립과 관련된 주주 개인의 의사무능력이나 의사표시의 하자는 회사설립무효의 사유가 되지 못하고, 주식회사의 설립 자체가 강행규정에 반하거나 선량한 풍속 기타 사회질서에 반하는 경우 또는 주식회사의 본질에 반하는 경우 등에 한하여 회

사설립무효의 사유가 된다고 봄이 타당하다.

　[2] 판단

　원심은 그 판시와 같은 이유를 들어, 피고의 설립과정에 일부 절차를 거치지 아니한 사실이 있으나 그러한 사정만으로는 피고의 설립 자체가 강행법규 또는 공서양속에 위반되거나 주식회사의 본질에 반하는 것으로서 회사설립무효의 사유에 해당한다고 할 수 없다고 보아 원고의 주위적 청구를 배척하였다. 앞서 본 법리에 따라 기록을 살펴보면, 원심의 판단에 필요한 심리를 다하지 아니한 채 논리와 경험의 법칙을 위반하여 자유심증주의의 한계를 벗어나거나 주식회사의 설립무효사유에 관한 법리를 오해한 잘못이 없다.

제3장

주식과 주주

제1절 주식

I. 주식의 개념

주식회사의 자본은 주식으로 분할하여야 하므로 주식은 자본의 구성단위로서의 의미를 가진다. 또한 ˙주식은 주식회사에 있어서 주주의 지위를 뜻하는데, 이는 주주가 회사에 대하여 가지는 권리의무의 총체를 말한다. 따라서 주식이라는 제도를 통해 다수인이 쉽게 주식회사의 주주로 참여할 수 있다.

Ⅱ. 주주평등의 원칙

1. 의의

주주평등의 원칙이란, 주주는 회사와의 법률관계에서는 그가 가진 주식의 수에 따라 평등한 취급을 받아야 함을 의미한다. 이를 위반하여 회사가 일부 주주에게만 우월한 권리나 이익을 부여하기로 하는 약정은 특별한 사정이 없는 한 무효이다. 이는 그 약정이 주주의 자격을 취득하기 이전에 체결되었다거나, 신주인수계약과 별도의 계약으로 체결되는 형태를 취하였다고 하여 달리 볼 것이 아니다.[1]

2. 적용범위

상법은 주주평등의 원칙을 명문규정으로 인정하고 있지는 않지만 의결권(법369①), 신주인수권(법418①), 이익배당청구권(법464), 잔여재산분배청구권(법538) 등에 적용된다.

3. 예외

상법은 주주평등의 원칙의 예외를 명문으로 규정하고 있다. 예를 들어 종류주식(법344), 소수주주권(법366), 감사의 선임(법409), 단주의 처리(법443) 등이다.

4. 위반의 효과

주주평등의 원칙은 강행규정으로 이에 반하는 정관규정, 주주총회 결의 또는 이사회의 결의, 업무집행은 무효이다.

---

1) 대법원 2020. 8. 13. 선고 2018다236241 판결.

** 관련 판례

① 대법원 2020. 8. 13. 선고 2018다236241 판결
[주주평등의 원칙을 위반한 약정의 효력(원칙적 무효)]
[1] 관련 법리

회사가 신주를 인수하여 주주의 지위를 갖게 되는 자와 사이에 신주인수대금으로 납입한 돈을 전액 보전해 주기로 약정하거나, 상법 제462조 등 법률의 규정에 의한 배당 외에 다른 주주들에게는 지급되지 않는 별도의 수익을 지급하기로 약정한다면, 이는 회사가 해당 주주에 대하여만 투하자본의 회수를 절대적으로 보장함으로써 다른 주주들에게 인정되지 않는 우월한 권리를 부여하는 것으로서 주주평등의 원칙에 위배되어 무효이다. 이러한 약정의 내용이 주주로서의 지위에서 발생하는 손실의 보상을 주된 내용으로 하는 이상, 그 약정이 주주의 자격을 취득하기 이전에 체결되었다거나, 신주인수계약과 별도의 계약으로 체결되는 형태를 취하였다고 하여 달리 볼 것은 아니다.

[2] 판단

이 사건 투자계약은 이 사건 유상증자에 참여하여 원고 주주의 지위를 갖게 되는 피고들에게 그 신주인수대금의 회수를 전액 보전해 주는 것을 내용으로 하고 있어서, 회사가 주주에 대하여 투하자본의 회수를 절대적으로 보장하는 것인 동시에 다른 주주들에게 인정되지 않는 우월한 권리를 부여하는 계약이다. 즉, 이 사건에서 피고들이 투자한 자금이 그 액수 그대로 신주인수대금으로 사용될 것으로 예정되어 있었고 실제로도 그와 같이 사용되었으며 이로써 피고들이 원고의 주주가 된 이상, 이 사건 투자계약이 피고들이 주주로서의 지위로부터 발생하는 손실을 보상하는 것을 주된 목적으로 한다는 점을 부인할 수 없으므로 주주평등의 원칙의 규율 대상에서 벗어날 수 없다.

이는 이 사건 투자계약이 체결된 시점이 피고들이 주주의 자격을 취득하기 이전이었다거나, 신주인수계약과 별도로 이 사건 투자계약이 체결되었다는 사정이 있더라도 달리 볼 수는 없다. 따라서 이 사건 투자계약은 주주평등의 원칙에 위반된다고 봄이 상당하다.

② 대법원 2007. 6. 28. 선고 2006다38161, 38178 판결
[회사가 직원들을 유상증자에 참여시키면서 퇴직시 출자 손실금을 전액 보전해 주기로 약정한 경우, 손실보전약정이 무효라는 이유로 신주인수계약까지 무효가 되는지 여부(소극)]

[1] 이 사건 손실보전합의 및 퇴직금 특례지급기준(이하 이들을 포괄하여 '이 사건 손실보전약정'이라고만 한다)은 유상증자에 참여하여 주주의 지위를 갖게 될 평화은행의 직원들에게 퇴직시 그 출자 손실금을 전액 보전해 주는 것을 내용으로 하고 있어서 회사가 주주에 대하여 투하자본의 회수를 절대적으로 보장하는 셈이 되고 다른 주주들에게 인정되지 않는 우월한 권리를 부여하는 것으로서 주주평등의 원칙에 위반되어 무효라고 한 판단은 정당하다.

비록 이 사건 손실보전약정이 사용자와 근로자의 관계를 규율하는 단체협약 또는 취업규칙의 성격을 겸하고 있다고 하더라도, 주주로서의 지위로부터 발생하는 손실에 대한 보상을 주된 목적으로 한다는 점을 부인할 수 없는 이상 주주평등의 원칙의 규율 대상에서 벗어날 수는 없을 뿐만 아니라, 그 체결 시점이 원고들의 주주자격 취득 이전이라 할지라도 원고들이 신주를 인수함으로써 주주의 자격을 취득한 이후의 신주매각에 따른 손실을 전보하는 것을 내용으로 하는 것이므로 주주평등의 원칙에 위반되는 것으로 보아야 할 것이고, 이 사건 손실보전약정 당시 원고들이 평화은행의 직원이었고 또한 시가가 액면에 현저히 미달되는 상황이었다는 사정을 들어 달리 볼 수는 없다.

[2] 민법 제137조는 임의규정으로서 의사자치의 원칙이 지배하는 영역에서 적용된다고 할 것이므로, 법률행위의 일부가 강행법규인 효력규정에 위반되어 무효가 되는 경우 그 부분의 무효가 나머지 부분의 유효·무효에 영향을 미치는가의 여부를 판단함에 있어서는 개별 법령이 일부무효의 효력에 관한 규정을 두고 있는 경우에는 그에 따라야 하고, 그러한 규정이 없다면 원칙적으로 민법 제137조가 적용될 것이나 당해 효력규정 및 그 효력규정을 둔 법의 입법 취지를 고려하여 볼 때 나머지 부분을 무효로 한다면 당해 효력규정 및 그 법의 취지에 명백히 반하는 결과가 초래되는 경우에는 나머지 부분까지 무효가 된다고 할 수는 없다고 할 것이다(대법원 2004. 6. 11. 선고 2003다1601 판결 등 참조). 따라서 이 사건에서 원고들의 신주인수의 동기가 된 이 사건 손실보전약정이 주주평등의 원칙에 위반되어 무효라는 이유로 이 사건 신주인수까지 무효로 보아 원고들로 하여금 그 주식인수대금을 부당이득으로서 반환받을 수 있도록 한다면 이는 사실상 다른 주주들과는 달리 원고들에게만 투하자본의 회수를 보장하는 결과가 되어 오히려 강행규정인 주주평등의 원칙에 반하는 결과를 초래하게 될 것이므로, 이 사건 신주인수계약까지 무효라고 보아서는 아니 될 것이다(대법원 2005. 6. 10. 선고 2002다63671 판결 참조).

③ 대법원 2018. 9. 13. 선고 2018다9920(본소), 9937(반소) 판결

[회사가 일부 주주에게만 우월한 권리나 이익을 부여하기로 하는 약정의 효력 (원칙적 무효)]

경영난에 처한 원고가 피고 1과 사이에, 피고 1이 처인 피고 2와 함께 원고의 우리사주조합원들이 보유한 주식 40,000주를 액면가로 매수하고 그와 별도로 원고에게 4억 원을 대여하는 방법으로 총 6억 원의 운영자금을 조달해 주고 원고의 임원 1명을 추천하는 권리를 가지기로 약정하였다가 위 임원추천권 대신 피고들이 원고로부터 정기적으로 돈을 지급받기로 약정하였다면, 이는 운영자금 조달에 대한 대가로서, 위 지급금을 받을 피고들의 권리는 주주 겸 채권자의 지위에서 가지는 계약상의 특수한 권리인 반면 피고들이 원고의 주주인 점은 변함이 없으므로, 피고들이 원고로부터 6억 원의 운영자금을 조달해 준 대가를 전부 지급받으면 피고들은 원고의 채권자로서의 지위를 상실하고 40,000주의 주주로서의 지위만 가지게 되고, 그 이후에도 원고가 피고들에게 계속 지급금을 지급한다면 이는 회사인 원고가 다른 주주들에게 인정되지 않는 우월한 권리를 주주인 피고들에게 부여하는 것으로 주주평등의 원칙에 위반된다.

Ⅲ. 액면주식과 무액면주식

1. 액면주식

액면주식이란 정관과 주권에 1주의 금액(액면가, 주금액)이 기재된 주식을 말한다. 액면주식의 금액은 균일하여야 하며(법329②), 액면주식 1주의 금액은 100원 이상으로 하여야 한다(법329③). 발행된 주식의 액면가는 자본을 구성하며(법451), 액면을 초과하는 금액은 자본준비금으로 적립하여야 한다(법459①).

2. 무액면주식

무액면주식은 1주당 금액이 없고 주권에 주식수만 기재된 주식이다. 무액면주식은 1주권, 10주권, 100주권 등의 형태이다. 따라서 주주는 전체 발행주식총수 중 자기가 보유하는 지분의 비율만을 알 수 있을 뿐이다. 회사는 정관으로 정한 경우에는 주식의 전부를 무액면주식으로 발행할 수 있다(법329① 본문). 다만, 무액면주식을 발행하는 경우에는 액면주식을 발행할 수 없다(법329① 단서).

회사가 무액면주식을 발행하는 경우 회사의 자본금은 주식 발행가액의 1/2 이상의 금액으로서 이사회(제416조 단서에서 정한 주식발행의 경우에는 주주총회)에서 자본금으로 계상하기로 한 금액의 총액으로 한다(법451② 전단). 이 경우 주식의 발행가액 중 자본금으로 계상하지 아니하는 금액은 자본준비금으로 계상하여야 한다(법451② 후단).

3. 액면주식과 무액면주식의 전환

(1) 전환방식 및 절차

회사는 정관으로 정하는 바에 따라 발행된 액면주식을 무액면주식으로 전환하거나 무액면주식을 액면주식으로 전환할 수 있다(법329④). 회사의 자본금은 액면주식을 무액면주식으로 전환하거나 무액면주식을 액면주식으로 전환함으로써 변경할 수 없다(법451③).

(2) 통지와 효력발생시기

회사는 1월 이상의 기간을 정하여 액면주식을 무액면주식으로 전환한다는 뜻과 그 기간 내에 주권을 회사에 제출할 것을 공고하고 주주명부에 기재된 주주와 질권자에 대하여는 각별로 그 통지를 하여야 한다(법329⑤, 법440). 주식의 전환은 주주에 대한 공고 기간이 만료한 때에 그 효력이 생긴다(법329⑤, 법441 본문).

(3) 신주권의 교부

주식을 전환하는 경우에 주주가 제출한 액면주권에 갈음하여 무액면주권을, 또는 무액면주권에 갈음하여 액면주권을 교부해야 한다. 구주권을 회사에 제출할 수 없는 자가 있는 때에는 회사는 그 자의 청구에 의하여 3월 이상의 기간을 정하고 이해관계인에 대하여 그 주권에 대한 이의가 있으면 그 기간 내에 제출할 뜻을 공고하고 그 기간이 경과한 후에 신주권을 청구자에게 교부할 수 있다(법329⑤, 법442①).

Ⅳ. 종류주식

1. 서설

(1) 의의

종류주식이란 이익의 배당, 잔여재산의 분배, 주주총회에서의 의결권의 행사, 상환 및 전환 등에 관하여 내용이 다른 종류의 주식을 말한다(법344①). 회사는 종류주식을 발행할 수 있다(법344①). 종류주식에는 이익배당 또는 잔여재산분배에 관한 종류주식(법344①, 법344의2), 의결권의 배제·제한에 관한 종류주식(법344①, 법344의3), 주식의 상환에 관한 종류주식(법344①, 법345), 주식의 전환에 관한 종류주식(법344①, 법346)이 있다.

(2) 발행

회사가 종류주식을 발행하는 경우에는 정관으로 각 종류주식의 내용과 수를 정하여야 한다(법344②). 또한 종류주식을 발행할 때에는 등기하여야 하며(법317②(3)), 그 내용은 주식청약서(법420), 주주명부(법352①(2)), 주권(법356(6))에 기재하여 공시하여야 한다. 종류주식은 정관이 정한 범위 내에서 회사설립시에는 발기인이(법291(1)), 신주발행시에는 이사회(법416(1))가 종류와 수량을 정하여 발행할 수 있다.

(3) 종류주식의 특칙

회사가 종류주식을 발행하는 때에는 정관에 다른 정함이 없는 경우에도 주식의 종류에 따라 신주의 인수, 주식의 병합·분할·소각 또는 회사의 합병·분할로 인한 주식의 배정에 관하여 특수하게 정할 수 있다(법344③). 이는 종류주주 간의 실질적인 평등을 도모하기 위한 것이다.

(4) 종류주주총회

종류주식 주주의 종류주주총회의 결의는 출석한 주주의 의결권의 2/3 이상의 수와 그 종류의 발행주식총수의 1/3 이상의 수로써 하여야 한다(법344④, 법435②).

2. 이익배당 또는 잔여재산분배에 관한 종류주식

(1) 이익배당에 관한 종류주식

회사가 이익의 배당에 관하여 내용이 다른 종류주식을 발행하는 경우에는 정관에 그 종류주식의 주주에게 교부하는 배당재산의 종류, 배당재산의 가액의 결정방법, 이익을 배당하는 조건 등 이익배당에 관한 내용을 정하여야 한다(법 344의2①).

(2) 잔여재산의 분배에 관한 종류주식

회사가 잔여재산의 분배에 관하여 내용이 다른 종류주식을 발행하는 경우에는 정관에 잔여재산의 종류, 잔여재산의 가액의 결정방법, 그 밖에 잔여재산분배에 관한 내용을 정하여야 한다(법344의2②).

(3) 유형

회사는 이익배당 또는 잔여재산분배에 관하여 내용이 다른 종류주식을 발행할 수 있는데, 이 경우 표준이 되는 주식을 보통주라 한다. 우선주는 다른 주식에 우선하여 이익배당 또는 잔여재산분배를 받을 수 있는 주식이다.

우선주는 그 우선권의 태양에 따라 참가적·비참가적, 누적적·비누적적 우선주로 구별된다. 참가적 우선주는 일정률의 이익배당을 받고 다시 잔여이익의 배당에도 보통주와 함께 참가하는 것이고, 비참가적 우선주는 일정률의 우선배당을 받을 뿐이고 잔여의 이익은 모두 보통주에게 배당시키는 것이다. 후자의 경우에는 우선주가 보통주보다 저율의 배당을 받는 수가 있다.

누적적 우선주는 어떠한 연도의 배당이 소정의 우선 배당률에 달하지 아니할 때에는 그 부족액을 후년도의 이익에서 추징할 수 있는 것이고, 비누적적 우선주는 이러한 추징권이 인정되지 않는 것이다. 참가적·누적적 우선주가 주주에게 가장 유리하다.

** 관련 판례: 대법원 2022. 8. 19. 선고 2020다263574

[정관에서 정한 지급조건이 갖추어지는 때에 주주에게 구체적이고 확정적인 배당금지급청구권이 인정될 수 있는지 여부(적극) / 주주총회에서 이익배당 결의를 하지 않았다거나 이익배당을 거부하는 결의를 하였다는 사정을 들어 이익배당금 지급을 거절할 수 있는지 여부(소극)]

[1] 관련 법리

(가) 2011년 상법 개정으로 회사가 발행할 수 있는 종류주식의 유형이 확대됨에 따라 회사는 이익의 배당, 잔여재산의 분배, 주주총회에서의 의결권의 행사, 상환 및 전환 등에 관하여 내용이 다른 종류의 주식을 발행할 수 있게 되었다(상법 제344조 제1항). 이 경우 회사는 정관에 발행하고자 하는 종류주식의 내용과 수를 정하여야 하고, 특히 이익배당에 관하여 내용이 다른 종류주식을 발행하는 때에는 정관에 그 종류주식의 주주에게 교부하는 배당재산의 종류, 배당재산의 가액의 결정방법, 이익을 배당하는 조건 등 이익배당에 관한 내용도 정하여야 한다(상법 제344조 제2항, 제344조의2 제1항).

(나) 주주의 이익배당청구권은 장차 이익배당을 받을 수 있다는 의미의 권리에 지나지 아니하여 이익잉여금처분계산서가 주주총회에서 승인됨으로써 이익배당이 확정될 때까지는 주주에게 구체적이고 확정적인 배당금지급청구권이 인정되지 아니한다(대법원 2010. 10. 28. 선고 2010다53792 판결 등 참조). 다만 정관에서 회사에 배당의무를 부과하면서 배당금의 지급 조건이나 배당금액을 산정하는 방식 등을 구체적으로 정하고 있어 그에 따라 개별 주주에게 배당할 금액이 일의적으로 산정되고, 대표이사나 이사회가 경영판단에 따라 배당금 지급 여부나 시기, 배당금액 등을 달리 정할 수 있도록 하는 규정이 없다면, 예외적으로 정관에서 정한 지급조건이 갖추어지는 때에 주주에게 구체적이고 확정적인 배당금지급청구권이 인정될 수 있다. 그리고 이러한 경우 회사는 주주총회에서 이익배당에 관한 결의를 하지 않았다거나 정관과 달리 이익배당을 거부하는 결의를 하였다는 사정을 들어 주주에게 이익배당금의 지급을 거절할 수 없다.

[2] 사실관계

원심판결 이유와 기록에 의하면 다음과 같은 사실을 알 수 있다.

(가) 원고는 피고 회사가 발행한 총 주식 106,000주(보통주) 전부를 보유하고 있었다. 이후 피고 회사의 주주총회에서 원고의 찬성으로 이익배당에 관한 종류주식(이하 '이 사건 우선주'라 한다)을 발행할 수 있도록 정관을 변경하고, 이미 발행된 보통주 106,000주 중 31,800주를 이 사건 우선주로 변경하는 것을 승인하는

결의가 이루어졌다.

(나) 피고 회사의 정관은 이 사건 우선주에 관하여 다음과 같이 정하고 있다.

1) 피고 회사가 발행할 주식의 종류는 기명식 보통주식과 기명식 우선주식으로 한다(제8조 제1항).

2) 피고 회사가 발행할 우선주식은 기명식 이익배당 우선주식이고, 발행하는 우선주식의 수는 31,800주로 한다(제8조의2).

3) 우선주식의 주주는 주식 1주당 보통주와 동일하게 1개의 의결권을 갖는다(제8조의3 제1항).

4) 우선주식의 주주는 우선주식을 보유하는 동안 1주당 당기순이익 중 106,000분의 1을 우선적으로 현금으로 배당받고, 우선주식에 대한 배당은 정기주주총회(결산승인의 총회)일로부터 7일 이내에 지급되어야 하고, 당해 회계연도에 당기순이익이 있는 경우 반드시 정기주주총회(결산승인의 총회)의 결의를 통하여 그때부터 7일 이내에 지급되어야 한다(제8조의4).

(다) 2018년과 2019년에 개최된 각 정기주주총회에서 전년도에 당기순이익이 발생하였음에도 이익배당에 관하여 아무런 기재가 없는 잉여금처분계산서가 승인되자, 피고 회사는 이를 이유로 원고에게 이익배당금을 지급하지 않았다.

[3] 판단

위 사실관계를 앞서 본 법리에 비추어 본다.

(가) 피고 회사의 정관은 이 사건 우선주에 관한 배당의무를 명시하면서 배당금 지급조건 및 배당금액 산정과 관련한 사항을 구체적으로 규정하고 있으므로, 피고 회사의 정기주주총회에서 재무제표가 승인됨으로써 당기순이익이 확정되기만 하면 이 사건 우선주에 관하여 피고 회사가 지급할 의무가 있는 배당금액이 곧바로 계산된다.

(나) 따라서 이 사건 우선주의 주주인 원고에게는 피고 회사의 정기주주총회에서 당기순이익이 포함된 재무제표를 승인하는 결의가 있는 때에 구체적이고 확정적인 이익배당청구권이 인정되고, 다른 특별한 사정이 없는 한 상법 제462조 제1항에 따른 배당가능이익의 범위 내에서 피고 회사를 상대로 정관 규정에 따라 계산된 배당금의 지급을 청구할 수 있다.

(다) 그럼에도 원심은, 이 사건 우선주에 관한 이익배당청구권이 주주총회의 이익배당 결의에 의하여 비로소 그 내용이 확정되는 권리에 불과함을 전제로, 피고 회사의 정기주주총회에서 2017년도나 2018년도에 당기순이익이 발생하였다는 내용의 재무제표가 승인되었는지 여부 및 각 배당가능이익이 얼마인지 등에 관하여 심리하지 않은 채, 피고 회사의 2018년과 2019년에 개최된 각 정기주주총

회에서 이익배당 결의를 하지 않았다는 이유만으로 원고가 피고 회사에게 2017 및 2018 회계연도 관련 이익배당금의 지급을 청구할 수 없다고 판단하였다. 이러한 원심의 판단에는 이익배당청구권에 관한 법리를 오해하여 판결에 영향을 미친 잘못이 있고, 이를 지적하는 원고의 상고이유 주장은 이유 있다.

3. 의결권의 배제·제한에 관한 종류주식

(1) 의의

의결권의 배제·제한에 관한 종류주식은 투자이익에만 관심이 있고 의결권 행사에는 관심이 없는 주주들을 위해서 인정되는 제도이다.

(2) 정관 기재

회사가 의결권이 없는 종류주식이나 의결권이 제한되는 종류주식을 발행하는 경우에는 정관에 의결권을 행사할 수 없는 사항과, 의결권행사 또는 부활의 조건을 정한 경우에는 그 조건 등을 정하여야 한다(법344의3①).

(3) 발행 한도

종류주식의 총수는 발행주식총수의 1/4을 초과하지 못한다(법344의3② 전단). 이 경우 의결권이 없거나 제한되는 종류주식이 발행주식총수의 1/4을 초과하여 발행된 경우에는 회사는 지체 없이 그 제한을 초과하지 아니하도록 하기 위하여 필요한 조치를 하여야 한다(법344의3② 후단).

4. 상환주식

(1) 의의

상환주식이란 주식의 발행시부터 장차 회사 또는 주주의 청구에 의해 이익으로써 상환하여 소멸시킬 것이 예정된 주식을 말한다(법345). 상환주식은 종류주식 중 상환주식과 전환주식을 제외한 이익배당 또는 잔여재산분에 관한 종류주식과 의결권의 배제·제한에 관한 종류주식에 한정하여 발행할 수 있다(법345⑤).

회사가 상환할 수 있는 주식("회사상환주식")은 회사가 상환주식을 발행하여 자금을 조달하고 장차 자금 사정이 호전되면 상환할 수 있게 함으로써 자금조달을 수월하게 하고, 기존의 소유구조도 회복할 수 있다. 주주가 상환할 수 있는 주식("주주상환주식")은 투자 자금을 용이하게 회수할 수 있는 장점이 있다.

(2) 발행

(가) 회사상환주식

회사는 정관으로 정하는 바에 따라 회사의 이익으로써 소각할 수 있는 종류주식을 발행할 수 있다(법345① 전단). 이 경우 회사는 정관에 상환가액, 상환기간, 상환의 방법과 상환할 주식의 수를 정하여야 한다(법345① 후단).

이 경우 회사는 상환대상인 주식의 취득일부터 2주 전에 그 사실을 그 주식의 주주 및 주주명부에 적힌 권리자에게 따로 통지하여야 한다(법345② 본문). 다만, 통지는 공고로 갈음할 수 있다(법345② 단서).

(나) 주주상환주식

회사는 정관으로 정하는 바에 따라 주주가 회사에 대하여 상환을 청구할 수 있는 종류주식을 발행할 수 있다(법345③ 전단). 이 경우 회사는 정관에 주주가 회사에 대하여 상환을 청구할 수 있다는 뜻, 상환가액, 상환청구기간, 상환의 방법을 정하여야 한다(법345③ 후단).

(3) 상환

회사는 주식의 취득의 대가로 현금 외에 유가증권(다른 종류주식은 제외)이나 그 밖의 자산을 교부할 수 있다(법345④ 본문). 다만, 이 경우에는 그 자산의 장부가액이 제462조에 따른 배당가능이익을 초과하여서는 아니 된다(법345④ 단서).

** 관련 판례

① 대법원 2020. 4. 9. 선고 2016다32582 판결

[상환우선주의 상환권행사와 지체책임]

갑 주식회사와 을 외국법인이 갑 회사가 발행하는 상환우선주를 을 법인이 인수하는 계약을 체결하면서 '갑 회사는 을 법인이 조기상환권을 행사한 날의 공정시장가격으로 상환대금을 지급하여야 하고, 만일 이를 지체할 경우 지급되지 않은 상환대금에 대하여 지연손해금을 가산하기로 한다'는 내용의 약정을 하였는

데, 그 후 조기상환권을 행사한 을 법인이 갑 회사가 제안한 상환금의 액수를 다투며 수령을 거절하자, 갑 회사가 자신이 제안한 상환금을 공탁한 사안에서, 갑 회사는 상환권을 행사한 을 법인에 대하여 정해진 이행기 이후에는 이행지체로 인한 지연손해금을 지급할 의무가 있고, 이는 당사자 사이에 '공정한 시장가격'에 대한 협의가 이루어지지 않아서 상환금의 액수가 확정되지 않았더라도 마찬가지이며, 위 주식인수계약에서 정한 '공정한 시장가격'이라는 개념이 추상적이어서 분쟁이 발생할 여지가 많다거나 갑 회사와 을 법인이 서로 주장하는 액수의 차이가 크다는 사정만으로는 을 법인이 갑 회사에 주식 상환금으로 '공정한 시장가격'에 미치지 못하는 일부의 돈이라도 수령하겠다는 신의를 공여하였다고 볼 수 없는데도, 이러한 신의를 제공하였다고 보아 을 법인의 지연손해금청구 중 일부(갑 회사가 을 법인에 지급하여야 할 주식 상환금 중 위 공탁금에 해당하는 부분에 대하여도 공탁한 다음 날부터의 지연손해금 지급을 청구한 부분)를 신의성실의 원칙에 반한다는 이유로 배척한 원심판단에는 신의성실의 원칙에 관한 법리오해 등의 잘못이 있다고 한 사례

② 대법원 2020. 4. 9. 선고 2017다251564 판결

[주주가 상환권을 행사한 후에도 상환금을 지급받을 때까지는 주주의 지위에 있는지 여부(원칙적 적극)]

[1] 관련 법리

회사는 정관으로 정하는 바에 따라 주주가 회사에 대하여 상환을 청구할 수 있는 종류주식을 발행할 수 있다. 이 경우 회사는 정관에 주주가 회사에 대하여 상환을 청구할 수 있다는 뜻, 상환가액, 상환청구기간, 상환의 방법을 정하여야 한다(상법 제345조 제3항). 주주가 상환권을 행사하면 회사는 주식의 취득의 대가로 주주에게 상환금을 지급할 의무를 부담하고, 주주는 상환금을 지급받음과 동시에 회사에게 주식을 이전할 의무를 부담한다. 따라서 정관이나 상환주식인수계약 등에서 특별히 정한 바가 없으면 주주가 회사로부터 그 상환금을 지급받을 때까지는 상환권을 행사한 이후에도 여전히 주주의 지위에 있다고 봄이 상당하다.

[2] 사실관계

원심판결 이유와 기록에 의하면 다음의 사실을 알 수 있다.

(가) 원고와 피고는 2011. 3. 11. 비상장법인인 피고가 발행한 A종상환우선주 3,334주(이하 '이 사건 주식'이라고 한다)를 원고가 총 150억 원(1주당 4,499,100원)에 인수하는 계약(이하 '이 사건 계약'이라고 한다)을 체결하면서 다음과 같이 정하였다.

1) 원고는 인수일로부터 3년이 되는 날부터 7일 이내에 서면으로 피고에게 이 사건 주식의 조기상환을 청구할 수 있고, 이때 상환금액은 조기상환권을 행사할 것을 통지한 날의 공정시장가격으로 한다.

2) 원고의 조기상환청구가 있는 경우 피고는 그 통지를 받은 즉시 그 사본을 상환청구자 이외에 A종상환우선주를 보유한 다른 주주들에게 전달해야 하고, 위 주주들은 이를 수령한 날로부터 14일 이내에 피고를 상대로 자신이 보유한 A종상환우선주 전부 또는 일부를 상환해달라고 청구할 수 있다.

3) 피고는 위 14일의 기간이 만료된 날 이후 14일 이내에 모든 A종상환우선주의 주주들에게 상환금액을 보유주식에 비례해서 지급해야 하고, 만약 이를 지체할 경우 지급되지 않은 상환금액에 대하여 연 15%의 복리로 계산한 지연손해금을 가산하여 지급하여야 한다.

4) 원고는 위 조기상환권 이외에도 A종상환우선주의 주주로서 배당에 있어서의 우선권과 청산시 잔여재산분배에 관한 우선권을 가지고, 그 주식이 완전히 전환되었을 경우의 보통주식의 수와 동일한 수의 의결권을 가지며, 거래종료일로부터 5년을 만기로 하는 전환권과 상환권을 가진다.

(나) 원고는 이 사건 계약에 따라 2011. 3. 22.경 피고가 발행한 이 사건 주식을 인수한 다음, 그로부터 3년이 되는 날인 2014. 3. 21. 피고에게 이 사건 주식에 대한 조기상환을 청구하였다. 피고가 발행한 A종상환우선주를 보유한 주주는 원고뿐이다.

(다) 피고는 이 사건 주식의 상환금 액수가 230억 원이라는 회계법인의 감정 결과에 따라 원고에게 230억 원을 수령할 것을 제안하였으나 원고는 상환금의 액수를 다투며 그 수령을 거절하였다. 이에 피고는 2014. 5. 22. 원고의 수령거절을 원인으로 하여 서울중앙지방법원 2014년 금제10793호로 이 사건 주식 상환금 명목으로 230억 원을 공탁한 다음(이하 '이 사건 공탁'이라고 한다), 원고를 상대로 이 사건 주식 상환금채무의 부존재 확인을 구하는 소(이하 '관련소송'이라고 한다)를 제기하였다. 관련소송의 1심 법원은 2015. 8. 21. 상환금에 관하여 원금 265억 원 및 이에 대한 판결 확정일 다음 날부터의 지연손해금이라고 판단하였는데 쌍방이 항소하였다. 항소심 법원은 2016. 6. 14. 상환금 액수가 원금 265억 원 및 이에 대한 2014. 4. 19.부터 다 갚는 날까지의 지연손해금이지만 원고의 지연손해금채권 중 일부의 권리행사는 신의칙에 반하여 제한된다고 판단하였다. 이에 쌍방이 모두 상고하여 현재 상고심이 계속 중이다.

(라) 피고는 관련소송의 1심 판결 선고 이후에 이 사건 공탁금을 회수하였고, 관련소송의 원심 판결 선고 이후인 2016. 6. 21. 그 판결에 따라 상환금을 계

산한 다음 원천징수세액 상당을 공제한 나머지 25,196,052,617원을 공탁하였다. 원고는 2016. 9. 19. 이의를 유보하고 공탁금출급청구를 하여 2016. 9. 20. 위 공탁금과 이자 합계액에서 원천징수세액을 공제한 25,200,952,392원을 수령하였다.

(마) 한편 피고는, 2014. 7. 25. 주주총회(이하 '이 사건 주주총회'라고 한다)를 개최하였는데 전체 주주 3인 중 원고를 제외한 나머지 주주 2인(전체 주식수 63,334주, 출석 주식수 60,000주)이 출석하여 만장일치로 피고의 이사 소외인을 해임하는 결의를 하였다. 그런데 이 사건 주주총회 결의 전에 피고가 원고에게 소집통지를 발송하거나 원고의 사전동의를 받은 바는 없다.

[3] 원심의 판단

원심은 그 판시와 같은 이유로 원고가 이 사건 주식에 관한 상환권을 행사한 이상 그 상환금을 지급받지 못하였다 하더라도 더 이상 피고의 주주가 아니므로 이 사건 주주총회 결의의 무효 확인을 구할 확인의 이익이 없고, 주식회사의 주주, 이사, 감사에 한하여 제기할 수 있는 주주총회결의 취소의 소를 제기할 당사자적격이 없다고 판단하였다.

[4] 대법원 판단

(가) 그러나 앞에서 본 법리에 비추어 보면, 피고의 정관이나 이 사건 계약에서 원고가 상환권을 행사한 경우 주주 지위를 상실하는 시기에 관하여 달리 정한 바가 없으므로 원고는 상환권을 행사하였더라도 피고로부터 그 상환금을 지급받을 때까지는 여전히 피고의 주주라고 할 것이다. 그렇다면 원심은 원고와 피고 사이에서 이 사건 주식의 상환금인 '공정한 시장가격'에 관하여 다툼이 계속되고 있는 사정 등을 고려하여 원고가 피고로부터 이 사건 주식의 상환금 전부를 지급받았는지 여부를 심리해 보았어야 한다.

(나) 그럼에도 원심은 그 판시와 같은 이유로 원고가 상환권을 행사한 이상 피고의 주주가 아니라고 판단하였으니 이러한 원심의 판단에는 상환금의 지급과 주주 지위 상실에 관한 법리를 오해하여 판결 결과에 영향을 미친 위법이 있다. 이 점을 지적하는 상고이유 주장은 이유 있다.

(다) 그러므로 원심판결을 파기하고, 사건을 다시 심리·판단하도록 원심법원에 환송하기로 하여, 관여 대법관의 일치된 의견으로 주문과 같이 판결한다.

③ 의정부지방법원 2022. 11. 9. 선고 2021가합55401 판결
[상환주식의 상환에 주주총회의 승인이 필요한지 여부]
[1] 관련 법리
(가) 상환주식의 상환은 회사의 이익으로써 할 수 있고(상법 제345조 제1항),

이익의 처분은 이사가 매 결산기에 작성된 이익잉여금 처분계산서 등에 관하여 이사회의 승인을 받은 후 이를 정기주주총회에 제출하여 그 승인을 받아서 이루어져야 한다(상법 제449조 제1항, 제447조 제1항 제3호, 상법 시행령 제16조 제1항).

(나) 그러나 한편, 회사는 정관으로 정하는 바에 따라 주주가 회사에 대하여 상환을 청구할 수 있는 종류주식을 발행할 수 있고(상법 제345조 제3항), 회사가 위와 같이 주주에게 상환청구권이 인정되는 상환주식을 발행한 경우에는 정기주주총회의 승인을 받은 이익잉여금 처분계산서 등에 상환에 관한 내용이 마련되어 있지 않다고 하더라도 주주가 정관 내지 상환주식 인수계약에 따라 상환권을 행사하면 회사는 정관 내지 상환주식 인수계약에 따라 배당가능이익의 범위 내에서 주주에게 상환금을 지급할 의무를 부담하며, 주주는 상환금을 지급받음과 동시에 회사에게 주식을 이전할 의무를 부담하고, 반드시 정기주주총회에서 승인된 결산재무제표에 따라 상환을 할 필요는 없다고 봄이 타당하다. 만일 이와 같이 해석하지 않는다면, 주주의 상환 청구에도 불구하고 회사가 배당가능이익의 처분에 대한 정기주주총회의 승인이 없다는 이유로 상환을 거절할 수 있게 되어 주주는 차기 정기주주총회까지 기다릴 수밖에 없고, 더욱이 회사가 차기 정기주주총회에서도 상환에 관한 내용을 이익잉여금 처분계산서 등에 포함시키지 않으면 주주로서는 상환을 받을 수 없는 부당한 결론에 이르게 되기 때문이다. 또한 상환주식은 회사가 일시적인 자금조달의 필요가 발생하였을 때 신속히 자금을 조달하고 회사의 사정이 호전되면 즉시 상환하여 우선배당의 압력에서 벗어날 수 있는 제도이므로 위와 같이 해석하여야만 상환주식의 제도적인 목적을 발현할 수 있게 된다. 그러므로 회사는 주주의 청구에 대하여 회사의 재무상황, 즉 배당가능이익이 존재하는지 여부에 대하여 합리적으로 판단한 후 정기주주총회의 승인을 받지 아니하고도 상환주식을 상환할 수 있다.

[2] 판단

피고 회사정관 제8조의2 제2항이 '상환우선주식의 주주는 자신의 선택으로 상환주식 전부를 일시에 또는 분할하여 상환해 줄 것을 청구할 수 있다'고 규정하고 있는 사실이 인정되는바, 이 사건 주식은 주주인 원고 조합이 피고 회사에 대하여 상환을 청구할 수 있는 상환주식에 해당하므로, 비록 현재까지 이익잉여금 처분계산서 등에 대한 피고 회사정기주주총회의 승인이 없다고 하더라도 피고 회사는 그와 같은 사정을 들어 원고 조합에게 이 사건 주식의 상환을 거절할 수 없다.

5. 전환주식

(1) 의의

전환주식이란 주주가 다른 종류의 주식으로 전환할 수 있는 권리가 부여된 주식("주주전환주식") 또는 회사가 다른 종류의 주식으로 전환할 수 있는 권리가 부여된 주식("회사전환주식")을 말한다(법346①②). 예를 들면 보통주를 우선주로, 우선주를 보통주로 전환하는 것이다.

주주전환주식은 주주가 주가변동이나 회사의 이익배당능력에 따라 주식의 가치를 보존할 수 있으며, 회사전환주식은 주주의 모집을 용이하게 하고 자금조달의 원활을 도모할 수 있다.

(2) 발행

(가) 주주전환주식

회사가 종류주식을 발행하는 경우에는 정관으로 정하는 바에 따라 주주는 인수한 주식을 다른 종류주식으로 전환할 것을 청구할 수 있다(법346① 전단). 이 경우 전환의 조건, 전환의 청구기간, 전환으로 인하여 발행할 주식의 수와 내용을 정하여야 한다(법346① 후단).

(나) 회사전환주식

회사가 종류주식을 발행하는 경우에는 정관에 일정한 사유가 발생할 때 회사가 주주의 인수 주식을 다른 종류주식으로 전환할 수 있음을 정할 수 있다(법346② 전단). 이 경우 회사는 전환의 사유, 전환의 조건, 전환의 기간, 전환으로 인하여 발행할 주식의 수와 내용을 정하여야 한다(법346② 후단).

(다) 발행절차

전환주식을 발행하는 경우 주식청약서 또는 신주인수권증서에 ⅰ) 주식을 다른 종류의 주식으로 전환할 수 있다는 뜻, ⅱ) 전환의 조건, ⅲ) 전환으로 인하여 발행할 주식의 내용, ⅳ) 전환청구기간 또는 전환의 기간을 적어야 한다(법347).

종류주식의 수 중 새로 발행할 주식의 수는 전환청구기간 또는 전환의 기간 내에는 그 발행을 유보(留保)하여야 한다(법346④). 전환으로 인하여 신주식을 발행하는 경우에는 전환전의 주식의 발행가액을 신주식의 발행가액으로 한다(법348).

(3) 전환절차

(가) 주주전환주식

주식의 전환을 청구하는 자는 청구서 2통에 주권을 첨부하여 회사에 제출하여야 한다(법349①). 이때 주권을 첨부하도록 한 것은 전환청구와 동시에 구 주식은 소멸하여 구 주권이 실효되기 때문이므로, 청구서에 첨부할 주권은 당연히 원본이어야 한다.

청구서에는 전환하고자 하는 주식의 종류, 수와 청구년월일을 기재하고 기명날인 또는 서명하여야 한다(법349②). 이는 형성권의 행사에 요식주의를 규정한 것으로 법이 규정한 방식에 의하지 않고 단순한 의사표시로만 하는 전환청구는 적법하지 않으며 전환의 효력이 생기지 않는다.

(나) 회사전환주식

회사전환주식의 경우에 이사회는 ⅰ) 전환할 주식, ⅱ) 2주 이상의 일정한 기간 내에 그 주권을 회사에 제출하여야 한다는 뜻, ⅲ) 그 기간 내에 주권을 제출하지 아니할 때에는 그 주권이 무효로 된다는 뜻을 그 주식의 주주 및 주주명부에 적힌 권리자에게 따로 통지하여야 한다(법346③ 본문). 다만, 통지는 공고로 갈음할 수 있다(법346③ 단서).

(4) 전환의 효력

주식의 전환은 주주가 전환을 청구한 경우에는 그 청구한 때에, 회사가 전환을 한 경우에는 제346조 제3항 제2호의 주권제출기간이 끝난 때에 그 효력이 발생한다(법350①). 주주명부폐쇄 기간 중에 전환된 주식의 주주는 그 기간 중의 총회의 결의에 관하여는 의결권을 행사할 수 없다(법350①).

주식의 전환으로 인한 변경등기는 전환을 청구한 날 또는 제346조 제3항 제2호의 주권제출기간이 끝난 날이 속하는 달의 마지막 날부터 2주 내에 본점소재지에서 하여야 한다(법351).

V. 주식의 공유

1. 공유의 원인

1개의 주식을 분할하여 수인에게 귀속시키는 것은 불가능하지만, 1개의 주식 자체를 수인이 공유하는 것은 가능하다. 주식의 공유는 수인이 공동으로 주식을 인수한 경우(법333①), 발기인 또는 이사가 주식인수담보책임을 부담한 경우(법321①, 법428①), 수인이 공동으로 주식을 상속한 경우, 수인이 공동으로 주식을 양수한 경우 등에 발생한다.

2. 공유관계의 특칙

상법은 주식의 공유에 관하여 공유주주와 주식회사 사이에 법률관계에 관하여 특칙을 두고 있다. 수인이 공동으로 주식을 인수한 자는 연대하여 납입할 책임이 있다(법333①). 주식이 수인의 공유에 속하는 때에는 공유자는 주주의 권리를 행사할 자 1인을 정하여야 한다(법333②). 이것은 주주의 의결권이나 이익배당청구권 등을 행사하는 경우에 대표자를 통해 행사하도록 하기 위한 것이다. 또한 주주의 권리를 행사할 자가 없는 때에는 공유자에 대한 통지나 최고는 그 1인에 대하여 하면 된다(법333③).

** 관련 판례: 대법원 2000. 1. 28. 선고 98다17183 판결
[주식의 공유자가 공유물 분할의 소를 제기할 이익의 유무]
[1] 관련 법리
주식의 공유자들 사이에 공유 주식을 분할하는 판결이 확정되면 그 공유자들 사이에서는 별도의 법률행위를 할 필요 없이 자신에게 귀속된 주식에 대하여 주주로서의 권리를 취득하는 것이고, 이와 같이 공유물 분할의 방법에 의하여 주식을 취득한 자는 회사에 대하여 주주로서의 자격을 보유하기 위하여 자기가 그 주식의 실질상의 소유자라는 것을 증명하여 단독으로 명의개서를 청구할 수 있다. 그러므로 주식의 공유자로서는 공유물 분할의 판결의 효력이 회사에 미치는지 여부와 관계없이 공유 주식을 분할하여 공유관계를 해소함으로써 분할된 주식에 대한 단독소유권을 취득하기 위하여 공유물 분할의 소를 제기할 이익이 있

다고 할 것이다.

　　[2] 판단

　　그럼에도 불구하고 원심이 원고의 이 사건 소 중 피고 명의 주식 부분의 현물 분할을 구하는 부분은 그에 따른 공유물 분할의 판결이 확정되더라도 그 효력이 소외 회사에 대하여 미치지 아니하여 부적법하다고 판단한 것은 공유 주식의 분할청구의 소에 있어서 소의 이익에 관한 법리를 오해하여 판결 결과에 영향을 미친 위법을 저지른 것이라고 하지 않을 수 없다.

VI. 가설인, 타인명의에 의한 인수인의 책임

1. 문제의 소재

　　상법 제332조 제1항은 가설인(假設人)의 명의로 주식을 인수하거나 타인의 승낙 없이 그 명의로 주식을 인수한 자는 주식인수인으로서의 책임이 있다고 정하고, 제2항은 타인의 승낙을 얻어 그 명의로 주식을 인수한 자는 그 타인과 연대하여 납입할 책임이 있다고 정한다. 이처럼 상법은 가설인(이는 현실로는 존재하지 않고 외형만을 꾸며낸 사람을 가리킨다)이나 타인의 이름으로 주식을 인수할 수도 있다는 것을 전제로 그 납입책임을 부과하고 있지만, 누가 주주인지에 관해서는 규정을 두고 있지 않다.[2]

　　상법 제332조 제1항 의해 가설인의 명의 또는 승낙이 없는 타인 명의로 주식인수를 한 때에는 그 실질적인 주식인수인에게 그 책임을 지우고 있어 이 경우에는 실질적인 주식인수인이 주금액을 납입한 이상 누가 주주이냐는 다툴 여지가 없게 된다. 제2항에 의하면 명의대여자와 명의차용자가 다 같이 주금납입 책임이 있음을 명시하였을 뿐 누가 주식인수인이냐는 밝히지 않고 있다. 여기에서 명의차용에 의한 주식인수의 경우에 누구를 주주로 볼 것인가라는 의문이 생긴다.[3]

2. 대법원의 법리 판단

　　타인의 명의로 주식을 인수한 경우에 누가 주주인지는 결국 주식인수를 한

---

2) 대법원 2017. 12. 5. 선고 2016다265351 판결.
3) 대법원 2017. 12. 5. 선고 2016다265351 판결.

당사자를 누구로 볼 것인지에 따라 결정하여야 한다. 발기설립의 경우에는 발기인 사이에, 자본의 증가를 위해 신주를 발행할 경우에는 주식인수의 청약자와 회사 사이에 신주를 인수하는 계약이 성립한다. 이때 누가 주식인수인이고 주주인지는 결국 신주인수계약의 당사자 확정 문제이므로, 원칙적으로 계약당사자를 확정하는 법리를 따르되, 주식인수계약의 특성을 고려하여야 한다.[4]

　　발기인은 서면으로 주식을 인수하여야 한다(법293). 주식인수의 청약을 하고자 하는 자는 주식청약서 2통에 인수할 주식의 종류·수와 주소를 기재하고 기명날인하거나 서명하여야 한다(법302①, 법425). 이와 같이 상법에서 주식인수의 방식을 정하고 있는 이유는 회사가 다수의 주주와 관련된 법률관계를 형식적이고도 획일적인 기준으로 처리할 수 있도록 하여 이와 관련된 사무처리의 효율성과 법적 안정성을 도모하기 위한 것이다. 주식인수계약의 당사자를 확정할 때에도 이러한 특성을 충분히 반영하여야 한다.[5]

3. 주주의 확정

　　타인 명의로 주식을 인수하는 경우에 주식인수계약의 당사자 확정 문제는 다음과 같이 두 경우로 나누어 살펴보아야 한다.

(1) 가설인 명의로 또는 타인의 승낙 없이 그 명의로 주식을 인수하는 약정을 한 경우

　　가설인 명의로 또는 타인의 승낙 없이 그 명의로 주식을 인수하는 약정을 한 경우이다. 가설인은 주식인수계약의 당사자가 될 수 없다. 한편 타인의 명의로 주식을 인수하면서 그 승낙을 받지 않은 경우 명의자와 실제로 출자를 한 자("실제 출자자") 중에서 누가 주식인수인인지 문제되는데, 명의자는 원칙적으로 주식인수계약의 당사자가 될 수 없다. 자신의 명의로 주식을 인수하는 데 승낙하

---

4) 대법원 2017. 12. 5. 선고 2016다265351 판결(원고들이 피고의 주주명부상 주주명의로 주식을 인수한 실질주주라고 주장하면서 피고를 상대로 회계장부 등의 열람·등사를 구한 사건에서, 원고들은 피고의 주주명부상 주주들의 승낙을 얻어 피고의 주식을 인수하였다거나 주식인수계약의 당사자로서 그에 따른 출자를 이행한 것이 아니므로 주주의 지위를 취득하였다고 볼 수 없고, 설령 원고들이 피고의 주주라는 지위를 취득한 것으로 보더라도 자신들의 명의로 명의개서를 마치지 않는 한 이를 부인하는 피고에 대한 관계에서는 원칙적으로 주주권을 행사할 수 없다).

5) 대법원 2017. 12. 5. 선고 2016다265351 판결.

지 않은 자는 주식을 인수하려는 의사도 없고 이를 표시한 사실도 없기 때문이다. 따라서 실제 출자자가 가설인 명의나 타인의 승낙 없이 그 명의로 주식을 인수하기로 하는 약정을 하고 출자를 이행하였다면, 주식인수계약의 상대방(발기설립의 경우에는 다른 발기인, 그 밖의 경우에는 회사)의 의사에 명백히 반한다는 등의 특별한 사정이 없는 한, 주주의 지위를 취득한다고 보아야 한다.[6)]

(2) 타인의 승낙을 얻어 그 명의로 주식을 인수하기로 약정한 경우

타인의 승낙을 얻어 그 명의로 주식을 인수하기로 약정한 경우이다. 이 경우에는 계약 내용에 따라 명의자 또는 실제 출자자가 주식인수인이 될 수 있으나, 원칙적으로는 명의자를 주식인수인으로 보아야 한다. 명의자와 실제 출자자가 실제 출자자를 주식인수인으로 하기로 약정한 경우에도 실제 출자자를 주식인수인이라고 할 수는 없다. 실제 출자자를 주식인수인으로 하기로 한 사실을 주식인수계약의 상대방인 회사 등이 알고 이를 승낙하는 등 특별한 사정이 없다면, 그 상대방은 명의자를 주식인수계약의 당사자로 이해하였다고 보는 것이 합리적이기 때문이다.[7)]

제2절 주권과 주주명부

I. 주권

1. 의의

주권이란 주주의 회사에 대한 법률상 지위를 표창하는 유가증권이다. 주권은 주식의 유통을 보장하여 주주들이 투하자본의 회수를 용이하게 하고, 회사는 자금을 용이하게 조달할 수 있게 해준다.

---

6) 대법원 2017. 12. 5. 선고 2016다265351 판결.
7) 대법원 2017. 12. 5. 선고 2016다265351 판결.

2. 주권의 발행

(1) 주권발행의 시기

주권의 발행이란 법정의 기재사항을 기재한 주권을 작성하여 이를 주주에게 교부하는 것을 말한다. 회사는 성립 후 또는 신주의 납입기일 후 지체없이 주권을 발행하여야 한다(법355①). 이는 주식의 양도성을 보장하기 위한 것이다.

주권은 회사의 성립 후 또는 신주의 납입기일 후가 아니면 발행하지 못한다(법355②). 이에 위반하여 발행한 주권은 무효로 한다(법355③ 본문). 그러나 발행한 자에 대한 손해배상의 청구에 영향을 미치지 아니한다(법355③ 단서).

(2) 주권의 기재사항

주권에는 ⅰ) 회사의 상호, ⅱ) 회사의 성립년월일, ⅲ) 회사가 발행할 주식의 총수, ⅳ) 액면주식을 발행하는 경우 1주의 금액, ⅴ) 회사의 성립 후 발행된 주식에 관하여는 그 발행 연월일, ⅵ) 종류주식이 있는 경우에는 그 주식의 종류와 내용, ⅶ) 주식의 양도에 관하여 이사회의 승인을 얻도록 정한 때에는 그 규정과 주권번호를 기재하고 대표이사가 기명날인 또는 서명하여야 한다(법356).

(3) 주권발행의 효력발생시기

주권은 법정사항을 기재하고 대표이사가 기명날인 또는 서명하여 작성한 후에 주주에게 교부되는데, 어느 시점에 주권으로서의 효력이 발생하느냐의 문제이다.

** 관련 판례: 대법원 2000. 3. 23. 선고 99다67529 판결

상법 제355조의 주권발행은 동법 제356조 소정의 형식을 구비한 문서를 작성하여 이를 주주에게 교부하는 것을 말하고 위 문서가 주주에게 교부된 때에 비로소 주권으로서의 효력을 발생하는 것이므로 회사가 주주권을 표창하는 문서를 작성하여 이를 주주가 아닌 제3자에게 교부하여 주었다 할지라도 위 문서는 아직 회사의 주권으로서의 효력을 가지지 못한다(대법원 1987. 5. 26. 선고 86다카982, 983 판결 참조).

3. 주식의 전자등록

(1) 의의

회사는 주권을 발행하는 대신 정관으로 정하는 바에 따라 전자등록기관(유가증권 등의 전자등록 업무를 취급하는 기관)의 전자등록부에 주식을 등록할 수 있다(법356의2①).

(2) 효력

(가) 권리이전 및 질권설정의 효력

전자등록부에 등록된 주식의 양도나 입질은 전자등록부에 등록하여야 효력이 발생한다(법356의2②).

(나) 자격수여적 효력과 선의취득

전자등록부에 주식을 등록한 자는 그 등록된 주식에 대한 권리를 적법하게 보유한 것으로 추정하며, 이러한 전자등록부를 선의로, 그리고 중대한 과실 없이 신뢰하고 전자등록에 따라 권리를 취득한 자는 그 권리를 적법하게 취득한다(법356의2③).

(3) 전자증권법

전자등록의 절차·방법 및 효과, 전자등록기관에 대한 감독, 그 밖에 주식의 전자등록 등에 필요한 사항은 따로 법률로 정한다(법356의2①). 이에 따라 주식·사채 등의 전자등록에 관한 법률("전자증권법")이 제정·시행되고 있다.

** 관련 판례: 서울고등법원 2020. 12. 3. 선고 2020나2016332 판결

[1] 전자등록제도의 도입과 시행

상법 제356조의2는 회사는 주권을 발행하는 대신 정관으로 정하는 바에 따라 전자등록기관(유가증권 등의 전자등록 업무를 취급하는 것으로 지정된 기관을 말한다. 이하 같다)의 전자등록부에 주식을 등록할 수 있고(제1항), 전자등록의 절차·방법 및 효과, 전자등록기관의 지정·감독 등 주식의 전자등록 등에 관하여 필요한 사항은 따로 법률로 정한다(제4항)고 규정하고 있다. 2016. 3. 22. 주식만이 아니라 사채, 국공채 등 각종 유가증권의 전자등록을 아울러 관리하는 '전자증권법'

이 제정되고(부칙 제1조는 공포 후 4년을 넘지 아니한 범위에서 대통령령으로 정하는 날부터 시행하도록 규정하였다), 전자증권법 시행령은 2019. 9. 16.을 그 시행일로 정하였다(부칙 제2조).

[2] 전자등록제도의 취지

이러한 전자등록제도는 실물증권의 발행 및 보관비용을 절감하고 실물증권의 보관·관리에 따른 분실 등 위험요소를 제거하며 조세회피 및 자금세탁 등 음성적 거래를 차단하기 위해 회사가 주권 등의 발행에 갈음하여 지정된 기관의 전자등록부에 주식 등을 등록하도록 도입된 제도이다. 따라서 전자등록제도는 전자등록부가 유가증권에서의 종이 증서를 대체하는 기능을 하고 전자등록부에 등록된 주식의 법률관계도 주식이 종이 증서에 표시되는 경우와 동일하게 처리될 수 있어야 한다. 주권의 점유자는 점유 자체만으로 적법한 소지인으로 추정되고(상법 제336조 제2항), 예탁결제원에 증권을 예탁하는 예탁결제제도에서는 투자자계좌부와 예탁자계좌부에 기재된 자가 각각 그 증권 등을 점유하는 것으로 보는 것(자본시장법 제311조 제1항)과 같이, 전자증권법에 따라 전자등록부의 계좌에 등록된 주식의 기록에는 '증권을 발행하지 않는 대신' 증권의 점유에 상응하는 효력이 부여된다. 즉 전자증권법에 의하면, 전자등록부에 주식이 등록된 자는 그 등록된 주식에 대해 권리를 적법하게 보유한 것으로 추정하고(제35조 제1항), 전자등록된 주식의 양도나 입질은 계좌간 대체등록이나 질권 설정의 등록에 의하여 효력이 생기며(제35조 제2항), 전자등록부의 계좌기록을 선의, 무중과실로 신뢰하고 주식에 대한 권리를 양수하거나 질권을 설정한 자는 그 주식에 대한 권리를 적법하게 취득한다(제35조 제5항).

[3] 상장주식에 대한 전자등록절차 등

전자증권법에 의하면, 자본시장법 제8조의2 제4항 제1호에 따른 증권시장에 상장하는 주식(이하 '상장주식'이라 한다) 등에 대하여는 발행인이 전자등록의 방법으로 새로 발행하려는 경우 또는 이미 주권 등이 발행된 주식 등을 권리자에게 보유하게 하거나 취득하게 하려는 경우 전자등록기관에 신규 전자등록을 '신청하여야' 하고(제25조 제1항 제1호), 전자등록주식 등에 대해서는 증권 또는 증서를 발행해서는 아니 되며 이를 위반하여 발행된 증권 또는 증서는 효력이 없고, 이미 주권 등이 발행된 주식 등이 제25조부터 제27조까지의 규정에 따라 신규 전자등록된 경우 그 전자등록주식 등에 대한 주권 등은 기준일부터 그 효력을 잃는다(제36조 제1, 2항). 한편 전자증권법은 전자등록주식 등으로의 전환에 관한 특례 규정을 두어, 상장주식 등에 대하여는 법 시행일부터 신규 전자등록 신청이 없더라도 전자등록주식 등(전자등록계좌부에 전자등록된 주식 등을 의미한다)으로 전환되도록 하되(부칙 제3조 제1항), 이에 따라 전자등록주식 등으로 전환되는 주식 등에 관한 권리가 표시된 주권 등(이하 '전환대상주권 등'이라 한다)의 발행인은 법 시행 당시 예탁되지 아니한 전환대상주권 등의 권리자를 보호하기 위하여 법 시행일의 직전 영업일을 말일로 1개월 이상의 기간을 정하여 전자등록계좌의 통지 등 사항을 공고하고, 주주명부 등에 권리자로 기재되어 있는 자에게 그 사항을 통지하여야 하며, 권리자가 전자등록계좌를 통지하지 아니하거나 전환대상 주권 등을 제출하지 아니한 경우에 대해서는 제29조를 준용하여(부칙 제3조 제3, 4항), 발행인이 그러한 권리자를 위하여 명의개서대행회사 등에 기준일의 직전 영업일을 기준으로 주주명부 등에 기재된 주식 등의 소유자 또는 질권자를 명의자로 하는 전자등록계좌(이하 '특별계좌'라 한다)를 개설하여야 하고, 이에 따라 특별계좌가 개설되는 때에 제22조 제2항 또는 제23조 제2항에 따라 작성되는 전자등록계좌부(이하 '특별계좌부'라 한다)에 전자등록된 주식 등에 대해서는 계좌간 대체의 전자등록(제30조), 질권설정 및 말소의 전자등록(제31조), 신탁재산이라는 사실의 표시 및 말소 등록(제32조)을 할 수 없도록 규정하면서, 해당 특별계좌의 명의자인 소유자가 발행인에게 '전자등록된 주식 등에 관한 권리가 표시된 주권 등을 제출'하고 그 주식 등을 제30조에 따라 특별계좌 외의 자기명의의 다른 전자등록계좌로 이전하려는 경우 등을 예외로 규정하고 있다(제29조 제1, 2항).

4. 주권의 불소지

(1) 의의

주주는 정관에 다른 정함이 있는 경우를 제외하고는 그 주식에 대하여 주권의 소지를 하지 아니하겠다는 뜻을 회사에 신고할 수 있다(법358의2①).

기명주식의 주주는 주식을 양도하는 경우에 주권이 필요하고, 주주명부에 명의개서가 되어 있는 한 주주의 권리를 행사하기 위하여 주권의 소지가 불필요하다. 또한 주권을 소지하고 있으면 도난 및 분실 등에 의하여 상실할 위험이 크다. 따라서 상법은 주권불소지제도를 규정하고 있다.

(2) 절차
(가) 신고

주권의 불소지는 정관에 다른 규정이 있는 경우를 제외하고 회사에 신고할 수 있다(법358의2①). 회사가 사무의 번잡 등을 이유로 주권 불소지 제도를 원하지 않으면 정관에 규정을 두어 채택하지 않을 수 있도록 하였다.

(나) 회사의 조치

1) 주권발행 전

주주의 주권 불소지 신고가 있는 때에는 회사는 지체없이 주권을 발행하지 아니한다는 뜻을 주주명부와 그 복본에 기재하고, 그 사실을 주주에게 통지하여야 한다(법358의2② 전단). 이 경우 회사는 그 주권을 발행할 수 없다(법358의2② 후단).

2) 주권발행 후

이미 발행된 주권이 있는 때에는 이를 회사에 제출하여야 하며, 회사는 제출된 주권을 무효로 하거나 명의개서대리인에게 임치하여야 한다(법358의2③).

(3) 주권의 발행 및 반환청구

주권불소지의 신고를 한 주주는 언제든지 회사에 대하여 주권의 발행 또는 반환을 청구할 수 있다(법358의2④). 주주가 주식을 양도하거나 입질하려면 주권이 필요하기 때문이다.

** 관련 판례: 대법원 2017. 10. 26. 선고 2016다23274 판결
[주주가 회사를 상대로 주권의 발행과 교부를 청구할 수 있다는 것만으로 그 주식에 대하여 권리를 주장하는 다른 사람과의 분쟁을 법적으로 유효·적절하게 해결할 수 있다고 단정할 수 있는지 여부(원칙적 소극)]

[1] 원심의 판단

원심에서 원고가 주주명부상 원고 명의로 된 피고 해성옵틱스 주식회사(이하 '피고 해성옵틱스'라고 한다) 발행 주식의 실제 소유자라고 주장하는 피고 1을 상대로 그 주식이 원고의 소유라는 확인을 구하였다. 이에 대하여 원심은 다음과 같은 이유로 확인의 이익이 없다고 판단하였다.

(가) 원고는 피고 해성옵틱스의 명의개서대리인인 주식회사 국민은행(이하 '국민은행'이라고 한다)을 상대로 주권의 인도를 구하는 방법으로 원고의 법적 지위의 불안·위험을 제거할 수 있다.

(나) 따라서 이와 같이 이행의 소를 제기할 수 있으므로 이 사건 확인의 소

는 분쟁의 종국적인 해결 방법이 아니다.

[2] 관련 법리

그러나 주주가 회사를 상대로 주권의 발행과 교부를 청구할 수 있다고 하더라도 이는 그 주식의 유통상 편의를 위한 것이거나 회사에 대한 관계에서 자신이 정당한 주주권자임을 법적으로 확인하는 의미를 갖는 데 그친다. 따라서 특별한 사정이 없는 한, 그것만으로 그 주식에 대하여 권리를 주장하는 다른 사람과의 분쟁까지도 법적으로 유효·적절하게 해결할 수 있다고 단정하기 어렵다(대법원 2012. 5. 10. 선고 2011다101803 판결, 대법원 2013. 2. 14. 선고 2011다109708 판결 등 참조).

[3] 대법원 판단

(가) 이 사건에서 피고 1은 원고 명의 주식의 실제 소유자라고 다투고 있는데, 원고가 주권을 소지하는 것만으로 피고 1과의 위와 같은 다툼을 유효·적절하게 해결할 수 있을 만한 특별한 사정이 있다고 보기 어렵다. 따라서 원고가 국민은행을 상대로 주권의 인도를 구할 수 있다고 하더라도 그와 별도로 피고 1을 상대로 그 주식이 자신의 소유라는 확인을 구할 이익이 있다.

(나) 그럼에도 원심은 위와 같은 이유로 원고의 피고 1에 대한 소가 확인의 이익이 없어 부적법하다고 판단하였는데, 이러한 원심의 판단에는 확인의 이익에 관한 법리를 오해하여 판결에 영향을 미친 잘못이 있다.

5. 주권의 상실과 재발행

(1) 의의

주식의 도난, 분실 등에 의하여 주권을 상실하면 무기명주주는 권리의 행사와 주식의 처분을 할 수 없으며, 기명주주는 주식의 처분을 할 수 없게 된다. 또한 상실된 주권은 제3자에 의하여 선의취득되는 경우도 있다(법359). 따라서 상법은 공시최고절차를 밟아서 제권판결을 얻음으로써 상실된 주권을 무효로 할수 있게 하고(법360①), 공시최고절차에 의한 제권판결을 받지 아니하면 주권의 재발행을 청구할 수 없도록 하였다(법360②).

(2) 공시최고절차

공시최고의 절차는 민사소송법 제475조부터 제497조까지 상세히 규정되어 있다. 공시최고는 권리 또는 청구의 신고를 하지 아니하면 그 권리를 잃게 될 것을 법률로 정한 경우에만 할 수 있다(민사소송법475). 공시최고는 법률에 다른 규정이 있는 경우를 제외하고는 권리자의 보통재판적이 있는 곳의 지방법원이 관할한다(민사소송법476①). 공시최고의 신청에는 그 신청의 이유와 제권판결을 청구하는 취지를 밝혀야 한다(민사소송법477①). 공시최고는 대법원규칙이 정하는 바에 따라 공고하여야 한다(민사소송법480). 공시최고의 기간은 공고가 끝난 날부터 3월 뒤로 정하여야 한다(민사소송법481). 신청이유로 내세운 권리 또는 청구를 다투는 신고가 있는 때에는 법원은 그 권리에 대한 재판이 확정될 때까지 공시최고절차를 중지하거나, 신고한 권리를 유보하고 제권판결을 하여야 한다(민사소송법485).

공시최고의 공고 후에도 제권판결이 선고되기 전에는 주권은 유효하다. 따라서 공시최고 후에도 이를 알지 못하는 사람에 의하여 주권이 선의취득될 수 있다.

(3) 제권판결의 효력

법원은 신청인이 진술을 한 뒤에 제권판결신청에 정당한 이유가 없다고 인정할 때에는 결정으로 신청을 각하하여야 하며, 이유가 있다고 인정할 때에는 제권판결을 선고하여야 한다(민사소송법487). 제권판결에서는 증권 또는 증서의 무효를 선고하여야 한다(민사소송법496). 제권판결이 내려진 때에는 신청인은 증권 또는 증서에 따라 의무를 지는 사람에게 증권 또는 증서에 따른 권리를 주장할 수 있다(민사소송법497). 따라서 제권판결에 의하여 주권은 무효로 되고(제권판결의 소극적 효력), 신청인은 회사에 대하여 주권에 의한 권리를 주장할 수 있다(제권판결의 적극적 효력).

(4) 주권의 재발행

주권을 상실한 자가 제권판결을 얻은 때에는 회사에 대하여 주권의 재발행을 청구할 수 있다(법360②). 청구자가 주주명부상의 주주일 때에는 회사가 그에게 신주권을 교부하면 면책된다.

** 관련 판례

① 대법원 1981. 9. 8. 선고 81다141 판결

[회사가 주권을 분실한 경우 제권판결 없이 주권재발행을 할 수 있는지의 여부 (소극)]

주권이 상실된 경우에는 공시최고절차에 의하여 제권판결을 얻지 아니하는 이상 회사에 대하여 주권의 재발행을 청구할 수 없다. 따라서 주권을 분실한 것이 원고가 아니고 주권발행 회사라 하더라도 위 주권에 대한 제권판결이 없는 이상 동 회사에 대하여 주권의 재발행을 청구할 수 없다.

② 대법원 2013. 12. 12. 선고 2011다112247, 112254 판결

[기존 주권을 무효로 하는 제권판결에 기하여 주권이 재발행되었으나 제권판결에 대한 불복의 소가 제기되어 제권판결을 취소하는 판결이 선고·확정된 경우, 재발행된 주권의 소지인이 그 후 이를 선의취득할 수 있는지 여부(소극)]

[1] 관련 법리

(가) 상법 제360조 제1항은 "주권은 공시최고의 절차에 의하여 이를 무효로 할 수 있다"라고 정하고, 같은 조 제2항은 "주권을 상실한 자는 제권판결을 얻지 아니하면 회사에 대하여 주권의 재발행을 청구하지 못한다"라고 정하고 있다. 이는 주권은 주식을 표창하는 유가증권이므로 기존의 주권을 무효로 하지 아니하고는 동일한 주식을 표창하는 다른 주권을 발행할 수 없다는 의미로서, 위 규정에 반하여 제권판결 없이 재발행된 주권은 무효라고 할 것이다.

(나) 한편 증권이나 증서의 무효를 선고한 제권판결의 효력은 공시최고 신청인에게 그 증권 또는 증서를 소지하고 있는 것과 동일한 지위를 회복시키는 것에 그치고 공시최고 신청인이 실질적인 권리자임을 확정하는 것은 아니다. 따라서 증권이나 증서의 정당한 권리자는 제권판결이 있더라도 실질적 권리를 상실하지 아니하고, 다만 제권판결로 인하여 그 증권 또는 증서가 무효로 되었으므로 그 증권 또는 증서에 따른 권리를 행사할 수 없게 될 뿐이다(대법원 1967. 9. 26. 선고 67다1731 판결 등 참조). 그리고 민사소송법 제490조, 제491조에 따라 제권판결에 대한 불복의 소가 제기되어 제권판결을 취소하는 판결이 확정되면 제권판결은 소급하여 효력을 잃고 정당한 권리자가 소지하고 있던 증권 또는 증서도 소급하여 그 효력을 회복하게 된다.

(다) 그런데 위와 같이 제권판결이 취소된 경우에도 그 취소 전에 제권판결에 기초하여 재발행된 주권이 여전히 유효하여 그에 대한 선의취득이 성립할 수

있다면, 그로 인하여 정당한 권리자는 권리를 상실하거나 행사할 수 없게 된다. 이는 실제 주권을 분실한 적이 없을 뿐 아니라 부정한 방법으로 이루어진 제권판결에 대하여 적극적으로 불복의 소를 제기하여 이를 취소시킨 정당한 권리자에게 가혹한 결과이고, 정당한 권리자를 보호하기 위하여 무권리자가 거짓 또는 부정한 방법으로 제권판결을 받은 때에는 제권판결에 대한 불복의 소를 통하여 제권판결이 취소될 수 있도록 한 민사소송법의 입법 취지에도 반한다. 또한 민사소송법이나 상법은 제권판결을 취소하는 판결의 효력을 제한하는 규정을 두고 있지도 아니하다.

(라) 따라서 기존 주권을 무효로 하는 제권판결에 기하여 주권이 재발행되었다고 하더라도 제권판결에 대한 불복의 소가 제기되어 제권판결을 취소하는 판결이 선고·확정되면, 재발행된 주권은 소급하여 무효로 되고, 그 소지인이 그 후 이를 선의취득할 수 없다고 할 것이다.

[2] 판단

원심은 제권판결을 취소하는 판결이 확정되면 제권판결이 소급하여 효력을 상실하게 되어 제권판결이 있기 이전의 상태로 회복되므로, 제권판결에 기하여 재발행된 주권은 위법하게 이중으로 발행된 주권으로서 그 자체가 무효로 되므로 독립당사자참가인이 재발행된 주권을 취득하였다고 하더라도 이를 선의취득할 수 없다고 판단하였다. 앞서 본 법리에 비추어 기록을 살펴보면, 원심의 위와 같은 판단은 정당하다.

Ⅱ. 주주명부

1. 의의

주주명부는 주주 및 주권에 관한 사항을 명확하게 하기 위하여 상법의 규정에 의하여 회사가 작성 및 비치하는 장부이다(법396①).

** 관련 판례: 대법원 2017. 3. 23. 선고 2015다248342 전원합의체 판결

상법이 주주명부제도를 둔 이유는, 주식의 발행 및 양도에 따라 주주의 구성이 계속 변화하는 단체법적 법률관계의 특성상 회사가 다수의 주주와 관련된 법률관계를 외부적으로 용이하게 식별할 수 있는 형식적이고도 획일적인 기준에

의하여 처리할 수 있도록 하여 이와 관련된 사무처리의 효율성과 법적 안정성을 도모하기 위함이다. 이는 회사가 주주에 대한 실질적인 권리관계를 따로 조사하지 않고 주주명부의 기재에 따라 주주권을 행사할 수 있는 자를 획일적으로 확정하려는 것으로서, 주주권의 행사가 회사와 주주를 둘러싼 다수의 이해관계인 사이의 법률관계에 중대한 영향을 줄 수 있음을 고려한 것이며, 단지 해당 주주의 회사에 대한 권리행사 사무의 처리에 관한 회사의 편의만을 위한 것이라고 볼 수 없다.

2. 비치, 열람 또는 등사

이사는 주주명부를 작성하여 본점에 비치하여야 한다(법396① 전단). 이 경우 명의개서대리인을 둔 때에는 주주명부 또는 그 복본을 명의개서대리인의 영업소에 비치할 수 있다(법396① 후단). 주주와 회사채권자는 영업시간 내에 언제든지 주주명부의 열람 또는 등사를 청구할 수 있다(법396②). 열람목적을 소명하거나 그 정당성을 증명할 필요는 없다.

** 관련 판례

① 대법원 2010. 7. 22. 선고 2008다37193 판결

[회사가 주주명부 등 열람등사청구를 거절할 수 있는지 여부(원칙적 소극)]

주주 또는 회사채권자가 상법 제396조 제2항에 의하여 주주명부 등의 열람등사청구를 한 경우 회사는 그 청구에 정당한 목적이 없는 등의 특별한 사정이 없는 한 이를 거절할 수 없고, 이 경우 정당한 목적이 없다는 점에 관한 증명책임은 회사가 부담한다(대법원 1997. 3. 19.자 97그7 결정 참조). 원심판결 이유를 위 법리와 기록에 비추어 살펴보면, 원심이 원고 세이브존이 피고들을 괴롭히고 업무를 방해할 목적으로 주주명부 열람등사청구를 하였음을 인정할 증거가 없으므로 피고들이 이를 거절할 수 없다고 판단한 것은 정당하다.

② 대법원 2017. 11. 14. 선고 2015다246780, 246797(병합) 판결

[1] 실질주주명부에 대한 열람·등사청구권의 인정 여부에 관하여

주주는 영업시간 내에 언제든지 주주명부의 열람 또는 등사를 청구할 수 있고(상법 제396조 제2항), 자본시장법에서 정한 실질주주 역시 이러한 주주명부의

열람 또는 등사를 청구할 수 있다(자본시장법 제315조 제2항). 이는 주주가 주주권을 효과적으로 행사할 수 있게 함으로써 주주를 보호함과 동시에 회사의 이익을 보호하려는 데에 그 목적이 있다. 그와 함께 소수 주주로 하여금 다른 주주들과의 주주권 공동행사나 의결권 대리행사 권유 등을 할 수 있게 하여 지배주주의 주주권 남용을 방지하는 기능도 담당한다.

그런데 자본시장법에 따라 예탁결제원에 예탁된 상장주식 등에 관하여 작성되는 실질주주명부는 상법상 주주명부와 동일한 효력이 있으므로(자본시장법 제316조 제2항), 위와 같은 열람·등사청구권의 인정 여부와 필요성 판단에서 주주명부와 달리 취급할 이유가 없다. 따라서 실질주주가 실질주주명부의 열람 또는 등사를 청구하는 경우에도 상법 제396조 제2항이 유추적용된다. 열람 또는 등사청구가 허용되는 범위도 위와 같은 유추적용에 따라 '실질주주명부상의 기재사항 전부'가 아니라 그중 실질주주의 성명 및 주소, 실질주주별 주식의 종류 및 수와 같이 '주주명부의 기재사항'에 해당하는 것에 한정된다. 이러한 범위 내에서 행해지는 실질주주명부의 열람 또는 등사가 개인정보의 수집 또는 제3자 제공을 제한하고 있는 개인정보 보호법에 위반된다고 볼 수 없다.

[2] 원고의 열람·등사청구에 정당한 목적이 있는지 여부에 관하여

주주 또는 회사채권자가 상법 제396조 제2항에 의하여 주주명부 등의 열람·등사청구를 한 경우 회사는 그 청구에 정당한 목적이 없는 등의 특별한 사정이 없는 한 이를 거절할 수 없고, 이 경우 정당한 목적이 없다는 점에 관한 증명책임은 회사가 부담한다(대법원 1997. 3. 19.자 97그7 결정 참조). 이러한 법리는 상법 제396조 제2항을 유추적용하여 실질주주명부의 열람·등사청구권을 인정하는 경우에도 동일하게 적용된다.

3. 주주명부의 기재사항

주식을 발행한 때에는 주주명부에 ⅰ) 주주의 성명과 주소, ⅱ) 각 주주가 가진 주식의 종류와 그 수, ⅲ) 각 주주가 가진 주식의 주권을 발행한 때에는 그 주권의 번호, ⅳ) 각주식의 취득년월일을 기재하여야 한다(법352①). 또한 전환주식을 발행한 때에는 ⅰ) 주식을 다른 종류의 주식으로 전환할 수 있다는 뜻, ⅱ) 전환의 조건, ⅲ) 전환으로 인하여 발행할 주식의 내용, ⅳ) 전환청구기간 또는 전환의 기간도 주주명부에 기재하여야 한다(법352②, 법347).

그 외에도 주식의 등록질에 관한 사항(법340①), 주권불소지신고사항(법358

의2②), 공유주식의 경우 그 권리행사자의 성명과 주소(법333②) 등이 주주명부에
기재된다.

4. 주주명부의 효력

일반적으로 명의개서, 즉 주주명부 기재의 효력에 대하여는 다음과 같이 설
명되고 있다.

(1) 대항력

주식의 이전은 취득자의 성명과 주소를 주주명부에 기재하지 아니하면 회사
에 대항하지 못한다(법337①). 회사에 대한 관계에서는 주주명부상의 주주만이
주주로 인정되고 주식을 실질적으로 취득하였다 해도 명의개서를 할 때까지는
주주로서의 권리를 행사할 수 없다. 그러나 대항력은 대회사관계의 문제이기 때
문에 주식양도인이나 제3자에 대한 관계에서 실질적으로 주식을 취득한 자는 명
의개서에 관계 없이 주주임을 주장할 수가 있다.

** 관련 판례

① 대법원 2020. 6. 11. 선고 2017다278385(본소), 278392(반소) 판결

[명의개서가 이루어졌다고 하여 무권리자가 주주가 되거나 명의개서가 이루어
지지 않았다고 하여 주주가 그 권리를 상실하는 것인지 여부(소극)]

상법은 주주명부의 기재를 회사에 대한 대항요건으로 정하고 있을 뿐 주식
이전의 효력발생요건으로 정하고 있지 않으므로 명의개서가 이루어졌다고 하여
무권리자가 주주가 되는 것은 아니고, 명의개서가 이루어지지 않았다고 해서 주
주가 그 권리를 상실하는 것도 아니다(대법원 2018. 10. 12. 선고 2017다221501 판결
참조). 이와 같이 주식의 소유권 귀속에 관한 권리관계와 주주의 회사에 대한 주
주권 행사국면은 구분되는 것이고, 회사와 주주 사이에서 주식의 소유권, 즉 주
주권의 귀속이 다투어지는 경우 역시 주식의 소유권 귀속에 관한 권리관계로서
마찬가지라 할 것이다.

② 대법원 1991. 5. 28. 선고 90다6774 판결

[명의개서를 하지 아니한 기명주식의 양수인이나 하자있는 제권판결 이전에 주
식을 선의취득한 자가 주주총회 및 이사회결의무효확인을 소구할 이익이 있는지 여

부(소극)]

　원심은 피고 회사의 대표이사이던 소외 이윤은 회사의 경영수지의 악화로 1983.4.19. 소외 원길남에게 피고 회사의 주식과 운영권을 판시 어음 2매를 받고 양도한 후 주주들로부터 보관받고 있던 주식 2,025,000주까지 교부하여 주었는데 동 소외인은 어음금을 결제하지 아니할 뿐만 아니라 주권을 분실하였다고 하면서 이를 반환하지 아니하여 위 주권에 대한 제권판결을 받아 다시 원래의 주주들에게 주권을 재발행한 사실, 한편 1심원고 서만석과 원고들은 위 주식 중 일부를 판시와 같은 경위로 전전 양도받았다는 이유로 주주로서의 권리를 주장하여 원래의 주주들과의 사이에 분쟁이 계속된 사실을 확정한 다음 원고들이 피고 회사의 주주라는 주장에 대하여 원고들이 원판시 기명주식에 관하여 피고회사의 주주명부에 명의개서를 한 사실이 있다고 인정할 증거가 없으므로 원고들이 피고 회사의 주주로부터 기명주식을 양도받았다 하더라도 피고 회사의 주주명부에 명의개서를 하지 아니하여 그 양도를 피고 회사에 대항할 수 없는 이상 원고들은 그 주주에 대한 채권자에 불과할 뿐만 아니라 원고들이 원판시 제권판결 이전에 주식을 선의로 취득하여 주주권이 있고 또한 위 제권판결에 하자가 있다 하더라도 제권판결에 대한 불복의 소에 의하여 그 제권판결이 취소되지 않는 한 피고회사에 대하여 적법한 주주로서의 권한을 행사할 수 없다할 것이므로 원고들이 피고 회사의 주주로서 이 사건 주주총회 및 이사회결의무효확인을 소구할 이익이 없다고 하여 위 주장을 배척하였는바, 원심판결이 적시한 증거들을 기록과 대조하여 살펴보면 위와 같은 원심의 사실인정은 수긍할 수 있고 그 판단도 정당하다.

(2) 추정력(자격수여적 효력)

　주주명부에 기재된 명의상의 주주는 실질적 권리를 증명하지 않고서도 주주의 권리를 행사할 수 있다. 이는 대항력의 다른 면으로 볼 수 있다. 그러나 이는 어디까지나 추정에 지나지 않으며 주주명부의 기재에 창설적 효력을 인정하는 것은 아니므로 반증에 의하여 실질상 주식을 취득하지 못하였다고 인정되는 자가 명의개서를 했다고 하여 주주의 권리를 행사할 수 있는 것은 아니다.[8]

---

8) 대법원 1989. 7. 11. 선고 89다카5345 판결.

** 관련 판례

① 대법원 1989. 7. 11. 선고 89다카5345 판결

[주권의 점유자가 주주명부상의 명의개서를 받았으나 실질상 주식을 취득하지 못한 경우 주주로서의 권리행사 가부(소극)]

[1] 관련 법리

상법의 규정상 주권의 점유자는 이를 적법한 소지인으로 추정하고 있으나 (상법 336조 제2항) 이는 주권을 점유하는 자는 반증이 없는 한 그 권리자로 인정된다는 것, 즉 주권의 점유에 자격수여적 효력을 부여한 것이므로 이를 다투는 자는 반대사실을 입증하여 반증할 수 있는 것이며, 또한 기명주식의 이전은 취득자의 성명과 주소를 주주명부에 기재하여야만 회사에 대하여 대항할 수 있는 바 (제337조 제1항), 이 역시 주주명부에 기재된 명의상의 주주는 실질적 권리를 증명하지 않아도 주주의 권리를 행사할 수 있게 한 자격수여적 효력만을 인정한 것뿐이지 주주명부의 기재에 창설적 효력을 인정하는 것이 아니므로 반증에 의하여 실질상 주식을 취득하지 못하였다고 인정되는 자가 명의개서를 받았다 하여 주주의 권리를 행사할 수 있는 것도 아니다.

[2] 판단

원심은 반증까지 포함하여 거시한 증거에 의하여 확정한 위 사실을 기초로 하여 소외 이원환이 소외 정영주 등으로부터 인도받은 피고 회사의 주식 50,000주 중 그 앞으로 배서 및 명의개서를 마친 48,000주의 주식을 취득하였다 할 것인데 그 이후의 주식소유관계는 양도양수당사자 사이에서는 위 이석재가 1,000주, 승계 3인 중 박인기, 박두영이 각 16,000주, 위 최상길이 17,000주의 비율로 각 소유하게 되었고, 한편 피고 회사에 대한 관계에서는 48,000주의 주식에 관하여는 위 이원환이, 2,000주의 주식에 관하여는 위 이석재가 주주의 지위를 갖는다고 할 것이므로 소집절차를 전혀 거치지 아니한 채 일부의 주식을 소유한 주주에 지나지 않는 위 이석재 1인만이 참석하여 개최한 1985.11.7. 및 같은 달 12.의 위 각 임시주주총회는 그 소집절차에 총회결의가 존재한다고 볼 수 없을 정도의 중대한 하자가 있다고 하겠으며 그러한 부존재의 주주총회에서 선임된 이사들로 개최된 위 1985.11.7. 이사회 역시 그 결의가 존재한다고 볼 수 없어 무효라고 판단하였는 바, 이는 위에서 밝힌 법리에 따른 정당한 조치이고 거기에 주식양도나 주권점유 및 명의개서의 추정력에 관한 법리오해가 있다고 볼 수 없다.

② 대법원 2010. 3. 11. 선고 2007다51505 판결
[주주명부상의 주주임에도 회사에 대한 관계에서 그 주식에 관한 의결권을 적법하게 행사할 수 없다고 인정하기 위한 요건]
　　주주명부에 주주로 등재되어 있는 이는 주주로서 주주총회에서 의결권을 행사할 자격이 있다고 추정되므로, 특별한 사정이 없는 한 주주명부상의 주주는 회사에 대한 관계에서 그 주식에 관한 의결권을 적법하게 행사할 수 있다. 따라서 한편 주주명부상의 주주임에도 불구하고 회사에 대한 관계에서 그 주식에 관한 의결권을 적법하게 행사할 수 없다고 인정하기 위하여는, 주주명부상의 주주가 아닌 제3자가 주식인수대금을 납입하였다는 사정만으로는 부족하고, 그 제3자와 주주명부상의 주주 사이의 내부관계, 주식 인수와 주주명부 등재에 관한 경위 및 목적, 주주명부 등재 후 주주로서의 권리행사 내용 등에 비추어, 주주명부상의 주주는 순전히 당해 주식의 인수과정에서 명의만을 대여해 준 것일 뿐 회사에 대한 관계에서 주주명부상의 주주로서 의결권 등 주주로서의 권리를 행사할 권한이 주어지지 아니한 형식상의 주주에 지나지 않는다는 점이 증명되어야 한다.

(3) 면책력

　　주주 또는 질권자에 대한 회사의 통지 또는 최고는 주주명부에 기재한 주소 또는 그 자로부터 회사에 통지한 주소로 하면 되고, 위 통지 또는 최고는 보통 그 도달할 시기에 도달한 것으로 본다(법353①, 법353②, 법304②). 즉 주주명부에 기재한 주소 또는 그 자로부터 회사에 통지한 주소로 통지를 발송할 경우에는 그 통지 또는 최고가 실제로 도달되지 않는다고 하더라도 보통 그 도달할 시기에 도달한 것으로 의제된다. 따라서 주주 또는 질권자가 주소이전을 하고 회사에 이를 알리지 않아 그 주소가 주주 또는 질권자의 진정한 주소가 아닌 경우에도 통지는 적법하다. 이는 상법이 회사의 주주에 대한 통지에 대하여 단체법률관계의 획일적 처리를 강조하는 것이다.
　　주주명부의 기재에는 자격수여적 효력이 인정되는 결과 회사는 주주명부의 기재에 기하여 명의상의 주주에게 권리를 행사하게 하면 그 자가 진정한 주주가 아니라도 면책된다(법353). 다만 면책력도 절대적인 것은 아니고 회사가 주주명부상의 주주가 실질적으로 주식을 취득하고 있지 않음을 용이하게 증명할 수 있음에도 불구하고 악의 또는 중대한 과실로 그 자에게 권리를 행사하게 한 때에

는 면책되지 않는다.

5. 주주명부의 폐쇄와 기준일

(1) 의의

주주는 끊임없이 변동되므로 이익배당이나 총회소집과 같이 주주권을 행사할 일이 발생한 경우 회사는 권리를 행사할 주주를 특정하여야 한다. 그런데 특정 시점에 주주가 누구인가를 파악하는 것은 쉬운 일이 아니다. 따라서 이러한 요구를 충족시키기 위하여 인정된 제도가 주주명부의 폐쇄와 기준일이다.

(2) 주주명부의 폐쇄
(가) 의의

회사는 의결권을 행사하거나 배당을 받을 자 기타 주주 또는 질권자로서 권리를 행사할 자를 정하기 위하여 일정한 기간을 정하여 주주명부의 기재변경을 정지할 수 있다(법354①). 즉 일정 기간 동안 주주명부의 기재를 정지하는 것이다. 명의개서의 정지라고도 한다. 기타 주주 또는 질권자로서 권리를 행사할 자라 함은 신주의 배정 또는 무상교부를 받을 주주, 또는 주식배당을 받을 주주를 정하는 경우 등을 말한다.

(나) 기간

폐쇄기간은 3월을 초과하지 못한다(법354②). 정관의 규정으로 기간을 늘릴 수 없다. 왜냐하면 폐쇄기간을 길게 정하면 주식거래에 지장을 주기 때문이다.

(다) 공고

회사가 폐쇄기간을 정한 때에는 그 기간의 2주간 전에 이를 공고하여야 한다(법354④ 본문). 그러나 정관으로 그 기간을 지정한 때(예를 들어 매결산기의 익일부터 정기총회의 종결일까지 주주명부를 폐쇄한다)에는 공고를 요하지 않는다(법354④ 단서). 이것은 주주에게 주주명부 폐쇄를 알리고, 주식을 양수하였으나 명의개서를 하지 않은 자로 하여금 신속히 명의개서를 하도록 하여 권리를 행사하는 기회를 부여하기 위함이다.

(라) 효과

주주명부의 폐쇄기간 중에는 주식의 명의개서뿐만 아니라 질권의 등록(법340①)도 정지된다. 주주명부 폐쇄에 의하여 기재의 변경이 정지되는 것은 주주 또는 질권자의 권리의 변동이므로, 이와 관계없는 사항인 주주의 주소변경, 법인의 대표자의 변경 등은 폐쇄기간 중에도 할 수 있다.

(3) 기준일

(가) 의의

회사는 의결권을 행사하거나 배당을 받을 자 기타 주주 또는 질권자로서 권리를 행사할 자를 정하기 위하여 일정한 날에 주주명부에 기재된 주주 또는 질권자를 그 권리를 행사할 주주 또는 질권자로 볼 수 있다(법354①).

(나) 일자

기준일은 주주 또는 질권자로서 권리를 행사할 날에 앞선 3월 내의 날로 정하여야 한다(법354③). 여기서 권리를 행사할 날이란 의결권의 경우에는 주주총회의 회일을 말하고, 이익배당청구권의 경우에는 배당결의를 하는 날을 말한다. 기준일을 권리를 행사할 날에 앞선 3월을 초과하는 날로 정한 경우에는 상법 제354조 제3항에 위반하여 무효로 하여야 한다.

(다) 공고

회사가 기준일을 정한 때에는 그 기준일의 2주간 전에 이를 공고하여야 한다(법354④ 본문). 기준일을 공고할 때에는 이를 설정하는 목적도 함께 공고하여야 한다. 그러나 정관으로 기준일을 지정한 때에는 공고를 요하지 않는다(법354④ 단서).

(4) 주주명부의 폐쇄와 기준일의 병용

실무에서는 주주명부의 폐쇄와 기준일을 병용하는 경우가 많다. 이익배당을 시행하는 경우에 결산일을 기준일로 정하고, 이익배당을 받는 자와 정기총회에서 의결권을 행사할 자를 일치시키기 위하여 결산일로부터 정기총회의 종료시까지 주주명부를 폐쇄하는 것이다.

(5) 위법한 폐쇄 · 기준일의 효력

주주명부의 폐쇄와 기준일의 설정은 의결권을 행사하거나 배당을 받을 자 기타 주주 또는 질권자로서 권리를 행사할 자를 정하기 위하여만 할 수 있다. 따라서 회사가 그 밖의 목적을 위하여 주주명부를 폐쇄하거나 기준일을 설정하는 것은 허용될 수 없다.

또한 주주명부 폐쇄기간이 3월을 초과하는 경우 그 시기 또는 종기가 확정되어 있으면 이것을 기준으로 하여 3월을 초과하는 부분이 무효로 되지만, 시기 또는 종기가 확정되지 아니할 때에는 그 전부가 무효로 된다. 기준일이 권리를 행사할 날에 앞서 3월을 초과하는 날로 정하여진 때에도 그 지정은 효력이 없고, 기준일로부터 3월 이내에 권리를 행사할 날이 도래하지 않는 때에도 그 지정은 효력이 없다.

** 관련 판례

① 광주고등법원 2022. 2. 9. 선고 2021나22373 판결

[명의개서 청구에 대한 부당한 거절 등이 있었는지 여부]

상법 제354조 제1항, 제2항, 제4항에 의하면, 회사는 의결권을 행사하거나 배당을 받을 자 기타 주주로서 권리를 행사할 자를 정하기 위하여 3월을 초과하지 않는 범위에서 일정한 기간을 정하여 주주명부의 기재변경을 정지할 수 있고, 회사가 정관으로 그 기간을 지정한 때에는 이를 공고하지 않아도 된다. 위와 같이 주주명부를 폐쇄하면 명의개서가 금지되므로 폐쇄 시점에 주주명부에 기재된 주주가 특정의 주주권을 행사할 주주로 확정된다. 그런데 피고의 정관 제12조는 '본 회사는 매 결산시 종료일 익일부터 그 결산에 관한 정기주주총회 종결일까지 주주명부 변경을 정지한다'고 정하고 있으므로, 2020. 1. 1.부터 이 사건 주주총회 개최일인 2020. 3. 27.까지는 주주명부 폐쇄기간으로 명의개서가 금지된다. 그런데 원고는 위 폐쇄기간 중인 2020. 2. 19. 명의개서를 청구하였으므로, 피고가 위 청구에 따른 명의개서를 마치지 않더라도 2020. 3. 27.까지는 주주명부에의 기재 또는 명의개서 청구를 부당하게 지연하거나 거절하였다고 볼 수 없다.

② 부산고등법원 2022. 4. 20. 선고 (창원)2021누10944 판결

[실질주주명부에 기재된 주주의 경우]

자본시장법 제315조 제3항, 제316조 제1항에 의하면, 예탁증권 등 중 주권의 발행인이 상법 제354조에 따라 일정한 기간 또는 일정한 날을 정하여 통지하는 경우 예탁결제원은 그 일정한 기간의 첫날 또는 그 일정한 날(이하 '주주명부폐쇄기준일'이라 한다)의 실질주주와 관련하여 성명·주소, 주식의 종류·수 등의 사

항을 그 주권의 발행인 또는 명의개서를 대리하는 회사에 통지하여야 하고, 그에 따라 통지받은 발행인 또는 명의개서를 대행하는 회사는 통지받은 사항과 통지 연월일을 기재하여 실질주주명부를 작성·비치하게 되므로, 실질주주명부에 기재된 주주는 특별한 사정이 없는 한 그 주주명부폐쇄기준일 당시 예탁자계좌부 또는 투자자계좌부에 기재된 주주와 일치한다고 보아야 한다.

6. 전자주주명부

(1) 의의

회사는 정관으로 정하는 바에 따라 전자문서로 주주명부("전자주주명부")를 작성할 수 있다(법352의2①). 전자문서란 정보처리시스템에 의하여 전자적 형태로 작성·변환되거나 송신·수신 또는 저장된 정보를 말한다(전자문서법2(1)). 여기서 정보처리시스템이란 전자문서의 작성·변환, 송신·수신 또는 저장을 위하여 이용되는 정보처리능력을 가진 전자적 장치 또는 체계를 말한다(전자문서법 2(2)).

(2) 기재사항

전자주주명부에는 주주의 성명과 주소, 각 주주가 가진 주식의 종류와 그 수, 각 주주가 가진 주식의 주권을 발행한 때에는 그 주권의 번호, 각 주식의 취득년월일 외에 전자우편주소를 적어야 한다(법352의2②).

(3) 비치·공시 및 열람

회사가 전자주주명부를 작성하는 경우에 회사의 본점 또는 명의개서대리인의 영업소에서 전자주주명부의 내용을 서면으로 인쇄할 수 있으면 법 제396조 제1항에 따라 주주명부를 갖추어 둔 것으로 본다(법352의2③, 영11①). 주주와 회사채권자는 영업시간 내에 언제든지 서면 또는 파일의 형태로 전자주주명부에 기록된 사항의 열람 또는 복사를 청구할 수 있다(법352의2③, 영11① 전단). 이 경우 회사는 전자주주명부에 기재된 다른 주주의 전자우편주소를 열람 또는 복사의 대상에서 제외하는 조치를 하여야 한다(법352의2③, 영11① 후단).

(4) 효력

전자주주명부는 문서로 작성되는 주주명부와 동일하게 상법상 주주명부로서의 효력을 갖는다. 따라서 위에서 살펴본 주주명부의 대항력, 추정력, 면책력이 인정된다.

7. 실질주주명부

실질주주명부는 실질주주에 관하여 그 성명 및 주소, 그가 가지는 주식의 종류 및 수를 기재하여 작성한 장부를 말한다. 한국예탁결제원에 예탁된 주식의 발행회사 또는 그 명의개서대리인은 상법상의 주주명부 외에 자본시장법상의 실질주주명부를 작성하고 비치하여야 한다.

한국예탁결제원은 예탁증권등에 대하여 자기명의로 명의개서를 청구할 수 있다(자본시장법314②). 예탁증권등 중 주권의 발행인은 주주명부 폐쇄기간 또는 기준일을 정한 경우에는 예탁결제원에 이를 지체 없이 통지하여야 하며, 예탁결제원은 그 폐쇄기간의 첫날 또는 그 기준일("주주명부폐쇄기준일")의 실질주주에 관하여 성명 및 주소, 주식의 종류 및 수를 지체 없이 그 주권의 발행인 또는 명의개서를 대리하는 회사에 통지하여야 한다(자본시장법315③). 이에 따라 통지받은 발행인 또는 명의개서를 대행하는 회사는 통지받은 사항과 통지 연월일을 기재하여 실질주주명부를 작성·비치하여야 한다(자본시장법316①). 예탁결제원에 예탁된 주권의 주식에 관한 실질주주명부에의 기재는 주주명부에의 기재와 같은 효력을 가진다(자본시장법316②). 따라서 실질주주가 주주권을 행사한다. 이는 상법상의 주주명부제도의 예외이다.

제3절   주주권의 변동

Ⅰ. 서설

주식은 두 가지 의미로 사용된다. 하나는 자본의 구성단위이고, 다른 하나는 주주의 회사에 대한 지위인데, 주주권은 후자를 말한다. 주주권(주주의 지위)은 변동될 수 있다. 주주의 변동은 주주권을 기준으로 보면, 주주권의 취득상실의 문제가 된다. 주주의 지위를 취득하는 방법에는 원시취득과 승계취득이 있다.

원시취득은 회사의 설립시 또는 신주발행시에 새로 발행되는 주식을 인수하는 경우가 있지만, 주식을 무권리자로부터 선의취득하기도 한다. 승계취득은 상속, 회사의 합병·분할에 의한 포괄승계와 주식양도 등에 의한 특정승계로 구분할 수 있는데, 주식의 양도가 보통의 취득방법이다.

주주의 지위를 상실하는 데에도 절대적 상실과 상대적 상실의 두 가지가 있다. 절대적 상실은 회사의 소멸, 주식의 소각 등에 의하여 발생하고, 상대적 상실은 주식의 승계취득과 주식양도의 반면으로서 발생한다.

** 관련 판례: 대법원 1999. 7. 23. 선고 99다14808 판결

[주주권의 상실사유 및 당사자 간의 특약 또는 주식 포기의 의사표시만으로 주식이 소멸되거나 주주의 지위가 상실되는지 여부(소극)]

주주권은 주식양도, 주식의 소각 또는 주금 체납에 의한 실권절차 등 법정사유에 의하여서만 상실되고, 단순히 당사자 간의 특약이나 주식 포기의 의사표시만으로는 주식이 소멸되거나 주주의 지위가 상실되지 아니하는 것이며(대법원 1963. 11. 7. 선고 62다117 판결, 대법원 1991. 4. 30.자 90마672 결정 등 참조), 합명회사나 합자회사의 경우와는 달리 주식회사에 있어서는 사원의 퇴사가 인정되지 아니하여 회사관계의 이탈 내지 투하자본의 회수는 주식의 양도에 의하는 수밖에 없으므로, 주식의 양도는 투하자본의 회수와 함께 이루어지는 것이 원칙이고, 주식이 양도되어 주주권이 상실된 후에 투하자본의 회수를 위한 정산을 별도로 하는 것은 이례적인 경우에 속한다고 아니할 수 없는 것이다.

Ⅱ. 주식의 양도

1. 주식양도의 의의

주식은 타인에게 양도할 수 있다(법335① 본문). 주식의 양도란 주주의 지위인 주식을 법률행위에 의하여 이전하는 것으로, 주식의 매매나 증여 등에 의하여 이루어진다. 주식의 양도로 주주가 회사에 대하여 갖는 자익권과 공익권은 포괄

적으로 양수인에게 이전한다. 그러나 주주의 지위에 따른 권리의 경우에도 주주총회 결의에 의하여 확정된 배당금지급청구권(구체적 이익배당청구권)과 같은 구체적인 권리는 주식에 포함되지 아니하므로 주식이 양도되어도 당연히 양수인에게 이전하는 것은 아니다.

2. 주식양도 자유와 제한

주주는 투하자본을 회수하려면 주식을 타인에게 양도하여야 한다. 이에 상법은 주식은 타인에게 이를 양도할 수 있다(법335①)고 규정하여 주식양도 자유의 원칙을 보장하고 있다. 그러나 경우에 따라서는 폐쇄적인 주주구성을 원하는 회사가 있고, 외국회사와 합작회사를 설립하는 경우에는 합작파트너인 상대방의 변동을 막을 필요도 있다. 이러한 필요에 의해 상법은 구체적인 사정에 따라 주식양도의 자유를 제한하고 있다.

** 관련 판례:

① 대법원 2010. 7. 22. 선고 2008다37193 판결

[회사와 경쟁관계에 있거나 분쟁 중에 있어 그 회사의 경영에 간섭할 목적을 가지고 있는 자에게 주식을 양도한 사정만으로 그 주식양도를 반사회질서 법률행위라고 할 수 있는지 여부(소극)]

상법 제335조 제1항 본문은 "주식은 타인에게 이를 양도할 수 있다"고 하여 주식양도의 자유를 보장하고 있으므로 회사와 경쟁관계에 있거나 분쟁 중에 있어 그 회사의 경영에 간섭할 목적을 가지고 있는 자에게 주식을 양도하였다고 하여 그러한 사정만으로 이를 반사회질서 법률행위라고 할 수 없다. 그렇다면 원심이 원고 세이브존과 피고 이랜드 사이에 분쟁이 있고 원고 세이브존이 피고 이랜드의 경영에 간섭할 목적을 가지고 있었다는 사정만으로 이 사건 주식매매가 반사회질서 법률행위라고 할 수 없다고 판단한 것은 정당하다.

② 대법원 2022. 7. 14. 선고 2019다271661 판결[9]

[주식매수청구권의 행사기간에 관한 법리: 상행위인 투자 관련 계약에 기한 주

---

9) 원고는 투자목적으로 甲회사 및 그 대표이사이자 대주주인 乙과 전환사채인수계약을 체결하고 甲회사가 발행한 전환사채를 인수하였고 이후 전환권을 행사하여 甲회사의 주식을 보유하게 되었음. 전환사채인수계약 당시 원고는, 甲회사가 전환사채인수계약상 의무

식매수청구권의 법적 성질(형성권) / 계약에서 행사기간을 정하지 않은 주식매수청구권의 행사기간에 상법 제64조(상사시효)를 유추적용할 수 있는지(적극) / 제척기간의 기산점]

[1] 관련 법리

(가) 투자 관련 계약에서 당사자 일방이 상대방에게 자신이 보유한 주식의 매수를 청구하면 주식에 관한 매매계약이 체결되는 것으로 정한 경우 이러한 주식매수청구권은 일방의 의사표시에 따라 매매계약이라는 새로운 법률관계를 형성하는 권리로서 일종의 형성권에 해당한다. 이와 같이 계약에 따라 발생하는 형성권인 주식매수청구권의 행사기간은 제척기간이다. 제척기간은 일반적으로 권리자로 하여금 자신의 권리를 신속하게 행사하도록 함으로써 법률관계를 조속히 확정하려는 데 그 제도의 취지가 있으나, 법률관계를 조속히 확정할 필요성의 정도는 그 권리를 정한 계약마다 다르므로, 주식매수청구권의 행사기간을 정할 때에도 이를 고려해야 한다. 우선 계약에서 주식매수청구권의 행사기간을 약정한 때에는 주식매수청구권은 그 기간 내에 행사되지 않으면 제척기간의 경과로 소멸한다. 반면 주식매수청구권의 행사기간에 관한 약정이 없는 때에는 그 기초가 되는 계약의 성격, 주식매수청구권을 부여한 동기나 그로 말미암아 달성하고자 하는 목적, 주식매수청구권 행사로 발생하는 채권의 행사기간 등을 고려하여 주식매수청구권의 행사기간을 정해야 한다.

(나) 상행위인 투자 관련 계약에서 투자자가 약정에 따라 투자를 실행하여 주식을 취득한 후 투자대상회사 등의 의무불이행이 있는 때에 투자자에게 다른 주주 등을 상대로 한 주식매수청구권을 부여하는 경우가 있다. 특히 주주 간 계약에서 정하는 의무는 의무자가 불이행하더라도 강제집행이 곤란하거나 그로 인한 손해액을 주장·증명하기 어려울 수 있는데, 이때 주식매수청구권 약정이 있으면 투자자는 주식매수청구권을 행사하여 상대방으로부터 미리 약정된 매매대금을 지급받음으로써 상대방의 의무불이행에 대해 용이하게 권리를 행사하여 투자원금을 회수하거나 수익을 실현할 수 있게 된다. 이러한 주식매수청구권은 상

를 위반할 경우, 원고가 乙에 대하여 원고 보유 주식을 매수할 것을 청구할 권리를 가지는 것으로 정하는 약정(일종의 주주간 계약에 해당함)을 체결하였음. 이후 원고는 甲회사의 의무위반행위를 이유로 그때로부터 5년 초과 10년 미만의 기간이 경과한 원심 소송계속 중 乙을 상대로 주식매수청구권을 행사하였는데, 이때 '행사기간을 정하지 않은' 주식매수청구권의 권리행사기간에 상법 제64조(상사소멸시효 5년)를 유추적용할 것인지가 문제된 사안에서, 대법원은 상행위인 계약이 정한 주식매수청구권의 법적 성질을 형성권이라고 보고, 계약에서 행사기간을 정하지 않은 경우 상사시효에 관한 상법 제64조가 유추적용되며, 그 제척기간의 기산점은 계약이 정한 바에 따라 주식매수청구권을 행사할 수 있는 날이 된다고 판시함.

행위인 투자 관련 계약을 체결한 당사자가 달성하고자 하는 목적과 밀접한 관련이 있고, 그 행사로 성립하는 매매계약 또한 상행위에 해당하므로, 이때 주식매수청구권은 상사소멸시효에 관한 상법 제64조를 유추적용하여 5년의 제척기간이 지나면 소멸한다고 보아야 한다.

(다) 한편 투자 관련 계약에서 투자대상회사 등의 의무불이행이 있는 때에 투자자가 형성권인 주식매수청구권을 행사할 수 있다고 정한 경우 특별한 사정이 없는 한 그 행사기간은 투자대상회사 등의 의무불이행이 있는 때부터 기산한다고 보아야 한다. 그렇지 않으면 행사기간이 지난 다음에 비로소 투자대상회사 등의 의무불이행이 있는 경우에 투자자가 주식매수청구권을 행사할 수 없게 되어 불합리하다.

[2] 사실관계

원심판결 이유와 기록에 따르면, 다음 사정을 알 수 있다.

(가) 이 사건 조합은 2003. 9. 19.과 2006. 9. 20. 피고 디시홀딩스, 피고 2와 이 사건 인수계약을 체결하여 피고 디시홀딩스가 발행한 전환사채를 인수하였다. 이 사건 조합은 2007. 12. 20. 일부 전환사채에 대하여 전환권을 행사함으로써 디시홀딩스 주식을 보유하게 되었다.

(나) 피고 디시홀딩스는 2011. 2. 24. 이 사건 조합의 사전 서면 동의를 받지 않고 주요 영업자산을 피고 디시인사이드에 양도함으로써 이 사건 인수계약 제15조를 위반하였다. 이는 이 사건 인수계약 제26조 제1항 제9호, 제10호에서 정한 의무 위반에 해당한다.

(다) 이 사건 인수계약 제27조는 제26조 제1항 제9호, 제10호의 사유가 발생한 경우 이 사건 조합이 전환사채에서 전환된 주식 중 전부 또는 일부에 대해 피고 2에게 매수를 청구할 수 있고, 이로써 이 사건 조합과 피고 2 사이에 매수 청구 대상 주식에 관한 매매계약이 성립하는 것으로 정하고 있다. 또 이 사건 인수계약 제27조는 이 사건 조합이 주식매수청구권을 행사한 경우 피고 2는 그때부터 30일 또는 이 사건 조합이 지정한 기한 내에 매매대금을 지급해야 하고, 매매대금은 원고가 투자한 원금에 일정 기간 연 복리 9%로 산정한 이자금을 합산한 금액으로 산정한다고 정하고 있다.

(라) 원고는 이 사건 조합으로부터 이 사건 인수계약상 권리를 전부 양도받았고, 이 사건 원심에서 소송이 진행되던 도중인 2018. 10. 19. 피고 2를 상대로 당시 보유 중인 주식 5,925주에 대하여 이 사건 인수계약 제27조가 정하는 주식매수청구권을 행사하였다.

[3] 판단

이러한 사정을 위에서 본 법리에 비추어 보면, 다음과 같은 결론이 도출된다.

(가) 이 사건 인수계약 제27조가 정하는 주식매수청구권은 이 사건 인수계약의 당사자 일방인 이 사건 조합이 일방적으로 상대방인 피고 2와 이 사건 주식에 관한 매매계약을 성립시킬 수 있는 권리이므로 일종의 형성권에 해당한다.

(나) 위 주식매수청구권은 상사계약인 이 사건 인수계약의 일방 당사자이자 투자대상회사인 피고 디시홀딩스가 이 사건 인수계약 제15조의 사전 서면동의 의무 등을 불이행한 경우에 투자자인 이 사건 조합이 다른 당사자인 피고 2를 상대로 행사할 수 있는 권리이다. 이 사건 인수계약 제15조가 피고 디시홀딩스의 중요 자산 매각 등에 관하여 사전 서면동의 의무를 부과한 것은 그것이 투자 성과와 직결되는 중요한 사항이기 때문이다. 의무자가 이러한 의무를 불이행하더라도 그 이행을 강제하기가 쉽지 않고 그로 인한 합리적인 손해액을 산정하기도 어렵다. 이러한 상황에서 주식매수청구권은 투자대상회사인 피고 디시홀딩스가 투자자인 원고의 투자 성과에 중대한 영향을 미치는 의무를 위반한 경우에 원고로 하여금 원금과 일정한 수익을 보장받도록 하는 역할을 수행한다. 이러한 사정을 종합하면, 이 사건 인수계약 제27조가 정하는 주식매수청구권의 행사기간은 상사 소멸시효에 관한 상법 제64조를 유추적용하여 5년이라고 봄이 타당하다.

(다) 원고는 이 사건 원심에서 소송이 진행되던 도중인 2018. 10. 19. 주식매수청구권을 행사하였으나, 그 전에 이미 피고 디시홀딩스가 의무를 위반한 때인 2011. 2. 24.부터 5년의 제척기간이 지남으로써 주식매수청구권은 소멸하였다고 보아야 한다.

(라) 결국 원고의 주식매수청구권이 그 행사 전에 5년의 제척기간이 지남으로써 소멸하였다는 원심판단은 정당하다. 원심판결에 상고이유 주장과 같이 주식매수청구권의 행사기간에 관한 법리오해나 변론주의 위반 등의 잘못이 없다.

③ 대법원 2014. 10. 27. 선고 2013다29424 판결

[지배주식 양도와 함께 이루어진 경영권의 이전이 지배주식 양도의 부수적 효과인지 여부(적극)]

[1] 원심의 판단

원심은 그 판시와 같은 사실을 인정한 다음, 이 사건 주식 및 경영권 양도계약에 따라 2010. 5.경 피닉스자산운용의 경영권이 소프트포럼에게 양도되었고, 경영권 양도의 일환으로 피닉스자산운용의 이사가 된 소외 4 등이 그 지위를 유지하고 있으므로 소프트포럼은 여전히 피닉스자산운용의 경영권을 보유하고 있으며, 이 사건 주식 및 경영권 양도계약이 무효가 된 이상 소프트포럼은 피고에게 피닉스자산운용의 경영권을 반환할 의무가 있고, 그 경영권 반환의무는 피고의 원고에 대한 이 사건 인수대금 반환의무와 동시이행관계에 있다고 판단하였다.

[2] 관련 법리와 사실관계

(가) 지배주식의 양도와 함께 경영권이 주식양도인으로부터 주식양수인에게 이전하는 경우 그와 같은 경영권의 이전은 지배주식의 양도에 따르는 부수적인 효과에 불과하다(대법원 1989. 7. 11. 선고 88누12011 판결, 대법원 2004. 2. 13. 선고 2001다36580 판결 등 참조).

(나) 원심판결 이유와 기록에 의하면, ① 이 사건 주식 및 경영권 양도계약에 따른 소프트포럼의 주된 의무는 그 계약일에 계약금 50억 원을 지급하고, 2011. 5. 24. 잔금 150억 원을 지급할 의무인 사실, ② 피닉스자산운용의 주주들을 대리한 피고의 주된 의무는 소프트포럼으로부터 계약금을 지급받음과 동시에 양도대상 주식 392만 주 중 100만 주를 양도할 의무, 2010. 5. 25. 열리는 피닉스자산운용의 주주총회에서 소프트포럼이 지정하는 사람을 이사와 감사로 선임하고, 소외 1 소유 주식 102만 주에 대한 의결권을 위임하며, 소프트포럼에게 피닉스자산운용의 현금성 자산이 예치된 통장과 법인인감의 관리권한을 부여하는 등으로 소프트포럼이 피닉스자산운용을 경영할 수 있도록 할 의무, 소프트포럼으로부터 잔금을 지급받음과 동시에 나머지 292만 주를 양도할 의무 등인 사실, ③ 이 사건 주식 및 경영권 양도계약에 따라 소프트포럼은 피고에게 계약금 50억 원을 지급하였고, 피고는 소프트포럼에게 주식 100만 주를 양도할 의무와 피닉스자산운용을 경영할 수 있도록 할 의무를 이행한 사실, ④ 이 사건 주식 및 경영권 양도계약은 소프트포럼이 나머지 주식 292만 주를 양수하지 못한 상태에서 2011. 8.경 무효가 된 사실을 알 수 있다.

[3] 대법원 판단

이러한 사실관계를 앞서 본 법리에 비추어 살펴보면, 이 사건 주식 및 경영권 양도계약에 규정된 피고의 경영권 양도의무는 소프트포럼으로 하여금 피닉스자산운용을 지배할 수 있는 수의 주식을 양수하기 이전에도 피닉스자산운용을 경영할 수 있도록 하기 위한 것으로 볼 수 있고, 양도대상 주식 392만 주 중 100만 주만이 양도된 상태에서 이 사건 주식 및 경영권 양도계약이 무효에 이르게 된 이상 피닉스자산운용의 주주들로서는 소프트포럼이 지정한 이사 등을 해임하는 방법으로 피닉스자산운용의 경영권을 행사할 수 있으므로 소프트포럼에게 100만 주의 주식 반환의무 외의 독립된 경영권 반환의무를 인정하기 어렵다.

3. 주식의 양도방법

주식의 양도는 양도의 합의와 주권의 교부가 있어야 하며, 전자등록하는 주식의 경우에는 양도사실을 전자등록하여야 한다.

(1) 주권의 교부
(가) 주권교부의 방법

전자등록 대상이 아닌 주식의 양도는 양도의 합의와 주권의 교부가 있어야 한다(법336①). 주권의 교부는 주식양도의 성립요건이다. 상법 제336조 제1항은 강행규정이므로 정관으로 제한할 수 없다. 기명주식의 경우 주식의 양도를 회사에 대항하기 위하여는 주주명부에 명의개서를 하여야 한다.

** 관련 판례

① 대법원 2014. 12. 24. 선고 2014다221258, 221265 판결
[주권의 점유를 취득하는 방법]
[1] 관련 법리

주권발행 후의 주식의 양도에 있어서는 주권을 교부하여야 효력이 발생하고 (상법 제336조 제1항), 주권의 교부는 현실의 인도 이외에 간이인도, 점유개정, 반환청구권의 양도에 의하여도 할 수 있다(대법원 1977. 3. 8. 선고 76다1292 판결, 대법원 2010. 2. 25. 선고 2008다96963, 96970 판결 등 참조).

[2] 판단

원심은, 주권의 점유를 취득하는 방법에는 현실의 인도 외에 간이인도, 반환청구권의 양도가 있을 뿐이고, 점유개정의 방법은 주식매수청구권 행사를 위한 적법한 주식의 취득에 해당한다고 인정하기 어렵다고 전제한 다음, 원고가 이 사건 주식을 점유개정 방법에 의해 취득하였다고 하더라도 이를 주식매수청구권을 행사하기 위한 적법한 주식의 취득이라고 인정할 수 없다고 판단하였다. 그러나 앞서 본 법리에 비추어 보면, 주식의 양도에 있어서 점유개정에 의하여 주권을 양도하더라도 양수인은 적법하게 주식을 취득할 수 있으므로, 점유개정의 방법은 주식매수청구권 행사를 위한 적법한 주식의 취득에 해당하지 아니한다는 원심의 판단은 옳다고 할 수 없다.

② 대법원 2000. 9. 8. 선고 99다58471 판결

[주권의 점유를 취득하는 방법 및 반환청구권의 양도에 의하여 주권의 선의취득에 필요한 요건으로서의 주권의 점유취득을 인정하기 위한 요건]

[1] 관련 법리

주권의 점유를 취득하는 방법에는 현실의 인도(교부) 외에 간이인도, 반환청구권의 양도가 있으며, 양도인이 소유자로부터 보관을 위탁받은 주권을 제3자에게 보관시킨 경우에 반환청구권의 양도에 의하여 주권의 선의취득에 필요한 요건인 주권의 점유를 취득하였다고 하려면, 양도인이 그 제3자에 대한 반환청구권을 양수인에게 양도하고 지명채권 양도의 대항요건을 갖추어야 할 것이다(대법원 1999. 1. 26. 선고 97다48906 판결 참조).

[2] 판단

기록에 의한 즉, 소외 2와 소외 3은 1993. 10. 15. 소외 회사의 피고 회사에 대한 원리금 상환이 종결되는 시점에 피고 회사에게 담보로 제공한 주주들의 주식지분 중 각각 총 소유주식수의 10%씩을 소외 3에게 무상으로 양도한다는 약정을 한 사실을 알 수 있고, 그 약정은 원리금상환이 종결될 것을 정지조건으로 하여 주권반환청구권을 소외 3에게 양도한다는 취지로 해석되며, 실제 소외 회사가 원리금을 모두 상환한 1996. 6. 17. 정지조건의 성취로 주권반환청구권의 양도의 효력이 발생하였고, 양수인인 소외 3은 채무자인 피고 회사의 대표이사의 지위도 겸하고 있으므로 소외 2가 주권반환청구채권의 채무자인 피고 회사에 대해 조건부양도통지를 한 것으로 볼 수 있어 채권양도의 대항요건도 갖추었다고 할 것이어서 결국 1996. 6. 17. 선의취득의 요건으로서의 주권의 점유 취득이 있었다고 볼 것이다. 따라서 원심이 점유의 취득이 없었다고 한 판단부분은 선의취득의 요건인 점유취득에 관하여 법리를 오해한 위법이 있다.

(나) 적용범위

상법 제336조 제1항에 의한 양도는 특정승계의 경우에만 적용되므로 상속, 회사의 합병과 같은 포괄승계의 경우에는 법률상 당연히 주식양도의 효과가 발생하므로 주권의 교부를 요하지 아니한다. 회사에 대항하기 위하여는 주주명부에 명의개서를 하여야 한다.

** 관련 판례

① 대법원 1994. 6. 28. 선고 93다44906 판결

[주식양도양수계약이 적법하게 해제되었으나 주권을 점유하고 있는 종전의 주식양수인이 주주로서의 권리를 행사할 수 있는지 여부]

[1] 원심은, 그 판시와 같은 사실에 터잡아 신청외 강병진은 신청외 한국기독교 의료보험 선교협의회와 의료법인 베데스다 기독병원 설립위원회 등 베데스다병원 설립사업을 추진해 온 관계당사자의 실질적 의사합치에 따라 위 선교협의회 및 위원회의 대표를 겸하면서 위 사업을 주도해 온 신청외 윤세탁으로부터 1983. 4. 7.자 주식양도양수계약의 해제에 관한 적법한 위임을 받아 1984. 12. 17. 신청외 주식회사 현대유통의 주주들로부터 위임을 받은 같은 회사의 대표이사이던 신청외 이영식과의 사이에서 위 주식양도양수계약을 적법하게 합의해제하였다고 판단하였는바, 기록에 의하여 원심이 설시한 관계증거를 살펴보면, 원심의 위와 같은 사실인정과 판단은 정당한 것으로 수긍이 되고, 거기에 소론과 같은 채증법칙위배나 심리미진 등의 위법이 있다고 할 수 없다.

[2] 원심이 적법하게 판단한 바와 같이 위 주식양도양수계약이 적법하게 해제되었다면 신청외 의료법인 베데스다 기독병원 설립위원회는 신청외 주식회사 현대유통의 주주로서의 지위를 상실하였다고 할 것이므로, 같은 회사의 주권을 점유하고 있다고 하더라도, 주주로서의 권리를 행사할 수 있는 것은 아니다(당원 1989. 7. 11. 선고 89다카5345 판결 참조). 같은 취지로 판단한 원심은 정당하고 거기에 소론과 같은 법리오해의 위법이 있다고 할 수 없고, 원심의 위 판단이 소론이 들고 있는 당원의 판례에 배치되는 것도 아니다.

② 대법원 1992. 10. 27. 선고 92다16386 판결

[주주명의의 신탁자가 명의신탁계약을 해지한 경우의 법률관계]

[1] 주주명의를 신탁한 사람이 수탁자에 대하여 명의신탁계약을 해지하면 바로 주주의 권리가 명의신탁자에게 복귀하는 것이지, 주식의 양도를 위하여 새로 법률행위를 하여야 하는 것도 아니다. 따라서 소론과 같이 원고들이 주권발행 전의 주식에 관한 주주명의를 피고들에게 신탁하였다가 회사성립 후 또는 신주의 납입기일 후 6월이 경과한 다음에 명의신탁계약을 해지하였다고 하더라도, 원고들이 그와 같은 사실을 증명하여 회사를 상대로 주주명부상의 명의개서를 청구하지 아니하고 수탁자인 피고들을 상대로 명의개서절차의 이행을 소구하는 것은, 소의 이익이 있다고 할 수 없을 것이다.

[2] 물론 소론이 지적하는 바와 같이, 주권발행 전의 주식의 양도인과 양수인 또는 명의신탁자와 수탁자 사이에 주주의 권리의 귀속을 둘러싸고 다툼이 생긴 경우에는, 주식의 양수인이나 명의신탁자가 양도인이나 명의수탁자를 상대로 주주권확인 등의 소를 제기하여 판결을 받아 주주명부상의 명의개서를 위한 입증자료로써 회사에 제출할 필요성이 있을 수는 있겠지만, 그렇다고 하여 주식의 양도인이나 명의수탁자를 상대로 막바로 주주명부상의 명의개서절차의 이행을 청구할 수도 있다고 볼 수는 없다.

③ 대법원 2013. 2. 14. 선고 2011다109708 판결

[주권발행 전 주식의 주주명의를 신탁한 실질적인 주주의 채권자가 자신의 채권을 보전하기 위하여 실질적인 주주를 대위하여 명의신탁계약을 해지하고 주주명의인을 상대로 주주권 확인을 구할 이익이 있는지 여부(적극)]

[1] 관련 법리

주권발행 전의 주식에 관하여 주주명의를 신탁한 사람이 수탁자에 대하여 명의신탁계약을 해지하면 그 주식에 대한 주주의 권리는 그 해지의 의사표시만으로 명의신탁자에게 복귀하는 것이고, 이러한 경우 주주명부에 등재된 형식상의 주주명의인이 실질적인 주주의 주주권을 다투는 경우에 그 실질적인 주주가 주주명부상의 주주명의인을 상대로 주주권의 확인을 구할 이익이 있다고 할 것이며(대법원 1998. 6. 12. 선고 97다38510 판결 등 참조), 이는 그 실질적인 주주의 채권자가 자신의 채권을 보전하기 위하여 그 실질적인 주주를 대위하여 명의신탁계약을 해지하고 주주명의인을 상대로 주주권의 확인을 구하는 경우에도 마찬가지라고 보아야 하고, 그 주식을 발행한 회사를 상대로 명의개서절차의 이행을 구할 수 있다거나 명의신탁자와 명의수탁자 사이에 직접적인 분쟁이 없다고 하여 달리 볼 것은 아니다.

[2] 판단

원심판결 이유와 기록에 의하면, 원고들은 소외인에 대한 채권자로서 자신들의 채권을 보전하기 위하여 소외인을 대위하여 소외인이 피고 1 명의로 신탁한 이 사건 주식에 관하여 그 명의신탁계약을 해지하는 의사표시를 하면서 그 명의수탁 사실을 부인하면서 주주권의 귀속을 다투는 피고 1을 상대로 이 사건 주주권 확인의 소를 제기한 사실이 인정되는바, 이와 같은 경우 이 사건 주식의 주주권은 원고들이 소외인을 대위하여 한 명의신탁계약 해지의 의사표시에 의하여 소외인에게 복귀하는 것이고, 피고 1이 그 주주권의 귀속을 다투는 이상 원고들로서는 소외인을 대위하여 그 실질적인 주주권이 소외인에게 있다는 점에 대한 확인을 구할 이익이 있다고 보아야 할 것이며, 이와 별개로 원고들이 회사를 상대로 명의개서절차의 이행을 구할 수 있다거나 소외인과 피고 1 사이에서는 직접적인 분쟁이 없었다고 하여 이를 달리 볼 것은 아니다.

(다) 주권점유의 권리추정력

주권의 점유자는 이를 적법한 소지인으로 추정한다(법336①). 이는 주식의 양도가 주권의 교부에 의하여 성립하게 되므로 주권의 점유자는 그 점유 자체에 의하여 권리자로서의 외관을 갖추고 적법한 소지인으로 추정되는 것이다. 따라서 추정력이 인정되어 주권의 점유자는 자기가 권리자임을 증명하지 않고도 권리를 행사할 수 있고, 면책력이 인정되므로 회사는 주권의 점유자에게 권리를 행사시키면 점유자의 무권리에 관하여 악의 또는 중과실이 없는 한 책임을 면하며, 주권의 점유자로부터 주식을 양수한 자는 점유자의 무권리에 관하여 악의 또는 중과실이 없는 한 주권을 선의취득한다.

(2) 전자등록

전자등록부에 등록된 주식의 양도는 전자등록부에 등록하여야 효력이 발생한다(법356의2①). 전자등록주식등을 양도하는 경우에는 계좌간 대체의 전자등록을 하여야 그 효력이 발생한다(전자증권법35②). 전자등록계좌부에 전자등록된 자는 해당 전자등록주식등에 대하여 전자등록된 권리를 적법하게 가지는 것으로 추정한다(전자증권법35①). 선의(善意)로 중대한 과실 없이 전자등록계좌부의 권리내용을 신뢰하고 소유자 또는 질권자로 전자등록된 자는 해당 전자등록주식등에 대한 권리를 적법하게 취득한다(전자증권법35③).

4. 명의개서

(1) 의의

주주명부에는 주주의 성명과 주소, 각 주주가 가진 주식의 종류와 그 수, 각 주주가 가진 주식의 주권을 발행한 때에는 그 주권의 번호, 각 주식의 취득년월일이 기재된다(법352①). 이 경우 기명주식의 경우 주식의 이전으로 주주가 교체되었을 때 그 취득자를 주주명부에 주주로 기재하는데 이를 명의개서라 한다. 기명주식의 이전은 취득자의 성명과 주소를 주주명부에 기재하지 아니하면 회사에 대항하지 못하도록 규정되어 있으므로(법337①) 명의상의 주주와 실질상의 주주를 합치시킬 필요가 있는데, 이와 같이 주주명부상의 주주명의를 실질상 주주의 명의로 고치기 위하여 취하여지는 방법이 명의개서이다. 결국 명의개서는 주주명부제도를 전제로 하여 기명주식에 관한 대회사관계에 있어서의 문제인 것이다.

명의개서청구권은 기명주식을 취득한 자가 회사에 대하여 주주권에 기하여 그 기명주식에 관한 자신의 성명, 주소 등을 주주명부에 기재하여 줄 것을 청구하는 권리로서 기명주식을 취득한 자만이 그 기명주식에 관한 명의개서청구권을 행사할 수 있다.[10] 명의개서제도는 다수의 주주에 의하여 집단적, 계속적, 반복적, 대량적으로 이루어지는 주식의 양도를 획일적으로 처리할 수 있도록 하기 위하여 인정된 제도이다.

(2) 주식양도의 대항요건

주식의 이전은 취득자의 성명과 주소를 주주명부에 기재하지 아니하면 회사에 대항하지 못한다(법337①).

** 관련 판례

① 대법원 2002. 12. 24. 선고 2000다69927 판결

[기명주식이 양도되어 주주명부상 양수인 명의로 명의개서가 이루어진 후 주식양도약정이 해제되거나 취소된 경우, 주주명부상의 주주 명의 복구없이 양도인은 주식회사에 대한 관계에서 주주로서 대항할 수 있는지 여부(소극)]

[1] 관련 법리

주식회사의 임시주주총회가 법령 및 정관상 요구되는 이사회의 결의 및 소집절차 없이 이루어졌다 하더라도, 주주명부상의 주주 전원이 참석하여 총회를 개최하는 데 동의하고 아무런 이의 없이 만장일치로 결의가 이루어졌다면 그 결의는 특별한 사정이 없는 한 유효하다고 할 것이다(대법원 1996. 10. 11. 선고 96다24309 판결, 대법원 2002. 7. 23. 선고 2002다15733 판결 등 참조). 그리고 기명주식이 양도된 후 주식회사의 주주명부상 양수인 명의로 명의개서가 이미 이루어졌다면, 그 후 그 주식양도약정이 해제되거나 취소되었다 하더라도 주주명부상의 주주 명의를 원래의 양도인 명의로 복구하지 않는 한 양도인은 주식회사에 대한 관계

---

10) 대법원 2010. 10. 14. 선고 2009다89665 판결.

에 있어서는 주주총회에서 의결권을 행사하기 위하여 주주로서 대항할 수 없다고 할 것이다(대법원 1963. 6. 20. 선고 62다685 판결 참조).

[2] 판단

기록에 의하면, 윤명애는 1996. 6. 19. 원고 최두헌과 사이에 원심 판시와 같은 내용의 이 사건 공동운영 약정을 맺은 다음, 그 약정에 따라 원고 최두헌측에게 피고 회사 주식을 양도하여 피고 회사의 발행주식은 원고 최두헌과 윤명애가 각 1,750주, 원고 최두헌의 처인 소외 황필남이 1,500주를 소유하게 되었고, 이는 1996. 6. 27. 당시 피고 회사의 주주명부에도 등재되었는데, 그 이후 윤명애는 1996. 11. 21. 단지 원고 최두헌이 위 약정에 따른 투자이행을 하지 않아 위 공동운영 약정 및 원고 최두헌을 대표이사로 선임한 위 이사회의 결의가 무효가 되었다는 이유로, 원고 최두헌에 대하여 위 사유를 이유로 한 약정 해제 혹은 취소의 의사표시를 발송한 후, 피고 회사의 주주명부상 주주 명의를 복구하거나 혹은 피고 회사에 대하여 그 명의의 복구를 요청함이 없이 곧바로 종전 주주이던 지병덕과 함께 위 임시주주총회를 개최한 사실을 알 수 있는바, 사정이 이와 같다면 최소한 피고 회사에 대한 관계에 있어서는 주주명부상의 주주 전원이 참석하여 총회를 개최하는 데 동의하였다고 볼 수 없어, 위 1996. 11. 21.자 임시주주총회의 소집절차에 관한 앞서의 하자가 치유되어 그것이 유효하게 된다고 볼 수는 없다고 할 것이다.

② 대법원 1988. 6. 14. 선고 87다카2599, 2600 판결

[주식을 양수하고서 명의개서를 하지 않은 경우에 있어 준비금의 자본전입으로 발행된 신주에 대한 소유권의 귀속]

상법 제461조에 의하여 주식회사가 이사회의 결의로 준비금을 자본에 전입하여 주식을 발행할 경우에는 회사에 대한 관계에서는 이사회의 결의로 정한 일정한 날에 주주명부에 주주로 기재된 자만이 신주의 주주가 된다고 할 것이다. 원심이 확정한 바와 같이 피고가 소외 대한주정판매주식회사(이하 '대한주정'이라고만 한다)의 기명주식을 실질적으로 취득하였었으나 소외 대한주정의 이사회가 이 사건 신주를 발행하면서 정한 1984. 12. 20. 현재 피고(반소원고, 이하 피고라고만 한다)가 기명주식의 명의개서를 하지 아니하고 있었고 소외 대전주정공업주식회사(이하 '대전주정'이라고만 한다)가 그 주주로 기재되어 있었다면 소외 대한주정에 대한 관계에서는 이 사건 신주의 주주는 소외 대전주정이라 할 것이고, 따라서 원고(반소피고, 이하 원고라고만 한다)가 이 사건 신주에 대하여 소외 대전주정을 채무자, 소외 대한주정을 제3채무자로 하여 한 주식압류는 무효라고 할 수 없

다 할 것이므로 같은 견해에서 원고의 이 사건 주식압류가 무효라는 피고의 주장을 배척한 원심의 조처는 정당하고 명의개서를 하지 않은 주식의 양수인과 양도인 사이에서 신주인수권은 양수인에게 귀속하여야 한다는 견해를 내세워 원심에 신주인수권과 소위 실념주 내지 실기주에 관한 법리오해의 위법이 있다는 주장은 받아들일 수 없다.

(3) 명의개서의 절차
(가) 청구권자

명의개서는 양수인이 주권을 제시하고 회사에 대하여 단독으로 청구할 수 있고 양도인의 협력은 필요하지 않다. 회사가 정당한 이유없이 명의개서의 청구에 응하지 않은 경우에는 취득자는 회사에 대하여 명의개서청구의 소를 제기할 수 있다.

** 관련 판례

① 대법원 2019. 8. 14. 선고 2017다231980 판결
[명의개서 청구에 대한 회사의 형식적 심사의무]
[1] 관련 법리

주권의 점유자는 적법한 소지인으로 추정되므로(상법 제336조 제2항), 주권을 점유하는 자는 반증이 없는 한 그 권리자로 인정되고 이를 다투는 자는 반대사실을 입증하여야 한다(대법원 1989. 7. 11. 선고 89다카5345 판결 참조). 주권이 발행되어 있는 주식을 양도할 때에는 주권을 교부하여야 하고(상법 제336조 제1항), 주권이 발행되어 있는 주식을 양수한 자는 주권을 제시하여 양수사실을 증명함으로써 회사에 대해 단독으로 명의개서를 청구할 수 있다(대법원 1995. 5. 23. 선고 94다36421 판결 참조). 이때 회사는 청구자가 진정한 주권을 점유하고 있는가에 대한 형식적 자격만을 심사하면 족하고, 나아가 청구자가 진정한 주주인가에 대한 실질적 자격까지 심사할 의무는 없다. 따라서 주권이 발행되어 있는 주식을 취득한 자가 주권을 제시하는 등 그 취득사실을 증명하는 방법으로 명의개서를 신청하고, 그 신청에 관하여 주주명부를 작성할 권한 있는 자가 형식적 심사의무를 다하였으며, 그에 따라 명의개서가 이루어졌다면, 특별한 사정이 없는 한 그 명의개서는 적법한 것으로 보아야 한다.

[2] 사실관계

원심판결 이유와 기록에 의하면 다음의 사실을 알 수 있다.

(가) 피고 주식회사 코엠개발(이하 '피고 코엠개발'이라고 한다)은 1998. 6. 17. 부동산 임대업 등을 목적으로 설립된 회사이고, 피고 캐슬파인리조트 주식회사 (이하 '피고 캐슬파인'이라고 한다)는 2000. 4. 12. 설립된 피고 코엠개발의 자회사 이다. 원고의 동서인 소외인은 피고 코엠개발이 설립될 당시부터 2009. 1. 16.까지 피고 코엠개발의 대표이사로 재직하였다.

(나) 피고 캐슬파인은 원래 자본금이 1억 원(액면금 10,000원의 주식 10,000주) 이었는데, 2000. 6. 5. 자금 조달을 위해 액면금 10,000원의 신주 523,333주를 발행하였다. 당시 피고 캐슬파인의 주주명부에는 피고 코엠개발이 196,000주, 원고가 44,000주(이하 '이 사건 주식'이라고 한다), 외국계 출자자인 ○○○○와 주식회사 벨류텍이 각 160,000주와 133,333주를 보유한 주주로 기재되었다.

(다) 원고는 2000. 6. 1. 액면금 440,000,000원의 자기앞수표를 발행하여 피고 캐슬파인에 이 사건 주식의 인수대금으로 납입하였고, 현재 이 사건 주식의 주권을 소지하고 있다.

(라) 피고 코엠개발은 2010. 3. 24.과 2010. 11. 5. 두 차례에 걸쳐 원고에게 주식 명의신탁 해지의 의사표시를 하면서 이 사건 주식의 주권을 반환하라고 요구하는 통지서를 발송하였으나 원고는 아무런 회신을 하지 않았다. 또한 원고는 피고 캐슬파인에 대한 회생절차에서 이 사건 주식에 대한 권리를 신고한 2013. 5. 24. 이전까지는 이 사건 주식과 관련한 어떠한 권리행사도 하지 않았다. 피고 코엠개발은 2010. 8. 25. 소외인에게 이 사건 주식의 주권이 피고 코엠개발에 반환될 수 있도록 해달라는 통지서를 발송하였는데 소외인도 이에 대해 아무런 응답을 하지 않았다.

(마) 피고 코엠개발은 2010. 12. 9. 피고 캐슬파인에게, 이 사건 주식은 원래 피고 코엠개발이 원고에게 명의신탁하였던 것인데 적법하게 명의신탁이 해지되었다고 주장하면서, 이 사건 주식에 관한 명의개서절차 이행을 청구하였다. 이때 4)항과 같이 원고와 소외인에게 발송하였던 서류 및 '원고 지분에 관한 주식대금을 지급하고, 불이행시 주식을 반환하겠다'라는 취지로 작성된 메모의 하단에 소외인이 '상기 사실을 확인함'이라고 부가하여 기재한 문서 등을 첨부하였다. 이에 피고 캐슬파인은 그 무렵 주주명부상 이 사건 주식의 명의자를 원고에서 피고 코엠개발로 새로 기재하였다.

(바) 소외인은 2009. 1. 16. 피고 코엠개발의 대표이사직에서 해임된 이후 피고 코엠개발 소유의 법인인감, 통장, 피고 캐슬파인 주권 등의 반환을 거부하여

이를 횡령하였다는 범죄사실로 기소되어 유죄판결이 확정되었는데, 위 판결에서 소외인이 횡령하였다고 인정된 피고 캐슬파인 주권은 2000. 6. 5. 발행된 주권(이하 '구주권'이라고 한다)이었다. 또한 소외인은 2010. 2.경 피고 코엠개발에 대한 대여금 등 채권을 청구채권으로 하여 피고 코엠개발이 소유한 피고 캐슬파인 주권을 가압류하였는데, 그 가압류의 목적물도 구주권이었다.

[3] 판단

(가) 이러한 사실관계를 앞에서 본 법리에 비추어 살펴보면, 원고가 이 사건 주식의 주권을 점유하고 있으므로 적법한 소지인으로 추정되고, 반증이 없는 한 원고는 이 사건 주식의 권리자로 인정된다.

(나) 한편 피고들은, 피고 캐슬파인이 2004. 1. 9. 신주권을 발행하고 원고에게 구주권을 신주권으로 교환하라고 통지하였으나 원고가 불응하였다고 주장한다. 그러나 그 무렵 원고에게 위와 같은 통지가 이루어졌다는 자료는 찾아볼 수 없다. 오히려 2009년경까지 피고 코엠개발의 대표이사로 직무를 수행한 소외인이 횡령하거나 가압류의 목적물로 삼은 것은 피고 캐슬파인의 구주권이었다. 따라서 피고 캐슬파인의 주식에 대해 신주권이 발행되지 않았거나 적어도 이 사건 주식의 권리자인 원고에게 신주권이 교부된 바는 없어 이를 피고 캐슬파인의 주권이라고 할 수 없으므로, 피고들의 주장은 이유 없다.

(다) 나아가 피고 캐슬파인은 원고가 이 사건 주식에 관한 구주권을 소지하고 있음을 잘 알고 있으면서도, 주권을 점유하지 않은 제3자인 피고 코엠개발의 명의개서절차 이행청구에 따라 이 사건 주식에 관한 명의개서를 마쳐주었다. 당시 피고 코엠개발이 원고와 이 사건 주식의 명의신탁약정을 체결하였다는 처분문서조차 제시하지 못한 점 등에 비추어 보면, 피고 캐슬파인은 명의신탁 해지를 주주권 취득원인으로 주장한 피고 코엠개발의 명의개서절차 이행청구에 대하여, 형식적 심사의무를 다하였다고 볼 수도 없다.

② 대법원 2010. 10. 14. 선고 2009다89665 판결

[기명주식의 양도인이 회사에 대하여 양수인 명의로 명의개서를 청구할 수 있는지 여부(소극)]

[1] 관련 법리

명의개서청구권은 기명주식을 취득한 자가 회사에 대하여 주주권에 기하여 그 기명주식에 관한 자신의 성명, 주소 등을 주주명부에 기재하여 줄 것을 청구하는 권리로서 기명주식을 취득한 자만이 그 기명주식에 관한 명의개서청구권을 행사할 수 있다. 또한 기명주식의 취득자는 원칙적으로 취득한 기명주식에 관하

여 명의개서를 할 것인지 아니면 명의개서 없이 이를 타인에게 처분할 것인지 등
에 관하여 자유로이 결정할 권리가 있으므로, 주식 양도인은 다른 특별한 사정이
없는 한 회사에 대하여 주식 양수인 명의로 명의개서를 하여 달라고 청구할 권리
가 없다. 이러한 법리는 주권이 발행되어 주권의 인도에 의하여 기명주식이 양도
되는 경우뿐만 아니라, 회사 성립 후 6월이 경과하도록 주권이 발행되지 아니하
여 양도인과 양수인 사이의 의사표시에 의하여 기명주식이 양도되는 경우에도
동일하게 적용된다.

[2] 판단

원심판결 이유를 위 법리에 비추어 살펴보면, 소외 1 등이 2007. 12.경 피고
회사의 성립 후 6월이 경과하도록 주권이 발행되지 아니한 이 사건 기명주식을
원고 등에게 양도한 후 2008. 2. 18. 피고 회사에게 그 양도사실을 확정일자 있는
내용증명우편으로 통지하면서 원고 등 명의로의 명의개서를 청구한 사실이 있다
하더라도, 이는 명의개서청구권이 없는 주식 양도인의 명의개서청구에 불과하므
로 피고 회사가 그 명의개서를 거절한 것을 가리켜 부당하다고 할 수 없다.

③ 대법원 2019. 5. 16. 선고 2016다240338 판결

**[이행의 소를 제기할 수 있는데도 확인의 소를 제기한 경우, 확인의 이익이 있
는지 여부(소극) / 확인의 이익이 있는지는 법원이 직권으로 판단할 사항인지 여부
(적극)]**

[1] 관련 법리

확인의 소는 법적 지위의 불안·위험을 제거하기 위하여 확인판결을 받는
것이 가장 유효·적절한 수단인 경우에 인정되고, 이행을 청구하는 소를 제기할
수 있는데도 불구하고 확인의 소를 제기하는 것은 분쟁의 종국적인 해결 방법이
아니어서 확인의 이익이 없다(대법원 2006. 3. 9. 선고 2005다60239 판결, 대법원
2017. 1. 12. 선고 2016다241249 판결 등 참조). 또한 확인의 소에 확인의 이익이 있
는지 여부는 직권조사사항이므로 당사자의 주장 여부에 관계없이 법원이 직권으
로 판단하여야 한다(대법원 1991. 7. 12. 선고 91다12905 판결 참조).

한편, 주식을 취득한 자는 특별한 사정이 없는 한 점유하고 있는 주권의 제
시 등의 방법으로 자신이 주식을 취득한 사실을 증명함으로써 회사에 대하여 단
독으로 그 명의개서를 청구할 수 있다(대법원 1995. 3. 24. 선고 94다47728 판결, 대
법원 2018. 10. 25. 선고 2016다42800, 42817, 42824, 42831 판결 등 참조).

[2] 판단

기록에 의하면, 원고는 원래 피고의 주주명부상 이 사건 주식의 소유자로 기

재되어 있었는데 소외인이 위조한 주식매매계약서로 인해 타인 앞으로 명의개서가 되었으므로 여전히 원고가 피고의 주주라고 주장하면서, 이 사건 소를 통해 피고를 상대로 주주권 확인을 구하고 있음을 알 수 있다.

이러한 사정을 앞서 본 법리에 비추어 보면, 원고는 이 사건 주식의 발행인인 피고를 상대로 직접 자신이 주주임을 증명하여 명의개서절차의 이행을 구할 수 있다. 따라서 원고가 피고를 상대로 주주권 확인을 구하는 것은 원고의 권리 또는 법률상의 지위에 현존하는 불안·위험을 제거하는 유효·적절한 수단이 아니거나, 분쟁의 종국적 해결방법이 아니어서 확인의 이익이 없다.

④ 대법원 2006. 9. 14. 선고 2005다45537 판결

[주권발행 전 주식의 양도인이 회사에 대한 양도통지 전에 제3자에게 주식을 이중으로 양도한 후 확정일자 있는 양도통지를 하는 등 대항요건을 갖추어 주어 양수인이 그 제3자에게 대항할 수 없게 되었고, 이러한 배임행위에 제3자가 적극 가담한 경우, 제3자에 대한 양도행위의 효력(무효)]

[1] 관련 법리

주권발행 전 주식의 양도는 당사자의 의사표시만으로 효력이 발생하는 것이고, 주권발행 전 주식을 양수한 사람은 특별한 사정이 없는 한 양도인의 협력을 받을 필요 없이 단독으로 자신이 주식을 양수한 사실을 증명함으로써 회사에 대하여 그 명의개서를 청구할 수 있는 것이지만, 회사 이외의 제3자에 대하여 양도사실을 대항하기 위하여는 지명채권의 양도에 준하여 확정일자 있는 증서에 의한 양도통지 또는 승낙을 갖추어야 한다는 점을 고려할 때, 양도인은 회사에 그와 같은 양도통지를 함으로써 양수인으로 하여금 제3자에 대한 대항요건을 갖출 수 있도록 해 줄 의무를 부담한다 할 것이다. 따라서 양도인이 그러한 채권양도의 통지를 하기 전에 다른 제3자에게 이중으로 양도하여 회사에게 확정일자 있는 양도통지를 하는 등 대항요건을 갖추어 줌으로써 양수인이 그 제3자에게 대항할 수 없게 되었고, 이러한 양도인의 배임행위에 제3자가 적극 가담한 경우라면, 제3자에 대한 양도행위는 사회질서에 반하는 법률행위로서 무효라고 봄이 상당하다.

[2] 판단

기록에 비추어 살펴보면, 원심이 같은 취지에서, 소외 1이 이미 자신의 보유 주식 수를 초과하여 여러 양수인들에게 피고 회사의 주식을 양도한 상태에서 다시 소외 2에게 대물변제 명목으로 피고 회사의 주식을 양도한 다음 피고 회사에 확정일자 있는 통지를 하여 제3자에 대한 대항력까지 갖추도록 하였고 소외 2는

소외 1의 이러한 배임행위를 잘 알고 있으면서 이에 적극 가담하였다는 사실을 인정한 다음, 소외 2에 대한 주식 양도행위 및 그에 기한 명의개서가 반사회적 법률행위로서 무효라고 판단한 조치는 정당하다.

(나) 주권의 제시

기명주식을 취득한 자가 회사에 대하여 주주로서의 자격을 인정받기 위하여는 주주명부에 그 취득자의 성명과 주소를 기재하여야 하고, 취득자가 그 명의개서를 청구할 때에는 특별한 사정이 없는 한 회사에게 그 취득한 주권을 제시하여야 하므로, 주식을 증여받은 자가 회사에 그 양수한 내용만 통지하였다면 그 통지 사실만 가지고는 회사에 명의개서를 요구한 것으로 보기 어렵다.[11]

(다) 회사의 심사

주권의 점유자는 이를 적법한 소지인으로 추정한다(법336②). 여기서 말하는 주권은 적법·유효하게 발행된 주권을 의미한다. 따라서 주권을 점유하는 자의 청구에 의하여 회사가 명의개서를 하면, 청구자가 실질적인 권리자가 아니더라도 회사는 원칙적으로 면책된다.

따라서 주권이 발행되어 있는 주식을 취득한 자가 주권을 제시하는 등 그 취득사실을 증명하는 방법으로 명의개서를 신청하고, 그 신청에 관하여 주주명부를 작성할 권한 있는 자가 형식적 심사의무를 다하였으며, 그에 따라 명의개서가 이루어졌다면, 특별한 사정이 없는 한 그 명의개서는 적법한 것으로 보아야 한다.[12]

(4) 명의개서의 효력

앞에서 살펴본 주주명부의 효력인 대항력, 추정력, 면책력이 그대로 해당한다. 명의개서는 주식취득자에 대하여 회사에 대한 관계에서 주주로서의 형식적 자격을 부여하는 효력을 가질 뿐 권리창설적 효력은 없다. 주식의 양수인은 주권의 교부에 의하여 주식을 취득함으로써 그때부터 주주로 되는 것이고 명의개서에 의하여 주주로 되는 것은 아니다.

---

11) 대법원 1995. 7. 28. 선고 94다25735 판결.
12) 대법원 2019. 8. 14. 선고 2017다231980 판결.

** 관련 판례: 대법원 2006. 9. 14. 선고 2005다45537 판결

[주주명부에 기재된 명의상 주주의 지위 및 주권발행 전 주식의 이중양수인들 사이의 우열관계를 결정하는 기준]

[1] 관련 법리

주주명부에 기재된 명의상의 주주는 회사에 대한 관계에 있어서 자신의 실질적 권리를 증명하지 않아도 주주의 권리를 행사할 수 있는 자격수여적 효력을 인정받을 뿐이지 주주명부의 기재에 의하여 창설적 효력을 인정받는 것은 아니므로, 반증에 의하여 실질상 주식을 취득하지 못하였다고 인정되는 자가 명의개서를 받았다고 하여 주주의 권리를 행사할 수 있는 것이 아니다(대법원 1989. 7. 11. 선고 89다카5345 판결 등 참조). 따라서 주권발행 전 주식의 이중양도가 문제되는 경우, 그 이중양수인 중 일부에 대하여 이미 명의개서가 경료되었는지 여부를 불문하고 누가 우선순위자로서 권리취득자인지를 가려야 할 것이고, 이 때 이중양수인 상호간의 우열은 지명채권 이중양도의 경우에 준하여 확정일자 있는 양도통지가 회사에 도달한 일시 또는 확정일자 있는 승낙의 일시의 선후에 의하여 결정함이 원칙이다(대법원 1995. 5. 23. 선고 94다36421 판결 등 참조).

[2] 판단

(가) 그렇다면 원심으로서는 양도인 소외 1의 양도대상 보유주식의 총수를 확정하고 위와 같은 판단기준에 따라 원고를 비롯한 이중양수인들 상호간의 우선순위를 가려본 다음 과연 원고에게 귀속될 주식이 존재하는지를 먼저 살펴보았어야 할 것임에도, 이와 다른 전제에서 원고를 비롯한 이중양수인들 상호간의 우선순위를 판단하지 아니한 채 위 2.항에서 본 바와 같이 소외 1의 주식 중 소외 2 앞으로 명의개서된 10,000주에 관한 주식양도가 배임적 이중양도에 해당하고 이에 피고가 적극 가담하여 무효라는 이유만으로 원고 앞으로 바로 명의개서 절차를 이행하도록 명하고 말았으니, 이러한 원심 판단에는 명의개서의 효력 내지는 주권발행 전 주식양도에 있어서 제3자에 대한 대항력에 대한 법리를 오해한 나머지 필요한 심리를 다하지 아니한 위법이 있고, 이는 판결 결과에 영향을 미쳤음이 분명하다.

(나) 또한, 양도통지가 확정일자 없는 증서에 의하여 이루어짐으로써 제3자에 대한 대항력을 갖추지 못하였더라도 확정일자 없는 증서에 의한 양도통지나 승낙 후에 그 증서에 확정일자를 얻은 경우에는 그 일자 이후에는 제3자에 대한 대항력을 취득하는 것인바(대법원 1987. 4. 12. 선고 87다카2429 판결 등 참조), 확정일자 제도의 취지에 비추어 볼 때 원본이 아닌 사본에 확정일자를 갖추었다 하더

라도 대항력의 판단에 있어서는 아무런 차이가 없다고 봄이 상당하다. 따라서 원고가 피고에게 내용증명우편으로 보낸 주식보관증(기록에 의하면 확정일부인에 의한 간인까지 마쳐져 있음을 알아볼 수 있다.)이 원본이 아닌 사본이라는 이유만으로 확정일자 있는 증서가 되지 못한다고 본 원심의 판단에도 확정일자 있는 증서에 관한 법리를 오해한 위법이 있음을 아울러 지적해 둔다.

(다) 그러므로 원심판결을 파기하고, 사건을 다시 심리·판단하게 하기 위하여 원심법원에 환송하기로 하여 관여 대법관의 일치된 의견으로 주문과 같이 판결한다.

(5) 명의개서대리인

(가) 의의

회사는 정관이 정하는 바에 의하여 명의개서대리인을 둘 수 있다(법337② 전단). 명의개서대리인이란 회사를 위하여 주주의 명의개서를 대행하는 자를 말한다. 명의개서대리인제도는 기명사채에도 적용된다(법479②).

(나) 명의개서대행의 효과

명의개서대리인을 둔 경우 명의개서대리인이 취득자의 성명과 주소를 주주명부의 복본에 기재한 때에는 명의개서가 있는 것으로 본다(법337② 후단).

** 관련 판례: 대법원 2023. 5. 23.자 2022마6500 결정

[주주가 명의개서대리인을 상대로 주주명부 열람·등사 가처분 신청을 한 사건: 명의개서대리인이 주주명부 열람·등사 가처분 신청의 직접적인 상대방이 될 수 있는지 여부(소극)]

[1] 상법은 주주가 회사의 기본 정보에 접근하여 회사의 경영을 감독할 수 있게 함으로써 회사와 주주의 이익을 보호할 목적으로, 주주로 하여금 회사를 상대로 이사회 의사록 열람·등사 청구(제391조의3), 재무제표 등 열람 청구(제448조), 회계장부 열람·등사 청구(제466조) 등 각종 서류 등의 열람 내지 등사 청구를 할 수 있도록 하는 규정을 두고 있다. 그중 상법 제396조는 이사에게 회사의 주주명부를 본점에 비치할 의무를 부여하면서 명의개서대리인을 둔 때에는 주주명부 또는 그 복본을 명의개서 대리인의 영업소에 비치할 수 있게 하고(제1항), 주주가 영업시간 내에 그 주주명부 또는 복본의 열람·등사를 청구할 수 있도록 정하고 있다(제2항).

주식의 이전이 있을 때 취득자의 성명과 주소를 주주명부에 기재하는 명의 개서는 주주명부가 비치되어 있는 회사의 본점에서 하는 회사의 업무이다. 그런데 주식이 대량적·집단적으로 거래됨으로 인하여 발생하는 회사의 명의개서 사무의 번잡을 덜고 주식을 이전받아 명의개서 청구를 하는 사람의 편의를 위하여 상법 제337조 제2항은 정관이 정하는 바에 의하여 회사의 명의개서 업무를 대행하는 명의개서대리인을 둘 수 있게 하였다. 회사와 계약을 체결한 명의개서대리인은 이행보조자 또는 수임인의 지위에서 회사의 명의개서와 주주명부 작성·관리 업무를 수행하고, 그 외에 계약이 정하는 바에 따라 주주총회의 소집통지를 비롯하여 증권의 배당·이자 및 상환금의 지급 등과 같이 주주명부를 기초로 이루어지는 회사의 부수적인 업무도 담당할 수 있다(자본시장법 제366조 참조).

위와 같이 상법이 주주에게 회사에 대한 각종 서류 등 열람·등사 청구권을 부여하는 규정을 둔 취지와 체계, 상법 제396조 문언의 내용, 명의개서대리인의 지위와 업무내용 등을 종합적으로 고려하면, 주주는 회사를 상대로 상법 제396조 제2항에 따라 주주명부 열람·등사를 청구할 수 있고, 회사의 이행보조자 또는 수임인에 불과한 명의개서대리인에게 직접 주주명부 열람·등사를 청구할 수는 없다.

[2] 민사집행법 제300조 제2항에서 정한 임시의 지위를 정하기 위한 가처분은 그 가처분의 성질상 그 주장 자체에 의하여 다툼이 있는 권리관계에 관한 정당한 이익이 있는 자가 그 가처분을 신청할 수 있고, 그 경우 그 주장 자체에 의하여 신청인과 저촉되는 지위에 있는 자를 피신청인으로 하여야 한다(대법원 1963. 2. 7. 선고 62다820 판결, 대법원 2011. 4. 18.자 2010마1576 결정 등 참조).

주주명부 열람·등사 청구권이라는 권리관계에 관하여 임시의 지위를 정하기 위한 가처분 신청 사건에서 주주와 저촉되는 지위에 있는 자는 주주명부 열람·등사를 허용할 것인지를 결정하는 이사를 기관으로 하는 회사이고, 회사의 요청에 따라 필요한 조치를 취할 뿐인 명의개서대리인은 그 주장 자체로 주주와 저촉되는 지위에 있는 자라고 할 수 없다.

따라서 주주는 회사를 채무자로 하여 회사 본점 또는 명의개서대리인의 영업소에 비치된 주주명부의 열람·등사 가처분 신청을 할 수 있을 뿐이고, 직접 명의개서대리인을 채무자로 하여 그 가처분을 신청할 수는 없다.

5. 명의개서 미필주주의 지위

(1) 문제의 소재

주식 취득자가 명의개서를 하지 아니한 경우 취득자의 법적 지위가 문제된다. ⅰ) 회사가 명의개서를 하지 않은 실질주주에 대하여 주주권의 행사를 허용할 수 있는가? ⅱ) 회사가 부당하게 명의개서를 거절한 경우 취득자의 지위는 어떠한가? ⅲ) 주식 양수인이 명의개서를 하지 아니한 동안 주주명부상의 주주(양도인)가 주주권을 행사하여 이익배당을 받거나 신주인수를 하는 등 이익을 받았을 때 양도인과 양수인과의 법률관계는 어떠한가?

(2) 회사의 권리인정문제

주식의 취득자는 명의개서를 하기까지는 실질적인 권리자라도 회사에 대하여 주주로서의 권리를 행사할 수 없다. 그러나 회사가 명의개서를 마치지 아니한 주식양수인을 주주로 인정하여 권리행사를 시킬 수 있는가가 문제된다. 이는 명의개서의 효력에 관한 상법 제337조 제1항의 해석을 둘러싸고 명의개서 전의 주식양수인을 회사쪽에서 주주로 인정할 수 있는가의 문제이다.

대법원 2017. 3. 23. 선고 2015다248342 전원합의체 판결이 있기 전에는 긍정설과 부정설의 학설 대립이 있었고, 대법원은 긍정설을 따르고 있었다. 그러나 이 판결을 통해 대법원은 새로운 해석론을 제시하면서 부정설을 취하였다. 명의개서를 주식이전의 대항요건으로 한 것은 반드시 회사의 주식사무의 편익만을 고려한 것은 아니고 오히려 회사법률관계의 획일적 처리를 위한 것이다. 회사가 주주인정 문제에 선택권을 갖는다는 것은 단체법상의 법률관계의 획일성을 저해하고 불안정을 초래하여 명의개서제도의 취지에 반하게 된다. 따라서 대법원 2017. 3. 23. 선고 2015다248342 전원합의체 판결이 취한 태도는 합리적이다.

이 판결의 내용은 "주식을 양수하였으나 아직 주주명부에 명의개서를 하지 아니하여 주주명부에는 양도인이 주주로 기재되어 있는 경우뿐만 아니라, 주식을 인수하거나 양수하려는 자가 타인의 명의를 빌려 회사의 주식을 인수하거나 양수하고 타인의 명의로 주주명부에의 기재까지 마치는 경우에도, 회사에 대한 관계에서는 주주명부상 주주만이 주주로서 의결권 등 주주권을 적법하게 행사할 수 있다. 주주명부상의 주주만이 회사에 대한 관계에서 주주권을 행사할 수 있다는 법리는 주주에 대하여만 아니라 회사에 대하여도 마찬가지로 적용되므로, 회사는 특별한 사정이 없는 한 주주명부에 기재된 자의 주주권 행사를 부인하거나 주주명부에 기재되지 아니한 자의 주주권 행사를 인정할 수 없다"고 판시하고 있다.

(3) 명의개서의 부당거절

회사가 정당한 이유없이 명의개서를 거절한 경우에는 주식취득자는 명의개서에 갈음하는 판결을 구할 수 있고, 손해가 있으면 그 손해의 배상을 청구할 수 있을 것이며, 필요한 때에는 주주지위확인의 가처분도 구할 수 있다. 또한 이사 등에게는 벌칙의 제재가 가해진다(법635①(7)). 문제는 부당하게 명의개서를 거절당한 취득자는 명의개서 없이 주주권을 행사할 수 있는가이다. 상법 제337조에 의하면 명의개서를 한 자만이 회사에 대항할 수 있는데, 명의개서 전의 주식 취득자를 주주로 인정한다면 이는 명의개서의 대항력에 대한 예외를 인정하는 것이 된다.

(가) 긍정설

긍정설의 논거는 ⅰ) 회사에 의한 명의개서 청구의 부당거절은 신의성실의 원칙에 위반하는 것이며, ⅱ) 회사가 고의로 명의개서를 지연하거나 거절하는 것은 명의개서의 면책적 효력을 주장하는 회사의 실질적 기초가 상실되었다는 것이다.

(나) 부정설

부정설은 명의개서의 대항력이 절대적이라고 주장하는데 그 논거는 ⅰ) 명의개서제도의 획일적 처리의 요청과, ⅱ) 회사의 명의개서 청구의 거절이 정당한가의 여부를 판단하는 것이 객관적으로 불가능하다는 것을 내세운다.

(다) 판례

대법원 2017. 3. 23. 선고 2015다248342 전원합의체 판결은 "특별한 사정이 없는 한, 주주명부에 적법하게 주주로 기재되어 있는 자는 회사에 대한 관계에서 주식에 관한 의결권 등 주주권을 행사할 수 있고, 회사 역시 주주명부상 주주 외에 실제 주식을 인수하거나 양수하고자 하였던 자가 따로 존재한다는 사실을 알았든 몰랐든 간에 주주명부상 주주의 주주권 행사를 부인할 수 없으며, 주주명부에 기재를 마치지 아니한 자의 주주권 행사를 인정할 수도 없다. 주주명부에 기재를 마치지 않고도 회사에 대한 관계에서 주주권을 행사할 수 있는 경우는 주주명부에의 기재 또는 명의개서청구가 부당하게 지연되거나 거절되었다는 등의 극히 예외적인 사정이 인정되는 경우에 한한다"고 판시하여 긍정설을 취하고 있다.

(라) 결어

명의개서의 부당거절은 주식양수인의 권리를 침해하는 것으로 신의칙상 허용되지 않는다고 할 것이다. 명의개서가 없다 하더라도 스스로 주주임을 주장할 수 있고, 나아가 임시의 지위를 정하는 가처분을 얻어 주주로써 권리를 행사할 수 있을 것이다. 따라서 취득자는 명의개서 청구 이후의 이익배당, 신주발행에 대해 권리를 주장할 수 있으며, 소집통지를 받지 못한 주주총회의 결의취소를 청구할 수 있다. 회사가 과실로 명의개서를 거부한 경우에도 마찬가지라 할 것이다.

(4) 실기주와 명의개서 지체 중의 이익귀속

(가) 의의

실기주란 넓은 의미로는 주식양수인이 명의개서를 지연하다 이익배당기일, 신주배정기일 등의 소정의 기일을 경과함으로 인하여 회사에 대하여 권리행사를 할 수 없게 된 주식을 말한다. 좁은 의미의 실기주란 신주발행의 경우에 구주의 양수인이 배정일까지 명의개서를 하지 않고 기일을 넘긴 결과로 주주명부상의 명의주주인 구주의 양도인에게 배정한 신주를 말한다.

이 실기주를 어떻게 처리할 것인가의 문제이다. 넓은 의미의 실기주의 경우에는 명의개서를 실기한 주식양수인은 주식배당금 등을 수령한 명의주주인 주식양도인에게 부당이득으로서 그 반환을 구할 수 있으나, 좁은 의미의 실기주 처리의 문제가 있다.

(나) 실기주와 권리의 귀속

1) 권리의 귀속주체

주식의 양도당사자간에 있어서는 신주인수권은 양도인과 양수인 가운데 누구에게 귀속되는 것일까. 회사에 대한 관계에 있어서는 양도인에게 신주를 배정하는 것이 정당하지만, 그 신주가 당사자간에 있어서 누구에게 귀속되는가 하는 것은 별문제이다.

가) 명의주주 귀속설

구체적 신주인수권은 주주권의 내용을 이루는 권리가 아니며, 이사회의 결의에 의하여 일정 시점에 있어서 주주명부에 기재된 주주에게 배정되는 특별한 권리이므로 주식의 이전에 수반되지 않고, 따라서 그 귀속주체는 실질적인 주주인 실기주주가 아니고 명의주주라는 견해이다.

나) 실질주주 귀속설

추상적 신주인수권은 주식의 양도와 함께 이전하는 것이고, 구체적 신주인수권은 독립한 권리이기는 하지만 본래 주주자격에 기초한 일종의 지분권이므로 명백한 특약이 없는 한 주주권의 이전과 함께 실질적으로 주식양수인에게 이전된다고 본다.

다) 결어

기왕에 충분한 대가를 받고 주식을 이전한 양도인이 대회사관계에 있어서 주주명부상 명의가 남아 있음을 기회로 하여 이득을 취하는 것은 부당하므로 실질적인 주주인 실기주주에게 귀속한다는 실질주주 귀속설이 타당하다.

2) 권리회복의 법적 근거

실기주에 기초하여 발생하는 신주인수권은 궁극적으로 실기주주에게 귀속되므로, 회사가 명의주주에게 신주를 배정하였다 하더라도 이것은 실기주주의 청구가 있으면 그에게 반환되어야 한다. 그런데 그 반환청구권의 법적 근거를 어떻게 보느냐에 따라 반환의 범위 내지 목적물이 달라진다.

가) 부당이득설

신주인수권은 양수인에게 귀속하지만, 양도인이 신주의 인수·납입을 한 때에는 신주 그 자체는 양도인에게 귀속하므로 양수인은 신주 그 자체의 반환청구는 할 수 없고, 양도인의 신주의 인수에 의하여 받은 이득을 부당이득으로 반환청구할 수 있다고 한다.

나) 사무관리설

양도인이 양수인을 위하여 사무관리를 한 것으로 보고, 양수인은 양도인에게 신주의 인도를 청구할 수 있고, 양도인은 양수인에게 납입금액을 비롯한 제 유익비의 반환을 청구할 수 있으며(민법739), 이 양자는 동시이행의 관계에 있다고 본다.

다) 준사무관리설

사무관리가 성립하려면 "타인을 위한 의사"가 있어야 하는데, 양도인은 보통 자기를 위한 의사였다고 보아야 한다는 점 등을 들어, 사무관리는 아니고 준사무관리라고 보아 민법 제734조 이하의 사무관리에 관한 규정을 유추적용할 것이라고 본다.

라) 결어

부당이득설은 신주 그 자체의 인도·청구가 불가능한 점에, 사무관리설은 양도인에게 양수인을 위한 의사가 있다고 볼 수 없는 점에, 준사무관리설은 사무관리의 요건을 정확히 지적하였으나, 민법이론에서도 인정 여부에 논란이 있고, 무엇보다도 불법관리의 경우 불법을 정당시해야 한다는 점에 난점이 있다. 생각건대 입법적인 해결이 필요할 것이다.

6. 주권의 선의취득

(1) 의의

주권을 양도한 자가 무권리자인 경우에도 일정한 요건을 갖추어 양수인이 선의로 주권을 양수하면 적법하게 주권을 취득하고 주주의 지위를 취득하게 되는데, 이를 주권의 선의취득이라 한다(법359, 수표법21).

(2) 요건

주권의 선의취득은 ⅰ) 주권이 유효한 것이어야 하고, ⅱ) 양도인이 무권리자이어야 하며, ⅲ) 양도에 의하여 주권을 취득하였어야 하며, ⅳ) 양수인이 선의이며 중과실이 없어야 한다.

(3) 효과

선의취득자는 적법하게 주권을 취득하고 주권을 반환할 의무가 없다.

** 관련 판례: 대법원 2018. 7. 12. 선고 2015다251812 판결

[상법 제359조, 수표법 제21조 단서에서 정한 '악의 또는 중대한 과실'의 의미 및 그 유무 판단의 기준 시기(=주권의 취득 시기) / 주권 등을 취득하면서 양도인이

무권리자임을 의심할 만한 사정이 있는데도 이에 대하여 상당하다고 인정될 만한 조사를 하지 않은 경우, 양수인에게 위 단서에서 말하는 '중대한 과실'이 있다고 보아야 하는지 여부(적극)]

[1] 관련 법리

주권의 선의취득은 주권의 소지라는 권리외관을 신뢰하여 거래한 사람을 보호하는 제도이다. 주권 취득이 악의 또는 중대한 과실로 인한 때에는 선의취득이 인정되지 않는다(상법 제359조, 수표법 제21조). 여기서 악의 또는 중대한 과실이 있는지 여부는 그 취득 시기를 기준으로 결정하여야 하며, '악의'란 교부계약에 하자가 있다는 것을 알고 있었던 경우, 즉 종전 소지인이 무권리자 또는 무능력자라거나 대리권이 흠결되었다는 등의 사정을 알고 취득한 것을 말하고, 중대한 과실이란 거래에서 필요로 하는 주의의무를 현저히 결여한 것을 말한다(대법원 2000. 9. 8. 선고 99다58471 판결 참조). 그리고 주권 등을 취득하면서 통상적인 거래기준으로 판단하여 볼 때 양도인이 무권리자임을 의심할 만한 사정이 있음에도 불구하고 이에 대하여 상당하다고 인정될 만한 조사를 하지 아니한 채 만연히 주권을 양수한 경우에는 양수인에게 상법 제359조, 수표법 제21조 단서에서 말하는 '중대한 과실'이 있다고 보아야 한다(대법원 2006. 11. 9. 선고 2006다58684 판결).

[2] 사실관계

(가) 소외 1이 주식회사 한국일보사의 회장으로 근무하던 2012. 12. 31. 위 회사 계열사인 피고보조참가인으로부터 피고가 발행한 액면가 10,000원인 기명식 보통주식 60,000주(이하 '이 사건 주식'이라고 한다)를 매수하면서 그 매수인 명의를 소외 2로 하였다. 소외 1은 2013. 1. 25. 소외 2와 이 사건 주식을 소외 2에게 명의신탁하는 내용의 주식 명의신탁계약(이하 '이 사건 명의신탁계약'이라고 한다)을 체결한 다음, 소외 2로 하여금 피고보조참가인에게 이 사건 주식 매매대금 6억 원을 지급하게 하였다.

(나) 원고는 2013. 8. 28. 소외 1의 동생인 소외 3, 소외 4를 만나, 피고 발행 주식 총수 325,000주 가운데 295,000주(소외 1 명의로 된 120,000주, 소외 1의 동생 소외 3 명의로 된 90,000주, 한일시멘트 주식회사 명의로 된 25,000주, 이 사건 주식 60,000주)와 함께 피고의 경영권을 인수하기로 하는 취지의 기업인수합병 협상(이하 '이 사건 인수협상'이라고 한다)을 하였고, 당시 원고는 그 대금으로 210억 원을 제시하였으나 합의에 이르지는 못하였다.

(다) 한편 소외 2는 이 사건 인수협상 전인 2013. 8. 5. 소외 1의 요구로 그가 지정한 은행계좌에 6억 원을 입금하였고, 2013. 9. 24. 이 사건 주식에 대한 국세청의 압류를 해제하기 위하여 피고보조참가인의 체납 국세 256,986,100원을

대납하였으며, 2013. 10. 25. 소외 1에게 1억 원을 지급하였다.

(라) 소외 2는 2014. 3. 5. 열린 주주총회에서 피고 대표이사에서 물러나게 되자, 피고의 회사 금고에 보관되어 있던 이 사건 주식에 관하여 발행된 주권(이하 '이 사건 주권'이라고 한다)을 꺼내어 가져갔다.

(마) 원고는 2014. 4. 10. 소외 2로부터 이 사건 주식을 대금 10억 5,000만 원에 매수하기로 하는 주식매매계약(이하 '이 사건 주식매매계약'이라고 한다)을 체결하고, 같은 날 소외 2에게 10억 5,000만 원을 지급하면서 소외 2로부터 이 사건 주권을 인도받아 현재까지 소지하고 있다. 당시 소외 2는 위 (다)항 기재와 같이 합계 956,986,100원을 지출하고 소외 1로부터 이 사건 주식을 취득하였다고 말하였으나, 그와 관련된 주식양도계약서 등 처분문서는 물론 그 주장과 같이 돈을 지출한 사실에 관한 어떠한 자료도 원고에게 제시하지 않았고, 원고도 소외 2에게 그와 같은 자료가 있는지 묻거나 확인하지 않았다.

[3] 원심의 판단

(가) 소외 2는 소외 1에게 이 사건 주식의 주주 명의를 대여한 사람에 불과하여 무권리자이므로, 원고가 무권리자인 소외 2로부터 이 사건 주식을 양수하였다고 하더라도 선의취득 등의 특별한 사정이 없는 한 이를 적법하게 취득할 수 없다.

(나) 이 사건 인수협상 과정에서 소외 2와 원고가 보인 태도 등을 종합하면, 원고는 이 사건 주식매매계약 체결 당시 소외 2가 소외 1과 이 사건 명의신탁계약을 체결한 사실을 알고 있었다고 보인다. 하지만 ① 소외 2가 이 사건 주식매매계약 체결 당시 자신이 2013. 8. 5.과 2013. 10. 25. 소외 1에게 각 6억 원과 1억 원을 송금하고 2013. 9. 24. 피고보조참가인의 체납 국세 256,986,100원을 대신 납부함으로써 이 사건 주식의 소유권을 취득하였다고 말한 점, ② 당시 원고 회장인 소외 5도, 소외 2가 위와 같이 합계 956,986,100원을 소외 1에게 지급하거나 소외 1 대신 지출함으로써 이 사건 주식을 적법하게 취득한 것이라고 말한 점, ③ 이 사건 주식매매계약의 매매대금이 현저히 저렴한 수준이라고 볼만한 근거가 없는 점, ④ 이 사건 주식매매계약 당시 소외 2가 이 사건 주권을 소지하고 있었고 현재는 원고가 이를 인도받아 소지하고 있는 점 등에 비추어 볼 때, 원고가 악의 또는 중대한 과실로 이 사건 주권을 취득하였다고 인정할 증거가 부족하므로 이 사건 주권을 선의취득하였다고 보아야 한다.

[4] 대법원 판단

그러나 원심의 이러한 판단은 다음과 같은 이유로 받아들이기 어렵다.

(가) 원심이 인정한 이 사건 인수협상의 경위 등에 더하여, 이 사건 인수협상

과 이 사건 주식매매계약 체결을 주도한 원고 회장 소외 5가 기업 인수·합병 전문가인 점, 이 사건 인수협상 당시 협의된 주식양도대금이 합계 210억 원에 달하므로 원고로서는 피고의 주주 구성 등에 관하여 상당한 조사를 하였을 것으로 보이는 점, 소외 3 등으로서도 위 협상 과정에서 피고 회사를 매각하기 위하여 매각 대상 주식의 약 20.3%에 달하는 이 사건 주식이 소외 1 소유임을 원고에게 밝혔을 것으로 보이는 점 등을 종합하여 보면, 원고는 이 사건 인수협상 당시 소외 2가 소외 1에게 이 사건 주식의 주주 명의를 대여한 사람에 불과하다는 사실을 알고 있었고 이를 전제로 협상을 하였을 가능성이 크다.

　　(나) 그런데 소외 2는 이 사건 인수협상이 결렬된 때로부터 불과 약 7개월만에 이 사건 주식을 원고에게 양도하면서 자신이 소외 1로부터 이를 양수하였다고 주장하였을 뿐 그에 관한 어떠한 자료도 원고 측에 제시하지 않았다. 원심판결 이유에 의하더라도, 이 사건 주식매매계약 체결 당시 소외 2는 원고에게 이 사건 인수협상 이전인 2013. 8. 5. 자신이 소외 1에게 6억 원을 지급했다고 말하였다는 것이다. 이러한 사정은 소외 2가 이 사건 주식의 명의수탁자임을 전제로 이 사건 인수협상을 하였던 원고에게 소외 2가 이 사건 주권의 적법한 소지인인지에 관한 의심을 일으키기에 충분한 사정으로 보인다. 더욱이 원고로서는 이 사건 인수협상 상대방이었던 소외 3 등에게 문의하는 등의 방법으로 소외 1이 이 사건 주식을 소외 2에게 양도하였는지 여부를 손쉽게 확인할 수 있었다. 그런데도 원고는 소외 2가 이 사건 주권의 적법한 소지인인지에 관하여 아무런 조사도 하지 않은 채 이 사건 주식매매계약을 체결하였다.

　　(다) 이처럼 통상적인 거래기준으로 판단하여 보더라도 이 사건 주식매매계약 체결 당시 소외 2가 무권리자임을 의심할 만한 사정이 있었음에도, 원고는 그에 관하여 아무런 조사도 하지 아니한 채 만연히 이 사건 주식매매계약을 체결하였다. 그렇다면 소외 2가 무권리자라는 사실을 원고가 알지 못하였다고 하더라도, 이는 거래에서 필요로 하는 주의의무를 현저하게 결여한 중대한 과실로 인한 것이라고 보는 것이 옳다. 그런데도 원심은 그 판시와 같은 이유만으로 원고에게 악의 또는 중대한 과실이 있다고 보기 어렵다고 판단하였다. 원심의 위와 같은 판단에는 주권 선의취득에 관한 법리를 오해하여 필요한 심리를 다하지 아니함으로써 판결에 영향을 미친 잘못이 있다.

Ⅲ. 주식양도의 제한

1. 정관에 의한 주식양도의 제한

(1) 양도제한의 방법
(가) 정관의 규정

회사가 주주의 주식양도를 제한하기 위하여는 정관에 이에 관한 정함이 있어야 한다(법335① 단서). 정관은 원시정관이든 변경정관이든 상관이 없다.

** 관련 판례

① 대법원 2000. 9. 26. 선고 99다48429 판결

[상법 제335조 제1항 단서의 취지 및 정관의 규정으로 주식의 양도를 전면적으로 금지할 수 있는지 여부(소극)]

[1] 관련 법리

상법 제335조 제1항 단서는 주식의 양도를 전제로 하고, 다만 이를 제한하는 방법으로서 이사회의 승인을 요하도록 정관에 정할 수 있다는 취지이지 주식의 양도 그 자체를 금지할 수 있음을 정할 수 있다는 뜻은 아니기 때문에, 정관의 규정으로 주식의 양도를 제한하는 경우에도 주식양도를 전면적으로 금지하는 규정을 둘 수는 없다고 할 것이다.

[2] 사실관계

원심이 제1심판결을 인용하여 적법하게 확정한 사실관계에 의하면, 피고 회사와 주주들은 1994. 6. 3. 이 사건 합작투자계약시에, 그리고 주주들을 대리한 소외 주식회사 포항제철과 소외 주식회사 경방은 1994. 9. 4. 투자약정시에, 피고 회사 발행 주식의 양도제한에 관하여 "합작회사(이하 '피고 회사'를 말한다)가 사전에 공개되는 경우를 제외하고 합작회사의 설립일로부터 5년 동안, 합작회사의 어느 주주도 합작회사 주식의 전부 또는 일부를 다른 당사자 또는 제3자에게 매각, 양도할 수 없다. 단 법률상 또는 정부의 조치에 의하여 그 주식의 양도가 강제되는 경우 또는 당사자들 전원이 그 양도에 동의하는 경우는 예외로 한다. 위 예외의 경우나 설립일로부터 5년이 경과한 후 합작회사의 공개 이전까지 포항제철이나 코오롱 이외의 주주가 보유하는 합작회사의 주식의 전부 또는 일부를 양도하고자 할 경우에는 포항제철과 코오롱이 주식 매입시의 각자의 주식보유비율에

따라 동 주식을 우선 매수할 권리가 있다. 이때 양도인은 우선 포항제철과 코오롱에 서면으로 동 주식의 양도를 청약하여야 하고, 그 양도가액은 합의된 가격 또는 감정에 의한 공정가격으로 한다. 위 계약들에 의한 주식의 양도제한에 위배하여 합작회사의 주식이 양도된 경우 그 주식양수인은 위 계약들에 따른 어떠한 권리와 이익도 가지지 아니하며, 그 주식의 양도인은 본 계약 및 위 합의서 등의 서면에 의한 약정 및 의무에 대하여 계속 책임을 진다."는 내용의 합의를 하였다는 것이다.

[3] 판단

(가) 그러나 이 사건 약정은, 그 내용 자체에 의하더라도 그 양도에 이사회의 승인을 얻도록 하는 등 그 양도를 제한하는 것이 아니라, 설립 후 5년간 일체 주식의 양도를 금지하는 내용으로, 이와 같은 내용은 위에서 본 바와 같이 정관으로 규정하였다고 하더라도 이는 주주의 투하자본회수의 가능성을 전면적으로 부정하는 것으로서 무효라고 할 것이다. 그러므로 그와 같이 정관으로 규정하여도 무효가 되는 내용을 나아가 회사나 주주들 사이에서, 혹은 주주들 사이에서 약정하였다고 하더라도 이 또한 무효라고 할 것이다.

(나) 그리고 이 사건 약정 가운데 주주 전원의 동의가 있으면 양도할 수 있다는 내용이 있으나, 이 역시 상법 제335조 제1항 단서 소정의 양도제한 요건을 가중하는 것으로서 상법 규정의 취지에 반할 뿐 아니라, 사실상 양도를 불가능하게 하거나 현저하게 양도를 곤란하게 하는 것으로서 실질적으로 양도를 금지한 것과 달리 볼 것은 아니다.

(다) 그러므로 이 사건 양도제한약정은 무효라고 할 것이고, 피고는 그와 같은 무효인 양도제한약정을 들어 이 사건 명의개서청구를 거부할 수는 없는 것이다.

② 대법원 2022. 3. 31. 선고 2019다274639 판결

[주주 사이에서 주식의 양도를 일부 제한하는 약정을 한 경우, 그 효력(원칙적 유효)]

[1] 관련 법리

주식의 양도를 제한하는 방법으로 이사회 승인을 받도록 정관에 정할 수 있다는 상법 제335조 제1항 단서의 취지에 비추어 볼 때, 주주 사이에서 주식의 양도를 일부 제한하는 약정을 한 경우, 그 약정은 주주의 투하자본회수 가능성을 전면적으로 부정하는 것이 아니고, 선량한 풍속 그 밖의 사회질서에 반하지 않는다면 당사자 사이에서는 원칙적으로 유효하다(대법원 2013. 5. 9. 선고 2013다7608 판결 등 참조).

[2] 판단

원심은 다음과 같은 이유를 들어 주식양도를 위해 출자자 전원의 동의를 받도록 한 이 사건 협약 제14조를 무효로 볼 수 없다고 판단하였다. ① 이 사건 협약 제14조는 이 사건 회사 주식의 양도를 전면적으로 금지하는 것이 아니라 일정한 요건과 절차를 거쳐 양도가 가능하도록 규정하고 있다. 이 사건 회사의 주주가 8명에 지나지 않아 다른 주주로부터 주식양도에 관한 동의를 받는 것이 그 양도를 금지할 정도에 이른다고 보기도 어렵다. ② 이 사건 회사의 정관과 법인등기부등본에 따르면 이 사건 회사는 존립기간이 설립등기일부터 13년으로 정해져 있어 주주의 투하자본 회수가 불가능하다고 보기 어렵다. ③ 이 사건 사업은 주간사(피고), 공공출자자(청주시), 재무적 출자자(산업은행), 건설출자자(대우건설 등) 등 각 역할을 수행하는 주주의 구성이 중요하여 그 주주 구성의 변동을 제한할 합리적 필요성이 있다. 원심판결 이유를 위에서 본 법리에 비추어 살펴보면, 원심판결은 정당하고 상고이유 주장과 같이 주식양도 제한에 관한 법리 등을 오해한 잘못이 없다.

(나) 양도제한의 공시

주식양도의 제한은 공시되어야 한다. 정관에 주식양도의 제한규정을 둔 경우에는 이를 주식청약서(법302⑤(5의2))와 주권(법356(6의2))에 기재하고 설립등기(법317②(3의2))를 하여 공시하여야 한다. 나아가 전환사채나 신주인수권부사채의 청약서, 채권, 사채원부 및 신주인수권증권(법514①(5), 법516의4(4), 법516의5②(5))에도 이를 기재하여야 한다. 주식청약서에 양도제한을 기재하지 않은 경우에는 주식청약서의 요건을 흠결한 것으로 되어 주식인수의 무효사유가 된다(법320, 법427).

(다) 이사회의 승인

주식양도의 제한은 이사회의 승인을 얻어야 한다(법335① 단서). 상법이 정한 방법 이외의 다른 제한방법을 정하는 것은 허용되지 않는다.

(라) 양도제한을 받는 주식

양도승인을 요하는 행위는 주식의 양도에 한한다. 따라서 상속이나 합병과 같은 포괄승계의 경우에는 양도의 승인을 요하지 아니한다.

(마) 승인없는 양도의 효력(상대적 무효)

정관의 규정에 위반하여 이사회의 승인을 얻지 아니한 주식의 양도는 회사에 대하여 효력이 없다(법335②). 여기서 "회사에 대하여 효력이 없다"라고 하는 것은 회사에 대한 관계에서 양도가 무효이고, 회사가 이를 유효로 인정할 수는 없으나, 당사자간에서는 유효하다는 취지이다(상대적 무효설).

** 관련 판례: 대법원 2008. 7. 10. 선고 2007다14193 판결

[양도제한이 있는 주식을 이사회의 승인을 얻지 않고 양도한 경우, 주주 사이의 그 양도계약의 효력(유효)]

[1] 관련 법리

주식의 양도를 제한하는 방법으로서 이사회의 승인을 요하도록 정관에 정할 수 있다는 상법 제335조 제1항 단서의 취지에 비추어 볼 때, 주주들 사이에서 주식의 양도를 일부 제한하는 내용의 약정을 한 경우, 그 약정은 주주의 투하자본 회수의 가능성을 전면적으로 부정하는 것이 아니고, 공서양속에 반하지 않는다면 당사자 사이에서는 원칙적으로 유효하다고 할 것이다(대법원 2000. 9. 26. 선고 99다48429 판결 취지 참조).

[2] 판단

주식의 양도는 이사회의 승인을 얻도록 규정되어 있는 회사의 정관에도 불구하고 이사회의 승인을 얻지 아니하고 주식을 양도한 경우에 그 주식의 양도는 회사에 대하여 효력이 없을 뿐, 주주 사이의 주식양도계약 자체가 무효라고 할 수는 없다. 원심이 같은 취지에서 피고들의 주식양도가 주식회사 한국케이블티브이 남부산방송 이사회의 승인을 얻지 않은 것이어서 무효라는 위 피고의 주장을 배척한 것은 정당하다.

---

(2) 양도인의 승인청구

(가) 사전승인청구

주식의 양도에 관하여 이사회의 승인을 얻어야 하는 경우에는 주식을 양도하고자 하는 주주는 회사에 대하여 양도의 상대방 및 양도하고자 하는 주식의 종류와 수를 기재한 서면으로 양도의 승인을 청구할 수 있다(법335의2①). 양도인의 승인청구는 사전청구이며 서면으로 하여야 한다. 주주가 승인을 구하는 주식양도의 상대방은 특정되어야 하며, 양도의 상대방 이외에 양도하고자 하는 주식의 종류와 수도 기재하여야 한다.

(나) 승인여부의 통지

회사는 주주의 양도승인의 청구가 있는 날부터 1월 이내에 주주에게 그 승인여부를 서면으로 통지하여야 한다(법335의2②). 회사가 이 기간 내에 주주에게 거부의 통지를 하지 아니한 때에는 주식의 양도에 관하여 이사회의 승인이 있는 것으로 본다(법335의2③). 통지는 그 기간 내에 청구자에게 도달되어야 한다.

(다) 승인의 효력

회사가 주주의 승인청구에 대하여 이사회의 결의를 거쳐 승인을 하고 기간 내에 주주에게 통지를 한 때에는 주주는 승인청구서에 기재된 대로 양도의 상대방에게 주식을 양도할 수 있다.

(라) 승인의 거부

이사회가 양도승인의 청구를 거부한 때에는 승인청구가 있은 날로부터 1월 내에 승인거부를 주주에게 서면으로 통지하여야 한다(법335의2②).

양도승인거부의 통지를 받은 주주는 통지를 받은 날부터 20일 내에 회사에 대하여 양도의 상대방의 지정 또는 그 주식의 매수를 청구할 수 있다(법335의2④). 승인거부의 통지를 받은 주주는 통지를 받은 날로부터 20일 내에 양도상대방지정의 청구와 주식매수청구의 두 가지 방법 중 하나를 선택할 수 있다. 양도인이 승인거부의 통지를 받은 날로부터 20일을 경과한 때에는 상대방지정청구나 주식매수청구를 할 수 없다.

(3) 양도상대방의 지정청구

(가) 지정청구

양도승인거부의 통지를 받은 주주는 그 통지를 받은 날로부터 20일 내에 회사에 대하여 양도의 상대방 지정을 청구할 수 있다. 청구의 방법에는 제한이 없으므로 구두 또는 서면에 의한 청구 모두 가능하다. 이는 주주의 투하자금 회수를 보장하기 위한 장치이다.

(나) 양도상대방의 지정과 지정통지

주주가 양도의 상대방을 지정하여 줄 것을 청구한 경우에는 이사회는 이를 지정하고, 그 청구가 있은 날부터 2주간 내에 주주 및 지정된 상대방에게 서면으로 이를 통지하여야 한다(법335의3①). 이 기간 내에 주주에게 상대방지정의 통지를 하지 아니한 때에는 주식의 양도에 관하여 이사회의 승인이 있는 것으로 본다(법335의3②).

(다) 지정매수인의 매도청구

이사회의 결의에 의하여 상대방으로 지정된 자("지정매수인")는 지정통지를 받은 날로부터 10일 이내에 지정청구를 한 주주에 대하여 서면으로 그 주식을 자기에게 매도할 것을 청구할 수 있다(법335의4①). 이 청구권은 형성권으로 청구에 의하여 청구자와 주주 사이에 주식의 매매계약이 성립한다.

(라) 매도청구권의 불행사

지정매수인이 지정통지를 받은 날로부터 10일 이내에 매도의 청구를 하지 아니한 때에는 주식의 양도에 관하여 이사회의 승인이 있는 것으로 본다(법335의4②). 따라서 주주는 전에 회사에 대하여 승인청구한 상대방에게 그 주식을 양도할 수 있다.

(마) 매수가격의 결정

지정매수인이 매도청구권을 행사할 경우 매수가격을 결정해야 한다. 매수가격은 지정청구인과 지정매수인 간의 협의로 이를 결정한다(법335의5①). 매도청구를 받은 날로부터 30일 이내에 당사자 간에 협의가 이루어지지 아니한 경우에는 법원에 매수가액의 결정을 청구할 수 있다. 법원이 주식의 매수가액을 결정하는 경우에는 회사의 재산상태, 그 밖의 사정을 참작하여 공정한 가액으로 산정하여야 한다(법335의5②, 법374의2④⑤).

(4) 회사에 대한 매수청구

(가) 매수청구

회사로부터 양도승인거부의 통지를 받은 주주는 통지를 받은 날부터 20일 내에 회사에 대하여 그 주식의 매수를 청구할 수 있다(법335의2④). 주식매수청구를 할 수 있는 자는 주주에 한한다. 회사는 청구를 받은 날로부터 2월 이내에 그 주식을 매수하여야 한다(법335의6, 법374의2②). 이 청구권은 형성권으로 청구에 의하여 당사자 사이에 매매계약이 성립한다.

** 관련 판례: 대법원 2014. 12. 24. 선고 2014다221258, 221265 판결
[주식을 취득하였으나 회사로부터 양도승인거부의 통지를 받은 양수인이 회사

에 대하여 주식매수청구권을 행사할 수 있는지 여부(적극)]

　주식의 양도에 관하여 이사회의 승인을 얻어야 하는 경우에 주식을 취득하였으나 회사로부터 양도승인거부의 통지를 받은 양수인은 상법 제335조의7에 따라 회사에 대하여 주식매수청구권을 행사할 수 있다. 이러한 주식매수청구권은 주식을 취득한 양수인에게 인정되는 이른바 형성권으로서 그 행사로 회사의 승낙 여부와 관계없이 주식에 관한 매매계약이 성립하게 되므로, 주식을 취득하지 못한 양수인이 회사에 대하여 주식매수청구를 하더라도 이는 아무런 효력이 없고, 사후적으로 양수인이 주식 취득의 요건을 갖추게 되더라도 하자가 치유될 수는 없다.

(나) 매수가액의 결정

　주주와 회사 사이의 매수가액은 영업양도나 합병을 반대하는 주주가 주식매수청구를 한 경우의 매수가액의 결정방법에 의하여 결정한다(법335의6, 법374의2 ②내지⑤). 따라서 먼저 주주와 회사 간의 협의에 의하여 결정하고, 다음으로 주식매수청구를 받은 날로부터 30일 이내에 위 협의가 이루어지지 아니하는 경우에는 회사 또는 주식매수를 청구한 주주는 법원에 대하여 매수가액의 결정을 청구할 수 있다. 법원이 주식의 매도가액을 결정하는 경우에는 회사의 재산상태, 그 밖의 사정을 참작하여 공정한 가액으로 산정하여야 한다(법335의6, 법374의2② 내지④).

** **관련 판례**: 대법원 2022. 7. 28.자 2020마5054 결정

[주식매수가액 산정 결정]

[1] 사실관계

　(가) 사건본인은 비상장법인이고, 정관에서 사건본인이 발행한 주식을 양도할 때에는 이사회의 승인을 얻어야 한다고 정하고 있다.

　(나) 신청인은 사건본인이 발행한 주식 24,000주를 소유한 주주로서, 2018. 5. 2. 사건본인에게 위 주식을 주식회사 C(이하 'C'라 한다)가 설립할 예정인 경영참여형 사모투자합자회사(Private Equity Fund: PEF, 이하 '이 사건 펀드'라 한다)에 양도하려고 하므로(이하 '이 사건 주식양도'라 한다) 이를 승인하여 달라는 내용이 기재된 청구서를 보냈다. 이 청구서에는 C가 이 사건 펀드를 설립하여 신청인으로부터 위 주식을 인수할 의사가 있음을 표시하는 내용의 인수의향서(Letter of

Intent: LOI)가 첨부되어 있었다. 이후 신청인은 사건본인의 요청에 따라 'C는 금융감독원에 업무집행사원으로 등록된 회사로서 펀드(PEF)의 설립·운영 자격을 가지고, 향후 설립할 펀드의 운영 전반을 책임지게 된다'는 등의 양도의 상대방에 관한 내용을 추가로 제공하였다.

(다) 사건본인의 이사회는 2018. 7. 3. 이 사건 주식양도를 승인하지 않기로 결의하였다. 이에 신청인은 사건본인에게 주식매수를 청구하였으나, 이후 매수가액에 대한 협의가 이루어지지 않자 이 사건 신청을 하였다.

[2] 신청인의 주식양도승인 청구에 관하여

(가) 관련 법리

회사는 정관에서 주식양도에 관하여 이사회의 승인을 받도록 정할 수 있고, 이 경우 이사회의 승인을 얻지 않은 주식의 양도는 회사에 대하여 효력이 없으며 (상법 제335조 제1항, 제2항), 주식을 양도하고자 하는 주주는 회사에 대하여 양도의 상대방 및 양도하고자 하는 주식의 종류와 수를 기재한 서면으로 양도의 승인을 청구할 수 있다(상법 제335조의2 제1항). 위와 같은 법률규정은 주주 상호간의 인적 신뢰관계를 보호하고, 회사의 경영권이 회사가 바라지 않는 다른 사람에게 넘어가는 것을 방지하여 회사 경영의 안정을 도모하기 위한 것이다. 상법이 양도의 상대방의 자격 등을 제한하고 있지는 않으므로, 특별한 사정이 없는 한 개인은 물론 회사나 자본시장법에 따른 회사 형태의 집합투자기구 등도 양도의 상대방이 될 수 있고, 설립 예정이거나 설립 중인 회사도 마찬가지이다. 다만 주주의 양도승인 청구가 적법하기 위해서는 어느 경우이든 양도의 상대방은 그가 주주가 될 경우 회사 경영에 어떠한 영향이 있을지를 승인 주체인 이사회가 가늠할 수 있을 정도로 특정되어야 하고, 설립 중인 회사나 설립 예정인 회사라면 설립 목적, 설립 주체 내지 설립 후 운영주체 등의 정보가 제공되어 이를 근거로 이사회가 양도승인 여부를 결정할 수 있어야 한다.

한편 회사로부터 양도승인거부의 통지를 받은 주주는 일정 기간 내에 회사에 대하여 그 주식의 매수를 청구할 수 있다(상법 제335조의2 제4항). 이는 정관에 따라 주식의 양도가 제한된 주주에게 투하자본 회수의 기회를 보장하기 위한 것이므로 최대한 보장될 필요가 있다. 주식을 양도하고자 하는 주주가 양도승인을 청구할 때에는 주식을 양도하고자 하는 주주나 양도의 상대방 사이에 주식을 양도·양수할 의사가 없다거나, 양도의 상대방이 주식 양수자금을 조달할 의사나 능력이 없다는 것이 명백하다는 등의 특별한 사정이 없는 한, 반드시 주식양도계약이 체결되었거나 주식양도에 관한 협상이 상당한 정도로 진행되어야만 주주의 주식양도승인 청구가 적법한 것은 아니다.

(나) 대법원 판단

신청인이 사건본인에게 이 사건 주식양도승인을 청구하고 사건본인이 신청인으로부터 이 사건 주식양도와 관련한 자료를 제공받을 당시 양도의 상대방인 이 사건 펀드가 설립되어 있지는 않았지만, 장차 이 사건 펀드가 구 자본시장법(2021. 4. 20. 법률 제18128호로 개정되기 전의 것)과 같은 법 시행령에 따라 합자회사 형태로 설립될 예정인 점, 그 설립 주체인 C가 향후 이 사건 펀드의 업무집행사원이 되어 독자적으로 업무를 집행할 것이라는 점, C가 신청인의 주식을 양수할 의사가 있다는 점을 알 수 있고, 달리 C가 주식을 양수할 능력이 없다는 사정은 확인되지 않는다. 이러한 사정에 비추어 보면, 사건본인은 이 사건 펀드가 주주가 될 경우 회사의 경영에 미치는 영향을 판단할 수 있으므로 양도의 상대방이 특정되었다고 볼 수 있고, 그 밖에 회사의 자본충실을 해할 우려가 있는 특별한 사정이 있다고 볼 만한 근거가 없다.

그렇다면 원심결정 이유에 일부 적절하지 않은 부분이 있으나 신청인의 이 사건 주식양도승인 청구가 적법하다는 원심의 결론은 정당하고, 거기에 사건본인의 재항고이유 주장과 같이 주식양도승인 청구에 관한 법리를 오해하여 결정에 영향을 미친 잘못이 없다.

[3] 주식매수가격 산정에 관하여

(가) 관련 법리

법률의 규정에 따라 주주가 회사에 대하여 비상장주식의 매수를 청구하는 경우, 그 주식에 관하여 객관적 교환가치가 적정하게 반영된 정상적인 거래의 실례가 있으면 그 거래가격을 시가로 보아 주식의 매수가액을 정하여야 하나, 그러한 거래사례가 없으면 비상장주식의 평가에 관하여 보편적으로 인정되는 시장가치방식, 순자산가치방식, 수익가치방식 등 여러 가지 평가방법을 활용하되, 상증세법 등을 포함하여 비상장주식의 평가방법을 규정한 관련 법규들은 그 제정목적에 따라 서로 상이한 기준을 적용하고 있으므로, 어느 한 가지 평가방법이 항상 적용되어야 한다고 단정할 수는 없고, 그 회사의 상황이나 업종의 특성 등을 종합적으로 고려하여 공정한 가액을 산정하여야 한다(대법원 2006. 11. 23.자 2005마958 등 결정 등 참조). 그리고 비상장주식의 수익가치를 산정하기 위하여 보편적으로 사용되는 방법으로는 현금흐름할인가치법, 이익할인가치법, 배당평가모형가치법 등 다양한 방법이 있고, 이들 각 방법은 각각의 장점과 단점을 가지고 있으므로, 법원은 그 법인의 업종의 특성, 자산 및 수익구조, 지배구조, 그 밖에 경영상황 및 재무상황 등 제반 사정을 고려하여 기업가치를 객관적이고 공정하게 산정할 수 있는 적절한 방법을 사용할 수 있다(대법원 2012. 2. 24.자 2010마315 등 결정 등 참조).

　　한편 주식양도승인을 거부당한 주주의 주식매수청구에 따라 그 매수가액을 결정하는 경우 순자산가치를 평가하여 적정하게 반영하는 것이 필요하나, 그 사건에서 순자산가치를 산정할 객관적인 자료가 제출되어 있지 않거나, 순자산가치가 다른 평가방식에 의한 요소와 밀접하게 연관되어 있어 별개의 독립적인 산정요소로서 반영할 필요가 없는 경우와 같이 특별한 사정이 있는 때에는 주식매수가액 산정시 순자산가치를 고려하지 않아도 된다.

　　(나) 원심의 판단

　　원심은, 아래 방식으로 산정된 시장가치(1주당 259,943원)와 수익가치(1주당 263,435원)를 2:3의 비율로 가중평균하여 사건본인 주식의 1주당 매수가액을 262,038원으로 결정하였다.

　　1) 시장가치방식에 따라, 사건본인과 유사한 업종의 국내 상장회사 13개를 선별하여 순자산주가비율(Price Book-value Ratio: PBR)을 계산한 후 그중 최대값과 최소값을 제외하고 평균한 값 0.88과 사건본인의 2017년도 말 및 2018년도 말 재무상태표를 기준으로 산정한 순자산가치를 곱한 후 30%의 할인율을 적용하여 시장가치를 1주당259,943원으로 평가하였다.

　　2) 상증세법이 정한 방식이 아닌 현금흐름할인법에 따라, 추정기간을 평가기준일이 속한 사업연도 말일의 다음 날인 2019. 1. 1.부터 5년간, 이후의 영구현금흐름은 성장률 0%, 할인율(가중평균자본비용) 9.13%로 각각 산정하여 수익가치를 1주당 263,435원으로 평가하였다.

　　3) 시장가치(1주당 259,943원)와 수익가치(1주당 263,435원)의 반영비율을 2:3으로 정한 후 사건본인 주식의 1주당 매수가액을 262,038원으로 결정하였다.

　　(다) 대법원 판단

　　이와 같은 원심의 주식매수가액 결정은 앞서 본 법리에 따른 것으로서 정당하고, 거기에 신청인의 재항고이유 주장과 같이 상증세법의 적용, 순자산가치의 반영, 수익가치 산정에서의 영구성장률 및 가중평균할인비용의 타당성, 시장가치평가에 관한 법리를 오해하여 결정에 영향을 미친 잘못이 없다.

(5) 양수인의 승인청구

(가) 사후승인청구

　　주식의 양도에 관하여 이사회의 승인을 얻어야 하는 경우에 주식을 취득한 자는 회사에 대하여 그 주식의 종류와 수를 기재한 서면으로 그 취득의 승인을 청구할 수 있다(법337의①). 양도인이 주식을 양도하기 전에 이사회의 승인을 받지 아니한 경우에는 양수인은 회사에 대하여 주주의 지위를 취득하지 못하므로 (법335②), 주식양수인이 회사에 대하여 사후승인을 청구할 수 있도록 한 것이다.

(나) 사후승인절차

주식양수인이 사후에 양도승인의 청구를 하는 경우의 절차는 양도인이 사전에 양도승인의 청구를 하는 경우와 동일하다(법335의7②).

2. 주주간의 양도제한 계약

(1) 의의

정관에 의한 양도제한을 규정할 경우 절차의 엄격성이나 절차의 번잡을 회피하기 위하여 당사자 사이의 계약에 의하여 주식양도를 제한하는 경우가 있고, 그 유효성이나 효력의 범위에 관하여 다툼이 있다.[13]

(2) 계약에 의한 주식양도 제한의 유형

계약에 의한 주식양도 제한의 유형으로는 ⅰ) 회사와 주주 상호간의 계약에 의하여 주식의 양도를 제한하는 경우, ⅱ) 주주 상호간의 계약에 의하여 양도를 제한하는 경우, ⅲ) 제3자와 주주간의 계약에 의하여 양도를 제한하는 경우가 있다.

(3) 양도제한계약의 효력

위 유형 ⅰ)의 경우, 즉 회사가 당사자인 경우는 원칙적으로 상법 제335조 제1항의 탈법수단으로서 무효이지만 예외적으로 유효가 되는 경우가 있다. 위유형 ⅱ)와 ⅲ)의 경우, 즉 회사가 당사자가 아닌 경우는 상법 제335조 제1항의 규정과 무관하므로 원칙적으로 유효하고, 따라서 계약으로 주식의 양도에 특정인의 승인을 얻도록 하거나, 그 위반에 대하여 위약금을 정하는 것도 인정되나, 다만 그것이 무효가 되는 회사와 주주간의 계약의 탈법수단으로 이용되는 경우에는 무효라고 한다.

따라서 양도제한계약이 유효로 되는 경우에도 그 제한계약은 계약당사자 사

---

13) 김명수(2001), "상법 제335조 제1항 단서의 취지 및 정관의 규정 또는 당사자 사이의 약정으로 주식의 양도를 전면적으로 금지할 수 있는지 여부", 법원도서관 대법원판례해설 35호(2001. 6), 227-238쪽 참조.

이에 채권적 효력을 발생시킴에 불과하고, 이에 위반하는 양도가 행하여진 경우 양수인의 선의, 악의를 불문하고 주식양도는 유효하므로 회사는 제3자에 대하여 주식양도의 효력을 인정하여야 하고, 다만 양도인은 손해배상의무나 위약금지급 의무를 부담할 뿐이라고 한다.

** 관련 판례: 대법원 2013. 5. 9. 선고 2013다7608 판결
[주주들 사이에서 주식의 양도를 일부 제한하는 내용의 약정을 한 경우]
[1] 관련 법리

위약벌 약정은 채무의 이행을 확보하기 위하여 정해지는 것으로서 손해배상의 예정과는 그 내용이 다르므로 손해배상의 예정에 관한 민법 제398조 제2항을 유추적용하여 그 액을 감액할 수는 없고, 다만 그 의무의 강제에 의하여 얻어지는 채권자의 이익에 비하여 약정된 벌이 과도하게 무거울 때에는 그 일부 또는 전부가 공서양속에 반하여 무효로 된다(대법원 2002. 4. 23. 선고 2000다56976 판결, 대법원 2005. 10. 13. 선고 2005다26277 판결 등 참조). 그리고 주식의 양도를 제한하는 방법으로서 이사회의 승인을 요하도록 정관에 정할 수 있다는 구 상법(2011. 4. 14. 법률 제10600호로 개정되기 전의 것. 이하 같다) 제335조 제1항 단서의 취지에 비추어 볼 때, 주주들 사이에서 주식의 양도를 일부 제한하는 내용의 약정을 한 경우, 그 약정은 주주의 투하자본 회수의 가능성을 전면적으로 부정하는 것이 아니고 공서양속에 반하지 않는다면 당사자 사이에서는 원칙적으로 유효하다(대법원 2008. 7. 10. 선고 2007다14193 판결 등 참조).

[2] 판단

원심판결 이유에 의하면, 원심은 그 채택증거에 의하여 인정되는 판시와 같은 사정 등을 근거로, 이 사건 부속약정의 위약벌 약정이 그 의무의 강제에 의하여 얻어지는 원고의 이익에 비하여 약정된 벌이 과도하게 무겁다고 단정할 수 없고, 이 사건 부속약정의 보유주식 처분금지 조항이 공서양속에 반하거나 주주의 투하자본회수 가능성을 원천적으로 봉쇄하는 것이 아니어서 구 상법 제335조를 위반하는 것이라고 할 수 없다고 하면서, 이 사건 부속약정의 일부 또는 전부가 공서양속 등에 반하여 무효라는 피고들의 주장을 배척하였다. 앞서 본 법리들에 비추어 기록을 살펴보면 원심의 위와 같은 조치는 정당하다.

3. 권리주의 양도제한

(1) 의의

권리주란 주식회사가 성립되거나 신주의 납입기일이 경과되기 전, 즉 주주의 지위를 취득하기 전에 주식인수인으로서 가지는 권리를 말한다. 즉 회사 성립 전 또는 신주발행 이전의 주식인수로 인한 권리이다. 주식의 인수로 인한 권리의 양도는 회사에 대하여 효력이 없다(법319, 법425). 권리주의 양도제한은 회사의 설립과 신주발행을 위태롭게 할 수 있는 투기 행위를 방지하고, 회사의 사무처리의 번잡을 덜어주기 위한 것이다.

(2) 효력

권리주의 양도는 회사에 대하여 효력이 없다(법319, 법425). 이는 당사자 사이에는 유효하나 회사와의 관계에서는 효력이 없음을 의미한다. 따라서 권리주의 양도는 회사에 대하여 효력이 없으므로, 양수인이 양도의 효력을 주장할 수 없고, 회사도 그 양도의 효력을 승인할 수 없다.

** 관련 판례: 대법원 1965. 12. 7. 선고 65다2069 판결

[주식회사가 장차 발생하는 주권과 상환한다는 특약이 있는 주권 보관증이 전전 유통된 경우의 효력과 상법 제335조 및 제319조]

주식발행 전의 주식의 양도(상법 제335조 제2항)나 신주발행에 의한 주식을 인수하였으므로 인한 권리의 양도(상법 제425조, 제319조)가 회사에 대하여 효력이 없는 것(회사가 그 양도를 승인하는 경우에도 그 효력이 부정된다)이라 하여 회사와 주주 또는 신주인수인과의 사이에서 회사가 장차 발행할 주권의 교부에 관하여 미리 발행하는 주권보관증과 같은 특정의 증서(그 성질이 면책증권이었는가 자격증권이었는가를 따질 필요없다)를 소지하는 사람의 청구에 따라 그 증서와 상환으로서만 이를 교부하기로 하는 특약의 효력까지를 부정할 수는 없을 것이며, 그러한 특약이 있은 경우에는 그 주권의 교부 청구권자인 주주 또는 신주인수인이나 그들의 청구권을 압류한 채권자라 할지라도 그 증서와의 상환없이는 회사에 대하여 주권의 교부를 청구할 수 없을 것이고 회사로서는 이러한 청구인들에 대한 주권의 교부를 그 증서의 적법한 소지인에게 대항할 수 없을 것이다.

4. 주권발행 전의 주식양도 제한

(1) 의의

상법은 주권발행 전에 한 주식의 양도는 회사에 대하여 효력이 없다(법335③ 본문)고 규정한다. 상법은 원칙적으로 주권의 교부를 주식양도의 성립요건(법336 ①)으로 하고 있기 때문에 주권발행 전의 주식양도를 제한할 필요가 있다. 주권 발행 전의 주식이란 회사설립시에는 설립등기를 마친 날로부터 주권을 발행할 때까지, 신주발행시에는 신주발행의 효력이 발생하는 납입기일의 다음 날부터 주권을 발행할 때까지의 주식을 말한다.

(2) 회사성립 후 또는 신주납입기일 후 6월 경과 전

회사성립 후 또는 신주납입기일 후 6월 경과 전의 주권발행 전에 한 주식의 양도는 회사에 대하여 효력이 없다(법335③ 본문).

** 관련 판례

① 대법원 2021. 7. 29. 선고 2017다3222(본소), 3239(반소) 판결

[주식양도청구권이 압류 또는 가압류된 경우, 채무자가 제3채무자를 상대로 주식의 양도를 구하는 소를 제기할 수 있는지 여부(적극) / 법원이 가압류를 이유로 이를 배척할 수 있는지 여부(소극)]

[1] 관련 법리

일반적으로 주식양도청구권의 압류나 가압류는 주식 자체의 처분을 금지하는 대물적 효력은 없고 채무자가 제3채무자에게 현실로 급부를 추심하는 것을 금지할 뿐이다. 따라서 채무자는 제3채무자를 상대로 그 주식의 양도를 구하는 소를 제기할 수 있고 법원은 가압류가 되어 있음을 이유로 이를 배척할 수 없다. 다만 주권발행 전이라도 회사성립 후 또는 신주의 납입기일 후 6개월이 지나면 주권의 교부 없이 지명채권의 양도에 관한 일반원칙에 따라 당사자의 의사표시만으로 주식을 양도할 수 있으므로(대법원 2018. 10. 25. 선고 2016다42800 판결 등 참조), 주권발행 전 주식의 양도를 명하는 판결은 의사의 진술을 명하는 판결에 해당한다. 이러한 주식의 양도를 명하는 판결이 확정되면 채무자는 일방적으로 주식 양수인의 지위를 갖게 되고, 제3채무자는 이를 저지할 방법이 없으므로, 가압

류의 해제를 조건으로 하지 않는 한 법원은 이를 인용해서는 안 된다. 이는 가압류의 제3채무자가 채권자의 지위를 겸하는 경우에도 동일하다.

[2] 판단

피고 명의의 오토월드 주식 41,560주의 양도를 명하는 판결도 의사의 진술을 명하는 판결로서 이것이 확정되면 제3채무자가 이를 저지할 방법이 없으므로 이 사건 가압류의 해제를 조건으로 해서만 원고에게 위 주식에 관한 양도절차를 이행할 의무가 있다.

② 대법원 1981. 9. 8. 선고 81다141 판결

[주권발행 전에 주식을 양수한 자가 회사에 대하여 자기에게의 주권발행 교부를 청구할 수 있는지의 여부(소극)]

주권발행 전에 한 주식의 양도는 비록 그 주식의 양도가 회사에서 주권을 발행할 수 있는 합리적인 기간이 경과한 후에 이루어진 것이고 또 회사가 이를 승인한 경우에도 회사에 대한 관계에 있어서는 효력이 없는 것이고, 또 주권발행교부청구권은 주식과 일체로 되어 있어 이와 분리하여 양도할 수 없는 성질의 권리이므로 주권발행 전에 한 주식의 양도가 주권발행교부청구권 이전의 효과를 생기게 하는 것이라고 볼 수도 없다. 따라서 주권발행 전의 주식양수인은 직접 회사에 대하여 주권발행교부청구를 할 수 없음은 말할 것도 없고, 양도인을 대위하여 청구하는 경우에도 주식의 귀속주체가 아닌 양수인 자신에게 그 주식을 표창하는 주권을 발행 교부해 달라는 청구를 할 수는 없다고 보아야 할 것이다. 이러한 취지에서 원고가 주권발행 전인 1974 .4. 10. 소외 정남식으로부터 피고회사의 기명 주식 3,334주를 양수받은 것을 전제로 하는 원고의 주권발행교부청구를 배척한 원심의 조치는 정당하다.

③ 대법원 1987. 5. 26. 선고 86다카982 판결

[회사가 주주권을 표창하는 문서를 작성하여 이를 주주가 아닌 제3자에게 교부해 준 경우의 주권의 효력]

주권발행 전에 한 주식의 양도는 회사가 이를 승인하여 주주명부에 그 변경을 기재하거나 후일 회사에 의하여 주권이 발행되었다 할지라도 회사에 대한 관계에 있어서는 그 효력이 없는 것인바(당원 1982. 9. 28. 선고 82다카21 판결 참조), 원심이 확정한 사실에 의하면, 위 소외 회사는 1980. 6.경 원고들이 주주임을 표창하는 위 1 내지 10기재 문서를 작성한 다음, 이들을 주주인 원고들에게 교부하지 아니하고 위 소외 회사에 대하여 주주로 볼 수 없는 피고 이원진과 소외 장상우에게 교부하였고, 그 후 위 7, 8기재 문서는 원고 김찬식, 같은 고명수의 배서

도 없이 피고 김춘옥이 이를 점유하고 있으며, 또한 위 1 내지 6, 9, 10 기재문서
는 앞서 본 바와 같이 원고 오연종이 이에 배서한 사실을 인정할 증거가 없는 것
이므로 이러한 사실관계 등에 비추어 보면, 특단의 사정이 없는한 위 각 문서는
위 소외 회사가 발행한 주권이라고 할 수 없고, 따라서 피고 이원진 등이 이들을
소지하고 있다 하여 이는 공허한 문서에 불과하고 피고 김윤찬으로부터 양수받
은 주식에 대한 주권을 취득한 것이라고 볼 수 없는 것이니 피고 이원진 등을 원
고들의 위 계약해제에 의하여도 그 권리를 침해당하지 아니하는 제3자에 해당하
지 아니하고 원고들은 위 계약해제에 의해 피고 김윤찬은 물론 나머지 피고들에
게도 위 소외 회사의 주주임을 주장할 수 있다 할 것이다.

④ 대법원 2002. 3. 15. 선고 2000두1850 판결
**[주권발행 전에 한 주식의 양도가 당사자의 의사표시만으로 효력이 발생하는지
여부(적극) / 회사성립 후 또는 신주의 납입기일 후 6월이 경과할 때까지 회사가 주
권을 발행하지 않은 경우 위 양도의 회사에 대한 효력(유효)]**

[1] 관련 법리
주권발행 전의 주식의 양도는 지명채권의 양도에 관한 일반원칙에 따라 당
사자의 의사표시만으로 효력이 발생하는 것이고(대법원 1995. 5. 23. 선고 94다
36421 판결, 대법원 1996. 6. 25. 선고 96다12726 판결 등 참조), 한편 주권발행 전에
한 주식의 양도가 회사성립 후 또는 신주의 납입기일 후 6월이 경과하기 전에 이
루어졌다고 하더라도 그 이후 6월이 경과하고 그 때까지 회사가 주권을 발행하지
않았다면, 그 하자는 치유되어 회사에 대하여도 유효한 주식양도가 된다고 봄이
상당하다고 할 것이다.

[2] 판단
원심이 같은 취지에서 소외 회사가 1995. 10. 17. 성립된 후 6월이 경과하여 현
재까지 주권을 발행하지 않은 이상 소외 회사의 성립일로부터 6월이 경과하기 전
인 1996. 3. 8. 원고와 김청천 사이의 의사표시만으로 이루어진 이 사건 주식양도
도 소외 회사에 대하여 유효하다고 판단한 것은 위 법리에 따른 것으로 정당하다.

⑤ 대법원 2010. 4. 29. 선고 2009다88631 판결
**[주권발행 전의 주식양도의 제3자에 대한 대항요건(=확정일자 있는 증서에 의
한 양도통지 또는 회사의 승낙)]**

[1] 주권발행 전 주식의 이중양수인의 대항요건
(가) 관련 법리
상법 제335조 제3항 소정의 주권발행 전에 한 주식의 양도는 회사 성립 후

6월이 경과한 때에는 회사에 대하여 효력이 있는 것으로서 이러한 주권발행 전의 주식의 양도는 지명채권 양도의 일반원칙에 따르는 것이므로, 주권발행 전의 주식양도의 제3자에 대한 대항요건으로는 지명채권의 양도와 마찬가지로 확정일자 있는 증서에 의한 양도통지 또는 회사의 승낙이라고 보는 것이 상당하다(대법원 1995. 5. 23. 선고 94다36421 판결 참조).

그런데 주권발행 전 주식이 양도된 경우 그 주식을 발행한 회사가 확정일자 있는 증서에 의하지 아니한 주식의 양도 통지나 승낙의 요건을 갖춘 주식양수인(이하 '제1 주식양수인'이라 한다)에게 명의개서를 마쳐 준 경우, 그 주식을 이중으로 양수한 주식양수인(이하 '제2 주식양수인'이라 한다)이 그 후 회사에 대하여 양도 통지나 승낙의 요건을 갖추었다 하더라도, 그 통지 또는 승낙 역시 확정일자 있는 증서에 의하지 아니한 것이라면 제2 주식양수인으로서는 그 주식 양수로써 제1 주식양수인에 대한 관계에서 우선적 지위에 있음을 주장할 수 없으므로, 회사에 대하여 제1 주식양수인 명의로 이미 적법하게 마쳐진 명의개서를 말소하고, 제2 주식양수인 명의로 명의개서를 하여 줄 것을 청구할 권리가 없다고 할 것이다. 따라서 이러한 경우 회사가 제2 주식양수인의 청구를 받아들여 그 명의로 명의개서를 마쳐 주었다 하더라도 이러한 명의개서는 위법하므로 회사에 대한 관계에서 주주의 권리를 행사할 수 있는 자는 여전히 제1 주식양수인이라고 봄이 타당하다.

(나) 판단

원심이 적법하게 확정한 사실관계에 의하면, 피고 회사는 소외 1이 소외 3 외 3명으로부터 양수한 주식 1,900주에 관하여 2002. 10.경 소외 1 앞으로 명의개서를 마쳐준 사실, 소외 4는 2007. 11. 28. 소외 3, 5, 6으로부터, 소외 1이 양수한 주식 중 1,500주를 이중으로 양수한 사실, 이 사건 임시주주총회 개최일인 2007. 12. 24. 당시 소외 1이나 소외 4는 모두 확정일자 있는 증서에 의한 통지나 승낙의 요건을 갖추지 못하였고, 다만 소외 3, 5, 6은 그 이후인 2008. 9. 24. 비로소 소외 4에 대한 주식양도사실을 내용증명우편으로 피고 회사에 통지한 사실을 알 수 있는바, 이러한 경우 소외 4로서는 위 통지 전까지는 그 주식양수로써 제1 주식양수인인 소외 1보다 우선적 지위에 있음을 주장하지 못하는 것이어서 회사에 대하여 소외 1 명의로 이미 적법하게 마쳐진 명의개서를 말소하고, 자신 앞으로 명의개서를 하여 줄 것을 청구할 권리가 없다고 할 것이다. 따라서 비록 피고 회사가 소외 4의 청구를 받아들여 위 통지 전에 그 명의로 명의개서를 마쳐 주었다 하더라도 이러한 명의개서는 위법하므로 피고 회사에 대한 관계에서 주주의 권리를 행사할 수 있는 자는 여전히 제1 주식양수인인 소외 1이라고 봄이 타당하다.

[2] 대항력 취득 효력의 소급 여부

(가) 관련 법리

주식의 양도통지가 확정일자 없는 증서에 의하여 이루어짐으로써 제3자에 대한 대항력을 갖추지 못하였더라도 확정일자 없는 증서에 의한 양도통지나 승낙 후에 그 증서에 확정일자를 얻은 경우에는 그 일자 이후에는 제3자에 대한 대항력을 취득하는 것이나(대법원 2006. 9. 14. 선고 2005다45537 판결 참조), 그 대항력 취득의 효력이 당초 주식 양도통지일로 소급하여 발생하는 것은 아니라 할 것이다.

(나) 판단

앞서 본 바와 같이 소외 3, 5, 6은 이 사건 임시주주총회 결의 이후인 2008. 9. 24. 피고 회사에 소외 4에 대한 주식양도 사실을 내용증명우편으로 통지하였으므로, 소외 4는 이 사건 임시주주총회 결의 이후에야 위 주식 1,500주의 양수와 관련하여 제3자에 대한 대항력을 취득하였을 뿐이고, 그 대항력 취득의 효력이 이 사건 임시주주총회 결의 이전의 소외 4의 주식 양도통지일로 소급하여 이 사건 임시주주총회 결의의 절차상의 하자가 치유된다고 볼 수도 없다.

⑥ 대법원 2020. 6. 4. 선고 2015도6057 판결

[**주권발행 전 주식에 대한 양도계약에서 양도인이 양수인으로 하여금 회사 이외의 제3자에게 대항할 수 있도록 확정일자 있는 증서에 의한 양도통지 또는 승낙을 갖추어 주지 아니하고 위 주식을 다른 사람에게 처분한 경우, 배임죄의 성립 여부(소극)**]

주권발행 전 주식의 양도는 양도인과 양수인의 의사표시만으로 효력이 발생한다. 그 주식 양수인은 특별한 사정이 없는 한 양도인의 협력을 받을 필요 없이 단독으로 자신이 주식을 양수한 사실을 증명함으로써 회사에 대하여 명의개서를 청구할 수 있다. 따라서 양도인이 양수인으로 하여금 회사 이외의 제3자에게 대항할 수 있도록 확정일자 있는 증서에 의한 양도통지 또는 승낙을 갖추어 주어야 할 채무를 부담한다 하더라도 이는 자기의 사무라고 보아야 하고, 이를 양수인과의 신임관계에 기초하여 양수인의 사무를 맡아 처리하는 것으로 볼 수 없다.

그러므로 주권발행 전 주식에 대한 양도계약에서의 양도인은 양수인에 대하여 그의 사무를 처리하는 지위에 있지 아니하여, 양도인이 위와 같은 제3자에 대한 대항요건을 갖추어 주지 아니하고 이를 타에 처분하였다 하더라도 형법상 배임죄가 성립하는 것은 아니다.

⑦ 대법원 2000. 8. 16.자 99그1 결정

[주권발행 전의 주식에 대한 질권설정이 가능한지 여부]

주권발행 전의 주식에 대한 양도도 인정되고, 주권발행 전 주식의 담보제공을 금하는 법률규정도 없으므로 주권발행 전 주식에 대한 질권설정도 가능하다고 할 것이지만, 상법 제338조 제1항은 기명주식을 질권의 목적으로 하는 때에는 주권을 교부하여야 한다고 규정하고 있으나, 이는 주권이 발행된 기명주식의 경우에 해당하는 규정이라고 해석함이 상당하므로, 주권발행 전의 주식 입질에 관하여는 상법 제338조 제1항의 규정이 아니라 권리질권설정의 일반원칙인 민법 제346조로 돌아가 그 권리의 양도방법에 의하여 질권을 설정할 수 있다고 보아야 한다.

(3) 회사성립 후 또는 신주납입기일 후 6월 경과 후

회사성립 후 또는 신주의 납입기일 후 6월이 경과한 때에는 주권발행 전에 한 주식의 양도는 회사에 대하여 효력이 있다(법335③ 단서). 주권발행 전의 주식의 양도는 지명채권양도의 일반원칙에 따라 당사자 사이의 의사의 합치만으로 효력이 발생하는 것이지만 주권발행 후의 주식의 양도에 있어서는 주권을 교부하여야만 효력이 발생한다.[14)

** 관련 판례

① 대법원 1995. 5. 23. 선고 94다36421 판결

[주권발행 전의 주식양도의 방법 및 효력]

주권발행 전에 한 주식의 양도는 회사성립 후 또는 신주의 납입기일 후 6월이 경과한 때에는 회사에 대하여 효력이 있는 것으로서, 이 경우 주식의 양도는 지명채권의 양도에 관한 일반원칙에 따라 당사자의 의사표시만으로 효력이 발생하는 것이고, 상법 제337조 제1항에 규정된 주주명부상의 명의개서는 주식의 양수인이 회사에 대한 관계에서 주주의 권리를 행사하기 위한 대항요건에 지나지 아니하므로, 주권발행 전 주식을 양수한 사람은 특별한 사정이 없는 한 양도인의 협력을 받을 필요 없이 단독으로 자신이 주식을 양수한 사실을 증명함으로써 회사에 대하여 그 명의개서를 청구할 수 있으므로, 주주명부상의 명의개서가 없어도 회

---

14) 대법원 1993. 12. 28. 선고 93다8719 판결.

사에 대하여 자신이 적법하게 주식을 양수한 자로서 주주권자임을 주장할 수 있다.

② 대법원 2022. 5. 26. 선고 2020다239366 판결

[주식양도계약 해제에 따라 주식이 양도인에게 복귀하기 위한 요건 등이 쟁점이 된 사안: 주식양도계약의 해제에 따라 주식이 양도인에게 복귀하기 위해 양수인의 확정일자 있는 회사에 대한 통지가 필요한지(소극)]

회사성립 후 또는 신주의 납입기일 후 6개월이 경과한 경우 주권발행 전의 주식은 당사자의 의사표시만으로 양도할 수 있고, 주식양도계약이 해제되면 계약의 이행으로 이전된 주식은 당연히 양도인에게 복귀한다(대법원 2002. 9. 10. 선고 2002다29411 판결 참조). 양도계약 해제 당시까지 피고가 양수한 다락코리아 주식 10,000주에 대해서는 주권이 발행되지 않았고, 양도대금이 완납되지 않아 피고 앞으로 명의개서도 되지 않은 상태였다. 이러한 사정을 위 법리에 비추어 보면, 양도계약이 해제됨에 따라 다락코리아 주식 10,000주는 피고의 통지 등을 기다릴 필요 없이 당연히 양도인인 소외인에게 복귀한다.[15]

5. 주식의 상호주소유의 금지

(1) 의의

상호주소유란 주식회사 상호간에 상대방 회사에 출자하고 있는 상태를 말한다. 상호주는 자기주식 취득과 마찬가지로 회사지배를 왜곡하고 자본충실을 저해하는 문제점이 있어 상법은 일정한 규제를 하고 있다.

** **관련 판례**: 서울남부지방법원 2014. 9. 22.자 2014카합135 결정
[자기주식 취득 제한 및 상호주 규제의 입법취지]

---

15) 주식양도계약의 양도인(원고)이 양수인(피고)의 대금지급 미이행을 이유로 주식양도계약 해제 통지를 하고 양수인(피고)을 상대로 주주지위부존재 확인을 구하고, 피고는 ① 자신이 회사에 대하여 확정일자 있는 통지를 하지 않았고, ② 양도인이 두 차례 변제공탁을 하였으나 각각의 공탁액이 원상회복액에 미치지 못해 유효하지 않다는 이유 등을 들어 원고의 해제 통지 이후에도 여전히 양수인인 자신이 주주의 지위에 있다고 다툰 사안에서, 원심은 피고의 주장을 받아들여 원고의 청구를 기각하였음. 이에 대하여 대법원은 ① 이 사건 양도대상 주식은 당사자 사이의 의사표시만으로도 양도할 수 있는 주권발행 전 주식으로서 양수인의 회사에 대한 확정일자 있는 통지 없이도 양도계약의 해제만으로 양도인에게 주주권이 복귀하고, ② 채무의 일부만을 변제공탁하였으나 부족액을 추가 공탁한 경우 전 채무액에 대하여 유효한 공탁이 있었다고 보아야 한다고 보아, 이와 달리 판단한 원심을 파기환송하였음.

[1] 회사가 자신이 발행한 주식을 유상취득하면 사실상 출자를 환급하는 결과가 되어 회사의 재산적 기초를 위태롭게 하고, 자기주식에 의결권이 부여된다면 대표이사는 출자 없이 회사를 지배할 수 있게 되는 폐단이 발생한다. 따라서 구 상법(2011. 4. 14. 법률 제10600호로 개정되기 전의 것) 제341조는 회사가 특별한 경우 외에는 자기의 계산으로 자기의 주식을 취득하지 못하도록 규정하고 있었고, 현행 상법도 자기주식의 취득을 일반적으로 금지하면서 그 제한을 완화하여 배당가능이익을 가지고 취득하는 것과 제341조의2 각 호에서 정한 특정 목적에 의한 자기주식취득은 허용하게 되었다.

[2] 한편 두 개의 독립된 회사가 서로 상대방 회사의 주식을 소유하는 경우, 회사는 상호주를 소유함으로써 그 중 일정 지분에 대해서는 자기주식을 가지고 있는 것과 동일한 효과가 발생한다. 그 결과 상호주 보유 또한 자기주식 취득과 마찬가지로 출자의 환급이 일어나 자본충실을 저해하고, 상호주를 소유하는 회사의 경영자들이 서로 결탁하는 경우 출자 없는 지배가 가능해진다는 폐해를 낳게 되므로 상법은 이를 시정하기 위한 다양한 규제를 두고 있다. 그 중에서도 자회사에 의한 모회사의 주식 취득은 원칙적으로 금지되는 반면(상법 제342조의2 제1항), 비(非)모자회사간에는 상호주의 취득 자체가 금지되지는 않고 다만 그 의결권이 제한된다(상법 제369조 제3항).

(2) 자회사의 모회사 주식취득 금지

(가) 원칙

다른 회사의 발행주식의 총수의 50%를 초과하는 주식을 가진 회사("모회사")의 주식은 그 다른 회사("자회사")가 이를 취득할 수 없다(법342의2①). 다른 회사의 발행주식의 총수의 50%를 초과하는 주식을 모회사 및 자회사 또는 자회사가 가지고 있는 경우 그 다른 회사는 그 모회사의 자회사로 본다(법342의2③).

(나) 예외

다음의 경우, 즉 ⅰ) 주식의 포괄적 교환, 주식의 포괄적 이전, 회사의 합병 또는 다른 회사의 영업전부의 양수로 인한 때, ⅱ) 회사의 권리를 실행함에 있어 그 목적을 달성하기 위하여 필요한 때에는 예외적으로 자회사는 모회사의 취득을 취득할 수 있다(법342의2①). 이 경우 자회사는 모회사의 주식을 취득할 수밖에 없기 때문에 예외로 인정한 것이다.

예외적으로 모회사 주식을 취득한 경우 자회사는 그 주식을 취득한 날로부터 6월 이내에 모회사의 주식을 처분하여야 한다(법342의2②).

(다) 금지위반의 효과

자기주식 취득금지에 위반하여 자기주식을 취득한 경우와 같이 무효로 보아야 하며, 이사가 상법 제342조의2의 금지규정에 위반하여 모회사의 주식을 취득한 경우 또는 예외적으로 취득한 모회사의 주식을 6월 이내에 처분하지 아니한 경우에는 회사에 대하여 연대하여 손해를 배상할 책임이 있으며(법399), 벌칙이 적용된다(법625의2).

(3) 비모자회사간의 의결권 제한

(가) 의의

상법은 비모자회사간의 경우에는 상호보유는 금지하지 않고 의결권을 제한하고 있다. 회사, 모회사 및 자회사 또는 자회사가 다른 회사의 발행주식의 총수의 10%를 초과하는 주식을 가지고 있는 경우 그 다른 회사가 가지고 있는 회사 또는 모회사의 주식은 의결권이 없다(법369③).

** 관련 판례

① 서울남부지방법원 2014. 9. 22.자 2014카합135 결정

[자기주식 취득 제한(상법 제341조, 제341조의2) 및 모자회사 간 상호주 취득 금지(상법 제342조의2)와의 비교]

[1] 현행 상법 제341조의2는 구 상법 제341조와 달리 '자기의 계산으로'라는 표현을 사용하고 있지 않으나, 명의를 불문하고 회사의 계산으로 자기주식을 취득하는 이상 자본충실을 저해하는 결과는 동일하므로 제3자의 명의 및 회사의 계산으로 자기주식을 취득하는 것 역시 금지된다고 본다. 한편 상법 제341조 제1항이 배당가능이익을 가지고 자기주식을 취득하는 것을 허용하는 이유는 배당가능이익은 원래 사외유출이 허용된 자산이므로 이를 재원으로 자기주식을 취득할 경우에는 자본충실의 저해라는 폐단이 생기지 않기 때문이다. 자회사가 모회사의 주식을 취득하는 경우 이는 사실상 모회사 경영자의 의사에 따라 이루어지는 것이므로 비모자회사간의 상호주보다는 자기주식으로서의 성질이 더욱 강하고, 이에 따라 상법 제342조의2는 자회사에 의한 모회사주식의 취득 자체를 원칙적으로 금지하고, 예외적으로 이를 취득한 경우에도 6개월 이내에 처분하도록 정하고

있다.

[2] 반면 두 회사가 상호주를 보유하는 경우에 발생하는 자본충실의 저해는 회사가 자기주식을 직접 취득한 경우와는 달리 상호간의 지분율에 따라 희석되므로[16] 그 폐해의 정도에 차이가 있고, 비모자회사 상호간에는 어느 한 쪽의 상호주 보유비율도 50%를 넘지 않으므로 자본충실에 대한 폐해는 더욱 감소하게 된다. 그럼에도 비모자회사간 주식의 상호 소유를 규제하는 주된 목적은 상호주를 통해 출자 없는 자가 의결권 행사를 함으로써 주주총회결의와 회사의 지배구조가 왜곡되는 것을 방지하기 위한 것으로서(대법원 2009. 1. 30. 선고 2006다31269 판결), 모회사의 경영자가 자회사의 의사결정에 곧바로 영향력을 미칠 수 있는 것과는 달리 모자회사 관계가 없는 두 회사의 경영자가 상호 결탁하여 각자의 회사를 영구적으로 지배할 가능성을 차단하면 상호주의 보유로 인하여 출자 없는 지배가 발생할 우려가 해소되므로, 결국 비모자 회사간 상호주에 대하여서는 의결권의 제한만으로도 규제 목적을 달성할 수 있게 된다.

[3] 즉 자기주식에 대하여 자기의 계산으로 이를 취득하지 못하게 하는 것은 사실상 출자의 환급이 일어나는 것을 방지하여 자본충실의 저해라는 폐단을 시정하기 위한 목적이고, 의결권을 제한하는 것은(상법 제369조 제2항) 출자 없이는 회사에 대한 지배력을 행사할 수 없도록 하여 소유와 지배의 괴리라는 폐단을 시정하기 위한 목적이다. 그렇다면 비모자회사 간의 상호주에 대하여는 의결권만을 제한하는 방식으로, 모자회사 간의 상호주나 회사의 자기주식에 대하여는 의결권을 제한할 뿐만 아니라 취득 자체를 금지하는 방식으로 규제하고 있는 상법의 체계는 앞서 본 바와 같이 각 경우에 발생하는 폐해의 내용과 정도에 따라 이를 시정하기에 적합한 서로 다른 법률효과를 의도한 것이므로, 규제대상에 따라 입법취지, 적용요건 및 법률효과를 달리하는 상법 제341조, 제341조의2, 제342조의2의 해석론을 상법 제369조 제3항의 해석에 그대로 원용하는 것은 타당하지 아니하다.

② **수원지방법원 2019. 11. 28. 선고 2018가합23585 판결**
　[상법 제369조 제3항에서의 다른 회사의 의미]

상법 제369조 제3항은 "회사, 모회사 및 자회사 또는 자회사가 다른 회사의 발행주식의 총수의 10분의 1을 초과하는 주식을 가지고 있는 경우 그 다른 회사

---

16) 예컨대 A회사가 B회사의 주식을 30%, B회사가 A회사의 주식을 40% 가지고 있는 경우, A회사는 B회사의 모든 재산에 대하여 30%의 지분을 가지고 있는 것이므로 B회사가 보유한 A회사의 주식에 대해서도 그 중 30% 지분은 A회사의 소유라고 할 수 있고 따라서 A회사는 12%(＝40%×30%)의 자기주식을 가진 셈이 된다.

가 가지고 있는 회사 또는 모회사의 주식은 의결권이 없다."라고 규정한다. 상법상 회사는 합명회사, 합자회사, 유한책임회사, 주식회사와 유한회사 5종으로 하고(상법 제170조), 상법 제3편 제2장에서 합명회사에 관하여, 제3장에서 합자회사에 관하여, 제3장의2에서 유한책임회사에 관하여, 제4장에서 주식회사에 관하여, 제5장에서 유한회사에 관하여 각각 규정하고 있다. 상호주 의결권 제한에 관한 상법 제369조 제3항은 상법 제3편 제4장(주식회사에 관한 부분)에 속하는 규정이고, 위 규정상으로도 회사, 모회사 및 자회사 또는 자회사가 다른 회사의 발행 주식의 총수의 10분의 1을 초과하는 주식을 가지고 있어야 한다. 이러한 규정 체계와 내용에 비추어 보면, 위 규정의 '다른 회사'란 주식의 발행을 전제로 한 주식회사를 의미한다고 봄이 타당하다.

③ 대법원 2009. 1. 30. 선고 2006다31269 판결

[기준일에는 상법 제369조 제3항에 정한 의결권이 제한되는 주식의 상호소유 요건에 해당하지 않았던 주식이 실제 주주총회일에는 그 요건을 충족하는 경우, 의결권이 있는지 여부(소극) / 회사 등이 다른 회사 발행주식의 10분의 1을 초과하는 주식을 가지고 있는지 여부의 판단기준]

[1] 관련 법리

상법 제369조 제3항은 "회사, 모회사 및 자회사 또는 자회사가 다른 회사의 발행주식의 총수의 10분의 1을 초과하는 주식을 가지고 있는 경우 그 다른 회사가 가지고 있는 회사 또는 모회사의 주식은 의결권이 없다"고 규정하고 있다. 이와 같이 모자회사 관계가 없는 회사 사이의 주식의 상호 소유를 규제하는 주된 목적은 상호주를 통해 출자 없는 자가 의결권 행사를 함으로써 주주총회결의와 회사의 지배구조가 왜곡되는 것을 방지하기 위한 것이다. 한편, 상법 제354조가 규정하는 기준일 제도는 일정한 날을 정하여 그 날에 주주명부에 기재되어 있는 주주를 계쟁 회사의 주주로서의 권리를 행사할 자로 확정하기 위한 것일 뿐, 다른 회사의 주주를 확정하는 기준으로 삼을 수는 없으므로, 기준일에는 상법 제369조 제3항이 정한 요건에 해당하지 않더라도, 실제로 의결권이 행사되는 주주총회일에 위 요건을 충족하는 경우에는 상법 제369조 제3항이 정하는 상호 소유 주식에 해당하여 의결권이 없다. 이때 회사, 모회사 및 자회사 또는 자회사가 다른 회사 발행주식 총수의 10분의 1을 초과하는 주식을 가지고 있는지 여부는, 앞서 본 '주식 상호 소유 제한의 목적'을 고려할 때, 실제로 소유하고 있는 주식수를 기준으로 판단하여야 할 것이며 그에 관하여 주주명부상의 명의개서를 하였는지 여부와는 관계가 없다.

[2] 사실관계

원심판결 이유에 의하면, 피고 회사는 소외 1 주식회사의 총 발행주식의 92%의 주식을 소유한 상법상 모회사인 사실, 피고 회사는 2005. 3. 18. 정기주주총회(이하 '이 사건 주주총회'라 한다)를 개최하였는데, 피고 회사의 정관 제14조 제2항에는 "회사는 매년 12월 31일 최종의 주주명부에 기재되어 있는 주주를 그 결산기에 관한 정기주주총회에서 권리를 행사할 주주로 한다."고 규정하고 있는 사실, 소외 2 주식회사는 이 사건 주주총회의 기준일인 2004. 12. 31. 현재 피고가 발행한 보통주 8,205,043주의 43.4%에 해당하는 3,563,080주를 소유하고 있었던 사실(피고 회사의 주주명부에 위와 같이 주식을 소유하고 있다고 기재되어 있었던 것으로 보인다), 그런데 피고 회사의 자회사인 소외 1 주식회사가 2005. 1. 26.경 소외 2 주식회사의 총 발행주식 1,090,000주의 27%에 해당하는 297,172주를 양수하였으며 위 양수 당시 아직 297,172주에 대한 주권이 발행되지 않은 상태이었던 사실을 알 수 있다.

[3] 판단

주권발행 전 주식의 양도는 당사자의 의사표시만으로 효력이 발생하므로(대법원 2006. 9. 14. 선고 2005다45537 판결 참조), 소외 1 주식회사는 2005. 1. 26.경 소외 2 주식회사의 총 발행주식 27%에 해당하는 주식을 양수함으로써 이를 소유하게 되었다고 할 것인데, 위와 같이 피고 회사의 자회사인 소외 1 주식회사가 소외 2 주식회사 발행주식 총수의 10분의 1을 초과하여 소유하게 된 이상, 소외 2 주식회사가 이 사건 주주총회에서 의결권을 행사할 예정이었던 피고 회사의 발행주식 위 3,563,080주는 상법 제369조 제3항에 따라 의결권이 없다고 할 것이다.

(나) 통지의무

회사가 다른 회사의 발행주식총수의 10%를 초과하여 취득한 때에는 그 다른 회사에 대하여 지체없이 이를 통지하여야 한다(법342의3).

** **관련 판례**: 대법원 2001. 5. 15. 선고 2001다12973 판결
[상법 제342조의3 소정의 주식취득 통지의무의 적용 범위]
[1] 관련 법리

상법 제342조의3에는, '회사가 다른 회사의 발행주식 총수의 10분의 1을 초과하여 취득한 때에는 그 다른 회사에 대하여 지체 없이 이를 통지하여야 한다.'라고 규정되어 있는바, 이는 회사가 다른 회사의 발행주식 총수의 10분의 1 이상

을 취득하여 의결권을 행사하는 경우 경영권의 안정을 위협받게 된 그 다른 회사는 역으로 상대방 회사의 발행주식의 10분의 1 이상을 취득함으로써 이른바 상호보유주식의 의결권 제한 규정(상법 제369조 제3항)에 따라 서로 상대 회사에 대하여 의결권을 행사할 수 없도록 방어조치를 취하여 다른 회사의 지배가능성을 배제하고 경영권의 안정을 도모하도록 하기 위한 것으로서, 특정 주주총회에 한정하여 각 주주들로부터 개별안건에 대한 의견을 표시하게 하여 의결권을 위임받아 의결권을 대리행사하는 경우에는 회사가 다른 회사의 발행주식 총수의 10분의 1을 초과하여 의결권을 대리행사할 권한을 취득하였다고 하여도 위 규정이 유추적용되지는 않는다고 할 것이다.

[2] 판단

원심판결 및 원심이 일부 인용한 제1심판결 이유에 의하면 원심은, 이 사건 주주총회에서 시그마창투가 의결권 대리행사 권유를 위하여 사용한 위임장에는 개별의안에 대한 찬부의 의사표시를 묻는 부분이 기재되어 있고, 그 위에 굵은 고딕 글씨체로 '대리인은 위임장에 표시된 찬반표시에 따라 의결권을 대리행사하되, 만일 위임장의 의안 중 전부 또는 일부에 대하여 찬반표시가 이루어지지 않은 채 대리인에게 위임장이 반송되는 경우에는 대리인은 권유주주들이 찬부를 권유한 의안에 대하여는 권유한 대로, 권유하지 아니한 의안에 대하여는 주주의 이익을 최대한 도모할 수 있다고 대리인이 합리적으로 판단하는 바에 따라 의결권을 대리행사한다'고 기재되어 있는 사실, 또한 위 위임장에는 주주총회 개별안건 중 제3호 안건인 '이사 및 감사 선임의 건'에 관하여는 회사측 안에 대하여는 반대의 의사표시를, 권유주주안에 대하여는 찬성의 의사표시를 하여 주기 바라며, 회사측 안에 대하여는 '반대' 부분을, 권유주주안에 대하여는 '찬성' 부분을 굵은 글씨로 표시하여 놓은 사실, 그런데 주주총회 의결권 대리를 위임한 피고 회사의 주주 111명 중 소외 김은진을 포함한 41명의 주주(주식수 257,420주)는 시그마창투로부터 교부받은 위임장에 표시된 개별의안에 대한 찬부표시를 묻는 부분에 대하여 아무런 표시를 하지 아니한 채 시그마창투에게 위임장을 반송하여 준 사실을 인정한 다음, 비록 위 김은진을 포함한 41명의 위임 주주들이 주주총회의 개별안건별로 찬부표시를 하지 않았다고 하여도, 위 위임장의 내용과 형식 등에 비추어 보면 위 위임주주들은 당연히 위 위임장의 굵은 글씨에 표시된 대로 개별안건별로 권유주주들의 입장에 따라 자신의 의결권이 행사되도록 위임한 것으로 볼 수 있으며, 주주가 개별안건에 대하여 찬·부의 의견을 명시하여 의결권 대리행사를 위임하여 위임받은 자가 그 의사에 따라 이를 행사하는 경우에는, 주식을 취득하여 의결권을 행사하는 경우에 비하여 회사에 대한 지배가능성이 크지 않을 뿐만 아니라, 주주총회를 개최하는 회사가 주주총회를 목전에 둔 시점에서 의결권의 대리행사를 위임받은 회사의 발행주식 10분의 1 이상을 취득하여 자기 회사에 대한 의결권이 박탈되도록 하는 것이 용이하지도 않아 실효성도 없는 반면, 개별안건에 대한 의견을 명시하여 의결권 대리행사를 위임한 주주의 의결권을 통지의무 위반을 이유로 박탈하여야 할 합리적인 이유도 없는 점 등을 고려하면, 이 사건에서와 같이 특정 주주총회에 한정하여 각 주주들로부터 개별안건에 대한 의견을 표시하게 하여 의결권을 위임받아 의결권을 대리행사하는 경우에는 위 규정이 유추적용되지 않는다고 판단하여 이 점에 관한 원고의 주장을 모두 배척하였는바, 위에서 본 법리 및 기록에 비추어 살펴보면, 원심의 판단은 정당하고, 거기에 상고이유 주장과 같은 상법 제342조의3 소정의 통지의무에 관한 법리 오해의 위법이 있다고 할 수 없다.

6. 특별법에 의한 주식취득제한

상법 이외의 특별법에 의한 주식의 양도와 취득 제한은 자본시장법에서의 공공적 법인이 발행한 주식의 소유제한(자본시장법167)과 상장법인의 주식에 대한 내부자거래제한(자본시장법172) 등이 있으며, 은행법에서의 다른 회사 등에 대한 출자제한(은행법37①), 공정거래법에서의 기업결합의 제한(공정거래법7) 등이 있다.

Ⅳ. 자기주식의 취득 제한

1. 의의

자기주식(자사주)의 취득이란 회사가 자신이 발행한 주식을 자기의 계산으로 취득하는 것을 말한다. 따라서 자기주식 취득이란 회사가 주주로부터 주식을 취득하는 것이다. 회사는 특정한 경우를 제외하고 자기주식을 취득하지 못한다(법341, 법341의2).

** 관련 판례: 대법원 2003. 5. 16. 선고 2001다44109 판결

[회사의 자기주식취득이 예외적으로 허용되는 경우 및 자기주식취득의 금지규정에 위반한 자기주식 취득의 효력(무효) / 회사 아닌 제3자 명의의 주식취득이 상법 제341조가 금지하는 자기주식의 취득에 해당하는 경우 / 회사가 대여금을 실질적으로 회수할 의사 없이 제3자에게 주식인수대금 상당을 대여하고 제3자는 그 대여금으로 주식인수대금을 납입한 경우 그 납입의 효력(무효)]

[1] 관련 법리

(가) 주식회사가 자기의 계산으로 자기의 주식을 취득하는 것은 회사의 자본적 기초를 위태롭게 하여 회사와 주주 및 채권자의 이익을 해하고 주주평등의 원칙을 해하며 대표이사 등에 의한 불공정한 회사지배를 초래하는 등의 여러 가지 폐해를 생기게 할 우려가 있으므로 상법은 일반 예방적인 목적에서 이를 일률적으로 금지하는 것을 원칙으로 하면서, 예외적으로 자기주식의 취득이 허용되는 경우를 유형적으로 분류하여 명시하고 있다(상법 제341조).

그러므로 상법 제341조, 제341조의2, 제342조의2 또는 증권거래법 등에서 명시적으로 자기주식의 취득을 허용하는 경우 외에, 회사가 자기주식을 무상으로 취득하는 경우 또는 타인의 계산으로 자기주식을 취득하는 경우 등과 같이, 회사의 자본적 기초를 위태롭게 하거나 주주 등의 이익을 해한다고 할 수 없는 것이 유형적으로 명백한 경우에도 자기주식의 취득이 예외적으로 허용되지만(대법원 1996. 6. 25. 선고 96다12726 판결 참조), 그 밖의 경우에 있어서는, 설령 회사 또는 주주나 회사채권자 등에게 생길지도 모르는 중대한 손해를 회피하기 위하여 부득이 한 사정이 있다고 하더라도 자기주식의 취득은 허용되지 아니하는 것이다.

그리고 위와 같은 금지규정에 위반하여 회사가 자기주식을 취득하는 것은 당연히 무효이다(대법원 1964. 11. 12.자 64마719 결정 참조).

한편, 상법 제625조 제2호는 "누구의 명의로 하거나를 불문하고 회사의 계산으로 부정하게 그 주식을 취득하는 행위"를 처벌대상으로 규정하고 있다.

이들 규정을 아울러 고찰할 때, 비록 회사 아닌 제3자의 명의로 회사의 주식을 취득하더라도, 그 주식취득을 위한 자금이 회사의 출연에 의한 것이고 그 주식취득에 따른 손익이 회사에 귀속되는 경우라면, 상법 기타의 법률에서 규정하는 예외사유에 해당하지 않는 한, 그러한 주식의 취득은 회사의 계산으로 이루어져 회사의 자본적 기초를 위태롭게 할 우려가 있는 것으로서 상법 제341조가 금지하는 자기주식의 취득에 해당한다고 할 것이다.

(나) 다른 한편, 주식회사의 자본충실의 원칙상 주식의 인수대금은 그 전액

을 현실적으로 납입하여야 하고 그 납입에 관하여 상계로써 회사에 대항하지 못하는 것이므로(상법 제295조, 제334조, 제421조, 제422조) 회사가 제3자에게 주식인수대금 상당의 대여를 하고 제3자는 그 대여금으로 주식인수대금을 납입한 경우에, 회사가 처음부터 제3자에 대하여 대여금 채권을 행사하지 아니하기로 약정되어 있는 등으로 대여금을 실질적으로 회수할 의사가 없었고 제3자도 그러한 회사의 의사를 전제로 하여 주식인수청약을 한 때에는, 그 제3자가 인수한 주식의 액면금액에 상당하는 회사의 자본이 증가되었다고 할 수 없으므로 위와 같은 주식인수대금의 납입은 단순히 납입을 가장한 것에 지나지 아니하여 무효라고 할 것이다.

[2] 판단

(가) 원심이 적법하게 인정한 사실에 의하면, 대한종합금융 주식회사(이하 '대한종금'이라 한다)의 제안에 따라 원고는 원고 또는 그가 지정하는 자의 이름으로 대한종금의 유상증자에 참여하기로 하되, 100억 원을 대한종금으로부터 대출받아 이를 신주인수의 청약대금으로 대한종금에 납입하고, 인수한 주식 전부를 대한종금에 담보로 제공하며, 대한종금이 영업정지를 받는 등의 사유가 발생하는 경우에는 그 전 일자로 대한종금에 대하여 원고가 위 주식의 매수(환매)를 청구할 수 있는 권리가 발생한 것으로 간주하고 그 매수가격을 발행가액으로 하여 원고의 위 대출금채무와 상계된 것으로 보고 이자 등 일체의 채권에 대하여 대한종금의 권리가 상실되는 것으로 계약을 체결하였다는 것인바, 이는 결국 원고가 청약하는 신주인수대금을 대한종금이 대출의 형식으로 제공하여 납입하게 하지만 원고에게는 그 대여금 상환의 책임을 지우지 아니하고 그 주식인수에 따른 손익을 대한종금에 귀속시키기로 하는 내용의 계약이라고 할 것이고, 따라서 이 계약의 실질은 대한종금의 계산 아래 대한종금이 원고 또는 원고가 지정하는 자의 명의로 대한종금 스스로 발행하는 신주를 인수하여 취득하는 것을 목적으로 하는 것으로서, 앞에서 본 법리에 비추어 자기주식의 취득이 금지되는 유형에 해당한다고 할 것이므로, 위 계약은 대출약정을 포함한 그 전부가 무효라고 할 것이고, 그 계약에 따라 원고가 대한종금의 대여금으로 신주대금을 납입한 것 역시 무효라고 할 것이다.

(나) 그렇다면 위 계약에 기초하여 원고와 대한종금 사이에서 이루어진 100억 원의 대출약정은 무효이므로 위 대출약정에 따른 원고의 채무는 존재하지 아니한다고 할 것이고, 그 계약에 따라 대출금으로 원고에게 입금되었던 금원은 신주인수대금 명목으로 다시 대한종금에 입금되었으므로 원고가 대출금 상당의 부당이득을 한 것으로 볼 수도 없다고 할 것이다.

2. 취득금지의 원칙: 적용범위

회사는 원칙적으로 자기주식을 취득하지 못한다(법341, 법341의2). 상법 제 341조 및 341의2에 의하여 금지되는 자기주식의 취득은 소유권의 이전을 목적으로 하는 법률행위에 의한 승계취득을 말하며, 원시취득과 포괄승계는 제외된다. 여기서 원시취득은 회사의 설립 또는 신주발행시에 회사가 자기주식을 취득하는 경우이다. 누구의 명의로 하든지 회사의 계산으로 자기주식을 취득할 수 없다.

** 관련 판례

① 대법원 2011. 4. 28. 선고 2009다23610 판결

[회사가 제3자 명의로 회사 주식을 취득하는 것이 상법 제341조에서 금지하는 자기주식 취득에 해당하기 위한 요건]

[1] 관련 법리

회사가 직접 자기 주식을 취득하지 아니하고 제3자의 명의로 회사의 주식을 취득하였을 때 그것이 위 조항에서 금지하는 자기주식의 취득에 해당한다고 보기 위해서는, 그 주식취득을 위한 자금이 회사의 출연에 의한 것이고 그 주식취득에 따른 손익이 회사에 귀속되는 경우이어야 한다(대법원 2003. 5. 16. 선고 2001다44109 판결, 대법원 2007. 7. 26. 선고 2006다33609 판결 등 참조).

[2] 원심의 판단

원심판결 이유에 의하면, 원심은 그 채택 증거들을 종합하여 그 판시와 같은 사실을 인정한 후, 자기주식의 취득을 금지하는 입법 취지에 비추어 볼 때, 회사의 경영자 등이 회사의 지배권을 취득하거나 유지·강화할 목적으로 회사로부터 금융상 지원을 받아 주식을 취득하는 것도 위와 같은 요건을 갖춘 경우에는 자기주식취득에 관한 탈법행위의 일종으로서 금지된다고 봄이 상당하다고 한 다음, 그 판시와 같은 사실관계에 나타나는 여러 사정들, 특히 피고의 이사인 소외인 등이 원래 피고의 최대 주주인 주식회사 버추얼텍(이하 '버추얼텍'이라고만 한다)의 경영위임에 따라 피고를 경영하다가 주식회사 글로벌피앤티(이하 '글로벌피앤티'라고만 한다)를 설립한 후, 버추얼텍으로부터 글로벌피앤티 명의로 이 사건 주식을 인수하여 글로벌피앤티를 통하여 피고를 지배하게 되었는데, 이것은 소외인 등이 글로벌피앤티에게 피고의 중요한 영업부문을 사실상 무단히 이전하고 피고의 재산을 빼돌리는 방법으로 피고의 희생하에 이루어진 것이므로, 이 사건 주식취득

은 그 자금이 피고의 출연에 의한 것이고 그 주식취득에 따른 손익이 피고에게 귀속되는 경우에 해당하여 피고의 자본적 기초를 위태롭게 한다는 점 등을 근거로, 글로벌피앤티의 이 사건 주식취득은 외관상으로는 글로벌피앤티의 명의로 그 부담과 책임하에 이루어진 것처럼 보이지만 실질적으로는 피고의 계산이나 전폭적인 금융상 지원하에 이루어진 것으로서 상법 제341조가 금지하는 자기주식의 취득에 해당한다고 판단하였다.

[3] 대법원 판단

그러나 원심이 인정한 사실관계에 비추어 볼 때, 피고가 글로벌피앤티에게 선급금을 지급하고, 글로벌피앤티가 이 사건 주식 인수대금으로 사용할 자금을 대출받을 때 그 대출원리금 채무를 연대보증하는 방법으로 글로벌피앤티로 하여금 이 사건 주식 인수대금을 마련할 수 있도록 각종 금융지원을 한 것을 비롯하여 원심 판시와 같이 피고의 이사인 소외인 등이 피고의 중요한 영업부문과 재산을 글로벌피앤티에게 부당하게 이전하는 방법을 통하여 글로벌피앤티로 하여금 주식취득을 위한 자금을 마련하게 하고 이를 재원으로 이 사건 주식을 취득하게 함으로써 결국 글로벌피앤티를 이용하여 피고를 지배하게 되었다 하더라도, 이러한 사정들만으로는 글로벌피앤티가 이 사건 주식 인수대금을 마련한 것이 피고의 출연에 의한 것이라는 점만을 인정할 수 있을 뿐, 더 나아가 소외인 등이 설립한 글로벌피앤티의 이 사건 주식취득에 따른 손익이 피고에게 귀속되는 관계에 있다는 점을 인정하기는 어렵고, 달리 기록을 살펴보아도 법률상 별개의 회사들인 피고와 글로벌피앤티 사이에 글로벌피앤티의 이 사건 주식취득에 따른 손익을 피고에게 귀속시키기로 하는 명시적 또는 묵시적 약정이 있었다는 등 글로벌피앤티의 이 사건 주식취득에 따른 손익이 피고에게 귀속되는 것으로 볼만한 사정을 찾아볼 수 없다. 따라서 사정이 이러하다면 위에서 본 법리에 따라 글로벌피앤티의 이 사건 주식취득이 피고의 계산에 의한 주식취득으로서 피고의 자본적 기초를 위태롭게 할 우려가 있는 경우로서 상법 제341조가 금지하는 자기주식의 취득에 해당한다고 볼 수 없다.

② 대법원 1996. 6. 25. 선고 96다12726 판결

[회사가 무상으로 자기주식을 취득할 수 있는지 여부(적극)]

회사는 원칙적으로 자기의 계산으로 자기의 주식을 취득하지 못하는 것이지만, 회사가 무상으로 자기주식을 취득하는 때와 같이 회사의 자본적 기초를 위태롭게 하거나 회사 채권자와 주주의 이익을 해한다고 할 수가 없는 경우에는 예외적으로 자기주식의 취득을 허용할 수 있다.

3. 배당가능이익에 의한 자기주식의 취득

(1) 의의

회사는 배당가능이익의 범위 내에서 자기의 명의와 계산으로 자기의 주식을 취득할 수 있다(법341① 본문). 배당가능이익의 범위 내에서의 자기주식의 취득은 자본충실을 해하지 않기 때문이다.

(2) 요건

(가) 배당가능이익

회사가 취득할 수 있는 자기주식의 취득가액의 총액은 직전 결산기의 대차대조표상의 순자산액에서 제462조 1항 각 호의 금액을 뺀 금액인 배당가능이익을 초과하지 못한다(법341① 단서).

(나) 주주총회결의

자기주식을 취득하려는 회사는 미리 주주총회의 결의로 ⅰ) 취득할 수 있는 주식의 종류 및 수, ⅱ) 취득가액의 총액의 한도, ⅲ) 1년을 초과하지 아니하는 범위에서 자기주식을 취득할 수 있는 기간을 결정하여야 한다(법341② 본문). 다만, 이사회의 결의로 이익배당을 할 수 있다고 정관으로 정하고 있는 경우에는 이사회의 결의로써 주주총회의 결의를 갈음할 수 있다(법341② 단서).

> **** 관련 판례:** 대전지방법원 2023. 3. 10.자 2023카합50070 결정
> [의안상정 가처분신청]
> 상법 제341조 제2항 본문은 그 문언상 자기주식을 취득하려는 회사는 미리 주주총회의 결의로 다음 각 호의 사항을 "결정하여야 한다"라고 표현하여, 자기주식 취득은 주주총회의 결의사항임 원칙으로 정하고 있다. 다만, 그 단서에서 정관으로 이사회의 결의로 이익배당을 할 수 있다고 정하는 경우에는 이사회 결의로써 주주총회의 결의를 "갈음할 수 있다"고 표현하여, 그 문언상 예외적으로 이사회가 주주총회를 "갈음" 즉 대신할 수 있을 뿐, 주주총회를 완전히 배제하는 의미는 아니다. 이와 같은 견지에서 자본시장법 제165조의3 제3항의 문언은 상법 제341조 제2항에도 불구하고 이사회의 결의로써 자기주식을 "취득할 수 있다"라고 표현하여, 위 상법조항을 전부 배제한다기보다는 위 조항의 단서와 연결되어

주권상장법인의 경우 정관으로 정하지 않고도 이 사회 결의로 자기주식을 취득할 수 있다고 해석하는 것이 자연스럽다. 이처럼 상법 제341조 제2항과 자본시장법 제165조의3 제3항을 조화롭게 해석하면, 위 특례규정이 상법이 정한 원칙적인 의사결정 기관인 주주총회를 배제하는 것이 아니라 상법의 일반조항과 중첩적으로 적용되어 의사결정 기관의 범위를 넓히는 취지라고 해석된다.

(3) 취득방법

회사는 ⅰ) 거래소에서 시세(時勢)가 있는 주식의 경우에는 거래소에서 취득하는 방법(제1호), ⅱ) 법 제345조 제1항의 주식의 상환에 관한 종류주식의 경우 외에 각 주주가 가진 주식 수에 따라 균등한 조건으로 취득하는 것으로서 시행령으로 정하는 방법(제2호)에 따라 자기의 명의와 계산으로 자기의 주식을 취득할 수 있다(법341① 본문).

법 제341조 제1항 제2호에서 "시행령으로 정하는 방법"이란 ⅰ) 회사가 모든 주주에게 자기주식 취득의 통지 또는 공고를 하여 주식을 취득하는 방법(제1호), ⅱ) 자본시장법 제133조부터 제146조까지의 규정에 따른 공개매수의 방법(제2호)의 어느 하나에 해당하는 방법을 말한다(상법 시행령9①).

(4) 취득제한

회사는 해당 영업연도의 결산기에 대차대조표상의 순자산액이 제462조 제1항 각 호의 금액의 합계액에 미치지 못할 우려가 있는 경우에는 제1항에 따른 주식의 취득을 하여서는 아니 된다(법341③).

(5) 이사의 자본충실책임

해당 영업연도의 결산기에 대차대조표상의 순자산액이 제462조 제1항 각 호의 금액의 합계액에 미치지 못함에도 불구하고 회사가 제1항에 따라 주식을 취득한 경우 이사는 회사에 대하여 연대하여 그 미치지 못한 금액을 배상할 책임이 있다(법341④ 본문). 다만, 이사가 제3항의 우려가 없다고 판단하는 때에 주의를 게을리하지 아니하였음을 증명한 경우에는 그러하지 아니하다(법341④ 단서).

4. 특정목적에 의한 자기주식의 취득

회사는 다음의 어느 하나에 해당하는 경우에는 배당가능이익에 의한 제한 없이 자기의 주식을 취득할 수 있다(법341의2).

(1) 회사의 합병 또는 다른 회사의 영업전부의 양수로 인한 경우(제1호)

합병의 경우에는 존속회사는 소멸회사가 가지고 있는 자기주식을 취득하게 되고, 존속회사가 가지고 있던 소멸회사의 주식은 자기주식이 된다. 또한 영업전부의 양수의 경우에도 양수회사는 양도회사가 가지는 자기주식을 취득하게 된다.

(2) 회사의 권리를 실행함에 있어 그 목적을 달성하기 위하여 필요한 경우(제 2호)

회사가 권리를 실행하기 위한 방법으로 대물변제를 받거나 소송상 화해 또는 강제집행을 하는 경우 등 상대방에게 자기주식 이외의 다른 재산이 없는 때에는 회사는 자기주식을 취득할 수 있다.

** 관련 판례: 대법원 1977. 3. 8. 선고 76다1292 판결

[상법 제341조 제2호 규정에 의해 회사가 자기주식을 취득하기 위하여는 주식을 가진 채무자의 무자력을 입증하여야 하는지 여부]

상법 제341조에서 주식회사가 자기의 주식을 취득하는 경우로서 회사의 권리를 실행함에 있어서 그 목적을 달성하기 위하여 필요한 때라 함은 회사가 그의 권리를 실행하기 위하여 강제집행 담보권의 실행 등에 당하여 채무자에 회사의 주식 이외에 재산이 없는 때에 한하여 회사가 자기주식을 경락 또는 대물변제 등으로 취득할 수 있다고 해석되며, 따라서 채무자의 무자력은 회사의 자기 주식취득이 허용되기 위한 요건사실로서 자기주식취득을 주장하는 회사에게 그 무자력의 입증책임이 있다고 할 것인바, 이러한 취지에서 원심판결이 피고회사가 본건 주식을 유효하게 취득하기 위하여는 채무자인 소외 1이나 그 상속인이 본건 주식 이외에 어떠한 재산도 없는 경우에 최종적으로 동인의 주식을 취득하여야 되는데 믿지 아니하는 소외 2의 증언 외에는 채무자에게 본건 주식 이외에 재산이 없다는 입증이 없다하여 피고회사의 본건 자기 주식취득이 무효라고 한 판단은 정

당한 조치이며 거기에 소론과 같은 위법이 있다 할 수 없고 회사가 채무자의 자력을 알지 못한데 과실이 없는 경우에는 설사 채무자에 자력이 있다 하더라도 유효하게 자기 주식을 취득할 수 있다는 소론은 독자적인 견해로 채택할 바 못된다.

(3) 단주의 처리를 위하여 필요한 경우(제3호)

제3호의 경우는 단주의 처리 방법이 법정되어 있지 아니한 신주발행(법416) 등의 경우에 적용되고, 그 외의 단주처리의 방법이 법정되어 있는 자본금감소(법443), 합병(법530③), 준비금의 자본전입(법461②), 주식배당(법462의2③) 등의 경우에는 그에 따라야 하고 회사가 취득할 수 없다.

(4) 주주가 주식매수청구권을 행사한 경우(제4호)

회사가 주식양도를 승인하지 아니하는 경우의 양도주주(법335의6), 영업양도나 합병에 반대하는 주주(법374의2, 법522의3)는 주식매수청구권을 행사할 수 있다. 이 경우는 자기주식을 취득한다.

** 관련 판례: 대법원 2021. 10. 28. 선고 2020다208058 판결

[회사가 특정 주주와 사이에 특정한 금액으로 주식을 매수하기로 약정함으로써 사실상 매수청구를 할 수 있는 권리를 부여하여 주주가 그 권리를 행사하는 경우, 상법 제341조의2 제4호가 적용되는지 여부(소극) / 이 경우 상법 제341조에서 정한 요건하에서만 회사의 자기주식취득이 허용되는지 여부(적극) 및 위 규정에서 정한 요건과 절차에 의하지 않은 자기주식취득 약정의 효력(무효)]

[1] 원심의 판단

원심은, 원고 회사와 피고 사이에 피고가 보유한 주식을 특정가격으로 원고 회사가 매수하거나 원고 회사가 지정하는 제3자로 하여금 매수하게 하는 내용의 이 사건 임원퇴직합의 제1항의 약정을 한 사실, 이에 따라 원고 회사가 직접 2017. 2.경 피고와 사이에 이 사건 주식매매계약을 체결하고 매매대금을 지급한 사실 등을 인정한 후, 이 사건 주식매매계약은 상법 제341조의 자기주식취득금지 규정을 위반하여 무효이므로 피고가 매매대금을 원고에게 부당이득으로 반환할 의무를 부담한다고 판단하면서, 다만 원고가 이 사건 소를 통해 이 사건 임원퇴직합의 제1항의 약정에서 정한 제3자로 하여금 매수하게 할 의무 역시 이행하지

않을 의사를 명백하게 표시하였으므로 그 채무불이행에 기한 손해배상책임이 있다고 보아 이를 전제로 한 피고의 상계항변을 받아들였다.

[2] 관련 법리

(가) 구 상법(2011. 4. 14. 법률 제10600호로 개정되기 전의 것, 이하 '구 상법'이라고만 한다) 제341조, 제341조의2 등은 주식회사가 자기의 계산으로 자기의 주식을 취득하는 것은 회사의 자본적 기초를 위태롭게 하여 회사와 주주 및 채권자의 이익을 해하고 주주평등의 원칙을 해하며 대표이사 등에 의한 불공정한 회사지배를 초래하는 등의 여러 가지 폐해를 생기게 할 우려가 있으므로 일반 예방적인 목적에서 이를 일률적으로 금지하는 것을 원칙으로 하면서, 예외적으로 자기주식의 취득이 허용되는 경우를 유형적으로 분류하여 명시하였다. 대법원은 구 상법 제341조, 제341조의2 등에서 명시적으로 자기주식의 취득을 허용하는 경우 외에는 회사가 자기주식을 취득하는 것은 허용되지 않고 당연히 무효라고 보았다(대법원 2003. 5. 16. 선고 2001다44109 판결, 대법원 2006. 10. 12. 선고 2005다75729 판결 등 참조).

(나) 2011. 4. 14. 법률 제10600호로 개정되어 2012. 4. 15.부터 시행된 개정 상법은 종래 자기주식 취득을 엄격히 불허하였던 것에서 이를 완화하여, 제341조에서 회사가 배당가능이익의 한도 내에서 거래소에서 취득하는 방법 등으로 자기의 명의와 계산으로 자기주식을 취득할 수 있도록 허용하고, 제341조의2에서는 각 호에서 규정한 특정한 목적이 있는 경우에는 구 상법과 마찬가지로 배당가능이익이나 취득방법 등의 제한 없이 자기주식을 취득할 수 있도록 허용하면서, 제4호에서 주주가 주식매수청구권을 행사한 경우를 들고 있다. 따라서 개정 상법 제360조의5 제1항, 제374조의2 제1항, 제522조의3 제1항 등에 따라 주주가 주식매수청구권을 행사하는 경우에는 개정 상법 제341조의2 제4호에 따라 회사가 제한 없이 자기주식을 취득할 수 있으나, 회사가 특정 주주와 사이에 특정한 금액으로 주식을 매수하기로 약정함으로써 사실상 매수청구를 할 수 있는 권리를 부여하여 주주가 그 권리를 행사하는 경우는 개정 상법 제341조의2 제4호가 적용되지 않으므로, 개정 상법 제341조에서 정한 요건하에서만 회사의 자기주식취득이 허용된다.

(다) 다만 이와 같이 개정 상법이 자기주식취득 요건을 완화하였다고 하더라도 여전히 법이 정한 경우에만 자기주식취득이 허용된다는 원칙에는 변함이 없고 따라서 위 규정에서 정한 요건 및 절차에 의하지 않은 자기주식취득 약정은 효력이 없다.

[3] 대법원 판단

위와 같은 법리에 비추어 살펴보면, 이 사건 임원퇴직합의 제1항 중 원고 회사가 직접 주식을 매수하기로 약정한 부분 및 이에 따라 체결된 이 사건 주식매매계약은 원고 회사가 특정한 주주에게 특정한 금액으로 주식매수를 요구할 수 있는 권리를 부여한 것으로 개정 상법 제341조에서 정한 요건을 갖추지 못한 자기주식취득 약정이어서 무효이다. 원심은 개정 상법 하의 요건이 아닌 구 상법 하의 요건을 전제로 하여 그 효력에 대해 판단한 잘못이 있는 것으로 보이나, 이 사건 매매계약 등이 무효라고 본 결론에 있어서는 정당하고, 한편 이 사건 임원퇴직합의 제1항 중 원고가 제3자로 하여금 피고의 주식을 매수하기로 약정한 부분에 대해 원고가 그 효력을 다투지 않는 이 사건에 있어서, 원고의 채무불이행 책임 및 그에 기한 손해배상청구권을 인정한 원심의 판단에 상고이유 주장과 같이 손해배상액 산정 등에 관한 법리를 오해하거나 심리미진 등으로 판결에 영향을 미친 잘못이 없다.

(5) 질취

회사는 발행주식총수의 1%를 초과하여 자기의 주식을 질권의 목적으로 받지 못한다(법341의3 본문). 다만, 회사의 합병 또는 다른 회사의 영업전부의 양수로 인한 경우 및 회사의 권리를 실행함에 있어 그 목적을 달성하기 위하여 필요한 경우에는 그 한도를 초과하여 질권의 목적으로 할 수 있다(법341의3 단서).

5. 금지위반의 효과

이사가 자기주식 취득제한 규정에 위반하여 자기주식을 취득함으로써 회사에 손해가 발생하면 이사는 연대하여 이에 대한 손해를 배상할 책임이 있다(법399). 이사 등이 누구의 명의로 하거나 회사의 계산으로 그 주식을 취득하거나 질권의 목적으로 받은 때에는 벌칙의 제재를 받는다(법625(2)).

회사가 자기주식 취득금지 규정(법341, 법341의2, 법341의3)에 위반하여 자기주식을 취득 또는 질취한 경우에 그 취득행위의 효력에 관하여 다음과 같이 견해가 대립한다.

(1) 무효설

자기주식 취득행위는 강행법규에 반하고, 실질적으로 자본충실의 원칙에 위반되므로 자기주식취득은 상대방(양도인)의 선의·악의를 불문하고 무효라는 견해이다. 무효설이 대법원 판례이다. 이 견해에 의하면 자기주식 취득으로 인한 폐단은 방지될 것이나 거래의 안전을 해하게 된다.

(2) 유효설

자기주식 취득금지 규정은 명령규정이므로 이에 위반한 자기주식의 취득행위는 유효하고, 회사의 손해는 관계 이사에 대한 손해배상책임으로 해결하면 족하다는 견해이다. 이 견해에 대해서는 거래의 안전에 치중한 나머지 자기주식 금지의 입법취지에 어긋난다는 비판이 제기된다.

(3) 상대적 무효설

취득행위는 상대방의 선의·악의를 묻지 않고 원칙적으로 무효이지만, 선의의 제3자(자기주식의 전득자, 압류채권자 등)에게 무효를 대항하지 못한다고 하는 견해이다.

** 관련 판례

① 대법원 2006. 10. 12. 선고 2005다75729 판결

[주식회사의 자기주식취득이 예외적으로 허용되는 경우 및 자기주식취득금지 규정에 위반한 주식취득의 효력(무효)]

[1] 관련 법리

상법은 주식회사가 자기의 계산으로 자기주식을 취득하는 것을 원칙적으로 금지하면서, 예외적으로 일정한 경우에만 그 취득이 허용되는 것으로 명시하고 있다. 따라서 상법 제341조, 제341조의2, 제342조의2 또는 증권거래법 등이 명시적으로 이를 허용하고 있는 경우 외에는, 회사의 자본적 기초를 위태롭게 하거나 주주 등의 이익을 해한다고 할 수 없는 것이 유형적으로 명백한 경우가 아닌 한 자기주식의 취득은 허용되지 아니하고, 위와 같은 금지규정에 위반하여 회사가 자기주식을 취득하거나 취득하기로 하는 약정은 무효이다(대법원 2003. 5. 16. 선고 2001다44109 판결 등 참조).

[2] 판단

(가) 원심이 적법하게 인정한 사실에 의하면 원고는 피고와 사이에 그 판시

와 같이 제1, 2차 약정을 체결하면서 피고가 출자전환에 의하여 취득하는 원고의 주식 중 매각제한 주식 110만 주를 원고가 55억 원에 매입하기로 하였다는 것인바, 이와 같이 피고가 출자전환에 의하여 취득하는 원고의 매각제한 주식을 원고가 다시 자금을 출연하여 피고로부터 매수하는 것은 회사의 자본적 기초를 위태롭게 하고 주주 등의 이익을 해하는 것임이 분명하므로 상법상 자기주식취득금지의 규정에 반하여 허용될 수가 없다.

(나) 한편, 주식회사가 자기주식을 취득할 수 있는 경우로서 상법 제341조 제3호(현행 제2호)가 규정하고 있는 '회사의 권리를 실행함에 있어 그 목적을 달성하기 위하여 필요한 때'라 함은 회사가 그 권리를 실행하기 위하여 강제집행, 담보권의 실행 등을 함에 있어 채무자에게 회사의 주식 이외에 재산이 없을 때 회사가 자기주식을 경락 또는 대물변제로 취득하는 경우 등을 말하므로(대법원 1977. 3. 8. 선고 76다1292 판결 참조), 원고의 피고로부터의 자기주식 매수가 그에 해당한다고 보기도 어렵다.

(다) 따라서 원심이 제1, 2차 약정에 따른 원고의 주식매수의무는 상법상 자기주식취득금지 규정에 반하는 것으로서 무효라고 판단한 것은 정당하다.

② 대법원 2018. 10. 25. 선고 2016다42800, 42817, 42824, 42831 판결
[무효인 자기주식 매매계약과 매도인의 법적 지위]
[1] 관련 법리

(가) 계약이 무효가 되면 각 당사자는 상대방에 대하여 부당이득반환의무를 부담하므로(대법원 2017. 3. 9. 선고 2016다47478 판결 참조), 주권이 발행된 주식의 매매계약이 무효라면, 매도인은 매수인에게 지급받은 주식매매대금을 반환할 의무를, 매수인은 매도인에게 교부받은 주권을 반환할 의무를 각 부담한다.

(나) 그런데 주권발행 전에 한 주식의 양도도 회사성립 후 또는 신주의 납입기일 후 6월이 경과한 때에는 회사에 대하여 효력이 있고(상법 제355조 제2항), 이 경우 주식의 양도는 주권의 교부 없이 지명채권의 양도에 관한 일반원칙에 따라 당사자의 의사표시만으로 효력이 발생한다(대법원 1995. 5. 23. 선고 94다36421 판결 참조). 이와 같이 주권이 발행되지 않은 주식의 매매계약이 무효라면 그 계약은 처음부터 당연히 효력을 가지지 아니하므로, 원칙적으로 계약에 따라 매도의 대상이 되었던 주식의 이전은 일어나지 않고, 매도인은 매매계약 이후에도 주주의 지위를 상실하지 않는다.

(다) 따라서 주권이 발행되지 않은 주식에 관하여 체결된 매매계약이 구 상법 제341조에서 금지한 자기주식의 취득에 해당하여 무효인 경우, 매도인은 지급

받은 주식매매대금을 매수인에게 반환할 의무를 부담하는 반면 매수인은 매매계약 체결 당시 이행받은 급부가 없으므로 특별한 사정이 없는 한 반환할 부당이득이 존재하지 않는다. 다만, 무효인 매매계약을 근거로 매수인이 마치 주주인 것처럼 취급되고 이러한 외관상 주주의 지위에서 매도인의 권리를 침해하여 매수인이 이익을 얻었다면 매수인은 그 이익을 반환할 의무가 있다. 그러나 매수인이 이러한 외관상 주주의 지위에 기하여 이익을 얻은 바도 없다면, 역시 매수인의 매도인에 대한 부당이득반환의무는 존재하지 않는다.

　　(라) 한편 만약 무효인 매매계약에 따라 매수인에게 상법 제337조 제1항에 규정된 명의 개서절차가 이행되었더라도, 매도인은 특별한 사정이 없는 한 매수인의 협력을 받을 필요 없이 단독으로 매매계약이 무효임을 증명함으로써 회사에 대해 그 명의개서를 청구할 수 있다(대법원 1995. 3. 24. 선고 94다47728 판결 참조). 주권이 발행되지 않은 주식에 관하여 체결된 매매계약이 구 상법 제341조에서 금지한 자기주식의 취득에 해당하여 무효인 경우에도 마찬가지이다.

　　[2] 판단

　　원심은 그 판시와 같은 사정을 종합하여 다음과 같이 판단하였다.

　　아남인스트루먼트와 피고들 사이의 이 사건 주식매매계약이 구 상법 제341조에서 금지한 자기주식의 취득에 해당하여 무효인 이상, 주권이 발행되지 않은 이 사건 주식이 피고들로부터 아남인스트루먼트에게 이전되었다고 볼 수 없고, 피고들이 여전히 이 사건 주식을 보유한다고 할 것이므로, 아남인스트루먼트가 피고들에 대하여 주식 반환의 원상회복의무 또는 이러한 의무이행이 불가능함을 이유로 한 주식매매대금 상당의 가액반환의무를 부담한다고 볼 수 없다. 또한 아남인스트루먼트가 원상회복의무로서 명의개서와 관련한 협조의무를 부담한다거나 그러한 협조의무의 이행이 불가능하게 되었다고 보기도 어렵다. 따라서 아남인스트루먼트가 피고들에 대하여 부당이득반환의무를 부담함을 전제로 한 피고들의 상계항변은 이유 없다.

　　앞에서 본 법리와 기록에 비추어 살펴보면, 원심의 판단에 상고이유 주장과 같은 주권발행 전 주식의 매매계약이 무효인 경우 매도인이 부담하는 원상회복의무에 관한 법리오해, 회사의 인적분할 및 신주배정에 관한 법리오해 및 심리미진의 위법이 없다.

6. 자기주식의 처분

회사가 보유하는 자기의 주식을 처분하는 경우에 ⅰ) 처분할 주식의 종류와 수, ⅱ) 처분할 주식의 처분가액과 납입기일, ⅲ) 주식을 처분할 상대방 및 처분방법으로서 정관에 규정이 없는 것은 이사회가 결정한다(법342).

** 관련 판례: 대법원 2010. 10. 28. 선고 2010다51413 판결
[주주는 직접 회사와 제3자와의 거래관계에 개입하여 회사가 체결한 계약의 무효를 주장할 수 있는가]
　[1] 관련 법리
　확인의 소는 반드시 당사자 간의 법률관계에 한하지 아니하고 당사자의 일방과 제3자 사이 또는 제3자 상호간의 법률관계도 그 대상이 될 수 있지만 그 법률관계의 확인이 확인의 이익이 있기 위해서는 그 법률관계에 따라 제소자의 권리 또는 법적 지위에 현존하는 위험·불안이 야기되어야 하고, 그 위험·불안을 제거하기 위하여 그 법률관계를 확인의 대상으로 한 확인판결에 의하여 즉시로 확정할 필요가 있으며, 그것이 가장 유효 적절한 수단이 되어야 하는바(대법원 1995. 10. 12. 선고 95다26131 판결, 대법원 1996. 6. 14. 선고 94다10238 판결 등 참조), 주식회사의 주주는 주식의 소유자로서 회사의 경영에 이해관계를 가지고 있기는 하지만, 회사의 재산관계에 대하여는 단순히 사실상·경제상 또는 일반적·추상적인 이해관계만을 가질 뿐 구체적 또는 법률상의 이해관계를 가진다고는 할 수 없고, 직접 회사의 경영에 참여하지 못하고 주주총회의 결의를 통해서 또는 주주의 감독권에 의하여 회사의 영업에 영향을 미칠 수 있을 뿐이므로 주주는 일정한 요건에 따라 이사를 상대로 그 이사의 행위에 대하여 유지(留止)청구권을 행사하여 그 행위를 유지(留止)시키거나 또는 대표소송에 의하여 그 책임을 추궁하는 소를 제기할 수 있을 뿐 직접 제3자와의 거래관계에 개입하여 회사가 채결한 계약의 무효를 주장할 수는 없다(대법원 1979. 2. 13. 선고 78다1117 판결, 대법원 2001. 2. 28.자 2000마7839 결정 등 참조). 이러한 법리는 회사가 자기주식을 매도하는 계약을 체결한 경우에도 다를 바 없다.
　[2] 판단
　원심판결 이유와 기록에 의하면, 원심은, 이 사건 소 즉, 주식회사 전북고속(이하 '전북고속'이라고 한다)의 주주인 원고들이 전북고속의 대표이사가 대표권을 남용하여 자기주식을 피고들에게 매도하는 이 사건 주식매매계약을 체결하였다

고 주장하며 전북고속과 피고들 사이의 이 사건 주식매매계약의 무효확인을 구하는 소에 대하여, 자기주식이 제3자에게 처분되어 기존주주들의 회사에 대한 비례적 이익(의결권 등)이 감소되어 주식의 가치가 희석되는 것은 회사가 자기주식을 취득하여 기존주주들의 회사에 대한 비례적 이익이 증가하는 것과 마찬가지로 사실적·경제적 이익에 불과할 뿐이라 할 것이어서, 원고들이 제3자인 전북고속과 피고들 사이에 체결된 이 사건 주식매매계약의 무효확인을 구할 이익이 없다고 판단하였는바, 원심의 판단은 위 법리에 따른 것으로 정당하고, 거기에 상고이유로 주장하는 확인의 이익에 관한 법리오해 등의 위법이 없다.

Ⅴ. 주식의 담보

주식은 재산적 가치를 가지고 양도성이 있으므로 담보의 대상이 될 수 있다. 주식의 담보방법으로서 상법은 주식의 입질만 규정하고 있으나 주식의 양도담보도 많이 이용되고 있다.

1. 주식의 입질

(1) 입질의 방법
(가) 약식질

약식질은 질권설정자와 질권자간에 질권설정의 합의와 주권의 교부로 효력이 생기고 주권의 계속적 점유가 제3자에 대한 대항요건이다(법338).

** 관련 판례

① 대법원 2021. 11. 25. 선고 2018다304007 판결
[주식에 대한 유질약정과 질권실행]
 [1] 상법 제59조는 "민법 제339조의 규정은 상행위로 인하여 생긴 채권을 담보하기 위하여 설정한 질권에는 적용하지 아니한다."라고 정함으로써 상행위로 인하여 생긴 채권을 담보하기 위한 질권설정계약에 대해서는 유질약정을 허용하고 있다. 다만 상법은 유질약정이 체결된 경우 질권의 실행 방법이나 절차에 관하여는 아무런 규정을 두고 있지 않으므로, 유질약정이 포함된 질권설정계약이 체결된 경우 질권의 실행 방법이나 절차는 원칙적으로 질권설정계약에서 정한

바에 따라야 한다(대법원 2017. 7. 18. 선고 2017다207499 판결 참조).

[2] 비상장주식에 대하여 유질약정이 포함된 질권설정계약이 적법하게 체결된 경우, 질물인 비상장주식의 가격이나 그 산정방식에 관하여 질권설정계약에서 정한 바가 없고 또 객관적으로 형성된 시장가격이 없거나 이를 확인하기 어려운 형편이라면, 채권자가 유질약정을 근거로 처분정산의 방법으로 질권을 실행할 때 일반적으로 허용된 여러 비상장주식 가격 산정방식 중 하나를 채택하여 그에 따라 처분가액을 산정한 이상, 설령 나중에 그 가격이 합리적인 가격이 아니었다고 인정되더라도, 다른 특별한 사정이 없는 한 유질약정의 내용에 따라 채권자와 채무자 사이에서 피담보채무의 소멸 범위나 초과액의 반환 여부, 손해배상 등이 문제될 여지가 있을 뿐이고 채권자와 처분 상대방 사이에서 채권자의 처분행위 자체가 무효로 된다고 볼 수는 없다.

② 대법원 2012. 8. 23. 선고 2012다34764 판결
[주권에 관하여 중첩적 점유매개관계가 이루어진 경우, 최상위 간접점유자의 반환청구권 양도에 의한 질권설정방법 및 그 대항요건]

기명주식의 약식질에 관한 상법 제338조는 기명주식을 질권의 목적으로 하는 때에는 주권을 질권자에게 교부하여야 하고(제1항), 질권자는 계속하여 주권을 점유하지 아니하면 그 질권으로써 제3자에게 대항하지 못한다고(제2항) 규정하고 있다. 여기에서 주식의 질권설정에 필요한 요건인 주권의 점유를 이전하는 방법으로는 현실의 인도(교부) 외에 간이인도나 반환청구권의 양도도 허용되고, 주권을 제3자에게 보관시킨 경우 주권을 간접점유하고 있는 질권설정자가 반환청구권의 양도에 의하여 주권의 점유를 이전하려면 질권자에게 자신의 점유매개인인 제3자에 대한 반환청구권을 양도하여야 하고, 이 경우 대항요건으로서 그 제3자의 승낙 또는 질권설정자의 그 제3자에 대한 통지를 갖추어야 한다(대법원 2000. 9. 8. 선고 99다58471 판결 참조). 그리고 이러한 법리는 그 제3자가 다시 타인에게 주권을 보관시킴으로써 점유매개관계가 중첩적으로 이루어진 경우에도 마찬가지로 적용된다고 할 것이므로, 최상위의 간접점유자인 질권설정자는 질권자에게 자신의 점유매개인인 제3자에 대한 반환청구권을 양도하고, 그 대항요건으로서 그 제3자의 승낙 또는 그 제3자에 대한 통지를 갖추면 충분하며, 직접점유자인 타인의 승낙이나 그에 대한 질권설정자 또는 제3자의 통지까지 갖출 필요는 없다.

(나) 등록질

등록질은 약식질의 요건을 구비한 후 질권설정자인 주주의 청구에 의해 회

사가 주주명부에 질권자의 성명과 주소를 기재하고 그 성명을 주권에 기재한다 (법340①).

(2) 입질의 효력

질권자는 약식질이든 등록질이든 목적물을 유치할 권리(민법335), 우선변제 권(민법329), 전질권(민법336)을 행사할 수 있다. 또한 주식의 소각, 병합, 분할 또 는 전환이 있는 때에는 이로 인하여 종전의 주주가 받을 금전이나 주식에 대하 여도 종전의 주식을 목적으로 한 질권을 행사할 수 있다(법339).

등록질권자는 회사로부터 이익배당, 잔여재산의 분배 또는 제339조에 따른 금전의 지급을 받아 다른 채권자에 우선하여 자기채권의 변제에 충당할 수 있다 (법340①). 그러나 약식질의 경우에는 이러한 규정이 없다.

** 관련 판례

① 대법원 2014. 1. 23. 선고 2013다56839 판결

[상행위로 생긴 채권을 담보하기 위해 주식에 질권을 설정한 경우, 질권설정계 약 등 약정으로 질권자가 가지는 권리의 범위와 행사 방법을 정할 수 있는지 여부 (적극)]

상행위로 인하여 생긴 채권을 담보하기 위하여 주식에 대하여 질권이 설정 된 경우에 질권자가 가지는 권리의 범위 및 그 행사방법은 원칙적으로 질권설정 계약 등의 약정에 따라 정하여질 수 있고(상법 제59조 참조), 위와 같은 질권 등의 담보권의 경우에 담보제공자의 권리를 형해화하는 등의 특별한 사정이 없는 이 상 담보권자가 담보물인 주식에 대한 담보권실행을 위한 약정에 따라 그 재산적 가치 및 권리의 확보 목적으로 담보제공자인 주주로부터 의결권을 위임받아 그 약정에서 정한 범위 내에서 의결권을 행사하는 것도 허용될 것이다. 이와 같은 사정들을 앞서 본 법리에 비추어 살펴보면, 우리은행의 이 사건 위임장 및 이 사 건 주주총회를 통한 담보권자로서의 권한 행사는 이 사건 대출금이 변제기에 이 른 후에 위에서 본 것과 같은 사정 아래에서 피고의 실질적 책임재산인 이 사건 빌딩을 담보로 확보하기 위하여 체결된 이 사건 주식근질권 설정계약에서 약정 된 담보권의 실행방법에 따라 원고로부터 위임받은 의결권 행사의 범위 내에서 이루어진 것이라고 할 것이고, 담보제공자로서 주주인 원고의 권리를 부당하게 침해하는 것이라고 할 수 없다.

② 대법원 2007. 12. 13. 선고 2007다50519 판결

[약식질권자의 주식 소각대금채권에 대한 물상대위권 행사방법]

주식의 약식질권자가 주식의 소각대금채권에 대하여 물상대위권을 행사하기 위하여는 민법 제342조, 제355조, 민사집행법 제273조 제2항, 제3항에 의하여 질권설정자가 지급받을 금전 기타 물건의 지급 또는 인도 전에 압류하여야 한다(대법원 2004. 4. 23. 선고 2003다6781 판결 참조). 따라서 위 법리에 기초한 원심의 판단은 정당하고, 거기에 주식의 약식질권자의 물상대위권 행사요건에 관한 법리오해의 위법이 있다고 할 수 없으며, 원고의 물상대위권에 기한 이 사건 감자대금채권의 압류 이전에 이미 피고가 상계적상이 발생한 소외 회사에 대한 대여금 채권을 자동채권으로 하여 상계 의사표시를 함으로써 위 감자대금채권은 소멸하였다는 원심의 판단도 기록에 비추어 수긍할 수 있으므로 물상대위권자의 압류와 상계의 우열에 관한 법리오해의 위법도 없다.

2. 주식의 양도담보

주식의 양도담보에 관하여는 상법에 명문 규정이 없으나 인정된다. 양도담보에도 약식양도담보와 등록양도담보가 있다. 전자는 담보권설정자가 담보권자에 담보의 목적인 주권을 교부하고, 담보권자가 주권을 계속하여 점유하는 경우이고, 후자는 이에 덧붙여 주주명부에도 담보권자의 명의로 개서를 하는 경우이다. 효력은 질권의 효력과 비슷하므로 이에 준하여 판단하면 된다.

** 관련 판례

① 대법원 2020. 6. 11.자 2020마5263 결정

[채무자가 채무담보 목적으로 주식을 채권자에게 양도하여 채권자가 주주명부상 주주로 기재된 경우, 주주로서 주주권을 행사할 수 있는 사람(=양수인) 및 이 경우 회사가 양수인의 주주권 행사를 부인할 수 있는지 여부(소극)]

채무자가 채무담보 목적으로 주식을 채권자에게 양도하여 채권자가 주주명부상 주주로 기재된 경우, 그 양수인이 주주로서 주주권을 행사할 수 있고 회사 역시 주주명부상 주주인 양수인의 주주권 행사를 부인할 수 없다. 갑 주식회사의 주주명부상 발행주식총수의 2/3 이상을 소유한 주주인 을이 상법 제366조 제2항에 따라 법원에 임시주주총회의 소집허가를 신청한 사안에서, 갑 회사는 을이 주

식의 양도담보권자인데 피담보채무가 변제로 소멸하여 더 이상 주주가 아니므로 위 임시주주총회 소집허가 신청이 권리남용에 해당한다고 주장하나, 을에게 채무담보 목적으로 주식을 양도하였더라도 주식의 반환을 청구하는 등의 조치가 없는 이상 을은 여전히 주주이고, 갑 회사가 주장하는 사정과 제출한 자료만으로는 을이 주주가 아니라거나 임시주주총회 소집허가 신청이 권리남용에 해당한다고 볼 수 없다는 이유로 위 신청을 인용한 원심결정이 정당하다

② 대법원 2018. 10. 12. 선고 2017다221501 판결
[주권발행 전 주식의 양도담보권자와 동일 주식에 대하여 압류명령을 집행한 자 사이의 우열을 결정하는 방법]
[1] 관련 법리
회사성립 후 또는 신주의 납입기간 후 6월이 지나도록 주권이 발행되지 않아 주권 없이 채권담보를 목적으로 체결된 주식양도계약은 바로 주식양도담보의 효력이 생기고, 양도담보권자가 대외적으로는 주식의 소유자가 된다. 주권발행 전 주식의 양도담보권자와 동일 주식에 대하여 압류명령을 집행한 자 사이의 우열은 주식양도의 경우와 마찬가지로 확정일자 있는 증서에 의한 양도통지 또는 승낙의 일시와 압류명령의 송달일시를 비교하여 그 선후에 따라 결정된다. 이때 그들이 주주명부에 명의개서를 하였는지 여부와는 상관없다.
[2] 판단
원고들은 주권발행 전 주식에 관하여 양도담보계약을 체결하고 삼정하우징으로부터 확정일자 있는 증서에 의한 승낙을 받음으로써 제3자에 대한 대항요건을 갖추었다. 원고들이 이러한 대항요건을 갖춘 이후에야 주식양도담보권설정자 소외인을 채무자로 하는 피고의 압류명령이 삼정하우징에게 송달된 이상, 원고들은 이 사건 주식에 관한 권리를 적법하게 행사할 수 있다고 보아야 한다. 따라서 원고들은 대외적으로 이 사건 주식의 소유자이고, 원고들에게 이 사건 이익배당금 지급청구권을 포함한 주주권이 귀속된다. 이는 원고들이 주주명부상 명의개서를 마치지 않았다고 하더라도 마찬가지이다.

Ⅵ. 주식의 소각·분할·병합

주식의 소각·분할·병합은 주주의 교체없이 소유주식이 일정한 원인에 의하여 수량적으로 소멸 또는 증감함으로써 주주권에 변동이 생긴다.

1. 주식의 소각

(1) 의의

주식의 소각이란 회사의 존속 중에 특정한 주식을 절대적으로 소멸시키는 회사의 행위를 말한다. 주식의 소각은 주식 전부를 소멸시키는 회사의 해산과 다르고, 주식 그 자체가 소멸하는 점에서 주권의 효력을 무효로 하는 제권판결과 다르다.

** 관련 판례: 대법원 1991. 4. 30.자 90마672 결정

[주주권의 상실사유]

주주권은 주식의 소각 또는 주금체납에 의한 실권절차 등 법정사유에 의하여서만 상실되는 것이고 주주가 사실상 주권을 포기하고 주권을 멸각하거나 회사에 주식포기의 의사표시를 하고 반환하더라도 위와 같은 행위만으로는 주식이 소멸되거나 주주의 지위를 상실하지 아니한다고 할 것인바(당원 1963. 11. 7. 선고 62다117 판결 참조), 원심이 같은 취지에서 피신청인회사가 아파트분양권과 상환하여 신청인들의 주권을 회수하고 그 주권에 이중횡선을 긋고 회수라고 기재한 행위만으로는 신청인들의 주주로서의 지위에 변동이 없다고 판단하였음은 정당한 것으로 수긍이 되고 원심의 판단에 소론이 지적하는 바와 같은 주주의 지위 및 주권의 소멸에 관한 법리오해의 위법이 없다.

---

(2) 주식소각 방법

상법은 자본금감소에 따른 주식소각, 이사회결의로 하는 주식소각, 상환주식의 소각의 3가지를 두고 있다.

(가) 자본금감소에 따른 주식소각

주식은 자본금감소에 관한 규정에 따라서만 소각(消却)할 수 있다(법343① 본문). 자본금감소에 관한 규정에 따라 주식을 소각하는 경우에는 제440조 및 제441조를 준용한다(법343②). 또한 자본금감소의 절차를 밟아야 한다. 따라서 주주총회의 특별결의로 감자결의를 하고(법438), 채권자 보호절차(법439②)를 거친 후, 감자를 실시하여야 한다.

(나) 이사회결의로 하는 주식소각

이사회의 결의에 의하여 회사가 보유하는 자기주식을 소각하는 경우에는 자본금감소에 관한 규정을 적용하지 아니하다(법343① 단서).

** 관련 판례: 서울고등법원 2022. 3. 17. 선고 2021나2026329 판결
[상법 제341조에서 정한 적법한 자기주식 취득 요건의 구비 여부]

주식회사가 주식을 소각할 경우에는 '상법 제343조 제1항 본문'에 의하여 상법 제438조 이하의 자본금 감소에 관한 규정에 따라야 하나, 적법하게 취득한 자기주식을 소각할 경우에는 '상법 제343조 제1항 단서'에 의하여 자본금 감소절차가 아닌 상법 제341조, 제341조의2에 따라 이사회 결의만으로도 가능하다. 이러한 주식소각의 형태는 각각 요건을 달리하여 인정되는 것이므로 회사는 이 중 하나를 선택하여 주식소각을 할 수 있고, 회사가 자본금 감소 규정에 따라 주식을 소각하는 경우에는 상법 제341조에서 정한 적법한 자기주식 취득의 요건을 갖추지 못했다고 하더라도 위법하다고 할 수 없다.

(다) 상환주식의 소각

이 경우에는 자본금감소의 절차를 밟을 필요가 없다.

(3) 주식소각의 효과

주식소각에 의하여 그 주식은 소멸하고 그 수만큼 회사의 발행주식총수가 감소된다. 또한 주식을 소각하면 원칙적으로 자본금이 감소한다(법451①). 그러나 이사회결의로 하는 주식소각이나 상환주식의 소각의 경우에는 자본금의 변동이 없다.

2. 주식의 분할

(1) 의의

주식의 분할은 자본을 증가시키지 않으면서 주식을 세분화하여 발행주식총수를 증가시키는 것을 말한다. 예를 들면 액면 5,000원의 주식 1주를 분할하여 액면 500원의 주식 10주로 하는 것이다. 주식의 분할은 주가가 지나치게 높은 경우에 자주 행하여진다.

(2) 절차

1주의 금액은 정관의 절대적 기재사항이므로 주식을 분할하기 위해서는 정관변경이 필요하다(법289①(4)). 회사는 제434조의 규정에 의한 주주총회의 결의로 주식을 분할할 수 있다(법329의2①). 이 경우에 분할 후의 액면주식 1주의 금액은 100원 미만으로 하지 못한다(법329의2②). 주식병합에 관한 제440조부터 제443조까지의 규정은 주식분할의 경우에 이를 준용한다(법329의2③).

주식의 분할은 주주에 대한 공고기간이 만료한 때에 효력이 생기므로(상법 329의2③, 441), 공고기간 만료에 의해 종전 주식은 실효되고 주주는 종전 주권을 회사에 제출하고 새로운 주권을 교부받아야 할 것이다.[17)]

(3) 효과

주식분할이 이루어지면 각 주주의 보유주식 수가 증가하고 회사의 발행주식 총수가 증가하지만 회사의 자본에는 변동이 없다. 또한 발행주식의 총수가 늘어나므로 변경등기를 하여야 한다(법317②(2)).

3. 주식의 병합

(1) 의의

주식의 병합은 주식의 분할과 반대로 수개의 주식을 합하여 그보다 적은 주식으로 하는 것을 말한다. 예컨대 10주를 묶어서 1주로 하는 것이다. 즉 주식병합이란 회사가 다수의 주식을 합하여 소수의 주식을 만드는 행위를 말한다.

(2) 절차

주식을 병합할 경우에는 회사는 1월 이상의 기간을 정하여 그 뜻과 그 기간 내에 주권을 회사에 제출할 것을 공고하고 주주명부에 기재된 주주와 질권자에 대하여는 각별로 그 통지를 하여야 한다(법440). 또한 상법 제441조 내지 제443조 절차를 밟아야 한다.

---

17) 서울고등법원 2014. 7. 11. 선고 2013나2022025, 2022032 판결.

(3) 효과

주식병합이 이루어지면 각 주주의 보유주식 수와 회사의 발행주식총수가 감소하지만 회사의 자본에는 변동이 없다.

** 관련 판례: 대법원 2009. 12. 24. 선고 2008다15520 판결

[1] 주식병합의 효력을 다투는 방법(=주식병합 무효의 소)

주식병합의 하자에 대해서는 감자무효의 소에 관한 상법 제445조 이하의 규정을 준용한다. 상법 부칙(1984. 4. 10.) 제5조 제2항에 의하여 주식 1주의 금액을 5천 원 이상으로 하기 위하여 거치는 주식병합은 자본의 감소를 위한 주식병합과는 달리 자본의 감소가 수반되지 아니하지만, 주식병합에 의하여 구 주식의 실효와 신 주식의 발행이 수반되는 점에서는 자본감소를 위한 주식병합의 경우와 차이가 없다. 그런데 위와 같은 주식병합 절차에 의하여 실효되는 구 주식과 발행되는 신 주식의 효력을 어느 누구든지 그 시기나 방법 등에서 아무런 제한을 받지 않고 다툴 수 있게 한다면, 주식회사의 물적 기초와 주주 및 제3자의 이해관계에 중대한 영향을 미치는 주식을 둘러싼 법률관계를 신속하고 획일적으로 확정할 수 없게 되고, 이에 따라 주식회사의 내부적인 안정은 물론 대외적인 거래의 안전도 해할 우려가 있다. 따라서 이러한 경우에는 그 성질에 반하지 않는 한도 내에서 구 상법(1991. 5. 31. 법률 제4372호로 개정되기 전의 것) 제445조의 규정을 유추 적용하여, 주식병합으로 인한 변경등기가 있는 날로부터 6월 내에 주식병합 무효의 소로써만 주식병합의 무효를 주장할 수 있게 함이 상당하다.

[2] 주식병합의 절차적·실체적 하자가 극히 중대한 경우 이를 다투는 방법

한편, 구 상법 제445조에서 규정하는 '소'라 함은 형성의 소를 의미하는 것으로서, 일반 민사상 무효확인의 소로써 주식병합의 무효확인을 구하거나 다른 법률관계에 관한 소송에서 선결문제로서 주식병합의 무효를 주장하는 것은 원칙적으로 허용되지 아니한다. 그러나 주식병합의 실체가 없음에도 주식병합의 등기가 되어 있는 외관이 존재하는 경우 등과 같이 주식병합의 절차적·실체적 하자가 극히 중대하여 주식병합이 존재하지 아니한다고 볼 수 있는 경우에는, 주식병합 무효의 소와는 달리 출소기간의 제한에 구애됨이 없이 그 외관 등을 제거하기 위하여 주식병합 부존재확인의 소를 제기하거나 다른 법률관계에 관한 소송에서 선결문제로서 주식병합의 부존재를 주장할 수 있다. 다만, 회사가 아닌 제3자와 사이에 주식병합 부존재를 선결문제로 하는 구 주식에 기한 주주지위에 관하여 다툼이 있는 경우 그 제3자를 상대로 직접 구 주식에 기한 주주지위확인을 구할

수 있음에도 제3자를 상대로 주식병합 부존재확인의 소를 제기하는 것은 특별한 사정이 없는 한 분쟁을 근본적으로 해결하는 가장 유효·적절한 수단이라고 할 수 없으므로 이러한 소는 확인의 이익이 없다.

　[3] 주식병합 시 공고누락의 하자가 있는 경우 이를 다투는 방법

　구 상법 부칙 제5조 제2항이 구 상법 제440조를 준용하여 주식병합에 일정한 기간을 두어 공고와 통지의 절차를 거치도록 한 취지는, 신 주권을 수령할 자를 파악하고 실효되는 구 주권의 유통을 저지하기 위하여 회사가 미리 구 주권을 회수하여 두려는 데 있다(대법원 2005. 12. 9. 선고 2004다40306 판결 참조). 회사가 위와 같은 공고 등의 절차를 거치지 아니한 경우에는 특별한 사정이 없는 한 주식병합의 무효사유가 존재한다고 할 것이지만, 회사가 주식병합에 관한 주주총회의 결의 등을 거쳐 주식병합 등기까지 마치되 그와 같은 공고만을 누락한 것에 불과한 경우에는 그러한 사정만으로 주식병합의 절차적·실체적 하자가 극히 중대하여 주식병합이 부존재한다고 볼 수는 없다. 따라서 구 상법 부칙 제5조 제2항의 주식병합에 관하여 공고누락의 하자만을 이유로 주식병합의 무효를 주장하기 위해서는 구 상법 제445조에 따라 주식병합의 등기일로부터 6월 내에 주식병합 무효의 소를 제기하지 않으면 아니된다.

제 4 장

주식회사의 기관

제1절 주주총회

I. 의의와 권한

1. 주주총회의 의의

주주총회란 주주로 구성되는 필요적 상설기관이며 최고의사결정기관으로서 상법 또는 정관에 정하는 사항에 한하여 결의할 수 있다(법361). 주식회사의 기관 중에서도 주주총회는 주주들이 회사의 기본 조직과 경영에 관한 중요 사항에 관하여 회사의 의사를 결정하는 필요적 기관이다.

2. 주주총회의 권한

주주총회는 상법 또는 정관에 정하는 사항에 한하여 결의할 수 있다(법361).

** 관련 판례

① 대법원 2020. 6. 4. 선고 2016다241515(본소), 241522(반소) 판결

[정관 또는 주주총회에서 이사의 보수에 관한 사항을 이사회에 포괄적으로 위임하는 것이 허용되는지 여부(소극) / 주주총회에서 이사의 보수에 관한 구체적 사항을 이사회에 위임한 경우, 이를 주주총회에서 직접 정하는 것이 가능한지 여부(적극)]

상법 제361조는 "주주총회는 본법 또는 정관에 정하는 사항에 한하여 결의할 수 있다."라고 규정하고 있는데, 이러한 주주총회 결의사항은 반드시 주주총회가 정해야 하고 정관이나 주주총회의 결의에 의하더라도 이를 다른 기관이나 제3자에게 위임하지 못한다(대법원 2017. 3. 23. 선고 2016다251215 전원합의체 판결 참조). 따라서 정관 또는 주주총회에서 임원의 보수 총액 내지 한도액만을 정하고 개별 이사에 대한 지급액 등 구체적인 사항을 이사회에 위임하는 것은 가능하지만, 이사의 보수에 관한 사항을 이사회에 포괄적으로 위임하는 것은 허용되지 아니한다. 그리고 주주총회에서 이사의 보수에 관한 구체적 사항을 이사회에 위임한 경우에도 이를 주주총회에서 직접 정하는 것도 상법이 규정한 권한의 범위에 속하는 것으로서 가능하다.

② 대법원 2022. 4. 19.자 2022그501 결정

[소수주주가 상법 제366조에 따라 주주총회소집허가 신청을 하는 경우, 정관에서 주주총회 결의사항으로 규정하지 않은 대표이사의 선임 및 해임을 회의목적사항으로 할 수 있는지 여부(소극)]

[1] 관련 법리

소수주주가 상법 제366조에 따라 주주총회소집허가 신청을 하는 경우, 주주총회 결의사항이 아닌 것을 회의목적사항으로 할 수 없다. 주주총회는 상법 또는 정관이 정한 사항에 한하여 결의할 수 있고(상법 제361조), 대표이사는 정관에 특별한 정함이 없는 한 이사회 결의로 선임되므로(상법 제389조), 정관에서 주주총회 결의사항으로 '대표이사의 선임 및 해임'을 규정하지 않은 경우에는 이를 회의목적사항으로 삼아 상법 제366조에서 정한 주주총회소집허가 신청을 할 수 없다.

[2] 판단

기록에 따르면, ① 신청인이 임시주주총회소집허가 신청을 하면서 회의목적 사항으로 '대표이사 해임 및 후임 대표이사 선임결의 건'을 기재한 사실, ② 특별 항고인의 정관상 주주총회 결의사항에 '대표이사 선임·해임'이 포함되지 않은 사실이 소명된다.

이러한 사실관계를 앞서 본 법리에 비추어 살펴보면, 신청인이 임시주주총회소집허가 신청을 하면서 회의목적사항으로 기재한 내용은 상법 및 특별항고인의 정관에서 정한 주주총회 결의사항에 포함되어 있지 않으므로, 원심으로서는 상법 제366조에 따른 주주총회소집허가의 회의목적사항 관련 요건의 충족 여부에 관하여 면밀히 심리하였어야 할 것임에도, 그 판시와 같은 이유만으로 이를 허가하고 말았으니, 이러한 원심의 조치에는 특별항고인이 적법한 절차에 따른 재판을 받을 권리를 침해하여 재판에 영향을 미친 헌법 위반이 있다.

Ⅱ. 주주총회의 소집

1. 소집권자

(1) 이사회의 소집결정

총회의 소집은 상법에 다른 규정이 있는 경우 외에는 이사회가 이를 결정한다(법362). 이사회에서 총회의 일시, 장소, 의안 등을 결의한다. 이는 강행규정으로 정관규정으로도 다른 기관에 위임할 수 없다. 이사회 결의에 따라 대표이사가 총회를 소집한다. 상법 제362조는 총회의 소집은 이사회가 이를 결정한다고 정하고 있고, 이러한 이사회의 결정이 없었다는 등의 사정은 주주총회결의의 취소사유에 해당한다.

** 관련 판례

① 대법원 2009. 5. 28. 선고 2008다85147 판결

[외관상 이사회의 결정에 의한 소집형식을 갖추어 소집권한 있는 자가 적법하게 소집절차를 거친 경우의 주주총회 결의의 효력]

[1] 관련 법리

(가) 이사회의 결의로써 대표이사직에서 해임된 사람이 그 이사회결의가 있은 후에 개최된 유효한 주주총회결의에 의하여 이사직에서 해임된 경우, 그 주주총회가 무권리자에 의하여 소집된 총회라는 하자 이외의 다른 절차상, 내용상의 하자로 인하여 부존재 또는 무효임이 인정되거나 그 결의가 취소되는 등의 특별한 사정이 없는 한 대표이사 해임에 관한 이사회결의에 어떠한 하자가 있다고 할지라도, 그 결의의 부존재나 무효 확인 또는 그 결의의 취소를 구하는 것은 과거의 법률관계 내지 권리관계의 확인을 구하는 것에 귀착되어 확인의 소로서 권리보호요건을 결여한 것으로 보아야 한다(대법원 1996. 10. 11. 선고 96다24309 판결, 대법원 2007. 4. 26. 선고 2005다38348 판결 등 참조).

(나) 한편, 원래 주주총회의 소집은 소집결정권이 있는 이사회의 결정에 따라 그 결정을 집행하는 권한을 가진 대표이사가 하는 것이고, 이사회의 결정이 없이는 이를 소집할 수 없는 것이지만, 이사회의 결정이 없다고 하더라도 외관상 이사회의 결정에 의한 소집형식을 갖추어 소집권한 있는 자가 적법하게 소집절차를 밟은 이상, 이렇게 소집된 총회에서 한 결의는 부존재한다고 볼 수는 없고, 이사회의 결정이 없었다거나 대표이사 아닌 이사가 소집통지를 하였다는 등의 사정은 그 주주총회결의의 취소사유가 됨에 불과하다고 할 것이다(대법원 1980. 10. 27. 선고 79다1264 판결, 대법원 1993. 9. 10. 선고 93도698 판결 등 참조).

[2] 판단

원심은, 원고를 대표이사에서 해임하고 소외 1을 대표이사 및 이사회 의장으로 선임한 피고 회사의 2006. 10. 18.자 이 사건 이사회 결의에 무효사유에 해당하는 하자가 있고, 소외 1이 이사회 의장으로서 소집하여 임시주주총회 소집과 소외 2의 대표이사 선임을 결의한 2006. 10. 27.자 이사회결의에도 하자가 있으며, 위 2006. 10. 27.자 이사회결의에 따라 소외 1과 소외 2에 의하여 소집되어 원고를 피고 회사의 이사직에서 해임하기로 결의한 2006. 12. 11.자 임시주주총회의 결의에도 하자가 존재한다고 할 것이나, 위 임시주주총회를 소집한 소외 1과 소외 2는 등기부상 대표이사로 등재된 자로서 외형상 적법한 소집권한을 가지고 있을 뿐만 아니라 그 소집을 위한 이사회의 결의를 거쳐 위 임시주주총회를 소집하였고, 위 임시주주총회에는 피고 회사의 주주들이 정상적으로 참여하여 결의를 하였는바, 위 임시주주총회의 소집절차상의 하자는 주주총회결의의 취소사유에 해당할 뿐이고, 법률상 그 결의가 존재하지 않는다고까지 볼 정도의 중대한 하자에 해당된다고 할 수는 없으며, 원고가 위 임시주주총회결의가 있은 후 2월 내에 그 취소를 구하는 소를 제기하였다고 볼 자료가 없으므로, 원고가 이 사건

이사회결의의 무효 확인을 구할 확인의 이익이 없다는 취지로 판단하였다. 앞서 본 법리와 기록에 비추어 살펴보면, 원심의 판단은 정당하고, 거기에 상고이유에서 주장하는 바와 같은 주주총회결의의 하자 등에 관한 법리오해 또는 판례 위반 등의 위법이 없다.

② 대법원 2022. 11. 10. 선고 2021다271282 판결

[소집권한이 없는 자가 이사회 소집결정도 없이 소집하여 이루어진 주주총회결의의 효력]

[1] 관련 법리

주주총회의 소집은 상법에 다른 규정이 있는 경우 외에는 이사회가 결정한다(상법 제362조). 이사회의 결의는 이사 과반수의 출석과 출석이사의 과반수로 하되 정관으로 그 비율을 높게 정할 수 있다(상법 제391조 제1항). 한편 주주총회를 소집할 권한이 없는 자가 이사회의 주주총회 소집결정도 없이 소집한 주주총회에서 이루어진 결의는 특별한 사정이 없는 한 총회 및 결의라고 볼 만한 것이 사실상 존재한다고 하더라도 그 성립과정에 중대한 하자가 있어 법률상 존재하지 않는다고 보아야 한다(대법원 1973. 6. 29. 선고 72다2611 판결, 대법원 2010. 6. 24. 선고 2010다13541 판결).

[2] 판단

앞서 본 사실관계를 이러한 법리에 비추어 살펴보면 다음과 같이 판단할 수 있다.

(가) C는 2010. 3. 31. 피고의 이사로 중임된 후 피고 정관상 임기가 만료되었으나, 후임 이사와 대표이사가 선임되지 않아서 퇴임이사와 퇴임대표이사로서의 지위를 가지고 있었다.

(나) 특정경제범죄법 제14조 제3항, 구 특정경제범죄법 시행령(2019. 5. 7. 대통령령 제29744호로 개정되기 전의 것) 제10조 제2항 제3호는 유죄판결된 범죄사실과 밀접하게 관련된 기업체 중 하나로 특정재산범죄로 인하여 재산상 이득을 취득한 기업체를 정하고 있다.

피고는 C의 유죄판결 범죄사실로 이득을 얻은 기업체에 해당하므로, C는 유죄판결이 확정된 때부터 징역형의 집행이 종료된 후 5년의 기간에 이르기까지 피고에 취업할 수 없고, 나아가 퇴임이사 또는 퇴임대표이사로서의 권리의무도 가질 수 없게 되었다.

(다) C는 퇴임이사로서 이사회 결의에 관여할 수 없고 퇴임대표이사로서 주주총회의 적법한 소집권자가 될 수 없음에도, 퇴임이사인 E와 함께 이 사건 이사

회결의를 하고 이 사건 총회를 소집하였다.

(라) 이러한 경우 이 사건 이사회결의는 퇴임이사인 E만이 출석하여 이사 과반수의 출석이 이루어지지 않은 상태에서 이루어진 것이므로 의사정족수를 충족하지 못하여 무효이고, 이 사건 총회는 적법한 소집권한이 없는 C이 이사회의 유효한 주주총회 소집 결의도 없이 소집한 주주총회에 해당하므로 그 총회에서 이루어진 이 사건 총회결의는 법률상 존재하지 않는다고 보아야 한다.

(2) 소수주주의 소집청구

상법 제366조는 소수주주에 의한 주주총회 소집청구를 규정하고 있다.

(가) 입법취지

일반적으로 주주총회는 이사회의 결의로 소집하지만(법362), 예외적으로 소수주주가 법원의 허가를 얻어 소집할 수도 있다. 즉 발행주식총수의 3% 이상에 해당하는 주식을 가진 주주는 회의의 목적사항과 소집의 이유를 적은 서면("임시총회소집청구서")을 이사회에 제출하여 임시총회의 소집을 청구할 수 있고, 위 청구가 있은 후 지체 없이 총회소집의 절차가 진행되지 않은 때에는 법원의 허가를 받아 직접 총회를 소집할 수 있다(법366). 이러한 임시총회소집청구권은 주주의 공익권 중 하나로서, 소수주주의 이익을 보호하고 특히 지배주주의 지지를 받는 이사가 주주총회의 소집을 미루고 있는 경우 이를 견제하기 위한 것이다. 이와 같은 절차를 통하여 소수주주는 자신이 제안하는 안건을 주주총회의 결의에 부의할 수 있게 된다.[1]

(나) 소집청구의 요건과 절차

발행주식총수의 3% 이상에 해당하는 주식을 가진 주주는 회의의 목적사항과 소집의 이유를 적은 서면 또는 전자문서를 이사회에 제출하여 임시총회의 소집을 청구할 수 있다(법366①).

** 관련 판례

① 대법원 2022. 12. 16.자 2022그734 결정

[소수주주의 주주총회 소집청구에서 이사회와 전자문서의 의미]

---

1) 대법원 2022. 9. 7.자 2022마5372 결정.

[1] 관련 법리

상법 제366조 제1항에서 정한 소수주주는 회의의 목적사항과 소집 이유를 적은 서면 또는 전자문서를 이사회에 제출하는 방법으로 임시주주총회의 소집을 청구할 수 있다(상법 제366조 제1항). 이때 "이사회"는 원칙적으로 대표이사를 의미하고, 예외적으로 대표이사 없이 이사의 수가 1인 또는 2인인 소규모 회사의 경우에는 각 이사를 의미한다(상법 제383조 제6항). 한편 상법 제366조 제1항에서 정한 "전자문서"란 정보처리시스템에 의하여 전자적 형태로 작성·변환·송신·수신·저장된 정보를 의미하고, 이는 작성·변환·송신·수신·저장된 때의 형태 또는 그와 같이 재현될 수 있는 형태로 보존되어 있을 것을 전제로 그 내용을 열람할 수 있는 것이어야 하므로, 이와 같은 성질에 반하지 않는 한 전자우편은 물론 휴대전화 문자메시지·모바일 메시지 등까지 포함된다.

[2] 판단

사건본인의 대표이사인 소외인이 2022. 2. 8.경 카카오 톡 메시지를 통하여 신청인의 임시주주총회 소집요구서를 제출받아 이를 확인한 이상, 신청인의 상법 제366조 제1항에 따른 임시주주총회의 소집 청구는 적법하다고 봄이 타당하다.

② 대법원 2022. 9. 7.자 2022마5372 결정

[임시총회 소집에 관한 법원의 허가를 신청할 때 주주총회의 권한에 속하는 결의사항이 아닌 것을 회의 목적사항으로 할 수 있는지 여부(소극)]

[1] 관련 법리

(가) 소수주주가 상법 제366조에 따라 임시총회 소집에 관한 법원의 허가를 신청할 때 주주총회의 권한에 속하는 결의사항이 아닌 것을 회의 목적사항으로 할 수는 없다(대법원 2022. 4. 19.자 2022그501 결정 참조). 이때 임시총회소집청구서에 기재된 회의의 목적사항과 소집의 이유가 이사회에 먼저 제출한 청구서와 서로 맞지 않는다면 법원의 허가를 구하는 재판에서 그 청구서에 기재된 소집의 이유에 맞추어 회의의 목적사항을 일부 수정하거나 변경할 수 있고, 법원으로서는 위와 같은 불일치 등에 관하여 석명하거나 지적함으로써 신청인에게 의견을 진술하게 하고 회의 목적사항을 수정·변경할 기회를 주어야 한다.

(나) 한편 정관에 다른 규정이 없으면 대표이사는 이사회 결의로 이사 중에서 선임되므로(상법 제389조), 대표이사가 이사직을 상실하면 자동적으로 대표이사직도 상실한다. 따라서 대표이사는 이사회 결의로 대표이사직에서 해임되는 경우뿐만 아니라 주주총회결의로 이사직에서 해임되는 경우에도 대표이사직을 상실하게 된다. 그렇다면 소수주주가 제출한 임시총회소집청구서에 회의의 목적사

항이 '대표이사 해임 및 선임'으로 기재되었으나 소집의 이유가 현 대표이사의 '이사직 해임'과 '후임 이사 선임'을 구하는 취지로 기재되어 있고, 회사의 정관에 '대표이사의 해임'이 주주총회 결의사항으로 정해져 있지 않다면, 회의의 목적사항과 소집의 이유가 서로 맞지 않으므로 법원으로서는 소수주주로 하여금 회의의 목적사항으로 기재된 '대표이사 해임 및 선임'의 의미를 정확하게 밝히고 그에 따른 조치를 취할 기회를 갖도록 할 필요가 있다.

[2] 판단

기록에 따르면, 사건본인의 정관에는 '대표이사 해임'이나 '대표이사 선임'이 주주총회 결의사항으로 정해져 있지 않은 사실, 신청인이 사건본인에게 보낸 2021. 1. 22.자 임시총회소집청구서에는 회의의 목적사항으로 별지 목록 기재 제1호 의안과 같이 '대표이사 해임 및 선임 건'이 기재되어 있고, 소집청구의 이유로 '대표이사 소외인을 이 사직에서 해임'하고자 한다는 취지가 기재되어 있는 사실, 신청인이 제출한 즉시항고장에는 신청인의 의사는 '대표이사 소외인을 이사직에서 해임하려는 것'이라는 취지가 기재되어 있는 사실을 알 수 있다. 그렇다면 신청인이 제출한 위 임시총회소집청구서에 기재된 회의의 목적사항과 소집의 이유가 서로 맞지 아니하므로, 원심으로서는 적절한 석명이나 지적을 통해 신청인으로 하여금 회의의 목적사항이 '소외인의 대표이사직 해임 및 후임 대표이사 선임'을 의미하는지 '소외인의 이사직 해임 및 후임 이사 선임'을 의미하는지에 관하여 의견을 밝히고 그에 따라 회의의 목적사항을 수정 · 변경할 기회를 주었어야 할 것이다. 그럼에도 원심은 그러한 조치를 취하지 아니한 채 곧바로 사건본인 정관에 대표이사의 선임 또는 해임을 주주총회의 결의사항으로 정하였다고 볼 소명자료가 없다는 이유만을 들어 신청인의 임시총회소집허가 신청을 기각하였다. 이와 같은 원심판결에는 석명의무를 다하지 아니함으로써 심리를 제대로 하지 아니한 잘못이 있고, 이 점을 지적하는 취지의 재항고이유 주장은 이유 있다. 그러므로 원심결정 중 별지 목록 기재 제1호 의안 부분을 파기하고, 이 부분 사건을 다시 심리, 판단하게 하기 위하여 원심법원에 환송하기로 한다.

③ 대법원 2004. 12. 10. 선고 2003다41715 판결

[주권상장법인 내지 협회등록법인의 주주가 6월의 주식보유기간요건을 갖추지 못한 경우에도 상법 제366조에 의하여 주주총회의 소집을 청구할 수 있는지 여부 (적극)]

[1] 관련 법리

소수주주의 주주총회소집청구권에 관한 법률 조항들이 만들어진 연혁과 그

입법 취지를 살펴보면, 증권거래법 제191조의13 제5항은 1997. 1. 13. 증권거래법이 개정되면서 같은 법 제191조의13 제2항으로 신설된 것인데(2001. 3. 28. 개정법에서 5항으로 됨) 위 조항은, 당시 상법상의 소수주주의 주주총회소집청구요건인 주식보유비율 5%를 완화시켜 주권상장법인(1998. 2. 24. 개정으로 협회등록법인도 포함됨)의 경우에는 3%(그 후 1997. 3. 22. 신설된 시행령 제84조의20 제1항에 따라 최근 사업연도말 자본금이 1천억 원 이상인 법인의 경우에는 1.5%) 이상의 주식을 보유하고 있으면 주주총회의 소집을 청구할 수 있도록 하고, 시행령 제84조의20 제2항의 신설을 통해 그 주식보유비율요건을 계산할 때 합산할 주식의 보유방법에 관하여도 주식을 소유한 경우뿐만 아니라 주주권 행사에 관한 위임장을 취득한 경우 등까지로 확대함으로써 소수주주의 주주총회소집청구요건을 완화한 규정으로서, 그 입법 취지는 상장기업의 경우 주식보유비율 5% 이상이라는 그 당시 상법상의 주식보유요건을 갖추지 못한 주주에게도 증권거래법에서 정한 주식보유요건을 갖추면 주주총회소집청구를 할 수 있도록 함으로써 기업경영의 투명성을 제고하고 소수주주의 권익을 보호하려는 데 있었고, 다만 증권거래법의 위 조항에 보유기간요건을 두어 주주총회소집청구의 요건을 일부 강화하고는 있으나 이는 소수주주권 행사의 요건을 완화함으로 인하여 소수주주권의 행사를 목적으로 주식을 취득한 자가 그 권리를 남용하는 것을 방지하기 위한 부수적인 목적에서 비롯된 것으로 볼 수 있다. 그런데 증권거래법의 위 조항에 따라 소수주주의 주주총회소집청구요건이 완화되었음에도 불구하고, 1998. 12. 28. 상법이 개정되면서 같은 법 제366조의 주주총회소집청구요건인 주식보유비율이 5% 이상에서 3% 이상으로 낮아짐으로써 상법과 증권거래법상의 각 주주총회소집청구를 위한 주식보유비율이 3% 이상으로 동일하게 된 반면, 증권거래법상의 보유기간요건은 그대로 유지됨으로 말미암아 시행령에서 따로 정하고 있는 일정한 법인과 주식보유방법을 논외로 하면, 일반적인 경우 증권거래법에 기한 소수주주의 주주총회소집청구요건이 상법상의 그것보다 더 엄격해지는 결과로 되었는바, 이와 같은 상법 및 증권거래법의 해당 조항의 개정 연혁, 입법 취지, 각 그 조항의 내용 및 적용범위 등을 종합적으로 고려해 보면, 증권거래법 제191조의13 제5항은 상법 제366조의 적용을 배제하는 특별법에 해당한다고 볼 수 없고, 주권상장법인 내지 협회등록법인의 주주는 증권거래법 제191조의13 제5항이 정하는 6월의 보유기간요건을 갖추지 못한 경우라 할지라도 상법 제366조의 요건을 갖추고 있으면 그에 기하여 주주총회소집청구권을 행사할 수 있다고 봄이 상당하다.

　[2] 판단

　원심은, 그 채택 증거를 종합하여 판시와 같은 사실을 인정한 다음, 비록 6

월의 보유기간요건을 갖추지 못하여 그래닛창업투자 주식회사에게 증권거래법에 기한 주주총회소집청구권이 없었다고 하더라도 이 사건 주주총회의 소집을 청구할 당시 상법 소정의 주식보유비율인 3% 이상(18.72%)의 피고 회사 발행주식을 보유하고 있던 그래닛창업투자 주식회사로서는 상법 제366조에 기하여 주주총회의 소집을 청구할 수 있고, 그래닛창업투자 주식회사가 위 상법의 규정에 따라 법원의 허가를 얻어 이 사건 주주총회를 소집한 이상 이 사건 주주총회에 적법한 소집권이 없는 자에 의하여 소집된 절차상의 흠이 있다고 볼 수 없다고 판단하였는바, 원심판결 이유를 위 법리 및 기록에 비추어 검토하여 보면, 원심의 사실인정과 판단은 정당한 것으로 수긍이 가고, 거기에 상고이유에서 주장하는 바와 같이 증권거래법의 입법 취지 또는 법률해석에 있어 입법 취지의 고려작용을 오인하거나 특별법 우선원칙을 위반하는 등의 위법이 있다고 할 수 없다.

(다) 소수주주의 총회소집

소수주주의 청구가 있은 후 이사회가 지체 없이 총회소집의 절차를 밟지 아니한 때에는 청구한 주주는 법원의 허가를 받아 총회를 소집할 수 있다(법366② 전단). 이 경우 주주총회의 의장은 법원이 이해관계인의 청구나 직권으로 선임할 수 있다(법366② 후단).

> **** 관련 판례**: 대법원 1991. 4. 30.자 90마672 결정
> **[소수주주의 신청에 의하여 임시주주총회의 소집을 허가한 결정에 대한 불복방법]**
> 상법 제366조 제2항의 규정에 의한 총회소집을 법원이 비송사건절차법 제145조 제1항의 규정에 의하여 허가하는 결정에 대하여는 같은 조 제2항에 의하여 불복의 신청을 할 수 없고 민사소송법 제420조 소정의 특별항고가 허용되는바, 기록에 의하면 이 사건은 소수주주의 신청에 의해 임시주주총회의 소집을 허가한 항고심 결정에 대하여 불복하는 사건임이 명백하므로 당원은 이를 특별항고로 보고 판단한다.

(라) 검사인의 선임

소수주주의 청구에 의해 회사가 총회를 소집하거나 또는 법원의 허가를 얻어 소수주주가 총회를 소집하는 경우에 그 총회는 회사의 업무와 재산상태를 조사하게 하기 위하여 검사인을 선임할 수 있다(법366③).

(3) 감사의 소집청구

감사 또는 감사위원회는 회의의 목적사항과 소집의 이유를 기재한 서면을 이사회에 제출하여 임시총회의 소집을 청구할 수 있다(법412의3①, 법415의2⑦). 감사 또는 감사위원회의 청구가 있은 후 이사회가 지체 없이 총회소집의 절차를 밟지 아니한 때에는 청구한 주주는 법원의 허가를 받아 총회를 소집할 수 있다(법412의3②, 법366② 전단). 이 경우 주주총회의 의장은 법원이 이해관계인의 청구나 직권으로 선임할 수 있다(법412의3②, 법366② 후단).

(4) 법원의 명령에 의한 소집

회사의 업무집행에 관하여 부정행위 또는 법령이나 정관에 위반한 중대한 사실이 있음을 의심할 사유가 있는 때에는 발행주식의 총수의 3% 이상에 해당하는 주식을 가진 주주는 회사의 업무와 재산상태를 조사하게 하기 위하여 법원에 검사인의 선임을 청구할 수 있고(법467①), 검사인은 그 조사의 결과를 법원에 보고하여야 한다(법467②). 이 경우 법원은 위 보고에 의하여 필요하다고 인정한 때에는 대표이사에게 주주총회의 소집을 명할 수 있다(법467③).

2. 소집시기

주주총회 소집시기에 관하여 상법은 정기총회와 임시총회로 나누어 규정한다. 정기총회는 매년 1회 일정한 시기에 이를 소집하여야 하고(법365①), 연 2회 이상의 결산기를 정한 회사는 매기에 총회를 소집하여야 한다(법365②). 임시총회는 필요있는 경우에 수시 이를 소집한다(법365③). 소수주주나 감사의 소집청구 또는 법원의 명령에 의한 소집청구로 소집되는 주주총회는 임시총회이다.

** 관련 판례: 대법원 2018. 3. 15. 선고 2016다275679 판결

[총회의 소집을 허가하면서 소집기간을 구체적으로 정하지 않은 경우, 소수주주가 총회를 소집하여야 하는 시기]

법원은 상법 제366조 제2항에 따라 총회의 소집을 구하는 소수주주에게 회의의 목적사항을 정하여 이를 허가할 수 있다. 이때 법원이 총회의 소집기간을 구체적으로 정하지 않은 경우에도 소집허가를 받은 주주는 소집의 목적에 비추어 상당한 기간 내에 총회를 소집하여야 한다. 소수주주에게 총회의 소집권한이

부여되는 경우, 총회에서 결의할 사항은 이미 정해진 상태이고, 일정기간이 경과하면 소집허가결정의 기초가 되었던 사정에 변경이 생길 수 있기 때문이다. 소수주주가 아무런 시간적 제약 없이 총회를 소집할 수 있다고 보는 것은, 이사회 이외에 소수주주가 총회의 소집권한을 가진다는 예외적인 사정이 장기간 계속되는 상태를 허용하는 것이 되고, 이사회는 소수주주가 소집청구를 한 경우 지체 없이 소집절차를 밟아야 하는 것에 비해 균형을 상실하는 것이 된다. 따라서 총회소집 허가결정일로부터 상당한 기간이 경과하도록 총회가 소집되지 않았다면, 소집허가결정에 따른 소집권한은 특별한 사정이 없는 한 소멸한다. 소집허가결정으로부터 상당한 기간이 경과하였는지는 총회소집의 목적과 소집허가결정이 내려진 경위, 소집허가결정과 총회소집 시점 사이의 기간, 소집허가결정의 기초가 된 사정의 변경 여부, 뒤늦게 총회가 소집된 경위와 이유 등을 고려하여 판단하여야 한다.

3. 소집지·소집장소

총회는 정관에 다른 정함이 없으면 본점소재지 또는 이에 인접한 지에 소집하여야 한다(법364). 이는 회사가 의도적으로 주주의 출석이 곤란한 장소를 주주총회 개최장소로 정하는 것을 막아 정당한 주주권 행사를 보장하기 위하여 마련된 규정이다. 회사가 주주들의 주주권 행사에 실질적인 제약이 되고 정당한 주주권 행사가 방해되는 장소를 주주총회 개최장소로 지정하였다면, 그 주주총회 결의는 소집절차가 현저히 불공정하여 취소되어야 한다.[2)]

** 관련 판례: 대법원 2003. 7. 11. 선고 2001다45584 판결

[주주총회 당일 부득이한 사정이 발생하여 개회시간 또는 소집장소를 변경한 경우, 주주총회 소집절차의 적법성 판단기준]

[1] 관련 법리

주주총회의 개회시각이 부득이한 사정으로 당초 소집통지된 시각보다 지연되는 경우에도 사회통념에 비추어 볼 때 정각에 출석한 주주들의 입장에서 변경된 개회시각까지 기다려 참석하는 것이 곤란하지 않을 정도라면 절차상의 하자가 되지 아니할 것이나, 그 정도를 넘어 개회시각을 사실상 부정확하게 만들고 소집통지된 시각에 출석한 주주들의 참석을 기대하기 어려워 그들의 참석권을

---

2) 서울고등법원 2019. 2. 13. 선고 2018나2057514 판결.

침해하기에 이르렀다면 주주총회의 소집절차가 현저히 불공정하다고 하지 않을 수 없다. 또한, 소집통지 및 공고가 적법하게 이루어진 이후에 당초의 소집장소에서 개회를 하여 소집장소를 변경하기로 하는 결의조차 할 수 없는 부득이한 사정이 발생한 경우, 소집권자가 대체 장소를 정한 다음 당초의 소집장소에 출석한 주주들로 하여금 변경된 장소에 모일 수 있도록 상당한 방법으로 알리고 이동에 필요한 조치를 다한 때에 한하여 적법하게 소집장소가 변경되었다고 볼 수 있을 것이다.

[2] 판단

앞서 본 인정 사실에 의하면, 피고 은행 노동조합원 등의 방해행위로 인하여 소집통지된 시각에 그 소집장소에서 주주총회를 개회할 수 없었던 사정은 인정되나, 소집통지된 시각 이후 언제 개회될지 알 수 없는 불확정한 상태가 지속되다가 12시간이 경과한 같은 날 22:15경 주주총회가 개회된 것이라면, 이미 사회통념상 당초의 개회시각에 출석하였던 주주들의 참석을 기대할 수 없어 이들의 참석권을 침해하였다 할 것이고, 또한 그나마 같은 날 22:15까지 개회를 기다리고 있던 일반 주주들에게 소집장소가 변경되었다는 통지마저 제대로 이루어지지 아니하였다는 것이므로, 이 사건 주주총회의 소집절차는 일부 주주에 대하여 주주총회 참석의 기회를 박탈함으로써 현저하게 불공정하였다 할 것이다.

4. 소집의 통지

(1) 통지기간과 통지방법

주주총회를 소집할 때에는 주주총회일의 2주 전에 각 주주에게 서면으로 통지를 발송하거나 각 주주의 동의를 받아 전자문서로 통지를 발송하여야 한다(법 363① 본문). 다만, 그 통지가 주주명부상 주주의 주소에 계속 3년간 도달하지 아니한 경우에는 회사는 해당 주주에게 총회의 소집을 통지하지 아니할 수 있다(법 363① 단서). 주주의 전부 또는 대부분의 주주에게 소집통지를 발송하지 아니하고 개최된 주주총회는 특별한 사정이 없는 한 그 성립과정에서의 하자가 너무나도 심한 것이어서 사회통념상 총회 자체의 성립이 인정되기 어렵다.[3]

소집통지에 관한 규정은 주주에게 출석의 기회와 준비의 시간을 제공하여 주주이익의 보호를 위하는데 그 주된 목적이 있으므로, 소집통지의 기간은 정관

---

3) 대법원 1978. 11. 14. 선고 78다1269 판결.

으로 연장할 수 있을 뿐이고 단축할 수는 없다.

(2) 소집통지서의 기재사항: 회의의 목적사항

소집통지서에는 회의의 목적사항을 적어야 한다(법363②).

** 관련 판례: 대법원 1979. 3. 27. 선고 79다19 판결

[주주총회에서 총회소집 당시 주주에게 통지한 회의의 목적사항 이외의 사항을 부의하여 결의할 수 있는지 여부]

[1] 사실관계

원심판결에 의하면, 원심은 원고가 피고 회사의 주주인 사실과 1978. 2. 25 자 개최한 피고 회사의 제8기 정기주주총회에서 원고를 이사에서 해임하는 결의 및 소외 양원석, 최호길을 이사로 선임하는 결의를 한 사실은 당사자 사이에 다툼이 없다고 전제하고 그 거시증거들을 종합하여 위 주주총회 개최 당시 피고 회사의 주주는 그 판시와 같은 15명이었던바, 위 주주총회는 회의 목적사항을 제8 기 영업보고서, 대차대조표, 재산목록 및 손익계산서 승인의 건, 감사 선임의 건, 임원보수 승인의 건으로 한정하여 소집된 것이고 위 주주총회에는 위 주주들 중 소외 김유원, 황인성, 김갑진을 제외한 12명(총주식 70,000주 중 44,970주)이 참석 하였는데 위 주주총회 진행 도중 주주인 소외 조영구로부터 일부 이사들(원고와 소외 양원석을 대상으로 함)에 대한 책임을 물어야 한다는 의사진행발언이 있은 후 원고가 주주총회는 부의된 안건 이외에는 논하지 아니하는 것이 타당하다는 의 견을 말하여 참가한 주주들끼리 왈가왈부하던 끝에 소외 양원석은 이사직을 사 퇴하는 의사를 표시하고, 원고는 "본인들을 좌석에 놓아두고 논한다는 것은 개인 에 관한 신상 문제이므로 총회 결의사항에 따르겠다"고 말하여 원고와 위 양원석 은 퇴장하였는바, 당시 의장(피고 회사 대표이사)은 피고 회사 정관 제17조 제2항 단서에 의거 주주 전원의 동의가 있으면 회의목적 사항이 아닌 안건도 의안으로 부의할 수 있다고 임의 판단하고, 이사 2명의 사퇴와 해임, 보선 등의 의안 부의 와 그 결의에 관하여 무기명투표에 부친 결과 출석주주 10명(3명은 원래 불참, 위 2명은 퇴장)의 전원 찬성으로 원고와 위 양원석을 이사에서 해임하는 결의를 하 고, 이어서 원고와 위 양원석을 입장시킨 다음 후임이사의 선임투표를 하여 위 양원석과 소외 최호길을 이사로 선임한 사실을 인정하였다.

[2] 관련 법리

상법 제363조 제1항, 제2항의 규정에 의하면 주주종회를 소집함에 있어서는

회의의 목적사항을 기재하여 서면으로 그 통지를 발송하게 되어 있으므로 주주총회에 있어서는 원칙적으로 주주총회 소집을 함에 있어서 회의의 목적사항으로 한 것 이외에는 결의할 수 없으며, 이에 위배된 결의는, 특별한 사정이 없는 한, 상법 제376조 소정의 총회의 소집절차 또는 결의방법이 법령에 위반하는 것으로 보아야 하고, 다만 회사 정관에 주주 전원의 동의가 있으면 미리 주주에게 통지하지 아니한 목적사항에 관하여도 결의할 수 있다고 되어 있는 때는 예외이나, 그 경우의 주주 전원이란 재적 주주 전원을 의미한다고 보아야 할 것이며, 미리 주주에게 통지하지 아니한 사항에 관한 결의에 가담한 주주가 그 결의의 취소를 구함이 곧 신의성실의 원칙 및 금반언의 원칙에 반한다고 볼 수 없다.

[3] 판단

위에서 본 1978. 2. 25자 개최된 피고 회사 주주총회에서 원고와 위 양원석을 이사에서 해임하고, 소외 양원석과 동 최호길을 이사로 선임한 결의는 그 주주총회를 소집함에 있어서 서면으로 통지한 회의 목적사항 아닌 의안에 관한 결의로서 주주총회 소집절차 또는 결의방법이 법령에 위반하는 것에 해당된다고 판단한 다음, 피고의 항변 즉 피고 회사 정관 제17조 제2항에서 주주총회는 미리 주주에게 통지한 회의의 목적사항 이외에는 결의를 하지 못하나 주주 전원의 동의가 있으면 그러하지 아니하다고 규정되어 있으며, 위 정관상의 주주 전원이란 출석주주전원을 의미하므로 위 주주총회에서 출석주주 전원의 동의로 위 설시 안건을 부의 하여 결의한 것이니 그 결의는 하자가 없다는 주장에 대하여, 원심은 위 정관상의 주주전원이란 출석 주주 전원을 의미하는 것이 아니고 재적주주 전원을 의미하는 것으로 보아야 한다 할 것이라 하여 피고의 위 주장을 배척하고, 또 피고의 항변 즉 위 주주총회에서 이사 보선시 원고자신도 투표에 참가하였는바, 개표결과 원고가 다시 이사로 선임되지 않고 원고 대신에 소외 최호길이 선임되자 자기에게 불리한 결의가 나왔다 하여 불만을 품고 이의 취소를 구함은 신의성실의 원칙과 금반언의 원칙에 위배되는 것이라는 취지의 주장에 대하여 원심은 위 설시와 같이 부의되어 결의된 이사해임 및 보선의안의 결의는 재적주주 전원의 동의가 없어 부적법하다 할 것이니 설사 원고가 위 주주총회에 참석하여 결의에 가담했다 해도 그로써 곧 그 결의의 취소를 구함이 신의성실의 원칙에 위배되거나 금반언의 원칙에 반한다고 볼 수 없다 하여 이를 배척하고 따라서 위 주주총회의 위 결의는 그 총회 소집절차가 상법과 피고 회사 정관에 위배하여 취소되어야 한다는 판단에서 그 결의의 취소를 구하는 원고의 청구를 이유있다 하여 인용하고 있는바, 이를 기록에 대조하여 살펴보면 원심의 위와 같은 사실인정에 의한 판단조처는 정당하다.

(3) 자본금 10억원 미만인 회사의 특례

자본금 총액이 10억원 미만인 회사가 주주총회를 소집하는 경우에는 주주총회일의 10일 전에 각 주주에게 서면으로 통지를 발송하거나 각 주주의 동의를 받아 전자문서로 통지를 발송할 수 있다(법363③). 자본금 총액이 10억 원 미만인 회사에 대해서는 절차의 엄격성이 다소 완화되어 있다.

자본금 총액이 10억원 미만인 회사는 주주 전원의 동의가 있을 경우에는 소집절차 없이 주주총회를 개최할 수 있고, 서면에 의한 결의로써 주주총회의 결의를 갈음할 수 있다(법363④ 전단). 결의의 목적사항에 대하여 주주 전원이 서면으로 동의를 한 때에는 서면에 의한 결의가 있는 것으로 본다(법363④ 후단). 이 서면에 의한 결의는 주주총회의 결의와 같은 효력이 있으며(법363⑤), 서면에 의한 결의에 대하여는 주주총회에 관한 규정을 준용한다(법363⑥).

(4) 무의결권주주의 경우

통지나 공고의 대상에서 의결권 없는 주주는 제외된다(법363⑦ 본문). 다만, 소집통지서에 적은 회의의 목적사항에 반대주주의 주식매수청구권을 행사할 수 있는 의안(법360의5, 법360의22, 법374의2, 법522의3 또는 법530의11)이 인정되는 사항이 포함된 경우에는 무의결권주주에게도 소집통지를 하여야 한다(법363⑦ 단서).

5. 주주제안권

(1) 의의

주주제안권은 소주주주가 주주총회에서 심의될 의제·의안을 제안할 수 있는 권리를 말한다. 주주제안권은 주주에게 주주총회에서 심의될 의안의 제안권을 부여하는 제도로서, 주주의 총회 참가의욕을 높이고, 주주의 의견을 총회에 반영시키며, 회사와 주주간 또는 주주 상호간의 의사 소통을 꾀하는 데 그 목적이 있다.

(2) 주주의 요건

주주제안은 의결권 있는 발행주식총수의 3% 이상에 해당하는 주식을 가진 주주에게 인정된다(법363의2①). 상장회사의 경우에는 6개월 전부터 계속하여 의결권 있는 발행주식총수의 1천분의 10(최근 사업연도 말 현재의 자본금이 1천억원 이상인 상장회사의 경우에는 1천분의 5) 이상에 해당하는 주식을 보유한 주주에게 인정된다(법542의2②).

(3) 제안의 내용

주주제안권은 일정한 사항을 총회의 의제(목적사항)로 삼아달라고 청구할 수 있는 "의제제안권"(법363의2①)과 총회의 의제에 대한 의안의 요령(구체적 결의안)을 제출할 수 있는 "의안제안권"(법363의2②)을 내용으로 한다.

예를 들어 의제제안권은 "정관변경의 건", "이사선임의 건"을 회의의 목적사항으로 채택하여 달라고 요구하는 것으로 이사회에서 정한 회의의 목적사항에 새로운 목적사항을 추가하여 달라고 요구하는 추가 제안의 형태가 된다. 의안제안권은 "A를 이사로 선임한다", "정관 제1조의 목적에 제10호로서 부동산 개발사업을 추가한다"는 등 의제의 구체적 내용을 제출하여 이를 총회소집의 통지나 공고에 기재하여 줄 것을 요구하는 것으로, 주주 자신이 제안한 의제에 관한 것일 수도 있고, 회사가 채택한 의제에 관한 것일 수도 있다.

(4) 제안의 절차

주주는 제안내용을 이사에게 주주총회일(정기주주총회의 경우 직전 연도의 정기주주총회일에 해당하는 그해의 해당일)의 6주 전에 서면 또는 전자문서로 일정한 사항을 주주총회의 목적사항으로 할 것을 제안할 수 있다(법363의2①). 이 주주는 이사에게 회의의 목적으로 할 사항에 추가하여 당해 주주가 제출하는 의안의 요령을 소집통지에 기재할 것을 청구할 수 있다(법363의2②). 청구일과 총회일 사이에 6주의 기간을 둔 취지는 이사가 주주의 제안요청을 받고 주주명부폐쇄 등 총회를 준비하는데 필요한 기간을 감안하여 위 기간을 충족하지 못한 경우에는 이사로 하여금 그 주주제안권 행사를 받아들이지 않을 수 있도록 한 것에 불과하다.

(5) 제안의 효과

이사는 주주제안이 있는 경우에는 이를 이사회에 보고하고, 이사회는 주주제안의 내용이 법령 또는 정관을 위반하는 경우를 제외하고는 이를 주주총회의 목적사항으로 하여야 한다(법363의2③ 전단). 이 경우 주주제안을 한 자의 청구가 있는 때에는 주주총회에서 당해 의안을 설명할 기회를 주어야 한다(법363의2③

후단).

(6) 주주제안의 거절과 부당거절의 효과
(가) 주주제안의 거절

이사회는 주주제안의 내용이 법령 또는 정관을 위반하는 경우와 그 밖에 대통령령으로 정하는 경우[4]에는 이를 거절할 수 있다(법363의2③ 전단). 주주제안이 남용되어 주주총회에서 불필요한 논의로 시간을 낭비한다면 기업가치를 감소시킬 우려가 있으므로, 회사는 주주제안을 거부할 수 있으며, 상법 시행령 제12조는 그 구체적인 사유를 열거하고 있다.

> ** **관련 판례**: 서울북부지방법원 2007. 2. 28.자 2007카합215 결정
> [주주제안 거부사유들의 규정 취지 및 해석 방법]
>
> 상법상 소수주주의 임시주주총회 소집청구권과 증권거래법상 주주제안권은 그 행사요건과 내용 등을 달리하고 있는바, 임시주주총회 소집청구권은 소수주주 권리의 일환으로서 주주제안권과 병행하는 별개의 권리(소수주주는 양 권리를 선택적으로 행사할 수 있다)라고 보아야 할 것이고, 주주제안을 거부당한 주주가 반드시 임시주주총회 소집청구절차를 그 구제절차로 거쳐야 하는 것은 아니므로, 주주제안을 거부당한 주주가 임시주주총회 소집청구를 하지 아니한 채, 주주제안권 자체의 실현을 위하여 거부당한 의안을 주주총회의 목적사항으로 상정시키는 형태의 가처분을 신청하는 것을 두고 적법한 구제절차인 임시주주총회 소집청구제도를 잠탈하는 것이라고 볼 수 없다.
>
> 위와 같은 제안거부사유들은 주주제안권의 명백한 남용을 방지하기 위한 예외적 규정으로서 마련된 것이므로, 그 남용의 위험이 명백하지 않은 한, 소수주

---

4) 제12조(주주제안의 거부) 법 제363조의2 제3항 전단에서 "대통령령으로 정하는 경우"란 주주제안의 내용이 다음의 어느 하나에 해당하는 경우를 말한다.
 1. 주주총회에서 의결권의 10% 미만의 찬성밖에 얻지 못하여 부결된 내용과 같은 내용의 의안을 부결된 날부터 3년 내에 다시 제안하는 경우
 2. 주주 개인의 고충에 관한 사항인 경우
 3. 주주가 권리를 행사하기 위하여 일정 비율을 초과하는 주식을 보유해야 하는 소수주주권에 관한 사항인 경우
 4. 임기 중에 있는 임원의 해임에 관한 사항[법 제542조의2 제1항에 따른 상장회사만 해당한다]인 경우
 5. 회사가 실현할 수 없는 사항 또는 제안 이유가 명백히 거짓이거나 특정인의 명예를 훼손하는 사항인 경우

주의 주주제안권의 폭넓은 실현을 위하여 그 사유들은 엄격하게 해석되어야 할 것인바, 특히 추상적인 일반규정이라고 할 수 있는 '주주총회의 의안으로 상정할 실익이 없거나 부적합한 사항'에 대하여는 이사회의 재량판단의 남용을 막기 위해 더욱 엄격한 해석이 요청된다고 할 것이다. 살피건대 '주주총회의 의안으로 상정할 실익이 없거나 부적합한 사항'이라 함은 이미 이익이 실현되었거나 회사 이익과 아무런 관련이 없는 사항, 영업관련성이 없는 사항 또는 주식회사 본질에 적합하지 않은 사항 등으로서 형식적 판단에 의해 주주총회의 의결사항이 되기에 적당하지 아니한 것을 의미하는데, 이사 또는 감사의 선임을 내용으로 하는 이 사건 의안이 그 자체로서 주주총회의 의결대상이 되기에 실익이 없다거나 부적합하다고 할 수 없다(상법 제382조 제1항, 제409조).

또한, 피신청인 주장대로 가사 이 사건 의안의 (상근)이사 선임대상인 강문석 전 대표이사가 피신청인 회사에 부실경영으로 인한 손해를 입혔다고 하더라도 위와 같은 사유는 증권거래법상 주주제안 거부사유에 포함되지 아니할 뿐만 아니라, 일단 피신청인 회사의 최고의결기관인 주주총회에 상정한 다음, 주주들의 표결을 통해 강문석의 경영참여 여부를 결정하게 하는 것이 주식회사의 본질에 비추어 바람직하다.

(나) 부당거절의 효과

회사가 주주의 의안제안을 무시한 채 주주가 청구한 의안의 요령을 소집통지나 공고에 기재하지 않고 회사의 의안의 요령에 관하여 결의가 이루어진 때 또는 주주에게 의안에 관한 설명의 기회를 주지 아니한 때에는 소집절차 또는 결의방법에 하자가 있는 것으로서 결의취소의 사유가 된다.

회사가 주주의 의제제안을 무시한 경우로서 주주가 요구한 적법한 의제를 채택하여 주주총회에 상정하지 아니한 때에는 제안에 대한 결의 자체가 없으므로 문제이다. 이 경우에는 다른 결의는 유효하고 주주는 이사에 대하여 손해배상을 청구할 수 있다고 본다. 이사는 나아가 과태료의 제재를 받는다(법635①(21)).

6. 총회의 철회 · 변경 · 연기 · 속행

소집의 통지 이후에도 소집을 철회하거나 회의의 목적사항의 일부를 철회할 수 있으며, 기간을 변경할 수 있다. 주주총회에서는 회의의 속행 또는 연기의 결의를 할 수 있다(법372①).

** 관련 판례

① 대법원 2007. 4. 12. 선고 2006다77593 판결

[법인이나 법인 아닌 사단의 총회소집권자가 총회의 소집을 철회·취소함에 있어 반드시 소집과 동일한 방법으로 구성원들에게 통지하여야 하는지 여부(소극)]

[1] 관련 법리

법인이나 법인 아닌 사단의 총회에 있어서, 총회의 소집권자가 총회의 소집을 철회·취소하는 경우에는, 반드시 총회의 소집과 동일한 방식으로 그 철회·취소를 총회 구성원들에게 통지하여야 할 필요는 없고, 총회 구성원들에게 소집의 철회·취소 결정이 있었음이 알려질 수 있는 적절한 조치가 취하여지는 것으로써 충분히 그 소집 철회·취소의 효력이 발생한다고 할 것이다.

[2] 판단

원심은, 그 채용 증거들을 종합하여 판시와 같은 사실을 인정한 다음, 교구선관위가 이 사건 산중총회의 소집을 취소하기로 결정하고 교구선관위의 사무를 관장하는 범어사 주지가 통리하는 범어사 종무소에 이를 통보하고 감독자인 중앙선관위에 이를 보고한 점, 이 사건 산중총회의 소집이 취소되었다는 사실이 당시 부산방송 뉴스에 보도되기까지 한 점, 그럼에도 불구하고 원고와 친밀한 관계에 있는 범어사 종무소 총무국장인 소외인이 교구선관위의 소집 취소 결정을 무시하고 산중총회의 개최를 강행·주도하였던 것인 점 등의 사정을 종합하여 보면, 비록 교구선관위의 위 산중총회의 소집 취소 결정이 산중총회 소집과 동일한 방식(불교신문에의 공고 및 관할 사찰에 대한 공문발송 등)으로 통지되지 아니하였다고 하더라도 위 소집 취소 결정은 유효하게 효력이 발생하였다고 판단하였다. 앞의 법리와 기록에 비추어 살펴보면, 원심의 이러한 판단 역시 옳은 것으로 수긍이 가고, 거기에 상고이유의 주장과 같은 총회 소집 취소행위의 성립요건, 효력발생요건에 관한 법리오해 등의 위법이 있다고 할 수 없다.

② 대법원 2009. 3. 26. 선고 2007도8195 판결

[이미 소집이 통지·공고된 주주총회의 철회·연기 방법]

주주총회 소집의 통지·공고가 행하여진 후 소집을 철회하거나 연기하기 위해서는 소집의 경우에 준하여 이사회의 결의를 거쳐 대표이사가 그 뜻을 그 소집에서와 같은 방법으로 통지·공고하여야 한다. 피고인 1은 2006. 5. 15. 우편으로 공소외 주식회사의 주주들에 대하여 주주총회 소집일은 2006. 5. 29. 10:00, 소집장소는 ○○컨트리클럽 대식당, 회의부의안건은 이사 및 감사 선임의 건 등을 내

용으로 한 주주총회 소집통지를 하였다. 그는 2006. 5. 26. 피고인 2 등에게 이 사건 주권에 관한 명의개서를 해준 후 피고인 2 등으로부터 주주총회 연기 요청을 받고, 다른 이사와 협의하여 이사회를 개최하여 위 주주총회를 연기하기로 결의하였다. 이에 따라 같은 날 주주들에게 휴대폰으로 에스엠에스(SMS) 문자메세지를 발송하는 방법으로 위 주주총회의 연기를 통보하는 한편 주주총회 연기에 관한 공고문을 주주총회 장소인 대식당 등에 게시하였고, 2006. 5. 27. 인천일보, 동아일보, 경인일보, 경기일보 등에 주주총회 연기공고를 게재하였다. 그러나 주주총회 소집의 통지·공고가 행하여진 후 소집을 철회하거나 연기하기 위해서는 소집의 경우에 준하여 이사회의 결의를 거쳐 대표이사가 그 뜻을 그 소집에서와 같은 방법으로 통지·공고하여야 한다고 봄이 상당하다. 그런데 앞서 본 바와 같이 공소외 재단법인이 이 사건 주식을 증여받아 취득함에 있어 이사회의 의결을 요하지 않는다고 할 것이므로 이 사건 주식은 공소외 재단법인에 귀속되었다 할 것이어서 피고인 2 등에 의한 위 주주총회 연기 요청은 적법한 주주에 의한 것으로 보기 어렵다. 또한 원심이 인정한 위와 같은 사실관계에 의하더라도, 이미 서면에 의한 우편통지의 방법으로 소집통지가 행하여진 주주총회에 대하여 주주총회 소집일로부터 불과 3일 전에 이사회가 주주총회 연기를 결정한 후 소집 통지와 같은 서면에 의한 우편통지 방법이 아니라 휴대폰 문자메시지를 발송하는 방법으로 각 주주들에게 통지하고 일간신문 및 주주총회 장소에 그 연기를 공고하였을 뿐이므로, 이러한 주주총회의 연기는 적법한 절차에 의한 것으로 볼 수 없어 위 주주총회가 적법하게 연기되었다고 할 수 없다.

③ 대법원 2011. 6. 24. 선고 2009다35033 판결

[적법한 주주총회 소집철회통지의 방법]

[1] 원심의 판단

원심이 인용한 제1심판결의 이유에 의하면, 원심은, 원고 회사의 대표이사인 소외 1이 2005. 7. 14. 이사회를 소집하여 원고 회사의 임시주주총회를 2005. 7. 29. 오전 11:00에 소집하기로 하는 내용의 이사회결의가 이루어진 후, 같은 날 주주들에게 그 임시주주총회 소집통지서를 발송한 사실, 그러나 소외 1은 2005. 7. 29.자로 예정된 임시주주총회의 소집을 철회하기로 계획한 후, 2005. 7. 28. 16:00에 이사회를 소집하여 2005. 7. 29.자 임시주주총회의 소집을 철회하기로 하는 내용의 이사회결의가 이루어지자마자 임시주주총회가 개최될 장소의 출입문에 2005. 7. 29.자 임시주주총회가 이사회결의로 철회되었다는 취지의 공고문을 부착하고, 이사회에 참석하지 않은 주주들(소외 2, 3, 4)에게는 퀵서비스를 이용하여 2005. 7. 29. 11:00 개최 예정이었던 임시주주총회가 이사회결의로 그 소집이 철회되었다는 내용의 소집철회통지서를 보내는 한편 전보와 휴대전화(직접 통화 또는 메시지 녹음)를 이용하여 같은 취지의 통지를 한 사실을 인정한 다음, 이 사건 2005. 7. 29.자 임시주주총회가 적법하게 철회되었다고 판단하였다.

[2] 대법원 판단

원심이 인정한 사실관계에 비추어 볼 때, 이 사건 2005. 7. 29.자 임시주주총회의 소집을 철회하기로 하는 이사회결의를 거친 후, 소집통지와 같은 방법인 서면에 의한 소집철회통지를 한 이상, 위 임시주주총회의 소집이 적법하게 철회되었다고 볼 수 있으므로, 같은 취지의 원심 판단은 정당하다. 원심판결에는 상고이유로 주장하는 바와 같이 주주총회 소집철회 통지의 방법에 관한 법리를 오해하거나 판례를 위반한 위법이 없다.

④ 대법원 1989. 2. 14. 선고 87다카3200 판결

[속행된 주주총회 계속회의 개최에 관하여 별도의 소집절차를 밟아야 하는지 여부(소극)]

[1] 원심이 확정한 사실에 의하면, 피고 회사는 1984.7.2. 임시주주총회를 소집하여 발행할 주식의 총수를 360,000주로부터 650,000주로 변경하는 내용의 정관변경안건을 토의하다가 원고들측의 반대로 의결을 하지 못하고 동일안건 토의를 위하여 그달 7. 계속회를 개최키로 결의하였고, 그후 그달 7.의 계속회는 그달 14.로 그달 14.의 계속회는 그달 21.로 각 속행되어 그달 21. 9:30경 예정된 개최시각에 대주주인 소외 이 보형측 주식 207,793주의 위임을 받은 진경복과 원고들 주식 121,526주 중 7,000주의 위임을 받은 이용원 등이 출석하여 계속회가 개최된 결과 출석주식총수 214,793주의 2/3를 초과하는 207,793주의 찬성으로 위 정관변경안이 가결되었다는 것이고, 한편 기록에 의하면 당초의 회의 및 그 후의 각 계속회는 모두 피고본사 회의실에서 개최되었는데 위 각 계속회의 개최에 관하여는 그 선행회의에서 개최기일을 정하여 속행결의를 하였던 사실이 인정된다.

[2] 위 각 인정사실에 의하면, 위 정관변경결의가 이루어진 계속회는 동일한 안건토의를 위하여 당초의 회의일로부터 상당한 기간내에 적법하게 거듭 속행되어 개최된 것으로서 당초의 회의와 동일성을 유지하고 있다고 할 것이므로, 별도의 소집절차를 밟을 필요가 없었음이 명백하다.

7. 검사인의 선임

총회는 이사가 제출한 서류와 감사의 보고서를 조사하게 하기 위하여 검사인(檢査人)을 선임할 수 있다(법367①). 회사 또는 발행주식총수의 1% 이상에 해당하는 주식을 가진 주주는 총회의 소집절차나 결의방법의 적법성을 조사하기 위하여 총회 전에 법원에 검사인의 선임을 청구할 수 있다(법367②).

Ⅲ. 주주의 의결권

1. 의의

주주의 의결권이란, 주주가 주주총회에 출석하여 결의에 참가할 수 있는 권리로서 주주권자로서의 지위 내지 이익을 확보하기 위하여 회사의 경영에 참여하는 기본적 권리이다. 회사의 자본이 주식으로 분할되고, 주주는 그 주식의 인수를 통하여 출자하거나 기왕에 발행된 주식을 취득함으로써 그 지위를 갖게 되며, 회사 재산의 소유자로서 출자재산의 관리·운영에 참여할 권리를 가진다. 이러한 점에서 주주의 의결권은 헌법상 보장되는 재산권의 하나라고 말할 수 있다.[5]

2. 의결권의 수

의결권은 1주마다 1개로 한다(법369①). 이는 1주 1의결권의 원칙을 규정한 것으로 법률에서 예외를 인정하는 경우를 제외하고 강행규정이다.

3. 의결권의 제한

(1) 법률에 의한 제한
(가) 의결권의 배제·제한에 관한 종류주식

주식회사가 의결권이 없는 종류주식이나 제한되는 종류주식을 발행하는 경우 해당 주주의 의결권은 배제되거나 제한된다(법344의3).

---

5) 수원지방법원 2019. 11. 28. 선고 2018가합23585 판결.

(나) 자기주식

회사가 가진 자기주식은 의결권이 없다(법369②).

(다) 상호주

회사, 모회사 및 자회사 또는 자회사가 다른 회사의 발행주식의 총수의 10분의 1을 초과하는 주식을 가지고 있는 경우 그 다른 회사가 가지고 있는 회사 또는 모회사의 주식은 의결권이 없다(법369③).

(라) 특별이해관계인의 소유주식

총회의 결의에 관하여 특별한 이해관계가 있는 자는 의결권을 행사하지 못한다(법368③). 이는 총회결의에 관하여 개인적 이해를 가지는 자는 자기의 개인적 이익을 고려하여 의결권을 행사할 염려가 있으므로 총회결의의 공정성을 확복하기 위하여 의결권의 행사를 제한한 것이다. 특별한 이해관계가 있다는 것은 특정 주주가 주주의 입장을 떠나서 개인적으로 이해관계를 가지는 경우를 의미한다.

** 관련 판례: 대법원 2007. 9. 6. 선고 2007다40000 판결

[주주총회가 재무제표를 승인한 후 2년 내에 이사와 감사의 책임을 추궁하는 결의를 하는 경우, 당해 이사와 감사인 주주가 그 결의에 관한 특별이해관계인에 해당하는지 여부(적극)]

[1] 원심의 판단

원심은, 그 채용 증거들을 종합하여, 피고 회사는 여객자동차 운수사업 등을 목적으로 하는 주식회사인데, 대표이사 소외 1이 11,952주, 이사 소외 2가 10,235주, 이사 소외 3이 8,540주, 이사 소외 4가 8,535주, 이사 소외 5가 1,706주, 이사 소외 6이 1,706주, 감사 소외 7이 3,422주, 감사 소외 8이 1,706주를 소유하고 있고, 소외 1, 2, 3, 4는 2000. 8. 18.부터 피고 회사의 이사로, 소외 5, 6, 7, 8은 2003. 8. 18.부터 피고 회사의 이사 또는 감사로 각 재직하고 있는 사실, 피고 회사는 2005. 9. 29. 주주들 전원이 참석한 가운데 임시주주총회를 개최하여, "제13기 결산서 책임추궁 결의에 관한 건"(이하 '이 사건 안건'이라 한다)에 대하여 표결한 결과 총 주식 70,000주 중 찬성 32,443주, 반대 37,557주로 부결된 사실(이하 '이 사건 결의'라 한다), 피고 회사의 13기 회계연도는 2003. 4. 1.부터 2004. 3. 31.까지인데, 그 기간 동안 피고 회사는 적자를 기록하였고, 이에 대한 결산서에 대하여는 이미 피고 회사의 주주총회에서 승인을 받은 사실 등을 인정한 다음, 주

주총회의 결의에 관하여 특별한 이해관계가 있는 자는 의결권을 행사하지 못하고(상법 제368조 제4항), 특별한 이해관계란 특정 주주가 주주의 입장을 떠나서 개인적으로 이해관계를 가지는 경우인데, 상법 제449조, 제450조에 의하면, 재무제표는 정기총회의 승인을 얻도록 하고 있고, 정기총회에서 재무제표를 승인한 후 2년 내에 다른 결의가 없으면 회사는 이사와 감사의 책임을 해제한 것으로 보도록 하고 있으며, 따라서 회사는 재무제표를 승인한 후라도 2년 내에는 이사와 감사의 책임을 추궁하는 결의를 할 수 있고, 이러한 경우 이사와 감사인 주주는 회사로부터 책임을 추궁당하는 위치에 서게 되어 주주의 입장을 떠나 개인적으로 이해관계를 가지는 경우에 해당하는바, 이 사건 결의의 '결산서'는 재무제표를 의미하고, 이 사건 안건은 2003. 4. 1.부터 2004. 3. 31.까지의 기간 동안의 재무제표에 대한 경영진에 대한 책임을 추궁하기 위한 것으로 봄이 상당하므로 그 기간 동안 피고 회사의 경영을 담당한 대표이사 및 이사 소외 1, 2, 4, 3, 5, 6과 감사 소외 7, 8은 이 사건 결의에 관하여 특별이해관계인에 해당하여 그 의결권을 행사할 수 없고, 따라서 특별이해관계인에 해당하는 위 소외 1 등이 의결권을 행사한 이 사건 결의는 '총회의 결의방법이 법령에 위반한 경우'에 해당하므로 취소되어야 한다고 판단하였다.

　[2] 대법원 판단

　　그러나 원심판단은 다음과 같은 점에서 수긍하기 어렵다.

　　(가) 주주총회가 재무제표를 승인한 후 2년 내에 이사와 감사의 책임을 추궁하는 결의를 하는 경우 당해 이사와 감사인 주주는 회사로부터 책임을 추궁당하는 위치에 서게 되어 주주의 입장을 떠나 개인적으로 이해관계를 가지는 경우로서 그 결의에 관한 특별이해관계인에 해당함은 원심이 쓴 대로이지만, 주주의 의결권은 주주의 고유하고 기본적인 권리이므로 특별이해관계인이라는 이유로 이를 제한하기 위하여는 그 결의에 관하여 특별한 이해관계가 있음이 객관적으로 명확하여야 하는데, 원심에 의하더라도 이 사건 안건이 "제13기 결산서 책임추궁 결의에 관한 건"이라는 제목에 비추어 2003. 4. 1.부터 2004. 3. 31.까지의 기간 동안의 재무제표에 대한 경영진에 대한 책임을 추궁하기 위한 것으로 추측된다는 것일 뿐, 구체적으로 위 기간 동안에 이사나 감사로 재임한 자들 전원의 책임을 추궁하려고 하는 것인지, 그 중 일부 이사나 감사만의 책임을 추궁하려고 하는 것인지, 나아가 어떠한 책임을 추궁하려고 하는 것인지 알 수 없고, 기록상 이를 알 수 있는 자료도 보이지 않는바, 그렇다면 원심이 들고 있는 사정만으로는 위 소외 1 등이 이 사건 결의에 관한 특별이해관계인에 해당한다고 단정할 수 없다.

(나) 따라서 원심으로서는 이 사건 안건이 이사나 감사 누구에 대하여 어떠한 책임을 추궁하기 위한 것인지를 심리한 다음, 그에 따라 주주 중 누가 이 사건 결의에 관하여 특별한 이해관계가 있는 자에 해당하는지를 판단하였어야 함에도 판시와 같은 이유만으로 위 소외 1 등 피고 회사의 이사, 감사 전원이 이 사건 결의에 관하여 특별한 이해관계가 있는 자에 해당한다고 속단하고 말았으니, 원심판결에는 필요한 심리를 다 하지 아니하거나, 상법 제368조 제4항 소정의 특별한 이해관계가 있는 자에 관한 법리를 오해하여 판결 결과에 영향을 미친 위법이 있고, 이를 지적하는 취지의 상고이유의 주장은 이유 있다.

(마) 감사선임시의 제한

의결권없는 주식을 제외한 발행주식의 총수의 3%(정관에서 더 낮은 주식 보유비율을 정할 수 있으며, 정관에서 더 낮은 주식 보유비율을 정한 경우에는 그 비율로 한다)을 초과하는 수의 주식을 가진 주주는 그 초과하는 주식에 관하여 감사의 선임에 있어서는 의결권을 행사하지 못한다(법409②). 이는 감사기관인 감사의 선임에 있어서 대주주의 영향력을 배제하여 중립적인 인물을 선정하려는 취지이다. 회사는 정관으로 위의 비율을 낮을 수 있으나, 이를 높이려는 것은 허용되지 아니한다.

(바) 집중투표 배제시의 제한

상장회사가 정관으로 집중투표를 배제하거나 그 배제된 정관을 변경하려는 경우에는 의결권 없는 주식을 제외한 발행주식총수의 3%를 초과하는 수의 주식을 가진 주주는 그 초과하는 주식에 관하여 의결권을 행사하지 못한다(법542의7③ 본문). 다만, 정관에서 이보다 낮은 주식 보유비율을 정할 수 있다(법542의7③ 단서).

(사) 특별법상 의결권 제한

특별법상 의결권 제한으로는 ⅰ) 은행법에 따르면 금융기관의 의결권있는 발행주식총수의 4%를 초과하여 소유한 경우 그 초과분에 대하여 의결권을 행사할 수 없다(은행법16①), ⅱ) 공정거래법에 따르면 대규모기업집단에 속하는 회사로서 금융업 및 보험업을 영위하는 회사는 국내계열회사의 주식을 취득 또는 소유하더라도 원칙적으로 의결권을 행사할 수 없다(공정거래법11). ⅲ) 자본시장법에 따르면 5% 보고의무 위반시 그 초과분은 의결권을 행사할 수 없다(자본시장법

150). ⅳ) 채무자회생법에 따르면 법률에 의한 회생절차의 개시 당시 회사의 부
채총액이 자산총액을 초과하는 때에는 주주는 의결권을 갖지 못한다(채무자회생
법146).

(2) 계약에 의한 제한

주주간 계약으로 의결권을 제한하는 것이 가능한가의 문제이다. 이에는 의
결권구속계약이 있다. 의결권구속계약이란 주주간에 미리 일정한 방법으로 의결
권을 행사하기로 약정하는 경우를 말한다.

** 관련 판례

① 대법원 2013. 9. 13. 선고 2012다80996 판결

[주주간 협약의 효력]

[1] 관련 법리

계약당사자 사이에 어떠한 계약 내용을 처분문서인 서면으로 작성한 경우에
문언의 객관적인 의미가 명확하다면 특별한 사정이 없는 한 문언대로의 의사표
시의 존재와 내용을 인정하여야 하고, 그 문언의 객관적인 의미가 명확하게 드러
나지 않는 경우에는 그 문언의 내용과 계약이 이루어지게 된 동기 및 경위, 당사
자가 계약에 의하여 달성하려고 하는 목적과 진정한 의사, 거래의 관행 등을 종
합적으로 고찰하여 사회정의와 형평의 이념에 맞도록 논리와 경험의 법칙, 그리
고 사회일반의 상식과 거래의 통념에 따라 계약 내용을 합리적으로 해석하여야
하며, 특히 당사자 일방이 주장하는 계약의 내용이 상대방에게 중대한 책임을 부
과하게 되는 경우에는 더욱 엄격하게 해석하여야 할 것이다(대법원 2002. 5. 24. 선
고 2000다72572 판결 등 참조).

[2] 판단

원고들과 피고들 사이에 2006. 1. 19. 체결된 주주간 협약은 원·피고들의
주주로서의 권한을 제한하는 효력을 가진다고 볼 수 있을 뿐 이사로서의 권한을
제한하는 효력을 가진다고 볼 수 없고, 이는 원·피고들이 주주의 지위를 가지면
서 동시에 이사의 지위를 가진다고 하더라도 마찬가지이다. 피고 C가 2010. 8.
13.자 등 이사회에서 원고들의 의사와 달리 의결권을 행사하였고, 2010. 9.경 원
고들의 임시주주총회 등 소집요구를 거절하였으며, 2010. 11. 8.자 주주총회에서
감사 E의 해임안 및 원고 A의 감사 선임안에 반대한 행위에 대하여, 이 사건 협

약의 효력이 미치지 아니하거나 이 사건 협약의 주된 목적인 원·피고들의 공동 경영권을 확보하는데 장애가 되었다고 볼 수 없다.

② 대법원 2017. 8. 18. 선고 2015다5569 판결

[주식에 대하여 질권이 설정된 경우, 질권설정자인 주주가 주주로서의 지위를 가지고 의결권을 행사할 수 있는지 여부(원칙적 적극)]

[1] 주식에 대해 질권이 설정되었다고 하더라도 질권설정계약 등에 따라 질권자가 담보제공자인 주주로부터 의결권을 위임받아 직접 의결권을 행사하기로 약정하는 등의 특별한 약정이 있는 경우를 제외하고 질권설정자인 주주는 여전히 주주로서의 지위를 가지고 의결권을 행사할 수 있다.

[2] 원고 주식 전부를 소유한 주주로서 원고와 피고의 대표이사를 겸하고 있던 자에 의하여 원고와 피고 사이에서 체결된 이 사건 공급계약과 관련하여, 주식에 대해 질권이 설정되었다고 하더라도 질권설정계약 등에 의해 의결권의 행사가 위임되는 등의 특별한 약정이 있는 경우를 제외하고 질권설정자인 주주는 여전히 주주로서의 지위를 가지고 의결권을 행사할 수 있음에도, 원고의 주주 겸 대표이사가 주식매매대금을 지급하지 않았다거나 근질권설정계약에 따라 중요 사항에 관한 의결권 행사 시 질권자에게 사전 서면 동의를 구해야 하는 채권적인 의무를 부담하고 있었다는 등의 사정을 이유로 원고 주식이 원고의 주주 겸 대표이사가 아니라 원고의 투자자들(질권자)에게 귀속된 것이고, 이에 따라 이 사건 공급계약이 이사의 자기거래에 해당하여 무효라고 본 원심의 판단에 주주권의 귀속이나 구 상법 제398조에서 정한 '이사의 자기거래'에 관한 법리 등을 오해한 잘못이 있으나, 한편 이 사건 공급계약이 피고의 채무불이행으로 적법하게 해제되어 원고와 피고 사이에 일정한 범위를 초과하는 채무는 존재하지 않는다고 판단한 원심의 결론은 결과적으로 정당하여 판결결과에 영향을 미친 잘못이 없다고 보아 상고를 기각한 사례이다.

4. 의결권의 불통일행사

(1) 의의

주주가 2 이상의 의결권을 가지고 있는 때에는 이를 통일하지 아니하고 행사할 수 있다(법368의2① 전단). 예를 들어 100주를 가지는 주주는 80주는 찬성, 20주는 반대하는 식으로 의결권을 행사할 수 있다.

(2) 요건

주주가 주식의 신탁을 인수하였거나 기타 타인을 위하여 주식을 가지고 있는 경우에만 의결권의 불통일행사가 허용된다(법368의2②). 주식의 신탁이나 타인을 위하여 주식을 가지고 있는 경우는 명의상의 주주가 실질상의 주주의 뜻에 따라 의결권을 행사할 필요가 있고, 법인 등 단체가 소유하는 주식에 관하여 단체 내부에서 의견대립이 있는 때에는 의결권을 불통일행사할 필요가 있다.

(3) 절차

주주가 의결권을 불통일행사하기 위해서는 주주총회일의 3일 전에 회사에 대하여 서면 또는 전자문서로 그 뜻과 이유를 통지하여야 한다(법368의2① 후단). 주주가 의결권을 통일하지 않고 행사하려면 주주총회일의 3일 전에 회사에 통지하여야 하고, 위와 같은 회사에 대한 통지는 의결권 불통일행사의 요건이므로, 통지가 없는 경우 주주의 의결권은 통일적으로 행사되어야 하며, 회사는 의결권의 불통일행사를 거부하여야 한다.[6]

> **** 관련 판례**: 대법원 2009. 4. 23. 선고 2005다22701, 22718 판결
> **[상법 제368조의2 제1항에 정한 통지기간을 위반한 의결권 불통일행사의 효력]**
> **[1] 관련 법리**
> 상법 제368조의2 제1항은 "주주가 2 이상의 의결권을 가지고 있는 때에는 이를 통일하지 아니하고 행사할 수 있다. 이 경우 회일의 3일 전에 회사에 대하여 서면으로 그 뜻과 이유를 통지하여야 한다"고 규정하고 있는바, 여기서 3일의 기간이라 함은 의결권의 불통일행사가 행하여지는 경우에 회사 측에 그 불통일행사를 거부할 것인가를 판단할 수 있는 시간적 여유를 주고, 회사의 총회 사무운영에 지장을 주지 아니하도록 하기 위하여 부여된 기간으로서, 그 불통일행사의 통지는 주주총회 회일의 3일 전에 회사에 도달할 것을 요한다. 다만, 위와 같은 3일의 기간이 부여된 취지에 비추어 보면, 비록 불통일행사의 통지가 주주총회 회일의 3일 전이라는 시한보다 늦게 도착하였다고 하더라도 회사가 스스로 총회운영에 지장이 없다고 판단하여 이를 받아들이기로 하고 이에 따라 의결권의 불통일행사가 이루어진 것이라면, 그것이 주주평등의 원칙을 위반하거나 의결권

---

6) 광주고등법원 2018. 11. 14. 선고 2017나15033 판결.

행사의 결과를 조작하기 위하여 자의적으로 이루어진 것이라는 등의 특별한 사정이 없는 한, 그와 같은 의결권의 불통일행사를 위법하다고 볼 수는 없다.

[2] 판단

원심판결 이유에 의하면, 예탁원의 외국인 실질주주의 주식에 대한 의결권의 불통일행사 통지가 이 사건 주주총회 회의일인 2001. 9. 29.로부터 3일 전이라는 시한을 넘겨 같은 달 26일에 합병 전 국민은행에 도달한 점, 그런데 합병 전 국민은행은 그 의결권의 불통일행사를 거부하지 않고 허용한 점 등을 알 수 있는바, 앞에서 본 법리에 비추어 살펴보면, 합병 전 국민은행의 위와 같은 조치가 주주평등의 원칙을 위반하거나 의결권 행사의 결과를 조작하기 위하여 자의적으로 이루어진 것이라는 등의 사정을 기록상 찾아볼 수 없는 이 사건에서, 예탁원이 외국인 실질주주의 주식에 대한 의결권을 불통일행사한 것을 가리켜 위법하다고 할 수는 없다.

원심의 이유설시에 미흡하거나 적절하지 아니한 점이 있으나, 예탁원이 외국인 실질주주의 의결권을 불통일행사한 것이 위법하다고 볼 수 없다고 본 원심의 판단은 결론에 있어서 정당하고, 거기에 상고이유에서 주장하는 바와 같이 판결에 영향을 미친 주주의 의결권 불통일행사 및 일수계산에 관한 법리오해 등의 위법이 있다고 할 수 없다.

(4) 회사의 거부

주주가 주식의 신탁을 인수하였거나 기타 타인을 위하여 주식을 가지고 있는 경우 외에는 회사는 주주의 의결권의 불통일행사를 거부할 수 있다(법368의2②).

** 관련 판례: 대법원 2001. 9. 7. 선고 2001도2917 판결
[주주의 의결권 대리행사의 위임을 회사가 거절할 수 있는지 여부(한정 적극) / 법정 요건을 갖추지 못한 의결권 불통일행사를 위한 주주의 의결권 대리행사의 위임을 회사가 거절할 수 있는지 여부(적극)]
[1] 사실관계

피고인은, 피고인의 작은아버지이며 공소외 1 주식회사의 대표이사인 공소외 2와 위 회사의 주주로서 피고인의 아버지인 공소외 3, 형인 공소외 4 사이에 5건의 임대료 등의 청구소송이 계속되고 있던 중, 공소외 4로부터 주주권 행사를 위임받아 위 회사의 1999년도 정기주주총회에 참석해 소송에 유리한 자료를 찾기 위하여, 공소외 4와 공모하여, 1999. 3. 24. 12:00경 서울 중구 남창동에 있는 위 회사 사무실에서, 주주총회의 의장인 공소외 2로부터 피고인과 함께 위 회사

주주의 위임장을 받지 않고 참석한 성명불상자 3명을 상대로 '주주총회와 관계없는 사람들은 나가달라.'는 요구를 받자 이를 거절하면서 공소외 2에게 '씹할 새끼 맞아봐야 알겠냐, 아버지도 때리는 판에 너야 못 때리겠느냐, 여기서 나가지 않으면 맞아 죽을 줄 알아'라고 말하고, 위 성명불상자들은 '말조심 하슈'라고 고함을 쳐, 공소외 2로 하여금 주주총회의 개최, 진행을 포기하게 하여 위 회사의 정당한 주주총회 개최업무를 위력으로 방해하였다.

[2] 원심의 판단

원심은 다음과 같은 이유로 이 사건 공소사실에 대하여 형사소송법 제325조에 의해 무죄를 선고한 제1심판결을 유지하고 있다. 제1심판결에서 인정한 판시와 같은 사실에 의하면, 주주총회 장소에서 공소외 1 주식회사 대표이사인 공소외 2측 사람들과 피고인측 사람들 사이에 고성과 욕설이 오고가기는 하였어도 서로 물리적인 충돌이 있었던 것은 아니고, 더욱이 주주총회 의장인 공소외 2가 공소외 3과 공소외 4로부터 정당하게 의결권을 위임받아 주주총회 장소에 참석한 피고인 등의 의결권을 인정하지 않고 피고인 등에게 퇴장을 요구하다가 거절당하자 일방적으로 주주총회 장소인 사무실 밖으로 나가버림으로써 주주총회가 제대로 진행되지 못하였던 것일 뿐, 피고인 등의 위력에 의해 공소외 2가 주주총회 개최를 포기한 것이 아니므로, 피고인 등이 주주총회를 방해하였다고 할 수 없다.

[3] 대법원 판단

(가) 관련 법리

주주의 자유로운 의결권 행사를 보장하기 위하여 주주가 의결권의 행사를 대리인에게 위임하는 것이 보장되어야 한다고 하더라도 주주의 의결권 행사를 위한 대리인 선임이 무제한적으로 허용되는 것은 아니고, 그 의결권의 대리행사로 말미암아 주주총회의 개최가 부당하게 저해되거나 혹은 회사의 이익이 부당하게 침해될 염려가 있는 등의 특별한 사정이 있는 경우에는 회사는 이를 거절할 수 있다고 보아야 할 것이다. 그리고 주주가 자신이 가진 복수의 의결권을 불통일행사하기 위하여는 회일의 3일 전에 회사에 대하여 서면으로 그 뜻과 이유를 통지하여야 할 뿐만 아니라, 회사는 주주가 주식의 신탁을 인수하였거나 기타 타인을 위하여 주식을 가지고 있는 경우 외에는 주주의 의결권 불통일행사를 거부할 수 있는 것이므로, 주주가 위와 같은 요건을 갖추지 못한 채 의결권 불통일행사를 위하여 수인의 대리인을 선임하고자 하는 경우에는 회사는 역시 이를 거절할 수 있다고 할 것이다.

(나) 판단

이 사건에 관하여 보건대, 먼저 원심이 내세운 증거에 의하더라도 대주주인 공소외 2로 대표되는 공소외 1 주식회사와 소수주주인 공소외 3, 공소외 4 사이에는 회사 운영을 둘러싸고 임대료 또는 주주배당금 청구소송이 계속되어 분쟁이 있었는데, 위 회사의 총 주주 6인 중 주식의 2.4%인 240주를 소유한 공소외 4는 결산 및 감사보고, 배당금 결정을 안건으로 하는 1999. 3. 24.자 정기주주총회에 자신이 직접 참석하고 있음에도 불구하고 위 계속중인 소송에 증거로 사용될 수 있는 회사의 감사보고에 관한 근거서류 등을 찾는다는 명목으로 오종학, 오문석, 김동휘, 이정일 및 피고인 등 5인에게 각각 자신의 주식 중 1주씩에 대한 의결권의 대리 행사를 위임한 사실, 공소외 4가 소유한 위 주식은 타인으로부터 신탁받은 것이거나 혹은 타인을 위하여 주식을 가지고 있는 경우에 해당하지 아니할 뿐만 아니라 회일의 3일 전까지 회사에 대하여 서면으로 의결권을 불통일행사 하겠다는 뜻과 이유를 통지한 바도 없었던 사실, 그런데 공소외 4와 그로부터 의결권의 대리행사를 위임받은 피고인 등은 1999. 3. 24. 위 주주총회 장소인 공소외 1 주식회사 사무실에 출석하여 주주총회 의장인 공소외 2가 피고인 등에게 밖으로 나가라고 요구하였음에도 불구하고 피고인 등이 이를 거절하여 공소외 2 측과 피고인측 사이에 고성과 욕설이 오가던 중 공소외 2는 위와 같은 상황에서는 주주총회를 진행할 수 없다는 이유로 주주총회장 밖으로 나가 버린 사실이 인정되는바, 이와 같은 사실관계하에서라면 주주인 공소외 4 자신이 직접 주주총회에 참석하면서도 소유 주식 중 일부에 관한 의결권의 대리행사를 피고인 등 5인에게 나누어 위임하는 것은 의결권의 행사를 위하여 필요한 정당한 범위 내라기보다는 회사 대주주측에서 참가하는 주주 수보다 회사와 민사소송을 벌이고 있는 소수주주측 참가자 수를 더 많게 함으로써 주주총회에서 자신들의 위세를 과시하여 정상적인 주주총회의 진행을 저해할 의도가 있다고 보여질 뿐만 아니라, 결산 및 감사보고와 배당금에 관한 의결을 목적으로 하는 정기주주총회에 참석한 주주의 대리인이 회사의 감사보고에 관한 근거서류를 일일이 요구하는 것은 주주의 의결권 대리행사를 위하여 참석한 대리인의 권한 범위 내에 포함된다고 보기도 어려우므로, 위 공소외 2로서는 공소외 4가 선임한 의결권 행사 대리인인 피고인 등이 위 주주총회에 참석하는 것을 적법하게 거절할 수 있었던 것으로 보이고, 그럼에도 불구하고 피고인 등이 공소외 2의 나가달라는 요구를 거절하면서 다수의 힘을 빌어 고성과 욕설을 사용함으로써 공소외 2가 위와 같은 험악한 분위기 속에서 더 이상 주주총회를 개최, 진행하지 못하고 포기하게 만든 것은 위력으로 주주총회의 개최업무를 방해하였다고 보기에 충분하다고 할 것이다.

그럼에도 불구하고 원심이 피고인 등의 위력에 의해 공소외 2가 주주총회 개최를 포기한 것이 아니므로 피고인 등이 주주총회를 방해하였다고 할 수 없다고 단정한 것은 채증법칙에 위반하여 사실을 오인하고 주주의 의결권 대리행사의 위임에 관한 법리를 오해하여 판결에 영향을 미친 위법을 저질렀다 할 것이다.

(5) 효과

의결권의 불통일행사를 한 경우에는 불통일행사된 의결권은 모두 그대로 유효하고, 행사된 동수의 의결권이 상계되어 그만큼 무효로 되는 것은 아니다.

5. 의결권의 대리행사 및 대리행사의 권유

(1) 의의

주주는 대리인으로 하여금 그 의결권을 행사하게 할 수 있다(법368② 전단). 주식회사의 경우에는 주주가 널리 분산되어 있어 주주총회 출석을 요구하는 것이 현실적으로 어려운 점을 고려하고, 주권은 비개성적 성질을 가지므로 대리 행사할 수 있기 때문이다.

** 관련 판례: 대법원 2002. 12. 24. 선고 2002다54691 판결
[주주가 일정기간 주주권을 포기하고 타인에게 주주로서의 의결권 행사권한을 위임하기로 약정한 사례]
[1] 사실관계
(가) 피고는 실질적인 주주가 원용선 한 사람인 이른바 1인회사로서 지나친 채무부담으로 사실상 도산상태에 이르자, 1998. 8. 3. 원용선과 당시 피고의 대표이사 원고 유수헌 등 사용자측과 피고의 노동조합은, 원용선이 향후 7년간 주주권 및 경영권을 포기하고 주식의 매매와 양도 등을 하지 아니하며 원고 유수헌에게 주주로서의 의결권 행사권한을 위임한다는 내용의 합의를 하였다.
(나) 원용선은 1999. 11. 2. 임시주주총회를 열어 자신과 원고 유수헌, 유제규, 이종선을 이사로, 원고 이철행을 감사로 선임하는 결의를 하였고, 그날 원고 유수헌, 유제규, 이종선과 함께 이사회를 열어 원고 유수헌을 대표이사로 선임하였다. 그런데 원고 유수헌이 2000. 5. 10. 대표이사직 사임서를 제출하자, 원고들이 2000. 5. 22. 이사회를 개최하여 원고 유수헌의 사임을 유보하고 원고 이종선을 대표이사로 추가 선임하였다.
(다) 그런데 원용선은 2000. 6. 21. 임시주주총회에서 원고 유수헌, 이종선을

대표이사인 이사에서, 원고 유제규를 이사에서, 원고 이철행을 감사에서 해임하고, 원부성과 조수현을 이사로, 원유홍을 감사로 선임하였다는 내용의 의사록을 작성한 다음 2000. 6. 22. 이 의사록 등을 첨부하여 피고의 법인변경등기를 마쳤다. 또 원용선은 2001. 3. 2. 임시주주총회에서 조수현, 원부성 등을 이사에서, 원유홍을 감사에서 해임하고, 최영석, 고웅석과 피고보조참가인 양회식, 김윤중을 이사로, 피고보조참가인 김만태를 감사로 선임하였다는 내용의 의사록을 작성하고, 그날 개최된 이사회에서 최영석이 대표이사로 선임되었다는 내용의 이사회 의사록을 작성한 다음 2001. 3. 12. 이 의사록 등을 첨부하여 피고의 법인변경등기를 마쳤다.

[2] 원심의 판단

원심은 위와 같은 사실을 인정하고, 피고의 2000. 6. 21. 및 2001. 3. 2.의 임시주주총회는 적법한 소집절차를 거치지 아니하였고 실제로 회의가 열리지도 아니하였다고 하더라도 피고의 1인주주인 원용선에 의하여 결의가 있었던 것으로 주주총회 의사록이 작성되었으므로 원칙적으로 그 결의가 존재하지 아니한다고 다툴 수는 없으나, 원용선은 1998. 8. 3. 주주로서의 의결권을 원고 유수헌으로 하여금 대리행사하여 피고를 실질적으로 경영할 수 있도록 하는 의결권대리행사 약정을 한 이상 주주로서의 의결권을 행사할 수 없고, 이 약정이 해지되었다는 피고의 주장을 받아들일 수도 없으므로, 위 각 임시주주총회 결의는 부존재하고, 또 2001. 3. 2. 이사회의 결의도 존재하지 아니하는 임시주주총회 결의에 따라 선임된 이사들로 구성된 이사회의 결의로서 부존재한다고 판단하였다.

[3] 대법원 판단

(가) 주주권은 주식의 양도나 소각 등 법률에 정하여진 사유에 의하여서만 상실되고 단순히 당사자 사이의 특약이나 주주권 포기의 의사표시만으로 상실되지 아니하며 다른 특별한 사정이 없는 한 그 행사가 제한되지도 아니한다(대법원 1999. 7. 23. 선고 99다14808 판결 참조).

(나) 이 사건에서 원용선이 1998. 8. 3. 향후 7년간 주주권 및 경영권을 포기하고 주식의 매매와 양도 등을 하지 아니하며 원고 유수헌에게 정관에 따라 주주로서의 의결권 행사권한을 위임하기로 약정하였고, 이에 따라 원고 유수헌이 원용선의 주주로서의 의결권을 대리행사할 수 있게 되었지만, 이러한 사정만으로는 원용선이 주주로서의 의결권을 직접 행사할 수 없게 되었다고 볼 수 없다.

(다) 그럼에도 불구하고, 원심이 원용선이 주주로서의 의결권을 행사할 수 없음을 전제로 2000. 6. 21. 및 2001. 3. 2.의 임시주주총회 결의가 모두 존재하지 아니한다고 판단한 것은, 주주로서의 의결권 대리행사와 주주권 포기 등에 관한

법리를 오해하여 판결에 영향을 미친 잘못을 저지른 것이고, 이를 지적하는 상고
이유는 이유가 있다. 한편, 2001. 3. 2. 임시주주총회 결의가 존재하지 아니한다
는 원심의 판단이 잘못된 이상 그 결의에 따라 선임된 이사들로 구성된 이사회
결의도 부존재한다는 원심의 판단도 더 이상 유지될 수 없다.

(2) 대리인의 자격

대리인의 자격을 정관으로 회사의 주주로 제한하는 회사가 있는바, 이러한
정관의 규정의 효력에 관하여 유효설, 무효설 등의 견해 대립이 있으나, 주주총
회가 주주 이외의 제3자에 의하여 교란되는 것을 예방하여 회사의 이익을 보호
할 필요성이 있으므로 대리인의 자격을 주주로 제한하는 제한적 유효설이 타당
하다고 본다.

** 관련 판례: 대법원 2009. 4. 23. 선고 2005다22701, 22718 판결
[주주의 대리인의 자격을 주주로 제한한 정관의 효력(유효)]
[1] 관련 법리

상법 제368조 제3항의 규정은 주주의 대리인의 자격을 제한할 만한 합리적
인 이유가 있는 경우에는 정관의 규정에 의하여 상당하다고 인정되는 정도의 제
한을 가하는 것까지 금지하는 취지는 아니라고 해석되는바, 대리인의 자격을 주
주로 한정하는 취지의 주식회사의 정관 규정은 주주총회가 주주 이외의 제3자에
의하여 교란되는 것을 방지하여 회사 이익을 보호하는 취지에서 마련된 것으로
서 합리적인 이유에 의한 상당한 정도의 제한이라고 볼 수 있으므로 이를 무효라
고 볼 수는 없다. 그런데 위와 같은 정관규정이 있다 하더라도 주주인 국가, 지방
공공단체 또는 주식회사 등이 그 소속의 공무원, 직원 또는 피용자 등에게 의결
권을 대리행사하도록 하는 때에는 특별한 사정이 없는 한 그들의 의결권 행사에
는 주주 내부의 의사결정에 따른 대표자의 의사가 그대로 반영된다고 할 수 있고
이에 따라 주주총회가 교란되어 회사 이익이 침해되는 위험은 없는 반면에, 이들
의 대리권 행사를 거부하게 되면 사실상 국가, 지방공공단체 또는 주식회사 등의
의결권 행사의 기회를 박탈하는 것과 같은 부당한 결과를 초래할 수 있으므로,
주주인 국가, 지방공공단체 또는 주식회사 소속의 공무원, 직원 또는 피용자 등
이 그 주주를 위한 대리인으로서 의결권을 대리행사하는 것은 허용되어야 하고
이를 가리켜 정관규정에 위반한 무효의 의결권 대리행사라고 할 수는 없다.

[2] 판단

기록에 의하면, 주주인 대한민국이 보유한 주식 19,407,241주의 의결권을 대리행사한 소외 1은 재정경제부 국유재산과 소속 5급 상당의 공무원임을 알 수 있는바, 앞에서 본 법리에 비추어 살펴보면, 소외 1이 비록 합병 전 국민은행의 주주가 아니라 하더라도 대한민국이 보유한 주식의 의결권을 대리행사한 것은 유효하다.

(3) 대리인의 증명

주주가 대리인으로 하여금 그 의결권을 대리행사하게 하는 경우에는 그 대리인은 대리권을 증명하는 서면을 총회에 제출하여야 한다(법368② 후단).

** 관련 판례

① 대법원 2004. 4. 27. 선고 2003다29616 판결

[대리권을 증명하는 서면에 사본이나 팩스본 위임장도 포함되는지 여부(소극)]

상법 제368조 제3항의 규정은 대리권의 존부에 관한 법률관계를 명확히 하여 주주총회 결의의 성립을 원활하게 하기 위한 데 그 목적이 있다고 할 것이므로 대리권을 증명하는 서면은 위조나 변조 여부를 쉽게 식별할 수 있는 원본이어야 하고, 특별한 사정이 없는 한 사본은 그 서면에 해당하지 않는다고 할 것이고 (대법원 1995. 2. 28. 선고 94다34579 판결 참조), 팩스를 통하여 출력된 팩스본 위임장 역시 성질상 원본으로는 볼 수 없다고 할 것이다. 따라서 원심이 피고 회사가 그 접수를 거부한 위임장 중 원본이 아닌 팩스본인 1,888,031주에 관한 위임장은 그 효력이 없음을 전제로 이 부분 주식을 출석주식 수에서 제외하여야 한다고 판단한 것은 위 법리를 따른 것으로서 옳고, 거기에 상법 제368조 제3항 소정의 대리권을 증명하는 서면의 개념에 관한 법리오해의 위법이 없다.

② 대법원 2009. 5. 28. 선고 2008다85147 판결

[대리권을 증명하는 서면에 주주총회 참석장의 포함 여부]

[1] 관련 법리

상법 제368조 제3항은 "주주는 대리인으로 하여금 그 의결권을 행사하게 할 수 있다. 이 경우에는 그 대리인은 대리권을 증명하는 서면을 총회에 제출하여야 한다"고 규정하고 있는바, 여기서 '대리권을 증명하는 서면'이라 함은 위임장을 일컫는 것으로서 회사가 위임장과 함께 인감증명서, 참석장 등을 제출하도록 요

구하는 것은 대리인의 자격을 보다 확실하게 확인하기 위하여 요구하는 것일 뿐, 이러한 서류 등을 지참하지 아니하였다 하더라도 주주 또는 대리인이 다른 방법으로 위임장의 진정성 내지 위임의 사실을 증명할 수 있다면 회사는 그 대리권을 부정할 수 없다고 할 것이고, 한편 회사가 주주 본인에 대하여 주주총회 참석장을 지참할 것을 요구하는 것 역시 주주 본인임을 보다 확실하게 확인하기 위한 방편에 불과하므로, 다른 방법으로 주주 본인임을 확인할 수 있는 경우에는 회사는 주주 본인의 의결권 행사를 거부할 수 없다(대법원 2009. 4. 23. 선고 2005다 22701, 22718(병합) 판결 참조).

[2] 판단

원심은, 일부 주주들의 주주총회 참석장에 주주의 인감도장 날인 등이 없다거나 위임장에 주주총회 참석장이 첨부되어 있지 않다는 사정만으로는 그 주주들의 주주총회 참석이나 대리인의 대리권을 부정할 수 없고, 2006. 12. 11.자 임시주주총회는 주주 본인이나 적법한 대리인들이 참석하여 의결권을 행사하였다고 판단하였다. 앞서 본 법리와 기록에 비추어 살펴보면, 원심의 판단은 정당하고, 거기에 상고이유에서 주장하는 바와 같은 채증법칙 위배로 인한 사실오인 등의 위법이 없다.

(4) 포괄적 대리권 및 재위임

대법원[7]은 주주권의 행사는 이를 포괄적으로 위임할 수 있다고 판시하고 있다. 이는 하나의 총회에 관한 주주권행사를 위임함에 있어서 구체적이고 개별적인 사항에 국한되지 아니한다는 취지이고, 수개의 총회에 관한 포괄적 위임에 관한 것은 아님을 주의할 필요가 있다.

** 관련 판례

① 대법원 2014. 1. 23. 선고 2013다56839 판결

[주주가 의결권 행사를 포괄적으로 위임할 수 있는지 여부(적극)]

[1] 관련 법리

주식회사의 주주는 상법 제368조 제2항에 따라 타인에게 의결권 행사를 위임하거나 대리행사하도록 할 수 있다. 이 경우 의결권의 행사를 구체적이고 개별적인 사항에 국한하여 위임해야 한다고 해석하여야 할 근거는 없고 포괄적으로

7) 대법원 2014. 1. 23. 선고 2013다56839 판결.

위임할 수도 있다(대법원 1969. 7. 8. 선고 69다688 판결 참조).

[2] 사실관계(원심)

원심판결 이유 및 적법하게 채택된 증거들에 의하면, 다음 사실을 알 수 있다.

(가) 주식회사 우리은행(이하 '우리은행'이라 한다)은 2009. 12. 11.과 2010. 1. 22.에 피고가 대한생명보험 주식회사 및 주식회사 국민은행으로부터 대출받은 합계 3,800억 원의 대출금 채권(이하 '이 사건 대출금 채권'이라 한다)을 대한생명보험 주식회사와 주식회사 국민은행으로부터 양수하였다.

(나) 피고의 실질적인 책임재산은 중국의 시행사인 북경중천굉업방지산자문 유한책임공사(이하 '중천굉업'이라 한다)의 소유인 화푸오피스 빌딩(이하 '이 사건 빌딩'이라 한다)인데, 이 사건 빌딩과 중천굉업 발행 주식에 대하여는 이미 동아은행 유한공사 북경분행 앞으로 담보권이 설정되어 있었다. 따라서 우리은행은 원고로부터 위 대출금에 관한 담보로 중천굉업의 지분 100%를 보유하고 있는 바베이도스 소재 법인인 Mountain Breeze SRL(이하 'MB'라고 한다)의 발행주식, MB의 지분 100%를 보유하고 있는 홍콩 소재 법인인 New PI Investment Co., Limited(이하 'New PI'라고 한다)의 발행주식, New PI의 지분 100%를 소유하고 있는 피고의 발행주식에 대한 질권을 설정받기로 합의하였다.

(다) 이에 따라 원고와 소외 1은 2010. 1. 22. 우리은행과 사이에 이 사건 대출금 채권을 담보하기 위하여 우리은행 앞으로 원고와 소외 1 보유의 피고 발행주식[원고 보유 3,000주(지분 60%)와 소외 1 보유 2,000주(지분 40%), 이하 '이 사건 주식'이라 한다]에 대한 근질권을 설정하기로 하는 계약(이하 '이 사건 주식근질권 설정계약'이라 한다)을 체결하였다.

이 사건 주식근질권 설정계약은, (가) '의결권행사의 위임'이라는 제목 아래 제4조에서, 각 근질권설정자는 위 계약의 체결 이후 개최되는 피고의 모든 정기 주주총회 및 임시주주총회에서 담보주식에 대한 의결권의 행사를 근질권자에게 위임하되 이를 위하여 근질권자가 합리적으로 요구하는 수만큼 위임장을 작성하여 이 계약 체결일에 근질권자에게 교부하기로 하며 근질권자가 수시로 의결권의 행사를 위하여 합리적으로 요구하는 문서 및 기타 서류(추가적인 위임장의 교부 포함)를 작성하여 교부하고(제1항), 또한 근질권자가 위 위임장에 그 재량에 따라 관련 주주총회의 의결에 관한 사항과 대리권을 행사할 자를 기재하여 그 주주총회에서 의결권 및 담보주식에 대한 주주로서의 권리를 행사할 수 있음을 인정하고 이에 동의한다(제2항)고 규정하고, (나) 위와 별도로 '근질권의 실행'이라는 제목 아래 제8조에서, 이 사건 대출금 채권의 기한도래 또는 기한의 이익의 상실로 인하여 피고가 피담보채무를 이행하여야 할 때에는 근질권자는 이 사건 근질권을 실행할 수 있고(제1항), 이 경우 근질권자는 일반적으로 적당하다고 인정되는 방법, 시기, 가격 등에 의하여 담보주식을 임의 처분하고 그 취득금을 충당하거나 일반적으로 적당하다고 인정되는 방법, 시기, 가격 등에 의하여 피담보채무의 전부 또는 일부의 변제에 갈음하여 담보주식을 취득할 수 있으며(제2항), 근질권자는 의결권 행사를 통한 임원의 변경 등 필요한 절차를 진행할 수 있고, 피고를 대신하여 관련 주주총회를 개최할 수 있다(제3항)고 규정하고 있다.

이에 따라 이 사건 주식근질권 설정계약서의 부속서류(을 제10호증의 2)로 원고와 소외 1이 그 보유의 발행 주식에 대하여 주주총회 참석과 의결권 행사 등의 권한을 백지의 수임인에게 위임하는 내용의 위임장들이 우리은행에게 교부되었다.

(라) 우리은행은 이 사건 대출금 채권을 양수한 이후 피고의 요청에 따라 2011. 3. 31.까지 5차례에 걸쳐 대출 만기를 연장하였으나, 피고는 연기된 만기인 2011. 6. 30.까지 이 사건 대출 원리금을 상환하지 못하였다.

한편 원고는 2011. 3. 29. 우리은행과 작성하기로 한 2011. 3. 31.자 변제기 연장합의서에 의한 연장합의와 관련하여, 피고의 자회사인 New PI 및 MB의 각 주주명부, 설립증명서 및 정관과 MB가 발행한 주권(Quota Certificate)의 발행이 취소되었음을 증명하는 서류를 우리은행에 제출하되 이를 제출하지 않으면 변제기 연장합의는 체결되지 않은 것으로 간주되고, 2011. 3. 31. 이후 차입금의 만기 도래 또는 기한이익상실 선언 등의 이유로 담보권을 실행하는 경우에도 위 연장합의 체결을 이유로 만기미도래의 항변을 할 수 없다는 내용의 확약서를 작성·교부하였다.

그러나 원고는 위 서류를 우리은행에 제출하지 아니하였고, 이에 우리은행은 2011. 5. 3. 이 사건 대출계약의 기한이익이 상실될 수 있음을 통지하고 2011. 6. 15. 피고에게 2011. 6. 30.까지 대출원리금을 상환할 것을 통지하였다.

(마) 마침내 우리은행은 이 사건 대출금의 이자 연체를 이유로 2011. 7.경 피고에게 기한의 이익 상실 통지를 하였을 뿐 아니라, 2011. 8. 1.경에는 피고의 대표이사이던 원고에게 같은 달 5.경까지 대출금 상환과 관련된 구체적인 계획을 제시하지 못하면 법과 계약에서 정한 바에 따라 필요한 조치를 취할 수밖에 없다는 통고를 하였다.

(바) 원고는 소외 1로부터 그가 보유하고 있던 피고 발행 주식 전부를 인수하였고, 주식근질권 보완을 위하여 우리은행의 요구에 따라 2011. 8. 10. 자신이 보유하고 있는 피고 발행 주식 전부에 대하여 우리은행을 '피고의 주주총회 소집 및 참석, 주주총회 의안에 대하여 보유주식에 대한 의결권의 행사' 등의 권한을

가진 대리인으로 선임한다는 내용의 위임장(이하 '이 사건 위임장'이라 한다)을 작성·교부하였다. 이 사건 위임장에는, 위 (다)항의 위임장들에서 위임하였던 의결권 행사 등의 권한에 추가하여, '주주총회의사록을 공증하기 위한 촉탁 및 이와 관련한 일체의 행위'에 관한 권한도 위임되어 있다.

(사) 그런데 원고는 피고의 주식을 제외한 MB, New PI의 발행주식에 대해 근질권을 설정하기 전인 2010. 1. 12. 위 각 주식에 대하여 분실신고를 하여 새로운 주식을 발급받은 후 무효가 된 기존 주식들에 대해 우리은행 앞으로 근질권을 설정하고, 2010. 8.경에는 자신의 처인 소외 2와 공모하여 브리티시 버진 아일랜드(British Virgin Islands)에 설립한 페이퍼 컴퍼니(YingBo Limited)를 통해 MB의 출자지분 100주를 발행하여 우리은행이 보유하는 담보주식의 지분을 100%에서 2%로 희석시키는 등의 담보권 침해 행위를 하였다.

(아) 우리은행은 이 사건 위임장을 통해 위임받은 권한에 기초하여, '2011. 8. 18. 원고를 대리한 우리은행 직원 소외 3이 참석한 상태에서 피고의 본점 소재지에서 임시주주총회를 개최하여 원고와 소외 4를 각 대표이사와 사내이사에서 해임하고 소외 5를 이사로 선임하는 주주총회(이하 '이 사건 주주총회'라 한다)가 이루어졌다'는 내용의 임시주주총회 의사록(이하 '이 사건 의사록'이라 한다)을 작성하고, 이를 근거로 위와 같은 내용으로 피고의 임원 변경등기를 마쳤다.

[3] 사실관계(대법원의 정리)

위 사실관계에 의하면, (가) 우리은행은 원고 및 피고와 이 사건 주식근질권 설정계약을 체결하였는데, 이는 피고가 자회사인 New PI 및 MB를 통하여 간접적으로 지배하는 중천광업 소유의 이 사건 빌딩 외에는 뚜렷한 책임재산이 없는 상황에서 우리은행이 이 사건 빌딩을 이 사건 대출금 채권에 대한 실질적인 담보로 확보하기 위하여는 중천광업에 대한 피고의 지배권 내지 경영권을 적절히 제어할 필요가 있고 이를 위해서 원고의 피고에 대한 지배권 내지 원고가 보유하는 피고 주식을 담보로 제공하기 위한 목적으로 이루어진 것으로서, 이에 따라 이 사건 주식근질권 설정계약에서 우리은행이 담보권 설정 후부터 담보물인 피고 주식에 관하여 의결권을 위임받아 담보 권한을 확보할 뿐 아니라, 기한이 도래한 경우에는 피고 주식의 임의 처분 외에 위임받은 의결권에 기하여 주주총회를 개최하여 피고의 경영진을 교체할 수 있는 것을 담보권의 실행방법으로 약정한 것으로 보이고, (나) 우리은행으로서는 대출만기가 지나도록 피고가 대출원리금을 상환하지도 아니하여 담보권을 실행할 필요성이 있었고, 더욱이 원고가 MB, New PI의 발행주식에 대한 담보권을 침해하는 등 피고의 유일한 책임재산인 이 사건 빌딩에 대한 우리은행의 권리확보를 어렵게 하는 사정까지 발생한 상태에서, 원고로부터 새로 의결권 행사와 아울러 주주총회 의사록 공증에 관한 권한까지 위임하는 이 사건 위임장을 교부받았으므로, 원고로서도 우리은행이 이 사건 위임장을 이용하여 이 사건 주식근질권 설정계약에서 정한 피고 임원 변경 등을 포함해 담보권 실행을 위해 필요한 목적으로 위임받은 의결권을 행사할 것이라는 점을 예측할 수 있었을 것으로 보이며, (다) 나아가 우리은행은 이 사건 주식근질권 설정계약 제8조 제3항에서 정한 약정에 따라 피고의 경영진을 교체하는 것이 이 사건 대출금 채권에 관한 담보물인 이 사건 주식에 관한 권리를 보존하고 그 담보권 실행을 확보하기 위한 최선의 방안이라고 판단하여 이 사건 위임장을 사용하여 이 사건 주주총회결의 절차를 취한 것으로 보인다. 그리고 상행위로 인하여 생긴 채권을 담보하기 위하여 주식에 대하여 질권이 설정된 경우에 질권자가 가지는 권리의 범위 및 그 행사 방법은 원칙적으로 질권설정계약 등의 약정에 따라 정하여질 수 있고(상법 제59조 참조), 위와 같은 질권 등의 담보권의 경우에 담보제공자의 권리를 형해화하는 등의 특별한 사정이 없는 이상 담보권자가 담보물인 주식에 대한 담보권실행을 위한 약정에 따라 그 재산적 가치 및 권리의 확보 목적으로 담보제공자인 주주로부터 의결권을 위임받아 그 약정에서 정한 범위 내에서 의결권을 행사하는 것도 허용될 것이다.

이와 같은 사정들을 앞서 본 법리에 비추어 살펴보면, 우리은행의 이 사건 위임장 및 이 사건 주주총회를 통한 담보권자로서의 권한 행사는 이 사건 대출금이 변제기에 이른 후에 위에서 본 것과 같은 사정 아래에서 피고의 실질적 책임재산인 이 사건 빌딩을 담보로 확보하기 위하여 체결된 이 사건 주식근질권 설정계약에서 약정된 담보권의 실행방법에 따라 원고로부터 위임받은 의결권 행사의 범위 내에서 이루어진 것이라고 할 것이고, 담보제공자로서 주주인 원고의 권리를 부당하게 침해하는 것이라고 할 수 없다.

[4] 대법원 판단

따라서 이 사건 위임장이 원고 주주의결권을 포괄적으로 위임한 것이라거나 이 사건 주주총회에서의 의결권 행사가 원고의 위임 범위를 벗어난 것이어서 무효라는 원고의 주장을 배척한 원심의 판단은 이와 같은 취지로서, 거기에 상고이유 주장과 같이 주주의 고유권한으로서의 의결권 및 의결권 행사의 대리·위임의 범위, 담보권 실행 방법 등에 관한 법리를 위반하여 판결에 영향을 미친 위법이 없다.

② 대법원 2014. 1. 23. 선고 2013다56839 판결

[대리인이 제3자에게 의결권 대리행사를 재위임할 수 있는지 여부(원칙적 적극)]

주주의 의결권을 적법하게 위임받은 수임인은 특별한 사정이 없는 한 주주
총회에 참석하여 의결권을 행사할 수 있으므로(대법원 1993. 2. 26. 선고 92다48727
판결 등 참조), 의결권을 적법하게 위임받은 대리인이 주주총회에 출석한 것은 그
의결권의 범위 내에서는 주주의 수권에 따른 것으로서 주주가 직접 출석하여 의
결권을 행사하는 것과 마찬가지로 볼 수 있고, 주주로부터 의결권 행사를 위임받
은 대리인은 특별한 사정이 없는 한 그 의결권 행사의 취지에 따라 제3자에게 그
의결권의 대리행사를 재위임할 수 있다(대법원 2009. 4. 23. 선고 2005다22701,
22718 판결 참조).

(5) 의결권 대리행사 권유의 규제(위임장권유규제)

(가) 위임장권유의 의의

의결권 대리행사제도는 주주 개인의 능력의 보충이나 사적자치의 확장을 위
하여 인정된 것이다. 그러나 현대 대규모의 공개회사에서는 본래의 취지와는 달
리 "대리인의 목적달성"을 위해 운영되고 있다. 이사, 대주주 또는 새로이 경영권
을 탈취하고자 하는 자 등이 대리인이 되고자 주주들에게 집단적으로 의결권의
위임을 권유하는 것이다. 이를 "의결권 대리행사의 권유"("위임장권유")라고 한다.

(나) 위임장권유에 대한 법적 규제

위임장권유에 대해서는 법령상 다음과 같은 규제가 행해지고 있다. 상장주
권(그 상장주권과 관련된 증권예탁증권을 포함)의 의결권 대리행사의 권유를 하고자
하는 자("의결권권유자")는 그 권유에 있어서 그 상대방("의결권피권유자")에게 대
통령령으로 정하는 방법에 따라 위임장 용지 및 참고서류를 교부하여야 한다(자
본시장법152①).

Ⅳ. 주주총회의 의사진행

1. 의의

주주총회의 의사진행에 관하여는 상법에 명문규정이 없으므로 회의체의 의
사에 관한 일반원칙에 의한다. 주주총회의 의사진행은 출석한 주주들의 의사가
정당한 방법으로 수용되고 그 의사가 결의에 반영되도록 운영하여야 한다. 주식

회사의 일방 주주 측이 다른 주주의 회의장 입장을 부당하게 방해하는 등 주주총회의 의사진행방식 및 결의방식이 주주의 의결권 행사를 최대한 보장하는 방법으로 이루어지지 아니한 경우에는 주주총회의 결의방법이 신의칙에 반하는 것으로서 현저하게 불공정하여 결의취소 사유에 해당한다.[8]

2. 의장의 질서유지

(1) 의장의 선임

총회의 의장은 정관에서 정함이 없는 때에는 총회에서 선임한다(법366의2①).

** 관련 판례: 대법원 2008. 6. 26. 선고 2008도1044 판결
[주주총회 의장의 선임에 관한 법령 및 정관의 규정을 준수하지 않고 대주주가 임시의장이 되어 임시주주총회 의사록을 작성한 사안]

[1] 상법 제366조의2 제1항은, 주주총회의 의장은 정관에서 정함이 없는 때에는 총회에서 선임하도록 규정하고 있다.

[2] 원심은 그 채용 증거들을 종합하여 판시와 같은 사실들, 특히 위 회사의 정관에는 대표이사가 주주총회를 소집하고 의장이 되며, 대표이사 유고시에는 이사회에서 선임한 다른 이사가 이를 대행하도록 규정되어 있는 사실, 그런데 위 임시주주총회일인 2002. 1. 2. 당시 위 회사의 법인등기부상 대표이사는 공소외 6이었지만 그는 이미 사망한 사실 등을 인정한 다음, 피고인이 임시의장으로서 이사 및 감사의 해임, 선임을 결의한 내용으로 임시주주총회 의사록을 작성한 것이 위 정관의 규정에 어긋나는 것이기는 하지만, 위 주주총회 결의가 유효하다고 보는 이상, 위 회사 주식의 과반수를 소유한 대주주로서 그 유효한 결의가 있었던 주주총회에 유일하게 참석한 것으로 기재되어 있는 피고인에게 그 주주총회의 의사진행권한을 가진 의장의 자격이 없다고 할 수 없고, 따라서 피고인이 위 주주총회 의사록을 작성함에 있어 의장의 자격을 모용하였다고 할 수는 없다고 판단하였는바, 앞서 살펴본 상법 규정 및 기록에 비추어 살펴보면 원심의 위와 같은 인정과 판단은 옳고, 거기에 자격모용사문서작성 및 동 행사죄에 관한 법리를 오해하는 등의 위법이 없다.

---

8) 대법원 1996. 12. 20. 선고 96다39998 판결.

(2) 의장의 의사정리권과 질서유지권

총회의 의장은 총회의 질서를 유지하고 의사를 정리한다(법366의2②). 총회의 의장은 고의로 의사진행을 방해하기 위한 발언·행동을 하는 등 현저히 질서를 문란하게 하는 자에 대하여 그 발언의 정지 또는 퇴장을 명할 수 있다(법366의2③).

** 관련 판례: 대전고등법원 2015. 7. 2. 선고 2014나12049 판결

총회의 의장은 총회의 질서를 유지하고, 의사를 정리하는 권한(구체적으로 발언의 허용, 찬반표의 점검, 회의 진행, 회의장의 질서유지)을 가지고(상법 제366조의2 제2항), 총회장에서 고의로 의사진행을 방해하기 위한 발언·행동을 하는 등 현저히 질서를 문란하게 하는 자에 대하여 그 발언의 정지 또는 퇴장을 명할 수 있다(상법 제366조의2 제3항)는 점에서 단순히 의안을 소개하는 데 그치는 사회자와 구별된다.

---

3. 주주질문권

(1) 주주질문권의 의의

주주질문권은 통상 주주총회에 참석한 주주가 의안에 대한 충분한 정보를 제공받아 의결권을 합리적으로 행사하기 위하여 회사의 임원진에게 회의목적사항에 관하여 질문할 수 있는 권리를 말하고, 이에 대응하는 임원 내지 회사의 의무를 설명의무라고 한다. 그런데 주주가 회의 안건과 전혀 무관한 질문을 하거나, 동일한 내용의 질문을 반복하여 주주총회의 원만한 운영을 저해하는 경우가 발생할 수 있는데, 이와 관련하여 주주가 과연 어떤 사항에 대하여 어느 범위까지 질문할 수 있고, 회사가 주주의 질문에 대하여 어느 정도까지 설명의무를 부담하는지, 즉 주주질문권의 한계 내지 회사의 설명의무의 범위를 설정할 필요가 있다. 현행 상법은 주주질문권 내지 회사의 설명의무에 대하여 아무런 규정을 두고 있지 않고, 다만 상장회사가 임의로 채택하는 표준주주총회 운영규정에 관련 규정이 있을 뿐이므로, 주주질문권의 인정 여부 및 그 범위 등이 문제된다.[9]

명문의 규정을 두고 있지 않은 현행 상법 하에서 주주질문권을 인정할 수

---

9) 서울중앙지방법원 2022. 2. 11. 선고 2020나79204 판결.

있는지 여부가 문제되는데, ① 주주는 투자자로서 당연히 회사에 대하여 상당한 범위 내에서 회사의 경영실적, 자산상태 등에 관하여 질문할 권리를 갖고 있을 뿐만 아니라, ② 주주질문권은 주주총회에 참석한 주주가 보고사항을 명확히 이해하고 결의사항에 관하여 의결권을 합리적으로 행사하기 위한 필요조건으로서, 주주의 총회참석권에 당연히 수반되는 권리라는 점 등을 고려할 때, 현행 상법에 명문의 규정이 없다고 하더라도, 주주권에 내재하는 권리로서 인정된다고 봄이 상당하다.10)

(2) 주주질문권과 의장의 질서유지권과의 관계

주주총회의 의장은 총회의 질서를 유지하고 의사를 정리하며(상법366의2②), 그 총회장에서 고의로 의사진행을 방해하기 위한 언동을 하거나 현저히 질서를 문란케 하는 자에 대하여 그 발언의 정지 또는 퇴장을 명할 수 있는바(상법366의2③), 의장은 이러한 질서유지권에 터잡아 원만한 의사진행을 방해하는 주주의 질문을 제한할 수 있다고 할 것이다. 예컨대, 주주 1인이 장시간 발언권을 독점한다거나 이미 충분한 설명이 되었음에도 동일한 질문을 계속 반복하는 경우에는, 주주총회의 의장은 다른 주주들의 발언권 보장 및 원만한 의사 진행을 위하여 질서유지권에 터잡아 질문자의 발언 시간을 제한, 중단할 수 있고, 의장의 정당한 질서유지권 행사에 따르지 않는 경우에는 그 발언을 정지시킬 수도 있다고 할 것이다. 다만, 주주총회 의장은 의사진행의 주체로서 주주들에게 적절한 발언 내지 질문 기회를 보장하여 줄 의무가 있는바, 주주가 정당한 질문권을 행사하였음에도, 의장이 이를 임의로 제한하는 것은 질서유지권의 한계를 벗어나 주주의 주주질문권을 침해하는 불법행위가 된다고 할 것이다.11)

Ⅴ. 주주총회 결의

1. 의의

주주총회의 결의는 다수결의 원리에 의하여 형성된 주주총회의 의사표시이

---

10) 서울중앙지방법원 2022. 2. 11. 선고 2020나79204 판결.
11) 서울중앙지방법원 2022. 2. 11. 선고 2020나79204 판결.

다. 결의에는 가결과 부결이 있다.

2. 결의의 요건

(1) 보통결의

보통결의는 상법 또는 정관에 다른 정함이 있는 경우를 제외하고는 출석한 주주의 의결권의 과반수와 발행주식총수의 1/4 이상의 수로써 하여야 한다(법368 ①). 따라서 상법이나 정관에서 특별결의나 특수결의(총주주의 동의)를 요하도록 정한 것 이외의 사항은 모두 보통결의로 한다.

** 관련 판례: 대법원 2017. 1. 12. 선고 2016다217741 판결
[정관에서 주주총회 성립에 관한 의사정족수를 규정할 수 있는지 여부(적극)]
상법 제368조 제1항은 주주총회의 보통결의 요건에 관하여 "총회의 결의는 이 법 또는 정관에 다른 정함이 있는 경우를 제외하고는 출석한 주주의 의결권의 과반수와 발행주식총수의 4분의 1 이상의 수로써 하여야 한다."라고 규정하여 주주총회의 성립에 관한 의사정족수를 따로 정하고 있지는 않지만, 보통결의 요건을 정관에서 달리 정할 수 있음을 허용하고 있으므로, 정관에 의하여 의사정족수를 규정하는 것은 가능하다.

---

(2) 특별결의

특별결의란 출석한 주주의 의결권의 2/3 이상의 수와 발행주식총수의 1/3 이상의 수로써 하는 결의이다(법434).

** 관련 판례
① 전주지방법원 2020. 10. 29. 선고 2017가합2297 판결
상법은 주주총회의 보통결의요건에 관하여 정관 등에 의한 가중을 허용하고 있는 것과 달리(제368조 제1항), 특별결의요건에 관하여는 이러한 가중을 허용하는 명시적인 규정을 두고 있지 않은데(상법 제434조 참조), 만일 입법자가 특별결의요건에 관하여도 보통결의요건과 같이 정관에 의한 가중을 허용할 의사였다면 이에 관한 명시적인 규정을 두었을 것임에도 그렇지 않은 것은 이를 허용하지 않을 의사가 있었기 때문이라고 해석하는 것이 합리적이다.

② 창원지방법원 마산지원 2023. 1. 11. 선고 2022가합81 판결

상법 제434조의 특별결의요건은 주식회사의 합병 외에도 주식의 분할(제329
조의2 제1항), 주식매수선택권의 부여(제340조의2), 주식교환계약의 승인(제360조의
3 제1, 2항), 영업의 전부 또는 중요한 일부의 양도 등(제374조 제1항), 이사의 해
임(제385조 제1항), 자본금의 감소(제438조 제1항), 해산의 결의(제518조)나 회사의
계속(제519조) 등에도 적용되는데, 이는 주식회사의 영업양도, 자본금이나 경영권
의 변동 및 회사의 존속 등이 주주들의 이익이나 권리에 직접적인 영향을 미치는
중대한 사항이기 때문에 다른 보통결의사항보다 그 결의요건을 보다 가중하고
있는 것이다. 그런데 만일 회사의 정관에서 위와 같은 특별결의요건의 완화를 제
한 없이 허용한다면 위와 같은 주식회사의 여러 중요사항을 결정함에 있어서 상
법 제434조가 규정한 것과 다른 내용의 특별결의요건을 얼마든지 새롭게 창출하
는 것이 가능해짐으로써 주주총회에서의 의사결정의 신속성과 예측가능성을 침
해함은 물론, 나아가 상법이 주주총회의 특별결의요건을 별도로 규정한 취지에도
반할 뿐만 아니라, 주식거래시장이나 주식회사와의 거래시장에서의 안정성과 신
속성에도 반한다. 따라서 회사의 정관에서 상법상의 특별결의요건보다 가중하는
것은 가능하다고 할 것이나, 상법상의 특별결의요건보다 완화하는 것은 허용되지
않고, 그러한 정관의 규정은 상법 제434조에 반하여 무효라고 보아야 한다.

(3) 특수결의

의결권없는 주식을 포함한 총주주의 동의를 요하는 결의이다. 발기인의 회
사설립에 관한 손해배상책임을 면제 결의(법324, 법400), 이사·집행임원, 감사 또
는 청산인의 회사에 대한 손해배상책임 면제 결의(법400①, 법415, 법542②), 유한
회사로의 조직변경 결의(법604①)에서 이를 요구하고 있다.

3. 결의의 방법

주주총회의 표결방법에 대하여는 상법상 명문 규정이 없으므로 거수, 기립,
투표, 기타 출석주주의 의사를 확인할 수 있는 방법이면 무방하다고 보아야 하
고, 어떠한 의안에 대해서 의장이 주주들에게 이의 여부를 묻고 아무런 이의가
없는 경우 박수로써 의안을 통과시키는 방법으로 가결하는 것도 가능하다.

주주총회 의장은 의안에 대한 찬, 부 의사를 확인할 수 있는 방법을 정할 어
느 정도의 재량을 가지므로, 상황에 따라서는 반대의 의사부터 확인하는 방법으

로 표결을 진행하는 것이 가능하다. 그러나 기권의 의사표시도 의결권 행사의 한 방법이고, 이는 의안에 대한 찬성의 의사표시가 아니므로, 의장이 임의로 주주로부터 당해 의안에 대하여 기권할 자유를 박탈하거나 기권의 의사표시를 찬성의 의사표시로 간주한다면 이는 주주총회에서 나타난 주주의 의사를 왜곡하는 것으로서 허용될 수 없는 표결방식에 해당한다고 보아야 한다.

** 관련 판례

① 대법원 2001. 12. 28. 선고 2001다49111 판결

주주총회의 B가 정관변경의안의 표결에 앞서 반대하는 주주 이외에는 모두 의안에 찬성하는 것으로 간주하겠다고 일방적으로 선언한 다음 반대하는 주주만 거수하게 하여 반대하는 주주의 주식수만을 확인한 후 의안이 가결되었다고 선언한 데에는 주주의 의사표시를 왜곡하는 표결방식상의 하자가 있다고 할 것이나, 그와 같은 결의방식의 불공정은 원칙적으로 결의취소의 사유에 해당한다.

② 대법원 2009. 4. 23. 선고 2005다22701, 22718 판결

이 사건 주주총회 당일 의장이 합병계약 승인의 의안을 상정하고 합병계약의 주요 내용을 설명한 뒤 참석한 주주들에게 동의를 구하였는데, 참석 주주 중 아무도 이의를 제기하지 않고 동의를 한 상황에서 박수로써 합병계약 승인의 의안을 가결한 것은 위법하다고 볼 수 없다.

---

4. 서면투표

주주는 정관이 정한 바에 따라 총회에 출석하지 아니하고 서면에 의하여 의결권을 행사할 수 있다(법368의3①). 회사는 총회의 소집통지서에 주주가 의결권을 행사하는데 필요한 서면과 참고자료를 첨부하여야 한다(법368의3②). 회사가 소집을 통지하면서 의결권 행사에 필요한 서면과 참고자료를 첨부하지 않은 경우에는 주주총회 소집절차상의 하자가 있고, 이러한 하자는 주주총회의 소집절차가 법령에 위반한 것이므로 상법 제376조 결의취소의 소의 사유가 된다.

** **관련 판례**: 서울중앙지방법원 2015. 6. 11. 2014가합578720 판결

　　상법 제368조의3 제1항은 "주주는 정관이 정한 바에 따라 총회에 출석하지 아니하고 서면에 의하여 의결권을 행사할 수 있다."고 규정하고 있으며, 동조 제2항은 "회사는 총회의 소집통지서에 주주가 제1항의 규정에 의한 의결권을 행사하는데 필요한 서면과 참고자료를 첨부하여야 한다."라고 규정하고 있다. 이는 전자적 방법에 의한 의결권의 행사를 규정한 상법 제368조의4와 차이가 있는바, 상법 제368조의4 제1항은 "회사는 이사회의 결의로 주주가 총회에 출석하지 아니하고 전자적 방법으로 의결권을 행사할 수 있음을 정할 수 있다."고 규정하고 있고, 동조 2항은 "회사는 제363조에 따라 소집통지를 할 때에는 주주가 제1항에 따른 방법으로 의결권을 행사할 수 있다는 내용을 통지하여야 한다."라고 규정하고 있다. 이와 같은 법문의 차이에 비추어 보면, 전자적 방법에 의한 의결권의 행사의 경우 회사의 이사회는 각 주주총회시마다 전자적 방법에 의한 의결권 행사 여부를 결정할 수 있고 회사는 소집통지시 이사회의 위 결정을 통지할 필요가 있다고 할 것이나, 서면에 의한 의결권의 행사의 경우 회사는 정관을 통하여 서면에 의한 의결권 행사 도입여부를 결정할 수 있을 뿐이고, 정관으로 도입을 결정한 이상 회사는 반드시 주주총회의 소집통지시 서면에 의한 의결권 행사에 필요한 서면과 참고자료를 첨부하여야 할 것이다.

5. 전자투표

(1) 의의

　　회사는 이사회의 결의로 주주가 총회에 출석하지 아니하고 전자적 방법으로 의결권을 행사할 수 있음을 정할 수 있다(법368의4①). 회사는 소집통지를 할 때에는 주주가 전자투표의 방법으로 의결권을 행사할 수 있다는 내용을 통지하여야 한다(법368의4②).

(2) 투표방법

　　회사가 전자적 방법에 의한 의결권행사를 정한 경우에 주주는 주주 확인절차 등 대통령령으로 정하는 바에 따라 의결권을 행사하여야 한다(법368의4③ 전단). 이 경우 회사는 의결권행사에 필요한 양식과 참고자료를 주주에게 전자적 방법으로 제공하여야 한다(법368의4③ 후단).

(3) 서면투표와 전자투표

동일한 주식에 관하여 의결권을 행사하는 경우 전자적 방법 또는 서면 중 어느 하나의 방법을 선택하여야 한다(법368의4④).

(4) 기록보존

회사는 의결권행사에 관한 전자적 기록을 총회가 끝난 날부터 3개월간 본점에 갖추어 두어 열람하게 하고 총회가 끝난 날부터 5년간 보존하여야 한다(법368의4⑤).

6. 정족수와 의결권의 계산

(1) 발행주식총수의 계산

총회의 결의에 관하여는 제344조의3 제1항과 제369조제2항 및 제3항의 의결권 없는 주식의 수는 발행주식총수에 산입하지 아니한다(법371①).

(2) 출석주식수의 계산

총회의 결의에 관하여는 제368조 제3항에 따라 행사할 수 없는 주식의 의결권 수와 제409조 제2항 및 제542조의12 제4항에 따라 그 비율을 초과하는 주식으로서 행사할 수 없는 주식의 의결권 수는 출석한 주주의 의결권의 수에 산입하지 아니한다(법371②).

** 관련 판례

① 대법원 2009. 4. 9. 선고 2008다1521 판결

의결정족수에 관한 상법 제371조 제2항에 의하면, 의결권을 행사할 수 없는 주식의 의결권 수는 출석한 주주의 의결권의 수에 산입하지 않는다. 그 이유는 의결정족수를 계산함에 있어서 의결권을 행사할 수 없는 주식의 의결권 수를 출석한 주주의 의결권의 수에 산입하면 의결권 없는 주주가 부동의한 것으로 처리하는 결과가 되기 때문이다. 이와 달리 의결권을 행사할 수 있는 주주가 총회에 출석하여 의결권을 행사하지 않는 것은 사실상 해당 안건에 찬성을 하지 않는 것이므로 출석한 주주의 의결권 수에 산입하여 계산하더라도 그의 의사에 왜곡이 있다고 볼 수 없다. 같은 이유에서 민법에서의 사단법인의 사단총회에서도 결의

권 행사가 제한되는 경우, 이사회에서 의결권이 제한되는 경우, 모두 의결정족수의 산정에 있어서는 출석한 사원, 출석한 이사에 산입하지 않는다.

② 대법원 2016. 8. 17. 선고 2016다222996 판결
[감사의 선임에서 상법 제409조 제2항의 의결권 없는 주식이 상법 제368조 제1항에서 말하는 발행주식총수에 산입되는지 여부(소극)]

[1] 관련 법리

상법 제409조는 제1항에서 감사를 주주총회에서 선임하도록 하면서 제2항에서 "의결권 없는 주식을 제외한 발행주식총수의 100분의 3을 초과하는 수의 주식을 가진 주주는 그 초과하는 주식에 관하여 제1항의 감사의 선임에 있어서는 의결권을 행사하지 못한다"라고 규정하고 있다. 그리고 주주총회의 결의방법에 관하여 상법 제368조 제1항은 "총회의 결의는 이 법 또는 정관에 다른 정함이 있는 경우를 제외하고는 출석한 주주의 의결권의 과반수와 발행주식총수의 4분의 1 이상의 수로써 하여야 한다"라고 규정하고 있다. 따라서 주주총회에서 감사를 선임하려면 우선 '출석한 주주의 의결권의 과반수'라는 의결정족수를 충족하여야 하고, 나아가 의결정족수가 '발행주식총수의 4분의 1 이상의 수'이어야 하는데, 상법 제371조는 제1항에서 '발행주식총수에 산입하지 않는 주식'에 대하여 정하면서 상법 제409조 제2항의 의결권 없는 주식(이하 '3% 초과 주식'이라 한다)은 이에 포함시키지 않고 있고, 제2항에서 '출석한 주주의 의결권 수에 산입하지 않는 주식'에 대하여 정하면서는 3% 초과 주식을 이에 포함시키고 있다.

그런데 만약 3% 초과 주식이 상법 제368조 제1항에서 말하는 '발행주식총수'에 산입된다고 보게 되면, 어느 한 주주가 발행주식총수의 78%를 초과하여 소유하는 경우와 같이 3% 초과 주식의 수가 발행주식총수의 75%를 넘는 경우에는 상법 제368조 제1항에서 말하는 '발행주식총수의 4분의 1 이상의 수'라는 요건을 충족시키는 것이 원천적으로 불가능하게 되는데, 이러한 결과는 감사를 주식회사의 필요적 상설기관으로 규정하고 있는 상법의 기본 입장과 모순된다. 따라서 감사의 선임에서 3% 초과 주식은 상법 제371조의 규정에도 불구하고 상법 제368조 제1항에서 말하는 '발행주식총수'에 산입되지 않는다. 그리고 이는 자본금 총액이 10억 원 미만이어서 감사를 반드시 선임하지 않아도 되는 주식회사라고 하여 달리 볼 것도 아니다.

[2] 판단

원심판결 이유에 의하면, 원심은 피고회사가 발행한 총 1,000주를 원고가 340주(34%), 소외 1이 330주(33%), 소외 2가 330주(33%)씩 보유하고 있는 사실,

원고, 소외 1, 소외 2가 참석하여 개최된 피고회사의 임시주주총회에서 소외 1과 소외 2의 찬성으로 김희전을 감사로 선임하는 이 사건 결의가 이루어진 사실 등을 인정하였다. 나아가 원심은, 원고, 소외 1, 소외 2는 감사 선임에 있어서 발행주식총수의 3%(30주)를 초과하는 주식에 관해서는 의결권이 없으므로 의결권이 있는 발행주식총수는 90주인데, 위 90주 중 김희전의 감사 선임에 찬성한 주식수는 소외 1과 소외 2의 각 30주 합계 60주로서, 결국 출석한 주주의 의결권의 과반수와 발행주식총수의 1/4 이상의 찬성이 있었으므로 이 사건 결의는 적법하다고 보았다. 원심의 위와 같은 판단은 앞서 본 법리에 따른 것으로서 정당하고, 거기에 상고이유로 주장하는 법령위반 등의 위법이 없다. 또한 원심의 소송비용에 관한 판단에 상고이유로 주장하는 법령위반 등의 위법이 있다고 할 수도 없다.

7. 주주총회 의사록

(1) 작성의무

총회의 의사에는 주주총회 의사록을 작성하여야 한다(법373①). 의사록에는 의사의 경과요령과 그 결과를 기재하고 의장과 출석한 이사가 기명날인 또는 서명하여야 한다(법373②).

** 관련 판례

① 대법원 2010. 4. 29. 선고 2008두5568 판결

[법인의 총회 또는 이사회 의사록의 증명력]

법인의 총회 또는 이사회 등의 의사에는 의사록을 작성하여야 하고 의사록에는 의사의 경과, 요령 및 결과 등을 기재하고 이와 같은 의사의 경과요령 및 결과 등은 의사록을 작성하지 못하였다든가 또는 이를 분실하였다는 등의 특단의 사정이 없는 한 이 의사록에 의하여서만 증명된다(대법원 1984. 5. 15. 선고 83다카1565 판결 참조).

② 광주고등법원 2022. 2. 9. 선고 2021나22373 판결

주주총회 의사록은 주주총회의 성립과 결의에 관해 중요한 증거자료가 되지만 그것이 유일한 증거이거나 창설적 효력이 있는 것은 아니다. 따라서 의사록이 작성되었더라도 그 기재내용이 사실과 다른 때에는 다른 증거에 의하여 보충·변

경될 수 있고, 의사록을 작성하지 않았더라도 일단 성립된 주주총회의 결의에 효력을 미치는 것은 아니다.

③ 서울남부지방법원 2022. 5. 27. 선고 2021가합110098 판결

민법상 사단법인 총회 등의 결의와 관련하여 당사자 사이에 의사정족수나 의결정족수 충족 여부가 다투어져 결의의 성립 여부나 절차상 흠의 유무가 문제되는 경우로서 사단법인 측에서 의사의 경과, 요령 및 결과 등을 기재한 의사록을 제출하거나 이러한 의사의 경과 등을 담은 녹음·녹화자료 또는 녹취서 등을 제출한 때에는, 그러한 의사록 등이 사실과 다른 내용으로 작성되었다거나 부당하게 편집, 왜곡되어 증명력을 인정할 수 없다고 볼 만한 특별한 사정이 없는 한 의사정족수 등 절차적 요건의 충족 여부는 의사록 등의 기재에 의하여 판단하여야 한다. 그리고 위와 같은 의사록 등의 증명력을 부인할 만한 특별한 사정에 관하여는 결의의 효력을 다투는 측에서 구체적으로 주장·증명하여야 한다(대법원 2011. 10. 27. 선고 2010다88682 판결 등 참조). 상법 제373조가 "주주총회의 의사에는 의사록을 작성하여야 하고, 의사록에는 의사의 경과요령과 그 결과를 기재하고 의장과 출석한 이사가 기명날인 또는 서명하여야 한다"고 규정하고 있는 점에 비추어 보면, 위와 같은 법리는 어느 당사자가 주주총회 의사록이 사실과 다른 내용으로 작성되었다며 주주총회 결의의 효력을 다투는 경우에도 적용된다.

(2) 비치·공시의무

이사는 주주총회의 의사록을 본점과 지점에 비치하여야 한다(법396①). 주주와 회사채권자는 영업시간 내에 언제든지 주주총회의 의사록의 열람 또는 등사를 청구할 수 있다(법396②).

** 관련 판례: 대법원 2017. 11. 9. 선고 2015다235841 판결

[회사가 주주 또는 회사채권자의 주주명부 등 열람·등사청구를 거부할 수 있는지 여부(원칙적 소극) / 청구에 정당한 목적이 없다는 점에 관한 증명책임의 소재(=회사)]

[1] 주주는 영업시간 내에 언제든지 주주명부의 열람 또는 등사를 청구할 수 있고(상법 제396조 제2항), 자본시장법에서 정한 실질주주 역시 이러한 주주명부의 열람 또는 등사를 청구할 수 있다(자본시장법 제315조 제2항). 이는 주주가 주주권을 효과적으로 행사할 수 있게 함으로써 주주를 보호함과 동시에 회사의 이

익을 보호하려는 데에 그 목적이 있다. 그와 함께 소수주주들로 하여금 다른 주
주들과의 주주권 공동행사나 의결권 대리행사 권유 등을 할 수 있게 하여 지배주
주의 주주권 남용을 방지하는 기능도 담당한다.

그런데 자본시장법에 따라 예탁결제원에 예탁된 상장주식 등에 관하여 작성
되는 실질주주명부는 상법상 주주명부와 동일한 효력이 있으므로(자본시장법 제
316조 제2항), 위와 같은 열람·등사청구권의 인정 여부와 필요성 판단에서 주주
명부와 달리 취급할 이유가 없다. 따라서 실질주주가 실질주주명부의 열람 또는
등사를 청구하는 경우에도 상법 제396조 제2항이 유추적용된다. 열람 또는 등사
청구가 허용되는 범위도 위와 같은 유추적용에 따라 '실질주주명부상의 기재사항
전부'가 아니라 그중 실질주주의 성명 및 주소, 실질주주별 주식의 종류 및 수와
같이 '주주명부의 기재사항'에 해당하는 것에 한정된다. 이러한 범위 내에서 행해
지는 실질주주명부의 열람 또는 등사가 개인정보의 수집 또는 제3자 제공을 제한
하고 있는 개인정보 보호법에 위반된다고 볼 수 없다.

[2] 주주 또는 회사채권자가 상법 제396조 제2항에 의하여 주주명부 등의
열람·등사청구를 한 경우 회사는 그 청구에 정당한 목적이 없는 등의 특별한 사
정이 없는 한 이를 거절할 수 없고, 이 경우 정당한 목적이 없다는 점에 관한 증
명책임은 회사가 부담한다. 이러한 법리는 상법 제396조 제2항을 유추적용하여
실질주주명부의 열람·등사청구권을 인정하는 경우에도 동일하게 적용된다.

Ⅵ. 주요 특별결의사항

회사가 다음의 어느 하나에 해당하는 행위를 할 때에는 주주총회의 특별결
의가 있어야 한다.

1. 영업의 전부 또는 중요한 일부의 양도

회사가 영업의 전부 또는 중요한 일부를 양도하는 경우에는 주주총회의 특
별결의가 있어야 한다(법374①(1)).

** 관련 판례

① 대법원 2004. 7. 8. 선고 2004다13717 판결

[주주총회의 특별결의를 요하는 상법 제374조 제1항 제1호의 '영업의 전부 또는 중요한 일부의 양도'의 의미]

주주총회의 특별결의가 있어야 하는 상법 제374조 제1항 제1호 소정의 "영업의 전부 또는 중요한 일부의 양도"라 함은 일정한 영업목적을 위하여 조직되고 유기적 일체로 기능하는 재산의 전부 또는 중요한 일부를 총체적으로 양도하는 것을 의미하는 것으로서, 이에는 양수 회사에 의한 양도 회사의 영업적 활동의 전부 또는 중요한 일부분의 승계가 수반되어야 하는 것이므로 단순한 영업용재산의 양도는 이에 해당하지 않으나, 다만 영업용재산의 처분으로 말미암아 회사영업의 전부 또는 일부를 양도하거나 폐지하는 것과 같은 결과를 가져오는 경우에는 주주총회의 특별결의가 필요하다.

② 대법원 2018. 4. 26. 선고 2017다288757 판결

[주식회사가 영업의 전부 또는 중요한 일부를 양도한 후 주주총회의 특별결의가 없었다는 이유를 들어 스스로 약정의 무효를 주장하는 것이 신의성실의 원칙에 반하는지 여부(원칙적 소극)]

상법 제374조 제1항 제1호는 주식회사가 영업의 전부 또는 중요한 일부의 양도행위를 할 때에는 제434조에 따라 출석한 주주의 의결권의 3분의 2 이상의 수와 발행주식총수의 3분의 1 이상의 수로써 결의가 있어야 한다고 규정하고 있는데 이는 주식회사가 주주의 이익에 중대한 영향을 미치는 계약을 체결할 때에는 주주총회의 특별결의를 얻도록 하여 그 결정에 주주의 의사를 반영하도록 함으로써 주주의 이익을 보호하려는 강행법규라고 할 것이므로, 주식회사가 영업의 전부 또는 중요한 일부를 양도한 후 주주총회의 특별결의가 없었다는 이유를 들어 스스로 그 약정의 무효를 주장하더라도 주주 전원이 그와 같은 약정에 동의한 것으로 볼 수 있는 등 특별한 사정이 인정되지 않는다면 위와 같은 무효 주장이 신의성실 원칙에 반한다고 할 수는 없다.

③ 대법원 2014. 9. 4. 선고 2014다6404 판결

[회사존속의 기초가 되는 영업재산을 처분할 당시 이미 영업을 폐지하거나 중단하고 있었던 경우, 상법 제374조 제1항 제1호에서 정한 주주총회 특별결의를 요하는지 여부(소극) / 영업의 중단의 의미]

[1] 관련 법리

회사의 영업 그 자체가 아닌 영업용재산의 처분이라고 하더라도 그로 인하여 회사의 영업의 전부 또는 중요한 일부를 양도하거나 폐지하는 것과 같은 결과를 가져오는 경우에는 그 처분행위를 함에 있어서 상법 제374조 제1항 제1호 소정의 주주총회의 특별결의를 요하는 것이고, 다만 회사가 위와 같은 회사존속의 기초가 되는 영업재산을 처분할 당시에 이미 영업을 폐지하거나 중단하고 있었던 경우에는 그 처분으로 인하여 비로소 영업의 전부 또는 일부가 폐지되거나 중단되기에 이른 것이라고 할 수 없으므로 주주총회의 특별결의를 요하지 않는 것이나, 위에서 '영업의 중단'이라고 함은 영업의 계속을 포기하고 일체의 영업활동을 중단한 것으로서 영업의 폐지에 준하는 상태를 말하고 단순히 회사의 자금사정 등 경영상태의 악화로 일시 영업활동을 중지한 경우는 여기에 해당하지 않는다.

[2] 원심의 판단

원심판결 이유에 의하면, 원심은 그 채택 증거를 종합하여, 그 판시와 같은 사정, 즉 이 사건 매매계약 당시 원고는 도어록 및 파형강관의 제조·판매를 주요 사업으로 영위하였는데, 도어록사업부는 대구에, 강관사업부의 물적 설비는 이 사건 각 부동산에 위치하고 있었던 점, 이 사건 매매계약을 통해 강관사업부의 이 사건 각 부동산, 기계, 공작물, 영업권 등을 피고에게 양도함으로써 원고는 더 이상 강관 관련 사업을 수행할 수 없었던 점, 원고의 상시 종업원 41명 중 26명이 강관사업부에 근무하였던 점, 개별감사보고서에 의하면 2007년부터 2009년까지의 원고의 총 매출액 중 강관사업부가 차지하는 비율이 평균 약 21.32%에 이르렀고, 원고의 총 유형 및 무형자산 중 강관사업부가 차지하는 비율이 평균 약 42%였던 점, 원고의 도어록사업부의 영업손익은 적자를 시현하고 있었지만 강관사업부의 영업손익은 흑자로 꾸준히 증가추세를 보이고 있어서, 강관사업부가 원고의 수익창출 및 계속기업 유지에 상당한 영향을 끼치고 있었던 점 등을 고려하면, 원고가 이 사건 각 부동산 등을 피고에게 매도한 것은 원고의 중요한 사업부분인 강관사업부의 영업 기초가 되는 중요한 재산의 양도에 해당하고, 이로 인하여 원고의 강관사업부 영업의 전부 또는 일부를 양도하거나 폐지하는 것과 같은 결과를 가져오는 경우에 해당한다고 판단하였다. 나아가 원심은, 그 채택 증거를 종합하여, 이 사건 매매계약이 체결될 무렵인 2010. 1. 1.부터 같은 해 3. 31.까지의 강관사업부의 매출세금계산서 합계액은 1,275,269,858원, 매입세금계산서 합계액은 987,844,208원인 사실, 2010. 1. 1.부터 같은 해 6. 31.까지의 매출과세표준(수입금액)이 1,279,500,605원인 사실을 인정한 다음, 위와 같은 사실을 종합하면 이 사건 매매계약 당시 원고의 강관사업부 영업이 폐지되었거나 중단된 상태였다고 인정하기 어렵다고 판단하였다.

[3] 대법원 판단

원심판결 이유를 위 법리와 기록에 비추어 살펴보면, 원심의 위와 같은 판단은 모두 정당한 것으로 수긍이 가고, 거기에 상고이유 주장과 같이 상법 제374조제1항 제1호 소정의 주주총회 특별결의를 요하는 영업양도의 범위에 관한 법리를 오해하는 등으로 판결에 영향을 미친 위법이 없다.

④ 대법원 2022. 6. 9. 선고 2018다228462, 228479(병합) 판결

[주식회사의 주주가 직접 회사와 제3자의 거래관계에 개입하여 회사가 체결한 계약의 무효 확인을 구할 이익이 있는지 여부(소극) / 이러한 법리는 회사가 영업의 전부 또는 중요한 일부를 양도하는 계약을 체결하는 경우에도 마찬가지인지 여부(적극)]

[1] 관련 법리

주식회사의 주주는 주식의 소유자로서 회사의 경영에 이해관계를 가지고 있기는 하지만, 직접 회사의 경영에 참여하지 못하고 주주총회의 결의를 통해서 이사를 해임하거나 일정한 요건에 따라 이사를 상대로 그 이사의 행위에 대하여 유지청구권을 행사하여 그 행위를 유지시키고 대표소송에 의하여 그 책임을 추궁하는 소를 제기하는 등 회사의 영업에 간접적으로 영향을 미칠 수 있을 뿐이다. 그러므로 주주가 회사의 재산관계에 대하여 법률상 이해관계를 가진다고 평가할 수 없고, 주주는 직접 제3자와의 거래관계에 개입하여 회사가 체결한 계약의 무효 확인을 구할 이익이 없다(대법원 1979. 2. 13. 선고 78다1117 판결, 대법원 2001. 2. 28.자 2000마7839 결정 등 참조). 이러한 법리는 회사가 영업의 전부 또는 중요한 일부를 양도하는 계약을 체결하는 경우에도 마찬가지이다.

또 주식회사의 채권자는 회사가 제3자와 체결한 계약이 자신의 권리나 법적 지위를 구체적으로 침해하거나 이에 직접적으로 영향을 미치는 경우에는 그 계약의 무효 확인을 구할 수 있으나, 그 계약으로 인하여 회사의 변제 자력이 감소되어 그 결과 채권의 전부나 일부가 만족될 수 없게 될 뿐인 때에는 채권자의 권리나 법적 지위가 그 계약에 의해 구체적으로 침해되거나 직접적으로 영향을 받는다고 볼 수 없으므로 직접 그 계약의 무효확인을 구할 이익이 없다.

[2] 판단

(가) 원고가 주식회사 티에프솔루션(이하 '티에프솔루션'이라 한다)의 주주 및 채권자의 지위에서 직접 티에프솔루션과 피고 사이에 체결된 영업양도계약(이하 '이 사건 계약'이라 한다)의 무효 확인을 구한 데 대하여 원심은 다음과 같이 판단

하였다. 원고는 주주의 지위에서 일정한 요건에 따라 대표이사의 행위에 대하여 유지청구권을 행사하거나(상법 제402조) 대표소송에 의하여 그 책임을 추궁하는 소를 제기할 수 있을 뿐(상법 제403조) 직접 이 사건 계약의 무효 확인을 구할 이익이 없다. 또 원고는 티에프솔루션에 대한 채권자의 지위에서 이 사건 계약 이후 티에프솔루션의 변제 자력에 변동이 발생하여 채권을 변제받을 수 없게 되는 것일 뿐, 이 사건 계약으로 인해 채권의 내용에 실질적인 영향이 있는 것은 아니므로 원고의 권리 또는 법률상의 지위에 불안이나 위험이 있다고 볼 수 없으므로 채권자의 지위에서도 직접 이 사건 계약의 무효확인을 구할 이익이 없다. 이와 같은 원심의 판단은 앞에서 본 법리에 따른 것으로 정당하고, 거기에 상고이유 주장과 같은 주식회사의 주주나 채권자가 갖는 확인의 이익에 관한 법리오해의 위법이 없다.

(나) 한편 원심은 부가적으로 이 사건 계약에는 상법 제374조에 따른 주주총회의 특별결의가 필요하지 않으므로 이 사건 계약이 주주총회의 특별결의 없이 체결되었다고 하여 무효가 되는 것은 아니라고 판단하였다. 그런데 앞에서 본 바와 같이 원고가 이 사건 계약의 무효 확인을 구할 이익이 없다는 원심의 주된 판단이 정당한 이상, 설령 원심의 위와 같은 부가적 판단에 이 부분 상고이유 주장과 같은 잘못이 있다고 하더라도, 이는 판결 결과에 아무런 영향을 줄 수 없으므로 이 부분 상고이유는 더 나아가 살펴볼 필요 없이 이유 없다.

2. 영업 전부의 임대 또는 경영위임

회사가 영업 전부의 임대 또는 경영위임, 타인과 영업의 손익 전부를 같이 하는 계약, 그 밖에 이에 준하는 계약의 체결·변경 또는 해약을 하는 경우에는 주주총회의 특별결의가 있어야 한다(법374①(2)).

3. 회사의 영업에 중대한 영향을 미치는 다른 회사의 영업 전부 또는 일부의 양수

회사가 회사의 영업에 중대한 영향을 미치는 다른 회사의 영업 전부 또는 일부를 양수하는 경우에는 주주총회의 특별결의가 있어야 한다(법374①(3)).

4. 간이영업양도

(1) 의의

상법 제374조 제1항 각 호의 어느 하나에 해당하는 행위를 하는 회사의 총
주주의 동의가 있거나 그 회사의 발행주식총수의 90% 이상을 해당 행위의 상대
방이 소유하고 있는 경우에는 그 회사의 주주총회의 승인은 이를 이사회의 승인
으로 갈음할 수 있다(법374의3①). 이를 간이영업양도라고 한다.

(2) 주주에 대한 통지

회사는 영업양도, 양수, 임대 등의 계약서 작성일부터 2주 이내에 주주총회
의 승인을 받지 아니하고 영업양도, 양수, 임대 등을 한다는 뜻을 공고하거나 주
주에게 통지하여야 한다(법374의3② 본문). 다만, 총주주의 동의가 있는 경우에는
그러하지 아니하다(법374의3② 단서).

(3) 주식매수청구

위의 공고 또는 통지를 한 날부터 2주 이내에 회사에 대하여 서면으로 영업
양도, 양수, 임대 등에 반대하는 의사를 통지한 주주는 그 기간이 경과한 날부터
20일 이내에 주식의 종류와 수를 기재한 서면으로 회사에 대하여 자기가 소유하
고 있는 주식의 매수를 청구할 수 있다(법374의3③ 전단). 이 경우 반대주주의 주
식매수청구에 관한 제374조의2 제2항부터 제5항까지의 규정을 준용한다(법374의
3③ 후단).

5. 사후설립

회사가 그 성립 후 2년 내에 그 성립 전부터 존재하는 재산으로서 영업을
위하여 계속하여 사용하여야 할 것을 자본금의 5% 이상에 해당하는 대가로 취득
하는 계약을 하는 경우에는 제374조를 준용한다(법375).

Ⅶ. 반대주주의 주식매수청구권

1. 의의

반대주주의 주식매수청구권이란 주주총회에서 주주의 이익에 중대한 영향을 미치는 일정한 사항이 다수결에 의하여 결의된 경우에 그 결의에 반대한 주주가 회사에 대하여 자기의 소유주식을 공정한 가격으로 매수할 것을 청구할 수 있는 권리를 말한다. 다수파 주주와 소수파 주주 사이의 이익을 조화시키기 위한 제도로 다수파 주주는 자신들의 계획을 실현할 수 있고, 소수파 주주는 투하자본을 공정한 가격으로 회수할 수 있는 기회를 얻는 것이다. 상법 제374조의2 제2항 내지 제4항의 규정 취지에 비추어 보면, 반대주주의 주식매수청구권은 이른바 형성권으로서 그 행사로 회사의 승낙 여부와 관계없이 주식에 관한 매매계약이 성립한다.[12)]

상법은 영업양도 등을 위한 특별결의(법374의2①), 합병계약서의 승인을 위한 특별결의(법522의3①), 분할합병을 위한 특별결의(법530의11, 법522의3) 및 주식교환·주식이전을 위한 특별결의(법360의5①, 법360의 22)의 경우에만 반대주주의 주식매수청구권을 허용한다.

2. 절차

상법 제374조에 따른 결의사항에 반대하는 주주(의결권이 없거나 제한되는 주주를 포함)는 주주총회 전에 회사에 대하여 서면으로 그 결의에 반대하는 의사를 통지한 경우에는 그 총회의 결의일부터 20일 이내에 주식의 종류와 수를 기재한 서면으로 회사에 대하여 자기가 소유하고 있는 주식의 매수를 청구할 수 있다(법374의2①). 청구를 받으면 해당 회사는 같은 항의 매수청구기간이 종료하는 날부터 2개월 이내에 그 주식을 매수하여야 한다(법374의2②).

---

12) 대법원 2011. 4. 28. 선고 2009다72667 판결.

** 관련 판례: 서울고등법원 2019. 10. 23. 선고 2019나2019670 판결

[1] 관련 법리

상법 제374조 제1항 제1호 및 제3호에 의하면 회사가 영업의 전부 또는 중요한 일부를 양도하거나 회사의 영업에 중대한 영향을 미치는 다른 회사의 영업 전부 또는 일부를 양수할 때에는 출석한 주주의 의결권의 3분의 2 이상의 수와 발행주식총수의 3분의 1 이상의 수로써 의결하는 주주총회 특별결의가 있어야 하고, 상법 제374조의2 제1항에 의하면 위 결의사항에 반대하는 주주는 주식매수청구권을 행사할 수 있는바, 위 상법 규정에 비추어 보면 반대주주의 주식매수청구권의 원인이 되는 결의사항인 영업양도 또는 영업양수계약이 존재하지 않게 된 경우에는 반대주주의 주식매수청구권도 당연히 실효된다고 봄이 타당하다.

그런데 상법 제374조는 효력규정인 강행법규로 회사의 영업의 전부 또는 중요한 일부를 양도하거나 회사의 영업에 중대한 영향을 미치는 다른 회사의 영업 전부 또는 일부를 양수함에 있어서 주주총회 특별결의를 거치지 않은 경우에는 당해 양도 또는 양수계약은 당연무효가 되고(대법원 2012. 4. 12. 선고 2011다106143 판결, 대법원 2014. 10. 15. 선고 2013다38633 판결 등 참조), 상법 제376조 제2항, 제190조 본문에 의하면 영업양도 또는 영업양수에 관한 주주총회 특별결의를 취소하는 판결은 소급효가 인정된다.

[2] 판단

앞서 본 기초사실에 의하면 관련 사건에서 주주총회 특별결의 요건을 충족하지 못하였다는 이유로 이 사건 영업양도계약을 승인한 소외 회사의 주주총회 특별결의를 취소하는 판결이 선고되어 확정된 사실이 인정되는바, 위 판결에 따라 이 사건 영업양도계약을 결의한 소외 회사의 주주총회 특별결의의 효력은 소급적으로 무효가 되고, 이 사건 영업양도계약은 상법 제374조 제1항 제3호에서 정한 주주총회 특별결의를 결여한 것으로 무효가 되어, 결과적으로 이 사건 영업양도계약을 전제로 하는 원고의 이 사건 주식매수청구권 행사도 소급하여 그 효력을 상실하게 된다(이와 같이 이 사건 영업양도계약이 무효여서 이 사건 주식매수청구권 행사도 효력이 없다고 판단하는 이상, 이 사건 영업양도계약 제9조 제2항에 의한 적법한 해제가 있었는지 여부에 대하여는 따로 판단하지 않는다). 따라서 원고의 이 사건 주식매수청구권 행사가 유효함을 전제로 한 주식매수대금청구는 이유 없다.

3. 매수가액

주식의 매수가액은 주주와 회사간의 협의에 의하여 결정한다(법374의2③). 매수청구기간이 종료하는 날부터 30일 이내에 주주와 회사간의 협의가 이루어지지 아니한 경우에는 회사 또는 주식의 매수를 청구한 주주는 법원에 대하여 매수가액의 결정을 청구할 수 있다(법374의2④). 법원이 주식의 매수가액을 결정하는 경우에는 회사의 재산상태 그 밖의 사정을 참작하여 공정한 가액으로 이를 산정하여야 한다(법374의2⑤).

** 관련 판례: 수원고등법원 2020. 4. 16. 선고 2019나13496 판결
[주식매수대금청구]
[1] 원고의 주장과 피고의 항변
원고는, 피고 회사의 '본점 소재지 건물 및 토지의 양도'는 영업의 전부 또는 중요한 일부의 양도에 해당하고, 피고 회사의 주주명부상 주주였던 원고는 그 주주총회결의 이전에 피고 회사에 대하여 위 각 부동산 매각 결의에 반대한다는 의사를 통지하였으며, 위 주주총회에서 '본점 소재지 건물 및 토지의 양도' 안건에 대한 찬성 결의가 이루어지자 같은 날 피고 회사에 상법 제374조의 2 제1항에 따라 주식매수청구권을 행사하였음에도 피고 회사는 주식매수대금을 지급하지 않고 있으므로, 상법 제374조의2 제3항, 제4항에 따라 피고 회사에 대하여 회사의 자산상태, 수익성 등을 기준으로 산정한 주식매수대금을 지급할 것을 구한다.
이에 대하여 피고 회사는, 주식매수가액의 결정 사건은 비송절차로 진행되어야 할 비송사건인데, 비송사건절차법에 의하여 처리할 비송사건을 민사소송으로 제소한 이 사건 소는 부적법하다고 항변한다.
[2] 판단
살피건대, 상법 제374조의 2 제4항, 제5항에서는 주식매수가액에 관하여 협의가 이루어지지 않을 경우 법원에 대하여 매수가액의 결정을 청구할 수 있고, 법원이 주식의 매수가액을 결정하는 경우에는 회사의 재산상태 그 밖의 사정을 참작하여 공정한 가액으로 이를 산정하도록 규정하고 있고, 비송사건절차법 제86조의 2에서는 상법 제335조의 5 및 그 준용규정에 의한 주식매수가액의 산정이나 결정 또는 동법 제374조의 2 제4항 및 그 준용규정에 의한 주식매수가액의 결정에 관한 규정을 두고 있다.

위와 같이 주식매수가액 결정 사건은 비송사건절차법의 규정에 따른 비송사건이므로, 피고 회사가 주식매수대금을 지급하지 않는다는 이유로 곧바로 민사소송으로 주식매수대금의 지급을 청구하는 것은 허용되지 않는다. 따라서 이 사건 소는 부적법하다.

VIII. 주주총회결의의 하자

1. 의의

주주총회의 결의는 사단적 법률행위로서 그 성립과정 및 성립 후에 있어 다수의 이해관계인이 존재하게 되므로, 그 결의에 하자가 있는 경우에 민법상 법률행위의 하자에 관한 일반원칙에 의하여 처리하기가 부적절한 경우가 생길 수 있다. 이에 상법에서는 회사에 관한 법률관계의 획일적 처리 및 법적 안정성을 고려하여 회사설립무효의 경우와 마찬가지로 주주총회결의의 하자에 관한 소를 특별히 규정하고 있다.[13]

상법에서 규정하고 있는 주주총회 결의의 하자에 대한 소에는 결의취소의 소(상법376~379), 결의무효확인의 소(상법380), 결의부존재확인의 소(상법380), 부당결의 취소, 변경의 소(상법381)가 있다. 위 4가지 형태의 소 중에서 부당결의 취소, 변경의 소는 회사나 주주 전체의 이익을 위한 것이 아니라, 주주총회결의에 관하여 특별한 이해관계가 있어 의결권을 행사하지 못하였던 주주를 구제하기 위하여 인정되는 점에서 다른 회사나 전체 주주의 이익을 위한 다른 3가지의 소와 구별되는데, 결의취소의 소와 같이 2월의 제소기간의 제한이 있으나, 재량기각 규정은 준용되지 아니한다.

2. 결의취소의 소

(1) 의의

총회의 소집절차 또는 결의방법이 법령 또는 정관에 위반하거나 현저하게 불공정한 때 또는 그 결의의 내용이 정관에 위반한 때에는 주주·이사 또는 감사

---

13) 강영수(2004), "주주총회결의취소의 소와 재량기각: 대법원 2003. 7. 11. 선고 2001다45584 판결", 민사판례연구 26권(2004. 2), 432-470쪽 참조.

는 결의의 날로부터 2월 내에 결의취소의 소를 제기할 수 있다(법376①).

(2) 소의 성질

결의취소의 소는 형성의 소이다. 결의취소의 소는 기존 법률관계의 변경·형성의 효과를 발생함을 목적으로 하는 형성의 소에 해당하고, 이러한 형성의 소는 법률에 명문의 규정이 있는 경우에 한하여 제기할 수 있다.[14]

(3) 소의 원인

주주총회결의에 형식적 하자가 있는 경우 그 하자의 경중에 따라 결의부존재확인 또는 결의취소의 대상으로 나뉘는데, 하자의 경중을 판별하기가 쉽지 않다. 결의취소의 소에는 2월의 단기간의 제소기간이 규정되어 있고, 소 제기의 방법에 의하여 주장하여야 한다는 제한이 있으므로 그 구별의 실익이 있다. 아래서는 주요 판례의 내용을 살펴본다.

(가) 소집절차의 하자

소집절차가 법령 또는 정관에 위반하거나 현저하게 불공정한 경우이다.

1) 이사회 소집결의의 하자

주주총회의 소집은 소집결정권이 있는 이사회의 결정에 따라 그 결정을 집행하는 권한을 가진 대표이사가 하는 것이고, 이사회의 결정이 없이는 이를 소집할 수 없는 것이지만, 이사회의 결정이 없다고 하더라도 외관상 이사회의 결정에 의한 소집형식을 갖추어 소집권한 있는 자가 적법하게 소집절차를 밟은 이상, 이렇게 소집된 총회에서 한 결의는 부존재한다고 볼 수는 없고, 이사회의 결정이 없었다는 사정은 취소사유가 됨에 불과하다.[15] 이사회의 결정이 없었다거나 대표이사 아닌 이사가 소집통지를 하였다는 등의 사정은 그 주주총회결의의 취소사유가 됨에 불과하다.[16]

임시주주총회가 법령 및 정관상 요구되는 이사회의 결의 없이 또한 그 소집절차를 생략하고 이루어졌다고 하더라도, 주주의 의결권을 적법하게 위임받은 수임인과 다른 주주 전원이 참석하여 총회를 개최하는 데 동의하고 아무런 이의

---

14) 대법원 2001. 1. 16. 선고 2000다45020 판결; 대법원 1997. 10. 27.자 97마2269 결정.
15) 대법원 1980. 10. 27. 선고 79다1264 판결.
16) 대법원 2009. 5. 28. 선고 2008다85147 판결.

없이 만장일치로 결의가 이루어졌다면 이는 다른 특별한 사정이 없는 한 유효한 것이다.[17]

2) 소집권한 없는 자의 소집

대표이사 아닌 이사가 이사회의 소집 결의에 따라서 주주총회를 소집한 것이라면 위 주주총회에 있어서 소집절차상 하자는 주주총회결의의 취소사유에 불과하고 그것만으로 바로 주주총회결의가 무효이거나 부존재가 된다고 볼 수 없다.[18]

3) 소집통지의 하자 또는 법정기간 미준수

정당한 소집권자에 의하여 소집된 주주총회에서 정족수가 넘는 주주의 출석으로 출석주주 전원의 찬성에 의하여 이루어진 결의라면, 설사 일부 주주에게 소집통지를 하지 아니하였거나 법정기간을 준수하지 아니한 서면통지에 의하여 주주총회가 소집되었다 하더라도 그와 같은 주주총회소집절차상의 하자는 주주총회결의의 부존재 또는 무효사유가 아니라 단순한 취소사유에 불과하다.[19]

적법한 소집권자에 의하여 소집된 주주총회에서 총주식의 과반수를 넘는 주식을 소유한 주주가 참석하여 참석주주 전원의 찬성으로 결의가 있었으나 일부 주주에게 소집통지를 하지 아니하였거나 법정기간을 준수한 서면통지를 하지 아니하여 그 소집절차에 하자가 있었다면 이 하자는 동 결정의 무효사유가 아니라 취소사유에 해당한다.[20]

주식을 취득한 자가 회사에 대하여 명의개서를 요구하였다 하더라도, 그 주식 취득자에 대한 주식양도의 효력이 다투어져 주주권확인소송 및 명의개서절차 이행청구의 소가 제기되어 있었고, 그 주식 취득자가 명의개서를 청구할 수 있는 주식이 전체 주식의 43%에 불과한 경우에, 회사가 그 주식 취득자의 명의개서 요구에 불응하고 주주명부에 등재되어 있는 자에 대하여만 소집통지를 하여 주주총회를 개최하였다 하더라도 그러한 소집절차상의 하자는 주주총회결의의 무효나 부존재사유가 될 수 없다.[21]

---

17) 대법원 1993. 2. 26. 선고 92다48727 판결.
18) 대법원 1993. 9. 10. 선고 93도698 판결.
19) 대법원 1993. 10. 12. 선고 92다21692 판결.
20) 대법원 1981. 7. 28. 선고 80다2745, 2746 판결.
21) 대법원 1996. 12. 23. 선고 96다32768 판결.

4) 소집방법의 하자

정당한 소집권자에 의하여 소집된 주주총회가 아니라면 그 결의는 당연무효라 할 것이나 그렇지 아니하고 정당한 소집권자에 의하여 소집된 주주총회의 결의라면 설사 주주총회의 소집에 이사회의 결의가 없었고 그 소집통지가 서면에 의하지 아니한 구두소집통지로서 법정소집기간을 준수하지 아니하였으며 또한 극히 일부의 주주에 대하여는 소집통지를 빠뜨렸다 하더라도 그와 같은 주주총회소집절차상의 하자는 주주총회결의의 단순한 취소사유에 불과하다 할 것이고, 취소할 수 있는 결의는 법정기간 내에 제기된 소에 의하여 취소되지 않는 한 유효하다.[22]

(나) 결의방법의 하자

결의방법이 법령 또는 정관에 위반하거나 현저하게 불공정한 경우이다.

1) 주주 아닌 자의 결의 참가

주주총회가 적법하게 소집되어 개회된 이상 의결권없는 자가 의결권을 행사하였으며 동인이 의결권을 행사한 주식수를 제외하면 의결정족수에 미달하여 총회결의에 하자가 있다는 주장은 주주총회 결의방법이 법령 또는 정관에 위반하는 경우에 해당하여 결의취소의 사유에 해당한다.[23]

2) 불공정한 의사진행

사실상 주주 2인으로 구성된 회사의 일방 주주측이 다른 주주의 회의장 입장을 부당하게 방해하였고, 그 의사진행방식 및 결의방식이 신의칙에 반한다는 이유로, 주주총회 결의방법이 현저하게 불공정한 때에 해당한다.[24]

3) 이익공여에 의한 의결권행사

甲 주식회사가 이사회를 개최하여 정기주주총회에서 실시할 임원선임결의에 관한 사전투표 시기(始期)를 정관에서 정한 날보다 연장하고 사전투표에 참여하거나 주주총회에서 직접 의결권을 행사하는 주주들에게 골프장 예약권과 상품교환권을 제공하기로 결의한 다음 사전투표 등에 참여한 주주들에게 이를 제공하여 주주총회에서 종전 대표이사 乙 등이 임원으로 선임되자, 대표이사 등 후보자로 등록하였다가 선임되지 못한 주주 丙 등이 주주총회결의의 부존재 또는 취

---

22) 대법원 1987. 4. 28. 선고 86다카553 판결.
23) 대법원 1983. 8. 23. 선고 83도748 판결.
24) 대법원 1996. 12. 20. 선고 96다39998 판결.

소사유가 존재한다고 주장하면서 乙 등에 대한 직무집행정지가처분을 구한 사안에서, 위 주주총회결의는 정관을 위반하여 사전투표기간을 연장하고 사전투표기간에 전체 투표수의 약 67%에 해당하는 주주들의 의결권행사와 관련하여 사회통념상 허용되는 범위를 넘어서는 위법한 이익이 제공됨으로써 주주총회결의 취소사유에 해당하는 하자가 있으므로, 위 가처분신청은 乙 등에 대한 직무집행정지가처분을 구할 피보전권리의 존재가 인정되는데도, 이와 달리 보아 가처분신청을 기각한 원심결정에는 주주총회결의 취소사유에 관한 법리오해의 위법이 있다.[25]

4) 의장의 무자격

정관상 의장이 될 사람이 아닌 자가 정당한 사유없이 주주총회 의장이 되어 진행한 주주총회결의의 효력: 원고가 의장이 되어 진행하던 피고회사의 위 주주총회에서 동 주주총회에서의 의결권있는 주식의 3분의 1을 소유하고 있던 위 박대규가 자기를 의장으로 선출하는 절차를 거치지 아니하고 자기가 자칭 의장으로서 의장인 원고를 배제하고 동 주주총회의 의안대로 당시의 피고회사의 대표이사였던 원고를 비롯한 전임원을 해임하고 박대규 자신을 대표이사로 선임한 것을 비롯한 위 설시의 임원을 선임한다고 선포하자 동 주주총회에서의 의결권있는 주식의 3분의 1을 소유하고 있던 위 이상준이가 그 임원의 해임 및 선임에 찬성의 의사를 표시하였으므로 동 박대규가 폐회선언을 하였는데 원고는 그 결의는 특별한 이해관계있는 사람들이 한 의결권없는 사람들의 결의로서 위 주주총회는 유회된 것이라고 폐회선언을 하였다는 것으로 귀결되는바, 본건의 경우에 있어서 정관상 의장이 될 사람이 아닌 위 박대규가 정당한 사유없이 위 주주총회의 의장이 되어 의사에 관여하였다고 가정하더라도 그 사유만으로서는 위 주주총회에서의 결의가 부존재한 것으로 볼 수는 없는 것이고 그러한 하자는 다만 그 결의방법이 정관에 위반하는 것으로서 주주총회의 결의취소사유에 해당하는데 지나지 않는 것으로 볼 수밖에 없으며 원심의 위 인정사실에 의할지라도 그밖에 위 주주총회의 결의가 부존재한 것이라고 단정할 수는 없는 것이라고 할 것이다.[26]

그러나 개회선언된 주주총회에서 의안에 대한 심사를 마치지 아니한 채 법

---

25) 대법원 2014. 7. 11.자 2013마2397 결정.
26) 대법원 1977. 9. 28. 선고 76다2386 판결.

률상으로나 사실상으로 의사를 진행할 수 있는 상태에서 주주들의 의사에 반하여 의장이 자진하여 퇴장한 경우 주주총회가 폐회되었다거나 종결되었다고 할 수는 없으며, 이 경우 의장은 적절한 의사운영을 하여 의사일정의 전부를 종료케 하는 등의 직책을 포기하고 그의 권한 및 권리행사를 하지 아니하였다고 볼 것이므로, 퇴장 당시 회의장에 남아 있던 주주들이 임시의장을 선출하여 진행한 임시주주총회의 결의도 적법하다고 할 것이다(대법원 1983. 8. 23. 선고 83도748 판결 참조).27)

(다) 결의내용의 정관위반

결의의 내용이 정관에 위반하는 경우이다. 정관이 정한 정원 이상의 이사를 선임하는 결의, 정관이 정한 이사의 자격을 갖추지 못한 자를 이사로 선임하는 결의 등이 이에 해당한다.

(4) 원고

주주총회결의 취소의 소를 제기할 수 있는 자는 주주·이사 또는 감사에 한한다. 주주총회의 결의는 회사의 최고 의사결정인데, 경미한 하자로 인하여 효력을 다투는 일에 그 조직과 직접 관계가 없는 자에게까지 제소권을 줄 필요가 없다는 취지에서 제소권자가 제한된 것이다.

(가) 주주

주주는 총회결의 당시에 주주가 아니더라도 제소 당시에 주주 자격을 가지고 있으면 되지만, 소송계속 중에는 주주의 지위를 유지하고 있어야 한다. 주주는 자기가 주주총회의 결의에 의하여 불이익을 입었는가의 여부에 관계없이 결의취소의 소를 제기할 수 있다. 주주는 다른 주주에 대한 소집절차의 하자를 이유로 주주총회결의 취소의 소를 제기할 수도 있다.28) 주주는 취소를 구하는 결의 당시에 주주였을 필요는 없으나 주주총회결의 취소의 소를 제기할 당시에 주주의 지위에 있어야 하고, 주주총회결의 취소소송의 계속 중 원고가 주주로서의 지위를 상실하면 원고는 상법 제376조에 따라 그 취소를 구할 당사자적격을 상실한다.29)

---

27) 대법원 2001. 5. 15. 선고 2001다12973 판결.
28) 대법원 2003. 7. 11. 선고 2001다45584 판결.
29) 대법원 2011. 2. 10. 선고 2010다87535 판결.

(나) 이사·감사

이사 또는 감사는 제소 당시 이사 또는 감사이어야 한다.

** 관련 판례: 대법원 2019. 2. 14. 선고 2015다255258 판결
[사실심 변론종결 후에 원고 이사의 사망과 소송의 종료 여부]

이사가 그 지위에 기하여 주주총회결의 취소의 소를 제기하였다가 소송 계속 중에 사망하였거나 사실심 변론종결 후에 사망하였다면, 그 소송은 이사의 사망으로 중단되지 않고 그대로 종료된다. 이사는 주식회사의 의사결정기관인 이사회의 구성원이고, 의사결정기관 구성원으로서의 지위는 일신전속적인 것이어서 상속의 대상이 되지 않기 때문이다(대법원 2004. 4. 27. 선고 2003다64381 판결 등 참조).

---

(5) 피고

피고는 회사이다. 주주총회결의 취소는 대세적 효력이 있으므로 그와 같은 소송의 피고가 될수 있는 자는 그 성질상 회사로 한정된다.[30]

(6) 소의 절차
(가) 제소기간

결의취소의 소를 제기할 수 있는 2개월의 기간은 제척기간이므로 소멸시효 기간에 있어서와 같은 기간의 중단이나 정지가 인정될 여지가 없다. 주주총회의 결의내용이 등기할 사항이라든가, 제소권자인 주주나 이사가 결의가 있었던 사실을 몰랐다고 하더라도 제소기간의 기산일을 늦출 수 없다. 또한 제소기간은 제3자에 대하여 중대한 의미를 가지므로 소송당사자의 합의나 정관에 의하여 기간을 변경하는 것도 허용되지 않는다.

주주총회결의 취소의 소는 상법 제376조 제1항에 따라 그 결의의 날로부터 2개월 내에 제기하여야 하고, 이 기간이 지난 후에 제기된 소는 부적법하다. 그리고 주주총회에서 여러 개의 안건이 상정되어 각기 결의가 행하여진 경우 위 제소기간의 준수 여부는 각 안건에 대한 결의마다 별도로 판단되어야 한다.[31]

---

30) 대법원 1982. 9. 14. 선고 80다2425 전원합의체 판결.
31) 대법원 2010. 3. 11. 선고 2007다51505 판결.

주주총회결의취소의 소는 상법 제376조에 따라 결의의 날로부터 2월 내에 제기하여야 하나, 동일한 결의에 관하여 무효확인의 소가 상법 제376조 소정의 제소기간 내에 제기되어 있다면, 동일한 하자를 원인으로 하여 결의의 날로부터 2월이 경과한 후 취소소송으로 소를 변경하거나 추가한 경우에도 무효확인의 소 제기시에 제기된 것과 동일하게 취급하여 제소기간을 준수하였다고 보아야 한다.[32]

(나) 제소주주의 담보제공의무

주주가 결의취소의 소를 제기한 때에는 법원은 회사의 청구에 의하여 상당한 담보를 제공할 것을 명할 수 있다(법377① 본문). 그러나 그 주주가 이사 또는 감사인 때에는 그러하지 아니하다(법377① 단서).

(다) 재량기각

상법은 주주총회의 적정한 운용을 확보하고 주주의 이익을 보호하기 위하여 상대적으로 경미한 절차상 및 내용상의 하자에 대하여 주주총회 결의취소의 소를 인정하고 있는 반면, 그 하자가 가볍고 회사나 주주 어느 쪽에도 실질적인 손해가 없음에도 불구하고 사소한 결점을 들어 회사를 곤경에 빠뜨리려고 하는 주주의 남소를 방지하기 위하여 법원이 재량으로 청구를 기각할 수 있는 규정을 두고 있다. 즉 결의취소의 소가 제기된 경우에 결의의 내용, 회사의 현황과 제반 사정을 참작하여 그 취소가 부적당하다고 인정한 때에는 법원은 그 청구를 기각할 수 있다(법379).

재량기각은 법원의 심리결과 원고가 주장하는 바와 같은 하자가 인정됨에도 제반 사정을 참작하여 원고의 취소청구를 기각하는 것으로, 주장하는 하자가 전혀 없거나 하자가 있어도 사후적으로 치유되어 위법하다고 평가되지 아니하여 원고의 청구를 배척하는 본래적인 청구의 기각과는 구별된다.

주주총회결의 취소의 소에 있어 법원의 재량에 의하여 청구를 기각할 수 있음을 밝힌 상법 제379조는, 결의의 절차에 하자가 있는 경우에 결의를 취소하여도 회사 또는 주주에게 이익이 되지 않든가 이미 결의가 집행되었기 때문에 이를 취소하여도 아무런 효과가 없든가 하는 때에 결의를 취소함으로써, 회사에 손해를 끼치거나 일반거래의 안전을 해치는 것을 막고 결의취소의 소의 남용을 방

---

32) 대법원 2003. 7. 11. 선고 2001다45584 판결.

지하려는 취지이며, 또한 위와 같은 사정이 인정되는 경우에는 당사자의 주장이 없더라도 법원이 직권으로 재량에 의하여 취소청구를 기각할 수도 있다.[33)

** 관련 판례

① 대법원 1978. 9. 26. 선고 78다1219 판결

주주총회결의취소의 소가 제기된 경우에 상법 제379조에 의하여 법원이 재량기각을 함에 있어서는 먼저 주주총회결의의 자체가 법률상 존재함이 전제가 되어야 할 것이므로 주주총회소집이 이사회의 결정없이 소집된 경우에는 주주총회결의 자체가 법률상 존재하지 않은 경우로서 상법 제379조를 적용할 여지가 없다.

② 대법원 1987. 9. 8. 선고 86다카2971 판결

[결산기를 변경시행하기로 한 정관변경결의 취소의 청구에 대하여 상법 제379조에 따라 법원이 재량기각한 사례]

[1] 원심의 판단

원심판결 이유에 의하면, 원심은 피고가 정관규정 사항인 회계년도의 개시일자와 종료일자를 개정하기 위하여 소집된 1984. 8. 11. 임시주주총회에서 원고들을 포함한 주주들의 반대로 인하여 정관변경에 필요한 의결정족수를 채우기 어렵게 되자 속행결의를 하여 그 이듬해 9.4까지 이틀 내지 한달의 간격으로 29회에 걸쳐 주주총회를 속행하여 오던중 1985. 9. 18. 원고들 가운데 일부를 대리한 이진형이 참석할 수 없게 되어 위 원고들이 이석희를 대리인으로 선임하여 위임장을 제출하였던 바 위임장의 접수가 거절되어 이석희가 참석하지 못하고 정관변경에 찬성하는 주주측의 의결권이 출석주주의 3분의 2 이상이 된 상태에서 정관변경결의를 한 사실을 인정하고 위 정관변경의 의안은 원래 1984. 8. 11. 임시주주총회에서 부결될 것이었는데 정관변경에 찬성하는 주주들이 이를 방지하기 위하여 속행결의를 하고 그 후의 계속회에서도 같은 목적으로 거듭 속행결의를 한 것으로서 이러한 속행결의는 정관변경에 반대하는 원고주주들의 주주권행사를 부당하게 침해하기 위한 것이므로 위 속행결의에 의하여 개최된 계속회에서의 정관변경결의는 결의방법이 현저하게 불공정하여 취소사유가 있다고 판단한 다음 위 정관변경은 1982. 2. 16. 전국상호신용금고연합회에서 각 상호신용금고의 결산기를 변경시행하기로 결의하고 재무부가 이를 인가승인하였으며 다른

---

33) 대법원 2003. 7. 11. 선고 2001다45584 판결.

상호신용금고들과 함께 피고도 1982년 이래 이를 시행하여 오고 있는데 원고들이 피고의 경영권을 둘러싼 분규로 인하여 위 정관변경과는 관계없는 요구사항을 내세우고 그 요구가 받아들여지지 않음을 이유로 정관변경에 반대하여온 사실, 금융기관의 업무는 다른 금융기관과의 유기적, 통일적 연계가 필요하며 피고만이 사업년도를 달리할 경우 업무의 정상적인 운영이 어렵게 되고 회계년도의 변경은 주주의 이해관계에도 영향이 없는 점등 제반사정을 참작하여 볼 때 위 주주총회의 결의를 취소함은 부적당하다 하여 원고들의 주주총회결의 취소청구를 기각하였다.

[2] 대법원 판단

주주총회결의취소의 소에 있어 법원의 재량에 의하여 청구를 기각할 수 있음을 밝힌 상법 제379조는 결의의 절차에 하자가 있는 경우에 결의를 취소하여도 회사 또는 주주의 이익이 되지 않든가 이미 결의가 집행되었기 때문에 이를 취소하여도 아무런 효과가 없든가 하는 때에 결의를 취소함으로써 오히려 회사에게 손해를 끼치거나 일반거래의 안전을 해치는 것을 막고 또 소의 제기로써 회사의 질서를 문란케 하는 것을 방지하려는 취지이므로 원심이 그 인정의 결의내용, 피고의 현황, 다른 금융기관의 실태, 원고들의 제소목적 등 제반사정을 참작하여 원고들의 청구를 기각하였음은 정당하고 소론과 같은 법리오해의 위법이 없다. 그리고 원심이 1985. 9. 18. 임시주주총회에 있어서의 출석 및 결의에 찬성한 주식수 등을 심리하였음이 기록상 분명하고, 그 결의가 의결정족수를 충족하고 있음이 명백한 이상 판결이유에 출석 및 찬성주식수를 구체적으로 표시하지 아니하고 의결정족수를 갖추었다고 설시하였다 하여 소론과 같은 이유불비의 흠이 있는 것은 아니다. 논지는 이유없다.

③ 서울고등법원 1998. 8. 25. 선고 98나5267 판결

[은행 주주총회결의취소의 소가 제기된 경우에 그 결의에 하자는 있으나, 결의의 내용, 회사의 현황, 현재의 경제상황 등 여러 사정을 참작할 때 그 취소가 부당하다고 본 사례]

은행의 주주총회결의가 절차상의 하자로 인하여 취소된다면 그 결의를 통하여 선임된 이사들로 구성된 이사회에서 행한 일련의 정상화계획, 특별융자, 자본감소를 조건으로 한 정부의 출자, 부실채권의 매각 등이 무효로 돌아가 은행의 자기자본비율이 크게 하락함으로써 그에 따른 예금인출사태, 업무정지나 폐쇄조치 등에 의하여 도산의 위험성이 예상되고, 다른 금융기관들의 신인도 하락이나 금융위기의 발생까지 예상되는 경우, 그 결의를 취소하는 것은 당해 은행이나 그

주주 나아가 일반 국민들에게 아무런 이익이 되지 않는 것으로 판단되고 오히려 양자에게 돌이킬 수 없는 손해를 끼치거나 일반거래의 안전을 해할 것으로 보여 질 뿐만 아니라 주주총회결의의 하자가 상대적으로 경미한 점 등에 비추어 주주 총회결의를 취소하는 것은 부당하다고 본 사례.

(라) 관할 등

결의취소의 소는 회사의 본점소재지의 지방법원의 전속관할에 속한다(법376 ②, 법186). 소가 제기된 때에는 회사는 지체없이 이를 공고하여야 한다(법376②, 법187). 공고는 다른 주주들로 하여금 소송에 참가할 수 있는 기회를 주기 위한 것이다. 수개의 소가 제기된 때에는 이를 병합심리하여야 한다(법376②, 법188). 이것은 심리의 효율과 판결의 저촉을 막기 위한 것이다.

(7) 판결의 효력
(가) 원고승소의 경우
1) 대세적 효력

원고승소의 경우 주주총회결의 취소판결은 당사자 이외의 제3자에게 대하여도 그 효력이 있다(법376②, 법190 본문). 따라서 당사자가 아닌 다른 주주나 이사에게도 판결의 효력이 미친다. 이는 회사에 관한 법률관계를 획일적으로 확정하기 위한 것이다.

2) 등기

결의한 사항이 등기된 경우에 결의취소의 판결이 확정된 때에는 본점과 지점의 소재지에서 등기하여야 한다(법378).

(나) 원소패소의 경우

원소패소의 경우 판결의 효력은 당사자 사이에만 미치고, 제3자에게는 미치지 않는다. 따라서 다른 제소권자는 새로이 소를 제기할 수 있다. 그러나 제소기간이 도과한 경우가 대부분일 것이다.

결의취소의 소를 제기한 원고가 패소한 경우에 원고에게 악의 또는 중과실이 있는 때에는 회사에 대하여 연대하여 손해를 배상할 책임이 있다(법376②, 법191).

3. 결의무효확인의 소

(1) 의의

결의의 내용이 법령에 위반하는 경우에는 결의무효확인의 소를 제기할 수 있다(법380). 주주총회의 결의무효 사유는 주주총회의 결의의 내용이 법령에 위반하는 경우이고, 주주의 고유권을 침해하는 결의나 선량한 풍속 기타 사회질서에 위반하는 내용의 결의 등이 법령에 위반하는 경우에 해당될 수 있다.

(2) 소의 성질

판례는 결의무효확인의 소의 성질을 확인의 소로 보고 있다. 따라서 주주총회결의 효력이 회사 아닌 제3자 사이의 소송에서 선결문제로 된 경우에 당사자는 언제든지 당해 소송에서 주주총회결의가 처음부터 무효 또는 부존재한다고 주장하면서 다툴 수 있고, 반드시 먼저 회사를 상대로 주주총회의 효력을 직접 다투는 소송을 제기하여야 하는 것은 아니다.[34]

(3) 소의 원인

총회결의의 내용이 법령에 위반하는 경우이다(법380). 결의의 내용이 법령에 위반하는 경우는 예컨대 주주평등의 원칙에 반하는 결의, 주주 유한책임의 원칙에 반하여 추가출자의무를 지우는 결의, 위법한 재무제표를 승인하는 결의, 상법 462조에 위반하는 이익배당결의, 선량한 풍속 기타 사회질서에 위반하는 내용의 결의 등을 들 수 있다.

** 관련 판례: 대법원 1982. 9. 14. 선고 80다2425 전원합의체 판결
　[임원선임의 임시주주총회 결의 및 이사회 결의의 무효확인이나 부존재 확인의 소에 있어서 해당임원이 모두 사임하고 새로운 임원이 선임된 경우 소의 이익유무]
　임원선임의 임시주주총회결의와 이사회결의에 의하여 피고 회사의 이사, 감사 또는 대표이사로 선임되었다고 하는 피고 최성, 한학수, 김정림, 이상민과 소외 윤문희 등이 모두 그 직을 사임하여 그 사임등기까지 경료되었고 그 후 새로

---

34) 대법원 2011. 6. 24. 선고 2009다35033 판결.

운 임시주주총회 및 이사회결의에 의하여 이사 등이 새로 선임되었다면 특별한
사정이 없는 한 원심판결의 별지목록 제2호의 1 내지 제4호의 2기재 피고 회사의
임시주주총회결의와 이사회결의의 부존재확인이나 무효확인을 구할 법률상의 이
익은 없다.

(4) 원고

제소권자와 제소기간에 대한 제한이 없으므로 누구든지, 언제든지, 소의 이
익이 있는 한 소를 제기할 수 있다(법380).

(5) 피고

피고는 회사이다. 주주총회결의무효 확인판결은 대세적 효력이 있으므로 그
와 같은 소송의 피고가 될 수 있는 자는 그 성질상 회사로 한정된다.[35]

회사를 상대로 주주총회결의 무효확인을 구하는 소에서 그 결의가 무효라고
볼 만한 중대한 하자가 있는지 다툼이 있는 경우, 결의 자체가 있었다는 점에 관
해서는 회사가 증명책임을 부담하고, 그 결의에 이를 무효로 볼 만한 중대한 하
자가 있다는 점에 관해서는 그 하자를 주장하는 측이 증명책임을 부담하는 것이
원칙이다.[36]

(6) 소의 절차
(가) 제소기간

제소기간의 제한이 없으므로 소의 이익이 있는 한 언제든지 제기할 수 있다.
(나) 제소주주의 담보제공의무

결의취소의 소의 경우와 동일하다.
(다) 관할 등

결의취소의 소의 경우와 동일하다.

(7) 판결의 효력

결의취소의 소의 경우와 동일하다.

---

35) 대법원 1982. 9. 14. 선고 80다2425 전원합의체 판결.
36) 대법원 2010. 7. 22. 선고 2008다37193 판결.

> **** 관련 판례**: 대법원 2021. 7. 22. 선고 2020다284977 전원합의체 판결
> **[주주총회결의의 부존재 또는 무효 확인을 구하는 소를 여러 사람이 공동으로 제기한 경우, 민사소송법 제67조가 적용되는 필수적 공동소송에 해당하는지 여부 (적극)]**
>
> [다수의견] 주주총회결의의 부존재 또는 무효확인을 구하는 소의 경우, 상법 제380조에 의해 준용되는 상법 제190조 본문에 따라 청구를 인용하는 판결은 제3자에 대하여도 효력이 있다. 이러한 소를 여러 사람이 공동으로 제기한 경우 당사자 1인이 받은 승소판결의 효력이 다른 공동소송인에게 미치므로 공동소송인 사이에 소송법상 합일확정의 필요성이 인정되고, 상법상 회사관계소송에 관한 전속관할이나 병합심리 규정(상법 제186조, 제188조)도 당사자 간 합일확정을 전제로 하는 점 및 당사자의 의사와 소송경제 등을 함께 고려하면, 이는 민사소송법 제67조가 적용되는 필수적 공동소송에 해당한다.
>
> [별개의견] 청구를 기각하는 판결은 제3자에 대해 효력이 없지만 청구를 인용하는 판결은 제3자에 대해 효력이 있는 상법상 회사관계소송에 관하여 여러 사람이 공동으로 소를 제기한 경우, 이러한 소송은 공동소송의 원칙적 형태인 통상공동소송이라고 보아야 한다. 필수적 공동소송의 요건인 합일확정의 필요성을 인정할 수 없어, 민사소송법 제67조를 적용하여 소송자료와 소송 진행을 엄격히 통일시키고 당사자의 처분권이나 소송절차에 관한 권리를 제약할 이유나 필요성이 있다고 할 수 없다.

4. 결의부존재확인의 소

(1) 의의

결의부존재확인의 소는 총회의 소집절차 또는 결의방법에 총회결의가 존재한다고 볼 수 없을 정도의 중대한 하자가 있는 것을 이유로 하여 제기하는 소이다(법380).

(2) 소의 성질

판례는 결의무효확인의 소의 성질과 동일하게 결의부존재확인의 소의 성질을 확인의 소로 보고 있다, 따라서 상법 제380조가 규정하는 주주총회결의 부존재 확인판결은 '주주총회결의'라는 주식회사 내부의 의사결정이 일단 존재하기는

하지만 그와 같은 주주총회의 소집절차 또는 결의방법에 중대한 하자가 있기 때문에 그 결의를 법률상 유효한 주주총회의 결의라고 볼 수 없음을 확인하는 판결을 의미하는 것으로 해석함이 상당하고, 실제의 소집절차와 실제의 회의절차를 거치지 아니한 채 주주총회의사록을 허위로 작성하여 도저히 그 결의가 존재한다고 볼 수 없을 정도로 중대한 하자가 있는 경우에는 상법 제380조 소정의 주주총회결의부존재확인판결에 해당한다고 보아 상법 제190조를 준용할 것도 아니다.[37]

(3) 소의 원인

주주총회를 소집할 권한이 없는 자가 이사회의 주주총회 소집결정도 없이 소집한 주주총회에서 이루어진 결의는 특별한 사정이 없는 한 총회 및 결의라고 볼 만한 것이 사실상 존재한다고 하더라도 그 성립과정에 중대한 하자가 있어 법률상 존재하지 않는다고 보아야 한다.[38] 예를 들면 소집통지한 지정된 일시에 주주총회가 流會된 후 소집권자의 적법한 새로운 소집절차 없이 같은 장소, 같은 날, 다른 시간에 개최된 주주총회에서의 결의,[39] 대표이사가 1987. 2. 26. 10:00 회사 사무실에서 임시주주총회를 개최한다는 통지를 하였으나 주주총회 당일 16:00경 소란으로 인하여 사회자가 주주총회의 산회 선언을 하였는데, 그 후 주주 3인이 별도의 장소에 모여서 한 결의,[40] 권한이 없는 자가 소집한 주주총회의 결의,[41] 이사회의 결의 없이 무권한자가 일부 주주에게만 구두통지하여 소집한 주주총회의 결의,[42] 발행주식총수 20,000주 중 12,000주에 기한 의결권을 행사할 수 있는 자에게 소집통지를 하지 아니하고 한 총회의 결의,[43] 주주가 아닌 자에 의한 결의[44] 등이 있다.

---

37) 대법원 1992. 9. 22. 선고 91다5365 판결.
38) 대법원 2022. 11. 10. 선고 2021다271282 판결.
39) 대법원 1964. 5. 26. 선고 63다670 판결.
40) 대법원 1993. 10. 12. 선고 92다28235, 28242 판결(위 주주 3인이 과반수를 훨씬 넘는 주식을 가진 주주라고 하더라도 나머지 일부 소수주주들에게는 그 회의의 참석과 토의, 의결권행사의 기회를 전혀 배제하고 나아가 법률상 규정된 주주총회소집절차를 무시한 채 의견을 같이 하는 일부 주주들만 모여서 한 결의를 법률상 유효한 주주총회의 결의라고 볼 수는 없다고 판시함).
41) 대법원 1990. 2. 9. 선고 89누4642 판결.
42) 대법원 1973. 6. 29. 선고 72다2611 판결.
43) 대법원 1980. 12. 9. 선고 80다128 판결.
44) 대법원 1977. 6. 7. 선고 77다54 판결.

회사 주식 50%의 지분을 가진 주주에게 소집통지를 하지 아니한 채 주주총회를 소집하여 결의를 한 경우 그와 같은 하자는 회사의 주주총회결의가 부존재하거나 또는 무효라고 볼 정도의 중대한 하자에 해당한다.[45]

(4) 원고

결의무효확인의 소와 같이 제소권자와 제소기간에 대한 제한이 없으므로 누구든지, 언제든지 소의 이익이 있는 한 소를 제기할 수 있다(법380).

** 관련 판례

① 대법원 2016. 7. 22. 선고 2015다66397 판결

주주총회결의 부존재확인의 소는 제소권자의 제한이 없으므로 결의의 부존재의 확인에 관하여 정당한 법률상 이익이 있는 자라면 누구나 소송으로써 그 확인을 구할 수 있으나(대법원 1980. 10. 27. 선고 79다2267 판결 등 참조), 확인의 소에 있어서 확인의 이익은 원고의 권리 또는 법률상의 지위에 현존하는 불안·위험이 있고 그 불안·위험을 제거함에는 확인판결을 받는 것이 가장 유효·적절한 수단일 때에만 인정된다(대법원 2011. 9. 8. 선고 2009다67115 판결 등 참조). 그리고 주식회사의 주주는 주식의 소유자로서 회사의 경영에 이해관계를 가지고 있다고 할 것이나, 회사의 재산관계에 대하여는 단순히 사실상, 경제상 또는 일반적, 추상적인 이해관계만을 가질 뿐, 구체적 또는 법률상의 이해관계를 가진다고는 할 수 없다(대법원 2001. 2. 28.자 2000마7839 결정 등 참조).

② 대법원 1992. 8. 14. 선고 91다45141 판결

[주식회사의 채권자가 주주총회결의의 부존재확인을 구할 이익이 있는 경우]

원고의 주장과 같이 원고가 피고 회사의 채무를 담보하기 위하여 제공한 최동림 등 소유 부동산의 경매로 인하여 위 최동림 등이 피고 회사에 대하여 구상금 채권을 보유하거나, 원고가 중소기업은행에 피고 회사의 채무를 변제하고 그 소유부동산에 설정된 중소기업은행 명의의 근저당권을 말소하여 피고회사에 대하여 구상금채권을 보유하고 있는 사실은 인정되나, 이러한 채권자의 지위만 가지고 이 사건 주주총회결의나 이사회결의의 부존재확인을 구할 소의이익이 있다고 할 수 없다. 주식회사의 채권자는 그 주주총회의 결의가 그 채권자의 권리 또

---

45) 대법원 2002. 10. 25. 선고 2002다44151 판결.

는 법적지위를 구체적으로 침해하고 또 직접적으로 이에 영향을 미치는 경우에 한하여 주주총회결의의 부존재확인을 구할 이익이 있다는 것이 당원의 견해 (1977. 5. 10. 선고 76다878 판결; 1980. 1. 29. 선고 79다1322 판결; 1980. 10. 27. 선고 79다2267 판결)인데, 기록에 의하더라도 원고가 부존재확인을 구하는 피고 회사의 주주총회결의나 이사회의 결의에 의하여 직접적이고 구체적으로 어떠한 침해를 받았다는 주장과 입증이 없기 때문이다.

(5) 피고

피고는 회사이다.

** 관련 판례: 대법원 1982. 9. 14. 선고 80다2425 전원합의체 판결
[주주총회결의 부존재확인판결의 대세적 효력 유무와 동 소송에 있어서의 피고 적격]
　　주주총회결의부존재확인의 소송은 일응 외형적으로는 존재하는 것같이 보이는 주주총회결의가 그 성립과정에 있어서의 흠결이 중대하고도 명백하기 때문에 그 결의자체가 존재하는 것으로 볼 수 없을 때에 법률상 유효한 결의로서 존재하지 아니한다는 것의 확인을 소구하는 것으로서 주주총회결의 무효확인의 소송과는 주주총회결의가 법률상 유효한 결의로서는 존재하지 않는다는 것의 확정을 구하는 것을 목적으로 한다는 점에서 공통의 성질을 가진다 할 것이므로 주주총회결의부존재확인의 소송에는 그 결의무효확인의 소송에 관한 상법380조의 규정이 준용된다 할 것이므로 그 결의부존재확인판결의 효력은 제3자에게 미치고 그 부존재확인소송에 있어서 피고가 될 수 있는 자도 회사로 한정된다.

(6) 소의 절차

결의무효확인의 소와 같다.

(7) 판결의 효력

결의무효확인의 소와 같다.

5. 부당결의취소·변경의 소

(1) 의의

주주가 총회의 결의에 관하여 특별한 이해관계를 가짐으로 말미암아 의결권을 행사할 수 없었던 경우에 결의가 현저하게 부당하고 그 주주가 의결권을 행사하였더라면 이를 저지할 수 있었을 때에는 그 주주는 그 결의의 날로부터 2월 내에 결의의 취소의 소 또는 변경의 소를 제기할 수 있다(법381①). 이는 특별한 이해관계를 가진 주주가 결의에 불참한 사이에 반대파 주주가 이를 악용하여 부당한 결의를 하였을 경우 이를 구제하기 위한 것이다.

(2) 제소 요건

해당 결의에 특별한 이해관계 있는 주주가 의결권을 행사하지 못하였고, 총회결의가 현저히 부당하며, 그 주주가 의결권을 행사하였더라면 총회결의를 저지할 수 있었어야 한다(법381).

(3) 원고와 피고

원고는 특별한 이해관계가 있어 의결권을 행사할 수 없었던 주주이고, 피고는 회사이다.

(4) 소의 절차

상법 제186조 내지 제188조, 제190조 본문, 제191조, 제377조와 제378조의 규정은 제1항의 소에 준용한다(법381②). 따라서 관할, 제소기간, 소의 병합, 원고 승소의 경우 대세적 효력, 원고패소의 경우 배상책임, 제소주주의 담보제공의무, 결의취소의 등기 등은 결의취소의 소와 같다.

IX. 종류주주총회

1. 의의

회사가 종류주식을 발행한 경우에 정관을 변경함으로써 어느 종류주식의 주주에게 손해를 미치게 될 때에는 주주총회의 결의 외에 그 종류주식의 주주의 총회의 결의가 있어야 한다(법435①). 따라서 종류주주총회란 회사가 종류주식을 발행한 경우에 특정한 종류의 주식을 가진 주주들만으로 구성되는 주주총회를 말한다. 종류주주총회는 독립된 주주총회는 아니며 회사의 기관도 아니다. 다만 특정 사안에 대한 주주총회의 결의가 효력을 발생하기 위해 요구되는 것이다.

회사가 종류주식을 발행한 경우에는 종류를 달리하는 주주 사이에 이해관계가 대립할 수 있다. 이 경우에는 수적으로 우세한 종류의 주주가 다른 종류의 주주의 이익을 무시하고 주주총회를 지배하여 결의를 성립시킬 위험이 있다. 이러한 위험으로부터 특정한 종류의 주주를 보호하기 위하여 상법은 주주총회의 결의 외에 별도로 그 종류의 주주들만의 종류주주총회의 결의를 요하도록 하고 있는 것이다.

2. 결의사항

(1) 정관을 변경함으로써 어느 종류주식의 주주에게 손해를 미치게 될 때

회사가 종류주식을 발행한 경우에 정관을 변경함으로써 어느 종류의 주주에게 손해를 미치게 될 때이다(법435①). 예를 들어 우선주의 배당률을 낮추거나, 참가적 우선주를 비참가적 우선주로, 누적적 우선주를 비누적적 우선주를 변경하는 등 우선주주권을 제한 또는 축소하는 경우이다.

** 관련 판례: 대법원 2006. 1. 27. 선고 2004다44575, 44582 판결
[어느 종류의 주주에게 손해를 미치게 될 때의 의미]
[1] 관련 법리
상법 제435조 제1항의 취지는 주식회사가 보통주 이외의 수종의 주식을 발행하고 있는 경우에 보통주를 가진 다수의 주주들이 일방적으로 어느 종류의 주식을 가진 소수주주들에게 손해를 미치는 내용으로 정관을 변경할 수 있게 할 경우에 그 종류의 주식을 가진 소수주주들이 부당한 불이익을 받게 되는 결과를 방지하기 위한 것이므로, 여기서의 "어느 종류의 주주에게 손해를 미치게 될 때"라 함에는, 어느 종류의 주주에게 직접적으로 불이익을 가져오는 경우는 물론이고, 외견상 형식적으로는 평등한 것이라고 하더라도 실질적으로는 불이익한 결과를 가져오는 경우도 포함되며, 나아가 어느 종류의 주주의 지위가 정관의 변경에 따

라 유리한 면이 있으면서 불이익한 면을 수반하는 경우도 이에 해당된다.

[2] 판단

원심은, 이와 같은 취지에서, 이 사건 정관의 두 차례에 걸친 변경 내용을 비교하여 보면, 원심 판시 제2 정관변경으로 인하여, 기존의 우선주주들이 무상증자 등에 의하여 향후 새로 배정받게 될 우선주의 내용에만 차이가 생기는 것일 뿐이고 그 외에는 아무런 차이가 없는데, 차이가 생기는 부분인 향후 배정받게 될 우선주의 내용은 구 우선주와 달리 10년 후에도 보통주로 전환할 수 없는 것이므로, 보통주로의 전환에 의한 의결권의 취득을 바라고 있던 우선주주의 지위에서는 제2 정관변경이 불리한 반면, 의결권의 취득에는 관심이 적고 그보다는 이익배당에 더 관심이 있던 우선주주의 지위에서는 특정 비율 이상의 우선배당권이 10년의 제한을 받지 아니하고 언제까지나 보장되는 것이어서 유리하다고 한 다음, 정관을 변경함으로써 우선주주 각자의 입장에 따라 유리한 점과 불리한 점이 공존하고 있을 경우에는 우선주주들로 구성된 종류주주총회의 결의가 필요하다고 판단하였는바, 원심의 이러한 판단은 정당한 것으로 수긍할 수 있고, 거기에 상고이유 제2점에서 주장하는 상법 제435조 소정의 '어느 종류의 주주에게 손해를 미치게 될 때'에 관한 법리를 오해한 위법이 없다.

(2) 제344조 제3항에 따라 주식의 종류에 따라 특수하게 정하는 경우 어느 종류주식의 주주에게 손해를 미치게 될 경우

회사가 종류주식을 발행하는 때에는 정관에 다른 정함이 없는 경우에도 주식의 종류에 따라 신주의 인수, 주식의 병합·분할·소각 또는 회사의 합병·분할로 인한 주식의 배정에 관하여 특수하게 정할 수 있는데, 이 경우 어느 종류의 주주에게 손해를 미치게 될 경우이다(법436, 법344③). 예를 들어 우선주의 주주에 대하여 보통주의 주주보다 신주배정의 비율을 낮게 하는 경우와 같다. 통상 신주발행은 이사회의 결의에 의하게 되므로 종류주주총회는 주주총회의 결의를 전제로 하지 않을 수도 있다.

** **관련 판례**: 서울고등법원 2021. 5. 12. 선고 2020나2043754 판결

[1] 상법 제344조 제3항에서는 "회사가 종류주식을 발행하는 때에는 다른 정함이 없는 경우에도 주식의 종류에 따라 신주의 인수, 주식의 병합·분할·소각 또는 회사의 합병·분할로 인한 주식의 배정에 관하여 특수하게 정할 수 있

다.”고 규정하고 있다. 이는 종류주주간의 실질적인 평등을 도모하기 위한 것이다. 또한 제436조에서는 “제344조 제3항에 따라 주식의 종류에 따라 특수하게 정하는 경우와 회사의 분할 또는 분할합병, 주식교환, 주식이전 및 회사의 합병으로 인하여 어느 종류의 주주에게 손해를 미치게 될 경우에는 제435조1)를 준용한다.”고 규정하여 종류주주총회 결의를 거치도록 하고 있다. 위 규정 취지는 주식회사가 보통주 이외의 수종의 주식을 발행하고 있는 경우에 보통주를 가진 다수의 주주가 일방적으로 어느 종류의 주식을 가진 소수주주에게 손해를 미치는 내용으로 정관 등을 변경하는 경우 그 종류의 주식을 가진 소수주주가 부당한 불이익을 받게 되는 결과를 방지하기 위한 것이다.

　[2] 위 제436조에 따르면, 제344조 제3항에 따라 주식 종류에 따라 특수하게 정하는 경우에는 그로 인하여 어느 종류주식의 주주에게 손해가 발생하였는지를 불문하고 무조건 종류주주총회를 개최하여야 하는 것으로 해석될 여지가 있다. 그러나 특수한 정함으로 인하여 종류주식의 주주에게 아무런 손해가 없거나 이익이 있는 경우까지 종류주주총회 결의를 요구하는 것은 무의미할 뿐만 아니라 종류주주의 기회주의적 행동을 조장할 우려가 있으므로 손해가 발생하는 경우에 한하여 종류주주총회의 결의가 필요하다고 보아야 한다. 또한 위 제436조에서는 ‘제344조 제3항에 따라 주식의 종류에 따라 특수하게 정하는 경우’로 규정하고 있으나, 제344조 제3항에서 주식의 종류에 따라 특수하게 정하는 것을 허용한 취지가 종류주주간의 실질적인 평등을 도모하기 위한 것임을 감안한다면, 주식의 종류에 따라 그 내용을 다르게 정한 경우뿐만 아니라 주식의 종류에 따라 그 내용을 같게 정한 경우에도 손해를 입는 주주가 있다면 마찬가지로 종류주주총회의 결의가 필요하다고 할 것이다.

　[3] 따라서 종류주주총회 결의가 필요한지 여부는 회사가 어떠한 행위를 함에 있어서 종류주식의 주주에게 손해가 발생하였는지 여부로 결정되어야 한다. ‘어느 종류의 주주에게 손해를 미치게 될 때’라 함은 어느 종류의 주주에게 직접적으로 불이익을 가져오는 경우는 물론이고, 외견상 형식적으로는 평등한 것이라고 하더라도 실질적으로는 불이익한 결과를 가져오는 경우도 포함되고, 나아가 어느 종류의 주주의 지위가 정관의 변경에 따라 유리한 면이 있으면서 불이익한 면을 수반하는 경우도 이에 해당된다(대법원 2006. 1. 27. 선고 2004다44575 판결 등 참조).

(3) 회사의 분할 또는 분할합병, 주식교환, 주식이전 및 회사의 합병으로 인하여 어느 종류의 주주에게 손해를 미치게 될 경우

예를 들어 합병으로 신주를 교부하는 경우 우선주가 보통주보다 교환비율이 불리한 경우이다.

3. 결의 요건 및 절차

종류주주총회의 결의는 출석한 주주의 의결권의 2/3 이상의 수와 그 종류의 발행주식총수의 1/3 이상의 수로써 하여야 한다(법435②).

주주총회에 관한 규정은 의결권없는 종류의 주식에 관한 것을 제외하고 종류주주총회에 준용한다(법435③). 의결권없는 주식의 주주도 그 종류의 주주의 종류주주총회에서는 의결권이 있다.

4. 종류주주총회 흠결의 효과

종류주주총회에 하자가 있는 경우의 문제이다. 종류주주총회를 개최해야 함에도 주주총회 또는 이사회 결의만으로 결의한 경우의 효력 문제이다.

> ** **관련 판례**: 대법원 2006. 1. 27. 선고 2004다44575, 44582 판결
> **[종류주주총회의 결의가 이루어지지 않은 경우 확인청구의 대상인 법률관계]**
> [1] 관련 법리
> 상법 제435조 제1항의 문언에 비추어 보면, 어느 종류 주주에게 손해를 미치는 내용으로 정관을 변경함에 있어서 그 정관변경에 관한 주주총회의 결의 외에 추가로 요구되는 종류주주총회의 결의는 정관변경이라는 법률효과가 발생하기 위한 하나의 특별요건이라고 할 것이므로, 그와 같은 내용의 정관변경에 관하여 종류주주총회의 결의가 아직 이루어지지 않았다면 그러한 정관변경의 효력이 아직 발생하지 않는 데에 그칠 뿐이고, 그러한 정관변경을 결의한 주주총회결의 자체의 효력에는 아무런 하자가 없다고 할 것이다.
> [2] 판단
> (가) 따라서 원심이, 피고(반소원고, 이하 반소에 관한 당사자 호칭은 생략한다)의 본안전 항변에 관한 주장, 즉 종류주주총회의 결의가 이루어지지 않은 경우에는 그 정관변경을 결의한 주주총회결의 자체에 절차상의 위법이 있는 때에 해당

하는만큼 상법에 규정된 주주총회결의 취소의 소에 의하여 그 하자를 다투어야 하는데 그 결의취소의 소의 법정 제기기간이 이미 도과되었으므로 원고의 청구가 부적법하다는 주장을 배척하고 본안 판단에 나아간 것은 옳다.

(나) 그러나 정관의 변경결의의 내용이 어느 종류의 주주에게 손해를 미치게 될 때에 해당하는지 여부에 관하여 다툼이 있는 관계로 회사가 종류주주총회의 개최를 명시적으로 거부하고 있는 경우에, 그 종류의 주주가 회사를 상대로 일반 민사소송상의 확인의 소를 제기함에 있어서는, 정관변경에 필요한 특별요건이 구비되지 않았음을 이유로 하여 정면으로 그 정관변경이 무효라는 확인을 구하면 족한 것이지, 그 정관변경을 내용으로 하는 주주총회결의 자체가 아직 효력을 발생하지 않고 있는 상태(이른바 불발효 상태)라는 관념을 애써 만들어서 그 주주총회결의가 그러한 '불발효 상태'에 있다는 것의 확인을 구할 필요는 없다. 특정 외국의 학설이나 판례가 그 나라의 법체계와 법규정에 근거하여 설정하거나 발전시켜온 이론을, 그와 다른 법체계 하에 있는 우리나라의 소송사건에 원용하거나 응용하는 것은, 꼭 그렇게 하여야 할 이유가 있는 경우에 한하여 필요한 범위 안에서 신중하게 하여야 할 것이다.

(다) 원심이, 이와 달리 종류주주총회의 결의는 주주총회결의 자체의 효력을 발생시키기 위한 추가적인 요건이라는 전제하에, 주주총회의 결의 외에 종류주주총회의 결의를 요하는 경우에 그 종류주주총회의 결의가 없는 동안에는 주주총회결의 자체가 불발효 상태에 있다고 판단한 것은, 일단 종류주주총회결의의 효력에 관한 법리를 오해한 위법에 해당한다고 아니할 수 없다.

제2절 이사·이사회·대표이사

여기서는 주식회사의 업무집행기관인 이사·이사회·대표이사에 관하여 살펴본다.

I. 이사

1. 의의

이사는 이사회의 구성원으로 회사의 업무집행의 의사결정에 참여하고 이사회를 통하여 대표이사나 다른 이사 등의 직무집행을 감시·감독하는 권한을 가진 자이다. 이사와 회사와의 관계는 위임이므로 민법의 위임에 관한 규정이 준용된다(법382②). 상법은 이사를 사내이사, 사외이사, 그 밖에 상무에 종사하지 아니하는 이사로 구분하여 등기하게 하고 있다(상법317②(8)).

** 관련 판례: 대법원 2003. 9. 26. 선고 2002다64681 판결
[주식회사의 등기된 이사 및 감사와 등기되지 않은 이사 및 감사의 직무권한의 차이 / 회사의 이사 및 감사가 근로기준법상 근로자에 해당하는지 여부의 판단 기준]
[1] 상법상 이사와 감사는 주주총회의 선임 결의를 거쳐 임명하고(상법 제382조 제1항, 제409조 제1항) 그 등기를 하여야 하며, 이사와 감사의 법정 권한은 위와 같이 적법하게 선임된 이사와 감사만이 행사할 수 있을 뿐이고 그러한 선임 절차를 거치지 아니한 채 다만 회사로부터 이사라는 직함을 형식적·명목적으로 부여받은 것에 불과한 자는 상법상 이사로서의 직무권한을 행사할 수 없다 할 것인데, 원심이 확정한 사실관계에 의하면, 청구의 등기임원은 상법의 선임요건을 갖춘 이사 또는 감사에 해당하고 비등기임원은 형식적·명목적으로 명칭만을 부여받은 이사임이 명백하므로, 청구의 등기임원과 비등기임원 사이에 있어서 업무수행권한의 차이가 없다고 단정할 수 없다.
한편 기록에 의하면, 청구는 임원을 그 직위에 따라 회장, 부회장, 사장, 부사장, 전무이사, 상무이사, 이사, 이사대우 및 감사로 상근인 자 등으로 구분하고, 이들을 상법상 이사, 감사의 선임요건을 갖춘 등기임원과 상법상 선임요건을 갖추지 못한 비등기임원으로 나누고 있는 사실, 위 등기임원과 비등기임원은 그 임금과 퇴직금 지급에 있어서 일반직원과 달리 구별하여 동등한 대우를 받고 있는 사실, 그러나 청구의 정관은 등기된 이사에 한하여 그 임기를 3년으로 제한하면서, 대표이사에 임용될 자격, 대표이사를 보좌하고 이사회에서 정하는 바에 따라 회사의 업무를 분장 집행하며 대표이사의 유고시에는 그 직무를 대행할 권한, 이사회의 구성원으로서 회사업무의 중요사항 결의에 참여할 권한을 부여하고 있으

나 비등기임원의 업무분장에 관하여는 아무런 규정을 두지 않아 등기임원과 비등기임원에 관하여 그 임기, 업무내용과 권한 등에 있어서 달리 취급하고 있는 사실(기록 132, 133쪽 참조)을 인정할 수 있는바, 위 인정 사실에 의하면, 청구는 등기임원과 비등기임원 사이에 그 퇴직금과 보수에 관하여 동등한 처우를 하고 있기는 하나, 상법상 이사회에 참석하여 회사의 업무에 관한 중요한 사항의 결의에 참여할 권한 등은 등기임원에게만 이를 부여함으로써 등기임원과 비등기임원 사이에 업무수행권한에 있어서 명백히 구별하고 있음을 알 수 있다.

   [2] 주식회사의 이사, 감사 등 임원은 회사로부터 일정한 사무처리의 위임을 받고 있는 것이므로, 사용자의 지휘·감독 아래 일정한 근로를 제공하고 소정의 임금을 받는 고용관계에 있는 것이 아니며, 따라서 일정한 보수를 받는 경우에도 이를 근로기준법 소정의 임금이라 할 수 없고, 회사의 규정에 의하여 이사 등 임원에게 퇴직금을 지급하는 경우에도 그 퇴직금은 근로기준법 소정의 퇴직금이 아니라 재직중의 직무집행에 대한 대가로 지급되는 보수에 불과하다(대법원 2001. 2. 23. 선고 2000다61312 판결 등 참조). 그러나 근로기준법의 적용을 받는 근로자에 해당하는지 여부는 계약의 형식에 관계없이 그 실질에 있어서 임금을 목적으로 종속적 관계에서 사용자에게 근로를 제공하였는지 여부에 따라 판단하여야 할 것이므로, 회사의 이사 또는 감사 등 임원이라고 하더라도 그 지위 또는 명칭이 형식적·명목적인 것이고 실제로는 매일 출근하여 업무집행권을 갖는 대표이사나 사용자의 지휘·감독 아래 일정한 근로를 제공하면서 그 대가로 보수를 받는 관계에 있다거나 또는 회사로부터 위임받은 사무를 처리하는 외에 대표이사 등의 지휘·감독 아래 일정한 노무를 담당하고 그 대가로 일정한 보수를 지급받아 왔다면 그러한 임원은 근로기준법상의 근로자에 해당한다 할 것이다(대법원 1997. 12. 23. 선고 97다44393 판결, 대법원 2000. 9. 8. 선고 2000다22591 판결 등 참조).

2. 이사의 정원과 자격

(1) 이사의 정원

   이사는 3명 이상이어야 한다(법383① 본문). 다만, 자본금 총액이 10억원 미만인 회사는 1명 또는 2명으로 할 수 있다(법383① 단서).

   상장회사는 이사 총수의 1/4 이상을 사외이사로 선임하여야 하고, 자산총액이 2조원 이상인 대규모상장회사는 3인 이상으로 하면서 이사 총수의 과반수가 되도록 선임하여야 한다(법542의8①, 동법 시행령34②). 상장회사는 사외이사의 사

임·사망 등의 사유로 인하여 사외이사의 수가 제1항의 이사회의 구성요건에 미
달하게 되면 그 사유가 발생한 후 처음으로 소집되는 주주총회에서 제1항의 요
건에 합치되도록 사외이사를 선임하여야 한다(법542의8③).

(2) 이사의 자격

상법은 이사의 자격에 관하여 규정을 두고 있지 않다. 다만 사외이사(社外理
事)는 해당 회사의 상무(常務)에 종사하지 아니하는 이사로서 ⅰ) 회사의 상무에
종사하는 이사·집행임원 및 피용자 또는 최근 2년 이내에 회사의 상무에 종사한
이사·감사·집행임원 및 피용자, ⅱ) 최대주주가 자연인인 경우 본인과 그 배우
자 및 직계 존속·비속, ⅲ) 최대주주가 법인인 경우 그 법인의 이사·감사·집행
임원 및 피용자, ⅳ) 이사·감사·집행임원의 배우자 및 직계 존속·비속, ⅴ) 회
사의 모회사 또는 자회사의 이사·감사·집행임원 및 피용자, ⅵ) 회사와 거래관
계 등 중요한 이해관계에 있는 법인의 이사·감사·집행임원 및 피용자, ⅶ) 회
사의 이사·집행임원 및 피용자가 이사·집행임원으로 있는 다른 회사의 이사·감
사·집행임원 및 피용자의 어느 하나에 해당하지 아니하는 자를 말한다(법382③).

3. 이사의 선임

(1) 선임기관

발기설립의 경우에는 발기인이 선임(법296①)하고, 모집설립의 경우에는 창
립총회(법312)에서 선임하고, 설립 이후에는 주주총회(법382①)에서 선임한다.

(2) 이사의 동의

이사와 회사와의 관계는 위임관계이므로 이사의 동의가 필요하다. 주주총회
에서 이사나 감사를 선임하는 경우, 선임결의와 피선임자의 승낙만 있으면, 피선
임자는 대표이사와 별도의 임용계약을 체결하였는지와 관계없이 이사나 감사의
지위를 취득한다.

> **** 관련 판례**: 대법원 2017. 3. 23. 선고 2016다251215 전원합의체 판결
> [주식회사의 이사 또는 감사의 지위를 취득하기 위한 요건(=주주총회의 선임결의와 피선임자의 승낙) 및 이때 피선임자가 대표이사와 별도의 임용계약을 체결하여야 하는지 여부(소극)]
> 이사·감사의 지위가 주주총회의 선임결의와 별도로 대표이사와 사이에 임용계약이 체결되어야만 비로소 인정된다고 보는 것은, 이사·감사의 선임을 주주총회의 전속적 권한으로 규정하여 주주들의 단체적 의사결정 사항으로 정한 상법의 취지에 배치된다. 또한 상법상 대표이사는 회사를 대표하며, 회사의 영업에 관한 재판상 또는 재판 외의 모든 행위를 할 권한이 있으나(제389조 제3항, 제209조 제1항), 이사·감사의 선임이 여기에 속하지 아니함은 법문상 분명하다. 그러므로 이사·감사의 지위는 주주총회의 선임결의가 있고 선임된 사람의 동의가 있으면 취득된다고 보는 것이 옳다.

(3) 집중투표제

(가) 의의

집중투표란 2인 이상의 이사를 선임하는 경우에 각 주주가 1주마다 선임할 이사의 수와 동일한 수의 의결권을 가지고 이를 이사 후보자 1인 또는 수인에게 집중하여 투표하는 방법으로 행사함으로써 투표의 최다수를 얻은 자부터 순차적으로 이사에 선임되는 것을 말한다.[46]

집중투표제는 대주주가 이사회를 지배하는 것은 견제하여 소수주주에게 자신들을 대표할 이사를 선임할 수 있는 길을 열어주기 위한 제도이다.

(나) 요건

1) 정관에 다른 정함이 없을 것

집중투표제는 정관에서 달리 정하는 경우를 제외하고 인정된다(법382의2①). 따라서 회사는 정관 규정으로 집중투표제를 배제할 수 있다. 소수주주는 2인 이상의 이사 선임을 목적으로 하는 총회의 소집이 있는 때에는 집중투표의 방법으로 이사를 선임할 것을 청구할 수 있는바, 이러한 소수주주의 집중투표 청구권을 보장하기 위하여 이사의 선임에 있어 집중투표를 정관으로 배제하지 않은 주식회사는 이사 선임에 관한 주주총회의 통지와 공고에 선임할 이사의 원수를 반드

---

46) 대법원 2017. 1. 12. 선고 2016다217741 판결.

시 기재하여야 한다. 따라서 정관에 의하여 집중투표를 배제하지 않은 주식회사가 주주총회의 소집통지에서 회의의 목적사항으로 '이사선임의 건'이라고 기재하였다면 이는 단수이사의 선임으로 보아야 한다.[47]

2) 복수의 이사와 소수주주의 청구

2인 이상의 이사의 선임을 목적으로 하는 총회의 소집이 있는 때에는 의결권없는 주식을 제외한 발행주식총수의 3% 이상에 해당하는 주식을 가진 주주는 회사에 대하여 집중투표의 방법으로 이사를 선임할 것을 청구할 수 있다(법382의2①). 이에 의하면 집중투표제는 이사의 선임을 위한 투표방법의 하나로서, 2인 이상의 이사를 선임하는 것을 목적으로 하는 주주총회의 소집이 있어야 청구가 가능한 제도이다. 집중투표 청구를 하였다고 하더라도 주주총회에서 복수의 이사를 선출하지 않는 경우에는 집중투표제도가 적용될 여지가 없다.

회사에 대하여 집중투표의 방법으로 이사를 선임할 것을 청구하는 경우 그 청구는 주주총회일의 7일 전까지 서면 또는 전자문서로 하여야 한다(법382의2②).

청구가 있는 경우에 이사의 선임결의에 관하여 각 주주는 1주마다 선임할 이사의 수와 동일한 수의 의결권을 가지며, 그 의결권은 이사 후보자 1인 또는 수인에게 집중하여 투표하는 방법으로 행사할 수 있다(법382의2③).

** 관련 판례: 서울고등법원 2010. 11. 15.자 2010라1065 결정

[정관에 의하여 집중투표를 배제하지 않은 주식회사가 복수의 이사를 선임할 경우, 주주총회 소집통지서에 선임할 이사의 수를 기재하여야 하는지 여부(적극) / 비상장회사의 주주총회 소집통지 단계에서 선임할 이사 후보를 사내이사·사외이사·기타비상무이사로 구분하여 통지하여야 하는지 여부(소극)]

[1] 이사의 선임에 있어 집중투표를 정관으로 배제하지 않은 주식회사는 이사 선임에 관한 주주총회의 통지와 공고에 선임할 이사의 원수를 반드시 기재하여야 한다. 왜냐하면 주주는 선임될 이사의 원수에 따라 회사에 대한 집중투표의 청구 여부를 결정할 것이기 때문이다(예컨대, 5인의 이사를 선임한다면 자신의 보유 지분에 의하여 이사 선임에 영향력을 미칠 수 있지만, 2인의 이사를 선임할 경우에는 별다른 영향력을 행사할 수 없는 주주는 선임될 이사의 원수에 따라 집중투표의 청구 여부를 달리 결정할 것이다). 따라서 정관에 의하여 집중투표를 배제하지 않은 주식회

---

47) 제주지방법원 2021. 3. 26. 선고 2019가합12066 판결.

사가 주주총회의 소집통지에서 회의의 목적사항으로 '이사선임의 건'이라고 기재
하였다면 이는 단수이사의 선임으로 보아야 하고, 복수이사의 선임을 할 경우에
는 반드시 '이사 ○인 선임'의 건으로 그 인원수를 표기하여야 할 것인데, 이 사
건 주주총회 소집통지서에서 신청외 회사는 '이사 4인 선임의 건'이 아닌 '임원선
임의 건'으로만 표기하였으므로, 앞서 본 법리에 따라 이 사건 주주총회에는 집
중투표를 위한 이사 인원수 기재에 관한 소집통지상의 하자가 존재한다고 할 것
이다.

[2] 그러나 상법 기타 관련 법령에서 주주총회의 소집통지를 함에 있어 선임
할 이사를 사내이사·사외이사·기타비상무이사로 구별하여 통지하도록 규정하
지 않고 있는 점, 상장회사에 관해서는 임원선임을 위한 주주총회에 앞서 해당
후보자를 개별적으로 특정하도록 하는 특례 규정이 있지만(상법 제542조의4 제2항,
제542조의5), 비상장회사에 관해서는 그에 관한 별도의 규정이 없는 점을 감안하
면, 비상장회사의 주주총회 소집통지 단계에서 선임할 이사 후보를 사내이사·사
외이사·기타비상무이사로 구분하여 통지할 의무는 없다고 보인다. 그렇다면 비
상장회사인 신청외 회사의 주주총회를 소집함에 있어 그 통지서에 이사 선임 후
보에 관해 사내이사·사외이사·기타비상무이사로 구별하는 기재가 없었다는 점
이 법령이나 정관에 위반한 것이라고 볼 수 없다.

[3] 이에 관해 채권자는, 상법 제317조 제2항 제8호에 의하면 주식회사는 설
립등기를 함에 있어 '사내이사, 사외이사, 그 밖에 상무에 종사하지 아니하는 이
사, 감사의 성명과 주민등록번호'를 등기하도록 규정하고 있고, 이는 상장회사뿐
아니라 비상장회사에도 적용되는 규정인바, 이에 의하면 주식회사는 이사선임의
등기신청을 할 때 사내이사, 사외이사, 기타비상무이사로 구분하여 신청하여야
하므로, 이사를 선임할 때에도 위와 같은 이사의 종류를 구분하여 소집통지가 이
루어져야 한다고 주장하나, 위 규정은 회사가 이사를 위와 같이 구분하여 선임하
였을 경우에 등기 방법에 관해 규정한 것이지, 위 규정으로 말미암아 주주총회
소집통지에 있어서 사내이사, 사외이사, 기타비상무이사로 구별하여 통지할 의무
가 발생한다고 보기는 어려우므로, 채권자의 위 주장은 받아들이지 아니한다.

(다) 집중투표의 방법

집중투표의 청구가 있는 경우에는 의장은 의결에 앞서 그러한 청구가 있다
는 취지를 알려야 한다(법382의2⑤). 집중투표의 방법으로 이사를 선임하는 경우
에는 투표의 최다수를 얻은 자부터 순차적으로 이사에 선임되는 것으로 한다(법

382의2④). 소수주주가 집중투표를 청구한 서면은 총회가 종결될 때까지 이를 본점에 비치하고 주주로 하여금 영업시간 내에 열람할 수 있게 하여야 한다(법382의2⑥).

✱✱ 관련 판례: 대법원 2017. 1. 12. 선고 2016다217741 판결
[주식회사의 정관에서 주주총회 성립에 관한 의사정족수를 규정할 수 있는지 여부(적극)]
　[1] 관련 법리
　(가) 상법 제368조 제1항은 주주총회의 보통결의 요건에 관하여 "총회의 결의는 이 법 또는 정관에 다른 정함이 있는 경우를 제외하고는 출석한 주주의 의결권의 과반수와 발행주식총수의 4분의 1 이상의 수로써 하여야 한다."라고 규정하여 주주총회의 성립에 관한 의사정족수를 따로 정하고 있지는 않지만, 보통결의 요건을 정관에서 달리 정할 수 있음을 허용하고 있으므로, 정관에 의하여 의사정족수를 규정하는 것은 가능하다.
　(나) 한편 상법 제382조의2에 정한 집중투표란 2인 이상의 이사를 선임하는 경우에 각 주주가 1주마다 선임할 이사의 수와 동일한 수의 의결권을 가지고 이를 이사 후보자 1인 또는 수인에게 집중하여 투표하는 방법으로 행사함으로써 투표의 최다수를 얻은 자부터 순차적으로 이사에 선임되는 것으로서, 이 규정은 어디까지나 주주의 의결권 행사에 관련된 조항이다.
　(다) 따라서 주식회사의 정관에서 이사의 선임을 발행주식총수의 과반수에 해당하는 주식을 가진 주주의 출석과 그 출석주주의 의결권의 과반수에 의한다고 규정하는 경우, 집중투표에 관한 위 상법조항이 정관에 규정된 의사정족수 규정을 배제한다고 볼 것은 아니므로, 이사의 선임을 집중투표의 방법으로 하는 경우에도 정관에 규정한 의사정족수는 충족되어야 한다.
　[2] 사실관계
　그러나 원심판결의 이유와 기록에 의하면, 다음과 같은 사실을 알 수 있다.
　(가) 소외 1은 2014. 7. 10. 피고 대표이사 자격으로 주주들에게 회의의 일시, 장소, '이사 4명 선임의 건' 등 회의의 목적사항과 신임이사 후보 7명의 주요이력을 첨부하여 임시주주총회 소집통지를 하였다.
　(나) 소외 1은 2014. 8. 5. 피고에게 상법 제382조의2에 의한 집중투표의 방법으로 이사를 선임할 것을 서면으로 청구하였고, 2014. 8. 6. 피고 대표이사 자격으로 주주들에게 이를 통지하였다.

(다) 2014. 8. 18. 이사 4명 선임안건 등을 결의하기 위하여 원고들을 비롯한 주주 7인 전원이 참석한 가운데 이 사건 주주총회가 개최되었는데, 의장인 소외 1이 이사 4명 선임안건을 상정하고 집중투표의 청구가 있었다는 취지를 고지하였다. 원고들은 이사 2명만을 선임하자고 제안하였으나 소외 1이 이를 거부하고 원래의 안건인 '이사 4명 선임의 건'으로 표결 절차를 진행하여 투표용지가 각 주주들에게 교부되었다.

(라) 원고들과 소외 2 등 주주 6인은 회의장 안에 머무르면서 안건 상정을 거부하는 의사를 표시한 채 투표를 하지 아니하였고, 소외 1만이 집중투표의 방법으로 투표하였다. 그 결과 최다수를 얻은 자부터 순차적으로 소외 3, 소외 4, 소외 5를 이사로 선임하는 결의가 이루어졌다.

[3] 판단

(가) 이러한 사실관계를 기록에 비추어 살펴보면, 이 사건 주주총회에서 집중투표의 방법으로 이사를 선임하는 결의를 할 당시 피고의 주주 전원이 출석하였다고 봄이 타당하므로 피고 정관 제22조에 규정된 의사정족수는 충족되었다. 그리고 이는 원고들을 비롯한 주주 6인이 이 사건 주주총회에 출석하여 실제로 투표를 하지 아니한 채 기권하였다고 하더라도 달리 볼 것이 아니다.

(나) 따라서 원심이 집중투표의 방법으로 이사선임을 결의하는 경우에 피고 정관에 따른 의사정족수가 적용되지 않는다고 판단한 부분은 적절하지 아니하나, 결의방법이 법령 또는 정관에 위반하거나 현저하게 불공정하다고 볼 수 없다고 본 결론은 정당하고, 거기에 상고이유 주장과 같이 집중투표제가 실시되는 주주총회에서 의사정족수의 충족과 관련된 법리를 오해하여 판결에 영향을 미친 위법이 없다.

4. 이사의 임기

이사의 임기는 3년을 초과하지 못한다(법382②). 임기는 정관으로 그 임기 중의 최종의 결산기에 관한 정기주주총회의 종결에 이르기까지 연장할 수 있다(법382③).

** 관련 판례

① 대법원 2001. 6. 15. 선고 2001다23928 판결

이사의 임기를 정하지 않은 때에는 회사의 정관에서 상법 제383조 제2항과 동일하게 "이사의 임기는 3년을 초과하지 못한다."고 규정한 것이 이사의 임기를 3년으로 정하는 취지라고 해석할 수는 없다.

② 대법원 2010. 6. 24. 선고 2010다13541 판결

[상법 제383조 제3항의 규정 취지 및 그 조항이 이사의 임기가 최종 결산기의 말일과 그 결산기에 관한 정기주주총회 사이에 만료되는 경우에만 적용되는지 여부 (적극)]

[1] 관련 법리

상법 제383조 제3항은 이사의 임기는 3년을 초과할 수 없도록 규정한 같은 조 제2항에 불구하고 정관으로 그 임기 중의 최종의 결산기에 관한 정기주주총회의 종결에 이르기까지 이를 연장할 수 있다고 규정하고 있는바, 위 규정은 임기가 만료되는 이사에 대하여는 임기 중의 결산에 대한 책임을 지고 주주총회에서 결산서류에 관한 주주들의 질문에 답변하고 변명할 기회를 주는 한편, 회사에 대하여는 정기주주총회를 앞두고 이사의 임기가 만료될 때마다 임시주주총회를 개최하여 이사를 선임하여야 하는 번거로움을 덜어주기 위한 것에 그 취지가 있다. 위와 같은 입법 취지 및 그 규정 내용에 비추어 보면, 위 규정상의 '임기 중의 최종의 결산기에 관한 정기주주총회'라 함은 임기 중에 도래하는 최종의 결산기에 관한 정기주주총회를 말하고, 임기 만료 후 최초로 도래하는 결산기에 관한 정기주주총회 또는 최초로 소집되는 정기주주총회를 의미하는 것은 아니라고 할 것이므로, 위 규정은 결국 이사의 임기가 최종 결산기의 말일과 당해 결산기에 관한 정기주주총회 사이에 만료되는 경우에 정관으로 그 임기를 정기주주총회 종결일까지 연장할 수 있도록 허용하는 규정이라고 보아야 할 것이다 .

[2] 사실관계

원심이 적법하게 확정한 사실과 그 채택 증거들에 의하면, 피고 회사의 정관 제25조는 이사의 임기는 3년으로 하되 그 임기가 결산기에 관한 정기주주총회 종결 전에 끝날 때는 그 총회 종결에 이르기까지 그 임기를 연장한다고 규정하고 있는 사실, 소외 1은 2005. 4. 7.에, 소외 2는 2005. 5. 13.에 각각 피고 회사의 이사로 취임한 사실, 한편 피고 회사의 정관에 따르면 영업연도는 매년 1월 1일부터 12월 31일까지이고(제33조), 정기주주총회는 영업연도 말일 다음날부터 3월

이내에 소집한다(제17조)고 규정하고 있는 사실을 알 수 있다.

[3] 판단

위 사실관계를 앞에서 본 법리에 비추어 살펴보면, 소외 1과 소외 2의 임기는 그들의 임기 중에 도래하는 최종 결산기의 말일(2007. 12. 31.)과 정관에 정하여진 정기주주총회(2008. 3. 31.) 사이에 만료된 것이 아님이 명백하므로, 위 정관에 의한 임기연장 규정은 적용될 여지가 없다고 할 것이다.

5. 이사의 퇴임

이사는 다음과 같은 사유로 퇴임한다.

(1) 사임

이사와 회사 간에는 위임관계가 있기 때문에(법382②) 언제든지 이사 직을 사임할 수 있다(민법 689①). 사임은 상대방 있는 단독행위로서 그 의사표시가 상대방에게 도달함과 동시에 효력이 발생하므로 그에 따른 변경등기가 마쳐지지 아니한 경우에도 이로써 이사의 지위를 상실함이 원칙이다.[48]

** 관련 판례

① **대법원 1998. 4. 28. 선고 98다8615 판결**

주식회사와 이사의 관계는 위임에 관한 규정이 준용되므로, 이사는 언제든지 사임할 수 있고 사임의 의사표시가 대표이사에게 도달하면 그 효과가 발생하나, 대표이사에게 사표의 처리를 일임한 경우에는 사임 의사표시의 효과 발생 여부를 대표이사의 의사에 따르도록 한 것이므로 대표이사가 사표를 수리함으로써 사임의 효과가 생긴다.

② **대법원 2011. 9. 8. 선고 2009다31260 판결**

[법인의 이사직을 사임하는 행위의 법적 성질(=상대방 있는 단독행위) 및 사임의사를 철회할 수 있는 경우]

[1] 관련 법리

법인의 이사를 사임하는 행위는 상대방 있는 단독행위라 할 것이어서 그 의

---

48) 대법원 2013. 9. 9.자 2013마1273 결정.

사표시가 상대방에게 도달함과 동시에 그 효력을 발생하고 그 의사표시가 효력을 발생한 후에는 마음대로 이를 철회할 수 없음이 원칙이나, 사임서 제시 당시 즉각적인 철회권유로 사임서 제출을 미루거나, 대표자에게 사표의 처리를 일임하거나, 사임서의 작성일자를 제출일 이후로 기재한 경우 등 사임의사가 즉각적이라고 볼 수 없는 특별한 사정이 있을 경우에는 별도의 사임서 제출이나 대표자의 수리행위 등이 있어야 사임의 효력이 발생하고, 그 이전에 사임의사를 철회할 수 있다(대법원 2006. 6. 15. 선고 2004다10909 판결 등 참조).

[2] 판단

원심이 인용한 부분의 제1심판결 이유를 위 법리와 기록에 비추어 살펴보면, 원심이 2007. 3. 26.과 2007. 3. 27. 회의의 성격이 정례적인 임원들의 모임 자리에 불과하였던 점, 회의 참석자에 소외인 대표이사는 제외되어 있었던 점, 회의 참석자들이 소외인 대표이사를 대신하여 사임의 의사표시를 수령할 권한이 있었다고 보기 어려운 점 등을 들어 원고가 2007. 3. 26.과 2007. 3. 27. 임원들에게 자신의 거취에 관해 언급한 것이 원고의 향후 계획을 알려주는 의미를 넘어서 이를 통해 사임이라는 법률효과의 발생을 의도한 것이라고 보기 어렵다고 판단하고, 나아가 원고가 2007. 3. 26.과 2007. 3. 27.에 3월 31일에 사임하겠다고 언급하여 그 사임의 의사표시가 즉각적이지 아니한 상태에서 3월 31일이 도래하기 전인 2007. 3. 30. 사임일자를 4월 10일로 변경하였으므로, 2007. 3. 30.자 사임의 의사표시는 즉각적이지 아니한 상태에서 원고가 그 이후 4월 10일까지 별도의 사임서를 제출한 바 없다는 이유로 사임의 효력이 발생하지 아니하였다고 판단한 것은 정당하고, 거기에 상고이유에서 주장하는 바와 같이 확정적인 사임의 의사표시의 해석 및 철회에 관한 법리를 오해한 위법이 없다.

(2) 해임

(가) 총회의 해임결의

주주총회의 특별결의로 언제든지 이사를 해임할 수 있다(법385① 본문).

** 관련 판례: 대법원 2021. 8. 19. 선고 2020다285406 판결

[해임대상으로 정하고 있는 이사에 임기만료 후 이사로서의 권리의무를 행사하고 있는 퇴임이사가 포함되는지 여부(소극)]

[1] 관련 법리

주식회사의 이사는 임기가 만료됨에 따라 이사의 지위를 상실하는 것이 원

칙이지만, 소유와 경영의 분리를 원칙으로 하는 주식회사에 있어 경영자 지위의
안정이라는 이사의 이익뿐만 아니라 주주의 회사에 대한 지배권 확보라는 주주
의 이익 또한 보호되어야 하므로, 위와 같은 주주와 이사의 이익을 조화시키기
위해 상법 제385조 제1항은 회사가 언제든지 주주총회의 결의로 이사를 해임할
수 있도록 하는 한편 이사를 선임할 때와 달리 이사를 해임할 때에는 주주총회의
특별결의를 거치도록 하고, 임기가 정해진 이사가 그 임기만료전에 정당한 이유
없이 해임된 때에는 회사에 대하여 손해배상을 청구할 수 있도록 하고 있다(대법
원 2004. 12. 10. 선고 2004다25123 판결 참조). 한편 임기만료로 퇴임한 이사라 하
더라도 상법 제386조 제1항 등에 따라 새로 선임된 이사의 취임시까지 이사로서
의 권리의무를 가지게 될 수 있으나(이하 '퇴임이사' 라고 한다), 그와 같은 경우에
도 새로 선임된 이사가 취임하거나 상법 제386조 제2항에 따라 일시 이사의 직무
를 행할 자가 선임되면 별도의 주주총회 해임결의 없이 이사로서의 권리의무를
상실하게 된다(대법원 2005. 3. 8.자 2004마800 전원합의체 결정, 대법원 2009. 10. 29.
자 2009마1311 결정 등 참조). 이러한 상법 제385조 제1항의 입법취지, 임기만료
후 이사로서의 권리의무를 행사하고 있는 퇴임이사의 지위 등을 종합하면, 상법
제385조 제1항에서 해임대상으로 정하고 있는 '이사'에는 '임기만료 후 이사로서
의 권리의무를 행사하고 있는 퇴임이사'는 포함되지 않는다고 보아야 한다.

　[2] 판단

　　원심은 퇴임이사는 상법 제385조 제1항에 따라 해임될 수 없다는 이유로 임
기만료로 퇴임하였으나 후임이사가 선임될 때까지 이사로서의 직무를 수행하고
있는 원고에 대하여 상법 제385조 제1항에 따라 이루어진 이 사건 해임결의는 효
력이 없다고 판단하였다. 앞서 본 법리와 기록에 비추어 살펴보면, 이러한 원심
의 판단은 정당하다.

(나) 손해배상

　이사의 임기를 정한 경우에 정당한 이유없이 그 임기만료 전에 이를 해임한
때에는 그 이사는 회사에 대하여 해임으로 인한 손해의 배상을 청구할 수 있다
(법385① 단서). 이때 이사의 임기를 정한 경우라 함은 정관 또는 주주총회의 결
의로 임기를 정하고 있는 경우를 말하고, 이사의 임기를 정하지 않은 때에는 이
사의 임기의 최장기인 3년을 경과하지 않는 동안에 해임되더라도 그로 인한 손
해의 배상을 청구할 수 없다.[49)]

---

49) 대법원 2001. 6. 15. 선고 2001다23928 판결.

** 관련 판례

① 대법원 2004. 10. 15. 선고 2004다25611 판결

[정당한 이유가 있음을 이유로 임기 만료 전에 해임당한 대표이사의 회사에 대한 손해배상청구를 부정한 사례]

[1] 관련 법리

상법 제385조 제1항은 주주총회의 특별결의에 의하여 언제든지 이사를 해임할 수 있게 하는 한편, 임기가 정하여진 이사가 그 임기 전에 정당한 이유 없이 해임당한 경우에는 회사에 대하여 손해배상을 청구할 수 있게 함으로써 주주의 회사에 대한 지배권 확보와 경영자 지위의 안정이라는 주주와 이사의 이익을 조화시키려는 규정이라 할 것이고, 이러한 법규정의 취지에 비추어 보면, 여기에서 '정당한 이유'란 주주와 이사 사이에 불화 등 단순히 주관적인 신뢰관계가 상실된 것만으로는 부족하고, 이사가 법령이나 정관에 위배된 행위를 하였거나 정신적·육체적으로 경영자로서의 직무를 감당하기 현저하게 곤란한 경우, 회사의 중요한 사업계획 수립이나 그 추진에 실패함으로써 경영능력에 대한 근본적인 신뢰관계가 상실된 경우 등과 같이 당해 이사가 경영자로서 업무를 집행하는 데 장해가 될 객관적 상황이 발생한 경우에 비로소 임기 전에 해임할 수 있는 정당한 이유가 있다고 할 것이다.

[2] 판단

원심은 그 채용 증거들을 종합하여 판시와 같은 사실을 인정한 다음, 원고는 피고 회사의 경영계획 중 1년 동안 어느 것 하나 제대로 실천된 것이 없을 정도로 투자유치능력이나 경영능력 및 자질이 부족하였다고 보여지고, 이로 인하여 대표이사인 원고가 피고 회사를 위하여 수임한 직무를 수행하기 곤란하게 되었을 뿐만 아니라 대표이사와 피고 회사 간의 인적 신뢰관계가 무너져 피고 회사가 대표이사인 원고를 믿고 그에게 피고 회사의 경영을 맡길 수 없는 사정이 생겼다고 봄이 상당하다는 이유로, 피고 회사가 원고를 해임한 것은 정당한 이유가 있다고 판단하였는바, 위 법리를 기록에 비추어 살펴보면, 원심의 사실인정과 상법 제385조 제1항 소정의 정당한 이유에 관한 판단은 정당하고, 거기에 상고이유에서 주장하는 바와 같이 채증법칙을 위배하고 심리를 다하지 아니하여 사실을 오인하였거나 법리를 오해함으로써 판결 결과에 영향을 미친 위법이 없다.

② 대법원 2006. 11. 23. 선고 2004다49570 판결

"정당한 이유"의 존부에 관한 입증책임은 손해배상을 청구하는 이사가 부담

한다.

③ 대법원 1993. 8. 24. 선고 92다3298 판결

상법 제385조 제1항 단서의 규정은 주식회사의 이사가 주주총회의 특별결의에 의하여 그 임기 전에 해임된 경우에 한하여 적용되고 의원면직의 형식으로 해임된 경우에는 적용되지 않는다.

④ 서울고등법원 1978. 7. 6. 선고 77나266 제9민사부 판결

이사가 임기만료 전 해임됨으로 인하여 입은 손해는 해임되지 아니하였더라면 재임 기간동안 받을 수 있는 상법 제388조 소정의 보수라고 할 것이고 이 보수가 주주총회나 정관에 의하여 정하여진 이상 그 이후의 주주총회의 결의로서 박탈할 수 없다.

⑤ 서울고등법원 1990. 7. 6. 선고 89나46297 제10민사부 판결

[주주총회의 결의로 임기만료 전에 해임된 이사가 그로 인하여 정신적 고통을 받은 경우와 회사에 대한 위자료청구권]

[1] 이사가 주주총회의 결의로 임기만료 전에 해임된 경우 그로 인하여 입게 되는 손해는 이사로서 잔여임기 동안 재직하여 얻을 수 있는 상법 제388조 소정의 보수상당액인 정기적 급여와 상여금 및 퇴직금이라 할 것이고, 이사해임에 관한 상법 제385조 제1항의 규정은 주주총회에 대하여 사유여하를 막론하고 이사를 해임할 수 있는 권한을 부여하는 것으로서 그에 따른 주주총회의 이사해임은 불법행위를 구성하지 아니하는 것이므로 임기만료 전에 해임된 이사가 그로 인하여 정신적 고통을 받았다 하더라도 위자료는 청구할 수 없다.

[2] 임기가 정하여진 이사를 정당한 이유없이 임기만료 전에 해임한 회사의 손해배상책임은 채무불이행이나 불법행위책임괴는 달리 고의, 과실을 요건으로 하지 아니하는 상법상의 법정책임이라 할 것이므로 여기에는 일반 채무불이행이나 불법행위책임에서와 같은 과실상계의 법리가 적용되지 아니한다.

(다) 소수주주의 해임청구

이사가 그 직무에 관하여 부정행위 또는 법령이나 정관에 위반한 중대한 사실이 있음에도 불구하고 주주총회에서 그 해임을 부결한 때에는 발행주식의 총수의 3% 이상에 해당하는 주식을 가진 주주는 총회의 결의가 있은 날부터 1월 내에 그 이사의 해임을 법원에 청구할 수 있다(법385②). 해임청구는 본점소재지의 지방법원의 관할에 전속한다(법385③, 법186).

** 관련 판례

① 대법원 2010. 9. 30. 선고 2010다35985 판결

[상법 제628조 제1항에 의해 처벌 대상이 되는 납입 또는 현물출자의 이행을 가장하는 행위가 같은 법 제385조 제2항에서 이사의 해임사유로 정한 그 직무에 관하여 부정행위 또는 법령에 위반한 중대한 사실이 있는 경우에 해당하는지 여부 (적극)]

[1] 관련 법리

(가) 이사의 해임에 관한 상법 제385조 제2항은 "이사가 그 직무에 관하여 부정행위 또는 법령이나 정관에 위반한 중대한 사실이 있음에도 불구하고 주주총회에서 그 해임을 부결한 때에는 발행주식의 총수의 100분의 3 이상에 해당하는 주식을 가진 주주는 총회의 결의가 있은 날부터 1월 내에 그 이사의 해임을 법원에 청구할 수 있다"고 규정하고 있고, 납입가장죄 등에 관한 상법 제628조 제1항은 "제622조 제1항에 게기한 자가 납입 또는 현물출자의 이행을 가장하는 행위를 한 때에는 5년 이하의 징역 또는 1천 500만 원 이하의 벌금에 처한다"고 규정하고 있다.

(나) 직무에 관한 부정행위 또는 법령이나 정관에 위반한 중대한 사실이 있어 해임되어야 할 이사가 대주주의 옹호로 그 지위에 그대로 머물게 되는 불합리를 시정함으로써 소수주주 등을 보호하기 위한 상법 제385조 제2항의 입법 취지 및 회사 자본의 충실을 기하려는 상법의 취지를 해치는 행위를 단속하기 위한 납입가장죄 등의 입법 취지를 비롯한 위 각 규정의 내용 및 형식 등을 종합하면, 상법 제628조 제1항에 의하여 처벌 대상이 되는 납입 또는 현물출자의 이행을 가장하는 행위는 특별한 다른 사정이 없는 한, 상법 제385조 제2항에 규정된 '그 직무에 관하여 부정행위 또는 법령에 위반한 중대한 사실'이 있는 경우에 해당한다고 보아야 한다.

[2] 판단

원심판결 이유에 의하면, 원심은 그 판시와 같은 사실을 인정한 다음, 피고 회사의 대표이사인 피고 2가 이 사건 신주발행 시 주금의 납입을 현실적으로 하지 아니하고 납입을 가장한 사실은 당사자들 사이에 다툼이 없는데, 이러한 납입가장행위는 상법 제385조 제2항에 규정된 '그 직무에 관하여 부정행위 또는 법령에 위반한 중대한 사실'이 있는 경우에 해당한다고 할 것임에도, 2008. 10. 30. 열

린 임시주주총회에서 피고 2에 대한 해임안이 부결되었으므로, 피고 2에 대한 이사해임을 구하는 원고의 이 사건 청구는 이유 있다고 판단하였다. 위 법리 및 기록에 비추어 보면, 원심의 이러한 판단은 정당하다.

② 대법원 1990. 11. 2.자 90마745 결정

[이사의 경업금지의무위반이 상법 제385조 제2항 소정의 "법령에 위반한 중대한 사실"에 해당하는지 여부(적극)]

피신청인이 우림콘크리트의 주주총회의 승인이 없이 우림콘크리트와 동종영업을 목적으로 하는 한국하이콘을 설립하고 그 회사의 이사 겸 대표이사가 되었다면, 설령 한국하이콘이 영업활동을 개시하기 전에 피신청인이 한국하이콘의 이사 및 대표이사직을 사임하였다고 하더라도, 이는 분명히 상법 제397조 제1항 소정의 경업금지의무를 위반한 행위로서, 특별한 다른 사정이 없는 한 이사의 해임에 관한 상법 제385조 제2항 소정의 "법령에 위반한 중대한 사실"이 있는 경우에 해당한다.

6. 이사의 결원

(1) 퇴임이사

법률 또는 정관에 정한 이사의 원수를 결한 경우에는 임기의 만료 또는 사임으로 인하여 퇴임한 이사는 새로 선임된 이사가 취임할 때까지 이사의 권리의무가 있다(법386①). 수회에 걸쳐 이사(또는 감사)로 선임 또는 중임되어 온 자가 그를 다시 이사(또는 감사)로 선임하는 주주총회결의가 부존재한다고 하더라도 그 후임 이사(또는 감사)가 없는 결과가 되어 퇴임이사(또는 퇴임감사)로서 계속 이사(또는 감사)로서의 권리, 의무를 가진다.[50]

** 관련 판례

① 대법원 1985. 12. 10. 선고 84다카319 판결

[퇴임한 이사 또는 감사가 후임이사 또는 감사의 선임결의 부존재 확인을 구할 이익을 가지는 경우]

상법 제386조 제1항에 의하면 "법률 또는 정관에 정한 이사의 원수를 결한

---

50) 대법원 1991. 12. 27. 선고 91다4409, 4416 판결.

·경우에는 임기의 만료 또는 사임으로 인하여 퇴임한 이사는 새로 선임된 이사가 취임할 때까지 이사의 권리의무가 있다"고 규정되어 있고 이 규정은 상법 제415조에 의하여 감사에도 준용되므로 공동소송참가인들이 이사 및 감사직을 사임하여 퇴임했다 하여도 같은 법조에 의하여 새로 적법하게 선임된 이사 및 감사가 취임할 때까지 여전히 이사 및 감사로서의 권리의무를 보유하는 경우에는 후임 이사 및 감사 선임결의의 하자를 주장하여 그 부존재 확인을 구할 법률상의 이익이 있다 할 것이니 결국 이사나 감사직을 사임했다는 이유만으로 공동소송참가인 적격을 부인한 원심판결은 주주총회결의 및 이사회 결의 부존재확인의 소에 있어서의 원고 적격에 관한 법리를 오해하여 판결에 영향을 미쳤다 할 것이다.

② 대법원 2022. 11. 10. 선고 2021다271282 판결

[유죄판결된 범죄행위와 밀접한 관련이 있는 기업체의 퇴임이사 또는 퇴임대표이사로서의 권리의무를 상실하는지 여부(적극)]

[1] 사실관계

원심이 인용한 제1심판결 이유 및 기록에 의하면 다음과 같은 사실을 알 수 있다.

(가) 피고는 신문발행업 등을 목적으로 설립된 주식회사이고, 원고는 피고의 주주이다.

(나) C는 피고의 대표이사 직책을 수행하던 중, 2014. 8. 20. 특정경제범죄법위반(사기), 특정경제범죄법위반(횡령) 등의 범죄사실로 징역 4년의 유죄판결을 선고받았고[광주고등법원(제주) 2014노41호] 위 판결은 2014. 12. 24. 대법원에서 상고가 기각되어(대법원 2014도11263호) 그대로 확정되었다.

C의 범죄사실 중 특정경제범죄법위반(사기) 부분은 'C가 피해자 주식회사 D의 임직원을 기망하여 피해자로 하여금 2012. 1.경부터 2012. 5.경까지 피고에게 합계 10억 원을 지급하게 하였다'는 등의 내용이다.

C에 대한 위 판결에 따른 징역형의 집행은 2016년 말경 종료되었다.

[2] 관련 법리

(가) 법률 또는 정관에 정한 이사의 원수를 결한 경우에는 임기의 만료 또는 사임으로 인하여 퇴임한 이사(이하 '퇴임이사'라 한다)는 새로 선임된 이사가 취임할 때까지 이사의 권리의무가 있고, 이는 대표이사의 경우에도 동일하며(이하 '퇴임대표이사'라 한다), 필요하다고 인정할 때에는 법원은 이사, 감사 기타의 이해관계인의 청구에 의하여 일시 이사 또는 대표이사의 직무를 행할 자를 선임할 수 있다(상법 제386조, 제389조 제3항). 이는 이사 정원에 결원이 발생한 경우 새로운

이사를 선임할 때까지 업무집행의 공백을 방지하여 회사 운영이 계속되도록 하기 위함이다.

(나) 특정경제범죄법 제14조 제1항에 의하면, 이득액 5억 원 이상의 사기, 횡령 등 특정경제범죄법 제3조에 의하여 가중처벌되는 특정재산범죄로 유죄판결을 받은 사람은 법무부장관의 승인을 받은 경우가 아닌 한 유죄판결이 확정된 때부터 특정경제범죄법 제14조 제1항 각 호의 기간 동안 유죄판결된 범죄행위와 밀접한 관련이 있는 기업체에 취업할 수 없다. 이는 유죄판결된 범죄사실과 밀접하게 관련된 기업체에 대한 취업을 제한함으로써 중요 경제범죄의 재발을 방지하고 이를 통하여 건전한 경제질서를 확립하며 나아가 국민경제 발전에 이바지하고자 하는 데 그 취지가 있다.

(다) 이러한 특정경제범죄법 제14조 제1항의 규정 내용과 입법취지 및 상법 제386조, 제389조 제3항의 입법취지를 종합하여 보면, 임기 만료 당시 이사 정원에 결원이 생기거나 후임 대표이사가 선임되지 아니하여 퇴임이사 또는 퇴임대표이사의 지위에 있던 중 특정재산범죄로 유죄판결이 확정된 사람은 유죄판결된 범죄행위와 밀접한 관련이 있는 기업체의 퇴임이사 또는 퇴임대표이사로서의 권리의무를 상실한다고 보아야 한다.

[3] 판단

앞서 본 사실관계를 이러한 법리에 비추어 살펴보면 다음과 같이 판단할 수 있다.

(가) C는 2010. 3. 31. 피고의 이사로 중임된 후 피고 정관상 임기가 만료되었으나, 후임 이사와 대표이사가 선임되지 않아서 퇴임이사와 퇴임대표이사로서의 지위를 가지고 있었다.

(나) 특정경제범죄법 제14조 제3항, 구 특정경제범죄법 시행령(2019. 5. 7. 대통령령 제29744호로 개정되기 전의 것) 제10조 제2항 제3호는 유죄판결된 범죄사실과 밀접하게 관련된 기업체 중 하나로 특정재산범죄로 인하여 재산상 이득을 취득한 기업체를 정하고 있다.

피고는 C의 유죄판결 범죄사실로 이득을 얻은 기업체에 해당하므로, C는 유죄판결이 확정된 때부터 징역형의 집행이 종료된 후 5년의 기간에 이르기까지 피고에 취업할 수 없고, 나아가 퇴임이사 또는 퇴임대표이사로서의 권리의무도 가질 수 없게 되었다.

③ 대법원 2022. 6. 16. 선고 2022다207967 판결

[과거의 법률관계가 확인의 소의 대상이 될 수 있는 경우]

[1] 관련 법리

(가) 확인의 소는 원칙적으로 분쟁 당사자 사이의 권리 또는 법률상 지위에 현존하는 불안·위험이 있고 확인판결을 받는 것이 분쟁을 근본적으로 해결하는 가장 유효·적절한 수단일 때에 허용되므로(대법원 1995. 5. 26. 선고 94다59257 판결, 대법원 2002. 6. 28. 선고 2001다25078 판결 등 참조), 과거의 법률관계는 현재의 권리 또는 법률관계에 관하여 확정할 이익이 없어 확인의 소의 대상이 될 수 없음이 원칙이다(대법원 1996. 5. 10. 선고 94다35565, 35572 판결, 대법원 2022. 2. 10. 선고 2019다227732 판결 등 참조). 다만, 과거의 법률관계가 이해관계인들 사이에 분쟁의 전제가 되어 과거의 법률관계라고 하더라도 그에 대한 확인을 구하는 것이 이와 관련된 다수 분쟁을 일거에 해결하는 유효·적절한 수단이 될 수 있는 경우 등에는 예외적으로 확인의 이익이 인정될 수 있다(대법원 1995. 3. 28. 선고 94므1447 판결, 대법원 1995. 11. 14. 선고 95므694 판결, 대법원 2020. 8. 20. 선고 2018다249148 판결 등 참조).

(나) 한편, 확인의 소에서 확인의 이익 유무는 직권조사사항이므로 당사자의 주장 여부에 관계없이 법원이 직권으로 판단하여야 하고(대법원 1991. 7. 12. 선고 91다12905 판결, 대법원 2006. 3. 9. 선고 2005다60239 판결 등 참조), 당사자가 현재의 권리나 법률관계에 존재하는 불안·위험이 있어 확인을 구하는 소를 제기하였으나 법원의 심리 도중 시간적 경과로 인해 확인을 구하는 대상이 과거의 법률관계가 되어 버린 경우, 법원으로서는 확인의 대상이 과거의 법률관계라는 이유로 확인이 이익이 없다고 보아 곧바로 소를 각하할 것이 아니라, 당사자에게 현재의 권리 또는 법률상 지위에 대한 위험이나 불안을 제거하기 위해 과거의 법률관계에 대한 확인을 구할 이익이나 필요성이 있는지 여부를 석명하여 이에 관한 의견을 진술하게 하거나 당사자로 하여금 청구취지를 변경할 수 있는 기회를 주어야 한다(위 대법원 2018다249148 판결 참조).

[2] 판단

앞서 본 사실관계 및 기록에 의하여 알 수 있는 아래 사정들을 위 법리에 비추어 보면, 원고가 과거 이사 지위에 있었다는 확인을 구하는 이 사건 소에 있어 원심이 그 확인의 이익에 관하여 심리를 다하였다고 볼 수 없다.

(가) 원고는 제1심에서 '피고의 이사 지위에 있음에 대한 확인을 구한다'고 하다가 원심에 이르러 소외 1 등이 2021. 7. 28. 피고의 사내이사로 다시 선임되자 '2017. 3. 30.부터 2019. 7. 26.까지 피고의 이사 지위에 있었음에 대한 확인을 구한다'는 취지로 이 사건 청구를 교환적으로 변경하였다. 이는, 원고의 이사 지위가 계속 유지되고 있음에도 피고가 이를 다투고 있어 원고의 현재 법적 지위나

권리관계에 불안이나 위험이 존재한다고 볼 수 있는 변경 전 청구와 달리, 과거의 법률관계에 대하여 확인을 구하는 것에 불과하여 특별한 사정이 없는 한 확인의 이익을 인정하기 어렵다.

(나) 즉, 원고가 과거 이사의 지위에 있었음을 전제로 피고 등과 사이에 현재 법률적 분쟁이 있고 원고의 과거 지위에 대한 확인을 받는 것이 그러한 분쟁들을 해결하는 유효·적절한 수단이 될 수 있다는 등의 특별한 사정이 있는 경우에 한하여 과거의 사실 또는 법률관계라고 하더라도 확인의 이익이 인정될 수 있는 것이다.

그러나 이 사건에서 확인의 이익을 뒷받침하는 사정으로 원고에게 위 기간 동안 이사로서의 보수를 청구할 권리가 있다는 점 외에 원고가 과거 이사의 지위에 있었음으로 인하여 현재 피고 등과 사이에 어떠한 법률적 다툼이 존재한다고 볼 만한 구체적 사정을 찾기 어렵다.

오히려 소외 1이 원고의 처 소외 2를 상대로 제기한 주식반환청구 소송에서 소외 2가 보유하던 피고 주식이 소외 1로부터 명의신탁받은 주식임이 확인되었고, 이 사건 소의 전제가 되는 피고의 2018. 8. 21.자 및 2019. 7. 26.자 주주총회 결의도 제1, 2차 취소소송을 거쳐 모두 종결된 다음 피고의 사내이사가 다시 선임되는 등 기존 분쟁들도 대부분 종결되었음이 확인될 뿐이다.

(다) 원고가 피고에 대하여 이사보수청구권을 가진다고 하더라도 그것만으로 과거 이사 지위에 있었음에 대한 확인을 구할 이익이 곧바로 긍정되는 것은 아니다. 왜냐하면 원고가 피고를 상대로 이사보수청구의 이행청구를 할 수 있음에도 별도로 이사 지위에 대한 확인을 구하는 것은 특별한 사정이 없는 한 원고의 법적 불안 제거에 실효성이 없고 소송경제에 반하기 때문이다(대법원 1991. 7. 23. 선고 91다6757 판결, 대법원 1995. 12. 22. 선고 95다5622 판결 등 참조).

더욱이 이 사건에서 원고가 임기만료 후 퇴임이사로서 수행한 업무가 소극적인 직무수행에 불과한 경우에 해당하는 등 기존 보수가 합리적인 수준을 벗어나 과다하다고 평가될 경우에는 그 보수액이 합리적인 범위로 제한될 수 있는데, 이러한 측면에서 보면 이 사건 소로써 원·피고 사이에 원고의 과거 이사 지위가 확인되더라도 그 적정보수액 등을 둘러싼 추가적인 분쟁 등까지 일거에 해소될 수 있다고 보기 어려워, 이 사건 소가 보수청구권과 관련된 분쟁을 해결할 수 있는 유효·적절한 수단이라고 단정할 수도 없다.

(라) 따라서 원심으로서는 이 사건 소에서 직권조사사항인 확인의 이익을 판단함에 있어, 이사의 보수청구권뿐만 아니라 임기만료 후 원고가 이사의 지위에서 피고 또는 이해관계인들과 사이에 어떠한 법률관계 등을 형성하여 왔고 이를

전제로 당사자들 사이에 현재 어떠한 법적 분쟁이 존재하는지 및 과거의 기간에 대한 이사 지위 확인을 통하여 그러한 분쟁들이 유효·적절하게 해결될 수 있는 지 등을 구체적으로 심리하거나 원고에게 청구취지 변경 여부 등에 관하여 석명 하였어야 한다.

그럼에도 원심은 원고가 원심 제2회 변론기일에서 이 사건 청구를 교환적으로 변경하였음에도 별다른 심리나 석명 없이 변론을 종결한 다음, 앞서 본 사정만을 들어 원고가 과거 이사 지위에 대한 확인을 구할 이익이 있다고 판단하였다.

(마) 이러한 원심의 판단에는 확인의 이익에 관한 법리를 오해하여 필요한 심리를 다하지 않아 판결에 영향을 미친 잘못이 있다. 이를 지적하는 상고이유 주장은 이유 있다.

(2) 일시이사

이사의 정원을 결한 경우에 필요하다고 인정할 때에는 법원은 이사, 감사 기타의 이해관계인의 청구에 의하여 일시 이사의 직무를 행할 자를 선임할 수 있다(법386② 전단). 이 경우에는 본점의 소재지에서 그 등기를 하여야 한다(법386 ② 후단).

** 관련 판례

① 대법원 1968. 5. 22.자 68마119 결정

이사의 결원이 있어 법원에서 일시 이사의 직무를 행할자를 선임한 경우에, 그 이사 직무대행자는 이사직무집행정지 가처분 결정과 동시에 선임된 이사직무대행자와는 달라 그 권한은 회사의 상무에 속한 것에 한한다는 제한을 받지 않는다.

② 대법원 1964. 4. 28. 선고 63다518 판결

법원에 의한 이사의 직무를 행할 자의 선임은 어떠한 경우이던 이사의 결원이 있을 때에는 상법 제386조 제2항에 의하여 이사직무를 행할 자를 선임할 수 있다.

③ 대법원 2001. 12. 6.자 2001그113 결정

[1] 특별항고인의 주장

원심이 사건본인(오리온프리토레이 주식회사) 법인의 임시이사 및 임시공동대

표이사로 오일호를 선임하는 결정을 한 데 대하여 특별항고인(펩시코 푸드 인터내셔널 홀딩스 인크 외 1인)은 임시이사 선임의 요건에 해당하지 아니함에도 상대방(동양제과 주식회사)이 법원에 허위의 진술을 하고 또한 합작투자회사인 신청인 회사측 이사에게 진술기회를 알려주지 않는 등 비송사건절차법 규정을 위반, 남용하여 법원의 그 결정을 받았으므로 그 결정에는 비송사건절차법 제84조, 상법 제386조, 제389조를 위반한 사유가 있다는 요지로 주장한다.

[2] 관련 법리

상법 제386조가 규정한 '임시이사선임이 필요하다고 인정되는 때'라 함은 이사가 사임하거나 장기간 부재중인 경우와 같이 퇴임이사로 하여금 이사로서의 권리의무를 가지게 하는 것이 불가능하거나 부적당한 경우를 의미하는 것으로서 그의 필요성은 임시이사 제도의 취지와 관련하여 사안에 따라 개별적으로 판단되어야 하는 것이며, 한편, 비송사건절차법 제84조에 의하여 이사와 감사의 진술을 할 기회를 부여한 이상 법원은 그 진술 중의 의견에 기속됨이 없이, 그 의견과 다른 인선을 결정할 수도 있는 터이어서 이해관계를 달리하는 이사나 감사가 있는 경우 각 이해관계별로 빠짐없이 진술의 기회를 주지 않았다고 하여 그 사정이 재판의 결과에 영향을 주게 되는 것은 아니다(대법원 1985. 5. 28.자 85그50 결정, 대법원 2000. 11. 17.자 2000마5632 결정 등 참조).

[3] 판단

기록 중의 자료들과 대조하면서 위의 법리에 비추어 보니, 이 사건에서 원심이 임시이사 선임의 요건이 갖추어졌다고 보고 그 절차에 따라서 한 그 결정은 정당하고 그 결정에 상법 제386조, 제389조 비송사건절차법 제84조를 위반하여 재판에 영향을 끼친 사유는 없다.

(3) 직무대행자

(가) 선임

이사선임결의의 무효나 취소 또는 이사해임의 소가 제기된 경우에는 법원은 당사자의 신청에 의하여 가처분으로써 이사의 직무집행을 정지할 수 있고 또는 직무대행자를 선임할 수 있다(법407① 전단). 직무대행자 선임은 본점과 지점의 소재지에서 그 등기를 하여야 한다(법407③).

(나) 권한

직무대행자는 가처분명령에 다른 정함이 있는 경우 외에는 회사의 상무에 속하지 아니한 행위를 하지 못한다(법408① 본문). 그러나 법원의 허가를 얻은 경우에는 그러하지 아니하다(법408① 단서). 직무대행자가 전항의 규정에 위반한 행위를 한 경우에도 회사는 선의의 제3자에 대하여 책임을 진다(법408③).

** 관련 판례: 대법원 2007. 6. 28. 선고 2006다62362 판결
[상법 제408조 제1항이 규정하는 회사의 상무의 의미]
[1] 관련 법리

상법 제407조 제1항에 의하면 이사선임결의의 무효나 취소 또는 이사해임의 소가 제기된 경우에는 법원은 당사자의 신청에 의하여 가처분으로써 이사의 직무집행을 정지하고, 그에 따라 직무대행자를 선임할 수 있으며, 그러한 경우 상법 제408조 제1항에 의하면 직무대행자는 가처분명령에 다른 정함이 있는 경우 외에는 회사의 상무에 속하지 아니한 행위를 하지 못하나, 법원의 허가를 얻은 경우에는 그러하지 아니하다고 규정하고 있는바, 여기서 회사의 상무라 함은 일반적으로 회사에서 일상 행해져야 하는 사무, 회사가 영업을 계속함에 있어서 통상 행하는 영업범위 내의 사무 또는 회사경영에 중요한 영향을 주지 않는 통상의 업무 등을 의미한다고 할 것이고, 어느 행위가 구체적으로 이 상무에 속하는가 하는 것은 당해 회사의 기구, 업무의 종류·성질, 기타 제반 사정을 고려하여 객관적으로 판단되어야 할 것이다. 이러한 법리에 따른다면 직무대행자가 정기주주총회를 소집함에 있어서도 그 안건에 이사회의 구성 자체를 변경하는 행위나 상법 제374조의 특별결의사항에 해당하는 행위 등 회사의 경영 및 지배에 영향을 미칠 수 있는 것이 포함되어 있다면 그 안건의 범위에서 정기총회의 소집이 상무에 속하지 않는다고 할 것이고, 직무대행자가 정기주주총회를 소집하는 행위가 상무에 속하지 아니함에도 법원의 허가 없이 이를 소집하여 결의한 때에는 소집절차상의 하자로 결의취소사유에 해당된다고 할 것이다.

[2] 판단

원심은 그 판결에서 채용하고 있는 증거들을 종합하여 그 판시와 같은 사실을 인정한 후, 원칙적으로 정기주주총회의 소집 자체는 대표이사 직무대행자의 통상업무에 속한다고 보아야 할 것이나, 원심 판시 이 사건 제1주주총회결의의 효력 여부에 관한 쟁송이 진행되고 있는 상황에서 제1주주총회결의를 추인하는 내용의 전 대표이사 및 이사 해임 승인안, 대표이사 및 이사 선임 승인안, 피고 존속의 기초가 되는 중요재산인 골프연습장 매각건 추인안, 새로운 이사 선임안과 피고 존속의 기초가 되는 중요재산인 골프연습장 매각으로 인한 매매대금을 포함하여 여유자금을 포괄적으로 투자하는 것을 승인하는 안을 주주총회의 의제

로 삼아 주주총회를 소집한 것은 회사의 상무에 속하는 행위라고 할 수 없다고
할 것인데, 피고의 대표이사 직무대행자가 상무에 속하지 아니한 사항이 포함된
내용을 안건으로 하여 정기주주총회를 소집함에 있어 법원의 허가를 받았다고
인정할 수 있는 아무런 증거가 없으므로, 원심 판시 이 사건 제2주주총회결의 중
상무에 속하는 행위라고 보이는 원심 판시 별지 제2목록 기재 결의의 제1호 의안
을 제외한 나머지 제2호 내지 제6호 의안에 관한 결의는 소집절차상 하자가 있는
주주총회에서 이루어진 결의로서 취소사유가 있다고 판단하고, 나아가 그와 같은
이유로 주주총회결의를 취소하는 것은 대표이사 권한뿐 아니라 주주총회의 권한
까지 통제하는 결과가 되어 처분권주의에 위반한다는 취지의 피고의 주장을 배
척하였는바, 이러한 조치는 위 법리와 기록에 비추어 정당하다.

(다) 가처분 결정의 효력
직무집행이 정지된 이사는 직무집행을 할 수 없다.

** 관련 판례
① 대법원 1997. 10. 14.자 97마1473 결정
[단체의 대표자 선임 결의의 하자를 원인으로 하는 임시의 지위를 정하는 가처
분에 있어서의 보전의 필요성에 대한 판단기준]
임시의 지위를 정하는 가처분은 다툼 있는 권리관계에 관하여 그것이 본안
소송에 의하여 확정되기까지의 사이에 가처분권리자가 현재의 현저한 손해를 피
하거나 급박한 강포를 막기 위하여, 또는 기타 필요한 이유가 있는 때에 한하여
허용되는 응급적·잠정적인 처분이고, 이러한 가처분을 필요로 하는지의 여부는
당해 가처분 신청의 인용 여부에 따른 당사자 쌍방의 이해득실관계, 본안소송에
있어서의 장래의 승패의 예상, 기타의 제반 사정을 고려하여 법원의 재량에 따라
합목적적으로 결정하여야 한다.

② 대법원 2008. 5. 29. 선고 2008다4537 판결
[대표이사가 직무집행정지 가처분결정으로 대표권이 정지된 기간 중에 체결한
계약의 효력(=절대적 무효) 및 그 후 가처분신청이 취하되면 유효한 계약으로 되는
지 여부(소극)]
법원의 직무집행정지 가처분결정에 의해 회사를 대표할 권한이 정지된 대표
이사가 그 정지기간 중에 체결한 계약은 절대적으로 무효이고, 그 후 가처분신청

의 취하에 의하여 보전집행이 취소되었다 하더라도 집행의 효력은 장래를 향하여 소멸할 뿐 소급적으로 소멸하는 것은 아니라 할 것이므로, 가처분신청이 취하되었다 하여 무효인 계약이 유효하게 되지는 않는다.

③ 대법원 1989. 5. 23. 선고 88다카9883 판결

[직무집행정지기간의 정함이 없는 이사직무집행정지가처분의 효력존속기간]

주식회사 이사의 직무집행을 정지하고 그 대행자를 선임하는 가처분은 민사소송법 제714조 제2항에 의한 임시의 지위를 정하는 가처분의 성질을 가지는 것으로서, 본안소송의 제1심판결 선고시 또는 확정시까지 그 직무집행을 정지한다는 취지를 결하였다 하여 당연무효라 할 수 없으나, 가처분에 의해 직무집행이 정지된 당해 이사 등을 선임한 주주총회결의의 취소나 그 무효 또는 부존재확인을 구하는 본안소송에서 가처분채권자가 승소하여 그 판결이 확정된 때에는 가처분은 그 직무집행 정지 기간의 정함이 없는 경우에도 본안승소 판결의 확정과 동시에 그 목적을 달성한 것이 되어 당연히 효력을 상실한다.

④ 대법원 2020. 8. 20. 선고 2018다249148 판결

[주식회사 이사나 감사의 직무집행을 정지하고 직무대행자를 선임하는 가처분결정이 있는 경우, 이사 등의 임기가 당연히 정지되거나 가처분결정이 존속하는 기간만큼 연장되는지 여부(원칙적 소극)]

[1] 주식회사의 이사나 감사를 피신청인으로 하여 그 직무집행을 정지하고 직무대행자를 선임하는 가처분이 있은 경우 가처분결정은 이사 등의 직무집행을 정지시킬 뿐 이사 등의 지위나 자격을 박탈하는 것이 아니므로(대법원 1987. 8. 18. 선고 87도145 판결 등 참조), 특별한 사정이 없는 한 가처분결정으로 인하여 이사 등의 임기가 당연히 정지되거나 가처분결정이 존속하는 기간만큼 연장된다고 할 수 없다. 나아가 위와 같은 가처분결정은 성질상 당사자 사이뿐만 아니라 제3자에 대해서도 효력이 미치지만(대법원 2014. 3. 27. 선고 2013다39551 판결 등 참조), 이는 어디까지나 직무집행행위의 효력을 제한하는 것일 뿐이므로, 이사 등의 임기진행에 영향을 주는 것은 아니다.

[2] 일반적으로 과거의 법률관계는 확인의 소의 대상이 될 수 없지만, 그것이 이해관계인들 사이에 현재적 또는 잠재적 분쟁의 전제가 되어 과거의 법률관계 자체의 확인을 구하는 것이 관련된 분쟁을 일거에 해결하는 유효·적절한 수단이 될 수 있는 경우에는 예외적으로 확인의 이익이 인정된다.

[3] 갑 주식회사의 주주들이 법원의 허가를 받아 개최한 주주총회에서 을이 감사로 선임되었는데도 갑 회사가 감사 임용계약의 체결을 거부하자, 을이 갑 회

사를 상대로 감사 지위의 확인을 구하는 소를 제기하여, 소를 제기할 당시는 물론 대법원이 을의 청구를 받아들이는 취지의 환송판결을 할 당시에도 을의 감사로서 임기가 남아 있었는데, 환송 후 원심의 심리 도중 을의 임기가 만료되어 후임 감사가 선임된 사안에서, 을의 임기가 만료되고 후임 감사가 선임됨으로써 을의 감사 지위 확인 청구가 과거의 법률관계에 대한 확인을 구하는 것이 되었으나, 과거의 법률관계라고 할지라도 현재의 권리 또는 법률상 지위에 영향을 미치고 이에 대한 위험이나 불안을 제거하기 위하여 그 법률관계에 관한 확인판결을 받는 것이 유효·적절한 수단이라고 인정될 때에는 확인을 구할 이익이 있으므로, 을에게 현재의 권리 또는 법률상 지위에 대한 위험이나 불안을 제거하기 위해 과거의 법률관계에 대한 확인을 구할 이익이나 필요성이 있는지를 석명하고 이에 관한 의견을 진술하게 하거나 청구취지를 변경할 수 있는 기회를 주어야 하는데도, 종전의 감사 지위 확인 청구가 과거의 법률관계에 대한 확인을 구하는 것이 되었다는 등의 이유만으로 확인의 이익이 없다고 보아 을의 청구를 부적법 각하한 원심판결에는 확인소송에서 확인의 이익 및 석명의무의 범위에 관한 법리오해의 잘못이 있다고 한 사례.

7. 이사의 선임·퇴임과 등기

이사를 선임하거나 퇴임한 경우에는 본점에서 2주간 내에, 지점에서 3주간 내에 변경등기하여야 한다(법317②(8), 법317④ 및 법183). 등기할 사항을 등기하지 아니하면 선의의 제3자에게 대항하지 못한다(법37①).

** 관련 판례

① 대법원 1991. 12. 27. 선고 91다4409, 4416 판결

[법인등기부에 이사 또는 감사로 등재된 경우 선임절차의 적법성 추정 여부]

[1] 관련 법리

법인등기부에 이사 또는 감사로 등재되어 있는 경우에는 특단의 사정이 없는 한 정당한 절차에 의하여 선임된 적법한 이사 또는 감사로 추정된다 할 것인바(당원 1983. 12. 27. 선고 83다카331 판결 참조), 갑 제1호증(법인등기부등본)의 기재에 의하면 이 사건 해산결의가 있었다는 당시에 이르기까지 원고가 피고 회사의 이사로 등재되어 있음이 명백하므로 원고는 특단의 사정이 없는 한 피고 회사

의 적법한 이사로 추정된다고 할 것이다.

[2] 판단

그리고 기록에 의하면, 원고가 이사로 취임하게 된 1983. 2. 6.자 주주총회에서의 이사선임결의가 무효 또는 부존재라고 볼만한 아무런 자료가 없을 뿐만 아니라, 이사가 임기만료 또는 사임으로 인하여 퇴임하더라도 새로 선임된 이사가 취임할 때까지 이사로서의 권리, 의무를 가지는 것이고(상법 제386조 제1항), 위 갑 제1호증의 기재에 의하면 원고는 1969. 3. 18. 이래로 수회에 걸쳐 피고 회사의 이사로 선임 또는 중임되어 오다가 1981. 2. 6. 다시 이사로 중임된 것으로 법인등기부에 등재되어 있음을 알 수가 있으니 위 1983. 2. 6.자 주주총회에서의 이사선임결의가 부존재한다고 하는 경우 원고의 후임 이사가 없는 결과가 되어 새로 이사가 선임되어 취임하였다고 볼 만한 자료가 없는 이 사건에 있어서 원고는 퇴임이사로서 이 사건 해산결의가 있었다는 1985. 6. 18. 당시까지도 그 이사로서의 권리, 의무를 가진다고 보아야 할 것이다.

② 대법원 2007. 6. 19.자 2007마311 결정

[이사의 퇴임으로 인한 변경등기기간의 기산일(=후임이사의 취임일) 및 후임이사의 취임 전에 위 변경등기만을 따로 신청하는 것이 허용되는지 여부(소극)]

대표이사를 포함한 이사가 임기의 만료나 사임에 의하여 퇴임함으로 말미암아 법률 또는 정관에 정한 대표이사나 이사의 원수(최저인원수 또는 특정한 인원수)를 채우지 못하게 되는 결과가 일어나는 경우에, 그 퇴임한 이사는 새로 선임된 이사(후임이사)가 취임할 때까지 이사로서의 권리의무가 있는 것인바(상법 제386조 제1항, 제389조 제3항), 이러한 경우에는 이사의 퇴임등기를 하여야 하는 2주 또는 3주의 기간은 일반의 경우처럼 퇴임한 이사의 퇴임일부터 기산하는 것이 아니라 후임이사의 취임일부터 기산한다고 보아야 하며, 후임이사가 취임하기 전에는 퇴임한 이사의 퇴임등기만을 따로 신청할 수 없다.

8. 이사의 보수

이사의 보수는 정관에 그 액을 정하지 아니한 때에는 주주총회의 결의로 이를 정한다(법388).

(1) 보수의 의의

상법 제388조는 이사의 보수는 정관에 그 액을 정하지 아니한 때에는 주주총회의 결의로 이를 정한다고 규정한다. 이는 이사가 자신의 보수와 관련하여 개인적 이익을 도모하는 폐해를 방지하여 회사와 주주 및 회사채권자의 이익을 보호하기 위한 강행규정이다. 따라서 정관에서 이사의 보수에 관하여 주주총회의 결의로 정한다고 규정한 경우 그 금액·지급방법·지급시기 등에 관한 주주총회의 결의가 있었음을 인정할 증거가 없는 한 이사는 보수청구권을 행사할 수 없다. 이때 "이사의 보수"에는 월급, 상여금 등 명칭을 불문하고 이사의 직무수행에 대한 보상으로 지급되는 대가가 모두 포함되고, 회사가 성과급, 특별성과급 등의 명칭으로 경영성과에 따라 지급하는 금원이나 성과 달성을 위한 동기를 부여할 목적으로 지급하는 금원도 마찬가지이다.[51]

** 관련 판례

① 대법원 1999. 2. 24. 선고 97다38930 판결

[이사·감사에 대한 퇴직위로금이 상법 제388조 소정의 보수에 포함되는지 여부(적극)]

상법 제388조, 제415조에 의하면, 주식회사의 이사와 감사의 보수는 정관에 그 액을 정하지 아니한 때에는 주주총회의 결의로 이를 정한다고 되어 있고, 이사 또는 감사에 대한 퇴직위로금은 그 직에서 퇴임한 자에 대하여 그 재직 중 직무집행의 대가로써 지급되는 보수의 일종으로서 상법 제388조에 규정된 보수에 포함된다.

---

51) 대법원 2020. 4. 9. 선고 2018다290436 판결(갑 주식회사의 정관에 이사의 보수에 관하여 주주총회의 결의로 정하도록 규정하고 있는데, 갑 회사의 대표이사인 을이 주주총회의 결의 없이 갑 회사로부터 '특별성과급'이라는 명목으로 금원을 지급받은 사안에서, 을이 '특별성과급'이라는 명목으로 지급받은 금원은 직무수행에 대한 보상으로 지급된 보수에 해당하는데, 을이 특별성과급을 지급받을 때 주주총회의 결의 없이 갑 회사의 대주주의 의사결정만 있었다면, 주주총회를 개최하였더라도 결의가 이루어졌을 것이 예상된다는 사정만으로 결의가 있었던 것과 같게 볼 수 없고, 특별성과급 일부가 주주총회에서 정한 이사의 보수한도액 내에 있다는 사정만으로 그 부분의 지급을 유효하다고 볼 수도 없으므로, 을에게 지급된 특별성과급은 법률상 원인 없이 이루어진 부당이득에 해당한다고 본 원심 판단을 수긍한 사례).

② 대법원 2019. 7. 4. 선고 2017다17436 판결

[퇴직금 중간정산금 청구권을 행사하기 위하여는 퇴직금 중간정산에 관한 주주총회의 결의가 있어야 하는지 여부(적극)]

이사의 퇴직금은 상법 제388조에 규정된 보수에 포함되고, 퇴직금을 미리 정산하여 지급받는 형식을 취하는 퇴직금 중간정산금도 퇴직금과 성격이 동일하다. 다만 이사에 대한 퇴직금은 성격상 퇴직한 이사에 대해 재직 중 직무집행의 대가로 지급되는 보수의 일종이므로, 이사가 재직하는 한 이사에 대한 퇴직금 지급의무가 발생할 여지가 없고 이사가 퇴직하는 때에 비로소 지급의무가 생긴다. 그런데 퇴직금 중간정산금은 지급시기가 일반적으로 정해져 있는 정기적 보수 또는 퇴직금과 달리 권리자인 이사의 신청을 전제로 이사의 퇴직 전에 지급의무가 발생하게 되므로, 이사가 중간정산의 형태로 퇴직금을 지급받을 수 있는지 여부는 퇴직금의 지급시기와 지급방법에 관한 매우 중요한 요소이다. 따라서 정관 등에서 이사의 퇴직금에 관하여 주주총회의 결의로 정한다고 규정하면서 퇴직금의 액수에 관하여만 정하고 있다면, 퇴직금 중간정산에 관한 주주총회의 결의가 있었음을 인정할 증거가 없는 한 이사는 퇴직금 중간정산금 청구권을 행사할 수 없다.

③ 대법원 2001. 2. 23. 선고 2000다61312 판결

[새마을금고 이사장의 퇴직금이 근로기준법 소정의 임금에 해당하는지 여부(소극)]

[1] 원심의 판단

원심은, 원고가 피고의 전 이사장 윤용선으로부터 퇴직금채권을 양수하였다면서 피고에 대하여 그 퇴직금의 지급을 구하는 이 사건 청구에 대하여, 근로자가 그 임금채권을 양도하였다고 하더라도 그 임금의 지급에 관하여는 구 근로기준법(1997. 3. 13. 법률 제5309호로 제정되기 전의 것) 제36조 제1항에 정한 임금 직접지급의 원칙이 적용되어 양수인이 스스로 사용자에 대하여 임금의 지급을 청구할 수 없는 것이므로, 원고는 피고에 대하여 그 퇴직금의 지급을 구할 수 없다고 판단하여 원고의 청구를 배척하였다.

[2] 대법원 판단

그러나 대법원은, 주식회사의 업무집행권을 가진 이사 등 임원은 회사로부터 일정한 사무처리의 위임을 받고 있는 것이므로(상법 제382조 제2항 참조) 사용자의 지휘 감독 아래 일정한 근로를 제공하고 소정의 임금을 지급받는 고용관계에 있는 것이 아니며, 따라서 일정한 보수를 받는 경우에도 이를 근로기준법 소정의 임금이라 할 수 없고, 회사의 규정에 의하여 이사 등 임원에게 퇴직금을 지

급하는 경우에도 그 퇴직금은 근로기준법 소정의 퇴직금이 아니라 재직중의 직무집행에 대한 대가로 지급되는 보수의 일종이라고 판시한 바 있고(대법원 1988. 6. 14. 선고 87다카2268 판결), 한편 원고 금고에 적용되는 구 새마을금고법(1997. 12. 17. 법률 제5462호로 개정되기 전의 것) 제24조는 주식회사와 이사의 관계에 대하여 위임에 관한 규정을 준용하도록 한 위 상법 제382조 제2항의 규정을 새마을금고의 임원에 다시 준용하도록 규정하고 있으므로 주식회사의 임원의 퇴직금이 근로기준법상의 임금인지의 여부에 관하여 위 판결이 취하고 있는 견해는 새마을금고의 이사장의 퇴직금에 관하여도 선례로서 구속력을 가진다고 할 것이다. 그렇다면 새마을금고의 이사장의 퇴직급여가 근로기준법상의 임금임을 전제로 한 원심의 판단에는 대법원의 판례와 상반되는 판단을 한 위법이 있고, 이로 인하여 판결에 영향을 미쳤다고 할 것이다. 그러므로 원심판결을 파기하고 사건을 다시 심리·판단하도록 원심법원에 환송하기로 한다.

④ 대법원 2006. 12. 7. 선고 2004다29736 판결
[근로기준법상 근로자에 해당하는지 여부의 판단 기준]

근로기준법상의 근로자에 해당하는지 여부는 계약의 형식이 고용계약인지 도급계약인지보다 그 실질에 있어 근로자가 사업 또는 사업장에 임금을 목적으로 종속적인 관계에서 사용자에게 근로를 제공하였는지 여부에 따라 판단하여야 하고, 위에서 말하는 종속적인 관계가 있는지 여부는 업무 내용을 사용자가 정하고 취업규칙 또는 복무(인사)규정 등의 적용을 받으며 업무 수행 과정에서 사용자가 상당한 지휘·감독을 하는지, 사용자가 근무시간과 근무장소를 지정하고 근로자가 이에 구속을 받는지, 노무제공자가 스스로 비품·원자재나 작업도구 등을 소유하거나 제3자를 고용하여 업무를 대행케 하는 등 독립하여 자신의 계산으로 사업을 영위할 수 있는지, 노무 제공을 통한 이윤의 창출과 손실의 초래 등 위험을 스스로 안고 있는지와 보수의 성격이 근로 자체의 대상적 성격인지, 기본급이나 고정급이 정하여졌는지 및 근로소득세의 원천징수 여부 등 보수에 관한 사항, 근로 제공 관계의 계속성과 사용자에 대한 전속성의 유무와 그 정도, 사회보장제도에 관한 법령에서 근로자로서 지위를 인정받는지 등의 경제적·사회적 여러 조건을 종합하여 판단하여야 한다(대법원 1994. 12. 9. 선고 94다22859 판결 등 참조). 다만, 기본급이나 고정급이 정하여졌는지, 근로소득세를 원천징수하였는지, 사회보장제도에 관하여 근로자로 인정받는지 등의 사정은 사용자가 경제적으로 우월한 지위를 이용하여 임의로 정할 여지가 크다는 점에서 그러한 점들이 인정되지 않는다는 것만으로 근로자성을 쉽게 부정하여서는 안 된다.

⑤ 대법원 2017. 11. 9. 선고 2012다10959 판결52)

[회사의 임원이 근로기준법상 근로자에 해당하는지 판단하는 기준과 방법]

[1] 근로기준법 제2조 제1항 제1호에서 규정하는 근로자는 직업의 종류와 관계없이 임금을 목적으로 사업이나 사업장에 근로를 제공하는 사람을 말하며, 이에 해당하는지 여부는 계약의 형식에 관계없이 실질적으로 임금을 목적으로 종속적인 관계에서 사용자에게 근로를 제공하였는지 여부에 따라 판단하여야 한다(대법원 2013. 9. 26. 선고 2012다28813 판결 등 참조).

[2] 따라서 회사의 임원이라 하더라도, 그 업무의 성격상 회사로부터 위임받은 사무를 처리하는 것으로 보기에 부족하고 실제로는 업무집행권을 가지는 대표이사 등의 지휘·감독 아래 일정한 노무를 담당하면서 그 노무에 대한 대가로 일정한 보수를 지급받아 왔다면, 그 임원은 근로기준법에서 정한 근로자에 해당할 수 있다(대법원 2003. 9. 26. 선고 2002다64681 판결 참조).

[3] 그러나 회사의 임원이 담당하고 있는 업무 전체의 성격이나 그 업무수행의 실질이 위와 같은 정도로 사용자의 지휘·감독을 받으면서 일정한 근로를 제공하는 것에 그치지 아니하는 것이라면, 그 임원은 위임받은 사무를 처리하는 지위에 있다고 할 수 있으므로, 근로기준법상 근로자에 해당한다고 보기는 어렵다(대법원 2013. 9. 26. 선고 2012다28813 판결 참조). 특히 대규모 회사의 임원이 전문적인 분야에 속한 업무의 경영을 위하여 특별히 임용되어 해당 업무를 총괄하여 책임을 지고 독립적으로 운영하면서 등기 이사와 마찬가지로 회사 경영을 위한 의사결정에 참여하여 왔고 일반 직원과 차별화된 처우를 받은 경우에는, 이러한 구체적인 임용 경위, 담당 업무 및 처우에 관한 특수한 사정을 충분히 참작하여 회사로부터 위임받은 사무를 처리하는지 여부를 가려야 한다.

(2) 결정방법

이사의 보수는 정관에 그 액을 정하지 아니한 때에는 주주총회의 결의로 이를 정한다(법388).

---

52) 대규모 금융회사인 갑 보험회사에서 미등기임원인 상무로 선임되어 '방카슈랑스 및 직접 마케팅(Direct Marketing)' 부문을 총괄하는 업무책임자(Function Head)의 업무를 담당하다가 해임된 을이 근로기준법상 근로자에 해당하는지 문제 된 사안에서, 을은 기능적으로 분리된 특정 전문 부문에 관한 업무 전체를 포괄적으로 위임받아 이를 총괄하면서 상당한 정도의 독자적인 권한과 책임을 바탕으로 처리하는 지위에 있었으므로 근로기준법상 근로자에 해당한다고 보기 어렵다고 한 사례.

** 관련 판례

① 대법원 1992. 12. 22. 선고 92다28228 판결

[주주총회의 결의 없이 이사의 보수나 퇴직금을 청구할 수 있는지 여부(소극)]

정관 및 관계법규상 이사의 보수 또는 퇴직금에 관하여 주주총회의 결의로 정한다고 규정되어 있는 경우 그 금액, 지급방법, 지급시기 등에 관한 주주총회의 결의가 있었음을 인정할 증거가 없는 한 이사의 보수나 퇴직금청구권을 행사할 수 없다고 할 것이다(당원 1983. 3. 22. 선고 81다343 판결 참조).

② 대법원 2012. 3. 29. 선고 2012다1993 판결

[자문용역비 등]

[1] 관련 법리

상법 제388조는 "이사의 보수는 정관에 그 액을 정하지 아니한 때에는 주주총회의 결의로 이를 정한다"고 규정하고 있지만, 주주총회에서는 임원보수의 총액 내지 한도액만을 정하고 개별 이사에 대한 지급액 등 구체적인 사항은 이사회에 위임할 수 있고, 위 규정의 보수는 연봉, 수당, 상여금 등 그 명칭 여하를 불문하고 이사의 직무집행의 대가로 지급되는 모든 보상을 의미한다 할 것이다. 한편 회사의 비상근이사가 공인회계사 등으로 전문지식에 의하여 회사의 업무 중 특정 분야에 한정해서 직무수행을 하면서 자문용역계약을 체결하고 자문료 형식으로 금원을 지급받은 경우에 그것이 이사로서의 직무집행의 대가로 지급받은 보수인지 자문용역계약에 따른 자문료인지는 주주총회 및 이사회의 결의 내용, 보수 책정의 경위와 자문용역계약을 따로 체결한 이유, 그 이사가 담당한 업무의 성격과 내용 및 회사의 통상적 업무처리에 관여한 정도 등 여러 사정을 종합적으로 고려하여 그 명칭과 상관없이 규범적으로 판단할 것이다. 또한 그 대가의 성격이 자문용역계약에 의한 용역비라고 인정되는 경우에도 이사와 회사의 거래는 이사회의 승인이 있어야 유효하므로(상법 제398조), 최초 자문용역계약을 체결할 때 이사회의 승인이 있었다고 하더라도 자문료를 인상하는 등 그 내용을 변경할 때는 다른 특별한 사정이 없는 한 다시 이사회의 승인을 얻어야만 회사에 대하여 효력이 있다고 할 것이다.

[2] 판단

원심판결 이유를 기록에 비추어 살펴보면, 원심이 피고가 원고에게 지급하기로 한 자문용역비는 그 명칭에도 불구하고 회사가 이사에게 지급하는 보수라고 봄이 타당하다고 보아, 이 사건 자문용역수정계약이 주주총회 결의나 이사회

승인 없이 체결되었으니 이는 강행규정인 상법 제388조에 위반되어 무효이고, 결국 원고로서는 위 자문용역수정계약에 터 잡아 인상된 자문용역비의 지급을 구할 수 없다고 판단한 것은 정당한 것으로 수긍이 가고, 그 사실인정과 판단에 자유심증주의의 한계를 벗어나거나 관련 법리를 오해한 위법은 없다.

③ 대법원 2017. 3. 30. 선고 2016다21643 판결

[유한회사 사원총회에 의한 이사보수 감액]

[1] 관련 법리

유한회사에서 상법 제567조, 제388조에 따라 정관 또는 사원총회 결의로 특정 이사의 보수액을 구체적으로 정하였다면, 그 보수액은 임용계약의 내용이 되어 그 당사자인 회사와 이사 쌍방을 구속하므로, 그 이사가 보수의 변경에 대하여 명시적으로 동의하였거나, 적어도 직무의 내용에 따라 보수를 달리 지급하거나 무보수로 하는 보수체계에 관한 내부규정이나 관행이 존재함을 알면서 이사직에 취임한 경우와 같이 직무내용의 변동에 따른 보수의 변경을 감수한다는 묵시적 동의가 있었다고 볼 만한 특별한 사정이 없는 한, 유한회사가 그 이사의 보수를 일방적으로 감액하거나 박탈할 수 없다. 따라서 유한회사의 사원총회에서 임용계약의 내용으로 이미 편입된 이사의 보수를 감액하거나 박탈하는 결의를 하더라도, 이러한 사원총회 결의는 그 결의 자체의 효력과 관계없이 그 이사의 보수청구권에 아무런 영향을 미치지 못한다.

[2] 판단

원고들은 사원의 지위에서 법률상 의미가 없는 이 사건 보수감액 결의에 구속되는 법률관계에 있다거나 그 결의내용의 객관적 성질에 비추어 사원으로서의 이익이 침해될 우려가 있다고 볼 수 없고, 이사의 지위에서 스스로 위와 같은 결의를 준수하여 자신들에 대한 보수를 감액 지급할 의무를 부담하는 것도 아니다. 그뿐만 아니라 임용계약의 당사자로서 원고들에게 야기될 수 있는 불안도 피고가 이 사건 보수감액 결의에 의하여 감액된 보수를 지급하지 않을 수 있다는 사실상·경제상 이익에 대한 것일 뿐 원고들의 권리나 법적 지위에 어떠한 위험이나 불안이 야기되었다고 볼 수 없고, 또한 원고들이 피고에게 감액된 보수의 지급을 구하는 것이 원고들의 보수청구권을 둘러싼 분쟁을 해결하는 데에 직접적인 수단이 되는 것이므로 이 사건 보수감액 결의의 무효확인을 구하는 것이 원고들의 불안과 위험을 제거하는 가장 유효·적절한 수단이라고 볼 수도 없다.

(3) 강행법규성

이사의 보수결정에 관한 상법 제388조는 강행규정이다. 따라서 이사회나 대표이사가 이를 결정할 수 없고, 지배주주라도 결정할 수 없다.

** 관련 판례

① 대법원 1979. 11. 27. 선고 79다1599 판결

[대주주인 대표이사가 주주총회결의 없이 한 약정의 효력]

회사의 정관에 이사의 보수 및 퇴직금은 주주총회의 결의에 의하여 정하게 되어 있는 경우, 동 회사의 대표이사가 이사에 대한 보수 및 퇴직금에 관하여 한 약정은 그 대표이사가 동 회사의 전 주식 3,000주 중 2,000주를 가지고 있더라도 주주총회의 결의가 없는 이상 동 회사에 대하여 효력이 있다고 할 수 없다.

② 대법원 2015. 7. 23. 선고 2014다236311 판결

[이른바 명목상 이사·감사가 회사에 대하여 정관의 규정 또는 주주총회의 결의로 결정된 보수의 청구권을 갖는지 여부(원칙적 적극)]

[1] 관련 법리

법적으로는 주식회사 이사·감사의 지위를 갖지만 회사와의 명시적 또는 묵시적 약정에 따라 이사·감사로서의 실질적인 직무를 수행하지 않는 이른바 명목상 이사·감사도 법인인 회사의 기관으로서 회사가 사회적 실체로서 성립하고 활동하는 데 필요한 기초를 제공함과 아울러 상법이 정한 권한과 의무를 갖고 그 의무 위반에 따른 책임을 부담하는 것은 일반적인 이사·감사와 다를 바 없으므로, 과다한 보수에 대한 사법적 통제의 문제는 별론으로 하더라도, 오로지 보수의 지급이라는 형식으로 회사의 자금을 개인에게 지급하기 위한 방편으로 이사·감사로 선임한 것이라는 등의 특별한 사정이 없는 한, 회사에 대하여 상법 제388조, 제415조에 따라 정관의 규정 또는 주주총회의 결의에 의하여 결정된 보수의 청구권을 갖는다고 할 것이다.

[2] 원심의 판단

원심은, 그 채택 증거들을 종합하여 ① 주식회사 부산저축은행은 상호저축은행법의 제한을 회피하기 위하여 타인의 이름을 빌려 형식상의 주주나 임원으로 등재하는 방법으로 특수목적법인을 설립하거나 인수한 다음 그 특수목적법인에 거액의 대출을 하여 그 자금으로 직접 부동산개발사업을 진행하였고, 농업회사법인 대광 주식회사(이하 '대광'이라고 한다)는 이러한 목적으로 설립 또는 인수

된 특수목적법인 중 하나인 사실, ② 피고들은 대광의 이사 및 감사로 선임되어 그 등기를 마치고 대광으로부터 월 100만 원 내지 300만 원 가량씩의 보수를 지급받았으나, 대광의 이사 및 감사로서의 실질적인 직무를 수행한 적은 없었던 사실을 인정한 다음, 수임인의 보수청구권은 위임사무를 처리함으로써 비로소 발생하는 것인데 피고들은 이사 및 감사로서의 실질적인 직무를 수행하지 아니하였으므로 대광에 대하여 그 대가인 보수를 청구할 권리가 없고, 따라서 피고들이 대광으로부터 수령한 보수는 법률상 원인 없이 수령한 것으로서 대광에게 반환되어야 한다고 판단하였다.

[3] 대법원 판단

그러나 앞서 본 법리에 비추어 살펴보면, 피고들과 같은 이른바 명목상 이사·감사도 상법 제388조, 제415조의 요건을 갖추었다면 다른 특별한 사정이 없는 한 회사에 대하여 보수청구권을 갖는다고 할 것인데, 원심은 판시와 같은 이유를 들어 피고들의 대광에 대한 보수청구권을 부정하였으니, 이러한 원심의 판단에는 명목상 이사·감사의 보수청구권에 관한 법리를 오해하여 판결 결과에 영향을 미친 잘못이 있다.

③ 대법원 2010. 3. 11. 선고 2007다71271 판결

[주식회사의 이사가 자신을 피보험자 및 수익자로 하여 회사 명의로 퇴직보험에 가입한 사안에서, 상법 제398조에 따라 이사회의 승인을 얻어야 하는지 여부(소극)]

[1] 관련 법리

상법 제398조 전문이 이사와 회사 사이의 거래에 관하여 이사회의 승인을 얻도록 규정하고 있는 취지는, 이사가 그 지위를 이용하여 회사와 직접 거래를 하거나 이사 자신의 이익을 위하여 회사와 제3자 간에 거래를 함으로써 이사 자신의 이익을 도모하고 회사 및 주주에게 손해를 입히는 것을 방지하고자 하는 것이므로, 이사와 회사 사이의 거래라고 하더라도 양자 사이의 이해가 상반되지 않고 회사에 불이익을 초래할 우려가 없는 때에는 이사회의 승인을 얻을 필요가 없는 것이다(대법원 2000. 9. 26. 선고 99다54905 판결 참조).

[2] 사실관계

원심판결 이유에 의하면, 텔슨전자의 주주총회의 결의를 통하여 마련된 텔슨전자의 임원퇴직금지급규정은 임원의 범위, 임원에 대한 퇴직금 지급기준, 지급이 제한되는 경우를 각 규정하고 있는 사실, 텔슨전자는 교보생명보험 주식회사 등 보험회사 4곳을 통하여 텔슨전자의 근로자들을 피보험자 및 수익자로 하여, 피보험자가 텔슨전자를 퇴직할 경우 보험회사로부터 보험금을 수령하고, 퇴

직보험계약이 중도에 해지된 경우에도 보험회사는 보험계약자가 아니라 피보험자에게 직접 해약환급금을 지급하는 내용으로 근로기준법 등이 정하는 요건을 갖춘 퇴직보험에 가입하였고, 피보험자 및 수익자에 피고를 포함한 임원들까지 포함시킨 사실, 텔슨전자가 각 보험회사들과 체결한 퇴직보험계약은 각 보험회사들이 텔슨전자가 정한 퇴직금 관련 규정에 정하는 방식에 따라 퇴직금을 지급한다는 취지의 약정내용을 모두 포함하고 있는 사실, 각 보험회사들은 일반적으로 주식회사와 임원에 대한 퇴직보험계약을 체결할 경우 계약체결에 관한 이사회회의록 또는 결의서를 요구하지 않았고 텔슨전자와 사이에 퇴직보험계약을 체결할 당시에도 위와 같은 이사회회의록 또는 결의서를 요구하지 않은 사실, 피고는 2004. 7. 20. 텔슨전자에 대하여 퇴직금 중간정산을 요구하여 텔슨전자로부터 같은 날 피고의 퇴직금중간정산에 대하여 동의를 받은 다음, 2004. 8. 10. 각 보험회사들에 대하여 중간정산된 퇴직보험금을 청구하여 합계 금 1,591,226,032원의 퇴직보험금을 수령한 사실을 알 수 있다.

[3] 판단

(가) 그렇다면 텔슨전자가 피고를 피보험자로 하여 퇴직보험계약을 체결한 것은 주주총회의 결의에 의하여 결정된 임원퇴직금지급규정상 임원의 보수를 지급하기 위한 수단에 불과하고, 이와 같은 보험가입에 따라 텔슨전자가 보험료 상당을 출연하였다고 하더라도 그 보험료의 지급은 장래에 지급할 퇴직금을 적립하여 그 퇴직금 지급시에 발생되는 커다란 규모의 자금 수요에 대비하기 위한 것으로서 비록 보험금의 수익자 및 해약환급금의 귀속주체가 피고라고 하더라도 그 퇴직금 지급사유 발생시까지는 이로 인하여 피고가 직접적인 이득을 얻는 것은 없다. 그리고 원심이 적법하게 채택한 증거들에 의하면 보험료에 금리 상황에 적합한 이율이 가산되어 보험금을 지급하도록 되어 있어 자금 적립에 따른 보상이 이루어지고 있음을 알 수 있으며, 또한 퇴직금 지급사유가 발생한 때에는 뒤에서 보는 바와 같이 피고가 직접 수령한 보험금이나 해약환급금 중 퇴직금 범위 내에서만 보유할 수 있고 이를 넘는 금액은 텔슨전자에게 반환하여야 하므로 피고가 정당한 퇴직금을 지급받는 외에 특별한 이익을 얻는다거나 이로 인하여 텔슨전자가 손해를 입는다고 할 수 없다.

(나) 따라서 이와 같은 사정을 종합하여 보면, 텔슨전자의 이사인 피고가 자신을 피보험자 및 수익자로 하여 텔슨전자의 명의로 퇴직보험에 가입하였다고 하더라도, 이로 인하여 텔슨전자에게 퇴직금을 조성하기 위한 일반적인 자금 운영의 범위를 넘는 실질적인 불이익을 초래할 우려가 없다고 할 것이므로, 이에 관하여 이사회의 승인을 얻을 필요가 없다고 봄이 상당하다.

(다) 원심이 판시와 같은 사정을 종합하여, 텔슨전자가 이사를 피보험자로 한 퇴직보험계약을 체결하는 행위 자체가 이사 개인에게 이익이 되고 회사에 불이익이 되는 행위에 해당한다고 볼 수 없다고 판단한 것은 위와 같은 법리에 따른 것으로 수긍할 수 있고 거기에 상고이유에서 주장하는 이사의 자기거래금지에 대한 법리오해의 위법이 있다고 할 수 없다.

(4) 보수의 적정성과 비례성

이사의 과다한 보수 문제로 보수의 적정성이나 합리적 기준의 문제가 있다.

** 관련 판례

① 대법원 2015. 9. 10. 선고 2015다213308 판결

[보수청구권의 제한 여부와 범위의 판단하는 기준]

[1] 관련 법리

(가) 주식회사의 주주총회에서 이사 · 감사로 선임된 사람이 주식회사와 계약을 맺고 이사 · 감사로 취임한 경우에, 상법 제388조, 제415조에 따라 정관 또는 주주총회 결의에서 정한 금액 · 지급시기 · 지급방법에 의하여 보수를 받을 수 있다. 이에 비추어 보면, 주주총회에서 선임된 이사 · 감사가 회사와의 명시적 또는 묵시적 약정에 따라 업무를 다른 이사 등에게 포괄적으로 위임하고 이사 · 감사로서의 실질적인 업무를 수행하지 않는 경우라 하더라도 이사 · 감사로서 상법 제399조, 제401조, 제414조 등에서 정한 법적 책임을 지므로, 이사 · 감사를 선임하거나 보수를 정한 주주총회 결의의 효력이 무효이거나 또는 소극적인 직무수행이 주주총회에서 이사 · 감사를 선임하면서 예정하였던 직무 내용과 달라 주주총회에서 한 선임 결의 및 보수지급 결의에 위배되는 배임적인 행위에 해당하는 등의 특별한 사정이 없다면, 소극적인 직무 수행 사유만을 가지고 이사 · 감사로서의 자격을 부정하거나 주주총회 결의에서 정한 보수청구권의 효력을 부정하기는 어렵다.

(나) 다만 이사 · 감사의 소극적인 직무수행에 대하여 보수청구권이 인정된다 하더라도, 이사 · 감사의 보수는 직무 수행에 대한 보상으로 지급되는 대가로서 이사 · 감사가 회사에 대하여 제공하는 반대급부와 지급받는 보수 사이에는 합리적 비례관계가 유지되어야 하므로 보수가 합리적인 수준을 벗어나서 현저히 균형성을 잃을 정도로 과다하거나, 오로지 보수의 지급이라는 형식으로 회사의 자

금을 개인에게 지급하기 위한 방편으로 이사·감사로 선임하였다는 등의 특별한 사정이 있는 경우에는 보수청구권의 일부 또는 전부에 대한 행사가 제한되고 회사는 합리적이라고 인정되는 범위를 초과하여 지급된 보수의 반환을 구할 수 있다. 이때 보수청구권의 제한 여부와 제한 범위는, 소극적으로 직무를 수행하는 이사·감사가 제공하는 급부의 내용 또는 직무수행의 정도, 지급받는 보수의 액수와 회사의 재무상태, 실질적인 직무를 수행하는 이사 등의 보수와의 차이, 소극적으로 직무를 수행하는 이사·감사를 선임한 목적과 선임 및 자격 유지의 필요성 등 변론에 나타난 여러 사정을 종합적으로 고려하여 판단하여야 한다.

[2] 원심의 판단

원심은, (가) ① 주식회사 메가골프앤레져컨설팅(이하 '메가골프'라 한다)은 주식회사 부산저축은행이 부동산개발사업을 진행하기 위하여 설립한 특수목적법인인 사실, ② 피고 1은 메가골프의 이사로 선임되어 2009년 4월경부터 2011년 6월경까지 합계 25,040,638원을, 피고 2는 메가골프의 감사로 선임되어 2006년 3월부터 2011년 3월까지 합계 69,670,000원을 급여 등의 명목으로 지급받았으나, 이사나 감사로서의 실질적인 직무를 수행하지 아니하고 이사나 감사로서의 명의에 따른 부수업무만을 처리한 사실 등을 인정한 다음, (나) 위와 같은 사실관계 및 피고들이 지급받은 돈의 액수 등에 비추어 보면, 피고들이 지급받은 돈은 이사 또는 감사의 직책에 따른 업무를 수행함에 대한 대가가 아니라 피고들의 명의대여에 대한 대가로 봄이 타당하므로, 비록 피고들이 그 직책에 따른 업무를 수행하지 아니하였다 하더라도 그 명의대여 약정에 따라 수령한 대가가 법률상 원인이 없는 것으로서 부당이득이 된다고 보기 어렵고, 그 위임사무의 내용에 비추어 수임인의 보수청구권에 관한 민법 제686조 제2항의 규정을 근거로 보수청구권을 부정할 수는 없다고 판단하는 한편, (나) 판시와 같은 이유로, 주식회사의 임원으로서 실질적인 의사결정 및 업무집행을 수행하지 않고 그 명의대여 대가를 지급받기로 하는 약정이 있었다 하더라도, 위와 같은 약정이 사법적 효력을 부정할 정도로 선량한 풍속 기타 사회질서에 반하는 것이라고 볼 수 없다고 판단하였다.

[3] 대법원 판단

원심판결 이유를 앞서 본 법리와 적법하게 채택된 증거들에 비추어 살펴보면, 피고들은 비록 이사·감사로서 적극적으로 그 직책에 따른 업무를 수행하지는 아니하였지만 주주총회에서 선임된 이사·감사로서 그 업무를 다른 이사에게 포괄적으로 위임하고 이사·감사 명의에 따른 부수업무를 처리하였고 상법 제399조, 제401조, 제414조 등에서 정한 법적 책임을 진다고 보이므로, 원심이 피고들에게 지급된 보수 명목의 돈을 이와 같은 소극적인 직무 수행에 대한 대가로 보지 아니하고 단순히 명의대여의 대가에 불과하다고 보고 이를 전제로 판단한 것은 적절하지 아니하다. 그렇지만 피고들을 이사·감사로 선임한 주주총회 결의나 보수지급 결의가 무효라거나 위와 같은 소극적인 직무 수행이 주주총회에서 그 이사·감사를 선임하면서 예정하였던 직무 내용과 달라 주주총회에서 한 선임 및 보수지급 결의에 위배되는 배임적인 행위에 해당한다고 인정할 다른 사정이 없다면, 위와 같은 피고들의 소극적인 직무 수행만을 가지고 보수청구권이 부정된다거나 그 보수에 관한 약정이 선량한 풍속 기타 사회질서에 반하는 법률행위에 해당한다고 볼 수는 없으므로, 피고들이 수행한 직무를 이유로 피고들에게 지급된 보수 명목의 돈이 부당이득에 해당한다거나 그 보수에 관한 약정이 무효라는 원고의 주장을 배척한 원심의 결론은 수긍할 수 있고, 거기에 상고이유 주장과 같이 상법상 기관과 회사의 지배구조의 원리, 이사의 보수청구권, 명의대여 약정, 민법 제103조에서 정한 반사회질서의 법률행위, 민법 제686조에서 정한 수임인의 보수청구권 등에 관한 법리를 오해하여 판결에 영향을 미친 위법이 있다고 할 수 없다.

② 대법원 2016. 1. 28. 선고 2014다11888 판결

[경영권 상실 등으로 퇴직을 앞둔 이사가 회사에서 최대한 많은 보수를 받기 위해 지나치게 과다하여 합리적 수준을 현저히 벗어나는 보수 지급 기준을 마련하고 지위를 이용한 영향력 행사로 소수주주의 반대에도 주주총회결의가 성립되도록 한 경우, 위 행위의 효력(무효)]

[1] 상법은 제388조에서 주식회사 이사의 보수는 정관에 그 액을 정하지 아니한 때에는 주주총회의 결의로 이를 정한다고 규정하고 있고, 여기서 이사의 보수에는 이사의 직무수행에 대한 보상으로 지급되는 퇴직금 내지 퇴직위로금도 이에 포함된다(대법원 1977. 11. 22. 선고 77다1742 판결 등 참조).

[2] 이처럼 상법이 정관 또는 주주총회의 결의로 이사의 보수를 정하도록 한 것은 이사들의 고용계약과 관련하여 사익 도모의 폐해를 방지함으로써 회사와 주주 및 회사채권자의 이익을 보호하기 위한 것이므로(대법원 2006. 11. 23. 선고 2004다49570 판결 참조), 비록 보수와 직무의 상관관계가 상법에 명시되어 있지 않더라도 이사가 회사에 대하여 제공하는 직무와 그 지급받는 보수 사이에는 합리적 비례관계가 유지되어야 하며, 회사의 채무 상황이나 영업실적에 비추어 합리적인 수준을 벗어나서 현저히 균형성을 잃을 정도로 과다하여서는 아니 된다.

[3] 따라서 회사에 대한 경영권 상실 등에 의하여 퇴직을 앞둔 이사가 회사

로부터 최대한 많은 보수를 받기 위하여 그에 동조하는 다른 이사와 함께 이사의 직무내용, 회사의 재무상황이나 영업실적 등에 비추어 지나치게 과다하여 합리적 수준을 현저히 벗어나는 보수지급기준을 마련하고 그 지위를 이용하여 주주총회에 영향력을 행사함으로써 소수주주의 반대에 불구하고 이에 관한 주주총회결의가 성립되도록 하였다면, 이는 회사를 위하여 직무를 충실하게 수행하여야 하는 상법 제382조의3에서 정한 의무를 위반하여 회사재산의 부당한 유출을 야기함으로써 회사와 주주의 이익을 침해하는 것으로서 회사에 대한 배임행위에 해당하므로, 주주총회결의를 거쳤다 하더라도 그러한 위법행위가 유효하다 할 수는 없다(대법원 2005. 10. 28. 선고 2005도4915 판결, 대법원 2007. 6. 1. 선고 2006도1813 판결 등 참조).

　[4] 그리고 법원은 변론 전체의 취지와 증거조사의 결과를 참작하여 자유로운 심증으로 사회정의와 형평의 이념에 입각하여 논리와 경험의 법칙에 따라 사실 주장이 진실한지 아닌지를 판단하며(민사소송법 제202조), 원심판결이 이와 같은 자유심증주의의 한계를 벗어나지 아니하여 적법하게 확정한 사실은 상고법원을 기속한다(같은 법 제432조).

9. 주식매수선택권

(1) 의의

주식매수선택권이란 회사가 정관으로 정하는 바에 따라 상법 제434조의 주주총회의 결의로 회사의 설립·경영 및 기술혁신 등에 기여하거나 기여할 수 있는 회사의 이사, 집행임원, 감사 또는 피용자("임직원")에게 미리 정한 가액으로 신주를 인수하거나 자기의 주식을 매수할 수 있도록 부여한 권리를 말한다(법340의2①). 여기에는 임직원이 주식매수선택권을 행사하면 회사가 행사가격으로 신주를 발행하여 교부하거나 보유하고 있는 자기주식을 교부하는 방식의 "주식교부형"과 주식의 시가 등 미리 정한 보상기준가격과 행사가격의 차액을 현금으로 지급하는 방식의 "차액보상형"이 있다.

이러한 주식매수선택권 제도는 회사의 설립·경영과 기술혁신 등에 기여하거나 기여할 수 있는 임직원에게 장차 주식매수로 인한 이득을 유인동기로 삼아 직무에 충실하도록 유도하기 위한 일종의 성과보상제도이다.[53]

---

53) 대법원 2018. 7. 26. 선고 2016다237714 판결.

(2) 부여계약의 체결

회사는 주주총회결의에 의하여 주식매수선택권을 부여받은 자와 계약을 체결하고 상당한 기간 내에 그에 관한 계약서를 작성하여야 한다(법340의3③).

＊＊ 관련 판례: 대법원 2018. 7. 26. 선고 2016다237714 판결

[주식매수선택권 행사기간을 제한하는 계약조항이 정관 및 주주총회 결의에 위반한 것인지 여부]

[1] 회사가 주식매수선택권을 부여하기 위해서는 정관에 근거가 있어야 하고(상법 제340조의3 제1항), 주식매수선택권에 관한 주주총회 결의에서는 주식매수선택권을 부여받을 자의 성명, 부여방법, 행사가액과 조정에 관한 사항, 주식매수선택권의 행사기간, 주식매수선택권의 행사로 발행하거나 양도할 주식의 종류와 수를 정하여야 한다(같은 조 제2항). 주주총회에서 특정인에게 주식매수선택권을 부여하는 결의가 이루어지면 회사는 결의내용에 따라 주식매수선택권을 부여받은 자와 계약을 체결하고 상당한 기간 내에 그에 관한 계약서를 작성하여야 한다(같은 조 제3항). 주식매수선택권 부여에 관한 주주총회 결의는 회사의 의사결정절차에 지나지 않고, 특정인에 대한 주식매수선택권의 구체적 내용은 일반적으로 회사가 체결하는 계약을 통해서 정해진다. 주식매수선택권을 부여받은 자는 계약에서 주어진 조건에 따라 계약에서 정한 기간 내에 선택권을 행사할 수 있다.

[2] 나아가 주식매수선택권을 부여하는 주주총회 결의에서 주식매수선택권의 부여대상과 부여방법, 행사가액, 행사기간, 주식매수선택권의 행사로 발행하거나 양도할 주식의 종류와 수 등을 정하도록 한 것은 이해관계를 가지는 기존 주주들로 하여금 회사의 의사결정 단계에서 중요 내용을 정하도록 함으로써 주식매수선택권의 행사에 관한 예측가능성을 도모하기 위한 것이다. 그러나 주주총회 결의 시 해당 사항의 세부적인 내용을 빠짐없이 정하도록 예정한 것으로 보기는 어렵다. 이후 회사가 주식매수선택권 부여에 관한 계약을 체결할 때 주식매수선택권의 행사기간 등을 일부 변경하거나 조정한 경우 그것이 주식매수선택권을 부여받은 자, 기존 주주 등 이해관계인들 사이의 균형을 해치지 않고 주주총회 결의에서 정한 본질적인 내용을 훼손하는 것이 아니라면 유효하다고 보아야 한다.

---

(3) 행사기간

상법은 주식매수선택권을 부여하기로 한 주주총회 결의일(상장회사에서 이사회결의로 부여하는 경우에는 이사회 결의일)부터 2년 이상 재임 또는 재직하여야 주식매수선택권을 행사할 수 있다고 정하고 있다(상법340조의4①, 제542조의3④, 상법 시행령30⑤). 이와 같이 상법은 주식매수선택권을 행사할 수 있는 시기(시기)만을 제한하고 있을 뿐 언제까지 행사할 수 있는지에 관해서는 정하지 않고 회사의 자율적인 결정에 맡기고 있다. 따라서 회사는 주식매수선택권을 부여받은 자의 권리를 부당하게 제한하지 않고 정관의 기본 취지나 핵심 내용을 해치지 않는 범위에서 주주총회 결의와 개별 계약을 통해서 주식매수선택권을 부여받은 자가 언제까지 선택권을 행사할 수 있는지를 자유롭게 정할 수 있다고 보아야 한다.[54]

** 관련 판례: 대법원 2011. 3. 24. 선고 2010다85027 판결

[상법 제340조의4 제1항에서 주식매수선택권 행사요건으로 정한 '2년 이상 재임 또는 재직' 요건을 본인의 귀책사유가 아닌 사유로 퇴임·퇴직하는 경우에도 갖추어야 하는지 여부(적극)]

[1] 입법 연혁

주식매수선택권 제도는 1997. 1. 3. 법률 제5254호로 개정된 구 증권거래법 제189조의4에서 주식매입선택권이라는 이름으로 주권상장법인과 협회등록법인 등에 처음으로 도입되었고, 1998. 12. 30. 법률 제5607호로 개정된 벤처기업육성에 관한 특별조치법 제16조의3에서 주식회사인 벤처기업에 위 증권거래법의 규정을 준용하였다. 그 후 1999. 12. 31. 법률 제6086호로 개정된 상법 제340조의2 내지 제340조의5에서 주식매수선택권이라는 이름으로 비상장법인에도 도입하였는데, 위 법 제340조의4 제1항에, "제340조의2 제1항의 주식매수선택권은 제340조의3 제2항 각 호의 사항을 정하는 주주총회결의일부터 2년 이상 재임 또는 재직하여야 이를 행사할 수 있다."라고 규정하였고 현행법에도 유지되고 있다. 한편 2000. 1. 21. 법률 제6176호로 개정된 구 증권거래법 제189조의4에 주식매수선택권으로 이름을 변경하면서 같은 조 제4항 후문에 "이 경우 주식매수선택권을 부여받은 자는 재정경제부령이 정하는 경우를 제외하고는 제1항의 결의일부터 2년 이상 재임 또는 재직하여야 이를 행사할 수 있다."라고 규정하고, 그에 따라

---

54) 대법원 2018. 7. 26. 선고 2016다237714 판결.

2000. 3. 15. 재정경제부령 제129호로 개정된 구 증권거래법 시행규칙 제36조의9 제2항에 "주식매수선택권부여법인은 주식매수선택권을 부여받은 임·직원이 사망하거나 정년으로 인한 퇴임 또는 퇴직 기타 본인의 귀책사유가 아닌 사유로 퇴임 또는 퇴직한 경우에는 그 행사기간 동안 주식매수선택권을 행사할 수 있도록 하여야 한다."라고 규정하였다. 구 증권거래법은 2007. 8. 3. 법률 제8635호 자본시장과 금융투자업에 관한 법률 부칙 제2조에 의하여 폐지되면서 2009. 1. 30. 법률 제9362호로 개정된 상법 제4장 제13절 '상장회사에 대한 특례'가 신설되었는데, 위 '상장회사에 대한 특례' 제542조의3에 주식매수선택권에 관하여 규정하면서 같은 조 제4항에 "상장회사의 주식매수선택권을 부여받은 자는 제340조의4 제1항에도 불구하고 대통령령으로 정하는 경우를 제외하고는 주식매수선택권을 부여하기로 한 주주총회 또는 이사회의 결의일부터 2년 이상 재임하거나 재직하여야 주식매수선택권을 행사할 수 있다."라고 규정하고, 그에 따라 2009. 2. 3. 대통령령 제21288호로 개정된 상법 시행령 제9조 제5항에 "법 제542조의3 제4항에서 '대통령령으로 정하는 경우'란 주식매수선택권을 부여받은 자가 사망하거나 정년이나 그 밖에 본인의 귀책사유가 아닌 사유로 퇴임 또는 퇴직한 경우를 말한다."라고 규정하기에 이르렀다.

　[2] 판단

　　(가) 이상과 같은 주식매수선택권에 관한 입법 연혁을 거치면서도 상법 제340조의4 제1항과 구 증권거래법 및 그 내용을 이어받은 상법 제542조의3 제4항이 주식매수선택권 행사요건에 있어서 차별성을 유지하고 있는 점, 위 각 법령에 있어서 '2년 이상 재임 또는 재직' 요건의 문언적인 차이가 뚜렷한 점, 비상장법인, 상장법인, 벤처기업은 주식매수선택권 부여 법인과 부여 대상, 부여 한도 등에 있어서 차이가 있는 점, 주식매수선택권 제도는 임직원의 직무의 충실로 야기된 기업가치의 상승을 유인동기로 하여 직무에 충실하게 하고자 하는 제도라는 점, 상법의 규정은 주주, 회사의 채권자 등 다수의 이해관계인에게 영향을 미치는 단체법적 특성을 가진다는 점 등을 고려하면, 상법 제340조의4 제1항에서 규정하는 주식매수선택권 행사요건을 판단함에 있어서 구 증권거래법 및 그 내용을 이어받은 상법 제542조의3 제4항을 적용할 수 없고, 정관이나 주주총회의 특별결의를 통해서도 상법 제340조의4 제1항의 요건을 완화하는 것은 허용되지 않는다고 해석함이 상당하다. 따라서 본인의 귀책사유가 아닌 사유로 퇴임 또는 퇴직하게 되더라도 퇴임 또는 퇴직일까지 상법 제340조의4 제1항의 '2년 이상 재임 또는 재직' 요건을 충족하지 못한다면 위 조항에 따른 주식매수선택권을 행사할 수 없다고 할 것이다.

(나) 이러한 법리와 달리, 원심이 인용한 제1심은, 비상장법인이어서 상법 제340조의4 제1항이 적용되는 이 사건에서 주식매수선택권을 부여받은 임직원들이 자신들의 귀책사유가 아닌 사유로 인해 비자발적으로 퇴임하거나 퇴직한 경우에는 최소 재임(재직)요건에 관계없이 주식매수선택권을 그대로 행사할 수 있다고 판단하였고, 원심은 거기에서 더 나아가, 상법 제340조의4 제1항이 회사의 정관 및 회사와 임·직원 사이의 주식매수선택권 부여 계약에 의해 귀책사유 없는 퇴임 또는 퇴직의 경우에 최소 재직요건을 완화하는 것조차 금지한다고 볼 수 없다는 취지로 판단하였는바, 이러한 제1심과 원심의 판단에는 상법 제340조의4 제1항에서 규정하는 주식매수선택권 행사요건에 관한 법리를 오해함으로써 판결 결과에 영향을 미친 위법이 있다.

Ⅱ. 이사회

1. 의의

이사회(board of directors)란 이사 전원으로 구성되고 회사의 업무집행에 관한 의사결정 및 이사의 직무집행을 감독하는 주식회사의 필요적 상설기관이다(법393).

2. 이사회의 권한

중요한 자산의 처분 및 양도, 대규모 재산의 차입, 지배인의 선임 또는 해임과 지점의 설치·이전 또는 폐지 등 회사의 업무집행은 이사회의 결의로 한다(법393①). 이사회는 이사의 직무의 집행을 감독한다(법393②).

이사는 대표이사로 하여금 다른 이사 또는 피용자의 업무에 관하여 이사회에 보고할 것을 요구할 수 있다(법393③). 이사는 3월에 1회 이상 업무의 집행상황을 이사회에 보고하여야 한다(법393④).

** 관련 판례

① 대법원 1997. 12. 9. 선고 97다40315 판결

상법 제393조 제1항은 '중요한 자산의 처분 및 양도, 대규모 재산의 차입 등

회사의 업무집행은 이사회의 결의로 한다.'고 정함으로써 주식회사의 이사회는 회사의 업무집행에 관한 의사결정권한이 있음을 명시하고 있다. 주식회사가 중요한 자산을 처분하거나 대규모 재산을 차입하는 등의 업무집행을 할 경우에는 이사회가 직접 결의하지 않고 대표이사에게 일임할 수 없다. 즉, 이사회가 일반적·구체적으로 대표이사에게 위임하지 않은 업무로서 일상 업무에 속하지 않은 중요한 업무의 집행은 반드시 이사회의 결의가 있어야 한다(대법원 2021. 8. 26.자 2020마5520 결정 등 참조). 만일 대표이사의 대외적 거래행위가 대표이사의 일상 업무에 속하지 아니한 중요한 업무에 해당하여 이사회의 결의를 거쳐야 할 사항임에도 대표이사가 이를 거치지 아니하고 그러한 행위를 한 것이고, 그러한 대표이사의 거래행위 당시 상대방이 이사회의 결의가 없었음을 알았거나 알 수 있었다면 그 행위는 회사에 대하여 효력이 없다.

② 대법원 2005. 7. 28. 선고 2005다3649 판결

상법 제393조 제1항은 주식회사의 중요한 자산의 처분 및 양도는 이사회의 결의로 한다고 규정하고 있는바, 여기서 말하는 중요한 자산의 처분에 해당하는가 아닌가는 당해 재산의 가액, 총자산에서 차지하는 비율, 회사의 규모, 회사의 영업 또는 재산의 상황, 경영상태, 자산의 보유목적, 회사의 일상적 업무와 관련성, 당해 회사에서의 종래의 취급 등에 비추어 대표이사의 결정에 맡기는 것이 상당한지 여부에 따라 판단하여야 할 것이고, 중요한 자산의 처분에 해당하는 경우에는 이사회가 그에 관하여 직접 결의하지 아니한 채 대표이사에게 그 처분에 관한 사항을 일임할 수 없는 것이므로 이사회규정상 이사회 부의사항으로 정해져 있지 아니하더라도 반드시 이사회의 결의를 거쳐야 한다.

③ 대법원 2019. 8. 14. 선고 2019다204463 판결

[주식회사가 회생절차개시신청을 하는 경우, 이사회 결의를 거쳐야 하는지 여부(적극)]

주식회사는 회생절차를 통하여 채권자·주주 등 여러 이해관계인의 법률관계를 조정하여 채무자 또는 그 사업의 효율적인 회생을 도모할 수 있으나(채무자회생법 제1조), 회생절차 폐지의 결정이 확정된 경우 파산절차가 진행될 수 있는 등(채무자회생법 제6조 제1항) 회생절차 신청 여부에 관한 결정이 주식회사에 미치는 영향이 크다. 위와 같은 주식회사에서의 이사회의 역할 및 주식회사에 대한 회생절차개시결정의 효과 등에 비추어 보면 주식회사의 회생절차개시신청은 대표이사의 업무권한인 일상 업무에 속하지 아니한 중요한 업무에 해당하여 이사회 결의가 필요하다고 보아야 한다.

3. 이사회의 소집

(1) 소집권자

이사회는 각 이사가 소집한다(법390① 본문). 그러나 이사회의 결의로 소집할 이사를 정한 때에는 그러하지 아니하다(법390① 단서). 제1항 단서의 규정에 의하여 소집권자로 지정되지 않은 다른 이사는 소집권자인 이사에게 이사회 소집을 요구할 수 있다(법390② 전단). 소집권자인 이사가 정당한 이유없이 이사회 소집을 거절하는 경우에는 다른 이사가 이사회를 소집할 수 있다(법390② 후단).

** 관련 판례: 대법원 1975. 2. 13.자 74마595 결정

[이사회의 소집에 관한 상법 390조 1항의 취지]

상법 제390조 제1항에 의하면 이사회는 각 이사가 소집한다. 그러나 이사회의 결의로 소집할 이사를 정한 때에는 그러하지 아니하다 라고 규정하고 있는데 이 취지는 이사 각자가 본래적으로 할 수 있는 이사회 소집에 관한 행위를 대표이사로 하여금 하게 하는데 불과하므로 대표이사가 다른 이사의 정당한 이사회 소집요구가 있을 때에는 정당한 사유없이 이것을 거절할 수 없는 것이요, 만일 대표이사가 정당한 사유없이 거절할 경우에는 그 이사회의 소집을 요구한 이사가 이사회를 소집할 수 있다고 보는 것이 상당하다. 이러한 취지로 판시한 원심 판단은 정당하고 여기에는 주식회사의 이사회 소집권자에 관한 법리를 오해한 위법사유가 없다. 따라서 이 사건에서 이사 문동리등이 원심판시의 안건을 내세우고 이사회의 소집을 요구한데 대하여 대표이사인 재항고인이 그 소집요구를 거절하였으므로 1974. 2. 16. 이사회의 소집을 요구한 이사들이 스스로 소집한 1974. 2. 20. 10:00 제10차 이사회에서 신청인을 대표이사직에서 해임한 결의는 다른 사정이 없는 한 적법하다고 보아야 될 것이다. 대표이사는 이사 전원의 과반수의 찬성으로 선임 또는 해임되게 마련이므로 이러한 대표이사의 선임이나 해임이 이사회의 결의사항으로 되어있는 이상 가사 이사의 이사회소집요구의 저의가 대표이사자신의 해임을 목적으로 하고 있다 할지라도 대표이사로서는 이사회의 소집에 불응할 만한 정당한 사유가 된다고는 말할 수 없다. 피신청인 회사의 정관 제28조 2항의 규정중 대표이사유고시라 함은 대표이사가 신병 또는 장기의 해외여행등으로 사무를 집행할 수 없는 경우를 가리키는 것이니(당원 1962. 1. 11. 선고 4294민상490 판결 참조) 논지가 말하는 것처럼 이사의 이사회소집요구

를 정당한 사유없이 불응하는 경우는 여기에 포함되지 아니한다고 보는 것이 상
당하다. 논지는 이것과 반대의 입장에서 이론을 전개하는 것이므로 이유없다.

(2) 소집절차

이사회를 소집함에는 회일을 정하고 그 1주간 전에 각 이사 및 감사에 대하
여 통지를 발송하여야 한다(법390③ 본문). 그러나 그 기간은 정관으로 단축할 수
있다(법390③ 단서). 이사회는 이사 및 감사 전원의 동의가 있는 때에는 소집절차
없이 언제든지 회의할 수 있다(법390④).

** 관련 판례: 대법원 2011. 6. 24. 선고 2009다35033 판결
[주식회사 이사회 소집통지를 할 때 회의의 목적사항도 함께 통지하여야 하는
지 여부(원칙적 소극)]
　[1] 관련 법리
　이사회 소집통지를 할 때에는, 회사의 정관에 이사들에게 회의의 목적사항
을 함께 통지하도록 정하고 있거나 회의의 목적사항을 함께 통지하지 아니하면
이사회에서의 심의·의결에 현저한 지장을 초래하는 등의 특별한 사정이 없는
한, 주주총회 소집통지의 경우와 달리 회의의 목적사항을 함께 통지할 필요는
없다.
　[2] 사실관계
　원심이 인용한 제1심판결의 이유에 의하면, 원고 회사의 대표이사인 소외 1
이 2005. 7. 29.자 임시주주총회의 소집을 철회하기 위하여 2005. 7. 20. 이사들
에게 2005. 7. 28.에 이사회를 개최한다는 내용의 소집통지서를 발송하면서도, 이
사들에게 회의의 목적사항으로서 '2005. 7. 29.자 임시주주총회 소집의 철회'에
관하여는 통지를 하지 아니하였고, 2005. 7. 26.에 이르러서야 비로소 2005. 7.
28. 개최예정인 이사회에서 2005. 7. 29.자 임시주주총회 소집이 철회될 예정이라
는 내용의 통지서를 발송한 사실을 알 수 있다.
　[3] 판단
　앞서 본 법리에 비추어 볼 때, 원고 회사의 정관에 이사회 소집통지를 할 때
이사들에게 회의의 목적사항을 함께 통지하도록 정하고 있다거나, 회의의 목적사
항을 함께 통지하지 아니하면 이사회에서의 심의·의결에 현저한 지장을 초래한
다는 등의 특별한 사정을 인정할 자료를 기록상 찾기 어려운 이상, 원고 회사의

대표이사인 소외 1이 이사회 소집통지를 할 때 회의의 목적사항을 함께 통지하지 아니하였다 하더라도 이 사건 2005. 7. 28.자 이사회의 소집절차가 위법하게 되는 것은 아니다.

4. 이사회의 결의

(1) 결의요건

이사회의 결의는 이사과반수의 출석과 출석이사의 과반수로 하여야 한다. 그러나 정관으로 그 비율을 높게 정할 수 있다(법391①).

** 관련 판례

① 대법원 1995. 4. 11. 선고 94다33903 판결

[상법 제391조 제1항의 본문이 요구하고 있는 결의의 요건을 갖추지 못한 이사회결의의 효력]

[1] 관련 법리

상법 제391조 제1항의 본문은 "이사회의 결의는 이사 과반수의 출석과 출석이사의 과반수로 하여야 한다"고 규정하고 있는바, 강행규정인 위 규정이 요구하고 있는 결의의 요건을 갖추지 못한 이사회결의는 효력이 없는 것이라고 할 것이다.

[2] 판단

원심이 적법하게 확정한 바와 같이 소외 정리회사의 각 이사회에서 당시 재적 6명의 이사 중 3인이 참석하여 참석이사의 전원의 찬성으로 이 사건 각 연대보증을 의결하였다면 위 각 이사회의 결의는 과반수에 미달하는 이사가 출석하여 상법상의 의사정족수가 충족되지 아니한 이사회에서 이루어진 것으로 무효라고 할 것이고, 소론과 같이 위 정리회사의 정관에 이사회의 결의는 이사 전원의 과반수로 하되 가부동수인 경우에는 이사회 회장의 결정에 의하도록 규정되어 있고, 위 각 이사회결의에 참석한 이사 중에 이사회 회장이 포함되어 있다고 하여도 마찬가지라고 할 것이다. 같은 취지의 원심판단은 정당하고 거기에 소론과 같은 상법 제391조 제1항의 법리를 오해한 위법이 있다고 할 수 없다. 논지는 이유 없다.

② 대법원 2003. 1. 24. 선고 2000다20670 판결

[이사회 결의요건 충족 여부의 판단 시점(=이사회 결의시)]

원심판결 이유에 의하면, 원심은, 1991. 2. 1.자 이사회 결의 당시에는 그 결의요건을 충족하였더라도, 그 결의에 따라 이루어진 1991. 4. 29.자 연대보증계약 체결 당시를 기준으로 하면 그 사이 이사 일부와 이사 총수가 변경됨으로써 이사회 결의요건을 갖추지 못하게 되어 결국 위 이사회 결의는 무효라는 피고의 주장에 대하여, 이사회 결의요건을 충족하는지 여부는 이사회 결의 당시를 기준으로 판단하여야 하고, 그 결의의 대상인 연대보증행위가 실제로 이루어진 날을 기준으로 판단할 것이 아니라는 이유로 이를 배척하였는바, 이러한 원심의 판단은 정당하고, 거기에 상법 제393조 제1항에 대한 법리오해의 위법이 있다고 볼 수 없다.

(2) 결의방법

정관에서 달리 정하는 경우를 제외하고 이사회는 이사의 전부 또는 일부가 직접 회의에 출석하지 아니하고 모든 이사가 음성을 동시에 송수신하는 원격통신수단에 의하여 결의에 참가하는 것을 허용할 수 있다(법391② 전단). 이 경우 당해 이사는 이사회에 직접 출석한 것으로 본다(법391② 후단).

** 관련 판례

① 대법원 2000. 11. 10. 선고 99다64285 판결

주식회사 이사회의 결의는 이사 과반수의 출석과 출석이사의 과반수로 하되, 이사들이 직접 회의에 출석하여야 하고(상법 제391조), 따라서 원칙적으로 서면결의는 인정되지 아니하며, 이러한 결의요건과 결의방법을 갖추었는지 여부에 따라 이사회 결의 및 그에 터잡은 회사 행위의 효력을 판단하여야 한다.

② 대법원 1982. 7. 13. 선고 80다2441 판결

[의결권 위임에 의한 이사회 결의의 효력(무효)]

[1] 관련 법리

신청인 회사의 정관 제25조에는 이사는 이사회를 조직하고 대표이사 및 회장의 선임과 회사업무 집행에 관한 중요사항을 의결한다. 이사회는 회장 또는 대표이사인 사장이 소집하고 대표이사가 유고시에는 상무이사가 이를 대행한다. 이사회를 소집함에는 회일을 정하고 그 3일 전에 각 이사에 대하여 통지서를 발송

한다고 되어 있고, 상법 제391조에는 이사회의 결의는 이사 전원의 과반수로 하여야 한다고 되어 있는바, 이와 같은 법령이나 정관의 규정에 비추어 주식회사 이사회는 주주총회의 경우와는 달리 원칙적으로 소집권 있는 이사가 다른 이사 전원에 대하여 이사회의 소집통지를 하여야 하고 이사 자신이 이사회에 출석하여 결의에 참가하여야 하며 대리인에 의한 출석은 인정되지 않고, 따라서 이사 개인이 타인에게 출석과 의결권을 위임할 수도 없는 것이니 이에 위배된 이사회의 결의는 무효라고 할 것이고, 또한 그 무효임을 주장하는 방법에는 아무런 제한이 없으며 이해관계인은 언제든지 또 어떠한 방법에 의하던 그 무효를 주장할 수 있다.

[2] 판단

원심이 유지한 제1심의 인정사실에 의하여도 당시 신청인 회사의 이사들은 모두 피신을 하여 이사회가 사실상 소집 개최된 일도 없는데 위 이수환이 단지 이사인 정덕녀, 김진철의 위임에 의하여 정덕녀를 대표이사로 선임하는 내용의 이사회 의사록만을 작성하고 이에 따라 정덕녀를 대표이사로 등기를 하였다는 것이니 이와 같은 이사회의 결의는 당연무효(오히려 부존재)로서 그 하자가 달리 치유될 수도 없다. 따라서 이러한 이사회의 결의 형식을 통하여 대표이사로 선임된 정덕녀는 적법한 대표이사가 될 수는 없다 할 것이니 정덕녀로서는 대표이사로서 이건 제소전 화해신청을 위한 소송대리인을 선임하거나, 그 선임을 위임할 만한 아무런 권한도 없다.

(3) 의결권의 제한

이사회 결의에 대하여 특별한 이해관계가 있는 이사는 의결권을 행사할 수 없다(법391③, 법368③).

** 관련 판례: 대법원 1992. 4. 14. 선고 90다카22698 판결

[이사 3명 중 회사의 경영에 관한 모든 사항을 다른 이사들에게 위임하여 놓고 필요시 이사회 회의록 등에 날인만 하여 주고 있는 이사에 대한 소집통지 없이 열린 이사회에서 한 결의가 유효하다고 한 사례 / 3명의 이사 중 대표이사와 특별이해관계 있는 이사 등 2명이 출석하여 대표이사 1인의 찬성으로 이사회결의가 이루어진 경우 그 결의의 적부(적극)]

[1] 원심의 판단

원심판결이유에 의하면 원심은, 이 사건 양도약정이 피고 회사의 이사인 원

고와 피고 회사 사이의 거래로서 이사회의 승인을 받아야 된다는 전제 아래 그 증거에 의하여 위 양도약정당시 피고 회사의 이사로는 원고, 위 김성규, 소외 김미란, 감사로는 소외 이재호가 각 선임되어 있었는데 원고와 위 김성규는 이 사건 양도약정일인 1986. 5. 29. 위 김미란에 대한 소집통지를 함이 없이 피고 회사의 회의실에서 이사회를 열어 위 양도약정을 만장일치로 의결한 사실과 위 김미란은 위 김성규의 형수로서 등기부상 이사로 등재되어 있기는 하나 이는 명목에 불과하여 피고 회사의 경영에 전혀 참가하지 않고 그 경영에 관한 모든 사항은 원고와 위 김성규에게 위임하여 놓고 그들의 결정에 따르며 필요시 이사회 회의록 등에 날인만 하여 주고 있었으므로 비록 김미란이 위 이사회에 참석하였다고 하더라도 김미란의 위와 같은 피고 회사 경영에 관한 태도에 비추어 보아 위 양도약정을 승인하였을 것으로 보여지고, 실제 위 김미란은 그 후 이 사건 양도약정에 대한 동의의 뜻으로 위 이사회 회의록에 날인한 사실 등을 인정한 다음, 이사 3명 중 위 김미란에 대한 소집통지 없이 열린 위 이사회에서 이루어진 위 양도약정에 대한 승인의결은 위 김미란이 소집통지를 받고 참석하였다 하더라도 그 의결의 결과에 영향이 없었다고 보여지므로 위 승인의결은 결국 유효한 것이라고 판단하였다.

[2] 대법원 판단

기록에 비추어 살펴보면 원심의 위와 같은 사실인정과 이사회 소집절차에 위와 같은 흠이 있었다는 이유만으로는 위 이사회결의가 무효라고 할 수 없다는 판단은 정당한 것으로 수긍이 되고, 또한 특별이해관계가 있는 이사는 이사회에서 의결권을 행사할 수는 없으나 의사정족수 산정의 기초가 되는 이사의 수에는 포함되고 다만 결의성립에 필요한 출석이사에는 산입되지 아니하는 것이므로(당원 1991. 5. 28. 선고 90다20084 판결 참조) 피고 회사의 3명의 이사 중 위 김성규와 원고가 출석하여 이 사건 결의를 하였다면 이사 3명 중 2명이 출석하여 과반수 출석의 요건을 구비하였고 원고가 행사한 의결권을 제외하더라도 결의에 참여할 수 있는 유일한 출석이사인 위 김성규의 찬성으로 과반수의 찬성이 있는 것으로 되어 그 결의는 적법하다고 할 것이고 거기에 소론과 같은 법리오해, 채증법칙 위배 등의 위법이 없으며 원심은 이사회결의가 존재하는 것을 전제로 그 당부를 판단함으로써 피고의 이 사회결의부존재 주장을 배척하고 있는 취지라 할 것이므로 소론과 같은 판단유탈의 위법도 없다.

5. 이사회의 의사록 작성과 열람

(1) 작성방법

이사회의 의사에 관하여는 의사록을 작성하여야 한다(법391의3①). 의사록에는 의사의 안건, 경과요령, 그 결과, 반대하는 자와 그 반대이유를 기재하고 출석한 이사 및 감사가 기명날인 또는 서명하여야 한다(법391의3②).

(2) 열람 청구권자

주주는 영업시간 내에 이사회의사록의 열람 또는 등사를 청구할 수 있다(법391의3③). 이사회결의 등을 위해 이사회에 제출된 관련 서류라도 그것이 이사회의사록에 첨부되지 않았다면 이는 이사회의사록 열람·등사청구의 대상에 해당하지 않으나, 이사회의사록에서 '별첨', '별지' 또는 '첨부' 등의 용어를 사용하면서 내용을 인용하고 있는 첨부자료는 해당 이사회 의사록의 일부를 구성하는 것으로서 이사회 의사록 열람·등사청구의 대상에 해당한다.[55]

** 관련 판례: 대법원 2014. 7. 21.자 2013마657 결정

[주주의 이사회 의사록 또는 회계장부와 서류 등에 대한 열람·등사권 행사가 부당한지 판단하는 기준 / 적대적 인수·합병을 시도하는 주주의 열람·등사청구가 인정되는 경우]

[1] 상법 제391조의3 제3항, 제466조 제1항에서 규정하고 있는 주주의 이사회 의사록 또는 회계 장부와 서류 등에 대한 열람·등사청구가 있는 경우, 회사는 청구가 부당함을 증명하여 이를 거부할 수 있는데, 주주의 열람·등사권 행사가 부당한 것인지는 행사에 이르게 된 경위, 행사의 목적, 악의성 유무 등 제반 사정을 종합적으로 고려하여 판단하여야 하고, 특히 주주의 이와 같은 열람·등사권 행사가 회사업무의 운영 또는 주주 공동의 이익을 해치거나 주주가 회사의 경쟁자로서 취득한 정보를 경업에 이용할 우려가 있거나, 또는 회사에 지나치게 불리한 시기를 택하여 행사하는 경우 등에는 정당한 목적을 결하여 부당한 것이라고 보아야 한다.

[2] 적대적 인수·합병을 시도하는 주주의 열람·등사청구라고 하더라도 목

---

55) 대법원 2014. 7. 21.자 2013마657 결정.

적이 단순한 압박이 아니라 회사의 경영을 감독하여 회사와 주주의 이익을 보호하기 위한 것이라면 허용되어야 하는데, 주주가 회사의 이사에 대하여 대표소송을 통한 책임추궁이나 유지청구, 해임청구를 하는 등 주주로서의 권리를 행사하기 위하여 이사회 의사록의 열람·등사가 필요하다고 인정되는 경우에는 특별한 사정이 없는 한 그 청구는 회사의 경영을 감독하여 회사와 주주의 이익을 보호하기 위한 것이므로, 이를 청구하는 주주가 적대적 인수·합병을 시도하고 있다는 사정만으로 청구가 정당한 목적을 결하여 부당한 것이라고 볼 수 없고, 주주가 회사의 경쟁자로서 취득한 정보를 경업에 이용할 우려가 있거나 회사에 지나치게 불리한 시기를 택하여 행사하는 등의 경우가 아닌 한 허용되어야 한다.

　[3] 甲 주식회사의 엘리베이터 사업부문을 인수할 의도로 甲 회사 주식을 대량 매집하여 지분율을 끌어올려 온 乙 외국법인이 甲 회사가 체결한 파생상품계약 등의 정당성을 문제 삼으면서 甲 회사 이사회 의사록의 열람·등사를 청구한 사안에서, 乙 법인이 이사에 대한 대표소송 등 주주로서의 권리를 행사하기 위하여 이사회 의사록의 열람·등사가 필요하다고 인정되는 점, 乙 법인이 이사회 의사록으로 취득한 정보를 경업에 이용할 우려가 있다거나 甲 회사에 지나치게 불리한 시기에 열람·등사권을 행사하였다고 볼 수 없는 점 등 여러 사정에 비추어 乙 법인의 열람·등사청구가 甲 회사의 경영을 감독하여 甲 회사와 주주의 이익을 보호하기 위한 것과 관계없이 甲 회사에 대한 압박만을 위하여 행하여진 것으로서 정당한 목적을 결하여 부당하다고 할 수 없는데도, 이와 달리 보아 위 청구를 배척한 원심결정에 주주의 이사회 의사록 열람·등사권 행사에 관한 법리오해의 위법이 있다고 한 사례.

(3) 열람거절과 법원의 열람허가

　회사는 주주의 열람청구에 대하여 이유를 붙여 이를 거절할 수 있다(법391의3④ 전단). 이 경우 주주는 법원의 허가를 얻어 이사회의사록을 열람 또는 등사할 수 있다(법391의3④ 후단).

　** 관련 판례: 대법원 2013. 3. 28. 선고 2012다42604 판결
　[민사소송의 방법으로 상법 제391조의3 제4항에 의한 이사회 의사록의 열람 및 등사를 청구할 수 있는지 여부(소극)]
　상법 제391조의3 제3항, 제4항에 의하면 주주는 영업시간 내에 이사회 의사록의 열람 또는 등사를 청구할 수 있으나, 회사는 그 청구에 대하여 이유를 붙여

거절할 수 있고, 그 경우 주주는 법원의 허가를 얻어 이사회 의사록을 열람 또는 등사할 수 있는바, 상법 제391조의3 제4항의 규정에 의한 이사회 의사록의 열람 등 허가사건은 비송사건절차법 제72조 제1항에 규정된 비송사건이므로 민사소송의 방법으로 이사회 회의록의 열람 또는 등사를 청구하는 것은 허용되지 않는다.

6. 이사회결의의 하자

(1) 이사회결의의 효력

이사회결의의 하자에 관하여 주주총회 결의와 달리 상법은 규정을 두고 있지 않다. 따라서 민법의 일반원칙에 따라야 할 것이다. 여기서는 판례의 동향을 소개한다.

(가) 이사 개인을 상대로 한 이사회결의 무효확인의 소익 유무

주식회사의 이사회결의는 회사의 의사결정이고 회사는 그 결의의 효력에 관한 분쟁의 실질적인 주체라 할 것이므로 그 효력을 다투는 사람이 회사를 상대로 하여 그 결의의 무효확인을 소구할 있다 할 것이나 그 이사회결의에 참여한 이사들은 그 이사회의 구성원에 불과하므로 특별한 사정이 없는 한 이사개인을 상대로 하여 그 결의의 무효확인을 소구할 이익은 없다.[56]

(나) 이사회결의 무효확인소송 판결의 대세적 효력 유무

** 관련 판례: 대법원 1988. 4. 25. 선고 87누399 판결

[1] 이사회의 결의에 하자가 있는 경우에 관하여 상법은 아무런 규정을 두고 있지 아니하나, 그 결의에 무효사유가 있는 경우에는 이해관계인은 언제든지 또 어떤 방법에 의하든지 그 무효를 주장할 수 있다고 할 것이지만(당원 1982. 7. 13. 선고 80다2441 판결 참조), 이와 같은 무효주장의 방법으로서 이사회결의무효확인소송이 제기되어 승소확정판결을 받은 경우 그 판결의 효력에 관하여는 주주총회결의무효확인소송 등과는 달리 상법 제190조가 준용될 근거가 없으므로 대세적 효력은 없다고 할 것이다.

[2] 원심이 원고 회사의 주주들이 제기하여 승소한 위 대표이사 선임의 이사회결의무효확인판결에 관하여 판단하지 아니한 잘못이 엿보이기는 하나, 그 판결의 효력은 위 소송의 당사자 사이에서만 발생하는 것이고, 피고를 포함한 위 소

---

56) 대법원 1982. 9. 14. 선고 80다2425 전원합의체 판결.

송의 당사자 아닌 사람들과의 사이에 있어서는 위 대표이사들이 원심인정과 같
이 대표이사로서 한 행위에 아무런 영향을 미치지 않는다고 할 것이므로, 이와
반대의 견해에서 위 판결에 대세적 효력이 있음을 전제로 하여 원심판단에 심리
미진 또는 법리오해의 위법이 있다는 논지 역시 이유없다.

(다) 주주의 의결권행사를 불가능하게 하거나 현저히 곤란하게 하는 것을 내용으로 하는 이사회결의의 효력

소유와 경영의 분리를 원칙으로 하는 주식회사에서 주주는 주주총회 결의를
통하여 회사 경영을 담당할 이사의 선임과 해임 및 회사의 합병, 분할, 영업양도
등 법률과 정관이 정한 회사의 기초 내지는 영업조직에 중대한 변화를 초래하는
사항에 관한 의사결정을 하기 때문에, 이사가 주주의 의결권행사를 불가능하게
하거나 현저히 곤란하게 하는 것은 주식회사 제도의 본질적 기능을 해하는 것으
로서 허용되지 아니하고, 그러한 것을 내용으로 하는 이사회결의는 무효로 보아
야 한다.[57]

(2) 하자있는 이사회결의의 후속행위의 효력

(가) 이사회결의를 요하는 대외적 거래행위에 관하여 적법한 이사회결의 없이 한 거래행위의 효력

주식회사의 대표이사가 이사회결의를 요하는 대외적 거래행위를 함에 있어
서 실제로 이사회결의를 거치지 아니하였거나 이사회결의가 있었다고 하더라도
그 결의가 무효인 경우, 거래 상대방이 그 이사회결의의 부존재 또는 무효사실을
알거나 알 수 있었다면 그 거래행위는 무효라고 할 것이다.[58]

(나) 거래의 상대방이 이사회의 결의가 없었음을 알았거나 알 수 있었음에 관한 증명책임의 소재

주식회사의 대표이사가 이사회의 결의를 거쳐야 할 대외적 거래행위에 관하
여 이를 거치지 아니한 경우라도, 이와 같은 이사회 결의사항은 회사의 내부적
의사결정에 불과하다 할 것이므로, 그 거래상대방이 그와 같은 이사회결의가 없
었음을 알았거나 알 수 있었을 경우가 아니라면 그 거래행위는 유효하다 할 것

---

57) 대법원 2011. 6. 24. 선고 2009다35033 판결.
58) 대법원 1995. 4. 11. 선고 94다33903 판결.

이고, 이 경우 거래의 상대방이 이사회의 결의가 없었음을 알았거나 알 수 있었음은 이를 주장하는 회사측이 주장·입증하여야 한다.[59]

(다) 주식회사가 대표이사와 연대하여 손해를 배상할 책임이 있는지 여부

** 관련 판례: 대법원 2009. 3. 26. 선고 2006다47677 판결

[주식회사의 대표이사가 이사회결의를 거쳐야 할 대외적 거래행위에 관하여 이를 거치지 아니한 경우, 그 거래행위의 효력(원칙적 유효) 및 거래 상대방이 이사회결의가 없음을 알았거나 알 수 있었다는 사정에 관한 증명책임자(=회사)]

[1] 관련 법리

주식회사의 대표이사가 이사회결의 절차를 거치지 아니하고 타인의 채무에 대하여 보증 기타 이와 유사한 약정(이하 '보증'이라고 한다)을 한 경우 채권자가 이사회결의가 없음을 알지 못한 데 대하여 과실이 있는 경우에는 그 보증은 무효라 할 것이지만, 이 경우 그 대표이사가 상법이 정한 이사회결의 절차를 거치지 아니하여 채권자와의 보증계약이 효력을 갖지 못하게 한 것은 업무의 집행자로서의 주의의무를 다하지 못한 과실행위라 할 것이고, 그 대표이사가 위와 같이 이사회결의의 절차를 거치지 아니하여 그 보증계약이 무효임에도 불구하고 그 보증이 유효한 것으로 오신한 채권자로 하여금 그 거래를 계속하게 하여 손해를 입게 한 경우에는, 이는 주식회사의 대표이사가 그 업무집행으로 인하여 타인에게 손해를 가한 때에 해당한다고 보아야 하므로 당해 주식회사는 상법 제389조 제3항에 의하여 준용되는 상법 제210조에 의하여 그 대표이사와 연대하여 손해를 배상할 책임이 있다. 위와 같은 경우 이사회결의의 부존재를 이유로 주식회사에 대한 보증계약의 효력을 부정하면서 회사의 손해배상책임을 인정한다고 하여 상법 제393조 제1항의 규정 취지를 몰각하였다고 볼 수는 없다. 또한, 불법행위의 피해자가 제3자에 대하여 채권을 가지게 되어 그의 변제를 받는다면 손해가 생기지 않게 되는 경우에도 피해자는 불법행위자에 대하여 손해배상청구권을 행사할 수 있으므로, 위의 경우에 채권자가 채무자로부터 변제를 받을 경우 손해를 회복할 수 있게 된다 하더라도 그러한 사정만으로 보증계약을 한 주식회사 및 그 대표이사에 대하여 보증의 무효로 인한 손해배상을 청구하지 못하는 것은 아니다(대법원 1980. 4. 8. 선고 79다1431 판결 참조).

[2] 원심의 판단

원심판결 이유에 의하면, 원심은 그 판시와 같은 사실을 인정한 다음, 원고로서는 이 사건 주식매수청구권 부여계약의 매수당사자가 되어 달라는 피고 현

---

59) 대법원 2005. 7. 28. 선고 2005다3649 판결.

대전자나 피고 현대증권 등의 권유를 거부하였으나, 피고 이익치 등이 주도하여 원고에게는 아무런 이익은 없고 대외적으로 새로운 부담과 위험만이 있는 이 사건 주식매수청구권 부여계약을 체결하도록 계속 권유하였고, 또한 피고 이익치가 CIBC가 주식매수청구권을 행사하는 경우라도 원고에게 아무런 손실이 발생하지 아니하도록 책임지겠다는 내용의 이 사건 각서를 제공하겠다고 하여 원고가 현대그룹 계열회사 사이의 업무지원 차원에서 이 사건 주식매수청구권 부여계약을 체결하게 되었으므로, 이 사건 각서의 작성을 요청받고서 이를 작성하게 된 피고 이익치로서는 이 사건 각서를 작성·제공함에 있어 적법한 절차를 거쳐 유효한 각서를 작성·제공하여야 할 것임에도 이사회의 결의를 거치지 아니하여 피고 현대증권에 대하여 결과적으로 법적 효력이 없게 되는 이 사건 각서를 제공함으로써 그 효력을 오신한 원고로 하여금 이 사건 주식매수청구권 부여계약을 체결하게 하였으며, 그로 인하여 결국 원고로 하여금 이 사건 주식의 재매수대금을 지급하게 하는 손해를 입혔으므로, 이는 피고 현대증권의 주식거래 중개 업무와 관련된 불법행위를 구성한다 할 것이고, 따라서 피고 현대증권과 피고 이익치는 연대하여 원고가 입은 손해를 배상할 책임이 있다는 취지로 판단하였다.

[3] 대법원 판단

(가) 앞에서 본 법리와 기록에 비추어 살펴보면, 원심이 위와 같이 피고 현대증권, 이익치의 불법행위로 인한 손해배상책임의 성립을 인정한 것은 정당하고, 거기에 피고 현대증권, 피고 이익치가 상고이유에서 주장하는 바와 같이 불법행위책임의 성립, 위법성, 인과관계 등에 관한 법리오해 등의 위법이 있다고 할 수 없다. 또한, 원고가 피고 현대전자로부터 변제를 받을 경우 손해를 회복할 수 있게 된다 하더라도 그러한 사정만으로 무효인 이 사건 약정을 체결한 피고 이익치 및 피고 현대증권에게 이 사건 약정의 무효로 인한 손해배상을 청구하지 못하는 것은 아니므로, 원심이 원고가 지출한 이 사건 주식의 재매수대금 상당액을 피고 현대증권, 피고 이익치가 배상하여야 할 손해액으로 산정한 데에 손해액 산정에 관한 법리오해 등의 위법이 있다고 할 수도 없다.

(나) 그리고 원심이 피고 현대증권의 대표이사이던 피고 이익치의 이 사건 주식매수청구권 부여계약 체결과정에서의 역할과 그 계약이 체결되기에 이른 경위 등에 관한 증거를 취사선택하고 증거의 증명력을 비교·평가하면서 논리와 경험의 법칙에 위배하고 자유심증주의의 한계를 벗어나 그에 관한 사실을 인정하였다고 볼 수 없으므로 채증법칙 위반을 다투는 피고 현대증권, 피고 이익치의 상고이유의 주장은 받아들일 수 없다.

Ⅲ. 대표이사

1. 의의

대표이사는 대외적으로 회사를 대표하고 대내적으로 업무를 집행하는 필요적 상설기관이다.

2. 선정과 퇴임

(1) 선정

회사는 이사회의 결의로 회사를 대표할 이사를 선정하여야 한다(법389① 본문). 그러나 정관으로 주주총회에서 이를 선정할 것을 정할 수 있다(법389① 단서). 대표이사를 선정한 때에는 성명·주민등록번호·주소를 등기하여야 한다(법317②(9)).

주식회사의 대표이사는 그 회사의 영업에 관하여 재판상 또는 재판외의 행위를 할 수 있는 대표기관인바, 어느 사람이 주식회사 이사회의 결의로써 대표이사로 선임되어 취임하기까지는 비록 사실상 대표이사와 같은 역할을 하였더라도 법률상 회사의 대표자로는 될 수 없다.[60] 회사의 운영권을 인수한 자라 하더라도 그가 이사회에서 대표이사로 선정된 바 없는 이상 회사의 적법한 대표자라고 볼 수 없다.[61]

주식회사의 이사 및 대표이사 선임결의가 부존재임을 주장하여 생긴 분쟁 중에 그 결의부존재 등에 관하여 주식회사를 상대로 제소하지 아니하기로 하는 부제소 약정을 함에 있어서 주식회사를 대표할 자는 현재 대표이사로 등기되어 그 직무를 행하는 자라 할 것이고 그 대표이사가 부존재라고 다투어지는 대상이 된 결의에 의하여 선임되었다 할지라도 위 약정에서 주식회사를 대표할 수 있는 자임에 틀림없다.[62]

---

60) 대법원 1989. 10. 24. 선고 89다카14714 판결.
61) 대법원 1994. 12. 2. 선고 94다7591 판결.
62) 대법원 1985. 12. 10. 선고 84다카319 판결.

(2) 사임

법인의 대표이사가 사임하는 경우에는 그 사임의 의사표시가 대표이사의 사임으로 그 권한을 대행하게 될 자에게 도달한 때에 사임의 효력이 발생하고 그 의사표시가 효력을 발생한 후에는 마음대로 이를 철회할 수 없으나, 사임서 제출 당시 그 권한 대행자에게 사표의 처리를 일임한 경우에는 권한 대행자의 수리행위가 있어야 사임의 효력이 발생하고, 그 이전에 사임의사를 철회할 수 있다.[63]

** 관련 판례: 대법원 2006. 6. 15. 선고 2004다10909 판결
[법인의 이사를 사임하는 행위의 법적 성질 및 그 사임의사를 철회할 수 있는 경우]

[1] 관련 법리

법인의 이사를 사임하는 행위는 상대방 있는 단독행위라 할 것이어서 그 의사표시가 상대방에게 도달함과 동시에 그 효력을 발생하고 그 의사표시가 효력을 발생한 후에는 마음대로 이를 철회할 수 없음이 원칙이나, 사임서 제시 당시 즉각적인 철회권유로 사임서 제출을 미루거나, 대표자에게 사표의 처리를 일임하거나, 사임서의 작성일자를 제출일 이후로 기재한 경우 등 사임의사가 즉각적이라고 볼 수 없는 특별한 사정이 있을 경우에는 별도의 사임서 제출이나 대표자의 수리행위 등이 있어야 사임의 효력이 발생하고, 그 이전에 사임의사를 철회할 수 있다 할 것이다(대법원 1992. 4. 10. 선고 91다43138 판결, 대법원 1993. 9. 14. 선고 93다28799 판결, 대법원 1998. 4. 28. 선고 98다8615 판결 등 참조).

[2] 판단

기록에 의하면, 학교법인 정관은 이사회의 의사정족수를 이사 정수 9인의 과반수로 규정하고 있고, 이사 신청외 5가 2000. 12. 26. 작성일자가 같은 달 31.로 기재된 사임원을 학교법인에 제출하였으나, 사임의사를 철회하여 2000. 12. 29. 사임원을 반환받았고, 이사 신청외 2가 2000. 12. 26. 제465회 이사회 종료 후 사임의사 수리를 요청하는 내용의 사임원을 제출하였다가 곧바로 사임의사를 철회하여 2000. 12. 30. 사임원을 반환받았으며, 제466회 이사회에는 신청외 5, 2를 포함하여 피신청인, 신청외 3, 4, 신청인의 6인의 이사가 참석한 사실을 인정할 수 있는바, 이러한 사실과 위 법리에 비추어 보면, 신청외 5는 사임원 작성일 도래 이전에 한 사임의사 철회로써, 신청외 2는 즉각적이지 아니한 사임의사를

---

63) 대법원 2007. 5. 10. 선고 2007다7256 판결.

철회함으로써 각 이사직을 그대로 유지하게 되었으니 학교법인의 이사 정수 9인의 과반수인 6인의 이사가 출석한 제466회 이사회는 의사정족수가 충족되어 적법하다 할 것이다.

3. 대표이사의 업무집행권

대표이사는 회사의 영업에 관하여 재판상 또는 재판외의 모든 행위를 할 권한이 있다(법389③, 법209).

법률 또는 정관 등의 규정에 의하여 주주총회 또는 이사회의 결의를 필요로 하는 것으로 되어 있지 아니한 업무 중 이사회가 일반적·구체적으로 대표이사에게 위임하지 않은 업무로서 일상 업무에 속하지 아니한 중요한 업무에 대하여는 이사회에게 그 의사결정권한이 있다.[64]

4. 대표권의 제한과 남용(전단적 대표행위의 효력)

대표권의 남용은 대표이사가 객관적으로는 자신의 대표권의 범위 내에 행위이지만 주관적으로는 자기 또는 제3자의 이익을 위하여 대표행위를 하는 것을 말한다. 여기서는 대법원 2021. 2. 18. 선고 2015다45451 전원합의체 판결 내용을 소개한다.

(1) 쟁점

주식회사의 대표이사가 이사회 결의에 따라 일정한 거래행위를 하도록 되어 있는데도 이사회 결의 없이 거래행위를 한 경우에 거래 상대방인 제3자는 어떠한 범위에서 보호되는지 여부가 이 사건의 쟁점이다.[65]

(2) 대표이사의 권한과 이사회 결의사항

일반적으로 주식회사의 대표이사는 회사의 권리능력 범위 내에서 재판상 또는 재판 외의 모든 행위를 할 수 있다(상법389③, 209①). 그러나 그 대표권은 법률 규정에 따라 제한될 수도 있고(이를 '법률상 제한'이라 한다) 회사의 정관, 이사

---

64) 대법원 1997. 6. 13. 선고 96다48282 판결.
65) 대법원 2021. 2. 18. 선고 2015다45451 전원합의체 판결.

회의 결의 등의 내부적 절차, 내부 규정 등에 따라 제한될 수도 있다(이를 '내부적 제한'이라 한다).⁶⁶⁾

법률상 제한에 해당하는 대표적인 경우는 상법 제393조 제1항이다. 이 조항은 '중요한 자산의 처분 및 양도, 대규모 재산의 차입 등 회사의 업무집행은 이사회의 결의로 한다.'고 정함으로써, 주식회사의 이사회는 회사의 업무집행에 관한 의사결정권한이 있음을 명시하고 있다. 따라서 주식회사가 중요한 자산을 처분하거나 대규모 재산을 차입하는 등의 업무집행을 할 경우에 이사회가 직접 결의하지 않고 대표이사에게 일임할 수는 없다. 즉, 이사회가 일반적·구체적으로 대표이사에게 위임하지 않은 업무로서 일상업무에 속하지 않은 중요한 업무의 집행은 정관이나 이사회 규정 등에서 이사회 결의사항으로 정하였는지 여부와 상관없이 반드시 이사회의 결의가 있어야 한다(대법원 2010. 1. 14. 선고 2009다55808 판결, 대법원 2019. 8. 14. 선고 2019다204463 판결 참조).⁶⁷⁾

그리고 상법 제393조 제1항에 정해진 '중요한 자산의 처분이나 대규모 재산의 차입 등의 업무'에 해당하지 않더라도, 주식회사의 정관이나 이사회 규정 등에서 대표이사가 일정한 행위를 할 때에 이사회의 결의를 거치도록 정할 수 있는데, 이러한 경우를 법률상 제한과 구분하여 내부적 제한이라고 한다.⁶⁸⁾

(3) 대표이사의 대표권에 대한 내부적 제한과 선의의 제3자 보호

주식회사의 대표이사는 대외적으로는 회사를 대표하고 대내적으로는 회사의 업무를 집행할 권한을 가진다. 대표이사는 회사의 행위를 대신하는 것이 아니라 회사의 행위 자체를 하는 회사의 기관이다. 회사는 주주총회나 이사회 등 의사결정기관을 통해 결정한 의사를 대표이사를 통해 실현하며, 대표이사의 행위는 곧 회사의 행위가 된다. 상법은 대표이사의 대표권 제한에 대하여 선의의 제3자에게 대항하지 못한다고 정하고 있다(상법389③, 209②).⁶⁹⁾

대표권이 제한된 경우에 대표이사는 그 범위에서만 대표권을 갖는다. 그러나 그러한 제한을 위반한 행위라고 하더라도 그것이 회사의 권리능력을 벗어난 것이 아니라면 대표권의 제한을 알지 못하는 제3자는 그 행위를 회사의 대표행

66) 대법원 2021. 2. 18. 선고 2015다45451 전원합의체 판결.
67) 대법원 2021. 2. 18. 선고 2015다45451 전원합의체 판결.
68) 대법원 2021. 2. 18. 선고 2015다45451 전원합의체 판결.
69) 대법원 2021. 2. 18. 선고 2015다45451 전원합의체 판결.

위라고 믿는 것이 당연하고 이러한 신뢰는 보호되어야 한다(대법원 1997. 8. 29. 선고 97다18059 판결 참조). 일정한 대외적 거래행위에 관하여 이사회 결의를 거치도록 대표이사의 권한을 제한한 경우에도 이사회 결의는 회사의 내부적 의사결정 절차에 불과하고, 특별한 사정이 없는 한 거래 상대방으로서는 회사의 대표자가 거래에 필요한 회사의 내부절차를 마쳤을 것으로 신뢰하였다고 보는 것이 경험칙에 부합한다(대법원 2005. 5. 27. 선고 2005다480 판결, 대법원 2009. 3. 26. 선고 2006다47677 판결 참조). 따라서 회사 정관이나 이사회 규정 등에서 이사회 결의를 거치도록 대표이사의 대표권을 제한한 경우에도 선의의 제3자는 상법 제209조 제2항에 따라 보호된다.[70)]

거래행위의 상대방인 제3자가 상법 제209조 제2항에 따라 보호받기 위하여 선의 이외에 무과실까지 필요하지는 않지만, 중대한 과실이 있는 경우에는 제3자의 신뢰를 보호할 만한 가치가 없다고 보아 거래행위가 무효라고 해석함이 타당하다. 중과실이란 제3자가 조금만 주의를 기울였더라면 이사회 결의가 없음을 알 수 있었는데도 만연히 이사회 결의가 있었다고 믿음으로써 거래통념상 요구되는 주의의무를 현저히 위반하는 것으로, 거의 고의에 가까운 정도로 주의를 게을리하여 공평의 관점에서 제3자를 구태여 보호할 필요가 없다고 볼 수 있는 상태를 말한다. 제3자에게 중과실이 있는지는 이사회 결의가 없다는 점에 대한 제3자의 인식가능성, 회사와 거래한 제3자의 경험과 지위, 회사와 제3자의 종래 거래관계, 대표이사가 한 거래행위가 경험칙상 이례에 속하는 것인지 등 여러 가지 사정을 종합적으로 고려하여 판단하여야 한다. 그러나 제3자가 회사 대표이사와 거래행위를 하면서 회사의 이사회 결의가 없었다고 의심할 만한 특별한 사정이 없다면, 일반적으로 이사회 결의가 있었는지를 확인하는 등의 조치를 취할 의무까지 있다고 볼 수는 없다(위 대법원 2006다47677 판결 참조).[71)]

(4) 상법 제393조 제1항에 따른 대표이사의 대표권 제한과 선의의 제3자 보호

대표이사의 대표권을 제한하는 상법 제393조 제1항은 그 규정의 존재를 모르거나 제대로 이해하지 못한 사람에게도 일률적으로 적용된다. 법률의 부지나 법적 평가에 관한 착오를 이유로 그 적용을 피할 수는 없으므로, 이 조항에 따른

---

70) 대법원 2021. 2. 18. 선고 2015다45451 전원합의체 판결.
71) 대법원 2021. 2. 18. 선고 2015다45451 전원합의체 판결.

제한은 내부적 제한과 달리 볼 수도 있다. 그러나 주식회사의 대표이사가 이 조항에 정한 '중요한 자산의 처분 및 양도, 대규모 재산의 차입 등의 행위'에 관하여 이사회의 결의를 거치지 않고 거래행위를 한 경우에도 거래행위의 효력에 관해서는 위 (3)에서 본 내부적 제한의 경우와 마찬가지로 보아야 한다.[72]

(가) 어떠한 거래행위가 상법 제393조 제1항에서 정한 '중요한 자산의 처분 및 양도, 대규모 재산의 차입 등'에 해당하는지는 재산의 가액과 총자산에서 차지하는 비중, 회사의 규모, 회사의 영업이나 재산 상황, 경영상태, 자산의 보유목적 또는 차입 목적과 사용처, 회사의 일상적 업무와 관련성, 종래의 업무 처리 등에 비추어 대표이사의 결정에 맡기는 것이 적당한지 여부에 따라 판단하여야 한다(대법원 2005. 7. 28. 선고 2005다3649 판결, 대법원 2008. 5. 15. 선고 2007다23807 판결 참조). 그런데 대표이사와 거래하는 상대방의 입장에서는 회사의 구체적 상황을 알기 어려울 뿐만 아니라, 회사와 거래행위를 한다는 이유만으로 위와 같은 사정을 알아야 할 필요도 없고, 알아야만 하는 것도 아니다. 설령 상대방이 그러한 사정을 알고 있더라도, 해당 거래행위가 대표이사의 결정에 맡겨져 있다고 볼 수 있는지를 판단하기는 쉽지 않다. 구체적인 사건에서 어떠한 거래행위가 상법 제393조 제1항에서 정한 '중요한 자산의 처분 및 양도, 대규모 재산의 차입 등'에 해당하는지는 법률전문가조차 판단이 엇갈릴 수 있는 영역으로 결코 명백한 문제가 아니다.[73]

(나) 이러한 점을 고려할 때 이사회 결의를 요구하는 근거가 상법 제393조 제1항인지 아니면 정관 등 내부 규정인지에 따라 상대방을 보호하는 기준을 달리한다면 법률관계가 불분명하게 될 수밖에 없다. 중과실과 경과실의 구별은 상대적이고 그 경계가 모호하며, 개별 사건에서 구체적 사정을 고려하여 과실의 존부와 그 경중을 판단할 수밖에 없다. 이사회 결의가 없는 거래행위의 효력을 판단할 때 상법 제393조 제1항에 따라 이사회 결의를 거쳐야 하는 경우에는 '선의·무과실'의 상대방을 보호하되 정관 등에서 이사회 결의를 거치도록 정한 경우에는 '선의·무중과실'의 상대방을 보호하는 식으로 구별하는 이른바 이원론은 회사를 둘러싼 거래관계에 불필요한 혼란과 거래비용을 초래한다. 이러한 이원론에 따른다면, 정관 등 회사 내부 규정에서 이사회 결의를 거치도록 정한 경우

---

72) 대법원 2021. 2. 18. 선고 2015다45451 전원합의체 판결.
73) 대법원 2021. 2. 18. 선고 2015다45451 전원합의체 판결.

에도 회사로서는 거래행위가 상법 제393조 제1항에서 정한 사항에 해당한다고 주장·증명하여 상대방의 보호 범위를 좁히려고 할 것이다. 그러나 거래행위가 상법 제393조 제1항에서 정한 '중요한 자산의 처분 및 양도, 대규모 재산의 차입 등'에 해당하는지는 위 (가)에서 본 여러 구체적 사정을 고려하여 판단해야 하기 때문에 법원의 심리부담이 가중될 우려가 있다.[74]

이와 달리 상법 제393조 제1항의 경우에도 내부적 제한의 경우와 마찬가지로 상법 제209조 제2항을 적용한다면, 회사가 정관 등 내부 규정에서 이사회 결의를 거치도록 정한 거래행위는 상법 제393조 제1항이 적용되는지와 상관없이 이사회 결의가 없었다는 점에 대해 거래 상대방에게 악의 또는 중과실이 있었는지 여부만을 판단하면 되고, 이로써 법률관계를 단순화하여 명확하게 하는 데 도움이 된다.[75]

(다) 지배인이나 표현대표이사와 거래한 상대방은 과실이 있더라도 중과실이 아닌 한 보호받는다(대법원 1997. 8. 26. 선고 96다36753 판결, 대법원 1999. 11. 12. 선고 99다19797 판결 참조). 대표이사는 지배인이나 표현대표이사보다 강력한 권한을 가진다. 상법 제393조 제1항에서 요구하는 이사회 결의를 거치지 않았다는 이유만으로 거래 상대방에게 무과실을 요구하는 것은 진정한 대표이사와 거래한 상대방을 지배인이나 표현대표이사와 거래한 상대방에 비하여 덜 보호하는 결과가 되기 때문에 형평의 관점에서 보더라도 납득하기 어렵다.[76]

(라) 대표이사가 회사를 대표하여 거래행위를 할 때 이사회 결의는 회사의 내부적 의사결정절차에 불과하다. 대표이사가 필요한 내부절차를 밟았을 것이라는 점에 대한 거래 상대방인 제3자의 신뢰는 이사회의 결의를 필요로 하는 근거에 따라 달라지지 않는다. 그런데도 내부적 제한을 위반한 경우에만 경과실 있는 상대방을 보호함으로써 상법 제393조 제1항에 해당하는 행위인지 아니면 단순한 내부적 제한에 해당하는 행위인지에 따라 거래 상대방이 기울여야 할 주의의무의 정도를 달리 본다면, 상대방으로서는 회사의 내부적 사정까지 파악해야 하기 때문에 결국 불필요한 거래비용을 증가시켜 회사에게도 바람직하지 않은 결과를 초래한다.[77]

---

74) 대법원 2021. 2. 18. 선고 2015다45451 전원합의체 판결.
75) 대법원 2021. 2. 18. 선고 2015다45451 전원합의체 판결.
76) 대법원 2021. 2. 18. 선고 2015다45451 전원합의체 판결.
77) 대법원 2021. 2. 18. 선고 2015다45451 전원합의체 판결.

(마) 상법 제393조 제1항에 따라 이사회 결의가 필요한 경우와 정관 등 내부 규정에 따라 이사회 결의가 필요한 경우를 구별할 수 있지만, 종래 대법원은 이를 구분하지 않고 단순히 이사회 결의 흠결에 대해 상대방이 선의·무과실인지에 따라 거래행위의 효력을 판단해 왔다. 이것은 대표이사의 권한이 어떠한 방식으로 제한되었는지와 상관 없이 대표이사가 한 대외적 거래행위의 효력에 관해서는 상법 제393조 제1항의 경우를 내부적 제한의 경우와 완전히 구별하여 다루기보다는 개별 사건에서 사안에 따라 거래 상대방의 선의나 과실을 고려하여 판단하는 것이 타당하다고 보았기 때문이다.[78]

(바) 상법 제393조 제1항에서 요구하는 이사회 결의가 흠결된 거래행위에 대해서 어떠한 기준에 따라 그 유·무효를 판단할 것인지는 회사의 대외적 거래관계에서 회사와 거래 상대방, 나아가 이해관계인 사이에서 이사회 결의 흠결로 인한 위험을 어떻게 합리적으로 분배할 것인지를 정하는 문제이다. 주식회사에서 이사회 결의는 회사 내부의 절차이다. 제3자가 회사의 이사회 결의가 없었다고 의심할 만한 특별한 사정이 없다면, 회사 내부에서 발생한 위험을 대표이사와 거래한 상대방에게 전가하는 것은 바람직하지 않다. 그동안 판례가 내부적 제한을 위반한 거래행위와 상법 제393조 제1항의 법률상 제한을 위반한 거래행위를 구분하지 않고 그 효력을 같은 기준으로 판단한 데에는 위와 같이 합리적인 이유가 있다. 따라서 상법 제393조 제1항에 따라 이사회 결의를 거쳐야 하는데도 이를 거치지 않고 대표이사가 거래행위를 한 경우에도 대표이사의 대표권이 내부적으로 제한된 경우와 마찬가지로 규율하는 것이 타당하다. 대표이사가 상법 제393조 제1항의 법률상 제한에 따라 이사회 결의를 거쳐야 하는지 아니면 단순한 내부적 제한에 따라 이사회 결의를 거쳐야 하는지는 거래 상대방의 악의 또는 중과실을 판단하는 단계에서 개별적으로 고려할 요소 중 하나일 뿐이고, 이러한 구별을 이유로 대표이사의 행위를 신뢰한 제3자를 보호하는 기준 자체를 달리 정할 것은 아니다.[79]

---

78) 대법원 2021. 2. 18. 선고 2015다45451 전원합의체 판결.
79) 대법원 2021. 2. 18. 선고 2015다45451 전원합의체 판결.

** 관련 판례: 대법원 2017. 7. 20. 선고 2014도1104 전원합의체 판결
[대표이사가 대표권을 남용하는 등 임무에 위배하여 약속어음 발행을 한 행위
가 배임죄의 기수 또는 미수에 해당하는지 판단하는 기준]

[1] 상대방이 대표권남용 사실을 알았거나 알 수 있었던 경우 그 의무부담행
위는 원칙적으로 회사에 대하여 효력이 없고, 경제적 관점에서 보아도 이러한 사
실만으로는 회사에 현실적인 손해가 발생하였다거나 실해 발생의 위험이 초래되
었다고 평가하기 어려우므로, 달리 그 의무부담행위로 인하여 실제로 채무의 이
행이 이루어졌다거나 회사가 민법상 불법행위책임을 부담하게 되었다는 등의 사
정이 없는 이상 배임죄의 기수에 이른 것은 아니다. 그러나 이 경우에도 대표이
사로서는 배임의 범의로 임무위배행위를 함으로써 실행에 착수한 것이므로 배임
죄의 미수범이 된다.

그리고 상대방이 대표권남용 사실을 알지 못하였다는 등의 사정이 있어 그
의무부담행위가 회사에 대하여 유효한 경우에는 회사의 채무가 발생하고 회사는
그 채무를 이행할 의무를 부담하므로, 이러한 채무의 발생은 그 자체로 현실적인
손해 또는 재산상 실해 발생의 위험이라고 할 것이어서 그 채무가 현실적으로 이
행되기 전이라도 배임죄의 기수에 이르렀다고 보아야 한다.

[2] 주식회사의 대표이사가 대표권을 남용하는 등 그 임무에 위배하여 약속
어음 발행을 한 행위가 배임죄에 해당하는지도 원칙적으로 위에서 살펴본 의무
부담행위와 마찬가지로 보아야 한다. 다만 약속어음 발행의 경우 어음법상 발행
인은 종전의 소지인에 대한 인적 관계로 인한 항변으로써 소지인에게 대항하지
못하므로(어음법 제17조, 제77조), 어음발행이 무효라 하더라도 그 어음이 실제로
제3자에게 유통되었다면 회사로서는 어음채무를 부담할 위험이 구체적·현실적
으로 발생하였다고 보아야 하고, 따라서 그 어음채무가 실제로 이행되기 전이라
도 배임죄의 기수범이 된다. 그러나 약속어음 발행이 무효일 뿐만 아니라 그 어
음이 유통되지도 않았다면 회사는 어음발행의 상대방에게 어음채무를 부담하지
않기 때문에 특별한 사정이 없는 한 회사에 현실적으로 손해가 발생하였다거나
실해 발생의 위험이 발생하였다고도 볼 수 없으므로, 이때에는 배임죄의 기수범
이 아니라 배임미수죄로 처벌하여야 한다.

이와 달리 대표이사의 회사 명의 약속어음 발행행위가 무효인 경우에도 그
약속어음이 제3자에게 유통되지 아니한다는 특별한 사정이 없는 한 재산상 실해
발생의 위험이 초래된 것으로 보아야 한다는 취지의 대법원 2012. 12. 27. 선고
2012도10822 판결, 대법원 2013. 2. 14. 선고 2011도10302 판결 등은 배임죄의

기수 시점에 관하여 이 판결과 배치되는 부분이 있으므로 그 범위에서 이를 변경하기로 한다.

5. 대표이사와 회사의 불법행위책임

대표이사가 업무집행으로 인하여 타인에게 손해를 가한 때에는 회사는 대표이사와 연대하여 배상할 책임이 있다(법389③, 법210).

** 관련 판례

① 대법원 2022. 5. 12. 선고 2020다255375, 255382 판결

[상법 제389조 제3항, 제210조에 따른 손해배상청구권의 요건]

[1] 관련 법리

(가) 불법행위로 인한 손해배상청구권의 단기소멸시효의 기산점이 되는 민법 제766조 제1항 '손해 및 가해자를 안 날'이란 손해의 발생, 위법한 가해행위의 존재, 가해행위와 손해 발생 사이의 상당인과관계 등 불법행위의 요건사실에 대하여 현실적이고도 구체적으로 인식하였을 때를 의미한다. 피해자 등이 언제 불법행위의 요건사실을 현실적이고도 구체적으로 인식한 것으로 볼 것인지는 개별 사건에서 여러 객관적 사정을 참작하고 손해배상청구가 사실상 가능하게 된 상황을 고려하여 합리적으로 인정해야 한다(대법원 2008. 4. 24. 선고 2006다30440 판결, 대법원 2019. 12. 13. 선고 2019다259371 판결 등 참조).

(나) 상법 제389조 제3항, 제210조에 따른 주식회사의 손해배상책임은 대표이사가 업무집행에 관하여 제3자에게 손해를 가한 경우에 발생하므로, 이 경우 피해자가 가해자를 안다는 것은 피해자가 주식회사와 불법행위를 한 대표이사 사이의 관계를 인식하는 것 외에 일반인이 대표이사의 당해 불법행위가 주식회사의 업무집행과 관련하여 행하여진 것이라고 판단하기에 족한 사실까지 인식하는 것을 말한다(대법원 2012. 3. 29. 선고 2011다83189 판결, 대법원 2018. 9. 13. 선고 2018다241403 판결 등 참조).

(다) 주식회사는 대표이사가 '업무집행으로 인하여' 타인에게 손해를 입힌 경우, 불법행위에 기한 손해배상책임을 진다(상법 제389조 제3항, 제210조). 이 때 '업무집행으로 인하여'는 대표이사의 업무에 속하지는 않지만 외형상 마치 대표이사의 업무 범위에 속하는 것으로 보이는 경우도 포함한다. 다만, 이 경우에도 대표

이사의 행위가 업무 또는 직무권한에 속하지 아니함을 상대방이 알았거나 중대한 과실로 알지 못한 때에는 손해배상책임을 부담하지 아니한다(대법원 2005. 2. 25. 선고 2003다67007 판결 등 참조).

[2] 판단

(가) 원심은, 제1심 판결을 인용하여 피고가 대표이사 H의 불법행위로 원고에게 상법 제389조 제3항, 제210조에 따른 손해배상책임이 있다고 인정한 다음, H의 불법행위와 관련하여 그 피해자에 해당하는 원고의 경영진 역시 그 업무상 임무를 위반하여 원고에게 손해를 가하였다는 특정경제범죄가중처벌등에관한법률위반(배임, 이하 '배임'이라 한다) 등 혐의로 기소되어 제1심에서 배임 부분 공소사실에 관하여 무죄 판결을 선고받은 2012. 10. 5.경에는 원고가 피고를 가해자로 분명하게 인식하였고 그 시점에는 피고를 상대로 소를 제기하는 데 어떠한 장애도 없었다고 보아, 이 사건 소는 물론 같은 취지에서 소외 회사가 제기한 소 역시 그때부터 3년을 도과한 후에 제기되었으므로 원고의 손해배상청구권이 시효로 소멸하였다고 판단하였다.

(나) 그런데 원심이 적법하게 인정한 사실에 따르더라도, 공소사실 중 원고의 경영진의 원고에 대한 배임 부분은 'H의 불법행위에 대한 가담 또는 인식'을 핵심으로 하는 것인바, 이는 그 자체로 피해자인 원고가 H의 불법행위에 대하여 그것이 피고의 대표이사로서의 업무·직무권한에 속하지 아니함을 알고 있었음을 의미한다. 즉, 위 형사소송에서 배임 부분에 대한 유·무죄 여부와 원고의 피고에 대한 손해배상청구권의 발생 여부는 법률상 직접적인 관련성을 갖게 됨에 따라, 위 형사소송에서 원고의 경영진의 배임 부분에 관하여 유죄판결이 확정되는 경우에는 H의 불법행위에 따른 원고의 피고에 대한 손해배상청구권 자체가 발생하기 어려우므로, 위 형사소송의 계속 당시에는 일반인의 기준에서 볼 때 H의 불법행위가 피고의 업무집행과 관련하여 행하여진 것인지 여부에 관한 법적 평가가 대단히 불확실한 상황이었다고 볼 수 있다. 게다가 위 형사소송에서 원고의 경영진과 검사 사이에는 배임 부분과 관련하여 'H의 불법행위에 대한 가담 또는 인식' 등을 둘러싼 의견 대립이 계속 되었고, 이 부분 공소사실에 관하여 제1심 판결에서 무죄가 선고되었음에도 검사는 항소·상고를 계속하면서 원고의 경영진의 배임 부분이 유죄라는 취지로 주장하여 공소가 제기된 후 약 2년 8개월이 지난 2013. 8. 22.에 이르러서야 이 부분 공소사실에 관한 무죄 판결이 확정되었다. 그렇다면 위와 같은 특수한 사정 하에서 원고의 경영진이 배임 부분과 관련된 H의 불법행위에 대한 가담 또는 인식 사실을 의심받고 공소가 제기되어 무죄 판결이 확정되기까지 형사소송에서 치열한 다툼이 계속되었던 이상, 원고는 위

형사소송에서 이 부분 공소사실에 관한 무죄 판결이 확정될 때까지는 현실적으로 피고를 상대로 상법 제389조 제3항, 제210조에 따른 손해배상청구소송을 제기하기 어려운 사정이 있었다고 봄이 상당하고, 원고로서는 위 형사판결이 확정된 때에 비로소 손해의 발생, 위법한 가해행위의 존재, 가해행위와 손해 발생 사이의 상당인과관계 등 불법행위에 해당하는 상법 제389조 제3항, 제210조에 따른 손해배상청구권의 요건사실을 현실적·구체적으로 인식하였다고 볼 수 있다.

(다) 그럼에도 원심은 원고가 위 형사소송의 제1심 판결 선고 시에 이르러 불법행위의 요건사실을 현실적·구체적으로 인식하였다는 취지로 판단하였는바, 이러한 원심의 판단에는 단기소멸시효의 기산점에 관한 법리를 오해하여 판결에 영향을 미친 잘못이 있다.

② 대법원 2013. 4. 11. 선고 2012다116307 판결

[주식회사의 대표이사가 업무집행을 하면서 고의 또는 과실에 의한 위법행위로 타인에게 손해를 가한 경우, 주식회사와 대표이사가 공동불법행위책임을 부담하는지 여부(적극)]

[1] 관련 법리

주식회사의 대표이사가 업무집행을 하면서 고의 또는 과실에 의한 위법행위로 타인에게 손해를 가한 경우 주식회사는 상법 제389조 제3항, 제210조에 의하여 제3자에게 손해배상책임을 부담하게 되고, 그 대표이사도 민법 제750조 또는 상법 제389조 제3항, 제210조에 의하여 주식회사와 공동불법행위책임을 부담하게 된다(대법원 1980. 1. 15. 선고 79다1230 판결, 대법원 2007. 5. 31. 선고 2005다55473 판결 참조).

[2] 원심의 판단

원심판결 이유 및 기록에 의하면, 성진건설 주식회사(이하 '성진건설'이라 한다)의 이 사건 건물(이하 '피고 건물'이라 한다) 신축공사로 인하여 인접한 원고 등 소유의 건물에 피해가 발생하였다고 주장하면서 원고가 성진건설의 대표이사인 피고에 대하여 민법 제750조 또는 상법 제389조 제3항, 제210조에 기한 불법행위책임을 구하는 이 사건 청구에 대하여, 원심은 피고 건물 신축공사로 인하여 인접한 원고 등 소유의 건물 지하층의 균열 및 누수와 옥상바닥의 누수 등의 하자가 발생한 사실, 성진건설이 피고 건물 신축공사 당시 원고 건물에 이르는 지하 하수 배수관을 절단한 사실, 성진건설은 피고 건물의 신축 이후 성진건설 명의로 소유권보존등기를 마친 사실을 인정하면서도, 성진건설이 시공자 또는 건축주로서 피고 건물의 건축과정에서 발생한 원고 등 소유의 건물 하자에 대하여 손

해배상책임을 부담함은 별론으로 하고, 성진건설의 대표이사인 피고에 대하여는 피고 건물 신축과정에서 피고가 행한 구체적인 불법행위사실의 주장 및 입증이 없다는 이유로 원고의 청구를 기각하였음을 알 수 있다.

[3] 대법원 판단

그러나 기록에 의하면, 원고는 원심에서 "피고가 자신의 건물을 신축함에 있어 인접한 건물에 피해가 발생하지 않도록 적절한 조치를 취한 후 시공을 해야 했음에도 이에 위반하였다", "피고는 지하에 묻은 하수도관이 토지굴착으로 인하여 파손되지 아니하도록 조치할 의무가 있다", "피고는 성진건설의 대표이사임은 피고 주장 자체에 의하여 명백하므로, 성진건설의 불법행위로 인한 원고의 손해를 부담하여야 한다"는 등의 주장을 한 사실 및 피고 건물의 신축공사기간 동안 피고는 성진건설의 대표이사였던 사실을 알 수 있고, 특별한 사정이 없는 한 성진건설의 대표이사인 피고가 성진건설의 시공에 관한 의사결정 및 업무집행을 하였다고 보아야 할 것이므로, 이러한 경우 원심으로서는 성진건설의 위와 같은 시공상의 잘못에 관하여 피고가 대표이사로서 선량한 관리자의 주의의무와 충실의무를 위반하여 의사결정을 하고, 업무를 집행하거나, 피용자의 그와 같은 행위를 방지할 의무를 해태하여 감시·감독의무를 위반한 과실이 있는지를 심리·판단하였어야 할 것이다.

그러함에도 원심은 위와 같은 조치를 취하지 아니한 채 피고 건물 신축과정에서 피고가 행한 구체적인 불법행위사실의 주장 및 입증이 없다고 판단하여 원고의 청구를 기각하였으니, 이러한 원심의 판단에는 주식회사 대표이사의 불법행위책임 등에 관한 법리를 오해하였거나 필요한 심리를 다하지 아니하여 판결에 영향을 미친 위법이 있고, 이 점을 지적하는 상고이유 주장은 이유 있다.

③ 대법원 2017. 9. 26. 선고 2014다27425 판결

[행위의 외형상 대표이사의 업무집행이라고 인정할 수 있는 것은 대표이사의 개인적 이익을 도모하기 위한 것이거나 법령에 위배된 것이라도 주식회사의 손해배상책임을 인정하여야 하는지 여부(적극)]

[1] 관련 법리

상법 제389조 제3항, 제210조에 의하여 주식회사가 그 대표이사의 불법행위로 손해배상책임을 지는 것은 대표이사가 '업무집행으로 인하여' 타인에게 손해를 입힌 경우이어야 한다. 여기에서 '업무집행으로 인하여'라는 것은 대표이사의 업무 그 자체에는 속하지 않으나 행위의 외형으로부터 관찰하여 마치 대표이사의 업무 범위 안에 속하는 것으로 보이는 경우도 포함한다. 행위의 외형상 주식

회사의 대표이사의 업무집행이라고 인정할 수 있는 것이라면 설령 그것이 대표
이사의 개인적 이익을 도모하기 위한 것이거나 법령의 규정에 위배된 것이라고
하더라도 주식회사의 손해배상책임을 인정하여야 한다(대법원 2005. 2. 25. 선고
2003다67007 판결 등 참조).

　　[2] 원심의 판단

　　원심은 아래와 같은 이유로 피고 유비케어의 대표이사였던 피고 2의 행위는
적어도 외형상 객관적으로 피고 유비케어의 사업활동이나 업무집행을 위한 것으
로 봄이 타당하므로, 피고 유비케어는 피고 2의 행위로 인하여 원고가 입은 손해
를 배상할 책임이 있다고 판단하였다.

　　(가) 피고 2는 소외 1에게 원고의 인수합병을 제의할 당시는 물론, 피고 유
투바이오 설립 당시와 그 이후에도 일정 기간 동안 피고 유비케어의 대표이사로
있었다.

　　(나) 피고 2가 피고 유투바이오를 설립하기 위하여 2008. 12.경 원고의 간부
들을 만날 당시 피고 유비케어의 영업이사, 팀장 등이 함께 참석하였다. 피고 유
비케어의 재무팀장과 인사팀장이 각각 피고 유투바이오의 재무와 관련된 회계관
리와 자금 입출금 관리업무를 맡고 피고 유투바이오의 신규직원 면접과 직원 복
지부분 관리 등의 업무를 하는 등 실질적으로 피고 유투바이오의 경영에 관여하
였다.

　　(다) 피고 유비케어는 헬스케어솔루션(환자의 접수부터 진료, 검사, 청구, 수납
에 이르는 업무 전반을 정보화하는 통합 솔루션) 대표기업으로서 국내 최대 병의원
과 약국 네트워크를 확보한 솔루션 제공 기업이고, 피고 유투바이오는 비뇨기과,
산부인과 전문 진단업체이다. 피고 유비케어의 대표이사인 피고 2가 피고 유투바
이오를 설립하는 과정에서 한 일련의 행위는 외형상 객관적으로 피고 유비케어
의 사업활동과 관련된 것으로서 대표이사의 업무집행으로 볼 여지가 충분하다.

　　(라) 피고 유투바이오가 설립된 이후이기는 하나, 피고 유비케어는 2009. 12.
28. 피고 유투바이오의 주식 40,000주를 주당 5,000원, 합계 2억 원에 인수하여
그 지분율 4.54%를 보유하고 있다.

　　[3] 대법원 판단

　　원심의 위와 같은 판단은 위에서 본 법리에 따른 것으로서 정당하다. 원심의
판단에 상고이유 주장과 같이 논리와 경험의 법칙에 반하여 자유심증주의의 한
계를 벗어나거나 대표이사의 불법행위에 대한 회사의 불법행위책임에 관한 법리
를 오해한 잘못이 없다. 또한 피고 2의 행위가 피고 유비케어의 업무나 직무 권
한에 속하지 않았음을 원고가 알았거나 중대한 과실로 알지 못하였다는 주장은

피고 유비케어가 원심에서 명시적으로 한 것으로 보기 어렵다. 뿐만 아니라 피고 2의 행위가 외형상 객관적으로 피고 유비케어의 사업활동과 관련된 것으로서 대표이사의 업무집행으로 볼 여지가 충분하다는 원심의 판단에 비추어 위와 같은 주장을 배척한 취지가 포함되어 있다고 할 것이므로, 원심이 이 부분에 관한 판단을 누락하였다고 보기 어렵다.

6. 공동대표이사

(1) 의의

공동대표이사란 2인 이상이 공동으로써만 회사를 대표할 수 있는 대표이사를 말한다. 주식회사는 수인의 대표이사를 둘 경우 이들을 공동대표이사로 정할 수 있다(법389②). 공동대표이사를 두는 경우에는 그 내용을 등기해야 한다(법317②(10)). 회사가 제3자에게 하는 의사표시는 대표이사들이 공동으로만 회사를 대표할 수 있다(법389②). 거래상대방이 회사에 대하여 하는 의사표시는 공동대표이사 중 1인에게만 하여도 효력이 있다(법389③, 법208②). 공동대표이사 중 1인의 불법행위의 경우 회사의 업무집행으로 인하여 제3자에게 손해를 가한 때에는 연대하여 책임을 진다(법389③, 법210).

(2) 입법취지

주식회사에 있어서 공동대표제도를 인정한 것은 대외관계에서 수인의 대표이사가 공동으로만 대표권을 행사할 수 있게 하여 업무집행의 통일성을 확보하고, 대표권 행사의 신중을 기함과 아울러 대표이사 상호간의 견제에 의하여 대표권의 남용 내지는 오용을 방지하여 회사의 이익을 도모하려는 데 그 취지가 있다.[80]

(3) 포괄적 위임의 가부

공동대표이사 중 일부가 다른 공동대표이사에게 대표권의 행사를 포괄적으로 위임하는 것은 실질적으로 단독대표를 인정하는 일이 되므로 공동대표의 취지에 비추어 허용될 수 없다.

---

80) 대법원 1989. 5. 23. 선고 89다카3677 판결.

** 관련 판례: 대법원 1989. 5. 23. 선고 89다카3677 판결

[공동대표이사 중 1인이 다른 대표이사에게 대표권의 행사를 일반적, 포괄적으로 위임할 수 있는지 여부(소극)]

공동대표이사의 1인이 특정사항에 관하여 개별적으로 대표권의 행사를 다른 공동대표이사에게 위임함은 별론으로 하고, 일반적 포괄적으로 그 대표권의 행사를 위임함은 허용되지 아니한다 할 것이다. 이 사건에 있어서 공동대표이사의 1인인 위 김근영이 다른 공동대표이사인 조성준으로부터 위 대표권의 행사를 포괄적으로 위임받았음이 원심의 확정사실에 의하여도 명백한데, 원심이 위 김근영의 위임에 따라 위 최우일이 위 약속어음을 발행한 행위가 원고에 대하여 유효하다고 보았음은 결국 주식회사에 있어서 공동대표권 행사방법에 관한 법리를 오해하여 판결결과에 영향을 미친 잘못을 범하였다.

---

(4) 단독대표행위의 추인

공동대표이사 중 1인이 단독으로 대표하여 한 행위는 무효이지만, 이를 추인할 수 있다.

** 관련 판례

① 대법원 1992. 10. 27. 선고 92다19033 판결

[법률행위를 추인하는 의사표시의 상대방(=법률행위를 한 공동대표이사나 상대방인 제3자)]

공동대표이사가 단독으로 회사를 대표하여 제3자와 한 법률행위를 추인함에 있어 그 의사표시는 단독으로 행위한 공동대표이사나 그 법률행위의 상대방인 제3자 중 어느 사람에게 대하여서도 할 수 있다(당원 1981. 4. 14. 선고 80다2314 판결 참조).

② 대법원 2010. 12. 23. 선고 2009다37718 판결

[묵시적으로 추인하였는지 여부의 판단 방법]

[1] 관련 법리

무권대표행위나 무효행위의 추인은 무권대표행위 등이 있음을 알고 그 행위의 효과를 자기에게 귀속시키도록 하는 단독행위로서 그 의사표시의 방법에 관하여 일정한 방식이 요구되는 것이 아니므로 명시적이든 묵시적이든 묻지 않는

다 할 것이지만, 묵시적 추인을 인정하기 위해서는 본인이 그 행위로 처하게 된 법적 지위를 충분히 이해하고 그럼에도 진의에 기하여 그 행위의 결과가 자기에게 귀속된다는 것을 승인한 것으로 볼 만한 사정이 있어야 할 것이므로 이를 판단함에 있어서는 관계되는 여러 사정을 종합적으로 검토하여 신중하게 하여야 할 것이다(대법원 2009. 9. 24. 선고 2009다37831 판결 등 참조).

[2] 사실관계

기록에 의하면, 피고의 공동대표이사이던 소외 1은 2004. 11. 30. 단독으로 이 사건 제3차 계약을 체결한 사실, 피고는 2003. 11. 30. 체결한 이 사건 제2차 계약의 계약기간이 만료된 2004. 11. 30.로부터 약 7개월여가 경과한 2005. 6. 27. 원고에게 제2차 계약을 이행하지 않아 민·형사적인 문제가 발생할 시는 계약파기와 아울러 민·형사적인 책임을 져야 하고, 자신에게 2005. 6. 24. 작성하여 제출한 각서를 이행하여 주기 바라며 만약 각서를 이행하지 않아 상가 내에서 상인들의 불이익과 피고의 관리업무에 방해와 저해가 발생하지 않도록 주차장 관리업무에 최선을 다해 줄 것을 분명하게 통고한다는 내용의 통고서(갑 제72호증)를 발송한 사실, 제2차 계약 당시 원고와 피고는 노후화되어 있던 이 사건 주차장에 당초 계약자 소외 2의 투자로 일정 시설이 설치되었던 점을 감안하여 계약기간이 만료되더라도 원칙적으로 재계약하기로 약정하였던 사실, 제3차 계약은 제2차 계약의 계약기간을 연장하는 이외에 다른 계약 내용은 제2차 계약과 모두 동일하였던 사실, 위 통고서를 발송할 당시 피고의 공동대표이사이던 소외 1과 소외 3은 제3차 계약의 체결사실을 알고 있었던 사실, 2005. 8. 8. 피고의 단독 대표이사가 된 소외 3이 2005. 10. 17. 이 사건 제3차 계약의 무효를 주장하면서 2005. 10. 18.까지 이 사건 건물에서 퇴거할 것을 요구하는 내용증명 우편을 보낼 때까지 피고는 원고의 제2차 계약기간 만료 후의 계속적인 주차장관리 및 건물경비업무 수행에 대하여 어떠한 이의를 제기하거나 퇴거를 요구하지도 않은 사실, 원고는 제2심 제1차 변론기일에서 진술된 2008. 11. 17.자 준비서면을 통하여 제2차 계약기간이 만료된 이후에 자신에게 발송된 위 통고서를 근거로 피고가 제3차 계약을 추인하였다는 취지의 주장을 한 사실을 각 인정할 수 있다.

[3] 판단

이러한 사실관계를 위에서 본 법리에 비추어 살펴보면, 피고는 제2차 계약기간이 만료된 이후 7개월이나 경과된 시점에서 제2차 계약의 기간만을 연장한 제3차 계약의 체결사실을 인식하고 있으면서 원고에게 기간이 만료된 제2차 계약의 계속적인 이행을 요구하는 위 통고서를 발송하여 제3차 계약의 효과가 피고

에게 귀속되는 것을 승인함으로써 제3차 계약을 묵시적으로 추인하였다고 봄이
상당하다.

(5) 단독대표행위와 선의의 제3자 보호 등

공동대표이사 1인의 단독대표행위를 적법한 대표행위로 믿고 거래한 선의
의 제3자를 보호할 필요가 있다.

** 관련 판례

① 대법원 1996. 10. 25. 선고 95누14190 판결

[공동대표이사 중 1인이 작성해 준 동의서가 승낙서류에 해당하는지 여부(한정
적극)]

[1] 관련 법리

원심이 적법하게 확정한 바와 같이 소외 회사의 공동대표이사 2명 중 1명인
위 박원식이 단독으로 동의한 것이라면 특별한 사정이 없는 한 이를 소외 회사의
동의라고 볼 수 없고, 다만 나머지 1명의 대표이사가 위 박원식으로 하여금 이
사건 건물의 관리에 관한 대표행위를 단독으로 하도록 용인 내지 방임하였고 또
한 원고가 위 박원식에게 단독으로 회사를 대표할 권한이 있다고 믿은 선의의 제
3자에 해당한다면 이를 소외 회사의 동의로 볼 수 있을 것이다(대법원 1992. 10.
27. 선고 92다19033 판결 참조).

[2] 판단

기록에 의하면 원고와 소외 삼성전관 주식회사가 소외 회사의 주식을 50%
씩 소유하면서 각기 1명씩의 대표이사를 사실상 선임하여 그들이 공동으로 소외
회사를 대표하도록 공동대표이사로 등기까지 한 사실을 알 수 있고 이는 상호견
제에 의하여 어느 쪽도 단독으로 소외 회사를 대표하지 못하도록 하려는 데 그
목적이 있는 것으로 보이며, 당시 삼성전관측 대표이사인 소외 김순택이 원고측
대표이사인 위 박원식으로 하여금 단독으로 이 사건 건물의 관리에 관한 대표행
위를 하도록 용인 내지 방임하여 왔다고는 도저히 보기 어려울 뿐만 아니라, 원
고는 소외 회사의 50% 주주인 동시에 대표이사 1명을 사실상 선임하고 공동대표
이사제도를 만든 장본인이기 때문에 위 박원식에게 단독으로 소외 회사를 대표
하여 동의를 할 권한이 없다는 것을 잘 알고 있어서 선의의 제3자에 해당한다고
할 수도 없으므로, 이를 소외 회사의 동의라고 볼 수 없고 따라서 구분소유자들

중 소외 회사의 승낙서류는 보완되지 아니하였다 할 것이다. 그리고 소외 회사의 승낙서류가 보완되었느냐 여부는 이 사건 허가취소처분 당시를 기준으로 판단하여야 할 것이므로 이 사건 허가취소처분 이후에 소외 회사의 공동대표이사 2명이 공동으로 원고에게 서면동의를 해 주었다고 해서 달리 볼 것은 아니다.

② 대법원 1991. 11. 12. 선고 91다19111 판결

[회사가 공동대표이사에게 대표이사라는 명칭의 사용을 용인 내지 방임한 경우]

[1] 관련 법리

이사자격이 없는 자에게 회사가 표현대표이사의 명칭을 사용하게 한 경우이거나 이사자격 없이 그 명칭을 사용하는 것을 회사가 알고 용인상태에 둔 경우에는 회사는 상법 제395조에 의한 표현책임을 면할 수 없다(당원 1988. 10. 25. 선고 86다카1228 판결 참조) 할 것이고, 이러한 이치는 회사가 단지 공동대표이사에게 대표이사라는 명칭 사용을 용인 내지 방임한 경우에도 마찬가지라고 하여야 할 것이다.

[2] 판단

원심판결 이유에 의하면, 원심은 피고회사가 1988. 11.경 이사회의 결의에 의하여 위 소외 2와 소외 4가 공동하여서만 회사를 대표하도록 정하고 같은 해 12. 2. 그 등기를 마쳤으며, 위 등기는 위 소외 2가 1989. 4. 26. 사임하여 같은 해 5. 2. 공동대표의 정함이 폐지되었다는 등기가 될 때까지 존속되었음에도 불구하고 실제로 공동대표의 등기가 되어 있던 기간 중인 1988. 12. 19.과 1989. 4. 3. 위 소외 2가 단독으로 피고회사를 대표하여 위 한국전력공사 의성지점과 전기공사 도급계약을 체결케 하는 등으로 그가 단독으로 대표이사의 명칭을 사용하여 행동하는 것을 방임해 온 사실을 확정한 다음 이에 비추어 피고회사는 공동대표의 정함이 있음에도 불구하고 소외 2가 단독으로 대표권한을 행사하여 한 위 차용금에 대한 연대보증행위를 묵인하였다할 것이고, 원고는 위 소외 2가 단독으로 피고회사를 대표할 수 있다고 믿은 선의의 제3자라고 할 것이므로 피고회사는 원고에게 이 사건 연대보증책임을 이행할 의무가 있다고 판단하였는바, 기록에 비추어 원심의 판단은 정당하고 거기에 표현대표이사에 관한 법리오해의 위법이 없다.

7. 표현대표이사

(1) 의의

사장, 부사장, 전무, 상무 기타 회사를 대표할 권한이 있는 것으로 인정될 만한 명칭을 사용한 이사의 행위에 대하여는 그 이사가 회사를 대표할 권한이 없는 경우에도 회사는 선의의 제3자에 대하여 그 책임을 진다(법395). 표현대표이사의 명칭을 신뢰하고 거래한 선의의 제3자를 보호함으로써 거래의 안전을 보호하기 위하여 인정되는 제도이다.

(2) 적용요건
(가) 외관의 존재

회사를 대표할 권한이 있는 것으로 인정될 만한 외관(명칭)이 존재하여야 한다. 사장, 부사장, 전무, 상무 기타 회사를 대표할 권한이 있는 것으로 인정될 만한 명칭을 사용하여야 한다. 상법 제395조에 정한 표현대표이사의 행위로 인한 회사의 책임이 성립하기 위하여는 회사의 대표이사가 아닌 이사가 외관상 회사의 대표권이 있는 것으로 인정될 만한 명칭을 사용하여 거래행위를 하여야 하고, 그와 같은 명칭이 표현대표이사의 명칭에 해당하는지 여부는 사회 일반의 거래 통념에 따라 결정하여야 한다. 경리담당이사는 회사를 대표할 권한이 있는 것으로 인정될 만한 명칭에 해당한다고 볼 수 없다고 하여 상법 제395조에 따른 회사의 책임을 부정하였다.[81]

** 관련 판례

① 대법원 2011. 3. 10. 선고 2010다100339 판결

[표견대표이사가 대표이사의 이름으로 행위한 경우 상법 제395조가 적용되는지 여부(적극) 및 이 때 상대방의 악의 또는 중대한 과실 유무의 판단 기준]

상법 제395조는 표견대표이사의 행위로 인한 주식회사의 책임에 대하여 정한다. 위 법규정에 의한 주식회사의 책임은 행위의 상대방이 악의이거나 선의라도 그에 관하여 중대한 과실이 있는 경우에는 발생하지 아니한다. 여기서 '중대한

---

81) 대법원 2003. 2. 11. 선고 2002다62029 판결.

과실'이라고 함은 표견대표이사가 자신의 이름으로 행위한 경우에 있어서는 상대
방이 조금만 주의를 기울였더라면 표견대표이사가 회사를 대표할 권한 없이 행
위함을 알 수 있었음에도 주의를 게을리하여 그 권한 없음을 알지 못함으로써 거
래통념상 요구되는 주의의무를 현저히 위반하는 것으로서, 공평의 관점에서 상대
방을 구태여 보호할 필요가 없다고 봄이 상당하다고 인정되는 상태를 말한다(대
법원 1999. 11. 12. 선고 99다19797 등 판결, 대법원 2003. 7. 22. 선고 2002다40432 판
결 등 참조).

한편 위 상법 규정은 표견대표이사가 자신의 이름으로 행위한 경우는 물론
이고 대표이사의 이름으로 행위한 경우에도 적용된다(대법원 1979. 2. 13. 선고 77
다2436 판결 등 참조). 그리고 이 경우에 상대방의 악의 또는 중대한 과실은 표견
대표이사의 대표권이 아니라 대표이사를 대리하여 행위를 할 권한이 있는지에
관한 것이다(대법원 2003. 7. 22. 선고 2002다40432 판결 참조).

② 대법원 2013. 7. 11. 선고 2013다5091 판결
**[표현대표이사가 자기의 명칭을 사용하지 아니하고 대표이사의 명칭을 사용하
여 행위를 한 경우에도 상법 제395조가 적용되는지 여부(적극) / 회사가 표현대표이
사의 행위에 대하여 책임을 면하기 위하여 증명하여야 할 사항]**

[1] 관련 법리
상법 제395조는 표현대표이사가 자기의 명칭을 사용하여 법률행위를 한 경
우는 물론이고 자기의 명칭을 사용하지 아니하고 대표이사의 명칭을 사용하여
행위를 한 경우에도 적용되고, 이러한 경우 회사가 표현대표이사의 행위에 대하
여 책임을 면하기 위해서는 제3자가 표현대표이사에게 대표이사를 대행하여 법
률행위를 할 권한이 없음을 알았거나 이를 알지 못한 데 중대한 과실이 있음을
증명하여야 한다(대법원 2003. 7. 22. 선고 2002다40432 판결, 대법원 2011. 3. 10. 선
고 2010다100339 판결 등 참조). 한편 이사회의 승인 없이 행하여진 이른바 이사의
자기거래행위는 회사와 이사 간에서는 무효이지만, 회사가 위 거래가 이사회의
승인을 얻지 못하여 무효라는 것을 제3자에 대하여 주장하기 위해서는 이사회의
승인을 얻지 못하였다는 것 외에 제3자가 이사회의 승인 없음을 알았거나 이를
알지 못한 데 중대한 과실이 있음을 증명하여야 한다(대법원 2004. 3. 25. 선고
2003다64688 판결, 대법원 2005. 5. 27. 선고 2005다480 판결 등 참조). 그리고 표현대
표이사의 행위 또는 이사회의 승인 없는 이사의 자기거래행위에 대하여 회사가
책임을 면하는 경우에 있어서 제3자의 중대한 과실이라 함은 제3자가 조금만 주
의를 기울였더라면 표현대표이사의 행위가 대표권 또는 그 대행권에 기한 것이

아니라는 사정이나 이사와 회사 간의 거래로서 이사회의 승인이 필요하다는 점과 이사회의 승인을 얻지 못하였다는 사정을 알 수 있었음에도, 만연히 대표권 또는 그 대행권에 기한 행위라고 믿거나 그 거래가 이사회의 승인을 얻은 것으로 믿는 등으로 거래통념상 요구되는 주의의무에 현저히 위반하는 것으로서 공평의 관점에서 제3자를 구태여 보호할 필요가 없다고 봄이 상당하다고 인정되는 상태를 말한다(대법원 2003. 7. 22. 선고 2002다40432 판결, 대법원 2004. 3. 25. 선고 2003다64688 판결 등 참조).

[2] 판단

원심은 채택 증거를 종합하여 그 판시와 같은 사실을 인정한 다음, 그 판시 사실에 나타난 이 사건 연대보증계약의 체결 경위 내지 과정과 원고가 피고의 재무책임자인 전무 소외 1로부터 피고의 법인인감증명서, 이사회의사록 등을 교부받을 당시 그 이사회의사록이 위조되었음을 의심할 만한 사정이 있다고 보기 어려운 점 등 여러 사정들에 비추어 보면, 피고가 제출한 증거들만으로는 소외 1이 피고의 등기이사로서 경영지원부문 사장이던 소외 2의 지시를 받고 피고의 대표이사 명의로 원고와 사이에 이 사건 연대보증계약을 체결할 당시, 계약상대방인 원고가 소외 2가 피고의 대표이사를 대행할 권한이 없었다는 점 및 이 사건 연대보증계약에 대하여 피고의 이사회 승인이 없었다는 점을 알지 못한 데에 중대한 과실이 있다고 보기 어렵다고 판단하였다. 앞서 본 법리와 기록에 비추어 살펴보면, 원심의 위와 같은 판단은 정당한 것으로 수긍이 가고, 거기에 상고이유 주장과 같이 표현대표이사 책임 및 이사회 승인 없는 자기거래행위에 있어서 중과실 여부에 관한 법리를 오해하거나 필요한 심리를 다하지 아니함으로써 논리와 경험의 법칙을 위반하여 자유심증주의의 한계를 벗어나는 등의 위법이 없다.

(나) 외관의 부여

외관의 존재에 대하여 회사가 원인을 부여하였어야 한다. 표현대표이사의 행위에 대하여 회사의 책임을 인정하기 위하여는 회사에 귀책사유가 있어야 한다.

** 관련 판례

① 대법원 1995. 11. 21. 선고 94다50908 판결

[회사의 승낙 없이 대표자의 명칭을 참칭한 표현대표자의 행위에 대하여, 회사가 선의의 제3자에게 책임을 지는지 여부]

[1] 관련 법리

상법 제395조의 표현대표이사 책임에 관한 규정의 취지는 회사의 대표이사
가 아닌 이사가 외관상 회사의 대표권이 있는 것으로 인정될 만한 명칭을 사용하
여 거래행위를 하고 이러한 외관상 회사의 대표행위에 대하여 회사에게 귀책사
유가 있는 경우에 그 외관을 믿은 선의의 제3자를 보호함으로써 상거래의 신뢰와
안전을 도모하려는 데에 있으므로(당원 1988. 10. 11. 선고 86다카2936 판결 참조),
위와 같은 표현대표자의 행위에 대하여 회사가 책임을 지는 것은 회사가 표현대
표자의 명칭 사용을 명시적으로나 묵시적으로 승인할 경우에 한하는 것이고 회
사의 명칭 사용 승인 없이 임의로 명칭을 참칭한 자의 행위에 대하여는 비록 그
명칭 사용을 알지 못하고 제지하지 못한 점에 있어 회사에게 과실이 있다고 할지
라도 그 회사의 책임으로 돌려 선의의 제3자에 대하여 책임을 지게 할 수 없다
할 것이다(당원 1975. 5. 27. 선고 74다1366 판결 참조).

같은 취지에서 원심이 피고 회사가 위 소외 2이 공동대표이사직에서 해임된
이후 동인에게 사장 기타 회사를 대표할 권한이 있는 명칭을 사용하도록 허용하
여 그러한 외관을 부여하였거나 위 소외 2이 피고 회사의 대표이사로 행세하면서
이 사건 당좌수표를 원고에게 발행하였다는 증거가 없고, 원고는 위 소외 2이 피
고 회사를 대표할 권한이 없다는 것을 알면서 소외 1 회사의 대표이사 또는 소외
2 개인에게 위 실권주 매수자금을 지급하고 위 소외 2으로부터 투자금 담보로 이
사건 당좌수표를 교부받았으므로 표현대표이사 책임에 관한 위 상법 조항을 적
용하여 피고 회사에게 위 소외 2의 수표발행 행위에 대하여 책임을 지울 수 없다
고 판단한 것은 정당하고, 거기에 소론과 같이 표현대표이사의 책임과 관련한 법
리오해의 위법이 있다 할 수 없다.

[2] 판단

한편 기록에 의하면, 원고 대리인은 1994. 6. 14.자 준비서면의 제3항에서,
피고 회사의 표현대표이사 소외 2의 행위에 의한 책임을 원인으로 하여 피고 회
사에 대하여 수표금 청구 외에 위탁금 반환청구에 관한 주장을 펴고 있음이 명백
한바(기록 1446면), 소론은 원심이 이 중 수표금 청구 부분에 대해서만 판단하고,
위탁금 반환청구 부분에 관해서는 판단을 유탈하였다고 주장하고 있으나, 원심판
결 이유를 보면, 원심은 수표금 청구 부분에 대한 판단을 하면서, 위 소외 2은
1990. 6. 29. 위 소외 1 회사를 따로 설립한 이래 피고 회사의 업무를 등한시하다
가 같은 해 7. 19.부터는 위 소외 1 회사의 대표이사로 취임하여 주로 소외 1 회
사의 업무를 집행하여 왔고, 피고 회사는 1990. 8. 8. 이사회를 개최하여 위 소외
2을 피고 회사의 공동대표이사직에서 해임하고, 같은 달 13. 해임등기를 마쳤으

며, 그 후 같은 달 20.경 위 소외 2과 한광호 사이에 투자지분에 대한 정산까지 마쳤고, 원고는 위와 같은 사실을 잘 알면서 위 소외 1 회사의 대표이사로서의 위 소외 2(또는 소외 2 개인)에게 1990. 8. 초순경부터 같은 달 중순경까지 합계 금 1,630,000,000원을 실권주 매수자금으로 지급하고, 위 투자금에 대한 담보조로 1990. 8. 16.경 그로부터 위 각 당좌수표를 교부 받은 사실을 인정한 다음, 위 소외 2의 행위에 대하여 피고가 상법 제395조에 따른 책임을 질 것은 아니라고 판단하고 있는바, 이는 원고의 위탁금 청구 부분에 관한 주장에 대해서도 표현대표이사 책임이 없다고 함께 판단한 취지로 못 볼 바 아니며, 가사 원심판결에 위탁금에 관한 위 소외 2의 표현대표이사로서의 행위로 인한 피고 회사의 책임에 관한 원고 주장에 대한 판단유탈이 있었다 하더라도 위 주장 또한 수표금 청구의 경우와 같은 이유로 받아들여질 수 없다고 할 것이니, 이러한 사유는 판결 결과에는 영향이 없다고 할 것이다.

② 대법원 1998. 3. 27. 선고 97다34709 판결

[이사의 자격이 없는 표현대표이사의 행위에 대한 상법 제395조의 유추적용 여부(적극)]

상법 제395조가 회사를 대표할 권한이 있는 것으로 인정될 만한 명칭을 사용한 이사의 행위에 대한 회사의 책임을 규정한 것이어서, 표현대표이사가 이사의 자격을 갖출 것을 요건으로 하고 있으나, 이 규정은 표시에 의한 금반언의 법리나 외관이론에 따라 대표이사로서의 외관을 신뢰한 제3자를 보호하기 위하여 그와 같은 외관의 존재에 대하여 귀책사유가 있는 회사로 하여금 선의의 제3자에 대하여 그들의 행위에 관한 책임을 지도록 하려는 것이므로, 회사가 이사의 자격이 없는 자에게 표현대표이사의 명칭을 사용하게 허용한 경우는 물론, 이사의 자격이 없는 사람이 임의로 표현대표이사의 명칭을 사용하고 있는 것을 회사가 알면서도 아무런 조치를 취하지 아니한 채 그대로 방치하여 소극적으로 묵인한 경우에도 위 규정이 유추적용되는 것으로 해석함이 상당하다.

(다) 외관의 신뢰

표현대표이사의 거래상대방인 제3자가 외관을 신뢰하였어야 한다. 따라서 회사는 표현대표이사의 행위에 대하여 선의의 제3자에게 책임을 진다.

＊＊ 관련 판례: 대법원 1992. 9. 22. 선고 91다5365 판결

[상법 제395조에 의하여 회사가 표현대표이사의 행위에 대하여 책임을 지기 위한 요건]

[1] 관련 법리

상법 제395조에 의하여 회사가 표현대표이사의 행위에 대하여 책임을 지기 위하여는 표현대표이사의 행위에 대하여 그를 믿었던 제3자가 선의이었어야 하고 또한 회사가 적극적 또는 묵시적으로 표현대표를 허용한 경우에 한한다고 할 것이며, 이 경우 회사가 표현대표를 허용하였다고 하기 위하여는 진정한 대표이사가 이를 허용하거나, 이사 전원이 아닐지라도 적어도 이사회의 결의의 성립을 위하여 회사의 정관에서 정한 이사의 수, 그와 같은 정관의 규정이 없다면 최소한 이사 정원의 과반수의 이사가 적극적 또는 묵시적으로 표현대표를 허용한 경우이어야 할 것이다.

[2] 원심의 판단

원심판결 이유에 의하면, 원심은 소외 1이 외관상 낙천관광의 대표이사로 있었던 1985. 1. 8.부터 같은 해 5. 21.까지 대표이사로서 여러 가지 업무를 수행한 사실은 인정되나, 그중 대부분이 이 사건 가등기의 원인인 매매예약을 체결한 이후에 이루어진 사실들로서 그러한 사정들만으로는 매매예약 당시 낙천관광이 소외 1의 대표이사 행세를 적극적으로 또는 묵시적으로 허용함으로써 피고도 그러한 외관을 믿고서 소외 1과 교섭한 것이라고 보기 어렵고, 오히려 갑 18호증의 2, 3, 5, 6, 8의 각 기재 등에 의하면 피고는 늦어도 가등기 경료 당시에는 소외 1이 적법하게 선임된 대표이사가 아니라는 점을 알았다고 인정되므로 표현대표이사의 법리는 적용될 수 없다고 판시하였다.

[3] 대법원 판단

(가) 원심이 피고가 위와 같이 소외 1이 적법한 대표이사가 아니라는 것을 안 악의자라고 인정하기 위하여 든 위 증거들은 소외 1 및 소외 7의 진술 및 이를 주된 증거로 한 피고에 대한 공소장 등인바, 기록에 의하면 소외 1은 위 진술과 관련하여 위증죄로 유죄의 판결을 받았을 뿐만 아니라, 동인들은 그 후 위 진술들이 허위라고 하여 다시 이를 번복하는 진술을 하고 있음을 알 수 있어서 이에 비추어 보면 위 각 증거들은 쉽사리 믿기 어렵다 할 것인데 위 증거들에 의하여 피고를 위와 같이 악의자라고 단정한 원심은 채증법칙을 위배하여 사실을 오인하였다 할 것이고, 나아가 이 사건의 경우와 같이 대표이사로 선임등기된 자가 부적법한 대표이사로서 사실상의 대표이사에 불과한 경우에 있어서는 원심으로

서는 먼저 위 대표이사의 선임에 있어 회사의 귀책사유가 있는가를 살피고 이에
따라 회사에게 표현대표이사로 인한 책임이 있는지 여부를 가렸어야 할 것인데
도 불구하고 이에 이르지 아니한 점은 심리를 다하지 아니하였다고 하지 않을 수
없다.

　　(나) 그러나 한편 위에서 인정한 사실과 기록에 의하면 위 소외 1을 대표이
사로 선임한 1985. 1. 4. 이사회의결의 당시에 있어서 적법한 이사는 위 1984.
12. 12. 주주총회결의에 의하여 위법하게 해임당한 이사 5명 및 소외 7, 소외 8
등 모두 7명이므로 위 소외 1은 결국 7명의 정당한 이사들 중 2명인 소외 7, 소
외 8에 의하여 선임된 셈이고, 기록에 있는 낙천관광의 정관(갑 12호증의 8)에 의
하면, 이사회의 결의는 이사 전원의 과반수에 의하여 결정하도록 규정되어 있으
므로, 위와 같은 사정만으로 낙천관광이 위 소외 1을 대표이사로 허용하였다고
할 수 없고, 그 밖에 낙천관광이 위 소외 1을 대표이사로 허용하였다고 볼 만한
아무런 자료가 없으므로 낙천관광에 대하여 표현대표이사로 인한 책임을 부정한
원심의 조치는 결론에 있어서 정당하다.

(3) 적용효과

　표현대표이사의 행위에 대하여 회사는 선의의 제3자에 대하여 책임을 진다
(법395).

Ⅳ. 이사의 의무와 책임

1. 선관의무

(1) 선관의무

(가) 선관의무 위반과 손해배상책임

　이사는 회사에 대하여 선량한 관리자의 주의로써 그 직무를 수행하여야 한
다(법382②, 민법 681). 이사가 고의 또는 과실로 법령 또는 정관에 위반한 행위를
하거나 위와 같은 임무를 게을리 한 경우에는 그 이사는 회사에 대하여 손해를
배상할 책임이 있다(법399①).

** 관련 판례

① 대법원 2007. 10. 11. 선고 2007다34746 판결

[주식회사의 이사 내지 대표이사가 개인적으로 지급의무를 부담하여야 할 사저 (私邸) 근무자들의 급여를 회사의 자금으로 지급하도록 한 행위는 이사로서의 선관 주의의무를 위반하여 회사로 하여금 그 급여액 상당의 손해를 입게 한 것이므로 위 이사는 상법 제399조 제1항에 따라 회사가 입은 손해를 배상할 책임이 있다고 한 사례]

원심은, 그 채용 증거들을 종합하여 판시와 같은 사실을 인정한 다음, 그 인 정 사실에 나타나는 제반 사정들에 비추어 보면, 이 사건 당시 동아건설산업 주 식회사(이하 '동아건설'이라 한다)의 이사 내지 대표이사이자 동아건설 등이 속한 동아그룹의 회장 등으로 재직하던 피고 1의 사저(私邸)에서 근무한 근무자들의 업무 내용은 사저의 수리·보수, 경비, 위 피고의 가족들을 위한 운전 등 주로 위 피고와 그의 가족들을 위한 노무의 제공을 목적으로 한 것이고, 위 사저에서 종 종 동아건설의 발주처 경영진이나 해외 귀빈들을 위한 접대가 이루어지는 등 사 저 근무자들이 위 피고의 대외 수주활동 등에 대한 보조 역할을 하였다고 하더라 도 이는 부수적인 결과에 불과하다고 보이므로, 위 사저 근무자들이 동아건설의 업무를 수행하였다고 볼 수 없고, 따라서 위 피고가 개인적으로 지급의무를 부담 하여야 할 사저 근무자들에 대한 급여를 동아건설의 자금으로 지급하도록 한 피 고들의 행위는 이사로서 선관주의의무에 위반하여 동아건설로 하여금 피고 1의 사적 피고용인에 불과하다고 할 사저 근무자들에게 급여를 지급하여 동액 상당 의 손해를 입게 한 것이라는 이유로, 피고들은 상법 제399조 제1항에 따라 연대 하여 원고에게 자신들의 임무 해태로 인하여 동아건설이 입은 위 손해를 배상할 책임이 있다고 판단하였다. 기록에 의하여 살펴보면, 원심의 이러한 사실인정과 판단은 옳은 것으로 수긍이 가고, 거기에 상고이유의 주장과 같은 심리미진이나 채증법칙 위배, 이사의 선관주의의무에 관한 법리오해 등의 위법이 있다고 할 수 없다.

② 대법원 2002. 3. 15. 선고 2000다9086 판결

[금융기관인 은행의 이사의 선관의무의 내용 및 은행의 이사가 선관의무에 위 반하여 임무를 해태하였는지 여부의 판단 기준]

[1] 관련 법리

(가) 주식회사의 이사는 회사에 대하여 선량한 관리자의 주의의무를 지므로

(상법 제382조 제2항, 민법 제681조), 그 의무를 충실히 한 때에야 이사로서의 임무를 다한 것으로 된다. 그리고 금융기관인 주식회사의 이사가 한 대출이 결과적으로 회수곤란 또는 회수불능으로 되었다고 할지라도 그것만으로 바로 대출결정을 내린 대표이사 또는 이사의 판단이 선관주의의무 내지 충실의무를 위반한 것이라고 단정할 수 없음은 상고이유에서 주장된 바와 같다.

(나) 그런데 금융기관인 은행은 주식회사로 운영되기는 하지만, 이윤추구만을 목표로 하는 영리법인인 일반의 주식회사와는 달리 예금자의 재산을 보호하고 신용질서 유지와 자금중개 기능의 효율성 유지를 통하여 금융시장의 안정 및 국민경제의 발전에 이바지해야 하는 공공적 역할을 담당하는 위치에 있는 것이기에, 은행의 그러한 업무의 집행에 임하는 이사는 일반의 주식회사 이사의 선관의무에서 더 나아가 은행의 그 공공적 성격에 걸맞는 내용의 선관의무까지 다할 것이 요구된다 할 것이다.

(다) 따라서 금융기관의 이사가 위와 같은 선량한 관리자의 주의의무에 위반하여 자신의 임무를 해태하였는지의 여부는 그 대출결정에 통상의 대출담당임원으로서 간과해서는 안될 잘못이 있는지의 여부를 금융기관으로서의 공공적 역할의 관점에서 대출의 조건과 내용, 규모, 변제계획, 담보의 유무와 내용, 채무자의 재산 및 경영상황, 성장가능성 등 여러 가지 사항에 비추어 종합적으로 판정해야 할 것이다.

[2] 판단

기록 중의 증거들과 대조하면서 위의 법리에 비추어 살펴보니, 원심이 피고들의 이 사건 대출결정에 이른 경위와 규모, 그 당시 대출을 받는 한보철강의 제반상황 및 담보확보 여부, 한보철강의 재무구조 및 수익성에 대한 부정적인 평가 결과 등의 제반 사정을 종합 고려한 끝에 피고들이 은행 최고경영자 혹은 이사로서 임무를 해태하였으므로 제일은 원고 공동소송참가인행에 대한 손해배상책임이 있다고 판단한 것은 결론에 있어서 정당하고, 거기에 증거법칙 위배로 인한 사실오인이나 심리미진, 혹은 이사의 주의의무나 회사에 대한 책임 및 위법성에 관한 법리오해 등의 위법이 없다.

(나) 선관의무와 충실의무 위반 사례

이사는 법령과 정관의 규정에 따라 회사를 위하여 그 직무를 충실하게 수행하여야 한다(법382의3). 이에 관한 판례를 소개한다.

** **관련 판례**: 대법원 2023. 3. 30. 선고 2019다280481 판결

[기업집단을 구성하는 개별 계열회사의 이사는 기업집단이나 다른 계열회사와 관련된 직무를 수행할 때에도 선관주의의무와 충실의무를 부담하는지 여부(적극)]

[1] 기업집단을 구성하는 개별 계열회사들은 각자 독립된 법인격을 가진 별개의 회사이므로, 개별 계열회사의 이사는 기업집단이나 다른 계열회사와 관련된 직무를 수행할 때에도 선관주의의무와 충실의무를 부담한다.

소속 회사가 법령에 위반됨이 없이 동일한 기업집단에 속한 계열회사 주식을 취득하거나 제3자가 계열회사 주식을 취득하게 하는 계약을 체결하는 경우, 이사는 소속 회사의 입장에서 주식 취득의 목적이나 계약 내용에 따라 다음과 같은 사항을 검토하고 필요한 조치를 하여야 한다.

[2] 계열회사가 실시하는 유상증자에 참여하여 그 발행 신주를 인수하는 경우, 이사는 계열회사의 소속 회사 영업에 대한 기여도, 유상증자 참여가 소속 회사에 미치는 재정적 부담의 정도, 계열회사의 재무상태 및 경영상황, 유상증자 참여로 소속 회사가 얻을 수 있는 영업상 또는 영업외의 이익, 유상증자에 참여하는 경우와 그렇지 않은 경우 계열회사에 미치는 영향 및 그로 인하여 소속 회사에 예상되는 이익 및 불이익의 정도 등을 객관적 자료를 바탕으로 구체적으로 검토하여야 한다(대법원 2006다33333 판결 참조).

[3] 순환출자구조를 가진 기업집단에 속한 소속 회사가 자신이 이미 지배하고 있는 계열회사에 대하여 적대적 M&A가 시도되거나 시도될 우려가 있는 상황에서 이를 저지하기 위해 계열회사 주식을 추가로 취득하는 경우, 소속 회사의 계열회사에 대한 경영권이 방어되는 한편 이를 통해 기업집단이 유지되면서 지배주주의 소속 회사나 기업집단에 대한 지배권도 전과 같이 유지되게 된다. 이 경우 이사는 소속 회사와 계열회사 사이의 영업적·재무적 관련성 유무와 정도, 소속 회사의 계열회사에 대한 경영권 유지와 상실에 따른 이익과 불이익의 정도, 기업집단의 변경이나 지배주주의 지배권상실에 따른 소속 회사의 사업지속 가능성, 소속 회사의 재무상황과 사업계획을 고려한 주식취득 비용의 적정성 등을 객관적 자료를 바탕으로 구체적으로 검토하여야 한다.

[4] 회사가 위 [2] 및 [3]과 같은 목적을 위하여 제3자와 계열회사 주식을 기초자산으로 하는 파생상품계약을 체결하여 제3자로 하여금 계약 기간 동안 계열회사 주식을 보유하게 하는 경우, 이사는 그 계약 방식에 따르는 고유한 위험으로서 기초자산인 계열회사 주가 변동에 따른 손실 가능성 및 규모, 소속 회사의 부담능력 등을 객관적·합리적으로 검토하고, 그에 따라 파생상품계약의 규모

나 내용을 적절하게 조정하여 소속 회사가 부담하는 비용이나 위험을 최소화하
도록 조치하여야 한다.

(2) 이사의 항변: 경영판단의 원칙

(가) 의의

이사가 회사에 대하여 선관의무를 부담하기는 하지만, 회사에 손해가 생긴
때에 항상 선관의무 위반으로 책임을 진다고 하면, 이사에게 가혹한 결과를 초래
할 뿐만 아니라 회사 입장에서도 경영의 위축으로 바람직하지 않다. 왜냐하면 경
쟁이 치열하고 수시로 경제환경이 변화하는 시대에 기업경영을 함에 있어서 항
상 정확하고 손해 없는 경영판단만을 기대할 수 없고, 이사의 책임을 추궁하는
소가 빈번한 경우에는 이사의 경영활동을 위축시킬 뿐만 아니라, 경영에 대하여
전문적인 지식이 부족한 법관에게 경영판단의 당부를 가리도록 하는 것은 부적
절하기 때문이다.

경영판단의 원칙(BJR: Business Judgment Rule)이란 이사·임원이 그 권한 범
위 안에서 객관적인 정보에 따라 제반 사정을 고려하여 합리적인 경영상 결정을
한 경우, 단순히 결과적으로 그 판단이 잘못되었다는 이유로 책임을 지지 않는다
는 원칙을 말한다.

(나) 민사책임과 경영판단의 원칙

경영판단의 원칙이 적용되면 손해배상책임이 부정될 것이고, 경영판단의 원
칙이 부정되면 손배상책임이 인정될 것이다. 주요 판례를 소개한다.

** 관련 판례

① 대법원 2023. 3. 30. 선고 2019다280481 판결

[이사의 행위에 대하여 경영판단의 원칙을 적용하기 위한 요건]

[1] 이사는 회사와 위임관계에 있으므로 회사에 대하여 선량한 관리자의 주
의로써 그 직무를 수행하여야 하고, 법령과 정관의 규정에 따라 회사를 위하여
그 직무를 충실하게 수행하여야 한다(상법 제382조 제2항, 제382조의3, 민법 제681
조). 이사가 위와 같은 임무를 게을리한 경우에는 회사에 대하여 손해를 배상할
책임이 있다(상법 제399조 제1항).

[2] 이사는 법령 또는 정관에 정해진 목적 범위 내에서 회사의 경영에 관한

판단을 할 재량권을 가지고 있다. 기업의 경영은 장래의 불확실한 상황을 전제로 이루어지는 경우가 많으므로 거기에는 다소의 모험과 그에 따른 위험이 수반될 수밖에 없다. 따라서 이사가 법령에 위반됨이 없이 임무를 수행하는 과정에서 합리적으로 이용가능한 범위 내에서 필요한 정보를 충분히 수집·조사하고 검토하는 절차를 거친 다음, 이를 근거로 회사의 최대 이익에 부합한다고 합리적으로 신뢰하고 신의성실에 따라 경영상의 판단을 내렸고, 그 내용이 현저히 불합리하지 않은 것으로서 통상의 이사를 기준으로 할 때 합리적으로 선택할 수 있는 범위 안에 있는 것이라면, 비록 사후에 그 회사가 예상했던 이익을 얻지 못하고 손해를 입게 되는 결과가 발생하였다 하더라도 그 이사의 행위는 허용되는 경영판단의 재량 범위 내에 있는 것이어서 해당 회사에 대하여 손해배상책임을 부담한다고 할 수 없다(대법원 2007. 10. 11. 선고 2006다33333 판결, 대법원 2010. 1. 14. 선고 2007다35787 판결 등 참조). 이사가 임무를 수행하면서 검토할 사항은 거래를 하는 목적이나 동기, 거래의 종류와 내용, 상대방과의 관계, 소속 회사의 재무적 상황 등에 따라 달라지므로, 사안마다 개별적으로 판단되어야 한다. 또한 이사의 경영판단을 정당화할 수 있는 이익은 원칙적으로 회사가 실제로 얻을 가능성이 있는 구체적인 것이어야 하고, 일반적이거나 막연한 기대에 불과하여 회사가 부담하는 비용이나 위험에 상응하지 않는 것이어서는 아니 된다.

② 대법원 2002. 6. 14. 선고 2001다52407 판결
[금융기관 임원의 선관의무와 경영판단의 원칙]
대출과 관련된 경영판단을 함에 있어서 통상의 합리적인 금융기관 임원으로서 그 상황에서 합당한 정보를 가지고 적합한 절차에 따라 회사의 최대이익을 위하여 신의성실에 따라 대출심사를 한 것이라면 그 의사결정과정에 현저한 불합리가 없는 한 그 임원의 경영판단은 허용되는 재량의 범위 내의 것으로서 회사에 대한 선량한 관리자의 주의의무 내지 충실의무를 다한 것으로 볼 것이다.

③ 대법원 2005. 10. 28. 선고 2003다69638 판결
[법령위반행위와 경영판단의 원칙(소극)]
이사가 회사의 자산을 인수함에 있어서 그 인수 여부나 거래가액을 결정하는 데에 필요한 정보를 합리적인 정도로 수집하여 충분히 검토를 한 다음 회사의 이익에 합당한 상당성 있는 판단을 하였다면 회사에 대하여 선량한 관리자의 주의의무를 다한 것이라고 할 것이다.

④ 대법원 2007. 7. 26. 선고 2006다33609 판결

[법령위반행위와 경영판단의 원칙(소극)]

통상의 합리적인 금융기관의 임원이 그 당시의 상황에서 적합한 절차에 따라 회사의 최대이익을 위하여 신의성실에 따라 직무를 수행하였고 그 의사결정 과정 및 내용이 현저하게 불합리하지 않다면, 그 임원의 행위는 경영판단이 허용되는 재량범위 내에 있다고 할 것이나, 위와 같이 이사가 법령에 위반한 행위에 대하여는 원칙적으로 경영판단의 원칙이 적용되지 않는다.

⑤ 대법원 2007. 10. 11. 선고 2006다33333 판결

[관계회사에 대한 자금지원과 경영판단의 원칙(소극)]

대우의 대표이사·이사이던 위 피고들이 비록 DWA가 대우의 대미 수출을 담당하는 역할을 수행하였다 하더라도 DWA는 대우와 별개 법인으로서 채무상환능력이 불확실함에도 불구하고 대우로 하여금 아무런 채권회수조치 없이 DWA에게 자금을 지원하게 하여 대우에게 위 지원금을 회수하지 못하는 손해를 입게한 것은 이사의 임무해태행위에 해당한다.

⑥ 대법원 2021. 5. 7. 선고 2018다275888 판결

[금융기관의 이사가 이른바 프로젝트 파이낸스 대출을 하면서 단순히 회사의 영업에 이익이 될 것이라고 기대하고 일방적으로 임무를 수행하여 회사에 손해를 입힌 경우, 이러한 이사의 행위가 허용되는 경영판단의 재량범위에 있다고 할 수 있는지 여부(소극)]

다음과 같이 피고의 손해배상책임을 인정하였다.

[1] 이 사건 대출이 사업의 초기 자금을 대출해주는 이른바 '브릿지론'(Bridge Loan)에 해당한다고 하더라도 사업의 타당성이나 수익성, 분양가의 적정성, 분양 완료 가능성과 예상 분양수입금 규모 등은 대출 여부를 결정하는 중요한 심사요소이다.

[2] 피고는 채권회수조치를 다하였다고 보기 어렵다.

이휴먼디엔씨는 2005. 4.경 자본금 53,000,000원으로 설립된 법인으로 매출액이 없는 등 채무상환능력이 없었다. 이휴먼디엔씨가 사업부지에 설정한 우선수익권은 담보 평가액이 약 743,000,000원에 불과하고, 우선수익권은 사업의 성패에 따라 상환 여부가 결정되므로 실질적으로 담보가치가 크다고 보기 어렵다. 피고는 연대보증인인 이휴먼디엔씨의 대표이사, 이사와 관계회사 등에 대해 소득이나 재산현황자료 등을 조사하지 않고 형식적으로 보증을 받았다. 이휴먼디엔씨가

제공한 주식, 사업권 양도양수계약서, 시행권 포기각서, 사업주체 명의변경 동의
서 등은 사업의 성패에 따라 담보가치가 좌우되어 실질적으로 담보가치가 크다
고 보기 어렵다.

[3] 피고는 채무상환능력이 불확실한 이휴먼디엔씨의 유동성 위험에 대해
구체적인 대책을 세우지 않고 사업타당성 등을 제대로 검토하지 않고 단지 수익
성이 높은 대출로서 회사의 영업에 이익이 될 것이라는 기대만으로 이 사건 대출
을 한 것으로 보인다.

주식회사 하나글로벌감정평가법인은 이 사건 대출 전에 사업성을 검토한 보
고서를 작성했다. 보고서에는 사업부지 매입비용이 지나치게 높고 대구 달서구
일대 미분양 부동산이 많으며 이휴먼디엔씨가 제시한 분양대금이 지나치게 높아
분양에 차질을 빚을 가능성이 있다는 점 등 사업성이 없다는 내용이 있었다.

피고는 이에 대해 추가로 검토하거나 보완책을 마련하지 않고 이 사건 대출
을 진행하였다. 피고는 이휴먼디엔씨의 사업시행실적, 인·허가사항, 분양가능성
등을 제대로 검토하지 않고 이휴먼디엔씨가 제시한 사업계획서만을 토대로 사업
개요 등을 검토하는데 그쳤다. 이 사건 사업은 이 사건 대출이 이루어진 때부터
6개월이 되지 않은 무렵 관할 관청으로부터 사업 인·허가를 받지 못하고 사실상
중단되었다.

사업부지의 접근성이나 교통상황이 좋다는 막연하고 추상적인 판단이나 삼
환기업 주식회사가 시공사로 참여할 예정이었다는 사정 등만으로 피고가 사업타
당성을 충분히 검토했다고 보기는 어렵다.

(다) 형사책임과 경영판단의 원칙

경영판단의 원칙이 적용되면 배임죄의 성립이 부정될 것이고, 경영판단의
원칙이 부정되면 배임죄가 성립할 것이다. 주요 판례를 소개한다.

1) 경영판단의 원칙을 적용하여 배임죄 부정

** 관련 판례

① 대법원 2004. 7. 22. 선고 2002도4229 판결

**[경영상의 판단과 관련하여 기업의 경영자에게 배임의 고의가 있었는지 여부를
판단하는 방법]**

[1] 기업의 경영에는 원천적으로 위험이 내재하여 있어서 경영자가 아무런
개인적인 이익을 취할 의도 없이 선의에 기하여 가능한 범위 내에서 수집된 정보

를 바탕으로 기업의 이익에 합치된다는 믿음을 가지고 신중하게 결정을 내렸다 하더라도 그 예측이 빗나가 기업에 손해가 발생하는 경우가 있을 수 있는바, 이러한 경우에까지 고의에 관한 해석기준을 완화하여 업무상배임죄의 형사책임을 묻고자 한다면 이는 죄형법정주의의 원칙에 위배되는 것임은 물론이고 정책적인 차원에서 볼 때에도 영업이익의 원천인 기업가 정신을 위축시키는 결과를 낳게 되어 당해 기업뿐만 아니라 사회적으로도 큰 손실이 될 것이다.

[2] 피고인 1은 장덕진으로부터 직접 그 사업 내용, 진행상황 및 전망에 관한 설명을 듣고 그 사업전망이 있다고 판단하였던 것으로 볼 수 있고, 피고인 1이 심사심의위원회의 의결을 거치는 등 적법한 절차를 거쳐 대륙종합개발을 우대업체로 선정한 점에 비추어 위 영업지침 제1065조 제3항을 적용한 것이 임무위배행위에 해당한다고 보기는 어렵고, 따라서 대륙종합개발의 연대보증 아래 한세산업 등 7개 업체의 기술개발자금 대출에 대한 지급보증을 한 것은 적법한 절차에 따른 것이었다고 보일 뿐이며, 여기에다가 피고인 1과 장덕진이 모두 재무부 출신이기는 하나 같은 부서에서 상급자와 하급자의 관계로 근무한 적도 없고 기타 별다른 친분관계도 없었으며 대륙종합개발을 우대업체로 선정하기로 한 이후 그 연대보증하에 지급보증을 하는 것에 대하여 반대한 실무자도 없었던 사실, 피고인 1이 금품을 수수하거나 기타 개인적인 이익을 얻으려 하였다는 점이 인정되지도 않는 사실 등을 보태어 보면 원심이 적시한 일부 간접사실들만으로는 대륙종합개발의 연대보증하에 한세산업 등 7개 업체에 대하여 지급보증을 한 것이 임무위배행위에 해당한다거나 피고인 1에게 배임의 고의가 있었다고 단정하기 어렵다 할 것이다.

② 대법원 2004. 6. 24. 선고 2004도520 판결
[회사의 대표이사가 채무변제능력의 상실이 아닌 단순히 채무초과 상태에 있는 타인의 채무를 회사 이름으로 지급보증 또는 연대보증을 하는 경우, 회사에 대한 배임행위가 되는지 여부(소극)]

회사의 대표이사가 타인의 채무를 회사 이름으로 지급보증 또는 연대보증함에 있어 그 타인이 만성적인 적자로 손실액이나 채무액이 누적되어 가고 있는 등 재무구조가 상당히 불량하여 이미 채무변제능력을 상실한 관계로 그를 위하여 지급보증 또는 연대보증을 할 경우에 회사에 손해가 발생할 것이라는 점을 알면서도 이에 나아갔다면 그러한 지급보증 또는 연대보증은 회사에 대하여 배임행위가 된다고 할 것이나, 그 타인이 단순히 채무초과 상태에 있다는 이유만으로는 그러한 지급보증 또는 연대보증이 곧 회사에 대하여 배임행위가 된다고 단정할 수 없다.

2) 경영판단의 원칙 적용하지 않고 배임죄 긍정

** 관련 판례

① 대법원 1997. 2. 14. 선고 96도2904 판결

덕산그룹은 1992. 3월 현재 이미 소극재산이 적극재산을 초과하고 있을 뿐만 아니라 만성적인 적자로 손실액 및 채무액이 누적되어 가고 있는 형편이어서 그 당시 이미 그 재무구조가 상당히 불량한 상태에 이른 사실, 피고인 정애리시는 위와 같은 사정을 알면서도 아들인 피고인 1의 간곡한 요청에 못이겨 주식회사 1 및 주식회사 2의 이사회의 결의도 거치지 아니한 채 위 각 회사들의 이름으로 자력이 불충분한 그룹 1 계열회사들의 채무를 연대보증 또는 지급보증하거나 위 계열회사들에게 대여를 한 사실을 인정할 수 있는바, 사실관계가 위와 같다면 피고인들은 공범으로서 특정경제범죄가중처벌등에관한법률위반죄(배임)의 죄책을 면할 수 없다.

② 대법원 1999. 6. 25. 선고 99도1141 판결

피고인이 이미 채무변제능력을 상실하여 한계상황에 도달한 기아특수강 주식회사와 주식회사 기산, 아시아자동차 주식회사, 주식회사 기아인터트레이드 등 계열사를 위하여 자금대여나 지급보증을 해 줄 경우 이를 회수하지 못하거나 보증책임을 지게 되어 기아자동차에 손해가 발생하리라는 점을 충분히 인식하면서도 별다른 채권보전조치도 없이 이 사건 지급보증 또는 자금대여에 이르렀으니 이는 회사에 대하여 배임행위가 되고, 그에 대한 고의도 충분히 인정된다.

③ 대법원 2000. 3. 14. 선고 99도4923 판결

주식회사 1은 그룹의 모회사로서 1991년 이후 외부차입금에 의존한 무리한 사업확장으로 부채와 금융비용이 급증하고, 경상이익 또한 지속적으로 감소하여, 1994년경에는 그 보유자산이 금 8,598억 원 정도인 반면 순부채액이 금 7,111억 원에 이르렀을 뿐만 아니라, 경상이익(금 282억 원)을 훨씬 초과하는 금융비용(금 549억 원) 등 과중한 자금수요로 인하여 채무가 누적되어 가는 형편이어서 이미 정상적인 경영이 불가능하였던 사실, 피고인 1은 그룹의 회장 겸 주식회사 1의 대표이사로서, 피고인 2는 그룹의 부회장 겸 종합조정실장으로서 그 산하 16개의 계열회사 전반의 경영과 자금 등에 관한 주요정책을 수립하고 그 집행을 지시하여 왔는데, 주식회사 1의 자금사정이 위와 같이 악화되기에 이르자, 계열회사의 대표이사 등에게 지시하여 그들로 하여금 계열회사의 자금을 주식회사 1에게 대

여 내지 지원하도록 하였고, 그 과정에서 계열회사의 이사회 결의를 거치지 않았을 뿐만 아니라 별다른 채권회수조치도 취하지 아니한 사실을 알 수 있는바, 사실관계가 이러하다면, 위 자금대여 내지 지원은 주식회사 1에게 이익을 얻게 하고 계열회사에 손해를 가하는 행위로서 계열회사에 대하여 배임행위가 되고 피고인들과 계열회사의 대표이사 등은 공범으로서 특정경제범죄가중처벌등에관한 법률위반(배임)죄의 죄책을 면할 수 없다.

④ 대법원 2004. 7. 8. 선고 2002도661 판결

회사의 이사 등이 타인에게 회사자금을 대여함에 있어 그 타인이 이미 채무변제능력을 상실하여 그에게 자금을 대여할 경우 회사에 손해가 발생하리라는 정을 충분히 알면서 이에 나아갔거나, 충분한 담보를 제공받는 등 상당하고도 합리적인 채권회수조치를 취하지 아니한 채 만연히 대여해 주었다면, 그와 같은 자금대여는 타인에게 이익을 얻게 하고 회사에 손해를 가하는 행위로서 회사에 대하여 배임행위가 되고, 회사의 이사는 단순히 그것이 경영상의 판단이라는 이유만으로 배임죄의 죄책을 면할 수 없으며, 이러한 이치는 그 타인이 자금지원 회사의 계열회사라 하여 달라지지 않는다(대법원 2000. 3. 14. 선고 99도4923 판결, 대법원 2004. 7. 8. 선고 2002도661 판결 등 참조).

⑤ 대법원 2004. 6. 24. 선고 2004도520 판결

피고인 1은 공소외 2 주식회사의 대표이사 회장이자 공소외 2 주식회사 및 공소외 3 주식회사, 공소외 1 주식회사 등이 속해 있는 (상호생략)그룹의 회장이고, 피고인 3은 공소외 2 주식회사의 이사 겸 부회장으로 (상호생략)그룹의 기획조정실장이며, 피고인 2는 공소외 2 주식회사의 대표이사 사장인바, 피고인들이 이미 자본금 300억 원이 모두 잠식됨으로써 그 발행주식의 실질가치가 영(零) 원으로 평가되고 있고 보험금 지급여력이 없는 등 그 재무구조가 상당히 불량한 상태에 있는 회사인 공소외 1 주식회사의 재정상태를 잘 알고 있으면서도 공소외 1 주식회사에 대한 재정경제원 장관의 자본금 증액명령을 이행하여야 한다는 점을 구실로 삼아 공소외 1 주식회사의 신주를 인수할 의무가 있지도 않은 공소외 2 주식회사의 자금으로 공소외 1 주식회사가 발행하는 신주를 액면가격으로 인수한 것은 그 자체로 공소외 1 주식회사에게 이익을 얻게 하고 공소외 2 주식회사에게 손해를 가하는 배임행위임이 분명하고, 비록 공소외 1 주식회사가 재정경제원 장관의 증자명령을 이행하지 아니한다면 공소외 1 주식회사가 속해 있는 (상호생략)그룹 전체의 명예가 손상되어 그 결과 (상호생략)그룹의 계열사인 공소외 2 주식회사의 영업에도 지장이 있게 될 가능성이 있으므로 공소외 2 주식회사도 위한다는 의사가 일부 있었다 할지라도 이는 부수적인 의사에 불과할 뿐이고, 오히려 피고인들은 공소외 2 주식회사의 자금으로 공소외 1 주식회사의 증자를 위하여 주주에게 배정된 주식 또는 실권된 주식을 액면가격으로 인수하는 경우 그 피해는 결국 공소외 2 주식회사에 돌아갈 것임을 잘 알고 있었으므로 배임에 대한 고의도 충분히 인정되며, 피고인들로서는 단순히 그것이 경영상의 판단이라는 이유를 내세워 그에 대한 죄책을 면할 수 없다고 할 것이다.

⑥ 대법원 2004. 7. 9. 선고 2004도810 판결

원심은, 대한중석과 거평그룹 계열사들이 상호 상당한 채무액에 대해 지급보증을 한 관계에 있었다고 하더라도, 대한중석 자체의 채무구조가 악화되고 자금조달이 어렵게 되었으며 금융비용이 막대하게 늘어났음에도, 부실화가 상당히 진행되어 채무변제능력을 거의 상실한 주식회사 거평 등 거평그룹 계열사들에게 사용처에 대한 통제나 합리적인 채권회수의 대책 없이 금원을 대여하거나 그 대출금 채무에 대한중석의 예금을 담보로 제공한 것은 대한중석에 대하여는 재산상 손해를 가하는 행위라 할 것이므로, 위 상호지급보증 사실만을 들어 피고인 나승렬이 원심 판시와 같은 범죄 행위를 회피하는 것을 기대할 수 없었다고 할 수도 없다고 판단하였는바, 원심의 증거취사와 사실인정 및 판단은 정당하고 거기에 채증법칙 위반이나 특정경제범죄가중처벌등에관한법률위반(배임)죄에 관한 법리오해 등의 위법이 있다고 볼 수 없다.

⑦ 대법원 2005. 4. 29. 선고 2005도856 판결

모회사(母會社)와 자회사(子會社)가 모회사의 대주주로부터 그가 소유한 다른 회사의 비상장주식을 매입한 사안에서, 거래의 목적, 계약체결의 경위 및 내용, 거래대금의 규모 및 회사의 재정상태 등 제반 사정에 비추어 그것이 회사의 입장에서 볼 때 경영상의 필요에 의한 정상적인 거래로서 허용될 수 있는 한계를 넘어 주로 주식을 매도하려는 대주주의 개인적인 이익을 위한 것에 불과하다는 이유로 그 대주주와 모회사 및 자회사의 임직원들에 대하여 업무상배임죄의 성립을 인정하였다.

⑧ 대법원 2006. 11. 10. 선고 2004도5167 판결

회사의 이사 등이 타인에게 회사자금을 대여함에 있어 그 타인이 이미 채무변제능력을 상실하여 그에게 자금을 대여할 경우 회사에 손해가 발생하리라는 정을 충분히 알면서 이에 나아갔거나, 충분한 담보를 제공받는 등 상당하고도 합리적인 채권회수조치를 취하지 아니한 채 만연히 대여해 주었다면, 그와 같은 자

금대여는 타인에게 이익을 얻게 하고 회사에 손해를 가하는 행위로서 회사에 대하여 배임행위가 되고, 회사의 이사는 단순히 그것이 경영상의 판단이라는 이유만으로 배임죄의 죄책을 면할 수는 없으며, 이러한 이치는 그 타인이 자금지원 회사의 계열회사라 하여 달라지지 않는다.

⑨ 대법원 2011. 4. 14. 선고 2008다14633 판결

회사의 이사 등이 타인에게 회사자금을 대여하면서 그 타인이 이미 채무변제능력을 상실하여 그에게 자금을 대여하거나 지급보증할 경우 회사에 손해가 발생하리라는 정을 충분히 알면서 이에 나아갔거나, 충분한 담보를 제공받는 등 상당하고도 합리적인 채권회수조치를 취하지 아니한 채 만연히 대여해 주었다면, 그와 같은 자금대여나 지급보증은 타인에게 이익을 얻게 하고 회사에 손해를 가하는 행위로서 회사에 대하여 배임행위가 되고, 이러한 이치는 그 타인이 자금지원 회사의 계열회사라 하여 달라지지 않는 것이다(대법원 2000. 3. 14. 선고 99도4923 판결, 대법원 2010. 10. 28. 선고 2009도1149 판결 등 참조).

(3) 법령위반행위

이사가 법령 또는 정관에 반하거나 임무를 해태하여 회사에 손해를 가하면 손해배상책임을 부담한다(법399①). 이 경우 회사에 손해를 가한 이사에게는 업무집행에 존재하였던 잘못을 이유로 책임을 추궁하는 근거 법령들이 존재한다. 이는 경영판단의 원칙과도 관련되는 문제이기도 하다.

** 관련 판례

① 대법원 2006. 11. 9. 선고 2004다41651, 41668 판결
[법령위반행위와 경영판단의 원칙(소극) / 법령의 의미]
이사가 임무를 수행함에 있어서 법령에 위반한 행위를 한 때에는 그 행위 자체가 회사에 대하여 채무불이행에 해당되므로 이로 인하여 회사에 손해가 발생한 이상, 특별한 사정이 없는 한 손해배상책임을 면할 수는 없다 할 것이며, 위와 같은 법령에 위반한 행위에 대하여는 이사가 임무를 수행함에 있어서 선량한 관리자의 주의의무를 위반하여 임무해태로 인한 손해배상책임이 문제되는 경우에 고려될 수 있는 경영판단의 원칙은 적용될 여지가 없다. 그러나 위와 같이 법령에 위반한 행위라고 할 때 말하는 '법령'은 일반적인 의미에서의 법령, 즉 법률

과 그 밖의 법규명령으로서의 대통령령, 총리령, 부령 등을 의미하는 것인바, 이
사건에서 원고가 내세우고 있는 종합금융회사 업무운용지침, 외화자금거래취급
요령, 외국환업무·외국환은행신설 및 대외환거래계약체결 인가공문, 외국환관리
규정, 영남종금 내부의 심사관리규정 등은 여기에서 말하는 '법령'에 해당하지 아
니한다.

② 대법원 2006. 7. 6. 선고 2004다8272 판결
[법령위반행위의 의미 / 법령위반행위와 경영판단의 원칙(소극)]
　　상법 제399조는 이사가 법령에 위반한 행위를 한 경우에 회사에 대하여 손
해배상책임을 지도록 규정하고 있는바, 이사의 법령위반 행위는 이사로서 임무를
수행함에 있어서 준수하여야 할 의무를 개별적으로 규정하고 있는 상법 등의 제
규정과 회사가 영업활동을 함에 있어서 준수하여야 할 제 규정을 위반한 경우가
이에 해당된다고 할 것이고, 이사가 임무를 수행함에 있어서 위와 같은 법령에
위반한 행위를 한 때에는 그 행위 자체가 회사에 대하여 채무불이행에 해당되므
로 이로 인하여 회사에 손해가 발생한 이상, 특별한 사정이 없는 한 손해배상책
임을 면할 수는 없다 할 것이며, 위와 같은 법령에 위반한 행위에 대하여는 이사
가 임무를 수행함에 있어서 선관주의의무를 위반하여 임무해태로 인한 손해배상
책임이 문제되는 경우에 고려될 수 있는 경영판단의 원칙은 적용될 여지가 없다
고 할 것이다(대법원 2005. 7. 15. 선고 2004다34929 판결, 대법원 2005. 10. 28. 선고
2003다69638 판결 등 참조).

(4) 감시의무와 내부통제
　　이사의 선관의무에 따른 구체적 의무의 하나로서 이사는 다른 이사의 직무
집행을 감시할 의무가 있다.

** 관련 판례: 대법원 2023. 3. 30. 선고 2019다280481 판결
**[이사가 부담하는 대표이사나 다른 이사의 업무집행에 대한 감시·감독의무의
내용]**
　　이사는 대표이사나 다른 이사가 선량한 관리자의 주의로써 그 직무를 수행
하는지, 법령과 정관의 규정에 따라 회사를 위하여 그 직무를 충실하게 수행하는
지를 감시·감독하여야 할 의무를 부담한다. 특정 이사가 대표이사나 다른 이사
의 업무집행으로 인해 이익을 얻게 될 가능성이 있는 경우에도 그 이사는 이러한

감시·감독의무를 부담한다. 따라서 이사가 대표이사나 다른 이사의 업무집행이 위법하거나 이들이 선관주의의무나 충실의무를 위반하였다고 의심할 만한 사유가 있음에도 고의 또는 과실로 감시의무를 위반하여 이를 방치한 때에는 이로 말미암아 회사가 입은 손해에 대하여 상법 제399조 제1항에 따른 배상책임을 진다.

(가) 내부통제시스템 구축의무

** 관련 판례: 대법원 2021. 11. 11. 선고 2017다222368 판결
[이사의 내부통제시스템 운영과 감시의무]

[1] 이사가 고의 또는 과실로 법령 또는 정관에 위반한 행위를 하거나 그 임무를 게을리한 경우에는 그 이사는 회사에 대하여 연대하여 손해를 배상할 책임이 있다(상법 제399조 제1항). 주식회사의 이사는 담당업무는 물론 다른 업무담당이사의 업무집행을 감시할 의무가 있으므로 스스로 법령을 준수해야 할 뿐 아니라 다른 업무담당이사들도 법령을 준수하여 업무를 수행하도록 감시·감독하여야 할 의무를 부담한다. 특히 대표이사는 회사의 영업에 관하여 재판상 또는 재판 외의 모든 행위를 할 권한이 있으므로(상법 제389조 제3항, 제209조 제1항), 모든 직원의 직무집행을 감시할 의무를 부담함은 물론, 이사회의 구성원으로서 다른 대표이사를 비롯한 업무담당이사의 전반적인 업무집행을 감시할 권한과 책임이 있다. 따라서 다른 대표이사나 업무담당이사의 업무집행이 위법하다고 의심할 만한 사유가 있음에도 고의 또는 과실로 인하여 감시의무를 위반하여 이를 방치한 때에는 이로 말미암아 회사가 입은 손해에 대하여 상법 제399조 제1항에 따른 배상책임을 진다.

[2] 위와 같은 이사의 감시의무의 구체적인 내용은 회사의 규모나 조직, 업종, 법령의 규제, 영업상황 및 재무상태에 따라 크게 다를 수 있는데, 고도로 분업화되고 전문화된 대규모 회사에서 대표이사 및 업무담당이사들이 내부적인 사무분장에 따라 각자의 전문 분야를 전담하여 처리하는 것이 불가피한 경우라 할지라도 그러한 사정만으로 다른 이사들의 업무집행에 관한 감시의무를 면할 수는 없다. 그러한 경우 합리적인 정보 및 보고시스템과 내부통제시스템(이하 '내부통제시스템'이라고 한다)을 구축하고 그것이 제대로 작동되도록 하기 위한 노력을 전혀 하지 않거나 위와 같은 시스템이 구축되었다 하더라도 회사 업무 전반에 대한 감시·감독의무를 이행하는 것을 의도적으로 외면한 결과 다른 이사의 위법하거나 부적절한 업무집행 등 이사들의 주의를 요하는 위험이나 문제점을 알지 못하였다면, 이사의 감시의무 위반으로 인한 손해배상책임을 진다(대법원 2008. 9.

11. 선고 2006다68636 판결 참조). 이러한 내부통제시스템은 비단 회계의 부정을 방지하기 위한 회계관리제도에 국한되는 것이 아니라, 회사가 사업운영상 준수해야 하는 제반 법규를 체계적으로 파악하여 그 준수 여부를 관리하고, 위반사실을 발견한 경우 즉시 신고 또는 보고하여 시정조치를 강구할 수 있는 형태로 구현되어야 한다. 특히 회사 업무의 전반을 총괄하여 다른 이사의 업무집행을 감시·감독하여야 할 지위에 있는 대표이사가 회사의 목적이나, 규모, 영업의 성격 및 법령의 규제 등에 비추어 높은 법적 위험이 예상되는 경우임에도 이와 관련된 내부통제시스템을 구축하고 그것이 제대로 작동되도록 하기 위한 노력을 전혀 하지 않거나 위와 같은 시스템을 통한 감시·감독의무의 이행을 의도적으로 외면한 결과 다른 이사 등의 위법한 업무집행을 방지하지 못하였다면, 이는 대표이사로서 회사 업무 전반에 대한 감시의무를 게을리한 것이라고 할 수 있다.

(나) 이사의 감시의무의 내용

** 관련 판례: 대법원 2022. 5. 12. 선고 2021다279347 판결

이사의 감시의무의 구체적인 내용은 회사의 규모나 조직, 업종, 법령의 규제, 영업상황 및 재무상태에 따라 크게 다를 수 있다. 특히 고도로 분업화되고 전문화된 대규모 회사에서 대표이사나 일부 이사들만이 내부적인 사무분장에 따라 각자의 전문 분야를 전담하여 처리하는 것이 불가피한 경우에도, 모든 이사는 적어도 회사의 목적이나 규모, 영업의 성격 및 법령의 규제 등에 비추어 높은 법적 위험이 예상되는 업무와 관련하여서라도 제반 법규를 체계적으로 파악하여 그 준수 여부를 관리하고 위반사실을 발견한 경우 즉시 신고 또는 보고하여 시정조치를 강구할 수 있는 형태의 내부통제시스템을 구축하여 작동되도록 하는 방식으로 감시의무를 이행하여야 한다(대법원 2021. 11. 11. 선고 2017다222368 판결 등 참조). 다만 회사의 업무집행을 담당하지 않는 사외이사 등은 내부통제시스템이 전혀 구축되어 있지 않는데도 내부통제시스템 구축을 촉구하는 등의 노력을 하지 않거나 내부통제시스템이 구축되어 있더라도 제대로 운영되지 않는다고 의심할 만한 사유가 있는데도 이를 외면하고 방치하는 등의 경우에 감시의무 위반으로 인정될 수 있다.

(다) 이사의 종류와 감시의무의 정도

** 관련 판례

① 대법원 2019. 1. 17. 선고 2016다236131 판결

[주식회사의 이사가 다른 업무담당이사의 업무집행이 위법하다고 의심할 만한 사유가 있는데도 이를 방치한 경우, 회사가 입은 손해에 대하여 배상책임을 지는지 여부(적극)]

주식회사 프라임상호저축은행(이하 '프라임상호저축은행'이라 한다)은 관련 법령에 따라 대출채권에 대한 자산건전성을 제대로 분류하고 이에 따른 적정 수준의 대손충당금을 적립·유지해야 한다. 그럼에도 프라임상호저축은행 대표이사이던 제1심 공동피고 소외 1 등은 이자 지급을 연체하고 있는 차주에게 신규 대출을 실행하고 이를 기존 대출금의 이자 명목으로 되돌려 받는 방법으로 이자수익을 과다계상하는 한편, 채권의 자산건전성 분류를 왜곡하는 방법으로 대손충당금을 과소계상하였다. 이러한 분식회계는 2006년 하반기 무렵부터 행해져 왔고, 프라임상호저축은행에서는 정기적으로 임원 등이 모여 미팅을 하거나 회의를 하여 왔는데 그러한 자리에서 기존 대출금의 이자 납입을 위한 추가 대출 실행에 관해 논의가 이루어졌다. 피고 2는 프라임상호저축은행 이사로서 위와 같은 사실을 잘 알고 있었을 것으로 보이고, 또한 이사회에 참석하여 이러한 허위의 제37기 재무제표를 검토하고 이를 승인하였다. 피고 2는 제37기 분식회계가 이루어지고 있음을 알았거나 알 수 있었음에도 이사의 감시의무를 위반한 잘못이 있고, 따라서 상법 제399조 제1항에 따라 제37기 분식회계로 인해 프라임상호저축은행이 입은 손해를 원고에게 배상할 책임이 있다.

② 대법원 2019. 11. 28. 선고 2017다244115 판결

[지배주주의 횡령에 대한 이사·감사의 감시의무]

[1] 주식회사의 이사는 선량한 관리자의 주의로써 대표이사 및 다른 이사들의 업무집행을 전반적으로 감시할 권한과 책임이 있고, 주식회사의 이사회는 중요한 자산의 처분 및 양도, 대규모 재산의 차입 등 회사의 업무집행사항에 관한 일체의 결정권을 갖는 한편, 이사의 직무집행을 감독할 권한이 있다. 따라서 이사는 이사회의 일원으로서 이사회에 상정된 안건에 관해 찬부의 의사표시를 하는 데 그치지 않고, 이사회 참석 및 이사회에서의 의결권 행사를 통해 대표이사 및 다른 이사들의 업무집행을 감시·감독할 의무가 있다. 이러한 의무는 사외이사라거나 비상근이사라고 하여 달리 볼 것이 아니다(대법원 2008. 12. 11. 선고

2005다51471 판결, 대법원 2014. 12. 24. 선고 2013다76253 판결 등 참조).

　　[2] 코스닥 시장 상장회사였던 갑 주식회사가 추진한 유상증자 이후, 차명지분 등을 통해 갑 회사를 포함한 그룹을 지배하며 실질적으로 운영하던 을 및 그의 지휘 아래 그룹 업무를 총괄하던 병 등이 유상증자대금의 일부를 횡령하자, 갑 회사가 횡령행위 기간 중 갑 회사의 이사 또는 대표이사 및 감사로 재직하였던 정 등을 상대로 상법 제399조, 제414조 등에 따른 손해배상을 구한 사안에서, 정 등이 재직하는 기간 동안 한 번도 이사회 소집통지가 이루어지지 않았고 실제로도 이사회가 개최된 적이 없는데도, 갑 회사는 이사회를 통해 주주총회 소집, 재무제표 승인을 비롯하여 위 유상증자 안건까지 결의한 것으로 이사회 회의록을 작성하고, 그 내용을 계속하여 공시하였는데, 이사회에 참석한 바 없어 그 내용이 허위임을 알았거나 알 수 있었던 정 등이 한 번도 그 점에 대해 의문을 제기하지 않은 점, 유상증자대금이 갑 회사의 자산과 매출액 등에 비추어 볼 때 규모가 매우 큰데도 정 등이 위와 같은 대규모 유상증자가 어떻게 결의되었는지, 결의 이후 대금이 어떻게 사용되었는지 등에 관하여 전혀 관심을 기울이지 않았고, 유상증자대금 중 상당액이 애초 신고된 사용 목적과 달리 사용되었다는 공시가 이루어졌는데도 아무런 의문을 제기하지 않은 점, 회계감사에 관한 상법상의 감사와 '주식회사의 외부감사에 관한 법률'상의 감사인에 의한 감사는 상호 독립적인 것이므로 외부감사인에 의한 감사가 있다고 해서 상법상 감사의 감사의무가 면제되거나 경감되지 않는 점 등에 비추어 보면, 정 등은 갑 회사의 이사 및 감사로서 이사회에 출석하고 상법의 규정에 따른 감사활동을 하는 등 기본적인 직무조차 이행하지 않았고, 을 등의 전횡과 위법한 직무수행에 관한 감시·감독의무를 지속적으로 소홀히 하였으며, 이러한 정 등의 임무 해태와 을 등이 유상증자대금을 횡령함으로써 갑 회사가 입은 손해 사이에 상당인과관계가 충분히 인정되는데도, 이와 달리 보아 정 등의 책임을 부정한 원심판단에는 상법상 이사 및 감사의 주의의무에 관한 법리오해의 잘못이 있다고 한 사례.

　　③ **대법원 1985. 6. 25. 선고 84다카1954 판결**
　　[평이사가 업무 담당이사의 위법한 업무집행에 대하여 감시를 소홀히 한 경우, 회사에 대한 손해배상책임 유무(적극)]
　　주식회사의 업무집행을 담당하지 아니한 평이사는 이사회의 일원으로서 이사회를 통하여 대표이사를 비롯한 업무담당이사의 업무집행을 감시하는 것이 통상적이긴 하나 평이사의 임무는 단지 이사회에 상정된 의안에 대하여 찬부의 의사표시를 하는데에 그치지 않으며 대표이사를 비롯한 업무담당이사의 전반적인 업무집행을 감시할 수 있는 것이므로, 업무담당 이사의 업무집행이 위법하다고 의심할만한 사유가 있음에도 불구하고 평이사가 감시의무를 위반하여 이를 방치한 때에는 이로 말미암아 회사가 입은 손해에 대하여 배상책임을 면할 수 없다.

④ 대법원 2008. 9. 11. 선고 2006다68834 판결

[대규모 회사에서 여러 대표이사와 업무담당이사들이 내부적인 사무분장에 따라 각자의 전문 분야를 전담한다고 하여 다른 이사들의 업무집행에 관한 감시의무를 면하는지 여부(원칙적 소극)]

[1] 대표이사는 회사의 영역에 관하여 재판상·재판외의 모든 행위를 할 권한이 있으므로(상법 제389조 제3항, 제209조 제1항 참조) 모든 직원의 직무집행을 감시할 의무를 부담하는 한편, 이사회의 구성원으로서 다른 대표이사를 비롯한 업무담당이사의 전반적인 업무집행을 감시할 권한과 책임이 있다 할 것이므로, 다른 대표이사나 업무담당 이사의 업무집행이 위법하다고 의심할 만한 사유가 있음에도 불구하고 감시의무를 위반하여 이를 방치한 때에는 이로 말미암아 회사가 입은 손해에 대하여 배상책임을 면할 수 없다(대법원 1985. 6. 25. 선고 84다카1954 판결, 대법원 2004. 12. 10. 선고 2002다60474 판결 등 참조).

[2] 감시의무의 구체적인 내용은 회사의 규모나 조직, 업종, 법령의 규제, 영업상황 및 재무상태에 따라 크게 다를 수 있는바, 고도로 분업화되고 전문화된 대규모의 회사에서 여러 대표이사 및 업무담당이사들이 내부적인 사무분장에 따라 각자의 전문 분야를 전담하여 업무를 처리하는 것이 불가피한 경우라 할지라도 개개의 이사들은 합리적인 정보 및 보고 시스템과 내부통제시스템을 구축하고 그것이 제대로 작동하도록 배려할 의무가 있는 것이므로, 이러한 시스템을 구축하기 위한 노력을 전혀 하지 아니하였거나 이러한 시스템이 구축되었다 하더라도 이를 이용한 회사 운영의 감시·감독을 의도적으로 외면한 결과 다른 이사의 위법한 업무집행을 지속적으로 방치하였다면 그로 인하여 발생한 손해를 배상할 책임이 있다고 보아야 할 것이다.

⑤ 대법원 2011. 4. 14. 선고 2008다14633 판결

[주식회사의 이사가 다른 업무담당이사의 업무집행이 위법하다고 의심할 만한 사유가 있음에도 이를 방치한 경우, 회사가 입은 손해에 대하여 배상책임을 지는지 여부(적극)]

주식회사의 이사는 이사회의 일원으로서 이사회에 상정된 의안에 대하여 찬부의 의사표시를 하는 데에 그치지 않고, 담당업무는 물론 다른 업무담당이사의 업무집행을 전반적으로 감시할 의무가 있으므로, 주식회사의 이사가 다른 업무담

당이사의 업무집행이 위법하다고 의심할 만한 사유가 있음에도 불구하고 이를 방치한 때에는 이로 말미암아 회사가 입은 손해에 대하여 배상책임을 면할 수 없 다(대법원 2002. 5. 24. 선고 2002다8131 판결 참조).

2. 이사와 회사의 이익충돌방지

(1) 경업금지의무

이사는 이사회의 승인이 없으면 자기 또는 제3자의 계산으로 회사의 영업부 류에 속한 거래를 하거나 동종영업을 목적으로 하는 다른 회사의 무한책임사원 이나 이사가 되지 못한다(법397①). 이사가 제1항의 규정에 위반하여 거래를 한 경우에 회사는 이사회의 결의로 그 이사의 거래가 자기의 계산으로 한 것인 때 에는 이를 회사의 계산으로 한 것으로 볼 수 있고 제3자의 계산으로 한 것인 때 에는 그 이사에 대하여 이로 인한 이득의 양도를 청구할 수 있다(법397②). 제2항 의 권리는 거래가 있은 날로부터 1년을 경과하면 소멸한다(법397③).

** 관련 판례

① 대법원 2013. 9. 12. 선고 2011다57869 판결

[이사가 경업 대상 회사의 지배주주가 되어 그 회사의 의사결정과 업무집행에 관여할 수 있게 되는 경우 상법 제397조 제1항에 따라 자신이 속한 회사 이사회의 승인을 얻어야 하는지 여부(적극)]

[1] 관련 법리

상법이 제397조 제1항으로 "이사는 이사회의 승인이 없으면 자기 또는 제3 자의 계산으로 회사의 영업부류에 속한 거래를 하거나 동종영업을 목적으로 하 는 다른 회사의 무한책임사원이나 이사가 되지 못한다."고 규정한 취지는, 이사 가 그 지위를 이용하여 자신의 개인적 이익을 추구함으로써 회사의 이익을 침해 할 우려가 큰 경업을 금지하여 이사로 하여금 선량한 관리자의 주의로써 회사를 유효적절하게 운영하여 그 직무를 충실하게 수행하여야 할 의무를 다하도록 하 려는 데 있다(대법원 1993. 4. 9. 선고 92다53583 판결 참조). 따라서 이사는 경업 대 상 회사의 이사, 대표이사가 되는 경우뿐만 아니라 그 회사의 지배주주가 되어 그 회사의 의사결정과 업무집행에 관여할 수 있게 되는 경우에도 자신이 속한 회 사 이사회의 승인을 얻어야 하는 것으로 볼 것이다. 한편 어떤 회사가 이사가 속

한 회사의 영업부류에 속한 거래를 하고 있다면 그 당시 서로 영업지역을 달리하고 있다고 하여 그것만으로 두 회사가 경업관계에 있지 아니하다고 볼 것은 아니지만, 두 회사의 지분소유 상황과 지배구조, 영업형태, 동일하거나 유사한 상호나 상표의 사용 여부, 시장에서 두 회사가 경쟁자로 인식되는지 여부 등 거래 전반의 사정에 비추어 볼 때 경업 대상 여부가 문제되는 회사가 실질적으로 이사가 속한 회사의 지점 내지 영업부문으로 운영되고 공동의 이익을 추구하는 관계에 있다면 두 회사 사이에는 서로 이익충돌의 여지가 있다고 볼 수 없고, 이사가 위와 같은 다른 회사의 주식을 인수하여 지배주주가 되려는 경우에는 상법 제397조가 정하는 바와 같은 이사회의 승인을 얻을 필요가 있다고 보기 어렵다.

　[2] 사실관계

　　원심판결 이유와 기록에 의하면 다음과 같은 사정을 알 수 있다.

　　(가) 광주신세계는 신세계가 광주광역시에서 백화점 등을 운영하기 위하여 설립한 자회사로서 신세계가 그 주식 전부를 보유하고 있었고, 1995년경부터 신세계의 상표를 사용하여 백화점 등을 운영하였다. 신세계는 광주신세계 설립 당시부터 계약을 통하여 상품구매를 대행하고 경영 일반을 관리하면서 광주신세계를 사실상 광주광역시에 위치한 신세계의 지점처럼 운영하였고, 대외적으로도 그와 같이 인식되었다.

　　(나) 광주신세계는 1997년 말에 발생한 외환위기 이후 금융비용 증가로 자금조달 및 회사 운영에 어려움을 겪게 되자 이를 해결하기 위하여 신세계와 협의하여 이 사건 유상증자를 하였다. 그러나 신세계 역시 구조조정 등의 필요로 유상증자에 참여할 형편이 되지 아니하여, 피고 1이 1998. 4. 23. 이 사건 신주인수를 통하여 광주신세계의 주식 83.3%를 취득하게 되었다.

　　(다) 피고 1은 신세계의 지배주주인 소외인의 아들로서 신세계의 특수관계인이어서 구태여 광주신세계를 신세계로부터 분리하여 경영하거나 신세계와 경쟁할 이유가 없었고, 실제로 신세계는 피고 1의 이 사건 신주인수로 인하여 지배주주의 지위를 잃고 2대 주주가 되었음에도 광주신세계는 여전히 신세계와 동일한 기업집단에 소속되어 있었다.

　　(라) 광주신세계는 피고 1의 이 사건 신주인수 후에도 신세계와 동일한 상표를 사용하고 신세계에 판매물품의 구매대행을 위탁하였으며, 전과 동일하게 신세계의 경영지도를 받으면서 신세계와 협력하였고, 신세계도 이 사건 신주인수 전과 마찬가지로 상표 사용 및 경영지도에 대한 대가로 광주신세계로부터 매년 일정액의 경영수수료를 받았다.

[3] 판단

이러한 사정을 앞에서 본 법리에 비추어 보면, 광주신세계는 피고 1의 이 사건 신주인수 후에도 그 전과 마찬가지로 사실상 신세계의 지점처럼 운영되었다고 할 것이고, 기록을 살펴보아도 피고 1이 광주신세계를 통하여 신세계와 이익충돌의 염려가 있는 거래를 하였다고 볼 자료가 없으므로, 피고 1이 이 사건 신주인수로 광주신세계의 지배주주가 되었더라도 그에 관하여 상법 제397조의 규정에 따라 신세계 이사회의 승인을 받았어야 한다고 보기 어렵다.

원심판결은 그 이유설시에 부적절한 점이 없지 아니하나, 이 부분 원고들의 주장을 배척한 원심의 조치는 결론적으로 정당하고, 거기에 상고이유의 주장과 같이 경업관계 성립에 관하여 법리를 오해하거나 사실을 잘못 인정하는 등으로 판결 결과에 영향을 미친 위법이 없다.

② 대법원 1990. 11. 2.자 90마745 결정

[갑주식회사의 이사가 그 회사와 동종영업을 목적으로 하는 을회사의 이사겸 대표이사가 되었다가 그 회사의 영업활동 개시 전에 이사 겸 대표이사직을 사임한 경우 상법 제397조 제1항의 경업금지의무위반 여부(적극) / 이사의 경업금지의무위반이 상법 제385조 제2항 소정의 "법령에 위반한 중대한 사실"에 해당하는지 여부(적극)]

[1] 원심의 판단

원심은, 신청인과 피신청인이 각기 신청외 우림콘크리트공업주식회사(이 뒤에는 "우림콘크리트"라고 약칭한다)의 발행주식의 총수의 100분의 50씩을 가지고 있으면서, 위 회사의 이사 겸 대표이사로서 회사를 공동경영하고 있는 사실, 피신청인이 1990. 3. 4. 우림콘크리트의 주주총회의 승인을 받음이 없이, 신청외 최삼조와 함께 우림콘크리트와 동종영업을 목적으로 하는 신청외 한국하이콘주식회사(이 뒤에는 "한국하이콘"이라고 약칭한다)를 설립하여, 그 회사의 이사 겸 대표이사로 취임한 다음 공장부지를 매입하는 등 그 영업준비작업을 추진한 사실등을 인정하고도, 피신청인이 신청인으로부터 위와 같은 사실에 대한 항의를 받고 4. 3. 한국하이콘의 이사 및 대표이사직을 사임함과 아울러 그가 가지고 있던 한국하이콘의 주식전부를 타에 처분한 사실이 인정된다는 이유로, 피신청인이 위와 같이 한국하이콘의 설립과정에 잠시 관여하였던 사실만 가지고는 그가 상법 제397조 제1항 소정의 경업금지의무에 위반하였다거나 그에게 상법 제385조 제2항 소정의 이사가 그 직무에 관하여 부정행위 또는 법령이나 정관에 위반한 중대한 사실이 있다고 볼 수 없다고 판단한 끝에, 피신청인에 대한 이 사건 이사등직무집행정지가처분 신청사건은 그 피보전권리에 대한 소명이 없다고 보아 신청을 기각하였다.

[2] 대법원 판단

(가) 그러나 상법 제397조 제1항은 이사는 주주총회의 승인이 없으면 자기 또는 제3자의 계산으로 회사의 영업부류에 속한 거래를 하거나 동종영업을 목적으로 하는 다른 회사의 무한책임사원이나 이사가 되지 못한다고 이사의 경업금지의무를 규정하고 있는바, 위 규정의 취지는 이사가 그 지위를 이용하여 자신의 개인적 이익을 추구함으로써 회사의 이익을 침해할 우려가 큰 경업을 금지하여, 이사로 하여금 선량한 관리자의 주의로써 회사를 유효적절하게 운영하여 그 직무를 충실하게 수행하지 않으면 안될 의무를 다하도록 하려는데 있는 만큼(상법 제382조 제2항, 민법 제681조 등 참조), 아직 영업을 개시하지 못한 채 공장의 부지를 매수하는 등 영업의 준비작업을 추진하고 있는 회사라고 하여, 위 규정에서 말하는 "동종영업을 목적으로 하는 다른 회사"가 아니라고 보아야 할 만한 합리적인 이유가 없다.

(나) 또 상법 제385조 제2항에 의하면 "이사가 그 직무에 관하여 부정행위 또는 법령이나 정관에 위반한 중대한 사실이 있음에도 불구하고 주주총회에서 그 해임을 부결한 때에는 발행주식의 총수의 100분의5 이상에 해당하는 주식을 가진 주주는 총회의 결의가 있는 날로부터 1월 내에 그 이사의 해임을 법원에 청구할 수 있다"고 규정되어 있는바, 원심이 인정한 바와 같이 피신청인이 우림콘크리트의 주주총회의 승인이 없이 우림콘크리트와 동종영업을 목적으로하는 한국하이콘을 설립하고 그 회사의 이사 겸 대표이사가 되었다면, 설령 한국하이콘이 영업활동을 개시하기 전에 피신청인이 한국하이콘의 이사 및 대표이사직을 사임하였다고 하더라도, 이는 분명히 상법 제397조 제1항 소정의 경업금지의무를 위반한 행위로서, 특별한 다른 사정이 없는 한 이사의 해임에 관한 상법 제385조 제2항 소정의 "법령에 위반한 중대한 사실"이 있는 경우에 해당한다고 보지 않을 수 없다.

③ 대법원 2018. 10. 25. 선고 2016다16191 판결

[이사의 경쟁금지위반 및 회사기회 유용과 손해배상의 범위]

[1] 관련 법리

(가) 상법 제397조 제1항은 "이사는 이사회의 승인이 없으면 자기 또는 제3자의 계산으로 회사의 영업부류에 속한 거래를 하거나 동종영업을 목적으로 하는 다른 회사의 무한책임사원이나 이사가 되지 못한다."고 규정하고 있다. 이 규

정의 취지는, 이사가 그 지위를 이용하여 자신의 개인적 이익을 추구함으로써 회사의 이익을 침해할 우려가 큰 경업을 금지하여 이사로 하여금 선량한 관리자의 주의로써 회사를 유효적절하게 운영하여 그 직무를 충실하게 수행하여야 할 의무를 다하도록 하려는 데 있다(대법원 1993. 4. 9. 선고 92다53583 판결 참조). 따라서 이사는 경업 대상 회사의 이사, 대표이사가 되는 경우뿐만 아니라 그 회사의 지배주주가 되어 그 회사의 의사결정과 업무집행에 관여할 수 있게 되는 경우에도 자신이 속한 회사 이사회의 승인을 얻어야 한다(대법원 2013. 9. 12. 선고 2011다57869 판결 참조).

(나) 이사는 회사에 대하여 선량한 관리자의 주의의무를 지므로, 법령과 정관에 따라 회사를 위하여 그 의무를 충실히 수행한 때에야 이사의 임무를 다한 것이 된다. 이사는 이익이 될 여지가 있는 사업기회가 있으면 이를 회사에 제공하여 회사로 하여금 이를 이용할 수 있도록 하여야 하고, 회사의 승인 없이 이를 자기 또는 제3자의 이익을 위하여 이용하여서는 아니 된다(대법원 2013. 9. 12. 선고 2011다57869 판결 참조).

[2] 원심의 판단

원심판결 이유에 의하면, 원심은 다음과 같이 판단하였다.

소외 1은 1981. 8. 7.부터 2011. 8. 4.까지 주식회사 삼협교역(이하 '삼협교역'이라 한다)의 이사로서 삼협교역에 대해 상법 제397조 제1항에 따른 경업금지의무 및 선량한 관리자의 주의의무 내지 충실의무를 부담하였다. 소외 1은 1987년경 주식회사 삼화기연(이하 '삼화기연'이라 한다)을 설립한 후 삼화기연의 이사 또는 실질적 지배주주로서 삼화기연의 의사결정과 업무집행에 관여할 수 있는 지위에 있었다. 삼협교역은 일본의 "딘롭 재팬 리미티드(DUNLOP JAPAN LTD, 이하 '일본 딘롭'이라 한다)"와 사이에 1996. 1. 1.부터 10년간 한국 내 일본 딘롭 제품의 독점판매권을 행사하기로 약정하고 일본 딘롭 제품의 수입·판매업을 주된 사업으로 영위하였다. 그런데 삼화기연 역시 1999년경부터 2011년경까지 일본 딘롭 제품의 수입·판매 사업을 하였다. 또한 삼협교역과 일본 딘롭 사이의 독점판매 계약 기간이 종료된 이후인 2006년부터는 삼화기연이 일본 딘롭의 한국 공식총판으로 수입·판매업을 하였고, 반면 삼협교역은 2006년부터 일본 딘롭 제품을 전혀 수입하지 않은 채 사실상 일본 딘롭 제품 수입·판매업을 폐지하였다. 이로써 소외 1은 1999년경부터 2005년 말경까지 상법 제397조 제1항이 규정한 경업금지의무를 위반하고, 2006년경부터 2011년경까지 일본 딘롭 제품의 독점 수입·판매업이라는 삼협교역의 사업기회를 유용함으로써 삼협교역 이사로서 부담하는 선량한 관리자의 주의의무 및 충실의무를 위반하였다. 따라서 소외 1은 이러한 의무위반행위로 인해 삼협교역이 입은 손해를 배상할 책임이 있다. 위 법리와 기록에 비추어 살펴보면 원심의 판단에 상고이유 주장과 같이 경업금지의무 위반, 사업기회 유용, 이사의 선관주의의무 및 충실의무 등과 관련한 채증법칙을 위반한 잘못이 없다.

(2) 회사의 기회 및 자산의 유용 금지

이사는 이사회의 승인 없이 현재 또는 장래에 회사의 이익이 될 수 있는 ⅰ) 직무를 수행하는 과정에서 알게 되거나 회사의 정보를 이용한 사업기회(제1호), ⅱ) 회사가 수행하고 있거나 수행할 사업과 밀접한 관계가 있는 사업기회(제2호)의 어느 하나에 해당하는 회사의 사업기회를 자기 또는 제3자의 이익을 위하여 이용하여서는 아니 된다(법397의2① 전단). 이 경우 이사회의 승인은 이사 3분의 2 이상의 수로써 하여야 한다(법397의2① 후단). 이에 위반하여 회사에 손해를 발생시킨 이사 및 승인한 이사는 연대하여 손해를 배상할 책임이 있으며 이로 인하여 이사 또는 제3자가 얻은 이익은 손해로 추정한다(법397의2②).

** 관련 판례

① 대법원 2017. 9. 12. 선고 2015다70044 판결

대법원(주심 대법관 김창석)은 2017. 9. 12. 경제개혁연대 등 한화의 소수주주들이 김○○ 회장을 비롯한 한화의 이사들을 상대로 주주대표소송을 제기하여, 한화가 김○○ 회장의 경영권 승계를 위해 자회사인 한화에스앤씨의 주식을 부당히 저가로 김○○ 회장의 장남인 김□□에게 매도한 것은 상법상 이사의 자기거래, 회사기회유용 등 충실의무위반에 해당한다는 이유로 회사에 대한 손해배상을 청구하는 사안에서, 원고들의 상고를 기각하여, '비록 한화의 주식매매가 이사의 자기거래금지, 회사기회의 이용에 해당할 여지가 있더라도, 한화의 이사회가 충분한 정보를 바탕으로 정당한 절차를 거쳐 이를 승인하였고, 주식의 매매가격 역시 부당히 저가로 평가된 것이라고 볼 수 없다'는 이유를 들어, 김○○ 회장 및 이사회결의에 참여한 이사들인 피고들의 손해배상책임을 부정한 원심판결을 확정하였음(대법원 2017. 9. 12. 선고 2015다70044 판결).

[1] 관련 법리

이사는 회사에 대하여 선량한 관리자의 주의의무를 지므로, 법령과 정관에 따라 회사를 위하여 그 의무를 충실히 수행한 때에야 이사로서의 임무를 다한 것

이 된다. 이사는 이익이 될 여지가 있는 사업기회가 있으면 이를 회사에 제공하여 회사로 하여금 이를 이용할 수 있도록 하여야 하고, 회사의 승인 없이 이를 자기 또는 제3자의 이익을 위하여 이용하여서는 아니 된다. 그러나 회사의 이사회가 그에 관하여 충분한 정보를 수집·분석하고 정당한 절차를 거쳐 의사를 결정함으로써 그러한 사업기회를 포기하거나 어느 이사가 그것을 이용할 수 있도록 승인하였다면 그 의사결정과정에 현저한 불합리가 없는 한 그와 같이 결의한 이사들의 경영판단은 존중되어야 할 것이므로, 이 경우에는 어느 이사가 그러한 사업기회를 이용하게 되었더라도 그 이사나 이사회의 승인 결의에 참여한 이사들이 이사로서 선량한 관리자의 주의의무 또는 충실의무를 위반하였다고 할 수 없다(대법원 2013. 9. 12. 선고 2011다57869 판결 등 참조).

[2] 원심의 판단

원심은, 피고 1을 제외한 나머지 피고들이 이 사건 이사회에서 한화의 소외 1 상무로부터 이 사건 주식의 매각 안건과 관련하여, 한화에스앤씨의 증자요청이 있었으나 한화의 출자총액제한으로 이에 응할 수 없고 한화에스앤씨가 조속히 유상증자를 해야 할 필요성이 있으며 이 사건 주식의 가치는 ○○회계법인에 의뢰하여 보고받았다는 등의 설명을 듣고는 이 사건 주식매매가 적절하다고 판단하여 이를 승인하는 이사회 결의에 이르렀으므로, 이 사건 주식매매를 가리켜 한화에 대한 사업기회의 유용으로 보기 어려울 뿐만 아니라 피고들이 한화 이사로서 선량한 관리자의 주의의무 또는 충실의무를 위반하였다고 볼 수 없다고 판단하였다.

[3] 대법원 판단

위 법리와 기록에 비추어 살펴보면, 설령 이 사건 주식매매로 한화가 사업기회를 포기하고 이를 그 이사인 피고 1의 장남 소외 2가 이용할 수 있게 된 것이라고 하더라도, 한화의 이사회가 위 주식매매에 관하여 충분한 정보를 수집·분석하고 정당한 절차를 거쳐 이를 승인하는 결의를 하였으며, 그 의사결정과정이 현저하게 불합리하였다고 볼만한 사정도 없는 이상, 피고들이 이사로서 선량한 관리자의 주의의무 또는 충실의무를 위반하였다고 볼 수 없다. 따라서 이와 결론을 같이 한 원심의 판단에 상고이유 주장과 같이 이사의 사업기회 유용금지 의무위반에 관한 법리를 오해하거나 논리와 경험의 법칙을 위반하여 자유심증주의의 한계를 벗어나는 등으로 판결에 영향을 미친 잘못이 없다.

② 서울중앙지방법원 2011. 2. 25. 선고 2008가합47881 판결

법 제382조의3은 "이사는 법령과 정관의 규정에 따라 회사를 위하여 그 직

무를 충실하게 수행하여야 한다"고 하여 이사의 충실의무를 규정하고 있고, 이사
는 위임관계로부터 선관주의의무를 부담하고 있으므로 회사기회 유용의 법리는
우리 법제하에서 이사의 선관주의의무 내지 충실의무에 포섭할 수 있는 범위 내
에서 인정할 수 있다고 할 것이다. 그런데 '사업의 기회'는 포괄적이고 불명확한
표현이고, 이사의 선관주의의무 내지 충실의무는 직무를 수행하는 과정에서 부담
하는 의무이지 회사의 이익이 되는 모든 행위를 하여야 하는 일반적인 의무가 아
니므로, 이사가 자신이 알게 된 모든 사업의 기회를 회사에게 적극적으로 이전해
야 하는 의무까지 부담한다고 할 수는 없고, 이사에게 그 사업의 기회를 회사로
하여금 추진하게 해야 할 충실의무를 지우고, 이사가 그 충실의무를 위반함으로
써 회사에게 기대이익을 얻지 못하게 하는 손해가 발생하였다고 볼 수 있기 위해
서는 그 사업의 기회가 "회사에 현존하는 현실적이고 구체적인 사업기회"로서 인
정되는 경우여야 할 것이다.

따라서 회사 내에서 사업의 추진에 대한 구체적인 논의가 있었거나 회사가
유리한 조건으로 사업기회를 제안받는 경우와 같이 그 사업의 기회가 회사에 현
존한 현실적이고 구체적인 사업기회였고, 당시 회사의 사업전략, 영업형태 및 재
무상황, 그 사업의 특성, 투자 규모, 위험부담의 정도, 기대 수익 등을 종합적으
로 고려한 합리적인 경영판단에 따르면 회사가 그 사업의 기회를 이용하여 사업
을 추진할 만한 상당한 개연성이 인정되는 경우, 이사는 회사가 그 사업을 추진
하도록 해야 할 선관주의의무 내지 충실의무를 부담한다고 할 것인데, 이사가 이
러한 의무를 위반하여 그 지위를 이용하여 회사의 기회를 부당하게 탈취 또는 유
용한다면 회사에 대한 선관주의의무 내지 충실의무를 위반한 것으로 인정될 수
있을 것이다.

(3) 이사 등의 자기거래금지

(가) 의의

다음의 어느 하나에 해당하는 자, 즉 ⅰ) 이사 또는 주요주주(제1g), ⅱ) 제1
호의 자의 배우자 및 직계존비속(제2호), ⅲ) 제1호의 자의 배우자의 직계존비속
(제3호), ⅳ) 제1호부터 제3호까지의 자가 단독 또는 공동으로 의결권 있는 발행
주식 총수의 50% 이상을 가진 회사 및 그 자회사(제4호), ⅴ) 제1호부터 제3호까
지의 자가 제4호의 회사와 합하여 의결권 있는 발행주식총수의 50% 이상을 가진
회사(제5호)가 자기 또는 제3자의 계산으로 회사와 거래를 하기 위하여는 미리
이사회에서 해당 거래에 관한 중요사실을 밝히고 이사회의 승인을 받아야 한다

(법398 전단). 이 경우 이사회의 승인은 이사 2/3 이상의 수로써 하여야 하고, 그 거래의 내용과 절차는 공정하여야 한다(법398 후단).

** 관련 판례: 서울중앙지방법원 2023. 2. 2. 선고 2021가합503687 판결
[공정성의 판단기준]

상법 제398조는 '이사의 자기거래는 그 거래의 내용과 절차가 공정하여야 한다'고 규정하고 있다. 여기에서 거래 내용의 공정성은 객관적으로 보아 회사가 이해충돌이 없는 제3자와도 동일한 내용의 거래를 하였을 것인지, 즉 해당 거래가 이른바 정상거래라고 볼 수 있는지 여부로 결정되며, 이러한 판단에는 회사가 수령하는 반대급부의 적정성이 가장 중요한 고려요소가 될 것이다. 보다 구체적인 판단기준으로는 회사가 그 거래를 통하여 충분한 보상을 받았는지, 회사가 당해 거래의 목적인 재산을 어느 정도 필요로 하는지, 회사가 독립적인 판단에 기초하여 그러한 제안에 응하였는지, 회사가 그 거래를 이행할 수 있는 경제적 능력을 보유하고 있는지, 거래 목적물의 가격 및 거래 조건이 시장가격을 반영하고 있는지, 다른 당사자와 거래를 하였다면 더 좋은 조건의 거래를 달성할 수 있었는지, 그 거래로 인하여 회사에 손해가 있었는지, 이사가 회사의 이익을 가로챘는지 등을 들 수 있다. 한편 거래 절차의 공정성은 거래 체결 및 승인 과정의 공정성을 의미하는바, 해당 거래가 누구의 주도로 시작되었는지, 거래상대방 선정 절차가 합리적이었는지, 거래 협상 과정이 이해관계 없는 이사들에 의해 독립적으로 이루어졌는지, 거래 상대방인 이사가 개시의무를 완전히 이행하였는지, 대상 거래에 대하여 충분한 검토와 토의를 거쳤는지 등이 고려되어야 할 것이다.

(나) 자기거래

이사의 자기거래는 이사가 회사의 재산을 양수하거나, 회사에 대하여 자기의 재산을 양도하는 경우, 또는 회사로부터 금전의 대여를 받는 등 이사가 자기 또는 제3자의 계산으로 회사와 거래하는 것을 말한다.

** 관련 판례

① 대법원 1984. 12. 11. 선고 84다카1591 판결

[별개회사의 대표이사를 겸직하고 있는 자가 어느 일방회사의 채무에 관하여 타회사를 대표하여 연대보증을 한 경우, 연대보증 행위가 상법 제398조 소정의 이사의 자기거래 행위에 해당하는지]

상법 제398조에서 말하는 거래에는 이사와 회사 사이에 직접 성립하는 이해 상반하는 행위뿐만 아니라 이사가 회사를 대표하여 자기를 위하여 자기 개인 채무의 채권자인 제3자와 사이에 자기개인채무의 연대보증을 하는것과 같은 이사 개인에게 이익이 되고 회사에 불이익을 주는 행위도 포함하는 것이라 할 것이고 이런 의미에서 볼 때 원판시 두회사의 대표이사를 겸하고 있던 소외 김용관이가 위 회사의 채무에 관하여 피고회사를 대표하여 연대보증을 한 경우에는 역시 상법 제398조의 규정이 적용되는 것으로 보아야 할 것 이다(당원 1965. 6. 22. 선고 65다734 판결, 1969. 11. 2. 선고 69다1374 판결 참조). 다만 이 건의 경우와 같이 대표이사인 김용관이가 피고회사를 대표하여 자기가 대표이사로 있는 위 회사를 위하여 제3자인 원고와 사이에 한 거래에 있어서는 거래의 안전과 선의의 제3자를 보호할 필요상 피고는 이사회의 승인을 얻지 못하였다는 것 외에 상대방인 원고가 이사회의 승인없음을 알았다는 사실을 주장 입증하여야만 비로서 그 거래의 무효를 그 상대방인 원고에게 주장할 수 있는 것이라고 할 것이다

② 대법원 2017. 9. 12. 선고 2015다70044 판결

[회사와 이사 사이에 이해충돌의 염려 내지 회사에 불이익이 생기게 할 염려가 있는 거래도 해당되는지 여부(원칙적 적극)]

[1] 관련 법리

구 상법(2011. 4. 14. 법률 제10600호로 개정되기 전의 것, 이하 '구 상법'이라고 한다) 제398조에 의하면 "이사는 이사회의 승인이 있는 때에 한하여 자기 또는 제삼자의 계산으로 회사와 거래를 할 수 있다."라고 규정하고 있다. 여기서 이사회의 승인이 필요한 이사와 회사의 거래에는 이사가 거래의 상대방이 되는 경우뿐만 아니라 상대방의 대리인이나 대표자로서 회사와 거래를 하는 경우와 같이 특별한 사정이 없는 한 회사와 이사 사이에 이해충돌의 염려 내지 회사에 불이익을 생기게 할 염려가 있는 거래도 해당된다(대법원 1996. 5. 28. 선고 95다12101, 12118 판결 참조). 이러한 이사의 거래에 이사회의 승인을 요하는 이유는 이사와 회사 사이의 이익상반거래가 비밀리에 행해지는 것을 방지하고 그 거래의 공정

성을 확보함과 아울러 이사회에 의한 적정한 직무감독권의 행사를 보장하기 위해서이다. 따라서 그 거래와 관련된 이사는 이사회의 승인을 받기에 앞서 이사회에 그 거래에 관한 자기의 이해관계 및 그 거래에 관한 중요한 사실들을 개시하여야 할 의무가 있다(대법원 1984. 12. 11. 선고 84다카1591 판결 참조).

[2] 판단

위 법리에 비추어 보면, 원심이 이 사건 주식매매를 주식회사 한화(이하 '한화'라고만 한다)의 이사인 피고 1이 주도하였다고 볼 여지가 있다고 하면서도, 회사와 제3자 사이의 거래가 자기거래금지의 대상이 되는 것은 회사와 제3자와의 거래가 실질적으로 이사 자신의 이익이 되는 경우에 국한된다는 전제하에, 이 사건 주식매매가 피고 1에게 이익이 되는 거래가 아니어서 자기거래금지의 대상에 해당하지 않는다는 취지로 판단한 것은 그 이유설시가 다소 적절하지 아니하다. 그러나 설령 이 사건 주식매매가 자기거래금지의 대상에 해당한다고 하더라도, 기록에 의하면 이를 승인하는 한화의 이사회 결의 당시 이 사건 주식매매의 건과 관련하여 매수인이 이사인 피고 1의 아들로서 특수관계인이라는 사실과 매매가격과 같은 주요한 거래조건이 명시적으로 공개된 점, 피고 1을 제외한 나머지 피고들이 한화의 소외 1 상무로부터 한화에스앤씨 주식회사(이하 '한화에스앤씨'라고만 한다)의 유상증자 필요성, 한화의 출자총액제한 등에 따라 이 사건 주식을 처분할 필요가 있고, 이 사건 주식의 매매가격이 ○○회계법인에 의뢰하여 보고받은 것이라는 설명을 들은 후 이 사건 이사회결의가 이루어진 점 등을 알 수 있다. 그리고 이러한 사정들을 위 법리에 비추어 보면, 이 사건 주식매매에 대하여 그 이해관계 및 거래에 관한 중요한 사실들의 개시를 거쳐 구 상법 제398조에 의한 한화 이사회의 승인이 있었다고 볼 수 있다. 따라서 결과적으로 이 사건 주식매매가 구 상법 제398조가 금지하는 이사회의 승인 없이 이사가 자기 또는 제3자의 계산으로 한 거래에 해당한다고 볼 수 없다는 원심의 판단은 정당하다.

③ 대법원 2013. 9. 12. 선고 2011다57869 판결

[모회사 이사와 자회사의 거래가 구 상법 제398조에 따라 모회사 이사회의 승인을 받아야 하는 거래인지 여부(소극)]

[1] 관련 법리

구 상법(2011. 4. 14. 법률 제10600호로 개정되기 전의 것, 이하 '구 상법'이라 한다) 제398조가 이사와 회사 간의 거래에 대하여 이사회의 승인을 받도록 정한 것은 이사가 그 지위를 이용하여 회사와 직접 거래를 하거나 이사 자신의 이익을 위하여 회사와 제3자 간에 거래를 함으로써 이사 자신의 이익을 도모하고 회사

또는 주주에게 손해를 입히는 것을 방지하고자 하는 것이므로(대법원 2010. 3. 11. 선고 2007다71271 판결 참조), 위 규정이 적용되기 위하여는 이사 또는 제3자의 거래상대방이 이사가 직무수행에 관하여 선량한 관리자의 주의의무 또는 충실의무를 부담하는 당해 회사이어야 한다. 한편 자회사가 모회사의 이사와 거래를 한 경우에는 설령 모회사가 자회사의 주식 전부를 소유하고 있더라도 모회사와 자회사는 상법상 별개의 법인격을 가진 회사이고, 그 거래로 인한 불이익이 있더라도 그것은 자회사에게 돌아갈 뿐 모회사는 간접적인 영향을 받는 데 지나지 아니하므로, 자회사의 거래를 곧바로 모회사의 거래와 동일하게 볼 수는 없다. 따라서 모회사의 이사와 자회사의 거래는 모회사와의 관계에서 구 상법 제398조가 규율하는 거래에 해당하지 아니하고, 모회사의 이사는 그 거래에 관하여 모회사 이사회의 승인을 받아야 하는 것이 아니다.

[2] 판단

원심은, 피고 1이 이 사건 신주인수 당시 신세계의 이사였고, 주식회사 광주신세계백화점(이하 '광주신세계'라 한다)과 신세계는 독립된 별도의 법인이며, 이 사건 신주인수가 신세계 이사회의 실권 의결이 있은 후 피고 1과 광주신세계 사이에 이루어진 사실을 인정한 다음, 이 사건 신주인수는 신세계와의 관계에서는 이사의 자기거래에 해당하는 것으로 보기 어렵고, 이는 신세계가 광주신세계의 주식 전부를 보유한 모회사였다고 하여 달리 볼 수 없다고 판단하였다. 앞에서 본 법리에 비추어 살펴보면 이와 같은 원심의 판단은 정당한 것으로 수긍이 가고, 거기에 상고이유의 주장과 같은 이사의 자기거래의 성립요건에 관한 법리를 오해한 위법이 없다.

(다) 이사회의 승인

이사회의 승인은 사전에 하여야 하고, 개별거래에 대하여 하여야 하며, 포괄적 승인은 인정되지 않는다. 그러나 동종동형의 반복거래는 합리적 범위를 정하여 포괄적으로 승인할 수 있다.

** 관련 판례

① 대법원 2010. 3. 11. 선고 2007다71271 판결

[이사와 회사의 거래에서 양자의 이해가 상반되지 않고 회사에 불이익을 초래할 우려가 없는 경우에도 상법 제398조에 따라 이사회의 승인을 얻어야 하는지 여

부(소극)]

  [1] 관련 법리

  상법 제398조 전문이 이사와 회사 사이의 거래에 관하여 이사회의 승인을 얻도록 규정하고 있는 취지는, 이사가 그 지위를 이용하여 회사와 직접 거래를 하거나 이사 자신의 이익을 위하여 회사와 제3자 간에 거래를 함으로써 이사 자신의 이익을 도모하고 회사 및 주주에게 손해를 입히는 것을 방지하고자 하는 것이므로, 이사와 회사 사이의 거래라고 하더라도 양자 사이의 이해가 상반되지 않고 회사에 불이익을 초래할 우려가 없는 때에는 이사회의 승인을 얻을 필요가 없는 것이다(대법원 2000. 9. 26. 선고 99다54905 판결 참조).

  [2] 원심의 판단

  원심판결 이유에 의하면, 텔슨전자의 주주총회의 결의를 통하여 마련된 텔슨전자의 임원퇴직금지급규정은 임원의 범위, 임원에 대한 퇴직금 지급기준, 지급이 제한되는 경우를 각 규정하고 있는 사실, 텔슨전자는 교보생명보험 주식회사 등 보험회사 4곳을 통하여 텔슨전자의 근로자들을 피보험자 및 수익자로 하여, 피보험자가 텔슨전자를 퇴직할 경우 보험회사로부터 보험금을 수령하고, 퇴직보험계약이 중도에 해지된 경우에도 보험회사는 보험계약자가 아니라 피보험자에게 직접 해약환급금을 지급하는 내용으로 근로기준법 등이 정하는 요건을 갖춘 퇴직보험에 가입하였고, 피보험자 및 수익자에 피고를 포함한 임원들까지 포함시킨 사실, 텔슨전자가 각 보험회사들과 체결한 퇴직보험계약은 각 보험회사들이 텔슨전자가 정한 퇴직금 관련 규정에 정하는 방식에 따라 퇴직금을 지급한다는 취지의 약정내용을 모두 포함하고 있는 사실, 각 보험회사들은 일반적으로 주식회사와 임원에 대한 퇴직보험계약을 체결할 경우 계약체결에 관한 이사회회의록 또는 결의서를 요구하지 않았고 텔슨전자와 사이에 퇴직보험계약을 체결할 당시에도 위와 같은 이사회회의록 또는 결의서를 요구하지 않은 사실, 피고는 2004. 7. 20. 텔슨전자에 대하여 퇴직금 중간정산을 요구하여 텔슨전자로부터 같은 날 피고의 퇴직금중간정산에 대하여 동의를 받은 다음, 2004. 8. 10. 각 보험회사들에 대하여 중간정산된 퇴직보험금을 청구하여 합계 금 1,591,226,032원의 퇴직보험금을 수령한 사실을 알 수 있다.

  그렇다면 텔슨전자가 피고를 피보험자로 하여 퇴직보험계약을 체결한 것은 주주총회의 결의에 의하여 결정된 임원퇴직금지급규정상 임원의 보수를 지급하기 위한 수단에 불과하고, 이와 같은 보험가입에 따라 텔슨전자가 보험료 상당을 출연하였다고 하더라도 그 보험료의 지급은 장래에 지급할 퇴직금을 적립하여 그 퇴직금 지급시에 발생되는 커다란 규모의 자금 수요에 대비하기 위한 것으로서 비록 보험금의 수익자 및 해약환급금의 귀속주체가 피고라고 하더라도 그 퇴직금 지급사유 발생시까지는 이로 인하여 피고가 직접적인 이득을 얻는 것은 없다. 그리고 원심이 적법하게 채택한 증거들에 의하면 보험료에 금리 상황에 적합한 이율이 가산되어 보험금을 지급하도록 되어 있어 자금 적립에 따른 보상이 이루어지고 있음을 알 수 있으며, 또한 퇴직금 지급사유가 발생한 때에는 뒤에서 보는 바와 같이 피고가 직접 수령한 보험금이나 해약환급금 중 퇴직금 범위 내에서만 보유할 수 있고 이를 넘는 금액은 텔슨전자에게 반환하여야 하므로 피고가 정당한 퇴직금을 지급받는 외에 특별한 이익을 얻는다거나 이로 인하여 텔슨전자가 손해를 입는다고 할 수 없다.

[3] 대법원 판단

따라서 이와 같은 사정을 종합하여 보면, 텔슨전자의 이사인 피고가 자신을 피보험자 및 수익자로 하여 텔슨전자의 명의로 퇴직보험에 가입하였다고 하더라도, 이로 인하여 텔슨전자에게 퇴직금을 조성하기 위한 일반적인 자금 운영의 범위를 넘는 실질적인 불이익을 초래할 우려가 없다고 할 것이므로, 이에 관하여 이사회의 승인을 얻을 필요가 없다고 봄이 상당하다.

원심이 판시와 같은 사정을 종합하여, 텔슨전자가 이사를 피보험자로 한 퇴직보험계약을 체결하는 행위 자체가 이사 개인에게 이익이 되고 회사에 불이익이 되는 행위에 해당한다고 볼 수 없다고 판단한 것은 위와 같은 법리에 따른 것으로 수긍할 수 있고 거기에 상고이유에서 주장하는 이사의 자기거래금지에 대한 법리오해의 위법이 있다고 할 수 없다.

② 대법원 2007. 5. 10. 선고 2005다4284 판결

[1] 이사회의 사후 승인의 점에 대하여

[상법 제398조 전문이 이사와 회사 사이의 거래에 관하여 이사회의 승인을 얻도록 정한 취지 및 위 규정이 이사회의 사전 승인만을 규정하고 사후 승인은 배제하고 있는 것인지 여부(소극)]

(가) 관련 법리

상법 제398조 전문이 이사와 회사 사이의 거래에 관하여 이사회의 승인을 얻도록 규정하고 있는 취지는, 이사가 그 지위를 이용하여 회사와 거래를 함으로써 자기 또는 제3자의 이익을 도모하고 회사 나아가 주주에게 불측의 손해를 입히는 것을 방지하고자 함에 있는바, 이사회의 승인을 얻은 경우 민법 제124조의 적용을 배제하도록 규정한 상법 제398조 후문의 반대해석상 이사회의 승인을 얻지 아니하고 회사와 거래를 한 이사의 행위는 일종의 무권대리인의 행위로 볼 수

있고 무권대리인의 행위에 대하여 추인이 가능한 점에 비추어 보면, 상법 제398 조 전문이 이사와 회사 사이의 이익상반거래에 대하여 이사회의 사전 승인만을 규정하고 사후 승인을 배제하고 있다고 볼 수는 없다 할 것이지만, 어느 경우에 나 이사와 회사 사이의 이익상반거래가 비밀리에 행해지는 것을 방지하고 그 거 래의 공정성을 확보함과 아울러 이사회에 의한 적정한 직무감독권의 행사를 보 장하기 위해서는 그 거래와 관련된 이사는 이사회의 승인을 받기에 앞서 이사회 에 그 거래에 관한 자기의 이해관계 및 그 거래에 관한 중요한 사실들을 개시하 여야 할 의무가 있다고 할 것이고, 만일 이러한 사항들이 이사회에 개시되지 아 니한 채 그 거래가 이익상반거래로서 공정한 것인지 여부가 심의된 것이 아니라 단순히 통상의 거래로서 이를 허용하는 이사회의 결의가 이루어진 것에 불과한 경우 등에는 이를 가리켜 상법 제398조 전문이 규정하는 이사회의 승인이 있다 고 할 수는 없다.

(나) 판단

위 법리와 기록에 비추어 보면, 원고 회사의 이사회에서 재무제표 및 영업보 고서의 승인을 위한 주주총회의 개최를 앞두고 이 사건 기부행위의 지출내역이 포함된 기부금명세서 등 결산 관련 서류를 심의·의결한 적이 있다 하더라도, 그 과정에서 원고 회사의 대표이사와 피고 법인의 이사장을 겸하고 있던 소외인이 원고 회사의 피고 법인에 대한 이 사건 기부행위에 관하여 자신의 이해관계 및 중요한 사실들을 원고 회사의 이사회에 개시하고, 원고 회사의 이사회가 그 승인 여부를 구체적인 안건으로 상정하여 이 사건 기부행위가 이익상반거래로서 공정 성을 갖고 있는지 여부를 심의·의결하였다고 볼 만한 자료를 찾아볼 수 없으므 로, 단순히 원고 회사의 이사회에서 기부금명세서 등 결산 관련 서류를 심의·의 결하였다는 사정만으로 원고 회사의 이사회가 이 사건 기부행위를 사후적으로 승인하였다고 볼 수 없다.

[2] 주주총회의 사후 추인의 점에 대하여

[이사회의 승인을 받지 못한 이익상반거래에 대하여 주주총회에서 사후적으로 추인 결의가 이루어진 경우, 그 거래가 유효하게 되는지 여부(원칙적 소극)]

(가) 관련 법리

이사와 회사 사이의 이익상반거래에 대한 승인은 주주 전원의 동의가 있다 거나 그 승인이 정관에 주주총회의 권한사항으로 정해져 있다는 등의 특별한 사 정이 없는 한 이사회의 전결사항이라 할 것이므로, 이사회의 승인을 받지 못한 이익상반거래에 대하여 아무런 승인 권한이 없는 주주총회에서 사후적으로 추인 결의를 하였다 하여 그 거래가 유효하게 될 수는 없다.

(나) 판단

위 법리와 기록에 비추어 보면, 이 사건 기부행위에 관하여 원고 회사의 주주 전원의 동의가 있다거나 원고 회사의 정관에 이사와 회사 사이의 이익상반거래에 대한 승인이 주주총회의 권한사항으로 규정되어 있다고 볼 만한 자료를 찾아볼 수 없으므로, 설령 이 사건 기부행위에 대하여 원고 회사의 주주총회에서 사후적으로 추인 결의를 하였다 하더라도 그러한 사정만으로 이 사건 기부행위가 유효하게 될 수는 없다.

[3] 원고 회사의 묵시적 추인의 점에 대하여

[이사와 회사 간의 이익상반거래에 대하여 회사의 묵시적 추인이 인정되기 위한 요건]

(가) 관련 법리

상법 제398조 전문이 이사와 회사 사이의 이익상반거래를 이사회의 승인사항으로 규정하고 있는 취지에는 그 거래로 말미암아 회사 나아가 주주가 손해를 입은 경우 그 거래와 관련된 이사뿐만 아니라 그 거래를 승인한 다른 이사들도 연대하여 손해배상책임을 질 수 있으므로, 이사회에서 회사 등의 이익을 위하여 그 승인 여부를 보다 신중하고 공정하게 심의·의결할 것이라는 고려도 포함되어 있다. 만일 단순히 특정 이사와 회사 사이의 거래가 있은 후 회사가 이에 대하여 적극적으로 이의를 제기하지 아니하였다는 사정 등만으로 묵시적 추인을 쉽게 인정하게 되면, 원래 무효인 거래행위가 유효로 전환됨으로써 회사 등은 불측의 손해를 입게 되고 그 거래와 관련된 이사나 악의·중과실 있는 제3자 등은 이익을 얻게 되는 반면, 묵시적 추인의 주체나 책임소재가 불분명하여 그 책임 추궁이 어렵게 되는 불합리한 사태가 발생할 수 있다. 따라서 회사가 이익상반거래를 묵시적으로 추인하였다고 보기 위해서는 그 거래에 대하여 승인 권한을 갖고 있는 이사회가 그 거래와 관련된 이사의 이해관계 및 그와 관련된 중요한 사실들을 지득한 상태에서 그 거래를 추인할 경우 원래 무효인 거래가 유효로 전환됨으로써 회사에 손해가 발생할 수 있고 그에 대하여 이사들이 연대책임을 부담할 수 있다는 점을 용인하면서까지 추인에 나아갔다고 볼 만한 사유가 인정되어야 한다.

(나) 판단

위에서 본 법리와 기록에 비추어 살펴보면, 원고 회사의 이사회가 이 사건 기부행위와 관련된 소외인의 이해관계 및 그와 관련된 중요한 사실들을 지득한 상태에서 이 사건 기부행위의 추인시 원래 무효인 이 사건 기부행위가 유효로 전환됨으로써 원고 회사에 손해가 발생할 수 있고 그에 대하여 원고 회사의 이사들이 연대책임을 부담할 수 있다는 점을 용인하면서까지 추인에 나아갔다고 볼 만

한 사유를 찾아볼 수 없으므로, 단지 원고 회사의 이사회나 주주총회에서 재무제
표 및 영업보고서의 승인 결의를 한 후 원고 회사가 그 영업보고서 등을 근거로
세무신고를 하여 법인세 산정시 손금산입 처리를 받았다거나 원고 회사의 이사,
주주 혹은 감사 등이 이 사건 기부행위에 대하여 장기간 이의를 제기하지 아니하
였다는 사정 등만으로 원고 회사가 이 사건 기부행위를 묵시적으로 추인하였다
고 보기 어렵다.

(라) 승인없는 거래의 효력

이사회의 승인없이 거래를 한 경우에는 법령위반행위를 한 것으로 회사에
대하여 손해배상책임을 진다(법399). 이 책임은 총주주의 동의가 없으면 면제할
수 없다(법400). 이사회 승인을 받지 않고 한 자기거래의 효력에 관하여는 견해가
대립한다. 회사의 이익 보호의 요청과 거래의 안전 보호의 요청 중 어느 쪽을 강
조하느냐의 문제이다. 대법원은 두 요청을 조화시키는 상대적 무효설의 입장이다.

** 관련 판례

① 대법원 2014. 6. 26. 선고 2012다73530 판결

[주식회사의 대표이사가 이사회결의를 거쳐야 할 대외적 거래행위에 관하여 이
를 거치지 아니한 경우, 그 거래행위의 효력(원칙적 유효) / 거래 상대방이 이사회결
의가 없음을 알았거나 알 수 있었다는 사정에 관한 증명책임자(=회사)]

회사의 대표이사가 이사회의 승인 없이 한 이른바 자기거래행위는 회사와
이사 간에서는 무효이지만, 회사가 위 거래가 이사회의 승인을 얻지 못하여 무효
라는 것을 제3자에 대하여 주장하기 위해서는 거래의 안전과 선의의 제3자를 보
호할 필요상 이사회의 승인을 얻지 못하였다는 것 외에 제3자가 이사회의 승인
없음을 알았다는 사실을 증명하여야 할 것이고(대법원 1984. 12. 11. 선고 84다카
1591 판결, 대법원 1994. 10. 11. 선고 94다24626 판결 등 참조), 비록 제3자가 선의였
다 하더라도 이를 알지 못한 데 중대한 과실이 있음을 증명한 경우에는 악의인
경우와 마찬가지라고 할 것이며, 이 경우 중대한 과실이라 함은 제3자가 조금만
주의를 기울였더라면 그 거래가 이사와 회사 간의 거래로서 이사회의 승인이 필
요하다는 점과 이사회의 승인을 얻지 못하였다는 사정을 알 수 있었음에도 만연
히 이사회의 승인을 얻은 것으로 믿는 등 거래통념상 요구되는 주의의무에 현저
히 위반하는 것으로서 공평의 관점에서 제3자를 구태여 보호할 필요가 없다고 봄

이 상당하다고 인정되는 상태를 말한다(대법원 2004. 3. 25. 선고 2003다64688 판결).

② 대법원 2012. 12. 27. 선고 2011다67651 판결

[상법 제398조가 이사와 회사의 거래에 관하여 이사회의 승인을 얻도록 한 취지 및 이사와 회사 사이의 거래에서 거래 상대방인 이사 스스로가 상법 제398조 위반을 이유로 거래의 무효를 주장하는 것이 허용되는지 여부(원칙적 소극)]

[1] 상법 제398조가 이사와 회사 사이의 거래에 관하여 이사회의 승인을 얻도록 한 것은, 이사가 그 지위를 이용하여 회사와 직접 거래를 하거나 이사 자신의 이익을 위하여 회사와 제3자 사이의 거래를 함으로써 이사 자신의 이익을 도모하고 회사 및 주주에게 손해를 입히는 것을 방지하고자 하는 것이므로(대법원 1973. 10. 31. 선고 73다954 판결, 대법원 2010. 3. 11. 선고 2007다71271 판결 등 참조), 그 규정 취지에 비추어 이사와 회사 사이의 거래가 상법 제398조를 위반하였음을 이유로 무효임을 주장할 수 있는 자는 회사에 한정되고 특별한 사정이 없는 한 거래의 상대방이나 제3자는 그 무효를 주장할 이익이 없다고 보아야 하므로, 거래의 상대방인 당해 이사 스스로가 위 규정 위반을 내세워 그 거래의 무효를 주장하는 것은 허용되지 않는다 할 것이다.

[2] 이러한 법리에 비추어 볼 때, 이 사건 공유계약은 코미팜과 그 이사인 피고가 이 사건 성과물에 대한 지분을 공유하기로 하는 것이므로 이사와 회사 사이의 자기거래에 해당하는 것이기는 하지만 그 계약의 상대방인 피고가 회사 이사회의 승인이 없었으므로 무효라고 주장하는 것은 허용되지 않는다고 할 것이다.

③ 대법원 2020. 7. 9. 선고 2019다205398 판결

[소규모 주식회사에서 이사의 자기거래와 주주총회의 승인]

[1] 주식회사에서 이사가 자기 또는 제3자의 계산으로 회사와 거래를 하기 위하여는 미리 이사회에서 해당 거래에 관한 중요사실을 밝히고 이사회의 승인을 받아야 한다(상법 제398조 제1호). 다만 자본금 총액이 10억 원 미만으로 이사가 1명 또는 2명인 회사는 이사회 대신 주주총회에서 미리 위와 같은 사실을 밝히고 주주총회의 승인을 받아야 한다(상법 제383조 제4항, 제1항 단서).

[2] 상법 제398조는 이사 등이 그 지위를 이용하여 회사와 거래를 함으로써 자기 또는 제3자의 이익을 도모하고 회사와 주주에게 예기치 못한 손해를 끼치는 것을 방지하기 위한 것으로, 이사와 지배주주 등의 사익추구에 대한 통제력을 강화하고자 그 적용대상을 이사 외의 주요주주 등에게까지 확대하고 이사회 승인을 위한 결의요건도 가중하여 정하였다. 다만 상법 제383조에서 2인 이하의 이사

만을 둔 소규모회사의 경우 이사회의 승인을 주주총회의 승인으로 대신하도록 하였다. 이 규정을 해석·적용하는 과정에서 이사 등의 자기거래를 제한하려는 입법취지가 몰각되지 않도록 해야 한다.

[3] 일반적으로 주식회사에서 주주총회의 의결정족수를 충족하는 주식을 가진 주주들이 동의하거나 승인하였다는 사정만으로 주주총회에서 그러한 내용의 주주총회 결의가 있는 것과 마찬가지라고 볼 수 없다(대법원 2020. 6. 4. 선고 2016다241515 판결 참조). 따라서 자본금 총액이 10억 원 미만으로 이사가 1명 또는 2명인 회사의 이사가 자기 또는 제3자의 계산으로 회사와 거래를 하기 전에 주주총회에서 해당 거래에 관한 중요사실을 밝히고 주주총회의 승인을 받지 않았다면, 특별한 사정이 없는 한 그 거래는 무효라고 보아야 한다.

(마) 주요주주 등 이해관계자와의 거래

상장회사는 ⅰ) 주요주주 및 그의 특수관계인(제1호), ⅱ) 이사(제401조의2 제1항 각 호의 어느 하나에 해당하는 자를 포함한다. 이하 이 조에서 같다) 및 집행임원(제2호), 감사(제3호)의 어느 하나에 해당하는 자를 상대방으로 하거나 그를 위하여 신용공여(금전 등 경제적 가치가 있는 재산의 대여, 채무이행의 보증, 자금 지원적 성격의 증권 매입, 그 밖에 거래상의 신용위험이 따르는 직접적·간접적 거래로서 대통령령으로 정하는 거래)를 하여서는 아니 된다(법542의9①).

** 관련 판례: 대법원 2021. 4. 29. 선고 2017다261943 판결
[신용공여금지에 위반한 행위의 효력: 상법 제542조의9 제1항의 해석]

[1] 사법상의 계약 기타 법률행위가 일정한 행위를 금지하는 구체적 법규정을 위반하여 행하여진 경우에 그 법률행위가 무효인가 또는 법원이 법률행위 내용의 실현에 대한 조력을 거부하거나 기타 다른 내용으로 그 효력이 제한되는가의 여부는 당해 법규정이 가지는 넓은 의미에서의 법률효과에 관한 문제의 일환으로서, 그 법규정의 해석 여하에 의하여 정하여진다. 따라서 그 점에 관한 명문의 정함이 있다면 당연히 이에 따라야 할 것이고, 그러한 정함이 없는 때에는 종국적으로 그 금지규정의 목적과 의미에 비추어 그에 반하는 법률행위의 무효 기타 효력 제한이 요구되는지를 검토하여 이를 정할 것이다(대법원 2019. 6. 13. 선고 2018다258562 판결 등 참조).

[2] 상법 제542조의9 제1항에 의하면, 상장회사는 주요주주 및 그의 특수관

계인, 이사 및 집행임원, 감사(이하 '주요주주 등'이라 한다)를 상대방으로 하거나 그를 위하여 신용공여를 하여서는 아니 된다. 여기서 신용공여는 금전 등 경제적 가치가 있는 재산의 대여, 채무이행의 보증, 자금 지원적 성격의 증권 매입, 그 밖에 거래상의 신용위험이 따르는 직접적·간접적 거래로서 대통령령으로 정하는 거래를 의미한다. 주요주주 등이 주식회사의 경영에 상당한 영향력을 행사할 수 있다는 점을 고려하면, 회사가 주요주주 등에게 신용공여를 할 경우 회사의 재무건전성을 저해하고 일반주주나 채권자 등의 이익을 침해하는 결과가 초래될 우려가 높을 뿐만 아니라, 경우에 따라서는 이를 은폐하기 위하여 비정상적인 회계처리를 감행할 가능성도 커지게 된다. 특히 다양한 이해관계자가 존재하는 상장회사의 경우 회계·경영 관련 건전성에 대한 요구가 비상장회사에 비해 높으므로, 상법 제542조의9 제1항은 상장회사의 주요주주 등에 대한 신용공여를 원칙적으로 금지하여 회사의 이익을 보호할 뿐 아니라 주식시장의 건전성 및 투자자 보호에 기여하고자 한 것이다. 다만 상장회사의 경영상 필요나 영업의 자유 등의 측면에서 볼 때 신용공여 중에는 금지대상으로 삼을 필요가 없거나 적은 것도 있을 수 있으므로, 상법 제542조의9는 제2항에서 거래 상대방, 거래의 성격이나 목적, 규모, 경영건전성에 미치는 영향 등을 고려하여 일부 신용공여에 대해서 예외적으로 허용하고 있다. 나아가 상법 제624조의2는 신용공여 금지의 실효성을 확보하기 위하여 상법 제542조의9 제1항을 위반하여 신용공여를 한 자를 5년 이하의 징역 또는 2억 원 이하의 벌금에 처한다고 규정하는 한편, 상법 제634조의3은 회사에 대한 양벌규정을 두고 있다.

앞서 본 법리에 비추어 상법 제542조의9 제1항의 입법 목적과 내용, 위반행위에 대해 형사처벌이 이루어지는 점 등을 살펴보면, 위 조항은 강행규정에 해당하므로 위 조항에 위반하여 이루어진 신용공여는 허용될 수 없는 것으로서 사법상 무효이고, 누구나 그 무효를 주장할 수 있다. 그리고 위 조항의 문언상 상법 제542조의9 제1항을 위반하여 이루어진 신용공여는, 상법 제398조가 규율하는 이사의 자기거래와 달리, 이사회의 승인 유무와 관계없이 금지되는 것이므로, 이사회의 사전 승인이나 사후 추인이 있어도 유효로 될 수 없다.

[3] 다만 앞서 보았듯이 상법 제542조의9는 제1항에서 신용공여를 원칙적으로 금지하면서도 제2항에서는 일부 신용공여를 허용하고 있는데, 회사의 외부에 있는 제3자로서는 구체적 사안에서 어떠한 신용공여가 금지대상인지 여부를 알거나 판단하기 어려운 경우가 생길 수 있다. 상장회사와의 상거래가 빈번한 거래 현실을 감안하면 제3자로 하여금 상장회사와 거래를 할 때마다 일일이 상법 제542조의9 위반 여부를 조사·확인할 의무를 부담시키는 것은 상거래의 신속성이

나 거래의 안전을 해친다. 따라서 상법 제542조의9 제1항을 위반한 신용공여라고 하더라도 제3자가 그에 대해 알지 못하였고 알지 못한 데에 중대한 과실이 없는 경우에는 그 제3자에 대하여는 무효를 주장할 수 없다고 보아야 한다.

3. 이사의 손해배상책임

(1) 회사에 대한 손해배상책임

(가) 의의

이사가 고의 또는 과실로 법령 또는 정관에 위반한 행위를 하거나 그 임무를 게을리한 경우에는 그 이사는 회사에 대하여 연대하여 손해를 배상할 책임이 있다(법399①). 전항의 행위가 이사회의 결의에 의한 것인 때에는 그 결의에 찬성한 이사도 전항의 책임이 있다(법399②). 전항의 결의에 참가한 이사로서 이의를 한 기재가 의사록에 없는 자는 그 결의에 찬성한 것으로 추정한다(법399③).

이사의 책임은 주주 전원의 동의로 면제할 수 있다(법400①). 회사는 정관으로 정하는 바에 따라 제399조에 따른 이사의 책임을 이사가 그 행위를 한 날 이전 최근 1년간의 보수액(상여금과 주식매수선택권의 행사로 인한 이익 등을 포함)의 6배(사외이사의 경우는 3배)를 초과하는 금액에 대하여 면제할 수 있다(법400② 본문). 다만, 이사가 고의 또는 중대한 과실로 손해를 발생시킨 경우와 제397조 제397조의2 및 제398조에 해당하는 경우에는 그러하지 아니하다(법400② 단서).

(나) 책임의 원인

이사가 법령 또는 정관에 위반한 행위를 하거나 그 임무를 게을리한 경우이다.

** 관련 판례

① 대법원 2007. 11. 30. 선고 2006다19603 판결

[회사의 임직원이 대주주 겸 대표이사의 지시에 따라 위법한 분식회계 등에 고의·과실로 가담하는 행위를 함으로써 회사에 손해를 입힌 경우, 회사의 그 임직원에 대한 손해배상청구가 신의칙에 반하는지 여부(소극)]

회사와 회사의 대주주 겸 대표이사는 서로 별개의 법인격을 갖고 있을 뿐만 아니라, 회사의 대주주 겸 대표이사의 지시가 위법한 경우 회사의 임직원이 반드

시 그 지시를 따라야 할 법률상 의무가 있다고 볼 수 없으므로, 회사의 임직원이 대주주 겸 대표이사의 지시에 따라 위법한 분식회계 등에 고의 · 과실로 가담하는 행위를 함으로써 회사에 손해를 입힌 경우 회사의 그 임직원에 대한 손해배상청구가 신의칙에 반하는 것이라고 할 수 없고, 이는 위와 같은 위법한 분식회계로 인하여 회사의 신용등급이 상향 평가되어 회사가 영업활동이나 금융거래의 과정에서 유형 · 무형의 경제적 이익을 얻은 사정이 있다고 하여 달리 볼 것은 아니다.

② 대법원 2019. 5. 16. 선고 2016다260455 판결

[이사가 이사회에 출석하여 결의에 기권하였다고 의사록에 기재된 경우, 상법 제399조 제3항에 따라 이사회 결의에 찬성한 것으로 추정할 수 있는지 여부(소극)]

상법 제399조 제1항은 "이사가 고의 또는 과실로 법령 또는 정관에 위반한 행위를 하거나 그 임무를 게을리한 경우에는 그 이사는 회사에 대하여 연대하여 손해를 배상할 책임이 있다"라고 규정하고, 같은 조 제2항은 "전항의 행위가 이사회의 결의에 의한 것인 때에는 그 결의에 찬성한 이사도 전항의 책임이 있다", 같은 조 제3항은 "전항의 결의에 참가한 이사로서 이의를 한 기재가 의사록에 없는 자는 그 결의에 찬성한 것으로 추정한다"라고 규정하고 있다. 이와 같이 상법 제399조 제2항은 같은 조 제1항이 규정한 이사의 임무 위반행위가 이사회 결의에 의한 것일 때 결의에 찬성한 이사에 대하여도 손해배상책임을 지우고 있고, 상법 제399조 제3항은 같은 조 제2항을 전제로 하면서, 이사의 책임을 추궁하는 자로서는 어떤 이사가 이사회 결의에 찬성하였는지를 알기 어려워 증명이 곤란한 경우가 있음을 고려하여 증명책임을 이사에게 전가하는 규정이다. 그렇다면 이사가 이사회에 출석하여 결의에 기권하였다고 의사록에 기재된 경우에 그 이사는 "이의를 한 기재가 의사록에 없는 자"라고 볼 수 없으므로, 상법 제399조 제3항에 따라 이사회 결의에 찬성한 것으로 추정할 수 없고, 따라서 같은 조 제2항의 책임을 부담하지 않는다고 보아야 한다.

(다) 책임의 내용과 효과

이사는 법령이나 정관의 위반 또는 임무를 게을리하여 회사가 입은 손해를 배상할 책임을 진다. 배상할 손해액은 법령이나 정관위반 또는 임무해태와 상당인과관계에 있는 손해에 한정된다.

** 관련 판례

① 대법원 2021. 7. 15. 선고 2018다298744 판결

[상법 제399조 제1항에 따른 이사의 회사에 대한 손해배상채무에 관하여 이사가 지체책임을 지는 시기(=이행청구를 받은 때부터)]

상법 제399조 제1항에 따른 이사의 회사에 대한 손해배상채무는 채무불이행으로 인한 손해배상채무로서 이행 기한의 정함이 없는 채무이므로 이사는 이행청구를 받은 때부터 지체책임을 진다(대법원 2021. 5. 7. 선고 2018다275888 판결 참조). 따라서 원심으로서는 상법 제399조 제1항에 따른 손해배상금에 대하여 피고의 지체책임을 인정할 때 피고가 언제 이행청구를 받았는지에 관하여 심리할 필요가 있다.

② 대법원 2018. 10. 25. 선고 2016다16191 판결

[이사가 법령 또는 정관에 위반하거나 임무를 해태하여 회사에 손해배상책임을 지는 경우, 임무 위반의 경위 등 제반 사정을 참작하여 손해배상액을 제한할 수 있는지 여부(적극)]

[1] 이사가 법령 또는 정관을 위반한 행위를 하거나 임무를 해태함으로써 회사에 대하여 손해를 배상할 책임이 있는 경우에 그 손해배상의 범위를 정할 때에는, 당해 사업의 내용과 성격, 당해 이사의 임무 위반의 경위 및 임무위반행위의 태양, 회사의 손해 발생 및 확대에 관여된 객관적인 사정이나 그 정도, 평소 이사의 회사에 대한 공헌도, 임무위반행위로 인한 당해 이사의 이득 유무, 회사의 조직체계의 흠결 유무나 위험관리체제의 구축 여부 등 제반 사정을 참작하여 손해분담의 공평이라는 손해배상제도의 이념에 비추어 그 손해배상액을 제한할 수 있다. 이때에 손해배상액 제한의 참작 사유에 관한 사실인정이나 그 제한의 비율을 정하는 것은, 그것이 형평의 원칙에 비추어 현저히 불합리한 것이 아닌 한 사실심의 전권사항이다.

[2] 회사 이사가 법령을 위배하여 회사가 손해를 입은 경우 이사가 회사에 손해배상책임을 지기 위해서는 법령에 위배된 행위와 회사의 손해 사이에 상당인과관계가 있어야 한다. 이때 상당인과관계의 유무는 결과발생의 개연성, 위배된 법의 입법 목적과 보호법익, 법령위배행위의 모습 및 피침해이익의 성질 등을 종합적으로 고려하여 판단하여야 한다.

③ 대법원 1996. 12. 23. 선고 96다30465, 30472 판결

[임무해태를 이유로 회사가 대표이사를 상대로 채무불이행으로 인한 손해배상

을 청구하는 경우, 대표이사의 직무수행상 채무의 내용]

상법 제399조 제1항은 이사가 고의 또는 과실로 법령 또는 정관에 위반한 행위를 하거나 그 임무를 게을리한 경우에는 그 이사는 회사에 대하여 연대하여 손해를 배상할 책임이 있다고 규정하고 있다. 대표이사나 이사를 상대로 주식회사에 대한 임무해태를 내세워 채무불이행으로 인한 손해배상책임을 물음에 있어서는 대표이사나 이사의 직무수행상 채무는 손해 등의 결과가 전혀 발생하지 않도록 하여야 할 결과채무가 아니라, 회사의 이익을 위하여 선량한 관리자로서의 주의의무를 가지고 필요하고 적절한 조치를 다해야 할 채무이므로, 손해가 발생하였다는 결과만을 가지고 곧바로 채무불이행사실을 추정할 수는 없다.

④ 대법원 2005. 4. 29. 선고 2005다2820 판결

주식회사가 이사를 상대로 회사에 대한 임무위반의 사유를 들어 채무불이행 또는 불법행위로 인한 손해배상책임을 물음에 있어서 이사의 직무수행상의 의무는 회사에 손해의 결과가 발생하지 않도록 하여야 할 결과채무가 아니라 회사의 이익을 위하여 선량한 관리자로서 필요하고 적절한 조치를 다해야 할 주의의무로서, 이사가 그 당시의 상황에서 회사의 최대이익을 위하여 신의성실에 따라 직무를 수행한 것이라면 그 의사결정과정에 현저한 불합리가 없는 한 그 경영판단은 허용되는 재량범위 내의 것으로서 회사에 대한 선량한 관리자의 주의의무 내지 충실의무를 다한 것으로 보아야 할 것이고(대법원 1996. 12. 23. 선고 96다30465, 30472 판결, 대법원 2002. 6. 14. 선고 2001다52407 판결 등 참조), 한편 이사나 감사의 법령·정관 위반행위 혹은 임무 해태행위로 인한 상법 제399조, 제414조, 제401조, 제415조, 민법 제750조, 제760조 소정의 각 손해배상책임은 그 위반행위와 상당인과관계 있는 손해에 한하여 인정될 뿐이므로(대법원 1985. 11. 12. 선고 84다카2490 판결, 대법원 2001. 9. 28. 선고 2001다38692 판결 등 참조) 비록 이사나 감사의 직무수행과정에 절차적 하자가 있다 하여도 그에 따른 거래행위 자체가 적법한 경영판단의 범위에 속하는 정당한 직무수행으로 인정되거나 그 결과로서 발생한 손해와의 사이에 상당인과관계가 인정되지 아니하는 경우에는 이사나 감사의 손해배상책임이 성립하지 아니한다고 보아야 할 것이다.

⑤ 대법원 2007. 11. 30. 선고 2006다19603 판결

[이사 또는 감사가 법령 등에 위반한 행위를 하여 회사에 손해배상책임을 지는 경우, 임무위반의 경위 등 제반 사정을 참작하여 손해배상액을 제한할 수 있는지 여부(적극) 및 이때 책임감경사유에 관한 사실인정이나 그 비율의 결정이 사실심의 전권사항인지 여부(적극)]

이사나 감사가 법령 또는 정관에 위반한 행위를 하거나 그 임무를 해태함으로써 회사에 대하여 손해를 배상할 책임이 있는 경우에 그 손해배상의 범위를 정함에 있어서는, 당해 사업의 내용과 성격, 당해 이사나 감사의 임무위반의 경위 및 임무위반행위의 태양, 회사의 손해 발생 및 확대에 관여된 객관적인 사정이나 그 정도, 평소 이사나 감사의 회사에 대한 공헌도, 임무위반행위로 인한 당해 이사나 감사의 이득 유무, 회사의 조직체계의 흠결 유무나 위험관리체제의 구축 여부 등 제반 사정을 참작하여 손해분담의 공평이라는 손해배상제도의 이념에 비추어 그 손해배상액을 제한할 수 있고, 나아가 책임감경사유에 관한 사실인정이나 그 비율을 정하는 것은 그것이 형평의 원칙에 비추어 현저히 불합리하다고 인정되지 않는 한 사실심의 전권사항에 속한다(대법원 2004. 12. 10. 선고 2002다 60467, 60474 판결, 대법원 2006. 12. 7. 선고 2005다34766, 34773 판결 등 참조).

(라) 책임의 면제

이사의 책임을 면제하려면, 무의결권주의 주주를 포함한 총주주의 동의가 있어야 한다(법400). 총주주의 동의로 면제되는 책임은 상법 제399조의 책임에 한정되고, 민법상의 일반불법행위로 인한 손해배상책임은 면제되지 않는다.

** 관련 판례

① 대법원 2008. 12. 11. 선고 2005다51471 판결

[이사 등의 회사에 대한 책임을 면제하기 위한 요건인 '총주주의 동의'를 묵시적인 방법으로 할 수 있는지 여부(적극)]

이사 등의 책임은 상법 제400조, 제415조의 규정에 따라 총주주의 동의로 이를 면제할 수 있는데, 이 때 총주주의 동의는 반드시 명시적, 적극적으로 이루어질 필요는 없고 회사의 주식 전부를 양수도하는 과정에서 묵시적 의사표시의 방법으로 할 수 있으나, 이는 주식 전부의 양수인이 이사 등의 책임으로 발생한 부실채권에 대하여 그 발생과 회수불능에 대한 책임을 이사 등에게 더 이상 묻지 않기로 하는 의사표시를 하였다고 볼만한 사정이 있어야 할 것이다. 기록에 비추어 살펴보면, 원심이 그 채택 증거들을 종합하여, 현대생명보험 주식회사가 조선생명의 주식을 100% 인수하여 조선생명을 흡수합병할 때 부실채권을 할인된 비율로 평가하여 인수금액을 정했다는 사정만으로는 총주주의 묵시적인 의사표시에 의하여 이사 등의 책임이 면제되었다고 볼 수 없다고 판단한 것은 이러한 법

리에 따른 것으로 수긍할 수 있고, 거기에 상고이유로 주장하는 바와 같은 이사 등의 책임면제에 관한 법리오해의 위법이 없다.

② 대법원 1989. 1. 31. 선고 87누760 판결

[총주주의 동의로써 상법 제399조에 의한 이사의 책임을 면제한 경우 불법행위로 인한 손해배상청구권까지 소멸하는지 여부(소극)]

총주주의 동의를 얻어 대표이사의 행위로 손해를 입게 된 금액을 특별손실로 처리하기로 결의하였다면 그것은 바로 상법 제400조 소정의 이사의 책임소멸의 원인이 되는 면제에 해당되는 것이나 이로써 법적으로 소멸되는 손해배상청구권은 상법 제399조 소정의 권리에 국한되는 것이지 불법행위로 인한 손해배상청구권까지 소멸되는 것으로는 볼 수 없다.

(마) 책임의 시효

주식회사의 이사의 회사에 대한 임무해태로 인한 손해배상책임은 일반불법행위 책임이 아니라 위임관계로 인한 채무불이행 책임이므로 그 소멸시효기간은 일반채무의 경우와 같이 10년이라고 보아야 한다(대법원 1985. 6. 25. 선고 84다카 1954 판결 참조).[82]

(2) 제3자에 대한 손해배상책임

(가) 의의

이사가 고의 또는 중대한 과실로 그 임무를 게을리한 때에는 그 이사는 제3자에 대하여 연대하여 손해를 배상할 책임이 있다(법401①). 전항의 행위가 이사회의 결의에 의한 것인 때에는 그 결의에 찬성한 이사도 전항의 책임이 있다(법401②, 법399②). 전항의 결의에 참가한 이사로서 이의를 한 기재가 의사록에 없는 자는 그 결의에 찬성한 것으로 추정한다(법401②, 법399③).

(나) 제3자의 손해

제3자란 회사 이외의 자를 의미하므로 주주도 포함된다. 제3자가 입은 손해에는 직접손해뿐만 아니라 간접손해도 포함된다. 다만 판례는 직접손해만 포함된다고 한다. 직접손해란 이사가 제3자에 대하여 직접으로 위법행위를 하여 손해를 준 경우를 말하고, 간접손해란 이사의 임무해태로 인하여 제1차로 회사에

---

82) 대법원 2006. 8. 25. 선고 2004다24144 판결.

손해를 입히고, 그 결과로 제3자가 회사로부터 채무의 이행을 받지 못하게 되어 제2차로 손해를 입는 경우를 말한다.

** 관련 판례: 대법원 1993. 1. 26. 선고 91다36093 판결

[주주가 대표이사의 임무해태행위로 입은 간접손해에 대하여 상법 제401조 제1항에 의한 손해배상을 청구할 수 있는지 여부(소극)]

[1] 관련 법리

주식회사의 주주가 그 회사의 대표이사의 악의 또는 중대한 과실로 인한 임무해태행위로 직접 손해를 입은 경우에는 이사와 회사에 대하여 상법 제401조, 제389조 제3항, 제210조에 의하여 손해배상을 청구할 수 있다 하겠으나, 대표이사가 회사재산을 횡령하여 회사재산이 감소함으로써 회사가 손해를 입고 결과적으로 주주의 경제적 이익이 침해되는 손해와 같은 간접적인 손해는 같은법 제401조 제1항에서 말하는 손해의 개념에 포함되지 아니하므로 이에 대하여는 위 법조항에 의한 손해배상을 청구할 수 없는 것으로 봄이 상당하다고 할 것이고, 이와 같은 법리는 주주가 중소기업창업지원법상의 중소기업창업투자회사라고 하여도 다를 바 없다.

[2] 판단

원심판결 이유에 의하면 원심은, 피고 회사의 대표이사였던 피고 사공국이 피고 회사의 금원을 횡령하여 회사재산을 감소시켰다면 회사에 대하여 손해배상책임을 부담할 것이고 따라서 피고 회사가 피고 사공국에 대하여 손해배상을 구할 수 있을 것이나 위 손해는 어디까지나 법률상 피고 회사가 입은 손해이므로 주주인 원고가 그 손해가 경제적으로 자기에게 귀속된다는 사유만으로 직접 피고 회사와 피고 사공국에 대하여 자기 주식인수액 상당을 손해라고 하여 배상을 구할 수가 없다고 판단하였는바, 원심판결은 위와 같은 법리에 따른 것으로서 정당하고, 피고 사공국의 위 금원횡령이 바로 피고 회사의 주주인 원고에 대하여 일반불법행위로 된다거나 피고 회사의 불법행위로 되는 것은 아니라 할 것이므로 거기에 소론이 지적하는 바와 같은 불법행위책임에 대한 법리오해의 위법이 없다.

(다) 책임의 내용과 효과

이사는 고의 또는 중대한 과실로 그 임무를 게을리하여 제3자가 입은 손해를 배상할 책임을 진다. 배상할 손해액은 임무해태와 상당인과관계에 있는 손해

에 한정된다.

** 관련 판례

① 대법원 1985. 11. 12. 선고 84다카2490 판결

[회사채무의 이행지체가 상법 제401조 소정의 이사의 임무해태행위에 해당하
는지 여부(소극)]

이사가 제3자에 대하여 연대하여 손해배상 책임을 지는 고의 또는 중대한
과실로 인한 임무해태 행위라 함은 이사의 직무상 충실 및 선관의무 위반의 행위
로서 위법한 사정이 있어야 하고 통상의 거래행위로 인하여 부담하는 회사의 채
무를 이행할 능력이 있었음에도 단순히 그 이행을 지체하고 있는 사실로 인하여
상대방에게 손해를 끼치는 사실만으로는 이를 임무를 해태한 위법한 경우라고
할 수는 없다.

② 대법원 2002. 3. 29. 선고 2000다47316 판결

[상법 제401조 제1항 소정의 주식회사의 이사의 제3자에 대한 손해배상책임을
인정할 여지가 있다고 한 사례]

[1] 관련 법리

상법 제401조 제1항에 규정된 주식회사의 이사의 제3자에 대한 손해배상책
임은 이사가 악의 또는 중대한 과실로 인하여 그 임무를 해태한 것을 요건으로
하는 것이어서 단순히 통상의 거래행위로 인하여 부담하는 회사의 채무를 이행
하지 않는 것만으로는 악의 또는 중대한 과실로 그 임무를 해태한 것이라고 할
수 없지만, 이사의 직무상 충실 및 선관의무 위반의 행위로서 위법성이 있는 경
우에는 악의 또는 중대한 과실로 그 임무를 해태한 경우에 해당한다고 보아야 할
것이다(대법원 1985. 11. 12. 선고 84다카2490 판결 참조).

[2] 판단

그런데 원심이 인정한 것처럼 위 주식회사 1 및 주식회사 2의 대표이사를
겸하고 있는 피고가 위 주식회사 1이 매수하기로 한 원고들 소유의 부동산을 대
출의 담보로 제공하여 주면 그 대출금으로 위 주식회사 1의 매매잔금을 지급하여
주겠다고 제의하고 그에 따라 중소기업은행으로부터 위 주식회사 2의 명의로 3
회에 걸쳐 합계 금 2,892,750,000원을 대출받고서도 그 중 금 17억 원만을 원고
들에게 매매잔금의 일부로 지급하였을 뿐 나머지는 다른 용도에 사용하였고 위
대출금을 상환하지도 않았다면, 적어도 위 대출금 중 원고들에게 지급되지 아니

한 차액인 금 1,192,750,000원에 대하어는 위 주식회사 1 및 주식회사 2의 대표
이사를 겸하고 있는 피고가 그 대출금을 매매잔금으로 원고들에게 지급할 의사
가 없었으면서도 그 의사가 있는 것처럼 원고들을 속이고 원고들 소유의 부동산
을 담보로 제공받아 대출을 받고서도 이를 변제하지 아니한 것이 되어 위 각 회
사의 대표이사인 피고가 위에서 말한 악의 또는 중대한 과실로 인하여 그 임무를
해태한 경우에 해당한다고 볼 여지가 충분히 있다.

③ 대법원 2019. 7. 24. 선고 2019다203514 판결
[대표이사가 타인에게 회사업무 일체를 맡긴 채 자신의 업무집행에 아무런 관
심도 두지 아니하여 부정행위 내지 임무해태를 간과한 경우, 상법 제401조 제1항에
정한 임무해태행위에 해당하는지 여부(적극)]
[1] 관련 법리
상법 제401조 제1항에 규정된 주식회사의 이사의 제3자에 대한 손해배상책
임은 이사가 악의 또는 중대한 과실로 인하여 그 임무를 게을리한 것을 요건으로
하는 것이어서 단순히 통상의 거래행위로 인하여 부담하는 회사의 채무를 이행
하지 않는 것만으로는 악의 또는 중대한 과실로 그 임무를 게을리한 것이라고 할
수 없지만, 이사의 직무상 충실 및 선관의무 위반의 행위로서 위법성이 있는 경
우에는 악의 또는 중대한 과실로 그 임무를 게을리한 경우에 해당한다. 무릇 대
표이사란 대외적으로 회사를 대표하고 대내적으로 업무집행을 총괄하여 지휘하
는 직무와 권한을 갖는 기관으로서 선량한 관리자의 주의로써 회사를 위해 충실
하게 그 직무를 집행하고 회사업무의 전반에 걸쳐 관심을 기울여야 할 의무를 지
는 자이므로, 대표이사가 타인에게 회사업무 일체를 맡긴 채 자신의 업무집행에
아무런 관심도 두지 아니하여 급기야 부정행위 내지 임무 해태를 간과함에 이른
경우에는 악의 또는 중대한 과실에 의하여 그 임무를 소홀히 한 것이라고 봄이
상당하다(대법원 2003. 4. 11. 선고 2002다70044 판결, 대법원 2010. 2. 11. 선고 2009
다95981 판결 등 참조).
[2] 사실관계
원심판결 이유에 의하면, 다음과 같은 사실을 알 수 있다.
(가) 피고는 2015년 3월경 자신의 오빠인 F에게 주식회사 C(이하 'C'이라고 한
다)의 대표자 사내이사 명의를 피고로 사용하는 것을 승낙하였고 그에 관한 법인
등기부 등재가 그 무렵 이루어졌지만, 피고는 C의 대표자로서의 업무를 수행하지
않았으며, F이 C의 대내외적 업무를 모두 수행하였다.
(나) 원고의 대표이사인 K은 2016년 10월경 F으로부터 축산물을 담보로 하

여 대출을 받아야 되니 차주 명의를 빌려달라는 부탁을 받고, 원고가 C으로부터 호주산 소목심 43,483.82kg(이하 '이 사건 축산물'이라고 한다)을 381,226,228원에 매수하는 내용이 담긴 계약서, 거래명세서 등을 작성하는 데 동의하였다.

(다) F은 2016. 10. 21. D 주식회사(이하 'D'이라고 한다)에 위 계약서 등을 제출하면서 원고 명의로 2건의 대출계약(대출금액 합계 3억 9,000만 원)을 체결한 뒤, 그에 상응하는 대출금을 지급받았다.

(라) 그런데 F이 D에 담보로 제공한 이 사건 축산물은 이미 다른 대출에 대한 담보로 제공되어 D이 이 사건 축산물을 통한 담보권 실행에 나아갈 수도 없었고, 원고가 이 사건축산물을 정상적으로 인도받을 수도 없게 되었다.

[3] 판단

(가) 이러한 사실관계를 앞서 본 법리에 비추어 살펴본다. F은 C의 대내외적 업무를 처리하면서 D 측 및 원고 대표이사 K을 속여 대출을 받고 대출금채무의 부담이 원고에게 귀속되게 하는 불법행위를 저질렀다. C의 대표자 사내이사인 피고는 F에게 C의 모든 경영을 맡겨 놓은 채 대표자로서의 직무를 전혀 수행하지 아니하여 F의 위와 같은 불법행위가 이루어지도록 방임한 결과 원고로 하여금 위와 같은 손해를 입게 하였다. 피고의 위와 같은 방임행위는 악의 또는 중대한 과실로 그 임무를 게을리한 경우에 해당하는 것으로서 위법성이 있고, 피고의 이러한 임무 해태와 원고의 손해 사이에는 상당인과관계도 있으므로, 피고는 원고에게 그 손해를 배상할 책임이 있다.

(나) 그런데도 원심은 판시와 같은 이유를 들어 피고가 악의 또는 중대한 과실로 임무를 게을리한 것으로 볼 수 없다거나 피고의 이사로서의 임무 해태가 있다 하더라도 원고가 입은 손해와 사이에 상당인과관계가 있다고 보기 어렵다고 판단하였다. 원심의 이러한 판단에는 상법 제401조에 규정된 이사의 제3자에 대한 손해배상책임에 관한 법리를 오해하여 판결에 영향을 미친 잘못이 있다. 이 점을 지적하는 상고이유 주장은 이유 있다.

(라) 책임의 시효

이사의 제3자에 대한 책임의 소멸시효기간은 책임의 성질을 어떻게 보는가에 따라 다르다. 상법이 인정하는 법정책임설에 따르면 일반채권의 소멸시효기간인 10년이 된다.

** **관련 판례**: 대법원 2008. 2. 14. 선고 2006다82601 판결

[이사의 제3자에 대한 손해배상책임의 소멸시효기간(=10년) 및 여기에 주식회사의 외부감사에 관한 법률상의 단기소멸시효가 적용되는지 여부(소극)]

상법 제401조에 기한 이사의 제3자에 대한 손해배상책임이 제3자를 보호하기 위하여 상법이 인정하는 특수한 책임이라는 점을 감안할 때 일반 불법행위책임의 단기소멸시효를 규정한 민법 제766조 제1항은 적용될 여지가 없고, 일반 채권으로서 민법 제162조 제1항에 따라 그 소멸시효기간은 10년이며, 제3자가 상법 제401조에 기한 이사의 제3자에 대한 손해배상책임만을 묻는 손해배상청구소송에 있어서 주식회사의 외부감사에 관한 법률 제17조 제7항이 정하는 단기소멸시효는 적용될 여지가 없다.

(3) 업무집행지시자 등의 책임

다음의 어느 하나에 해당하는 자, 즉 ⅰ) 회사에 대한 자신의 영향력을 이용하여 이사에게 업무집행을 지시한 자(제1호), ⅱ) 이사의 이름으로 직접 업무를 집행한 자(제2호), ⅲ) 이사가 아니면서 명예회장·회장·사장·부사장·전무·상무·이사 기타 회사의 업무를 집행할 권한이 있는 것으로 인정될 만한 명칭을 사용하여 회사의 업무를 집행한 자(제3호)가 그 지시하거나 집행한 업무에 관하여 제399조, 제401조, 제403조 및 제406조의2를 적용하는 경우에는 그 자를 "이사"로 본다(법401의2①). 이 경우에 회사 또는 제3자에 대하여 손해를 배상할 책임이 있는 이사는 제1항에 규정된 자와 연대하여 그 책임을 진다(법401의2②).

** **관련 판례**

① 대법원 2009. 11. 26. 선고 2009다39240 판결

[상법 제401조의2 제1항 제3호의 표현이사가 회사에 대해 영향력을 가진 자일 것을 요건으로 하는지 여부(소극)]

[1] 관련 법리

상법 제399조·제401조·제403조의 적용에 있어 이사로 의제되는 자에 관하여, 상법 제401조의2 제1항 제1호는 '회사에 대한 자신의 영향력을 이용하여 이사에게 업무집행을 지시한 자', 제2호는 '이사의 이름으로 직접 업무를 집행한 자', 제3호는 '이사가 아니면서 명예회장·회장·사장·부사장·전무·상무·이사

기타 업무를 집행할 권한이 있는 것으로 인정될 만한 명칭을 사용하여 회사의 업무를 집행한 자'라고 규정하고 있는바, 제1호 및 제2호는 회사에 대해 영향력을 가진 자를 전제로 하고 있으나, 제3호는 직명 자체에 업무집행권이 표상되어 있기 때문에 그에 더하여 회사에 대해 영향력을 가진 자일 것까지 요건으로 하고 있는 것은 아니라고 할 것이다.

[2] 판단

기록에 의하면, 피고는 1999. 1. 1.부터 소외 1 주식회사의 임원인 이사(비등기)로 승진하여 2000. 12. 27.까지 근무한 사실, 피고는 ○○그룹 회장 소외 2 등과 순차 공모하여 1999. 1.경부터 1999. 2.경까지 사이에 소외 1 주식회사의 제35기(1998 회계연도) 재무제표를 분식결산에 의해 허위로 작성한 사실 등을 알 수 있는바, 앞서 본 법리에 비추어 볼 때, 원심이 피고는 상법 제401조의2 제1항 제3호 소정의 표현이사에 해당한다는 취지로 판단한 것은 정당하다.

② 대법원 2011. 6. 10. 선고 2011다6120 판결

[상법 제399조·제401조·제403조의 적용에 있어 이사로 의제되는 자]

[1] 관련 법리

상법 제399조·제401조·제403조의 적용에 있어 이사로 의제되는 자에 관하여, 상법 제401조의2 제1항 제1호는 '회사에 대한 자신의 영향력을 이용하여 이사에게 업무집행을 지시한 자', 제2호는 '이사의 이름으로 직접 업무를 집행한 자', 제3호는 '이사가 아니면서 명예회장·회장·사장부사장·전무·상무·이사 기타 업무를 집행할 권한이 있는 것으로 인정될 만한 명칭을 사용하여 회사의 업무를 집행한 자'라고 규정하고 있는바, 제1호 및 제2호는 회사에 대해 영향력을 가진 자를 전제로 하고 있으나, 제3호는 직명 자체에 업무집행권이 표상되어 있기 때문에 그에 더하여 회사에 대해 영향력을 가진 자일 것까지 요건으로 하고 있는 것은 아니다(대법원 2009. 11. 26. 선고 2009다39240 판결 참조).

[2] 판단

원심판결의 사실 관계에 의하면, 피고 B는 이사로 등기되지 않았으나 상무로서 원고의 서울사무소의 재정업무를 담당하면서 이 사건 비자금 조성에 관여한 사실 등을 알 수 있는바, 위 법리에 비추어 볼 때, 원심이 피고 B가 상법 제401조의2 제1항 제3호 소정의 표현이사에 해당한다는 취지로 판단한 것은 정당하고, 거기에 상고이유가 주장하는 바와 같은 표현이사에 관한 법리오해의 위법이 없다.

③ 대법원 2006. 8. 25. 선고 2004다26119 판결

[업무집행지시자에 법인인 지배회사가 포함되는지 여부(적극) 및 회사채무의 단순한 이행지체가 상법 제401조에 정한 임무해태행위에 해당하는지 여부(소극)]

[1] 관련 법리

상법 제401조의2 제1항 제1호 소정의 '회사에 대한 자신의 영향력을 이용하여 이사에게 업무집행을 지시한 자'(이하 '업무지시자'라고 한다)에는 자연인뿐만 아니라 법인인 지배회사도 포함되나, 나아가 그에 의하여 부담하는 상법 제401조 소정의 제3자에 대한 책임에서 요구되는 '고의 또는 중대한 과실로 인한 임무해태행위'라 함은 회사의 기관으로서 인정되는 직무상 충실 및 선관의무 위반의 행위로서(예를 들면, 회사의 경영상태로 보아 계약상 채무의 이행기에 이행이 불가능하거나 불가능할 것을 예견할 수 있었음에도 이를 감추고 상대방과 계약을 체결하고 일정한 급부를 미리 받았으나 그 이행불능이 된 경우와 같이) 위법한 사정이 있어야 하고 통상의 거래행위로 인하여 부담하는 회사의 채무를 이행할 능력이 있었음에도 단순히 그 이행을 지체하고 있는 사실로 인하여 상대방에게 손해를 끼치는 사실만으로는 이를 임무를 해태한 위법한 경우라고 할 수는 없다(대법원 1985. 11. 12. 선고 84다카2490 판결, 대법원 2002. 3. 29. 선고 2000다47316 판결 등 참조).

[2] 판단

기록에 비추어 살펴보면, 피고가 외환위기로 말미암은 PT&T의 지불유예선언 등을 미리 예견하였다는 등의 사정을 인정할 아무런 근거도 찾아볼 수 없는 이 사건에서, 원심이 피고가 KTPI에게 체이스론 인출금지 지시를 한 것이 위법한 업무집행지시라고 볼 수 없다고 판단하여 원고의 주장을 배척한 것은 위와 같은 법리에 따른 것으로서 정당하다.

4. 이사의 책임추궁: 주주의 대표소송

상법은 이사의 위법행위에 대한 주주의 감독을 위해 사전예방하는 위법행위 유지청구권과 사후에 책임을 추궁하기 위한 대표소송제도를 규정하고 있다. 유지청구권은 이사가 법령 또는 정관에 위반한 행위를 하려고 할 때에 소수주주가 회사를 위하여 이사에 대하여 그 행위의 금지를 청구할 수 있는 권리를 말한다(법402). 대표소송은 소수주주가 회사를 위하여 이사 기타의 자의 책임을 추궁하기 위하여 제기하는 소송을 말한다(법403). 여기서는 대표소송을 살펴본다.

(1) 의의

발행주식의 총수의 1% 이상에 해당하는 주식을 가진 주주는 회사에 대하여 이사의 책임을 추궁할 소의 제기를 청구할 수 있다(법403①). 이 청구는 그 이유를 기재한 서면으로 하여야 한다(법403②). 회사가 청구를 받은 날로부터 30일 내에 소를 제기하지 아니한 때에는 주주는 즉시 회사를 위하여 소를 제기할 수 있다(법403③).

(2) 당사자

상법상 대표소송을 제기할 수 있는 자는 발행주식 총수의 100분의 1 이상에 해당하는 주식을 가진 자이어야 하고(법403①), 상장회사의 경우는 6개월 전부터 계속하여 발행주식 총수의 10,000분의 1 이상에 해당하는 주식을 보유하는 주주이어야 한다(법542의6⑥).

** 관련 판례

① 대법원 2013. 9. 12. 선고 2011다57869 판결

[주식보유요건을 갖추어야 할 시기 및 대표소송을 제기한 주주 중 일부가 주식을 처분하는 등으로 주주의 지위를 상실한 경우, 그 주주가 제기한 부분의 소가 부적법하게 되는지 여부(원칙적 적극)]

상법 제403조 제1항, 제2항, 제3항, 제5항과 구 증권거래법(2007. 8. 3. 법률 제8635호 자본시장과 금융투자업에 관한 법률 부칙 제2조로 폐지, 이하 '구 증권거래법'이라 한다) 제191조의13 제1항을 종합하여 보면, 여러 주주들이 함께 대표소송을 제기하기 위하여는 그들이 회사에 대하여 이사의 책임을 추궁할 소의 제기를 청구할 때와 회사를 위하여 그 소를 제기할 때 보유주식을 합산하여 상법 또는 구 증권거래법이 정하는 주식보유요건을 갖추면 되고, 소 제기 후에는 보유주식의 수가 그 요건에 미달하게 되어도 무방하다. 그러나 대표소송을 제기한 주주 중 일부가 주식을 처분하는 등의 사유로 주식을 전혀 보유하지 아니하게 되어 주주의 지위를 상실하면, 특별한 사정이 없는 한 그 주주는 원고적격을 상실하여 그가 제기한 부분의 소는 부적법하게 되고, 이는 함께 대표소송을 제기한 다른 원고들이 주주의 지위를 유지하고 있다고 하여 달리 볼 것은 아니다.

② 대법원 2018. 11. 29. 선고 2017다35717 판결

[대표소송을 제기한 주주가 소송 계속 중 주주의 지위를 상실한 경우, 그 주주가 제기한 소가 부적법하게 되는지 여부(원칙적 적극) 및 이는 그 주주가 자신의 의사에 반하여 주주의 지위를 상실한 경우에도 마찬가지인지 여부(적극)]

[1] 관련 법리

주주가 대표소송을 제기하기 위하여는 회사에 대하여 이사의 책임을 추궁할 소의 제기를 청구할 때와 회사를 위하여 그 소를 제기할 때 상법 또는 구 은행법이 정하는 주식보유요건을 갖추면 되고, 소 제기 후에는 보유주식의 수가 그 요건에 미달하게 되어도 무방하다. 그러나 대표소송을 제기한 주주가 소송의 계속 중에 주식을 전혀 보유하지 아니하게 되어 주주의 지위를 상실하면, 특별한 사정이 없는 한 그 주주는 원고적격을 상실하여 그가 제기한 소는 부적법하게 되고(상법 제403조 제5항, 대법원 2013. 9. 12. 선고 2011다57869 판결 참조), 이는 그 주주가 자신의 의사에 반하여 주주의 지위를 상실하였다 하여 달리 볼 것은 아니다.

[2] 판단

원심은, 다음과 같은 이유로 이 사건 대표소송 제기 후 주식회사 외환은행(이하 '외환은행'이라고 한다)의 주식을 전혀 보유하지 않게 된 원고는 이 사건 원고적격을 상실하였다고 판단하였다. 즉, 원고는 이 사건 소 제기 당시 제1심 공동원고들과 함께 외환은행 발행주식의 약 0.013%인 84,080주를 보유한 주주였다. 그러나 이 사건 소송의 계속 중 외환은행과 주식회사 하나금융지주(이하 '하나금융지주'라고 한다)가 이 사건 주식교환을 완료하여 하나금융지주가 외환은행의 100% 주주가 되고 원고는 더 이상 외환은행의 주주가 아니게 되었다. 앞에서 본 법리와 기록에 비추어 살펴보면, 원심의 판단에 상고이유 주장과 같은 상법 제403조의 주주대표소송의 원고적격에 관한 법리오해 등의 위법이 없다.

(3) 제소 요건(주주의 소제기 청구와 회사의 해태)

소수주주는 대표소송을 제기하기 전에 먼저 이유를 기재한 서면으로 회사에 대하여 이사의 책임을 추궁할 소를 제기할 것을 청구하고(법403①②), 회사가 이 청구를 받은 날로부터 30일 이내에 소를 제기하지 않으면 소수주주는 즉시 회사를 위하여 소를 제기할 수 있다(법403③)

** 관련 판례

① 대법원 2021. 7. 15. 선고 2018다298744 판결

[상법 제403조 제2항에 따른 서면에 기재되어야 하는 '이유'에 책임추궁 대상 이사, 책임발생 원인사실에 관한 내용이 포함되어야 하는지 여부(적극)]

[1] 만약 회사가 이사의 책임을 추궁하지 않는다면, 발행주식의 총수의 100 분의 1 이상에 해당하는 주식을 가진 주주는 회사를 위하여 직접 이사의 책임을 추궁할 소를 제기할 수 있다(상법 제403조 제3항). 주주는 소를 제기하기 전에 먼저 회사에 대하여 소의 제기를 청구해야 하는데, 이 청구는 이유를 기재한 서면 (이하 '제소청구서'라 한다)으로 하여야 한다(상법 제403조 제1항, 제2항).

[2] 제소청구서에 기재되어야 하는 '이유'에는 권리귀속주체인 회사가 제소 여부를 판단할 수 있도록 책임추궁 대상 이사, 책임발생 원인사실에 관한 내용이 포함되어야 한다. 다만 주주가 언제나 회사의 업무 등에 대해 정확한 지식과 적절한 정보를 가지고 있다고 할 수는 없으므로, 제소청구서에 책임추궁 대상 이사의 성명이 기재되어 있지 않거나 책임발생 원인사실이 다소 개략적으로 기재되어 있더라도, 회사가 제소청구서에 기재된 내용, 이사회의사록 등 회사 보유 자료 등을 종합하여 책임추궁 대상 이사, 책임발생 원인사실을 구체적으로 특정할 수 있다면, 그 제소청구서는 상법 제403조 제2항에서 정한 요건을 충족하였다고 보아야 한다.

[3] 주주가 아예 제소청구서를 제출하지 않은 채 대표소송을 제기하거나 제소청구서를 제출하였더라도 대표소송에서 제소청구서에 기재된 책임발생 원인사실과 전혀 무관한 사실관계를 기초로 청구를 하였다면 그 대표소송은 상법 제403 조 제4항의 사유가 있다는 등의 특별한 사정이 없는 한 부적법하다. 반면 주주가 대표소송에서 주장한 이사의 손해배상책임이 제소청구서에 적시된 것과 차이가 있더라도 제소청구서의 책임발생 원인사실을 기초로 하면서 법적 평가만을 달리 한 것에 불과하다면 그 대표소송은 적법하다. 따라서 주주는 적법하게 제기된 대표소송 계속 중에 제소청구서의 책임발생 원인사실을 기초로 하면서 법적 평가만을 달리한 청구를 추가할 수도 있다.

② 대법원 2010. 4. 15. 선고 2009다98058 판결

[소의 적법 여부(소극) 및 여기서 회복할 수 없는 손해가 생길 염려가 있는 경우의 의미]

[1] 상법 제403조 제1항, 제3항, 제4항에 의하면, 발행주식 총수의 100분의

1 이상에 해당하는 주식을 가진 주주는 회사에 대하여 이사의 책임을 추궁할 소의 제기를 청구할 수 있는데, 회사가 위 청구를 받은 날로부터 30일 내에 소를 제기하지 아니하거나 위 기간의 경과로 인하여 회사에 회복할 수 없는 손해가 생길 염려가 있는 경우에는 발행주식 총수의 100분의 1 이상에 해당하는 주식을 가진 주주가 즉시 회사를 위하여 소를 제기할 수 있다는 취지를 규정하고 있는바, 이는 주주의 대표소송이 회사가 가지는 권리에 바탕을 둔 것임을 고려하여 주주에 의한 남소를 방지하기 위해서 마련된 제소요건에 관한 규정에 해당한다.

　[2] 따라서 회사에 회복할 수 없는 손해가 생길 염려가 없음에도 불구하고 회사에 대하여 이사의 책임을 추궁할 소의 제기를 청구하지 아니한 채 발행주식 총수의 100분의 1 이상에 해당하는 주식을 가진 주주가 즉시 회사를 위하여 소를 제기하였다면 그 소송은 부적법한 것으로서 각하되어야 한다. 여기서 회복할 수 없는 손해가 생길 염려가 있는 경우라 함은 이사에 대한 손해배상청구권의 시효가 완성된다든지 이사가 도피하거나 재산을 처분하려는 때와 같이 이사에 대한 책임추궁이 불가능 또는 무익해질 염려가 있는 경우 등을 의미한다.

(4) 회사의 소 참가

회사는 소송에 참가할 수 있다(법404①).

** 관련 판례: 대법원 2002. 3. 15. 선고 2000다9086 판결
　[상법 제404조 제1항 소정의 회사의 주주대표소송에의 참가의 법적 성격(=공동소송참가)]
　주주의 대표소송에 있어서 원고 주주가 원고로서 제대로 소송수행을 하지 못하거나 혹은 상대방이 된 이사와 결탁함으로써 회사의 권리보호에 미흡하여 회사의 이익이 침해될 염려가 있는 경우 그 판결의 효력을 받는 권리귀속주체인 회사가 이를 막거나 자신의 권리를 보호하기 위하여 소송수행권한을 가진 정당한 당사자로서 그 소송에 참가할 필요가 있으며, 회사가 대표소송에 당사자로서 참가하는 경우 소송경제가 도모될 뿐만 아니라 판결의 모순·저촉을 유발할 가능성도 없다는 사정과, 상법 제404조 제1항에서 특별히 참가에 관한 규정을 두어 주주의 대표소송의 특성을 살려 회사의 권익을 보호하려한 입법 취지를 함께 고려할 때, 상법 제404조 제1항에서 규정하고 있는 회사의 참가는 공동소송참가를 의미하는 것으로 해석함이 타당하고, 나아가 이러한 해석이 중복제소를 금지하고 있는 민사소송법 제234조에 반하는 것도 아니다.

(5) 승소주주의 비용청구권과 패소주주의 책임

소를 제기한 주주가 승소한 때에는 그 주주는 회사에 대하여 소송비용 및 그 밖에 소송으로 인하여 지출한 비용 중 상당한 금액의 지급을 청구할 수 있다. 이 경우 소송비용을 지급한 회사는 이사 또는 감사에 대하여 구상권이 있다(법 405①). 소를 제기한 주주가 패소한 때에는 악의인 경우 외에는 회사에 대하여 손해를 배상할 책임이 없다(법405②).

** 관련 판례: 대법원 2014. 2. 19.자 2013마2316 결정

주주대표소송의 주주와 같이 다른 사람을 위하여 원고가 된 사람이 받은 확정판결의 집행력은 확정판결의 당사자인 원고가 된 사람과 다른 사람 모두에게 미치므로, 주주대표소송의 주주는 집행채권자가 될 수 있다.

제3절 감사 및 감사위원회

Ⅰ. 감사

1. 의의

감사는 업무와 회계의 감사를 주된 업무로 하는 주식회사의 필요적 상설기관이다. 자본금의 총액이 10억원 미만인 회사의 경우에는 감사를 선임하지 아니할 수 있다(법409④).

2. 선임과 종임

(1) 선임

감사는 주주총회에서 선임한다(법409①). 의결권없는 주식을 제외한 발행주식의 총수의 3%(정관에서 더 낮은 주식 보유비율을 정할 수 있으며, 정관에서 더 낮은 주식 보유비율을 정한 경우에는 그 비율로 한다)을 초과하는 수의 주식을 가진 주주는 그 초과하는 주식에 관하여 제1항의 감사의 선임에 있어서는 의결권을 행사

하지 못한다(법409②). 회사가 전자적 방법으로 의결권을 행사할 수 있도록 한 경우에는 출석한 주주의 의결권의 과반수로써 감사의 선임을 결의할 수 있다(법409③).

(2) 종임

감사의 종임 사유는 이사의 종임 사유와 대체로 같다(법415, 법382②, 법385).

** 관련 판례

① 대전고등법원 2022. 7. 14. 선고 2021나16087 판결

상법 제415조, 제385조 제1항은 주주총회의 특별결의에 의하여 언제든지 감사를 해임할 수 있게 하는 한편, 정당한 이유 없이 해임당한 경우에는 회사에 대하여 손해배상을 청구할 수 있게 함으로써, 주주들의 지배권 및 회사에 대한 내부감독권 확보와 감사 지위의 안정이라는 주주와 감사의 이익을 조화시키려는 규정을 두고 있다(대법원 2004. 10. 15. 선고 2004다25611 판결 취지 참조).

② 대법원 2009. 11. 26. 선고 2009다51820 판결

상법 제369조 제1항에서 주식회사의 주주는 1주마다 1개의 의결권을 가진다고 하는 1주 1의결권의 원칙을 규정하고 있는바, 위 규정은 강행규정이므로 법률에서 위 원칙에 대한 예외를 인정하는 경우를 제외하고, 정관의 규정이나 주주총회의 결의 등으로 위 원칙에 반하여 의결권을 제한하더라도 그 효력이 없다. 그런데 상법 제409조 제2항·제3항은 '주주'가 일정 비율을 초과하여 소유하는 주식에 관하여 감사의 선임에 있어서 그 의결권을 제한하고 있고, 구 증권거래법(2007. 8. 3. 법률 제8635호 자본시장법 부칙 제2조로 폐지, 이하 같다) 제191조의11은 '최대주주와 그 특수관계인 등'이 일정 비율을 초과하여 소유하는 주권상장법인의 주식에 관하여 감사의 선임 및 해임에 있어서 의결권을 제한하고 있을 뿐이므로, '최대주주가 아닌 주주와 그 특수관계인 등'에 대하여도 일정 비율을 초과하여 소유하는 주식에 관하여 감사의 선임 및 해임에 있어서 의결권을 제한하는 내용의 정관 규정이나 주주총회 결의 등은 무효라고 보아야 한다.

3. 겸직제한

감사는 회사 및 자회사의 이사 또는 지배인 기타의 사용인의 직무를 겸하지
못한다(법411).

** 관련 판례: 대법원 2007. 12. 13. 선고 2007다60080 판결

**[감사가 회사 또는 자회사의 이사, 지배인 기타의 사용인에 선임되거나 그 반대
의 경우, 피선임자가 현직을 사임하는 것을 조건으로 효력을 가지는지 여부(적극)]**

[1] 관련 법리

상법 제411조는 "감사는 회사 및 자회사의 이사 또는 지배인 기타의 사용인
의 직무를 겸하지 못한다"고 규정하는바, 만일 감사가 회사 또는 자회사의 이사
또는 지배인 기타의 사용인에 선임되거나, 반대로 회사 또는 자회사의 이사 또는
지배인 기타의 사용인이 회사의 감사에 선임된 경우에는, 그 선임행위는 각각의
선임 당시에 있어 현직을 사임하는 것을 조건으로 하여 효력을 가지고, 피선임자
가 새로이 선임된 지위에 취임할 것을 승낙한 때에는, 종전의 직을 사임하는 의
사를 표시한 것으로 해석하여야 할 것이다.

[2] 판단

기록에 의하여 살펴보면, 피고 4는 동아건설의 감사로 재직하던 중 1997. 4.
18. 동아건설 및 그 자회사인 대한통운의 상담역(부회장대우)으로 위촉되어 그때
부터 월 620만 원(동아건설 310만 원, 대한통운 310만 원)의 보수를 지급받으면서
위 두 회사의 해외수주 업무자문과 업무협의 조정역할을 수행하여 온 점을 알 수
있는바, 이러한 사정을 앞서 본 법리에 비추어 보면, 위 피고는 동아건설의 감사
로 재직하다가 1997. 4. 18. 동아건설 및 대한통운의 사용인인 상담역의 지위에
선임되고 그 지위에 취임함으로써, 종전의 동아건설의 감사직을 사임한 것으로
봄이 상당하다. 그럼에도 불구하고, 원심은 그 판시와 같은 이유로 위 피고가 동
아건설의 감사의 직을 사임한 것으로 볼 수 없다고 판단하고 말았으니, 이러한
원심판결에는 감사의 겸임금지를 규정한 상법 제411조에 관한 법리를 오해한 위
법이 있고, 이러한 위법이 판결에 영향을 미쳤음은 분명하다.

4. 감사의 권한

감사는 이사의 직무의 집행을 감사한다(법412①). 이것은 감사가 회계감사를 포함하여 업무집행 전반에 걸쳐 감사할 권한이 있음을 의미한다. 감사는 언제든지 이사에 대하여 영업에 관한 보고를 요구하거나 회사의 업무와 재산상태를 조사할 수 있다(법412②). 모회사의 감사는 그 직무를 수행하기 위하여 필요한 때에는 자회사에 대하여 영업의 보고를 요구할 수 있다(법412의5①).

회사가 이사에 대하여 또는 이사가 회사에 대하여 소를 제기하는 경우에 감사는 그 소에 관하여 회사를 대표한다(법394① 전단). 회사가 제403조(주주대표소송) 제1항의 청구를 받음에 있어서도 같다(법394① 후단). 감사위원회의 위원이 소의 당사자인 경우에는 감사위원회 또는 이사는 법원에 회사를 대표할 자를 선임하여 줄 것을 신청하여야 한다(법394②).

** 관련 판례: 대법원 2018. 3. 15. 선고 2016다275679 판결
[이사와 회사 사이의 소에 관하여 감사가 회사를 대표하도록 규정한 취지]

[1] 원고회사는 이 사건 소로써, 이 사건 최종 주주총회에서 이사로 선임된 피고를 상대로, 이사선임결의의 부존재를 주장하면서 피고의 이사 지위의 부존재 확인을 구하고 있다. 상고이유의 주장은, 이처럼 회사가 이사를 상대로 소를 제기한 경우, 상법 제394조 제1항에 따라 감사가 회사를 대표하고, 만약 회사를 대표할 자가 없다면, 민사소송법 제62조에 따라 특별대리인을 선임했어야 한다는 것이다.

[2] 상법 제394조 제1항은 이사와 회사 사이의 소에 관하여 감사로 하여금 회사를 대표하도록 규정하고 있는데, 이는 이사와 회사 양자 간에 이해의 충돌이 있기 쉬우므로, 그 충돌을 방지하고 공정한 소송수행을 확보하기 위한 것이다(대법원 2002. 3. 15. 선고 2000다9086 판결 참조). 그런데 원심이 인정한 사실관계에 의하면, 이 사건 소 제기 전에 원고 1은, 원고회사를 적법하게 대표할 사람이 없다는 이유로, 법원에 원고회사의 일시대표이사 및 이사의 선임을 구하는 신청을 하여(서울남부지방법원 2015비합100022호), 변호사 소외 1이 원고회사의 일시대표이사 및 이사로 선임되었다. 그렇다면 이 사건 소에서 원고회사의 일시대표이사로 하여금 원고회사를 대표하도록 하였더라도, 그것이 공정한 소송수행을 저해하는 것이라고 보기는 어려우므로, 이 사건 소에 상법 제394조 제1항은 적용된다고

볼 수 없다.

　　[3] 따라서 이 사건 소에 관해서는 상법 제394조 제1항을 적용할 수 없다는 것을 전제로 본안에 나아간 원심의 판단에 상고이유 주장과 같이 상법 제394조 제1항의 적용에 관한 법리를 오해하는 등의 위법이 없다.

5. 감사의 의무

　　감사와 회사의 관계는 위임에 관한 규정을 준용하므로(법415, 법382②), 감사는 선관의무를 부담한다.

** 관련 판례

① 대법원 2007. 12. 13. 선고 2007다60080 판결

[비상임 감사라는 이유로 선관주의의무 위반에 따른 책임을 면하는지 여부(소극)]

　　우리 상법이 감사를 상임 감사와 비상임 감사로 구별하여 비상임 감사는 상임 감사에 비해 그 직무와 책임이 감경되는 것으로 규정하고 있지도 않을 뿐 아니라, 우리나라의 회사들이 비상임 감사를 두어 비상임 감사는 상임 감사의 유고시에만 감사의 직무를 수행하도록 하고 있다는 상관습의 존재도 인정할 수 없으므로, 비상임 감사는 감사로서의 선관주의의무 위반에 따른 책임을 지지 않는다는 주장은 허용될 수 없다.

② 대법원 2012. 7. 12. 선고 2012다20475 판결

[공동불법행위의 성립에 관한 법리]

[1] 관련 법리

　　감사는 이사의 직무집행을 감사할 권한을 가진 주식회사의 필요적 상설기관으로서 회계감사를 비롯하여 이사의 업무집행 전반을 감사할 권한을 갖고, 업무감사를 위해서는 언제든지 이사에 대하여 영업에 관한 보고를 요구하거나 회사의 업무와 재산상태를 조사할 권한이 있으며(상법 제412조), 이사가 법령 또는 정관에 위반한 행위를 하여 이로 인하여 회사에 회복할 수 없는 손해가 생길 염려가 있는 경우에는 이사에 대하여 그 행위를 유지(留止)할 것을 청구할 수 있고(상법 제402조), 이사회와 임시주주총회를 소집할 수도 있으며(상법 제412조의3, 제412조의4) 이사회에서 의견을 진술할 수 있는 권한(상법 제391조의2 제1항) 등을 가지는 반면, 회사에 대하여 선량한 관리자의 주의로써 위임사무를 처리할 의무를 부

담하고, 이사가 법령 또는 정관에 위반한 행위를 하거나 그 행위를 할 염려가 있다고 인정한 때에는 이사회에 이를 보고하여야 하는(상법 제391조의2 제2항) 등의 의무를 부담한다. 이와 같이 상법이 규정하고 있는 감사의 권한과 의무에 비추어 볼 때 감사가 이사의 법령 또는 정관 위반행위를 발견하였음에도 위와 같은 필요 조치를 취하지 아니한 경우에는 감사로서의 주의의무를 제대로 이행하지 아니한 것으로 보아야 할 것이다.

[2] 사실관계

원심이 인정한 사실관계와 기록에 의하면, 원고 회사의 대표이사였던 망 소외 1(이하 '망인'이라 한다)이 2006. 12. 22. 이사회결의를 거치지 않고 독단적으로 소외 2의 원고 회사에 대한 공사대금 채무를 면제해 주는 불법행위를 할 당시 원고 회사의 감사였던 소외 3이 그 자리에 함께 있었던 사실, 소외 3은 망인의 이러한 불법행위에 대하여 그 행위를 유지(留止)할 것을 청구하거나 이사회나 주주총회에 이를 보고하는 등 필요한 조치를 전혀 취하지 않은 사실, 그 후 원고 회사는 망인이 사망할 때까지 소외 2에게 공사대금을 지급하라고 요청한 적이 없었고, 원고 회사의 2008년, 2009년 사업결산서의 미수금 명세서에도 소외 2에 대한 공사대금 미수금이 기재되어 있지 않았던 사실 등을 알 수 있다.

[3] 판단

이러한 사실관계를 앞서 본 법리들에 비추어 살펴보면, 소외 3은 원고 회사의 감사로서 원심이 인정한 대표이사인 망인의 불법행위를 방지하여야 할 작위의무가 있음에도 불구하고 필요한 조치를 취하지 아니하는 부작위로 인하여 망인의 불법행위를 가능하게 하거나 용이하게 하였다고 할 것이므로, 이는 고의에 의한 방조행위에 해당하거나 적어도 앞서 본 바와 같은 감사로서의 주의의무를 다하지 못한 과실에 의한 방조에 해당한다고 할 것이다. 그리고 이와 같은 소외 3의 고의 또는 과실에 의한 방조행위와 망인의 채무면제행위는 객관적으로 관련 공동되어 소외 2에 대한 원고 회사의 채권의 소멸이라는 단일한 결과를 발생시킨 것으로서, 그로 인한 원고 회사의 손해와 사이에 상당인과관계도 있으므로, 공동불법행위가 성립한다고 할 것이다.

6. 감사의 책임

감사가 그 임무를 해태한 때에는 그 감사는 회사에 대하여 연대하여 손해를 배상할 책임이 있다(법414①). 감사가 악의 또는 중대한 과실로 인하여 그 임무를 해태한 때에는 그 감사는 제3자에 대하여 연대하여 손해를 배상할 책임이 있다 (법414②). 감사가 회사 또는 제3자에 대하여 손해를 배상할 책임이 있는 경우에 이사도 그 책임이 있는 때에는 그 감사와 이사는 연대하여 배상할 책임이 있다 (법414③). 책임면제에는 이사의 경우와 같이 총주주의 동의가 필요하다(법415, 법 400).

** 관련 판례

① 대법원 1988. 10. 25. 선고 87다카1370 판결

[회사의 경리업무담당자의 부정행위로 발행된 어음을 취득한 소지인들에 대하 여 회사의 감사에게 상법 제414조 제2항, 제3항에 의한 손해배상책임을 인정한 사례]

회사의 감사가 회사의 사정에 비추어 회계감사 등의 필요성이 있음을 충분 히 인식하고 있었고 또 경리업무담당자의 부정행위의 수법이 교묘하게 저질러진 것이 아닌 것이어서 어음용지의 수량과 발행매수를 조사하거나 은행의 어음결제 량을 확인하는 정도의 조사만이라도 했다면 위 경리업무 담당자의 부정행위를 쉽게 발견할 수 있었을 것인데도 아무런 조사도 하지 아니하였다면 이는 감사로 서의 중대한 과실로 인하여 그 임무를 해태한 것이 되므로 위 경리업무담당자의 부정행위로 발행된 어음을 취득함으로써 손해를 입은 어음소지인들에 대하여 위 감사는 상법 제414조 제2항, 제3항에 의한 손해를 배상할 책임이 있다.

② 대법원 2004. 3. 25. 선고 2003다18838 판결

[신용협동조합의 감사가 구 신용협동조합법 및 정관의 규정에 따라 조합에 대 하여 불법·부당대출 등과 관련한 손해배상책임을 지기 위한 요건]

[1] 관련 법리

구 신용협동조합법(1998. 1. 13. 법률 제5506호로 전문 개정되기 전의 것, 다음부 터 '구 신협법'이라 한다)은 제30조 에서 감사는 분기마다 1회 이상 조합의 업무· 재산상태 및 장부·서류 등을 감사하여야 하고, 분기별 감사보고서는 이사회에, 분기별 감사보고서를 종합한 연차보고서는 정기총회에 각각 제출하여야 하며, 매 년 1회 이상 예고없이 상당수의 조합원의 예탁금통장 기타 증서와 조합의 장부나 기록을 대조 확인하여야 한다고 규정하고 있고, 소외 신협 의 정관 제55조는 임 원이 그 직무를 수행함에 있어서 고의 또는 중대한 과실로 조합 또는 타인에게 가한 손해에 대하여는 단독 또는 연대하여 손해배상의 책임을 진다고 규정하고 있으므로 이 사건에서 위의 법령과 정관 규정에 의하여 신용협동조합의 감사가

불법·부당대출 등과 관련하여 조합에 대하여 손해배상책임을 지는 경우란 당해 대출 등의 행위가 불법·부당한 것임을 알았거나 조합의 장부 또는 대출관련 서류상으로 불법·부당한 대출임이 명백하여 조금만 주의를 기울였다면 이를 알 수 있었을 것임에도 그러한 주의를 현저히 게을리 함으로써 감사로서의 임무를 해태한 데에 중대한 과실이 있는 경우라 할 것이다.

[2] 판단

(가) 기록 중의 증거들에 의하니, 소외 신협의 일반신용대출의 한도는 3,000만 원, 한도거래약정 신용대출의 한도는 5,000만 원으로서 이를 초과하는 대출은 금지되어 있으며 배우자나 직계비속 등 일정 범위의 친족은 대출에 있어 동일인으로 취급되는데 원고가 내세우고 있는 부당대출 중 상당 부분은 실명으로 또는 차명으로 동일인 대출한도를 초과하여 대출되었던 사실, 담보부대출의 경우 감정평가액의 90%가 대출의 한도로 정해져 있음에도 아예 감정가액 자체를 초과하는 대출이 이루어지기도 한 사실, 상업어음담보대출은 사업자등록증과 당해 거래를 입증하는 세금계산서가 필요함에도 불구하고 아예 사업자등록증도 없는 개인들이 발행한 단순 견질어음에 의하여 상업어음담보대출이 수회에 걸쳐 이루어진 사실들을 알 수 있는바, 피고가 구 신협법 제30조 및 소외 신협의 정관 제47조에 따라 분기마다 1회 이상 조합의 업무·재산상태 및 장부·서류 등을 감사하고, 매년 1회 이상 상당수의 조합원의 예탁금통장 기타 증서와 조합의 장부나 기록을 대조·확인하였더라면 금융 및 회계업무에 관한 전문적 지식이나 경험 없이도 동일인한도 초과대출, 담보비율 초과대출, 사업자등록증 미교부자에 대한 상업어음 담보대출 등이 부당하게 행해진 사실은 쉽게 파악할 수 있었을 것이므로 적어도 이러한 부분에 관한 한 피고가 감사로서의 임무를 해태한 고의 또는 중대한 과실이 있다고 볼 것이다.

(나) 이 사건에서 피고의 감사로서의 지위가 비상근, 무보수의 명예직으로 전문가가 아니고 형식적이었다고 하더라도 그 사유만으로는 법령과 정관상의 앞서 본 주의의무를 면하게 할 수 없을 이치이므로, 원심으로서는 개별적인 대출건 등의 부당·불법의 정도, 그러한 하자의 노출 정도, 감사로서의 그 발견가능성과 감사업무의 실제 수행 여부 등에 관하여 더욱 자세히 심리한 후 그에 의하여 밝혀진 사실을 토대로 하여 피고의 전반적인 임무해태가 개별 사안마다 중대한 과실에 해당하는지에 관한 판단에 나아갔어야 옳았다.

③ 대법원 2008. 2. 14. 선고 2006다82601 판결

[주식회사의 감사가 결산 업무를 수행하면서 재무제표 등이 허위로 기재된 것

을 발견하지 못한 경우, 제3자에 대한 손해배상책임의 성립요건인 중과실 유무의
판단 기준]

[1] 주식회사의 감사가 실질적으로 감사로서의 직무를 수행할 의사가 전혀
없으면서도 자신의 도장을 이사에게 맡기는 등의 방식으로 그 명의만을 빌려줌
으로써 회사의 이사로 하여금 어떠한 간섭이나 감독도 받지 않고 재무제표 등에
허위의 사실을 기재한 다음 그와 같이 분식된 재무제표 등을 이용하여 거래 상대
방인 제3자에게 손해를 입히도록 묵인하거나 방치한 경우, 감사는 악의 또는 중
대한 과실로 인하여 임무를 해태한 때에 해당하여 그로 말미암아 제3자가 입은
손해를 배상할 책임이 있다.

[2] 주식회사의 감사가 감사로서 결산과 관련한 업무 자체를 수행하기는 하
였으나 재무제표 등이 허위로 기재되었다는 사실을 과실로 알지 못한 경우에는,
문제된 분식결산이 쉽게 발견 가능한 것이어서 조금만 주의를 기울였더라면 허
위로 작성된 사실을 알아내 이사가 허위의 재무제표 등을 주주총회에서 승인받
는 것을 저지할 수 있었다는 등 중대한 과실을 추단할 만한 사정이 인정되어야
비로소 제3자에 대한 손해배상의 책임을 인정할 수 있고, 분식결산이 회사의 다
른 임직원들에 의하여 조직적으로 교묘하게 이루어진 것이어서 감사가 쉽게 발
견할 수 없었던 때에는 분식결산을 발견하지 못하였다는 사정만으로 중대한 과
실이 있다고 할 수는 없고, 따라서 감사에게 분식결산으로 인하여 제3자가 입은
손해에 대한 배상책임을 인정할 수 없다.

④ 대법원 2008. 9. 11. 선고 2006다68636 판결
[감사의 구체적인 주의의무의 내용과 범위]
[1] 관련 법리

주식회사의 감사는 이사의 직무집행을 감사하고, 이사가 법령 또는 정관에
위반한 행위를 하거나 그 행위를 할 염려가 있는 때에는 이사회에 보고하여야 하
며, 이사가 주주총회에 제출할 의안 및 서류를 조사하여 법령 또는 정관에 위반
하거나 현저하게 부당한 사항이 있는지의 여부에 관하여 주주총회에 그 의견을
진술하여야 할 의무가 있고, 위와 같은 의무를 적정하게 수행하는 데 필요한 경
우 이사에 대하여 영업에 관한 보고를 요구하거나 회사의 업무와 재산상태를 조
사할 수 있으며, 조사를 방해받거나 요구를 거부당한 때에는 그 뜻과 이유를 감
사보고서에 기재하여야 하고, 이사의 위법한 행위로 인하여 회사에 회복할 수 없
는 손해가 생길 염려가 있는 경우에는 그 행위를 유지할 것을 청구할 수 있는 등
의 권한도 있으므로(상법 제412조 제1항, 제391조의2 제2항, 제413조, 제412조 제2항,

제447조의4 제2항 제11호, 제402조), 감사는 상법상의 위와 같은 권한 또는 의무와 기타 법령이나 정관에서 정한 권한과 의무를 선량한 관리자의 주의의무를 다하여 이행하여야 하고, 악의 또는 중과실로 선량한 관리자의 주의의무에 위반하여 그 임무를 해태한 때에는 그로 인하여 제3자가 입은 손해를 배상할 책임이 있다 (대법원 2007. 6. 28. 선고 2006다59687 판결 참조).

[2] 판단

(가) 위 피고들의 주장의 요지는, 원심의 인정과는 달리 실제로 두 사람이 회계감사를 실시하였지만, 회계분식이 교묘하게 이루어졌고, 일부 이사의 전횡이 용인되어 있던 과거 실무관행상 회사의 중요한 정보에 대한 감사의 접근이 제한된 데다가 이 사건 회계분식이 다른 임직원들에 의하여 조직적이고 은밀하게 이루어진 것이어서 이를 발견하지 못한 데 불과하며, 재무제표 및 부속서류의 검토만으로 이 사건 회계분식을 발견하는 것은 처음부터 불가능하였다는 취지이나, 위에서 본 감사의 구체적인 주의의무의 내용과 범위는 회사의 종류나 규모, 업종, 지배구조 및 내부통제 시스템, 재정상태, 법령상 규제의 정도, 감사 개개인의 능력과 경력, 근무 여건 등에 따라 다를 수 있다 하더라도, 이 사건 당시 감사가 주식회사의 필요적 상설기관으로서 회계감사를 비롯하여 이사의 업무집행 전반을 감사할 권한을 갖는 등 위에서 본 바와 같은 상법상의 권한 또는 의무와 기타 법령이나 정관에서 정한 권한과 의무를 가지고 있는 점에 비추어 볼 때, 위 피고들이 감사로 재직하였던 대우와 같은 대규모 상장기업에서 일부 임직원의 전횡이 방치되고 있었다거나 중요한 재무정보에 대한 감사의 접근이 조직적·지속적으로 차단되고 있는 상황이라면, 감사의 주의의무는 위 피고들의 주장과 같이 경감되는 것이 아니라, 오히려 현격히 가중된다고 보아야 한다.

(나) 구체적으로 보건대, 앞서 본 바와 같이 대우의 경우 당시 회계분식 시도를 견제하기 위한 정보 및 보고시스템이나 내부통제시스템이 구축되지 아니하였고 이사회도 형해화되어 감시기능을 전혀 수행하지 못하고 있었으며 그 결과 위 피고들의 주장과 같이 일부 임직원의 전횡이 관행이라는 명목으로 구조적·조직적으로 장기간 방치되어 온 점, 원심이 인정한 피고 9, 피고 11의 경력에 비추어 대우의 당시 지배구조와 재무상황 및 잠재적 분식 요인에 관하여 잘 알 수 있었다고 봄이 상당한 점, 그 밖에 이 사건에 나타난 대우의 규모와 재정상태, 영업상황, 회계업무 처리 관행 등에 비추어 볼 때, 1997 회계연도 당시 대우의 상근 감사로 재직중이던 피고 9, 피고 11에게 주어진 직무상 주의의무는 단지 최종적인 결산 재무제표 및 그 부속서류의 검토에 국한된다고 볼 수 없고, 오히려 위와 같은 상황에서는 재무제표의 작성과정에 의도적·조직적인 분식 시도가 개입되는

지 여부에 관하여 일상적으로 주의를 기울일 것이 요구된다고 보아야 함에도, 위 피고들이 사무분장상 각 본부에 대한 내부감사에만 종사하였다거나 중요한 정보에 대한 접근이 제한되었다는 등의 이유로 위와 같은 주의의무를 지속적으로 게을리하고 필요한 회계감사를 제대로 실시하지 아니한 이상, 그 자체로 악의 혹은 중대한 과실을 인정할 수 있다고 보이고, 사정이 위와 같다면 구체적인 회계분석의 내용을 알지 못하였다는 사정을 들어 책임을 면할 수는 없다.

⑤ 대법원 2007. 11. 16. 선고 2005다58830 판결

[이사의 법령 위반행위에 대하여 감사가 경영판단의 재량권을 이유로 감사의무를 면할 수 있는지 여부(소극)]

[1] 관련 법리

주식회사의 감사는 이사의 직무집행을 감사하고, 이사가 법령 또는 정관에 위반한 행위를 하거나 그 행위를 할 염려가 있다고 인정한 때에는 이사회에 이를 보고하여야 하며, 이사가 법령 또는 정관에 위반한 행위를 하여 이로 인하여 회사에 회복할 수 없는 손해가 생길 염려가 있는 경우에는 그 행위에 대한 유지청구를 하는 등의 의무가 있으므로(상법 제412조 제1항, 제391조의2, 제402조), 감사는 상법상의 위와 같은 의무 또는 기타 법령이나 정관에서 정한 의무를 선량한 관리자의 주의의무를 다하여 이행하여야 하고, 고의·과실로 선량한 관리자의 주의의무에 위반하여 그 임무를 해태한 때에는 그로 인하여 회사가 입은 손해를 배상할 책임이 있다(상법 제414조 제1항, 제415조, 제382조 제2항, 대법원 2004. 3. 26. 선고 2002다60177 판결 등 참조). 또한, 이사가 임무를 수행함에 있어서 법령에 위반한 행위를 한 때에는 그 행위 자체가 회사에 대하여 채무불이행에 해당되므로 감사는 경영판단의 재량권을 들어 감사의무를 면할 수 없고, 회사의 감사직무규정에서 최종결재자의 결재에 앞서 내용을 검토하고 의견을 첨부하는 방법에 의하여 사전감사를 할 의무를 정하고 있는 사항에 대하여는 감사에게 그와 같은 사전감사가 충실히 이루어질 수 있도록 할 의무가 있는 것이므로 결재절차가 마련되어 있지 않았다거나 이사의 임의적인 업무처리로 인하여 감사사항을 알지 못하였다는 사정만으로는 그 책임을 면할 수 없다고 할 것이다.

[2] 판단

위와 같은 법리하에서 기록과 원심판결에 나타난 파산자 주식회사 오렌지신용금고(이하 '파산자 회사'라 한다)의 감사직무규정의 내용, 파산자 회사가 구 상호신용금고법(2001. 3. 28. 법률 제6429호 상호저축은행법으로 개정되기 전의 것) 제18조의2 제1호, 상호신용금고감독규정 제9조 제1항 제2호 및 제3호에 위반하여 보

유한도를 초과한 유가증권 투자 및 투기적 목적의 유가증권지수 선물거래를 하게 된 경위, 거래의 내용과 기간, 피고가 행한 감사의 내용 등 제반 사정을 종합하여 보면, 원심이 피고가 이사인 소외인의 유가증권의 보유한도 초과 및 투기적 목적의 유가증권지수 선물거래 등 유가증권의 매입 및 처분사항에 대한 감사를 제대로 하지 아니하는 등 감사로서의 임무를 해태하였으므로 그로 인하여 파산자 회사가 입은 손해를 배상할 책임이 있다고 판단한 것은 정당하고, 거기에 상고이유 주장과 같은 감사의 회사에 대한 선관주의의무, 입증책임 및 인과관계에 관한 법리오해 내지 심리미진 등의 위법이 없다.

II. 감사위원회

1. 의의

회사는 정관이 정한 바에 따라 감사에 갈음하여 제393조의2의 규정에 의한 위원회로서 감사위원회를 설치할 수 있다. 감사위원회를 설치한 경우에는 감사를 둘 수 없다(법415의2①).

2. 선임과 해임

감사위원회는 3명 이상의 이사로 구성한다(법415의2② 전단). 다만, 사외이사가 위원의 2/3 이상이어야 한다(법415의2② 후단). 감사위원회의 위원의 해임에 관한 이사회의 결의는 이사 총수의 2/3 이상의 결의로 하여야 한다(법415의2③).

3. 권한, 의무와 책임

감사위원회는 감사에 갈음하는 기관이므로 그 권한과 의무, 책임은 대체로 감사와 같다(법415의2⑦).

** 관련 판례: 대법원 2020. 5. 28. 선고 2016다243399 판결
[주식회사 감사위원의 선관의무 위반과 회사에 대한 손해배상책임/금융기관 감사위원의 선관의무 위반하여 임무를 게을리하였는지 판단하는 기준]
[1] 주식회사의 감사위원회는 이사의 직무집행을 감사하고, 이사가 법령 또

는 정관에 위반한 행위를 하거나 그러한 행위를 할 염려가 있다고 인정한 때에는 이사회에 이를 보고하여야 하며, 이사가 법령 또는 정관에 위반한 행위를 하여 회사에 회복할 수 없는 손해가 생길 염려가 있는 경우에는 그 행위에 대한 유지 청구를 하는 등의 의무가 있다(상법 제415조의2 제7항, 제412조 제1항, 제391조의2 제2항, 제402조). 감사위원회의 위원은 상법상 위와 같은 의무 또는 기타 법령이나 정관에서 정한 의무를 선량한 관리자의 주의의무를 다하여 이행하여야 하고, 고의·과실로 선량한 관리자의 주의의무에 위반하여 임무를 해태한 때에는 그로 인하여 회사가 입은 손해를 배상할 책임이 있다(상법 제415조의2 제7항, 제414조 제1항, 제382조 제2항, 대법원 2007. 11. 16. 선고 2005다58830 판결 등 참조).

　　[2] 한편 금융기관 임원은 소속 금융기관에 대하여 선량한 관리자의 주의의무를 지므로 그 의무를 충실히 이행하여야 임원으로서 임무를 다한 것이다. 금융기관 감사위원이 위와 같은 선량한 관리자의 주의의무에 위반하여 자신의 임무를 게을리 하였는지 여부는 개별 대출에 대한 감사를 하면서 통상의 감사위원으로서 간과해서는 안 될 잘못이 있는지 여부를 제반 규정 준수 여부, 대출 조건과 내용 및 규모, 변제계획, 담보 유무와 내용, 채무자의 재산 및 경영상황, 성장 가능성 등 여러 가지 사항에 비추어 종합적으로 판정해야 한다(대법원 2007. 7. 26. 선고 2006다33609 판결, 대법원 2017. 11. 23. 선고 2017다251694 판결 등 참조).

제5장

회사의 재무질서

제1절   주식회사의 자금조달

Ⅰ. 신주의 발행

1. 신주발행의 의의

신주발행은 회사의 성립 후에 자금조달을 직접적 목적으로 하여 발행예정주
식총수의 범위 내에서 미발행주식을 신주로 발행하는 것을 말한다. 신주발행의
경우에는 신주의 인수인으로부터 주금의 납입 또는 현물출자의 이행을 받으므로
유상증자라고 한다. 주금의 납입없이 신주를 발행하는 준비금의 자본전입(법461)
등의 경우는 무상증자라 한다.

2. 신주발행사항의 결정

(1) 결정기관

신주발행은 원칙적으로 이사회가 이를 결정한다(법416 본문). 다만, 상법에 다른 규정이 있거나 정관으로 주주총회에서 결정하기로 정한 경우에는 그러하지 아니하다(법416 단서).

(2) 결정사항

이사회(또는 주주총회)는 ⅰ) 신주의 종류와 수(제1호), ⅱ) 신주의 발행가액과 납입기일(제2호), ⅲ) 무액면주식의 경우에는 신주의 발행가액 중 자본금으로 계상하는 금액(제2호의2), ⅳ) 신주의 인수방법(제3호), ⅴ) 현물출자를 하는 자의 성명과 그 목적인 재산의 종류, 수량, 가액과 이에 대하여 부여할 주식의 종류와 수(제4호), ⅵ) 주주가 가지는 신주인수권을 양도할 수 있는 것에 관한 사항(제5호), ⅶ) 주주의 청구가 있는 때에만 신주인수권증서를 발행한다는 것과 그 청구기간(제6호)을 결정하여야 한다(법416).

3. 신주의 발행가액

(1) 액면미달발행(할인발행)

주식을 액면미달의 금액으로 발행하는 것을 말한다. 상법은 자본충실의 원칙에 기초하여 엄격한 요건하에 인정하고 있다. 신주의 발행시에 액면미달발행을 하기 위해서는 ⅰ) 회사가 성립한 날로부터 2년을 경과해야 하고, ⅱ) 액면미달발행의 여부와 최저발행가액의 결정에 관하여 주주총회의 특별결의를 얻어야 하며, ⅲ) 법원의 허가를 얻어야 하며, ⅳ) 신주는 법원의 인가를 얻은 날로부터 1월 내에 발행하여야 한다. 법원은 이 기간을 연장하여 인가할 수 있다(법417).

(2) 시가발행

시가발행은 신주를 발행하는 경우 발행가액을 증권시장에서 형성된 구주식의 현재 시가에 준하는 가격으로 정하여 발행하는 것을 말한다. 상장법인의 신주발행에 경우 사용되는 개념이다. 주가가 액면가액을 상회할 때에 시가발행을 하면 액면을 초과하는 순재산이 회사에 유입되므로 재무구조를 개선시킬 수 있다.

상장법인의 시가발행에 관하여는 자본시장법의 위임을 받은 금융위원회 고시인 "증권의 발행 및 공시 등에 관한 규정"에서 규제하고 있다.

4. 신주인수권

(1) 의의

신주인수권이란 회사의 성립 후 신주를 발행하는 경우에 다른 사람에 우선하여 신주를 인수할 수 있는 권리를 말한다. 상법상 신주인수권은 원칙적으로 주주에게 부여된다(법418①). 다만, 신기술의 도입, 재무구조의 개선 등 회사의 경영상 목적을 달성하기 위하여 정관에 정하는 바에 따라 주주 외의 자에게 신주를 배정할 수 있다(법418②). 즉 상법은 주주의 신주인수권(주주우선배정)과 제3자의 신주인수권(제3자배정)을 규정하고 있다. 일반공모증자는 자본시장법에서 상장법인에 인정되고 있다.

(2) 주주의 신주인수권

주주의 신주인수권이란 정관에 다른 정함이 없는 한 주주가 가진 주식 수에 비례하여 우선적으로 신주를 배정받는 권리이다(법418①).

주주의 신주인수권은 추상적 신주인수권과 구체적 신주인수권으로 구분된다. 추상적 신주인수권이란 장래 회사가 발행할 모든 주식에 대하여 신주를 인수할 수 있는 자격으로 법률의 규정에 의하여 당연히 파생되는 것으로서 주주권의 한 내용을 이룬다. 따라서 주식과 분리하여 양도 기타의 처분을 할 수 없다. 이에 반하여 구체적 신주인수권이란 이사회의 신주발행 결의에 의하여 구체화된 권리로서 주주권과는 별개의 권리이므로, 주식과 독립하여 양도할 수 있다. 구체적 신주인수권을 양도하려면 신주인수권증서를 발행하여 교부하여야 한다.

** **관련 판례**

① 서울중앙지방법원 2020. 12. 1.자 2020카합22150 결정

[신주발행금지가처분]

[1] 상법은 제418조 제1항에서 "주주는 그가 가진 주식 수에 따라서 신주의 배정을 받을 권리가 있다."고 규정하여 주주의 신주인수권 보장을 원칙으로 하면

서, 같은 조 제2항에서 "회사는 제1항의 규정에 불구하고 정관에 정하는 바에 따라 주주 외의 자에게 신주를 배정할 수 있다. 다만, 이 경우에는 신기술의 도입, 재무구조의 개선 등 회사의 경영상 목적을 달성하기 위하여 필요한 경우에 한한다."라고 규정하여 일정한 범위에서 정관의 규정에 따라 주주의 신주인수권을 배제한 신주발행을 허용하고 있다.

[2] 이와 같은 상법 규정은, 주식회사가 신주를 발행하면서 주주 아닌 제3자에게 신주를 배정할 경우 기존 주주에게 보유 주식의 가치 하락이나 회사에 대한 지배권 상실 등 불이익을 끼칠 우려가 있다는 점을 감안하여, 신주를 발행할 경우 원칙적으로 기존 주주에게 이를 배정하게 함으로써 기존 주주의 신주인수권을 보호하면서도, 주주들이 회사의 새로운 자금 수요를 충족하지 못하거나, 회사가 다른 기업과 자본제휴를 하는 경우와 같이 주주배정 방식에 의해서는 경영 목적을 달성할 수 없는 상황에서는 회사가 자유로운 경영 판단에 기해 자금조달의 기동성을 도모할 수 있어야 한다는 고려에 따른 것으로 보인다.

[3] 따라서 주식회사가 자본시장의 여건에 따라 필요 자금을 용이하게 조달하고, 이로써 경영 효율성 및 기업 경쟁력이 강화될 수 있다고 보아 제3자 배정 방식의 신주발행으로 자금을 조달하기로 하였다면, 그 신주발행이 단지 경영권 분쟁 상황에서 이루어졌다는 사정만으로 이를 곧바로 무효로 볼 수는 없다 할 것이다. 다만 회사가 내세우는 경영상 목적은 표면적인 이유에 불과하고, 실제로는 경영진의 경영권이나 지배권방어 등 회사 지배관계에 대한 영향력에 변동을 주는 것을 주된 목적으로 하는 경우에는 제3자 배정방식의 신주발행은 상법 제418조 제2항을 위반하여 주주의 신주인수권을 침해하는 것이므로 무효로 보아야 한다.

② 대법원 2010. 2. 25. 선고 2008다96963, 96970 판결
[구체적 신주인수권이 주주권의 이전에 수반되어 이전되는지 여부(소극) 및 구체적 신주인수권의 귀속주체(=기준일 당시 주주명부에 기재된 주주)]

상법 제461조에 의하여 주식회사가 이사회의 결의로 준비금을 자본에 전입하여 주식을 발행할 경우 또는 상법 제416조에 의하여 주식회사가 주주총회나 이사회의 결의로 신주를 발행할 경우에 발생하는 구체적 신주인수권은 주주의 고유권에 속하는 것이 아니고 위 상법의 규정에 의하여 주주총회나 이사회의 결의에 의하여 발생하는 구체적 권리에 불과하므로 그 신주인수권은 주주권의 이전에 수반되어 이전되지 아니한다. 따라서 회사가 신주를 발행하면서 그 권리의 귀속자를 주주총회나 이사회의 결의에 의한 일정시점에 있어서의 주주명부에 기

재된 주주로 한정할 경우 그 신주인수권은 위 일정시점에 있어서의 실질상의 주주인가의 여부와 관계없이 회사에 대하여 법적으로 대항할 수 있는 주주, 즉 주주명부에 기재된 주주에게 귀속된다.

(3) 제3자의 신주인수권

제3자의 신주인수권이란 주주 이외의 제3자가 신주를 우선하여 배정받을 수 있는 권리를 말한다. 주주 자신이 갖는 주식의 수에 비례하여 신주를 인수하는 이외에 주주 자격에 기초하지 않고 신주인수권을 부여받는 경우에는 제3자의 신주인수권에 해당한다. 제3자의 신주인수권은 정관에 의하여 부여되는 것이 일반적이지만, 법률에 의하여 부여되는 수도 있다.

** 관련 판례

① 대법원 2012. 11. 15. 선고 2010다49380 판결

[회사가 주주배정방식으로 신주를 발행하면서 주주가 인수를 포기하거나 청약을 하지 아니하여 실권된 신주를 이사회 결의로 제3자에게 처분할 수 있는지 여부(적극) 및 이때 실권된 신주를 제3자에게 발행하는 것에 관하여 정관에 근거 규정이 있어야 하는지 여부(소극)]

[1] 관련 법리

신주 등의 발행에서 주주배정방식과 제3자배정방식을 구별하는 기준은 회사가 신주 등을 발행함에 있어서 주주들에게 그들의 지분비율에 따라 신주 등을 우선적으로 인수할 기회를 부여하였는지 여부에 따라 객관적으로 결정되어야 하고, 신주 등의 인수권을 부여받은 주주들이 실제로 인수권을 행사함으로써 신주 등을 배정받았는지 여부에 좌우되는 것은 아니다(대법원 2009. 5. 29. 선고 2007도4949 전원합의체 판결 등 참조). 회사가 주주배정방식에 의하여 신주를 발행하려는데 주주가 인수를 포기하거나 청약을 하지 아니함으로써 그 인수권을 잃은 때에는(상법 제419조 제4항) 회사는 이사회의 결의에 의하여 그 인수가 없는 부분에 대하여 자유로이 이를 제3자에게 처분할 수 있고, 이 경우 그 실권된 신주를 제3자에게 발행하는 것에 관하여 정관에 반드시 근거 규정이 있어야 하는 것은 아니다.

[2] 판단

(가) 원심판결 이유를 위 법리와 기록에 비추어 살펴보면, 이 사건 각 신주발

행은 피고 회사의 이사회 결의에 따라 피고 회사 주주들의 주식 보유 비율로 안분하여 주주들에게 신주를 우선 배정하되 그 주주들이 신주인수를 포기하거나 청약하지 아니하여 실권된 신주를 피고 회사의 주주 등을 포함한 제3자에게 발행한 것임을 알 수 있으므로 주주배정방식을 따른 것이라고 할 수 있고, 위와 같이 실권된 신주를 제3자에게 발행하는 것에 관하여 피고 회사의 정관에 반드시 근거 규정이 있어야 하는 것은 아니다.

(나) 또한 원고 주장과 같이 이 사건 각 신주발행 당시 피고 회사의 다른 주주들은 모두 신주인수를 포기하였지만 원고는 신주인수를 포기한 적이 없다 하더라도, 원고가 피고 회사를 상대로 소정의 기간 내에 신주인수의 청약을 하고 그 인수대금을 납입하였다고 볼만한 아무런 자료가 없는 이 사건에서 원고에게 배정된 신주에 대하여 실권의 효력이 발생하는 것은 변함이 없으므로, 원고의 위 주장과 같은 사정만으로 이 사건 각 신주발행이 제3자배정에 해당한다거나 무효로 된다고 볼 수 없다.

② 대법원 2009. 5. 29. 선고 2007도4949 전원합의체 판결 [에버랜드전환사채 발행사건]

[신주 등의 발행에서 주주 배정방식과 제3자 배정방식을 구별하는 기준 및 회사가 기존 주주들에게 지분비율대로 신주 등을 인수할 기회를 부여하였다면 주주들이 그 인수를 포기함에 따라 발생한 실권주 등을 시가보다 현저히 낮은 가액으로 제3자에게 배정한 경우에도 주주 배정방식으로 볼 수 있는지 여부]

[다수의견] 신주 등의 발행에서 주주 배정방식과 제3자 배정방식을 구별하는 기준은 회사가 신주 등을 발행하는 때에 주주들에게 그들의 지분비율에 따라 신주 등을 우선적으로 인수할 기회를 부여하였는지 여부에 따라 객관적으로 결정되어야 할 성질의 것이지, 신주 등의 인수권을 부여받은 주주들이 실제로 인수권을 행사함으로써 신주 등을 배정받았는지 여부에 좌우되는 것은 아니다. 회사가 기존 주주들에게 지분비율대로 신주 등을 인수할 기회를 부여하였는데도 주주들이 그 인수를 포기함에 따라 발생한 실권주 등을 제3자에게 배정한 결과 회사 지분비율에 변화가 생기고, 이 경우 신주 등의 발행가액이 시가보다 현저하게 낮아 그 인수권을 행사하지 아니한 주주들이 보유한 주식의 가치가 희석되어 기존 주주들의 부(富)가 새로이 주주가 된 사람들에게 이전되는 효과가 발생하더라도, 그로 인한 불이익은 기존 주주들 자신의 선택에 의한 것일 뿐이다. 또한, 회사의 입장에서 보더라도 기존 주주들이 신주 등을 인수하여 이를 제3자에게 양도한 경우와 이사회가 기존 주주들이 인수하지 아니한 신주 등을 제3자에게 배정한

경우를 비교하여 보면 회사에 유입되는 자금의 규모에 아무런 차이가 없을 것이므로, 이사가 회사에 대한 관계에서 어떠한 임무에 위배하여 손해를 끼쳤다고 볼 수는 없다.

[대법관 김영란, 대법관 박시환, 대법관 이홍훈, 대법관 김능환, 대법관 전수안의 반대의견] 신주 등의 발행이 주주 배정방식인지 여부는, 발행되는 모든 신주 등을 모든 주주가 그 가진 주식 수에 따라서 배정받아 이를 인수할 기회가 부여되었는지 여부에 따라 결정되어야 하고, 주주에게 배정된 신주 등을 주주가 인수하지 아니함으로써 생기는 실권주의 처리에 관하여는 상법에 특별한 규정이 없으므로 이사는 그 부분에 해당하는 신주 등의 발행을 중단하거나 동일한 발행가액으로 제3자에게 배정할 수 있다. 그러나 주주 배정방식으로 발행되는 것을 전제로 하여 신주 등의 발행가액을 시가보다 현저히 저가로 발행한 경우에, 그 신주 등의 상당 부분이 주주에 의하여 인수되지 아니하고 실권되는 것과 같은 특별한 사정이 있는 때에는, 그와 달리 보아야 한다. 주주 배정방식인지 제3자 배정방식인지에 따라 회사의 이해관계 및 이사의 임무 내용이 달라지는 것이므로, 회사에 대한 관계에서 위임의 본지에 따른 선관의무상 제3자 배정방식의 신주 등 발행에 있어 시가발행의무를 지는 이사로서는, 위와 같이 대량으로 발생한 실권주에 대하여 발행을 중단하고 추후에 그 부분에 관하여 새로이 제3자 배정방식에 의한 발행을 모색할 의무가 있고, 그렇게 하지 아니하고 그 실권주를 제3자에게 배정하여 발행을 계속할 경우에는 그 실권주를 처음부터 제3자 배정방식으로 발행하였을 경우와 마찬가지로 취급하여 발행가액을 시가로 변경할 의무가 있다고 봄이 상당하다. 이와 같이 대량으로 발생한 실권주를 제3자에게 배정하는 것은, 비록 그것이 주주 배정방식으로 발행한 결과라고 하더라도, 그 실질에 있어 당초부터 제3자 배정방식으로 발행하는 것과 다를 바 없고, 이를 구별할 이유도 없기 때문이다. 그러므로 신주 등을 주주 배정방식으로 발행하였다고 하더라도, 상당 부분이 실권되었음에도, 이사가 그 실권된 부분에 관한 신주 등의 발행을 중단하지도 아니하고 그 발행가액 등의 발행조건을 제3자 배정방식으로 발행하는 경우와 마찬가지로 취급하여 시가로 변경하지도 아니한 채 발행을 계속하여 그 실권주 해당부분을 제3자에게 배정하고 인수되도록 하였다면, 이는 이사가 회사에 대한 관계에서 선관의무를 다하지 아니한 것에 해당하고, 그로 인하여 회사에 자금이 덜 유입되는 손해가 발행하였다면 업무상배임죄가 성립한다.

(4) 신주인수권의 양도

주주의 구체적 신주인수권은 주식과 별개의 권리로서 독립된 채권적 권리이므로 양도가 가능하다. 따라서 회사는 이사회(또는 주주총회) 결의 또는 정관에 따라서 신주인수권을 양도할 수 있음을 정할 수 있다(법416(5)). 신주인수권의 양도는 신주인수권증서의 교부에 의하여서만 할 수 있다(법420의3①). 따라서 주주의 신주인수권의 양도를 인정한 때에는 주주의 청구에 의하여 신주인수권증서를 발행한다는 것과 그 청구기간을 이사회(또는 주주총회) 또는 정관의 규정으로 정하여야 한다(법416(6)).

** 관련 판례: 대법원 1995. 5. 23. 선고 94다36421 판결

[정관 또는 이사회의 결의로 신주인수권의 양도에 관한 사항을 결정하지 아니한 경우의 신주인수권 양도의 가부 / 주권발행 전의 주식양도 및 신주인수권증서가 교부되지 아니한 신주인수권 양도의 방법 및 제3자에 대한 대항요건]

[1] 상법 제416조 제5호에 의하면, 회사의 정관 또는 이사회의 결의로 주주가 가지는 신주인수권을 양도할 수 있는 것에 관한 사항을 결정하도록 되어 있는바, 신주인수권의 양도성을 제한할 필요성은 주로 회사측의 신주발행사무의 편의를 위한 것에서 비롯된 것으로 볼 수 있고, 또 상법이 주권발행전 주식의 양도는 회사에 대하여 효력이 없다고 엄격하게 규정한 것과는 달리 신주인수권의 양도에 대하여는 정관이나 이사회의 결의를 통하여 자유롭게 결정할 수 있도록 한 점에 비추어 보면, 회사가 정관이나 이사회의 결의로 신주인수권의 양도에 관한 사항을 결정하지 아니하였다 하여 신주인수권의 양도가 전혀 허용되지 아니하는 것은 아니고, 회사가 그와 같은 양도를 승낙한 경우에는 회사에 대하여도 그 효력이 있다.

[2] 신주인수권증서가 발행되지 아니한 신주인수권의 양도 또한 주권발행전의 주식양도에 준하여 지명채권양도의 일반원칙에 따른다고 보아야 하므로, 주권발행전의 주식양도나 신주인수권증서가 발행되지 아니한 신주인수권양도의 제3자에 대한 대항요건으로는 지명채권의 양도와 마찬가지로 확정일자 있는 증서에 의한 양도통지 또는 회사의 승낙이라고 보는 것이 상당하고, 주주명부상의 명의개서는 주식 또는 신주인수권의 양수인들 상호간의 대항요건이 아니라 적법한 양수인이 회사에 대한 관계에서 주주의 권리를 행사하기 위한 대항요건에 지나지 아니한다고 볼 것이다.

(5) 신주인수권증서

신주인수권증서는 주주의 구체적 신주인수권을 표창하는 유가증권이다. 신주인수권의 양도를 인정한 경우(법416(5))에 회사는 정관 또는 이사회의 결의로 신주인수권증서의 청구기간을 정한 때에는 그 기간 내에 청구한 주주에 한하여, 그 청구기간을 정하지 아니한 때에는 청약기일의 2주간 전에 주주의 청구 여부와 관계없이 모든 주주에게 발행하여야 한다(법420의2①). 신주인수권증서가 발행되어 있는 경우에는 신주의 청약은 원칙으로 신주인수권증서에 의하여야 한다(법420의5①).

5. 현물출자의 검사

현물출자에 관한 사항은 원칙적으로 이사회가 결정하기 때문에(법416(4)), 회사설립의 경우보다 위법 부당한 현물출자가 많이 발생할 수 있다. 따라서 현물출자를 하는 자가 있는 경우에는 이사는 이에 관한 사항을 조사하게 하기 위하여 검사인의 선임을 법원에 청구하여야 한다(법422① 전단). 이 경우 검사인의 조사는 공인된 감정인의 감정으로 갈음할 수 있다(법422① 후단). 법원은 검사인의 보고서 또는 감정인의 감정결과를 심사하여 현물출자사항을 부당하다고 인정한 때에는 이를 변경하여 이사와 현물출자를 한 자에게 통고할 수 있다(법422③).

현물출자에 관하여 위와 같은 검사절차를 거치지 않는 경우에 그 현물출자의 효력이 문제된다.

> **** 관련 판례**: 대법원 1980. 2. 12. 선고 79다509 판결
> 주식회사의 현물출자에 있어서 이사는 법원에 검사인의 선임을 청구하여 일정한 사항을 조사하도록 하고 법원은 그 보고서를 심사하도록 되어 있으나 이와 같은 절차를 거치지 아니한 신주발행 및 변경등기가 당연무효가 된다고 볼 수 없다.

6. 신주발행무효의 소

신주발행은 이사회를 통해 기동성 있는 자금조달을 가능하게 하지만, 불공정한 신주발행으로 회사, 주주 또는 회사채권자의 이익을 침해할 가능성도 있다. 그래서 상법은 법률 또는 정관에 위반하거나 불공정한 신주발행에 대하여 사전

에 예방하는 조치와 사후에 교정하는 조치를 마련하고 있다. 사전예방 수단으로는 주주의 신주발행유지청구권(법424)이 있고, 사후교정 수단으로 신주발행무효의 소(법429 이하)와 불공정한 가액으로 주식을 인수한 자의 책임(법424의2)이 있다. 여기서는 신주발행무효의 소에 관하여 살펴본다.

(1) 의의

신주발행의 무효는 신주발행의 조건, 절차, 방법 등에 하자가 있어 새로이 발행되는 주식의 전부를 전부 무효로 하는 경우를 말한다(법429). 신주발행의 무효는 주주·이사 또는 감사에 한하여 신주를 발행한 날로부터 6월 내에 소만으로 이를 주장할 수 있다(법429).

(2) 무효원인

신주발행의 무효원인에 관하여 상법에는 특별한 규정이 없다. 법령 또는 정관에 위반한 모든 하자가 무효원인이 된다고 할 수는 없으며, 신주발행에 하자가 있더라도 법적 안정성이나 거래안전을 위하여 그 제한적으로 해석해야 할 것이다.

(가) 법령위반의 경우

** 관련 판례: 대법원 2009. 1. 30. 선고 2008다50776 판결

[주식회사가 신주를 발행하면서 경영진의 경영권이나 지배권 방어의 목적으로 제3자에게 신주를 배정한 경우, 기존 주주의 신주인수권을 침해하는지 여부(적극) / 신주발행무효의 소에서 무효 판단기준]

[1] 관련 법리

(가) 상법 제418조는 종래 주주의 신주인수권을 정관에 의하여 폭넓게 제한할 수 있도록 하다가 2001. 7. 24. 법률 개정을 통하여 제1항을 "주주는 그가 가진 주식 수에 따라서 신주의 배정을 받을 권리가 있다."라고, 제2항을 "회사는 제1항의 규정에 불구하고 정관에 정하는 바에 따라 주주 외의 자에게 신주를 배정할 수 있다. 다만, 이 경우에는 신기술의 도입, 재무구조의 개선 등 회사의 경영상 목적을 달성하기 위하여 필요한 경우에 한한다."라고 각 개정하였는바, 이는 주식회사가 신주를 발행하면서 주주 아닌 제3자에게 신주를 배정할 경우 기존 주주에게 보유 주식의 가치 하락이나 회사에 대한 지배권 상실 등 불이익을 끼칠

우려가 있다는 점을 감안하여, 신주를 발행할 경우 원칙적으로 기존 주주에게 이를 배정하고 제3자에 대한 신주배정은 정관이 정한 바에 따라서만 가능하도록 하면서, 그 사유도 신기술의 도입이나 재무구조 개선 등 기업 경영의 필요상 부득이한 예외적인 경우로 제한함으로써 기존 주주의 신주인수권에 대한 보호를 강화하고자 하는 데 그 취지가 있다 할 것이므로, 주식회사가 신주를 발행함에 있어 신기술의 도입, 재무구조의 개선 등 회사의 경영상 목적을 달성하기 위하여 필요한 범위 안에서 정관이 정한 사유가 없는데도 회사의 경영권 분쟁이 현실화된 상황에서 경영진의 경영권이나 지배권 방어라는 목적을 달성하기 위하여 제3자에게 신주를 배정하는 것은 상법 제418조 제2항을 위반하여 주주의 신주인수권을 침해하는 것이라고 할 것이다.

(나) 한편, 신주발행을 사후에 무효로 하는 경우, 거래의 안전과 법적 안정성을 해할 우려가 큰 점을 고려할 때 신주발행무효의 소에서 그 무효원인은 가급적 엄격하게 해석하여야 할 것이나, 신주 발행에 법령이나 정관의 위반이 있고 그것이 주식회사의 본질 또는 회사법의 기본원칙에 반하거나 기존 주주들의 이익과 회사의 경영권 내지 지배권에 중대한 영향을 미치는 경우로서 주식의 관련된 거래의 안전, 주주 기타 이해관계인의 이익 등을 고려하더라도 도저히 묵과할 수 없는 정도라고 평가되는 경우에는 그 신주의 발행을 무효라고 보지 않을 수 없다.

[2] 판단

위와 같은 법리에 앞서 본 사정들을 종합하여 보면, 이 사건 신주발행은 상법 제418조 제2항과 피고 회사의 정관이 정하고 있는 사유가 아니라 현 경영진의 경영권을 방어하기 위하여 제3자 배정방식으로 이루어진 것으로서 위 상법 조항과 피고 회사의 정관을 위반하여 원고 등 기존 주주의 신주인수권을 침해한 것이라고 할 것이고, 그로 인하여 피고 회사의 지배구조에 앞서 본 바와 같은 심대한 변화가 초래되어 원고의 피고 회사에 대한 종래의 지배권이 현저하게 약화되는 중대한 영향을 받게 되었으니 이러한 신주발행은 도저히 허용될 수 없어 무효라고 하지 않을 수 없다.

(나) 선량한 풍속 기타 사회질서 위반

** **관련 판례**: 대법원 2003. 2. 26. 선고 2000다42786 판결

[신주발행이 선량한 풍속 기타 사회질서에 반하여 현저히 불공정한 방법으로 이루어진 것으로서 무효라고 판단한 사례]

[1] 원심의 판단

원심은 위 인정된 사실에다가, 피고 회사가 루시아 석유회사의 지분을 매도하고 해외에 은닉한 자금의 규모가 위 신주발행자금과 거의 비슷한 점, 위 은닉자금의 마지막 송금처는 싱가포르이었는데 이 사건 신주를 인수한 사우스 아시아 걸프 코퍼레이션의 신주인수대금은 싱가포르에 가까운 말레이시아에서 납입된 점, 위 신주발행 당시 피고 회사는 한보그룹의 부도로 인하여 매우 어려운 사정에 처해 있어 피고 회사에 대하여 신규로 300억 원 이상의 자금을 투자할 만한 외국회사가 있다고 보기 어려운 점, 사우스 아시아 걸프 코퍼레이션이 신주인수 과정에서 피고 회사에 대한 경영실사 등을 하지 아니하였으며 신주인수대금의 집행과정에도 참여하지 아니한 점, 위 신주발행으로 인하여 사우스 아시아 걸프 코퍼레이션이 피고 회사의 과반수 이상의 주식을 취득한 대주주가 되었는데 외국인이나 외국투자가에게 이러한 경영권의 양도까지 가능하게 하는 신주인수는 통상 이루어지기 어려운 점, 위와 같은 경위로 발행된 이 사건 신주는 위 소외 4 일가가 설립한 유령회사인 사우스 아시아 걸프 코퍼레이션이 전부 인수하여 보유하고 있으므로 이 사건 신주발행이 무효가 되더라도 거래의 안전을 해할 염려가 없는 점 등 모든 사정을 종합하여 보면, 이 사건 신주발행은 1997. 초에 발생한 이른바 한보사태로 한보그룹의 대출금상환 또는 국세납부 능력이 의심스러워졌고 이에 한보그룹에 대한 대출금융기관인 원고 은행이 대출금에 대한 담보제공을 요구하자 위 소외 4, 소외 1 등은 그들이 보유하고 있던 피고 회사의 주식 200만 주에 질권을 설정하여 주고, 나머지 400만 주는 한보그룹의 체납 국세에 대한 담보로 국세청에 압류당하여 장차 위 주식들에 대한 질권이나 체납처분이 실행될 경우 피고 회사에 대한 지배권을 상실할 염려가 있었으므로 이러한 경우에도 피고 회사에 대한 지배권을 계속 보유하기 위한 수단으로 피고 회사의 해외자산을 처분한 다음 당국에 외환관리법에 따른 신고를 이행하지 아니하고 자산매각대금을 횡령한 후 유령회사인 사우스 아시아 걸프 코퍼레이션을 설립하고 위와 같은 은닉자금을 이용하여 위 회사 명의로 피고 회사의 신주를 인수한 것으로 보이므로, 이 사건 신주발행은 소외 4 일가의 범죄행위를 수단으로 하여 행하여진, 선량한 풍속 기타 사회질서에 반하는 현저히 불공정한 방법으로 이루어진 신주발행으로서 무효로 보아야 한다고 판단하였다.

[2] 대법원 판단

원심이 채용한 증거들을 기록에 비추어 살펴보면, 원심이 이 사건 신주발행이 선량한 풍속 기타 사회질서에 반하여 현저히 불공정한 방법으로 이루어진 것으로서 무효라고 판단한 조치를 수긍할 수 있고, 거기에 채증법칙 위반으로 인한 사실오인이나 불공정한 법률행위 및 신주발행의 무효에 관한 법리오해 등의 위법이 있다고 볼 수 없다. 이 부분 상고이유의 주장도 이유 없다.

(다) 이사회 결의 없는 신주발행

판례는 하자의 경중에 따라 탄력적인 입장이다.

❋❋ 관련 판례

① 대법원 2007. 2. 22. 선고 2005다77060, 77077 판결
[하자 있는 이사회 결의에 기한 신주발행의 효력(유효)]

주식회사의 신주발행은 주식회사의 업무집행에 준하는 것으로서 대표이사가 그 권한에 기하여 신주를 발행한 이상 신주발행은 유효하고, 설령 신주발행에 관한 이사회의 결의가 없거나 이사회의 결의에 하자가 있더라도 이사회의 결의는 회사의 내부적 의사결정에 불과하므로 신주발행의 효력에는 영향이 없다고 할 것인바, 비록 원심의 이유설시가 적절하다고 할 수는 없지만 원심이 피고(반소원고, 이하 '피고'라고만 한다) 회사가 감사 및 이사인 원고들에게 이사회 소집통지를 하지 아니하고 이사회를 개최하여 신주발행에 관한 결의를 하였다고 하더라도 피고 회사의 2001. 2. 28.자 신주발행의 효력을 부인할 수 없다고 판단한 것은 결론에 있어서 정당하고 거기에 상고이유에서 주장하는 바와 같은 채증법칙 위반, 신주발행의 효력에 관한 법리오해 등의 위법이 없다.

② 대법원 2010. 4. 29. 선고 2008다65860 판결
[신주발행을 결의한 甲 회사의 이사회에 참여한 이사들이 하자 있는 주주총회에서 선임된 이사들이어서, 그 후 이사 선임에 관한 주주총회결의가 확정판결로 취소되었고, 위와 같은 하자를 지적한 신주발행금지가처분이 발령되었음에도 위 이사들을 동원하여 위 이사회를 진행한 측만이 신주를 인수한 사안에서, 위 신주발행이 무효라고 한 사례]

[1] 관련 법리

신주발행 무효의 소를 규정하는 상법 제429조에는 그 무효원인이 따로 규정되어 있지 않으므로 신주발행유지청구의 요건으로 상법 제424조에서 규정하는 '법령이나 정관의 위반 또는 현저하게 불공정한 방법에 의한 주식의 발행'을 신주발행의 무효원인으로 일응 고려할 수 있다고 하겠으나 다른 한편, 신주가 일단 발행되면 그 인수인의 이익을 고려할 필요가 있고 또 발행된 주식은 유가증권으

로서 유통되는 것이므로 거래의 안전을 보호하여야 할 필요가 크다고 할 것인데, 신주발행유지청구권은 위법한 발행에 대한 사전 구제수단임에 반하여 신주발행 무효의 소는 사후에 이를 무효로 함으로써 거래의 안전과 법적 안정성을 해칠 위험이 큰 점을 고려할 때, 그 무효원인은 가급적 엄격하게 해석하여야 하고, 따라서 법령이나 정관의 중대한 위반 또는 현저한 불공정이 있어 그것이 주식회사의 본질이나 회사법의 기본원칙에 반하거나 기존 주주들의 이익과 회사의 경영권 내지 지배권에 중대한 영향을 미치는 경우로서 신주와 관련된 거래의 안전, 주주기타 이해관계인의 이익 등을 고려하더라도 도저히 묵과할 수 없는 정도라고 평가되는 경우에 한하여 신주의 발행을 무효로 할 수 있을 것이다(대법원 2004. 6. 25. 선고 2000다37326 판결, 대법원 2009. 1. 30. 선고 2008다50776 판결 등 참조).

[2] 원심의 판단

한편 원심판결 이유와 기록에 의하면, 피고의 2006. 2. 23.자 이사회에서 2차 신주발행을 결의할 당시 이사 소외 2, 3이 참석하였는데, 피고의 이사 소외 1은 소외 2, 3을 이사로 선출한 피고의 2006. 2. 3.자 주주총회 결의에 중대한 하자가 있다는 사유 등을 들어 2차 신주발행을 금지하는 가처분을 신청하였고, 법원은 그와 같은 사유 등에 기하여 피고 회사에 대하여 2차 신주발행을 금지하는 가처분을 발령한 사실, 이사 소외 1은 위 가처분이 발령된 직후 피고의 이사들, 주주들과 주금 납입은행에 위 가처분발령 사실을 알렸으나 당시 대표이사이던 참가인 1의 주도로 피고는 2차 신주발행을 진행하였고, 결국 2차 신주발행에서는 참가인 1과 그 우호주주들만이 신주 37,222주를 인수하고, 원고들 등 반대주주들은 신주를 전혀 인수하지 못한 사실, 이사 소외 1이 피고의 2005. 12. 2.자 이사회결의로 대표이사에서 해임되고 참가인 1이 새로운 대표이사로 선임된 이후 소외 1 측과 참가인 1 측이 피고의 경영권을 둘러싼 분쟁을 벌이는 과정에서 위와 같이 가처분이 발령되고 2차 신주발행이 진행된 것이었는데, 2차 신주발행으로 발행된 보통주식 37,222주는 당시까지 발행되었던 피고의 보통주식 62,738주의 59.3%에 해당하는 분량으로서 위와 같이 참가인 1과 그 우호주주들만이 신주를 인수한 결과 그 지분은 당초의 57.9%에서 73.6%로 크게 높아졌고 원고들 등 반대주주들의 지분은 42.1%에서 26.4%로 크게 감소한 사실, 한편 참가인 1과 그 우호주주들은 2006. 11.경 2차 신주발행에서 인수한 주식 등과 피고의 경영권을 소외 프라임산업 주식회사(이하 '프라임산업'이라고만 한다)에 모두 양도하였는데, 위 양도계약에서는 이 사건 소에 의하여 2차 신주발행이 무효로 확정되는 경우에 대비한 조항을 두었을 뿐만 아니라, 프라임산업은 위와 같이 양수한 주식을 계속 보유하는 것으로 보이는 사실, 소외 1이 피고를 상대로 제기한 소송에서 소외 2,

3을 이사로 선출한 피고의 2006. 2. 3.자 주주총회 결의에 참가인 1 측의 여러 위법행위로 인한 취소사유가 존재한다는 이유로 위 주주총회 결의를 취소하는 판결이 선고되어 2008. 5. 29. 확정된 사실 등을 알 수 있다.

[3] 대법원 판단

위와 같은 사실을 앞에서 본 법리에 비추어 보면, 소외 2, 3이 이사로 참여한 피고의 2006. 2. 23.자 이사회에서 2차 신주발행을 결의하였으나, 소외 2, 3을 이사로 선출한 피고의 2006. 2. 3.자 주주총회 결의가 위법한 것인 이상 위 이사회결의는 신주발행사항을 이사회결의로 정하도록 한 법령과 정관에 위반한 것으로 볼 수 있을 뿐만 아니라, 위 주주총회 결의의 위법사유에 주된 책임이 있는 당시 대표이사 참가인 1이 소외 2, 3을 동원하여 위 이사회결의를 하였다는 점에서 그 위반을 중대한 것으로 볼 수 있고, 위 이사회결의에 위와 같은 하자가 존재한다는 이유로 신주발행을 금지하는 가처분이 발령되고 모든 주주들에게 그 사실이 통지되었음에도 참가인 1이 2차 신주발행을 진행하는 바람에 참가인 1과 그 우호주주들만이 신주를 인수하게 되어 현저하게 불공정한 신주발행이 되었으며, 그로 인하여 경영권 다툼을 벌이던 참가인 1 측이 피고의 지배권을 확고히할 수 있도록 그 지분율이 크게 증가하는 결과가 초래되었다. 그 밖에 2차 신주발행을 무효로 하더라도 거래의 안전에 중대한 영향을 미칠 것으로 보이지도 않는바, 위와 같은 사정들을 종합하여 보면 결국 2차 신주발행은 무효로 보아야 할 것이다.

(3) 소송절차

신주발행의 무효는 소에 의하여만 주장할 수 있다. 제소권자도 주주·이사 또는 감사에 한정되고, 제소기간도 신주를 발행한 날로부터 6월 내로 제한되어 있다(법429). 여기서 신주를 발행한 날이란 신주발행의 효력이 발생하는 날인 납입기일의 다음 날을 말한다.

** 관련 판례: 대법원 2012. 11. 15. 선고 2010다49380 판결
[신주발행무효의 소에서 출소기간 경과 후 새로운 무효사유를 추가하여 주장하는 것이 허용되는지 여부(소극)]
[1] 관련 법리
상법 제429조는 신주발행의 무효는 주주·이사 또는 감사에 한하여 신주를 발행한 날부터 6월 내에 소만으로 주장할 수 있다고 규정하고 있는데, 이는 신주

발행에 수반되는 복잡한 법률관계를 조기에 확정하고자 하는 것으로서, 새로운 무효사유를 출소기간의 경과 후에도 주장할 수 있도록 하면 법률관계가 불안정하게 되어 위 규정의 취지가 몰각된다는 점에 비추어, 위 규정은 무효사유의 주장시기도 제한하고 있는 것이라고 해석함이 상당하므로, 신주발행의 무효의 소에서 신주를 발행한 날부터 6월의 출소기간이 경과한 후에는 새로운 무효사유를 추가하여 주장할 수 없다(대법원 2004. 6. 25. 선고 2000다37326 판결 등 참조).

　[2] 판단

　기록에 의하면, 원고는 2008. 4. 14. 피고 회사를 상대로 이 사건 신주발행무효의 소를 제기한 후, 원심 단계에 이르러 2009. 11. 30.자 준비서면을 통하여 비로소 '피고 회사가 2008. 2. 1. 주주인 소외 1과 소외 2에게 신주인수대금을 송금하여 그들로 하여금 원심판결 별지 신주발행 현황 목록 제3기재 신주 및 같은 목록 제4기재 신주를 인수하도록 하였는데, 이는 신주발행 절차가 현저히 불공정하고 원고 등의 신주인수권을 침해하며 자본충실의 원칙에도 위배되어 무효이다'라는 취지의 주장을 하였음을 알 수 있고, 위 주장이 제출된 시점은 위 각 신주발행의 효력이 발생한 날부터 6월이 경과한 후임이 분명하다.

7. 신주발행의 부존재

　판례는 신주발행의 부존재라는 개념을 인정한다. 신주발행의 부존재란 주식회사가 신주를 발행하여 증자를 할 때 신주발행의 절차적·실체적 하자가 극히 중대한 경우, 즉 신주발행의 실체가 존재한다고 할 수 없고 신주발행으로 인한 변경등기만이 있는 경우와 같이 신주발행의 외관만이 존재하는 경우를 말한다.[1]

** 관련 판례

① 대법원 1989. 7. 25. 선고 87다카2316 판결

[부존재한 이사회의 신주발행결의와 상법 제429조의 적용여부(소극)]

[1] 관련 법리

　상법 제429조는 "신주발행의 무효는 주주, 이사 또는 감사에 한하여 신주를 발행한 날로부터 6월 내에 소만으로 이를 주장할 수 있다"고 규정하고 있으므로 설령 이사회나 주주총회의 신주발행결의에 취소 또는 무효사유의 하자가 있다

---

1) 대법원 2019. 3. 28. 선고 2018다218359 판결.

하더라도 신주발행의 효력발생 후에는 신주발행무효의 소에 의하여서만 다툴 수 있음은 소론과 같다.

[2] 판단

그러나 위 1985. 8. 31.자 임시주주총회는 원심확정 사실과 같이 피고 회사의 주주들인 원고들에게 통지하거나 동인들의 참석없이 주주 아닌 위 여달용(여달용이 주주가 아님은 위 2항에서 본 바와 같다)과 주주 아닌 동인으로부터 주식을 양수하여 역시 주주가 될 수 없는 위 김재경, 여말용 등 3인이 모여서 개최한 것이므로 같은 총회에서 이루어진 발행예정주식총수에 관한 정관변경결의나 위 여달용 등을 이사로 선임한 결의는 존재하지 않는다고 할 것인바, 그와 같이 선임된 이사들인 위 소외인들이 모여 개최한 같은 날짜의 이사회는 부존재한 주주총회에서 선임된 이사들로 구성된 부존재한 이사회에 지나지 아니하고 그 이사들에 의하여 선임된 대표이사도 역시 부존재한 이사회에서 선임된 자이어서(원심은 대표이사선임결의도 부존재한 것으로 판단하고 있다) 그 이사회의 신주발행결의에 의한 같은 해 9. 5.자 신주발행은 피고 회사의 신주발행을 의결할 권한이 없는 자들에 의한 부존재한 결의와 피고 회사를 대표할 권한이 없는 자에 의하여 이루어진 것으로서 그 발행에 있어 절차적, 실체적 하자가 극히 중대하여 신주발행이 존재하지 아니한다고 볼 수밖에 없으므로 피고 회사의 주주인 원고들은 위 신주발행에 관한 이사회 결의에 대하여 그 신주발행무효의 소의 제기기간에 구애되거나 신주발행무효의 소에 의하지 아니하고 부존재확인의 소를 제기할 수 있으며, 위 신주발행이 앞서 본 바와 같이 존재하지 아니하는 것으로 볼 수밖에 없는 이상 신주발행과 관련하여 위 이사회결의에 앞서서 있었던 위 주주총회에서의 발행예정주식총수에 관한 정관변경결의에 대하여도 소론 주장처럼 신주발행무효의 소의 제기기간에 구애되거나 신주발행무효의 소에 의하여서만 이를 다툴 수 있다고 할 여지가 없다 할 것이므로 원고들은 위 주주총회결의에 대하여도 신주발행무효의 소의 제기여부나 그 제기기간에 관계없이 부존재확인의 소를 제기할 수 있다.

② 대법원 2006. 6. 2. 선고 2006도48 판결

[신주발행의 실체가 존재한다고 할 수 없는 경우, 상법 제628조 제1항의 납입가장죄가 성립하는지 여부(소극)]

상법 제628조 제1항의 납입가장죄는 회사의 자본충실을 기하려는 법의 취지를 해치는 행위를 단속하려는 것인바, 회사가 신주를 발행하여 증자를 함에 있어서 신주 발행의 절차적, 실체적 하자가 극히 중대한 경우 즉, 신주발행의 실체가

존재한다고 할 수 없고 신주발행으로 인한 변경등기만이 있는 경우와 같이 신주발행의 외관만이 존재하는 소위 신주발행의 부존재라고 볼 수밖에 없는 경우에는 처음부터 신주발행의 효력이 없고 신주인수인들의 주금납입의무도 발생하지 않으며 증자로 인한 자본 충실의 문제도 생기지 않는 것이어서 그 주금의 납입을 가장하였더라도 상법상의 납입가장죄가 성립하지 아니한다.

Ⅱ. 사채

1. 사채의 의의

사채는 주식회사가 불특정다수인으로부터 자금조달의 목적으로 비교적 장기간의 자금을 집단적, 대량적으로 조달하기 위하여 채권을 발행하여 부담하는 채무이다. 불특정다수인에 대하여 집단적으로 발행한다는 점에서 특정인으로부터 개별적으로 차입하는 금융기관으로부터의 차입과 구별되며, 유통성이 있다는 점에서도 금융기관으로부터의 차입과 구별된다. 사채발행은 금융기관에서 대출을 받는 것이나 기업어음(CP)을 발행하는 것보다도 장기적으로 대규모의 자금을 공급할 수 있는 장점이 있으므로 유동성위험 관리가 중요한 시점에서는 가장 적합한 자금조달방법이 된다.

특수사채와 비교하여 일반사채라 하기도 한다. 일반사채는 회사가 투자자로부터 자금을 차입하기 위하여 발행한 채무증권으로서 전환권 등 특수한 정함이 없는 것을 말한다. 일반사채 발행시 발행회사는 청약자 또는 인수인으로부터 원금 상당액(또는 일정한 할인 또는 할증한 금액)을 납입받고, 상환기일에 원금을 상환하고 일정기간(예: 3개월)마다 이자를 지급하는 조건으로 발행한다.

2. 사채의 발행

사채의 발행은 이사회 결의로 한다(법469①). 신주발행의 경우와 균형을 맞추어 자금조달의 기동성을 확보하기 위함이다. 정관으로 정하는 바에 따라 이사회는 대표이사에게 사채의 금액 및 종류를 정하여 1년을 초과하지 아니하는 기간 내에 사채를 발행할 것을 위임할 수 있다(법469④).

3. 사채의 유통

사채의 상환기간은 대개 장기이므로 만기 이전에도 투하자본을 회수하는 길을 보장해 주고 있다. 상법이 사채를 유가증권화하고 사채원부를 갖추어 양도를 용이하게 하고 있다. 회사는 사채원부를 작성하여야 한다(법488①). 사채원부는 주식에 있어 주주명부에 해당된다.

4. 사채관리회사

사채관리회사는 사채권자를 위하여 사채의 상환청구, 변제수령 등 사채권의 관리에 필요한 업무를 수행하는 회사를 말한다. 상법은 제480조의2 이하에서 사채관리회사의 지정·위탁, 사채관리회사의 자격, 사채관리회사의 사임, 사채관리회사의 해임, 사채관리회사의 사무승계자, 사채관리회사의 권한, 사채관리회사의 의무 및 책임에 관하여 규정하고 있다.

5. 사채권자집회

사채발행은 대규모의 장기자금을 불특정다수인으로부터 차입하게 되므로 사채권자의 이익을 보호하고 회사의 사채권자에 대한 대화창구의 일원화를 위해 사채권자집회제도를 두고 있다. 주식에 있어 주주총회에 해당된다.

사채권자집회는 상법에서 규정하고 있는 사항 및 사채권자의 이해관계가 있는 사항에 관하여 결의를 할 수 있다(법490). 사채권자집회는 사채를 발행한 회사 또는 사채관리회사가 소집한다(법491①). 상법은 제490조부터 제512조에 걸쳐 사채권자집회에 관한 규정을 두고 있다.

6. 전환사채

(1) 의의

전환사채(CB)는 일반사채에 사채권자의 전환권을 붙인 것이다(상법514). 즉 사채권자는 사채의 상환 대신에 신주를 발행받을 수 있는 옵션(=전환권)을 가지도록 한 것이다. 전환권은 사채권자가 가지는 권리이므로 행사하지 않을 수도 있다. 전환권을 행사하지 않을 경우, 사채권자는 사채의 조건에 따라 사채의 상환과 이자의 지급을 받는다. 전환권을 행사하면 사채는 소멸하고 신주가 발행되어

사채권자는 주주가 된다. 전환사채의 발행은 잠재적으로 신주발행을 예정하고 있다는 점에서 일반사채의 발행보다 회사법에서 규율할 사항이 많다(상법513부터 516까지).

(2) 발행결정

전환사채의 발행사항은 정관으로 정한 경우 이외에는 이사회가 결정한다(법 513② 본문). 그러나 정관으로 주주총회의 결의사항으로 할 수 있다(법513② 단서). 정관 또는 이사회의 결의로 정해야 하는 발행사항은 ⅰ) 전환사채의 총액(제 1호), ⅱ) 전환의 조건(제2호), ⅲ) 전환으로 인하여 발행할 주식의 내용(제3호), ⅳ) 전환을 청구할 수 있는 기간(제4호), ⅴ) 주주에게 전환사채의 인수권을 준다는 뜻과 인수권의 목적인 전환사채의 액(제5호), ⅵ) 주주 외의 자에게 전환사채를 발행하는 것과 이에 대하여 발행할 전환사채의 액(제6호)이다(법513②).

주주 외의 자에 대하여 전환사채를 발행하는 경우에 그 발행할 수 있는 전환사채의 액, 전환의 조건, 전환으로 인하여 발행할 주식의 내용과 전환을 청구할 수 있는 기간에 관하여 정관에 규정이 없으면 주주총회 특별결의로써 이를 정하여야 한다(법513③ 본문). 전환사채를 제3자에게 배정하기 위해서는 신기술의 도입, 재무구조의 개선 등 회사의 경영상 목적을 달성하기 위하여 필요한 경우에 한한다(법513③ 단서, 법418② 단서).

** 관련 판례

① 대법원 1999. 6. 25. 선고 99다18435 판결

[회사의 정관에 신주발행 및 인수에 관한 사항은 주주총회에서 결정하고 자본의 증가 및 감소는 주주총회의 특별결의에 의하도록 규정하고 있는 경우, 전환사채의 발행에도 정관에 따른 주주총회의 특별결의를 요하는지 여부(적극)]

회사의 정관에 신주발행 및 인수에 관한 사항은 주주총회에서 결정하고 자본의 증가 및 감소는 발행주식 총수의 과반수에 상당한 주식을 가진 주주의 출석과 출석주주가 가진 의결권의 2/3 이상의 찬성으로 의결하도록 규정되어 있는 경우, 전환사채는 전환권의 행사에 의하여 장차 주식으로 전환될 수 있어 이를 발행하는 것은 사실상 신주발행으로서의 의미를 가지므로, 회사가 전환사채를 발행하기 위하여는 주주총회의 특별결의를 요한다.

② 대법원 2004. 6. 25. 선고 2000다37326 판결

[주주 외의 자에게 전환사채를 발행하는 경우, 전환의 조건 등이 정관에 이미 규정되어 있어서 주주총회의 특별결의를 다시 거칠 필요가 없다고 하기 위한 구체적인 특정의 정도]

[1] 관련 법리

구 상법(2001. 7. 24. 법률 제6488호로 개정되기 전의 것, 이하 '구 상법'이라 한다) 제513조 제3항은 주주 외의 자에 대하여 전환사채를 발행하는 경우에 그 발행할 수 있는 전환사채의 액, 전환의 조건, 전환으로 인하여 발행할 주식의 내용과 전환을 청구할 수 있는 기간에 관하여 정관에 규정이 없으면 상법 제434조의 결의로써 이를 정하여야 한다고 규정하고 있는바, 전환의 조건 등이 정관에 이미 규정되어 있어 주주총회의 특별결의를 다시 거칠 필요가 없다고 하기 위해서는 전환의 조건 등이 정관에 상당한 정도로 특정되어 있을 것이 요구된다고 하겠으나, 주식회사가 필요한 자금수요에 대응한 다양한 자금조달의 방법 중에서 주주 외의 자에게 전환사채를 발행하는 방법을 선택하여 자금을 조달함에 있어서는 전환가액 등 전환의 조건을 그때그때의 필요자금의 규모와 긴급성, 발행회사의 주가, 이자율과 시장상황 등 구체적인 경제사정에 즉응하여 신축적으로 결정할 수 있도록 하는 것이 바람직하다 할 것이고, 따라서 주주총회의 특별결의에 의해서만 변경이 가능한 정관에 전환의 조건 등을 미리 획일적으로 확정하여 규정하도록 요구할 것은 아니며, 정관에 일응의 기준을 정해 놓은 다음 이에 기하여 실제로 발행할 전환사채의 구체적인 전환의 조건 등은 그 발행시마다 정관에 벗어나지 않는 범위에서 이사회에서 결정하도록 위임하는 방법을 취하는 것도 허용된다고 보아야 할 것이다.

[2] 판단

기록에 의하면, 이 사건 전환사채 발행 당시의 피고 회사 정관 제16조는 전환사채의 발행에 관하여 필요한 사항을 규정하면서 제3항 후단으로 "전환가액은 주식의 액면금액 또는 그 이상의 가액으로 사채발행시 이사회가 정한다."라고 정하고 있는 사실을 알 수 있는바(위 규정은 상장회사 표준정관에 따른 것이다), 이는 구 상법 제513조 제3항에 정한 여러 사항을 정관에 규정하면서 전환의 조건 중의 하나인 전환가액에 관하여는 주식의 액면금액 이상이라는 일응의 기준을 정하되 구체적인 전환가액은 전환사채의 발행시마다 이사회에서 결정하도록 위임하고 있는 것이라고 할 것인데, 전환가액 등 전환의 조건의 결정방법과 관련하여 고려되어야 할 앞서 본 특수성을 감안할 때, 이러한 피고 회사 정관의 규정은 구 상법

제513조 제3항이 요구하는 최소한도의 요건을 충족하고 있는 것이라고 봄이 상당하고, 그 기준 또는 위임방식이 지나치게 추상적이거나 포괄적이어서 무효라고 볼 수는 없다.

(3) 전환의 효력

전환의 청구가 있으면 회사의 승낙을 요하지 않고 전환을 청구한 때에 당연히 전환의 효력이 발생한다(법516②, 법350①).

(4) 전환사채 발행의 무효 · 부존재

전환사채의 발행에 대한 무효원인이 있는 경우 다툴 방법에 관해 상법은 명문규정을 두고 있지 않다.

** 관련 판례

① 대법원 2022. 11. 17. 선고 2021다205650 판결

[신주발행 무효사유에 대한 판단]

[1] 전환사채는 전환권의 행사로 장차 주식으로 전환될 수 있는 권리가 부여된 사채이다. 이러한 전환사채의 발행은 주식회사의 물적 기초와 기존 주주들의 이해관계에 영향을 미친다는 점에서 사실상 신주를 발행하는 것과 유사하므로 전환사채 발행의 경우에도 신주발행무효의 소에 관한 상법 제429조가 유추적용된다. 전환사채 발행의 무효는 주주 등이 전환사채를 발행한 날로부터 6월 내에 소만으로 주장할 수 있고, 6월의 출소기간이 지난 뒤에는 새로운 무효 사유를 추가하여 주장할 수 없다(대법원 2004. 6. 25. 선고 2000다37326 판결, 대법원 2004. 8. 16. 선고 2003다9636 판결 등 참조). 따라서 전환사채 발행일로부터 6월 내에 전환사채발행무효의 소가 제기되지 않거나 6월 내에 제기된 전환사채발행무효의 소가 적극적 당사자의 패소로 확정되었다면, 이후에는 더 이상 전환사채 발행의 무효를 주장할 수 없다. 다만 전환권의 행사로 인한 신주 발행에 대해서는 상법 제429조를 적용하여 신주발행무효의 소로써 다툴 수 있겠지만, 이때에는 특별한 사정이 없는 한 전환사채 발행이 무효라거나 그를 전제로 한 주장은 제기될 수 없고 전환권 행사나 그에 따른 신주발행에 고유한 무효 사유가 있다면 이를 주장할 수 있을 뿐이다.

[2] 회사가 경영상 목적 없이 대주주 등의 경영권이나 지배권 방어 목적으로

제3자에게 전환사채를 발행하였다면 전환사채의 발행은 무효가 될 수 있고, 전환사채 발행일로부터 6월 내에 위와 같은 사유를 들어 전환사채발행무효의 소로써 다툴 수 있다. 나아가 대주주 등이 위와 같은 경위로 발행된 전환사채를 양수한 다음 전환사채 발행일로부터 6월이 지난 후 전환권을 행사하여 신주를 취득하였다면, 이는 실질적으로 회사가 경영상 목적 없이 대주주 등에게 신주를 발행한 것과 동일하므로 전환권 행사나 그에 따른 신주 발행에 고유한 무효 사유에 준하여 신주발행무효의 소로도 신주 발행의 무효를 주장할 수 있다고 보아야 한다(신주인수권부사채에 관한 대법원 2022. 10. 27. 선고 2021다201054 판결 참조).

[3] 주주 아닌 회사들이 이 사건 전환사채를 인수한 후 그중 일부가 전환권을 행사하여 신주를 발행받은 이 사건에서, 원고들의 주장은 이 사건 전환사채 발행과 관련한 무효 사유에 대한 것일 뿐 이 사건 신주 발행과 관련한 고유한 무효 사유나 그에 준하는 무효 사유에 대한 것이 아니므로, 전환사채발행무효의 소로써 다투어야 하고 이 사건과 같은 신주발행무효의 소로써는 다툴 수 없다.

② 대법원 2004. 6. 25. 선고 2000다37326 판결

[상법상 전환사채발행무효의 소가 허용되는지 여부(적극) 및 그 무효원인의 판단 방법]

[1] 상법은 제516조 제1항에서 신주발행의 유지청구권에 관한 제424조 및 불공정한 가액으로 주식을 인수한 자의 책임에 관한 제424조의2 등을 전환사채의 발행의 경우에 준용한다고 규정하면서도 신주발행무효의 소에 관한 제429조의 준용 여부에 대해서는 아무런 규정을 두고 있지 않으나, 전환사채는 전환권의 행사에 의하여 장차 주식으로 전환될 수 있는 권리가 부여된 사채로서, 이러한 전환사채의 발행은 주식회사의 물적 기초와 기존 주주들의 이해관계에 영향을 미친다는 점에서 사실상 신주를 발행하는 것과 유사하므로, 전환사채의 발행의 경우에도 신주발행무효의 소에 관한 상법 제429조가 유추적용된다고 봄이 상당하다.

[2] 전환사채가 일단 발행되면 그 인수인의 이익을 고려할 필요가 있고 또 전환사채나 전환권의 행사에 의하여 발행된 주식은 유가증권으로서 유통되는 것이므로 거래의 안전을 보호하여야 할 필요가 크다고 할 것인데, 전환사채발행유지청구권은 위법한 발행에 대한 사전 구제수단임에 반하여, 전환사채발행무효의 소는 사후에 이를 무효로 함으로써 거래의 안전과 법적 안정성을 해칠 위험이 큰 점을 고려할 때, 그 무효원인은 가급적 엄격하게 해석하여야 하고, 따라서 법령이나 정관의 중대한 위반 또는 현저한 불공정이 있어 그것이 주식회사의 본질이

나 회사법의 기본원칙에 반하거나 기존 주주들의 이익과 회사의 경영권 내지 지배권에 중대한 영향을 미치는 경우로서 전환사채와 관련된 거래의 안전, 주주 기타 이해관계인의 이익 등을 고려하더라도 도저히 묵과할 수 없는 정도라고 평가되는 경우에 한하여 전환사채의 발행 또는 그 전환권의 행사에 의한 주식의 발행을 무효로 할 수 있을 것이며, 그 무효원인을 원심이 판시하는 바와 같이 회사의 경영권 분쟁이 현재 계속중이거나 임박해 있는 등 오직 지배권의 변경을 초래하거나 이를 저지할 목적으로 전환사채를 발행하였음이 객관적으로 명백한 경우에 한정할 것은 아니다.

[3] 그리고 전환사채발행무효의 소에 있어서의 무효원인을 위와 같이 엄격하게 해석하여야 하는 이상 단지 전환사채의 인수인이 회사의 지배주주와 특별한 관계에 있는 자라거나 그 전환가액이 발행시점의 주가 등에 비추어 다소 낮은 가격이라는 것과 같은 사유는 일반적으로 전환사채발행유지청구의 원인이 될 수 있음은 별론으로 하고, 이미 발행된 전환사채 또는 그 전환권의 행사로 발행된 주식을 무효화할 만한 원인이 되지는 못한다 할 것이다.

③ 서울고등법원 1997. 5. 13.자 97라36 결정

[회사의 경영권 분쟁 상황하에서 열세에 처한 구지배세력이 경영권 방어를 위하여 기존 주주를 배제한 채 제3자인 우호세력에게 집중적으로 신주를 배정하기 위한 방편으로 한 전환사채의 발행을 무효라고 본 사례]

전환사채의 발행이 경영권 분쟁 상황하에서 열세에 처한 구지배세력이 지분비율을 역전시켜 경영권을 방어하기 위하여 이사회를 장악하고 있음을 기화로 기존 주주를 완전히 배제한 채 제3자인 우호세력에게 집중적으로 '신주'를 배정하기 위한 하나의 방편으로 채택된 것이라면, 이는 전환사채 제도를 남용하여 전환사채라는 형식으로 사실상 신주를 발행한 것으로 보아야 하며, 그렇다면 그러한 전환사채의 발행은 주주의 신주인수권을 실질적으로 침해한 위법이 있어 신주 발행을 그와 같은 방식으로 행한 경우와 마찬가지로 무효로 보아야 하고, 뿐만 아니라 그 전환사채 발행의 주된 목적이 경영권 분쟁 상황하에서 우호적인 제3자에게 신주를 배정하여 경영권을 방어하기 위한 것인 점, 경영권을 다투는 상대방인 감사에게는 이사회 참석 기회도 주지 않는 등 철저히 비밀리에 발행함으로써 발행유지가처분 등 사전 구제수단을 사용할 수 없도록 한 점, 발행된 전환사채의 물량은 지배 구조를 역전시키기에 충분한 것이었고, 전환기간에도 제한을 두지 않아 발행 즉시 주식으로 전환될 수 있도록 하였으며, 결과적으로 인수인들의 지분이 경영권 방어에 결정적인 역할을 한 점 등에 비추어, 그 전환사채의 발

행은 현저하게 불공정한 방법에 의한 발행으로서 이 점에서도 무효라고 보아야
한다.

④ 대법원 2004. 8. 16. 선고 2003다9636 판결

**[전환사채발행부존재 확인의 소에 있어서 상법 제429조에 정한 6월의 제소기
간의 제한이 적용되는지 여부(소극)]**

전환사채 발행의 경우에도 신주발행무효의 소에 관한 상법 제429조가 유추
적용되므로 전환사채발행무효 확인의 소에 있어서도 상법 제429조 소정의 6월의
제소기간의 제한이 적용된다 할 것이나, 이와 달리 전환사채 발행의 실체가 없음
에도 전환사채 발행의 등기가 되어 있는 외관이 존재하는 경우 이를 제거하기 위
한 전환사채발행부존재 확인의 소에 있어서는 상법 제429조 소정의 6월의 제소
기간의 제한이 적용되지 아니한다(대법원 1989. 7. 25. 선고 87다카2316 판결 참조).

7. 신주인수권부사채

(1) 의의

신주인수권부사채(BW)는 일반사채에 사채권자의 신주인수권을 붙인 것이다
(상법516의2). 즉 사채권자는 사채의 조건에서 정한 기간 중 신주의 발행을 받을
권리가 있다. 신주인수권부사채에 부착된 신주인수권은 상법 제418조 제1항에
정한 주주가 가지는 신주인수권과는 다르다. 신주인수권부사채에 부착된 신주인
수권은 형성권으로 그 행사와 신주발행가액의 납입이 있으면 신주가 발행된다.
신주인수권부사채에 붙은 신주인수권은 사채권자(또는 분리형의 경우에는 신주인수
권증서의 보유자)가 가지는 권리이므로 행사하지 않을 수도 있다. 신주인수권을
행사하지 않는 경우 사채권자는 사채의 조건에 따라 사채의 상환과 이자의 지급
을 받는다.

신주인수권부사채에는 분리형과 비분리형의 두 가지가 있다. 상법은 비분리
형을 원칙으로 하고, 이사회에서 특히 분리형의 발행을 결의한 경우에 한하여 분
리형을 발행할 수 있도록 하였다(법516의2②(4)).

(2) 발행결정

신주인수권부사채의 발행은 이사회가 결정하지만 정관으로 주주총회에서

결정하도록 할 수 있다(법516의2②). 정관 또는 이사회가 결정할 사항은 ⅰ) 신주인수권부사채의 총액, ⅱ) 각 신주인수권부사채에 부여된 신주인수권의 내용, ⅲ) 신주인수권을 행사할 수 있는 기간, ⅳ) 신주인수권만을 양도할 수 있는 것에 관한 사항, ⅴ) 신주인수권을 행사하려는 자의 청구가 있는 때에는 신주인수권부사채의 상환에 갈음하여 그 발행가액으로 제516조의9 제1항의 납입이 있는 것으로 본다는 뜻, ⅵ) 주주에게 신주인수권부사채의 인수권을 준다는 뜻과 인수권의 목적인 신주인수권부사채의 액, ⅶ) 주주외의 자에게 신주인수권부사채를 발행하는 것과 이에 대하여 발행할 신주인수권부사채의 액이다(법516의2②).

주주 외의 자에 대하여 신주인수권부사채를 발행하는 경우에 그 발행할 수 있는 신주인수권부사채의 액, 신주인수권의 내용과 신주인수권을 행사할 수 있는 기간에 관하여 정관에 규정이 없으면 제434조의 결의로써 이를 정하여야 한다(법516의2④ 본문). 신주인수권부사채를 제3자에게 배정하기 위해서는 신기술의 도입, 재무구조의 개선 등 회사의 경영상 목적을 달성하기 위하여 필요한 경우에 한한다(법516의2② 단서, 법418② 단서).

** 관련 판례: 대법원 2014. 8. 28. 선고 2013다18684 판결
[우리사주조합원에게 신주인수권부사채를 우선적으로 배정받을 권리가 있는지 여부(소극)]

[1] 구 근로자복지기본법(2010. 6. 8. 법률 제10361호로 전부 개정되기 전의 것) 제32조 제1항은 "'자본시장과 금융투자업에 관한 법률' 제9조 제15항 제3호에 따른 주권상장법인(코스닥시장에 주권이 상장된 법인을 제외한다) 또는 주권을 같은 법 제9조 제13항 제1호에 따른 유가증권시장에 상장하고자 하는 법인이 같은 법에 따라 주권을 모집 또는 매출하는 경우에 우리사주조합원은 '자본시장과 금융투자업에 관한 법률' 제165조의7 제1항에 따라 당해 주식을 우선적으로 배정받을 권리가 있다."라고 규정한다. 여기에서 우리사주조합원이 우선적으로 배정받을 권리가 있는 '당해 주식'에 사채의 일종인 신주인수권부사채가 포함되지 아니함은 문언의 해석상 분명하다.

[2] 나아가 신주인수권부사채는 미리 확정된 가액으로 일정한 수의 신주 인수를 청구할 수 있는 신주인수권이 부여된 점을 제외하면 보통사채와 법률적 성격에서 차이가 없고, 신주인수권부사채에 부여된 신주인수권은 장래 신주의 발행을 청구할지 여부를 선택할 수 있는 권리로서 주식의 양도차익에 따라 신주인수

권 행사 여부가 달라질 수 있는 것이므로 우리사주조합원의 주식우선배정권과는 법률적 성격이나 경제적 기능에서 차이가 있는 점, 우리사주제도는 근로자로 하여금 우리사주조합을 통하여 소속 회사의 주식을 취득·보유하게 함으로써 근로자의 경제적·사회적 지위 향상과 함께 근로자의 생산성 향상과 노사협력 증진을 통하여 국민경제에 기여하는 사회정책적 효과를 도모하기 위하여 채택된 제도이고, 이러한 제도의 취지에 따라 우리사주조합원에게 부여된 주식우선배정권은 주주의 신주인수권을 법률상 제한하는 것인 점 등을 고려하면, 우리사주조합원에게 주식 외에 신주인수권부사채까지 우선적으로 배정받을 권리가 있다고 유추해석하기도 어렵다.

(3) 신주인수권 행사의 효력

신주인수권을 행사한 자는 신주의 발행가액을 전액 납입한 때에 주주가 된다(법516의10 본문). 이때에 신주발행의 효력이 발생한다. 신주발행의 경우 납입기일의 다음 날부터 주주가 되는 것(법423①)과 다르다.

(4) 신주인수권부사채 발행의 무효

신주인수권부사채의 발행에 대한 무효원인이 있는 경우 다툴 방법에 관해 상법은 명문규정을 두고 있지 않다.

** 관련 판례

① 대법원 2022. 10. 27. 선고 2021다201054 판결

[신주인수권부사채 발행의 경우에도 신주발행무효의 소에 관한 상법 제429조가 유추적용되는지 여부(적극) 등]

[1] 신주인수권부사채는 미리 확정된 가액으로 일정한 수의 신주 인수를 청구할 수 있는 신주인수권이 부여된 사채로서, 신주인수권부사채 발행의 경우에도 주식회사의 물적 기초와 기존 주주들의 이해관계에 영향을 미친다는 점에서 사실상 신주를 발행하는 것과 유사하므로, 신주발행무효의 소에 관한 상법 제429조가 유추적용된다. 신주인수권부사채 발행의 무효는 주주 등이 신주인수권부사채를 발행한 날로부터 6월 내 소만으로 주장할 수 있고, 6월의 출소기간이 지난 뒤에는 새로운 무효 사유를 추가하여 주장할 수 없다. 따라서 신주인수권부사채 발행일로부터 6월 내에 신주인수권부사채발행무효의 소가 제기되지 않거나 6월 내

에 제기된 신주인수권부사채발행무효의 소가 적극적 당사자의 패소로 확정되었다면, 이후에는 더 이상 신주인수권부사채 발행의 무효를 주장할 수 없다. 다만 신주인수권부사채에 부여된 신주인수권의 행사나 그로 인한 신주 발행에 대해서는 상법 제429조를 유추적용하여 신주발행무효의 소로써 다툴 수 있다. 이때에는 특별한 사정이 없는 한 신주인수권 행사나 그에 따른 신주 발행에 고유한 무효 사유만 주장할 수 있고, 신주인수권부사채 발행이 무효라거나 그를 전제로 한 주장은 제기할 수 없다.

[2] 신주인수권부사채의 경우 경영상 목적 없이 대주주 등의 경영권이나 지배권 방어 목적으로 제3자에게 발행되더라도 그 자체로는 기존 주주의 신주인수권을 침해하지 않고, 이후 대주주 등이 양수한 신주인수권을 행사하여 신주를 취득함으로써 비로소 기존 주주의 신주인수권이 침해되고 대주주 등의 경영권이나 지배권 방어 목적이 현실화된다. 이에 의하면 회사가 대주주 등의 경영권이나 지배권 방어 목적으로 제3자에게 신주인수권부사채를 발행하였다면 신주인수권부사채의 발행은 무효가 될 수 있고, 이런 사유는 그 발행일로부터 6월 이내에 신주인수권부사채발행무효의 소로써 다툴 수 있다. 나아가 대주주 등이 위와 같은 경위로 발행된 신주인수권부사채나 그에 부여된 신주인수권을 양수한 다음 신주인수권부사채 발행일부터 6월이 지난 후 신주인수권을 행사하여 신주를 취득하였다면, 이는 실질적으로 회사가 경영상 목적 없이 대주주 등에게 신주를 발행한 것과 동일하므로, 신주인수권 행사나 그에 따른 신주 발행에 고유한 무효 사유에 준하여 신주발행무효의 소로도 신주 발행의 무효를 주장할 수 있다. 이로써 위법한 신주인수권부사채 발행이나 그에 기한 신주 발행을 다투는 주주의 제소권이 실질적으로 보호될 수 있다. 위에서 본 경우 신주발행무효의 소의 제소기간은 신주 발행일로부터 기산하여야 하고, 설령 신주 발행이 신주인수권부사채에 부여된 신주인수권의 행사 결과에 따른 것이라 할지라도 신주인수권부사채 발행일부터 기산되는 것은 아니다.

② 대법원 2015. 12. 10. 선고 2015다202919 판결
[신주 발행에 법령이나 정관을 위반한 위법이 있고 그것이 주식회사의 본질 또는 회사법의 기본원칙에 반하거나 기존 주주들의 이익과 회사의 경영권 내지 지배권에 중대한 영향을 미치는 경우, 신주 발행의 효력(원칙적 무효)]
[1] 상법 제418조 제1항, 제2항의 규정은 회사가 신주를 발행하는 경우 원칙적으로 기존 주주에게 이를 배정하고 정관에 정한 경우에만 제3자에게 신주배정을 할 수 있게 하면서 그 사유도 신기술의 도입이나 재무구조의 개선 등 경영상

목적을 달성하기 위하여 필요한 경우에 한정함으로써 기존 주주의 신주인수권을 보호하고 있다. 따라서 회사가 위와 같은 사유가 없음에도 경영권 분쟁이 현실화된 상황에서 경영진의 경영권이나 지배권 방어라는 목적을 달성하기 위하여 제3자에게 신주를 배정하는 것은 상법 제418조 제2항을 위반하여 주주의 신주인수권을 침해하는 것이다(대법원 2009. 1. 30. 선고 2008다50776 판결 참조). 그리고 이러한 법리는 신주인수권부사채를 제3자에게 발행하는 경우에도 마찬가지로 적용된다(상법 제516조의2 제4항 후문, 제418조 제2항 단서).

　[2] 한편 신주발행을 사후에 무효로 하는 것은 거래의 안전을 해할 우려가 크기 때문에 신주발행무효의 소에서 그 무효원인은 엄격하게 해석하여야 할 것이나, 신주발행에 법령이나 정관을 위반한 위법이 있고 그것이 주식회사의 본질 또는 회사법의 기본원칙에 반하거나 기존 주주들의 이익과 회사의 경영권 내지 지배권에 중대한 영향을 미치는 경우에는 원칙적으로 그 신주의 발행은 무효라고 보아야 한다(위 2008다50776 판결 참조). 신주인수권부사채는 미리 확정된 가액으로 일정한 수의 신주 인수를 청구할 수 있는 신주인수권이 부여된 사채로서 이러한 신주인수권부사채 발행의 경우에도 주식회사의 물적 기초와 기존 주주들의 이해관계에 영향을 미친다는 점에서 사실상 신주를 발행하는 것과 유사하므로, 신주발행무효의 소에 관한 상법 제429조가 유추적용되고, 신주발행의 무효원인에 관한 위와 같은 법리 또한 마찬가지로 적용된다고 봄이 상당하다.

　[3] 원심은 그 판시와 같은 이유로 이 사건 신주인수권부사채는 피고의 정관에서 정한 긴급한 자금조달의 필요성이 있어 그러한 자금조달을 위하여 발행된 것으로서 피고의 경영권 분쟁이 임박하거나 현실화된 상황에서 경영진의 경영권이나 지배권 방어라는 목적을 달성하기 위하여 발행된 것이라고 보기 어려우므로, 법령과 피고의 정관에 따라 적법하게 발행된 것이고, 나아가 현저하게 불공정하게 발행되었다고 볼 수도 없다고 판단하여, 이 사건 신주인수권부사채의 발행이 무효라는 원고의 주장을 배척하였다. 앞서 본 법리에 비추어 기록을 살펴보면, 원심의 이러한 판단은 정당하고, 거기에 상고이유의 주장과 같이 신주의 제3자 배정을 위한 긴급한 자금조달의 필요성 및 경영권 분쟁상황의 요건과 신주의 제3자 배정의 효력 및 사채 발행의 현저한 불공정성 내지 그 무효사유에 관한 법리를 오해하거나 필요한 심리를 다하지 아니하는 등의 잘못이 없다.

8. 기타 특수사채

(1) 이익참가부사채

이익참가부사채(PB)는 사채권자가 그 발행회사의 이익배당에 참가할 수 있는 사채를 말한다(상법469②(1)). 일반사채의 사채권자는 전형적인 소비대차에서와 마찬가지로 원금의 상환과 이자의 지급을 받을 권리가 있고, 이자의 산정기준이 되는 이자율은 발행 시에 미리 정한다. 사채권자가 일정한 이자에 추가하여 발행회사의 이익배당에 참가할 수 있는 권리를 가지거나 이자의 지급 없이 이익배당에 참가하는 권리만을 가지는 경우 모두 이익참가부사채이다.

(2) 교환사채

교환사채(EB)는 사채권자가 회사 소유의 주식이나 그 밖의 다른 유가증권으로 교환할 수 있는 사채이다(상법 시행령22①). 교환사채는 일반사채에 사채권자의 교환권을 붙인 것이다. 즉 사채권자는 사채의 상환 대신 미리 정한 교환대상증권(=발행회사가 소유한 주식이나 다른 증권)으로 교환할 수 있는 옵션(=교환권)을 가지도록 한 것이다(상법469②(2)). 교환권은 사채권자가 가지는 권리이므로 행사하지 않을 수도 있다. 교환권을 행사하지 않는 경우 사채권자는 사채의 조건에 따라 사채의 상환과 이자의 지급을 받는다. 사채권자가 교환권을 행사하면 사채는 소멸하고 교환대상증권을 교부받는다.

(3) 상환사채

상환사채는 회사가 그 소유의 주식이나 그 밖의 다른 유가증권으로 상환할 수 있는 사채를 말한다(상법 시행령23①). 교환사채는 사채를 주식·유가증권으로 교환할 권리를 사채권자에게 부여하는 것인데 반해, 상환사채는 발행회사의 선택 또는 일정한 조건의 성취나 기한의 도래에 따라 주식이나 그 밖의 다른 유가증권으로 상환한다. 상환사채의 경우 사채권자가 상환받는 것은 주식이나 유가증권이고 원래의 사채의 원금과 다르게 된다는 점에서 파생결합사채와 매우 유사한 기능을 수행한다.

(4) 파생결합사채

파생결합사채는 그 상환 또는 지급금액이 다른 기초자산의 가격·이자율·
지표·단위 또는 이를 기초로 하는 지수의 변동에 따라 결정되는 사채이다(상법
469②(3)). 기초자산에는 금융투자상품, 통화, 일반상품, 신용위험, 기타 자연적·
환경적·경제적 현상에 속하는 위험으로 합리적이고 적정한 방법에 의하여 평가
가 가능한 것이 포함된다(상법 시행령20, 자본시장법4⑩). 이는 자본시장법상 파생
상품 및 파생결합증권의 정의에서 사용되는 기초자산과 같다. 파생결합사채에
따른 상환·지급금액은 다른 기초자산의 가격이나 지수 등에 따라 정해지므로
파생결합사채의 발행가액 또는 원금액을 초과할 수 있고 그보다 작아질 수도 있
다. 또한 상환·지급금액이 발행가액을 초과하는 경우에도 그 초과금액이 원금에
대한 일정한 비율로 시간의 경과에 따라 증가하는 이자와는 달리 기초자산의 가
격이나 지수 등에 따라 산정된다.

제2절   회사의 회계

Ⅰ. 재무제표와 영업보고서

1. 재무제표

이사는 결산기마다 대차대조표(재무상태표), 손익계산서, 자본변동표, 이익잉
여금 처분계산서 또는 결손금 처리계산서, 연결재무제표와 부속명세서를 작성하
여 이사회의 승인을 받아야 한다(법447①).

2. 영업보고서

이사는 매결산기에 영업보고서를 작성하여 이사회의 승인을 얻어야 한다(법
447의2①). 영업보고서란 특정 영업연도의 회사의 영업상황을 기재한 서류이다.

3. 재무제표의 승인

이사는 재무제표를 정기총회에 제출하여 그 승인을 요구하여야 한다(법449
①). 정관에 규정을 두어 주주총회에 갈음하여 이사회가 재무제표를 승인하게 할
수도 있다(법449의2① 본문).

4. 승인에 의한 책임해제

정기총회에서 재무제표 승인을 한 후 2년 내에 다른 결의가 없으면 회사는
이사와 감사(또는 감사위원회)의 책임을 해제한 것으로 본다(법450 본문). 그러나
이사 또는 감사의 부정행위에 대하여는 그러하지 아니하다(법450 단서).

** 관련 판례

① 대법원 2002. 2. 26. 선고 2001다76854 판결

**[상호신용금고 대표이사가 충분한 담보를 확보하지 아니하고 동일인 대출한도
를 초과하여 대출한 것이 상법 제450조에 따른 이사의 책임해제 범위에 포함되는
지 여부(소극)]**

소외인이 소외 상호신용금고의 대표이사로 재직할 당시 동일인에 대한 대출
한도를 초과하여 돈을 대출하면서 충분한 담보를 확보하지 아니하는 등 그 임무
를 해태하여 소외 상호신용금고로 하여금 대출금을 회수하지 못하게 하는 손해
를 입게 하였으므로, 소외 상호신용금고에게 회수하지 못한 대출금 중 동일인 대
출 한도를 초과한 금액에 해당하는 손해를 배상할 책임이 있고, 또 상법 제450조
에 따른 이사의 책임해제는 재무제표 등에 기재되어 정기총회에서 승인을 얻은
사항에 한정되는데, 소외인이 충분한 담보를 확보하지 아니하고 동일인 대출 한
도를 초과하여 대출한 것은 재무제표 등을 통하여 알 수 있는 사항이 아니므로,
소외 상호신용금고의 정기총회에서 재무제표 등을 승인한 후 2년 내에 다른 결의
가 없었다고 하여 소외인의 손해배상책임이 해제되었다고 볼 수 없다

② 대법원 1969. 1. 28. 선고 68다305 판결

**[책임해제를 주장하는 주식회사 이사는 회사의 정기총회에 제출 승인된 서류에
그 책임사유가 기재되어 있는 사실을 입증하여야 한다]**

주식회사의 이사가 구 상법 제284조의 규정에 의하여 그 책임을 해제한 것

으로 간주되려면, 동법 제283조의 규정에 의하여, 동법 제281조에 규정된 서류를 정기주주총회에 제출하여 그 승인을 받아야 하는 것이고 그 서류에 기재 되지 아니한 사항에 대하여는 책임이 해제되지 아니 한다고 하여야 할 것인 바 기록에 의하여 피고들의 전입증을 검토하여 보아도 원고 회사 주주총회에 제출된 제22기 영업보고서(을 제2호 증의 1, 2)와 제31기 영업보고서(을 제3호증의 1, 2)에 소외 원천상사 주식회사로부터 중석매매 계약금으로 금 25,000,000환(구화)과 7,261,000환이 수입되었다고 기재된 명세표가 있을 뿐이고 본건에 있어서 피고들의 임무해태가 있다고 한 생산 실적으로는 따를 수 없는 과다한 양의 흑중석매매 계약을 피고들이 위 소외 회사와 체결하고 그로 인하여 원고 회사에게 손해배상을 하여야 한다는 점이나 그 배상액을 지출하였다는 점에 대하여 원고 회사의 정기주주총회에 제출한 서류에 기재되어 있다고 인정 할 수 있는 자료를 찾아 볼 수 없으므로 위 각 영업보고서에 기재된 수입금에 대해서는 위 총회의 승인을 얻었다고 할 것이나 그 각 보고서에 기재 되지 아니한 사유나 지출에 대하여 위 총회의 승인이 있었다고는 할 수 없는 것이니 그와 같은 취지로 판단한 원판결은 정당하다 하여야 할 것이고 위와 같이 각 영업보고서에 그 수입금이 기재 되었으니 그에 관한 모든 계약 사항이 승인된 것이라는 취지의 주장은 받아들일 것이 못되며 「책임해제를 주장하는 주식회사의 이사는 그 회사의 주주총회에 제출 승인된 서류에 그 책임 사유가 기재되어 있다는 것을 입증할 책임을 져야 한다고 할 것이니」 본건에 있어서는 주주총회에 피고들의 책임 사항에 관한 서류를 제출하고 승인을 받았다는 사실의 입증 책임이 피고들에게 있다고 하여야 할 것이므로 원판결에 소론과 같이 입증 책임의 분배에 관한 법리 오해가 있다고 할 수 없어 논지 이유 없다.

③ 대법원 2009. 11. 12. 선고 2007다53785 판결

주주총회에서 재무제표 등의 승인을 한 후 2년 내에 다른 결의가 없으면 회사는 이사와 감사의 책임을 해제한 것으로 본다고 한 상법 제450조는 이사 등의 회사에 대한 책임에 관한 규정으로서 이사 등의 제3자에 대한 책임에 대하여는 적용되지 아니한다.

Ⅱ. 준비금

1. 의의

준비금이란 회사가 장래에 생길지로 모르는 필요에 대비하기 위하여 대차대조표상의 순자산액으로부터 자본액을 공제한 금액 가운데 일부를 회사 내에 유보하여 두는 금액을 말한다.

2. 종류

준비금에는 법률의 규정에 의하여 적립되는 법정준비금, 정관 또는 주주총회의 결의에 의하여 적립되는 임의준비금이 있다. 법정준비금에는 이익준비금과 자본준비금이 있다. 이익준비금이란 이익잉여금을 재원으로 하여 적립하는 준비금이다. 자본준비금이란 영업이익 이외의 원천에서 생긴 자본의 증가분인 자본잉여금을 재원으로 하여 적립하는 준비금이다.

3. 준비금의 자본전입

(1) 의의

준비금의 자본전입은 법정준비금의 전부 또는 일부를 자본에 전입하여, 자본을 증가하는 것을 말한다(법461①). 회사는 이사회의 결의에 의하여 준비금의 전부 또는 일부를 자본금에 전입할 수 있다(법461① 본문). 그러나 정관으로 주주총회에서 결정하기로 정한 경우에는 그러하지 아니하다(법461① 단서).

(2) 신주의 발행(신주의 무상교부)

준비금을 자본으로 전입하는 경우에는 주주에 대하여 그가 가진 주식의 수에 따라 주식을 발행하여야 한다(법461② 전단). 이 경우 1주에 미달하는 단수에 대하여는 제443조 제1항의 규정을 준용한다(법461② 후단).

(3) 주주가 되는 시기

자본전입에 의하여 신주를 발행하는 경우에 신주의 효력발생시기는 이사회의 결의에 의한 때에는 신주배정일이고, 주주총회의 결의에 의한 때에는 주주총회의 결의가 있는 때이다(법461 ②④).

4. 법정준비금의 감소

회사는 적립된 자본준비금 및 이익준비금의 총액이 자본금의 1.5배를 초과하는 경우에 주주총회의 결의에 따라 그 초과한 금액 범위에서 자본준비금과 이익준비금을 감액할 수 있다(법461의2).

Ⅲ. 이익배당제도

1. 이익배당

(1) 의의

이익배당이란 주식회사가 사업으로 얻은 이익을 주주에게 배분하는 것을 말한다. 이익배당에는 현금배당, 주식배당, 현물배당(재산배당)의 3가지가 있다.

(2) 요건
(가) 배당가능이익의 존재

이익배당을 하려면 이익배당에 사용할 수 있는 배당가능이익이 있어야 한다. 회사는 대차대조표의 순자산액으로부터 ⅰ) 자본금의 액(제1호), ⅱ) 그 결산기까지 적립된 자본준비금과 이익준비금의 합계액(제2호), ⅲ) 그 결산기에 적립하여야 할 이익준비금의 액(제3호), ⅳ) 대통령령으로 정하는 미실현이익(제4호)을 공제한 액을 한도로 하여 이익배당을 할 수 있다(법462①).

(나) 주주총회 또는 이사회 결의

이익배당은 주주총회의 결의로 정한다(법462① 본문). 다만, 재무제표를 이사회가 승인하는 경우에는 이사회의 결의로 정한다(법462① 본문).

(3) 이익배당의 기준

이익배당은 각 주주가 가진 주식의 수에 따라 한다(법464 본문). 다만, 종류주식이 발행된 경우에는 차등지급이 가능하다(법464 단서).

> **** 관련 판례:** 서울고등법원 1980. 4. 14. 선고 79나3882 제11민사부판결
> **[주주총회의 결의가 상법 제464조의 규정에 위배되지 아니한다고 인정된 사례]**
> 주식회사에 있어서 모든 대주주가 참석하여 당해사업년도 잉여이익중 자기들이 배당받을 몫의 일부를 스스로 떼내어 소액주주들에게 고루 나눠주기로 한 주주총회 결의는 주주가 스스로 그 배당받을 권리를 포기하거나 양도하는 것과 마찬가지로서 이익배당에 있어서의 주주평등 원칙을 규정한 상법 제464조의 규정에 위반된다고 할 수 없다.

2. 주식배당

(1) 의의

주식배당이란 회사가 새로이 발행하는 주식을 주주에게 배분하는 것을 말한다. 회사는 주주총회의 결의에 의하여 이익의 배당을 새로이 발행하는 주식으로써 할 수 있다(법462의2① 본문). 배당할 현금을 사내에 유보하여 사업자금으로 활용하고자 하는 경우에 많이 이용된다.

(2) 요건

금전배당과 마찬가지로 배당가능이익이 존재하여야 한다. 또한 주식배당은 이익배당총액의 2분의 1에 상당하는 금액을 초과하지 못한다(법462의2① 단서).

(3) 효과

주식으로 배당을 받은 주주는 결의가 있는 주주총회가 종결한 때부터 신주의 주주가 된다(법462의2④). 신주가 발행되면 그만큼 발행주식의 총수가 증가하고 그에 따라 자본금도 증가하게 된다.

주식배당은 주식의 권면액으로 하며, 회사가 종류주식을 발행한 때에는 각각 그와 같은 종류의 주식으로 할 수 있다(법462의2②). 이사는 주주총회 결의가 있는 때에는 지체없이 배당을 받을 주주와 주주명부에 기재된 질권자에게 그 주주가 받을 주식의 종류와 수를 통지하여야 한다(법462의2⑤).

3. 현물배당

(1) 의의

회사는 정관으로 금전 외의 재산으로 배당을 할 수 있음을 정할 수 있다(법 462의4①). 이에 따라 배당을 결정한 회사는 ⅰ) 주주가 배당되는 금전 외의 재산 대신 금전의 지급을 회사에 청구할 수 있도록 한 경우에는 그 금액 및 청구할 수 있는 기간(제1호), ⅱ) 일정 수 미만의 주식을 보유한 주주에게 금전 외의 재산 대신 금전을 지급하기로 한 경우에는 그 일정 수 및 금액(제2호)을 정할 수 있다 (법462의4②).

(2) 요건

정관 규정이 존재해야 한다. 회사는 정관으로 금전 외의 재산으로 배당을 할 수 있음을 정해야 한다(법462의4①). 배당가능이익이 존재해야 하고, 주주총회 또는 이사회의 결의가 있어야 한다.

4. 중간배당

(1) 의의

중간배당은 영업연도 중에 실시하는 이익배당을 말한다. 년 1회의 결산기를 정한 회사는 영업연도 중 1회에 한하여 이사회의 결의로 일정한 날을 정하여 그 날의 주주에 대하여 이익을 배당("중간배당")할 수 있음을 정관으로 정할 수 있다 (법462의3①).

(2) 요건

회사의 결산기가 연 1회이어야 하고, 정관 규정이 존재해야 하며, 연 1회 실시하여야 하며, 이사회 결의가 있은 날로부터 1개월 내 지급하여야 한다.

(3) 배당의 재원

중간배당은 직전 결산기의 대차대조표상의 순자산액에서 ⅰ) 직전 결산기의 자본금의 액(제1호), ⅱ) 직전 결산기까지 적립된 자본준비금과 이익준비금의 합계액(제2호), ⅲ) 직전 결산기의 정기총회에서 이익으로 배당하거나 또는 지급

하기로 정한 금액(제3호), ⅳ) 중간배당에 따라 당해 결산기에 적립하여야 할 이
익준비금(제4호)을 공제한 액을 한도로 한다(법462의3②). 회사는 당해 결산기의
대차대조표상의 순자산액이 제462조(이익의 배당) 제1항 각호의 금액의 합계액에
미치지 못할 우려가 있는 때에는 중간배당을 하여서는 아니 된다(법462의3③).

(4) 이사의 손실금액에 대한 책임

당해 결산기 대차대조표상의 순자산액이 제462조 제1항 각호의 금액의 합
계액에 미치지 못함에도 불구하고 중간배당을 한 경우 이사는 회사에 대하여 연
대하여 그 차액(配當額이 그 差額보다 적을 경우에는 配當額)을 배상할 책임이 있다
(법462의3④ 본문). 다만, 이사가 당해 결산기에 손실이 발생할 우려가 없다고 판
단함에 있어 주의를 게을리하지 아니하였음을 증명한 때에는 그러하지 아니하다
(법462의3④ 단서).

> **** 관련 판례:** 대법원 2022. 9. 7. 선고 2022다223778 판결
> [상법 제462조의3이 정하는 중간배당에 관한 이사회 결의가 있는 경우, 같은
> 영업연도 중 다시 중간배당에 관한 이사회 결의를 하는 것이 허용되는지 여부(소
> 극) 및 이사회 결의에 따라 구체적으로 확정된 주주의 중간배당금 지급청구권의 내
> 용을 수정 내지 변경하는 이사회 결의가 허용되는지 여부(소극)]
> [1] 상법 제462조의3 제1항은 중간배당에 관하여 '연 1회의 결산기를 정한
> 회사는 영업연도 중 1회에 한하여 이사회의 결의로 일정한 날을 정하여 그 날의
> 주주에 대하여 이익을 배당할 수 있음을 정관으로 정할 수 있다'고 규정하고 있
> 다. 이에 따라 연 1회의 결산기를 정한 회사의 경우 정관에 정함이 있으면 이사
> 회 결의로 중간배당을 실시할 수 있고 그 횟수는 영업연도 중 1회로 제한된다.
> [2] 중간배당에 관한 이사회의 결의가 성립하면 추상적으로 존재하던 중간
> 배당청구권이 구체적인 중간배당금 지급청구권으로 확정되므로, 상법 제462조의
> 3이 정하는 중간배당에 관한 이사회 결의가 있으면 중간배당금이 지급되기 전이
> 라도 당해 영업연도 중 1회로 제한된 중간배당은 이미 결정된 것이고, 같은 영업
> 연도 중 다시 중간배당에 관한 이사회 결의를 하는 것은 허용되지 않는다. 이사
> 회 결의로 주주의 중간배당금 지급청구권이 구체적으로 확정된 이상 그 청구권
> 의 내용을 수정 내지 변경하는 내용의 이사회 결의도 허용될 수 없다.

5. 위법배당의 효과

위법배당이란 배당가능이익이 없음에도 불구하고 또는 배당가능이익을 초과하여 이익배당을 하는 것을 말한다.

(1) 금전배당의 경우

금전배당의 경우는 배당가능이익에 위반하여 이익을 배당한 경우에 회사채권자는 배당한 이익을 회사에 반환할 것을 청구할 수 있다(법462③).

(2) 중간배당의 경우

중간배당의 경우 배당가능이익에 위반하여 이익을 배당한 경우에 회사채권자는 배당한 이익을 회사에 반환할 것을 청구할 수 있다(법462의3⑥, 법462③).

주식배당과 현물배당의 경우에는 위와 같은 규정이 없다.

** 관련 판례

① 대법원 2013. 4. 26.자 2009마1932 결정

[집행의 보전의 방법: 배당금지급금지가처분의 방법]

부당이득의 반환은 법률상 원인 없이 취득한 이익을 반환하여 원상으로 회복하는 것을 말하므로, 배당절차에서 작성된 배당표가 잘못되어 배당을 받아야 할 채권자가 배당을 받지 못하고 배당을 받을 수 없는 사람이 배당받는 것으로 되어 있을 경우, 배당금이 실제 지급되었다면 배당금 상당의 금전지급을 구하는 부당이득반환청구를 할 수 있지만 아직 배당금이 지급되지 아니한 때에는 배당금지급청구권의 양도에 의한 부당이득의 반환을 구하여야지 그 채권 가액에 해당하는 금전의 지급을 구할 수는 없고, 그 경우 집행의 보전은 가압류에 의할 것이 아니라 배당금지급금지가처분의 방법으로 하여야 한다.

② 대법원 2001. 3. 13. 선고 99다26948 판결

[확정된 배당표에 의하여 실시된 배당에서 제외된 일반채권자의 부당이득반환청구권 유무(적극) / 법률상 원인 없이 제3자에 대한 채권을 취득하였으나 아직 그 채권을 현실적으로 추심하지 못한 자에 대한 부당이득반환청구권의 행사방법]

[1] 관련 법리

확정된 배당표에 의하여 배당을 실시하는 것은 실체법상의 권리를 확정하는 것이 아니므로, 배당을 받아야 할 채권자가 배당을 받지 못하고 배당을 받지 못할 자가 배당을 받은 경우에는 배당을 받지 못한 채권자로서는 배당에 관하여 이의를 한 여부에 관계없이 배당을 받지 못할 자이면서도 배당을 받았던 자를 상대로 부당이득반환청구권을 갖는다 할 것이고(대법원 1988. 11. 8. 선고 86다카2949 판결, 대법원 1994. 2. 22. 선고 93다55241 판결, 대법원 1997. 2. 14. 선고 96다51585 판결, 대법원 2000. 10. 10. 선고 99다53230 판결 참조), 배당을 받지 못한 그 채권자가 일반채권자라고 하여 달리 볼 것은 아니다.

[2] 원심의 판단

그런데 원심은, 담보권자와 일반채권자를 구분하여 담보권자는 배당에 관하여 이의를 하지 않았다고 하더라도 배당절차 종료 후 부당이득반환청구권이 인정되는 반면 일반채권자는 배당에 관하여 이의를 하지 않은 경우 배당절차 종료 후 부당이득반환청구권이 인정되지 않는다고 전제한 다음, 이 사건에서 원고는 소외 회사에 대한 일반채권자에 불과하고 이 사건 배당기일에 배당표에 대한 이의를 진술하지 아니하였으므로, 원고에게 그 주장과 같은 부당이득반환청구권은 인정되지 아니한다고 판단하였는바, 이러한 원심판결에는 확정된 배당표와 부당이득에 관한 앞서 본 법리를 오해한 잘못이 있다 할 것이다.

[3] 대법원 판단

그러나 부당이득이 성립되는 경우 그 부당이득의 반환은 법률상 원인 없이 취득한 이익을 반환하여 원상으로 회복하는 것을 말하므로, 법률상 원인 없이 제3자에 대한 채권을 취득한 경우, 만약 채권의 이득자가 이미 그 채권을 변제받은 때에는 그 변제받은 금액이 이득이 되어 이를 반환하여야 할 것이나, 아직 그 채권을 현실적으로 추심하지 못한 경우에는 손실자는 채권의 이득자에 대하여 그 채권의 반환을 구하여야 하고 그 채권 가액에 해당하는 금전의 반환을 구할 수는 없다고 할 것이므로(대법원 1995. 12. 5. 선고 95다22061 판결, 대법원 1996. 11. 22. 선고 96다34009 판결 참조), 원심이 부가적 판단으로서 피고가 아직 배당금을 출급하지 아니하였으므로 청구취지 기재 금원 상당을 부당이득한 것은 아니라는 이유로 원고의 청구를 기각한 것은 결론에 있어서 정당하다 할 것이다. 결국 이 상고이유의 주장도 받아들일 수 없다.

③ **대법원 2021. 6. 24. 선고 2020다208621 판결**

[위법배당에 따른 부당이득반환청구권의 소멸시효기간(=10년)]

[1] 부당이득반환청구권이라도 그것이 상행위인 계약에 기초하여 이루어진 급부 자체의 반환을 구하는 것으로서, 그 채권의 발생 경위나 원인, 당사자의 지위와 관계 등에 비추어 그 법률관계를 상거래 관계와 같은 정도로 신속하게 해결할 필요성이 있는 경우 등에는 5년의 소멸시효를 정한 상법 제64조가 적용된다.

그러나 이와 달리 부당이득반환청구권의 내용이 급부 자체의 반환을 구하는 것이 아니거나, 위와 같은 신속한 해결 필요성이 인정되지 않는 경우라면 특별한 사정이 없는 한 상법 제64조는 적용되지 않고 10년의 민사소멸시효기간이 적용된다(대법원 2002. 6. 14. 선고 2001다47825 판결, 대법원 2019. 9. 10. 선고 2016다271257 판결 등 참조).

[2] 회사는 대차대조표의 순자산액으로부터 자본의 액, 그 결산기까지 적립된 자본준비금과 이익준비금의 합계액, 그 결산기에 적립하여야 할 이익준비금의 액을 공제한 액을 한도로 하여 이익의 배당을 할 수 있고(상법 제462조 제1항), 일정한 요건을 갖추면 중간배당을 할 수 있지만 이때에도 배당 가능한 이익이 있어야 한다(상법 제462조의3 제1항, 제2항). 만약 회사가 배당 가능한 이익이 없음에도 이익의 배당이나 중간배당을 하였다면 위 조항에 반하는 것으로 무효라 할 것이므로 회사는 배당을 받은 주주에게 부당이득반환청구권을 행사할 수 있다.

이익의 배당이나 중간배당은 회사가 획득한 이익을 내부적으로 주주에게 분배하는 행위로서 회사가 영업으로 또는 영업을 위하여 하는 상행위가 아니므로 배당금지급청구권은 상법 제64조가 적용되는 상행위로 인한 채권이라고 볼 수 없다. 이에 따라 위법배당에 따른 부당이득반환청구권 역시 근본적으로 상행위에 기초하여 발생한 것이라고 볼 수 없다. 특히 배당가능이익이 없는데도 이익의 배당이나 중간배당이 실시된 경우 회사나 채권자가 주주로부터 배당금을 회수하는 것은 회사의 자본충실을 도모하고 회사 채권자를 보호하는 데 필수적이므로, 회수를 위한 부당이득반환청구권 행사를 신속하게 확정할 필요성이 크다고 볼 수 없다. 따라서 위법배당에 따른 부당이득반환청구권은 민법 제162조 제1항이 적용되어 10년의 민사소멸시효에 걸린다고 보아야 한다.

Ⅳ. 소수주주의 회계장부열람권 및 검사인 선임청구권

1. 소수주주의 회계장부열람권

(1) 의의

재무제표 등의 서류는 간접적인 정보에 불과하고 분식의 가능성이 있으므로, 발행주식의 총수의 100분의 3 이상에 해당하는 주식을 가진 주주("소수주주")는 이유를 붙인 서면으로 회계의 장부와 서류의 열람 또는 등사를 청구할 수 있다(법466①). 이를 소수주주의 회계장부열람권이라고 말하며, 이를 본안으로 하는 가처분도 허용된다.

** 관련 판례

① 대법원 1999. 12. 21. 선고 99다137 판결

[회계장부열람등사청구권을 피보전권리로 하여 당해 장부 등의 열람·등사를 명하는 가처분의 허용 여부(적극) 및 그 허용 방법 / 회계장부열람등사청구권 행사에 요구되는 이유 기재의 정도 / 회계장부열람등사청구권의 행사 범위 및 열람·등사의 회수가 1회로 제한되어야 하는지 여부(소극)]

[1] 상법 제466조 제1항 소정의 소수주주의 회계장부열람등사청구권을 피보전권리로 하여 당해 장부 등의 열람·등사를 명하는 가처분이 실질적으로 본안소송의 목적을 달성하여 버리는 면이 있다고 할지라도, 나중에 본안소송에서 패소가 확정되면 손해배상청구권이 인정되는 등으로 법률적으로는 여전히 잠정적인 면을 가지고 있기 때문에 임시적인 조치로서 이러한 회계장부열람등사청구권을 피보전권리로 하는 가처분도 허용된다고 볼 것이고, 이러한 가처분을 허용함에 있어서는 피신청인인 회사에 대하여 직접 열람·등사를 허용하라는 명령을 내리는 방법뿐만 아니라, 열람·등사의 대상 장부 등에 관하여 훼손, 폐기, 은닉, 개찬이 행하여질 위험이 있는 때에는 이를 방지하기 위하여 그 장부 등을 집행관에게 이전 보관시키는 가처분을 허용할 수도 있다.

[2] 주식회사 소수주주가 상법 제466조 제1항의 규정에 따라 회사에 대하여 회계의 장부와 서류의 열람 또는 등사를 청구하기 위하여는 이유를 붙인 서면으로 하여야 하는바, 회계의 장부와 서류를 열람 또는 등사시키는 것은 회계운영상 중대한 일이므로 그 절차를 신중하게 함과 동시에 상대방인 회사에게 열람 및 등

사에 응하여야 할 의무의 존부 또는 열람 및 등사를 허용하지 않으면 안 될 회계의 장부 및 서류의 범위 등의 판단을 손쉽게 하기 위하여 그 이유는 구체적으로 기재하여야 한다.

[3] 상법 제466조 제1항 소정의 소수주주의 회계장부 및 서류의 열람, 등사청구권이 인정되는 이상 그 열람, 등사청구권은 그 권리행사에 필요한 범위 내에서 허용되어야 할 것이지, 열람 및 등사의 횟수가 1회에 국한되는 등으로 사전에 제한될 성질의 것은 아니다.

② 대법원 2022. 5. 13. 선고 2019다270163 판결

[소수주주의 회계장부 등에 대한 열람·등사청구권을 행사할 때 요구되는 이유 기재의 정도 / 열람·등사청구의 부당성에 관한 주장·증명책임의 소재(=회사)]

[1] 주주가 제출하는 열람·등사청구서에 붙인 '이유'는 회사가 열람·등사에 응할 의무의 존부를 판단하거나 열람·등사에 제공할 회계장부와 서류의 범위 등을 확인할 수 있을 정도로 열람·등사청구권 행사에 이르게 된 경위와 행사의 목적 등이 구체적으로 기재되면 충분하고, 더 나아가 그 이유가 사실일지도 모른다는 합리적 의심이 생기게 할 정도로 기재하거나 그 이유를 뒷받침하는 자료를 첨부할 필요는 없다. 이와 달리 주주가 열람·등사청구서에 이유가 사실일지도 모른다는 합리적 의심이 생기게 할 정도로 기재해야 한다면, 회사의 업무 등에 관하여 적절한 정보를 가지고 있지 않는 주주에게 과중한 부담을 줌으로써 주주의 권리를 크게 제한하게 되고, 그에 따라 주주가 회사의 업무 등에 관한 정보를 확인할 수 있도록 열람·등사청구권을 부여한 상법의 취지에 반하는 결과가 초래되어 부당하다.

[2] 다만 이유 기재 자체로 그 내용이 허위이거나 목적이 부당함이 명백한 경우 등에는 적법하게 이유를 붙였다고 볼 수 없으므로 이러한 열람·등사청구는 허용될 수 없다. 또 이른바 모색적 증거 수집을 위한 열람·등사청구도 허용될 수 없으나, 열람·등사청구권이 기본적으로 회사의 업무 등에 관한 정보가 부족한 주주에게 필요한 정보 획득과 자료 수집을 위한 기회를 부여하는 것이라는 사정을 고려할 때 모색적 증거 수집에 해당하는지는 신중하고 엄격하게 판단해야 한다.

[3] 한편 주주로부터 열람·등사청구를 받은 회사는 상법 제466조 제2항에 따라 열람·등사청구의 부당성, 이를테면 열람·등사청구가 허위사실에 근거한 것이라든가 부당한 목적을 위한 것이라든가 하는 사정을 주장·증명함으로써 열람·등사의무에서 벗어날 수 있다.

③ 대법원 2020. 10. 20.자 2020마6195 결정

[회사에 대하여 채무자회생법에 따른 회생절차가 개시된 경우, 소수주주의 회계장부 등에 대한 열람·등사청구권을 규정한 상법 제466조 제1항의 적용이 배제되는지 여부(소극)]

소수주주의 회계장부 등에 대한 열람·등사청구권은 회사에 대하여 채무자회생법에 따른 회생절차가 개시되더라도 배제되지 않는다고 보아야 한다. 상세한 이유는 다음과 같다.

[1] 채무자회생법은 회생계획에서 채무자의 자본감소, 합병 등 일정한 사항을 정한 경우 그에 관한 상법 조항의 적용을 배제하고(채무자회생법 제264조 제2항, 제271조 제3항 등), 채무자에 대해 회생절차가 개시되면 자본감소, 신주발행, 합병 등 조직변경 등의 행위를 회생절차에 의하지 않고는 할 수 없도록 금지하고 있다(채무자회생법 제55조 제1항). 그러나 회사에 대해 회생절차가 개시되면 상법 제466조 제1항의 적용이 배제된다는 규정도 없고, 주주가 회생절차에 의하지 않고는 상법 제466조 제1항의 회계장부 등에 대한 열람·등사청구권을 행사할 수 없다는 규정도 없다. 상법 제466조 제1항에 따라 주주가 열람·등사를 청구할 수 있는 서류에는 회계장부와 회계서류도 포함되어 채무자회생법에 따라 이해관계인이 열람할 수 있는 서류보다 그 범위가 넓은데, 이처럼 다른 이해관계인과 구별되는 주주의 권리를 회생절차가 개시되었다는 이유만으로 명문의 규정 없이 배제하거나 제한하는 것은 부당하다.

[2] 회사에 대해 회생절차가 개시되었더라도 회생계획이 인가되기 전에 회생절차가 폐지되면, 회생계획 인가로 인한 회생채권 등의 면책(채무자회생법 제251조) 또는 권리의 변경(채무자회생법 제252조) 등의 효력 없이 채무자의 업무수행권과 재산의 관리·처분권이 회복된다. 따라서 회생절차가 개시되더라도 그것만으로 주주가 상법 제466조 제1항에 따른 권리를 행사할 필요성이 부정되지 않는다.

[3] 상법 제466조 제1항에서 정하고 있는 주주의 회계장부와 서류에 대한 열람·등사청구가 있는 경우 회사는 청구가 부당함을 증명하여 이를 거부할 수 있고, 주주의 열람·등사청구권 행사가 부당한 것인지는 행사에 이르게 된 경위, 행사의 목적, 악의성 유무 등 여러 사정을 종합적으로 고려하여 판단하여야 한다(대법원 2018. 2. 28. 선고 2017다270916 판결 참조). 채무자의 효율적 회생이라는 목적을 위해 회사에 대해 채무자회생법에서 정한 회생절차가 개시되었는데, 주주가 회사의 회생을 방해할 목적으로 이러한 열람·등사청구권을 행사하는 경우에는 정당한 목적이 없어 부당한 것이라고 보아 이를 거부할 수 있다.

(2) 청구의 정당성

회사는 주주의 청구가 부당함을 증명하지 아니하면 이를 거부하지 못한다 (법466②).

** 관련 판례

① 대법원 2018. 2. 28. 선고 2017다270916 판결

[주주의 회계장부와 서류 등에 대한 열람·등사권 행사가 부당한지 판단하는 기준]

상법 제466조 제1항에서 규정하고 있는 주주의 회계장부와 서류 등에 대한 열람·등사청구가 있는 경우 회사는 청구가 부당함을 증명하여 이를 거부할 수 있고, 주주의 열람·등사권 행사가 부당한 것인지는 행사에 이르게 된 경위, 행사의 목적, 악의성 유무 등 제반 사정을 종합적으로 고려하여 판단하여야 한다. 특히 주주의 이와 같은 열람·등사권 행사가 회사업무의 운영 또는 주주 공동의 이익을 해치거나 주주가 회사의 경쟁자로서 취득한 정보를 경업에 이용할 우려가 있거나, 또는 회사에 지나치게 불리한 시기를 택하여 행사하는 경우 등에는 정당한 목적을 결하여 부당한 것이라고 보아야 한다(대법원 2004. 12. 24.자 2003마1575 결정, 대법원 2014. 7. 21.자 2013마657 결정 등 참조). 한편 주식매수청구권을 행사한 주주도 회사로부터 그 주식의 매매대금을 지급받지 아니하고 있는 동안에는 주주로서의 지위를 여전히 가지고 있으므로 특별한 사정이 없는 한 주주로서의 권리를 행사하기 위하여 필요한 경우에는 위와 같은 회계장부열람·등사권을 가진다. 주주가 주식의 매수가액을 결정하기 위한 경우뿐만 아니라 회사의 이사에 대하여 대표소송을 통한 책임추궁이나 유지청구, 해임청구를 하는 등 주주로서의 권리를 행사하기 위하여 필요하다고 인정되는 경우에는 특별한 사정이 없는 한 그 청구는 회사의 경영을 감독하여 회사와 주주의 이익을 보호하기 위한 것이므로, 주식매수청구권을 행사하였다는 사정만으로 청구가 정당한 목적을 결하여 부당한 것이라고 볼 수 없다.[2]

---

2) 甲 주식회사의 주주인 乙이 甲 회사의 회계장부 및 서류의 열람·등사를 청구하는 소를 제기하였는데, 소송 계속 중 甲 회사가 丙 주식회사에 공장용지와 공장 건물을 양도하는 과정에서 乙이 반대주주의 주식매수청구권을 행사하였고, 주식매수가액의 협의가 이루어지지 않자 乙이 법원에 주식매수가액 산정결정 신청을 하여 재판이 계속 중이고, 그 후 乙이 甲 회사의 이사들을 상대로 주주대표소송을 제기하고, 甲 회사를 상대로 사해행위취소소송을 제기하여 각 소송이 계속 중인 사안에서, 乙은 주식매수가액의 산정과 주주대표소송의 수행에 필요한 범위에서 甲 회사에 회계장부의 열람·등사를 청구할 권리가 있으

② 대법원 2004. 12. 24.자 2003마1575 결정

[주주의 이사회 회의록 및 회계장부와 서류에 대한 열람·등사권의 행사가 부당한지 여부의 판단기준]

[1] 관련 법리

상법 제391조의3 제3항, 제466조 제1항에서 규정하고 있는 주주의 이사회의 의사록 또는 회계의 장부와 서류 등에 대한 열람·등사청구가 있는 경우, 회사는 그 청구가 부당함을 증명하여 이를 거부할 수 있는바, 주주의 열람·등사권 행사가 부당한 것인지 여부는 그 행사에 이르게 된 경위, 행사의 목적, 악의성 유무 등 제반 사정을 종합적으로 고려하여 판단하여야 할 것이고, 특히 주주의 이와 같은 열람·등사권의 행사가 회사업무의 운영 또는 주주 공동의 이익을 해치거나 주주가 회사의 경쟁자로서 그 취득한 정보를 경업에 이용할 우려가 있거나, 또는 회사에 지나치게 불리한 시기를 택하여 행사하는 경우 등에는 정당한 목적을 결하여 부당한 것이라고 보아야 할 것이다.

[2] 판단

원심결정 이유에 의하면, 원심은 기록에 의하여 판시와 같은 사실이 소명된다고 한 다음, 재항고인과 상대방은 모두 부산·경남 지역에 영업기반을 두고 오랜 기간 경쟁관계를 유지해 오고 있는 점, 재항고인은 상대방이 139억 원 남짓의 자본금을 33억 원 남짓으로 대폭 감자한 후 비로소 상대방의 주식을 매입하기 시작하였고, 더구나 상대방의 계속된 자본전액 잠식으로 인하여 대부분의 보통주가 상장폐지 되었음에도 액면의 5배에 달하는 가격으로 그 주식을 매입하여 그 주주가 되었으므로, 재항고인의 주식 취득은 그 본래의 목적인 회사의 경영성과를 분배받고자 하는 데 있지 않음이 분명한 점, 재항고인이 상대방의 주식 취득과 때를 같이하여 공개적으로 상대방의 경영권 인수를 표방하면서 50% 이상의 주식 취득을 위한 주식 공개매수에 착수함과 아울러 이미 재항고인의 주식 취득 이전에 드러난 상대방 전 대표이사 최병석의 부정행위, 미수금 채권관계, 상장폐지건 등을 내세워 이 사건과 같은 회계장부 열람청구 외에도 임원 해임 요구, 손해배상청구 등을 통하여 상대방의 경영진을 압박하는 한편, 상대방의 주주 및 채권자들을 상대로 한 설득작업을 통하여 상대방의 경영권 인수를 시도하고 있는 점 등두 회사의 관계, 재항고인이 상대방의 주식을 취득한 시기 및 경위, 주식 취득 이후에 취한 재항고인의 행동, 상대방의 현재 상황 등 제반 사정을 고려할 때, 재항

나 사해행위취소소송을 제기한 것을 내세워 회계장부열람·등사청구를 하는 것은 부당하다고 한 사례.

고인이 주주로서 부실경영에 책임이 있다는 상대방의 현 경영진에 대한 해임청
구 내지는 손해배상청구의 대표소송을 위한 사실관계 확인 등 상대방의 경영감
독을 위하여 이 사건 서류들에 대한 열람·등사를 구하는 것이 아니라, 주주라는
지위를 내세워 상대방을 압박함으로써 궁극적으로는 자신의 목적인 경영권 인수
(적대적 M&A)를 용이하게 하기 위하여 위 서류들에 대한 열람·등사권을 행사하
는 것이라고 보아야 할 것이고, 나아가 두 회사가 경업관계에 있기 때문에 이 사
건 열람·등사 청구를 통하여 얻은 상대방의 영업상 비밀이 재항고인의 구체적인
의도와는 무관하게 경업에 악용될 우려가 있다고 보지 않을 수 없으므로, 결국
재항고인의 이 사건 열람·등사 청구는 정당한 목적을 결한 것이라고 판단하였
다. 위에서 본 법리와 기록에 비추어 살펴보면, 원심의 위와 같은 사실인정과 판
단은 정당한 것으로 수긍이 간다.

(3) 열람의 대상

소수주주는 회계의 장부와 서류의 열람 또는 등사를 청구할 수 있다(법466①).

** 관련 판례

① 대법원 2013. 11. 28. 선고 2013다50367 판결

**[민사소송의 방법으로 상법 제391조의3 제4항에 의한 이사회 의사록의 열람
및 등사를 청구할 수 있는지 여부(소극)]**

상법 제391조의3 제3항, 제4항에 의하면 주주는 영업시간 내에 이사회 의사
록의 열람 또는 등사를 청구할 수 있으나, 회사는 그 청구에 대하여 이유를 붙여
거절할 수 있고, 그 경우 주주는 법원의 허가를 얻어 이사회 의사록을 열람 또는
등사할 수 있는바, 상법 제391조의3 제4항의 규정에 의한 이사회 의사록의 열람
등 허가사건은 비송사건절차법 제72조 제1항에 규정된 비송사건이므로 민사소송
의 방법으로 이사회 회의록의 열람 또는 등사를 청구하는 것은 허용되지 않는다
(대법원 2013. 3. 28. 선고 2012다42604 판결 참조).

② 대법원 2001. 10. 26. 선고 99다58051 판결

**[상법 제466조 제1항 소정의 회계장부열람등사청구의 대상에 자회사의 회계장
부가 포함될 수 있는지 여부(적극)]**

상법 제466조 제1항에서 정하고 있는 소수주주의 열람·등사청구의 대상이
되는 '회계의 장부 및 서류'에는 소수주주가 열람·등사를 구하는 이유와 실질적

으로 관련이 있는 회계장부와 그 근거자료가 되는 회계서류를 가리키는 것으로서, 그것이 회계서류인 경우에는 그 작성명의인이 반드시 열람·등사제공의무를 부담하는 회사로 국한되어야 하거나, 원본에 국한되는 것은 아니며, 열람·등사제공의무를 부담하는 회사의 출자 또는 투자로 성립한 자회사의 회계장부라 할지라도 그것이 모자관계에 있는 모회사에 보관되어 있고, 또한 모회사의 회계상황을 파악하기 위한 근거자료로서 실질적으로 필요한 경우에는 모회사의 회계서류로서 모회사 소수주주의 열람·등사청구의 대상이 될 수 있다.

2. 검사인 선임청구권

(1) 의의

회사의 업무집행에 관하여 부정행위 또는 법령이나 정관에 위반한 중대한 사실이 있음을 의심할 사유가 있는 때에는 발행주식의 총수의 100분의 3 이상에 해당하는 주식을 가진 주주는 회사의 업무와 재산상태를 조사하게 하기 위하여 법원에 검사인의 선임을 청구할 수 있다(법467①).

(2) 검사인 선임청구 사유

회사의 업무집행에 관하여 부정행위 또는 법령이나 정관에 위반한 중대한 사실이 있음을 의심할 사유가 있어야 한다(법467①).

** 관련 판례

① 대법원 1985. 7. 31.자 85마214 결정

[구체적이고 명확하게 적시되지 않은 막연한 내용만으로 상법 제467조 제1항 소정의 검사인 선임 청구사유로 삼을 수 있는지 여부(소극)]

상법 제467조 제1항이 규정하고 있는 검사인선임 청구사유인 "업무집행에 관한 부정행위 또는 법령이나 정관에 위반한 중대한 사실"에 대하여는 그 내용을 구체적으로 명확히 적시하여야 하고 단순히 결산보고서의 내용이 실지 재산상태와 일치하는지 여부에 의심이 간다는 정도의 막연한 것으로 그 사유를 삼을 수는 없는 것이고, 또 사건본인 회사가 사임한 이사에 대한 퇴임등기를 태만히 하고 후임자를 보선하지 않고 있다 하여도 그것만으로는 같은법 제467조 제1항이 규정하고 있는 "중대한 사실"에 해당한다고 할 수 없으므로, 원심이 같은 취지에서 재항고인의 원심설시 2의 (5)주장을 배척한 조처는 정당하고, 거기에 소론과 같은 위법이 있다 할 수 없으므로 이 점에 관한 논지도 이유없다. 한편 사건본인 회사가 재항고인에 대한 대여금 또는 외상매입대금을 변제하지 않고 있다거나 위 대여금을 회사장부에 기장하지 않았다는 사정만으로는 업무집행에 관하여 부정행위가 있다고 단정할 수 없는 것이다.

② 대법원 1996. 7. 3.자 95마1335 결정

[상법 제467조 제1항이 정하는 검사인선임청구 사유의 입증 정도]

상법 제467조 제1항이 규정하고 있는 검사인선임청구 사유인 '회사의 업무집행에 관하여 부정행위 또는 법령이나 정관에 위반한 중대한 사실이 있음을 의심할 사유가 있는 때'에 대하여는, 그 내용을 구체적으로 명확히 적시하여 입증하여야 하고 단순히 일반적으로 그러한 의심이 간다는 정도의 막연한 것만으로는 그 사유로 삼을 수 없는 것이다(당원 1985. 7. 31.자 85마214 결정 참조). 기록에 의하여 검토하여 보면 원심의 증거취사와 사실인정은 모두 정당하고, 또 사실관계가 그 판시와 같다면, 재항고인의 주장사실에 대한 입증이 부족하여 그 주장은 결국 사건본인 회사에 부정행위 또는 법령이나 정관에 위반한 사실이 있을 것이라는 막연한 추측에 불과한 것으로 본 원심의 판단은 정당한 것으로 수긍이 된다.

③ 대법원 2003. 12. 17.자 2003마1534 결정

상법 제467조 제1항에 규정된 검사인에 의한 검사는 회사와 주주보호를 목적으로 하여 주주로서 회사의 업무와 재산에 관한 정보를 얻기 위한 것이므로 상법 제467조 제1항에서 정하여진 법령이나 정관에 위반한 중대한 사실은 형식적인 법령이나 정관위반만으로 충분하지 아니하고 회사나 주주의 이익을 침해하는 경우이어야 하며, 그와 같은 사유가 없는 때에는 법령이나 정관에 위반한 중대한 사실에 해당하지 아니한다. 따라서, 신청인들이 주장하는 바와 같이 단순히 주주총회를 소집하지 아니하거나 그 소집절차가 법령에 위반되고, 배당을 실시하지 아니하였다는 주장들은 모두 상법 제467조에 정하여진 중대한 사실에 해당하지 아니한다.

(3) 법원 및 주주총회에의 보고

검사인은 그 조사의 결과를 법원에 보고하여야 한다(법467②). 법원은 제2항의 보고에 의하여 필요하다고 인정한 때에는 대표이사에게 주주총회의 소집을 명할 수 있다. 제310조 제2항의 규정은 이 경우에 준용한다(법467③).

이사와 감사는 지체없이 제3항의 규정에 의한 검사인의 보고서의 정확여부를 조사하여 이를 주주총회에 보고하여야 한다(법467④).

Ⅴ. 주주권행사와 관련한 이익공여금지

1. 의의

회사는 누구에게든지 주주의 권리행사와 관련하여 재산상의 이익을 공여할 수 없다(법467의2①). 이른바 총회꾼과 회사와의 부정한 거래를 근절시키기 위해 마련된 규정이다.

종래 소수의 주식을 취득한 후 주주총회에 출석하여 장시간 발언을 하거나 소란을 피우는 등 의사를 방해하고 이를 삼가하는 대가로 회사로부터 금품을 제공받고, 임원과 결탁하여 분식결산서류의 승인, 임원의 선임, 회사의 부실경영의 은폐를 꾀하기 위하여 다른 주주의 정당한 발언을 제지하고 그 대가로 이익을 공여받는 이른바 직업적인 총회꾼의 발호를 원천적으로 봉쇄하여 주주총회의 정상적인 운영을 꾀하고 나아가 회사의 이익을 보호하기 위한 것이다.

** 관련 판례: 대법원 2017. 1. 12. 선고 2015다68355, 68362 판결
  [상법 제467조의2 제1항에서 정한 주주의 권리의 의미 및 회사에 대한 계약상의 특수한 권리가 포함되는지 여부(소극) / 같은 항에서 정한 주주의 권리행사와 관련하여의 의미]
  [1] 상법 제467조의2 제1항에서 정한 '주주의 권리'란 법률과 정관에 따라 주주로서 행사할 수 있는 모든 권리를 의미하고, 주주총회에서의 의결권, 대표소송 제기권, 주주총회결의에 관한 각종 소권 등과 같은 공익권뿐만 아니라 이익배당청구권, 잔여재산분배청구권, 신주인수권 등과 같은 자익권도 포함하지만, 회사에 대한 계약상의 특수한 권리는 포함되지 아니한다. 그리고 '주주의 권리행사와 관련하여'란 주주의 권리행사에 영향을 미치기 위한 것을 의미한다.
  [2] 갑 주식회사가 운영자금을 조달하기 위해 을과 체결한 주식매매약정에서 을이 갑 회사의 주식을 매수하는 한편 갑 회사에 별도로 돈을 대여하기로 하

면서 을이 '갑 회사의 임원 1명을 추천할 권리'를 가진다고 정하였는데, 주식매매 약정 직후 을이 임원추천권을 행사하지 아니하는 대신 갑 회사가 을에게 매월 돈 을 지급하기로 하는 내용의 지급약정을 체결한 사안에서, 을이 가지는 임원추천 권은 주식매매약정에 정한 계약상의 특수한 권리이고 이를 주주의 자격에서 가 지는 공익권이나 자익권이라고 볼 수는 없으므로 상법 제467조의2 제1항에서 정 한 '주주의 권리'에 해당하지 아니하고, 지급약정은 을이 갑 회사에 운영자금을 조달하여 준 것에 대한 대가를 지급하기로 한 것일 뿐 주주의 권리행사에 영향을 미치기 위하여 돈을 공여하기로 한 것이라고 할 수 없으므로, 지급약정이 상법 제467조의2 제1항에 위배된다고 볼 수 없다고 한 사례.

2. 이익공여의 추정

회사가 특정의 주주에 대하여 무상으로 재산상의 이익을 공여한 경우에는 주주의 권리행사와 관련하여 이를 공여한 것으로 추정한다(법467의2② 전단). 회 사가 특정의 주주에 대하여 유상으로 재산상의 이익을 공여한 경우에 있어서 회 사가 얻은 이익이 공여한 이익에 비하여 현저하게 적은 때에도 또한 같다(법467 의2② 후단).

** 관련 판례: 대법원 2014. 7. 11.자 2013마2397 결정
[사회통념상 허용되는 범위를 넘어서는 위법한 이익의 제공]
[1] 상법 제467조2 제1항은 "회사는 누구에게든지 주주의 권리행사와 관련 하여 재산상의 이익을 공여할 수 없다"고 규정하고, 이어 제2항 전문은 "회사가 특정의 주주에 대하여 무상으로 재산상의 이익을 공여한 경우에는 주주의 권리 행사와 관련하여 이를 공여한 것으로 추정한다"고 규정하고 있다. 이러한 규정에 비추어 보면, 이 사건 회사가 사전투표에 참여하거나 주주총회에서 직접 투표권 을 행사한 주주들에게 무상으로 이 사건 예약권과 상품권을 제공하는 것은 주주 의 권리행사와 관련하여 이를 공여한 것으로 추정된다. 뿐만 아니라 다음과 같은 사정, 즉 ① 기존 임원들인 채무자들과 반대파 주주들인 채권자들 사이에 이 사 건 주주총회결의를 통한 경영권 다툼이 벌어지고 있는 상황에서 대표이사인 채 무자 1 등의 주도로 사전투표기간이 연장되었고, 사전투표기간의 의결권행사를 조건으로 주주들에게 이 사건 예약권과 상품권이 제공된 점, ② 이 사건 예약권

과 상품권은 그 액수가 단순히 의례적인 정도에 그치지 아니하고 사회통념상 허용되는 범위를 넘어서는 것으로 보이는 점, ③ 이러한 이익이 총 주주의 68%에 달하는 960명의 주주들(사전투표에 참가한 주주 942명과 주주총회 당일 직접 투표권을 행사한 주주 18명)에게 공여된 점, ④ 사전투표기간에 이익공여를 받은 주주들 중 약 75%에 해당하는 711명의 주주가 이러한 이익을 제공한 당사자인 채무자 1에게 투표하였고, 이러한 사전투표기간 중의 투표결과가 대표이사 후보들의 당락을 좌우한 요인이 되었다고 보이는 점 등에 비추어 보면, 이러한 이익은 단순히 투표율 제고나 정족수 확보를 위한 목적으로 제공되기보다는 의결권이라는 주주의 권리행사에 영향을 미치기 위한 의도로 공여된 것으로 보인다.

[2] 따라서 이 사건 예약권과 상품권은 주주권행사와 관련되어 교부되었을 뿐만 아니라 그 액수도 사회통념상 허용되는 범위를 넘어서는 것으로서 상법상 금지되는 주주의 권리행사와 관련된 이익공여에 해당하고, 이러한 이익공여에 따른 의결권행사를 기초로 한 이 사건 주주총회는 그 결의방법이 법령에 위반한 것이라고 봄이 상당하다.

3. 위반의 효과

회사가 이익공여 금지 규정에 위반하여 재산상의 이익을 공여한 때에는 그 이익을 공여받은 자는 이를 회사에 반환하여야 한다(법467의2③ 전단). 이 경우 회사에 대하여 대가를 지급한 것이 있는 때에는 그 반환을 받을 수 있다(법467의2③ 후단).

주주대표소송 관련 상법 제403조 내지 제406조의 규정은 이익의 반환을 청구하는 소에 대하여 이를 준용한다(법467의2④).

** 관련 판례: 대법원 2018. 2. 8. 선고 2015도7397 판결
[상법상 주주의 권리행사에 관한 이익공여의 죄가 주주의 권리행사와 관련 없이 재산상 이익을 공여하거나 그러한 관련성에 대한 범의가 없는 경우에 성립하는지 여부(소극) 등]
[1] 상법 제634조의2 제1항은 주식회사의 이사 등이 주주의 권리행사와 관련하여 회사의 계산으로 재산상의 이익을 공여한 경우에는 1년 이하의 징역 또는 300만 원 이하의 벌금에 처한다고 규정하고 있다. 한편 상법 제467조의2 제1항은

"회사는 누구에게든지 주주의 권리행사와 관련하여 재산상의 이익을 공여할 수 없다."라고 규정하고 있고, 이어 제2항은 "회사가 특정의 주주에 대하여 무상으로 재산상의 이익을 공여한 경우에는 주주의 권리행사와 관련하여 이를 공여한 것으로 추정한다. 회사가 특정의 주주에 대하여 유상으로 재산상의 이익을 공여한 경우에 있어서 회사가 얻은 이익이 공여한 이익에 비하여 현저하게 적은 때에도 또한 같다."라고 규정하고 있으며, 제3항에서는 제1항의 규정에 위반하여 재산상의 이익을 공여받은 자는 이를 회사에 반환하여야 함을 규정하고 있다.

[2] 따라서 주주의 권리행사에 관한 이익공여의 죄는 주주의 권리행사와 관련 없이 재산상 이익을 공여하거나 그러한 관련성에 대한 범의가 없는 경우에는 성립할 수 없다. 피고인이 재산상 이익을 공여한 사실은 인정하면서도 주주의 권리행사와 관련 없는 것으로서 그에 대한 범의도 없었다고 주장하는 경우에는, 상법 제467조의2 제2항, 제3항 등에 따라 회사가 특정 주주에 대해 무상으로 또는 과다한 재산상 이익을 공여한 때에는 관련자들에게 상당한 법적 불이익이 부과되고 있음을 감안하여야 하고, 증명을 통해 밝혀진 공여행위와 그 전후의 여러 간접사실들을 통해 경험칙에 바탕을 두고 치밀한 관찰력이나 분석력에 의하여 사실의 연결상태를 합리적으로 판단하여야 한다.

[3] 한편 주주의 권리행사와 관련된 재산상 이익의 공여라 하더라도 그것이 의례적인 것이라거나 불가피한 것이라는 등의 특별한 사정이 있는 경우에는, 법질서 전체의 정신이나 그 배후에 놓여 있는 사회윤리 내지 사회통념에 비추어 용인될 수 있는 행위로서 형법 제20조에 정하여진 '사회상규에 위배되지 아니하는 행위'에 해당한다. 그러한 특별한 사정이 있는지 여부는 이익공여의 동기, 방법, 내용과 태양, 회사의 규모, 공여된 이익의 정도 및 이를 통해 회사가 얻는 이익의 정도 등을 종합적으로 고려하여 사회통념에 따라 판단하여야 한다.

[4] 위와 같은 법리와 적법하게 채택된 증거들에 비추어 살펴보면, 원심판결의 이유 설시에 일부 적절하지 아니한 부분이 있지만, 피고인이 대표이사로서 회사의 계산으로 사전투표와 직접투표를 한 주주들에게 무상으로 20만 원 상당의 상품교환권 등을 각 제공한 것은 주주총회 의결권 행사와 관련된 이익의 공여로서 사회통념상 허용되는 범위를 넘어서는 것이어서, 상법상 주주의 권리행사에 관한 이익공여의 죄에 해당한다고 본 원심의 결론은 정당하다. 거기에 상고이유 주장과 같이 주주의 권리행사와 관련한 이익공여금지에 관한 법리를 오해한 위법이 없다.

제6장

기본적 변경

제1절 조직변경

I. 의의

회사의 조직변경이란 회사가 인격의 동일성을 유지하면서 법률상의 조직을 변경하여 다른 종류의 회사로 되는 것을 말한다. 상법은 조직변경을 하면 변경 전의 회사는 해산등기를 하고, 변경 후의 회사는 설립등기를 하도록 한다(법243, 법286③, 법606, 법607⑤).

II. 조직변경의 유형

회사의 조직변경은 그 성격이 유사한 합명·합자회사 상호간, 주식·유한회사 상호간, 또는 주식·유한책임회사 간에만 허용된다.

1. 합명·합자회사 상호간의 조직변경

합명회사는 총사원의 동의로 일부사원을 유한책임사원으로 하거나 유한책임사원을 새로 가입시켜서 합자회사로 변경할 수 있다(법242①). 합명회사를 합자회사로 변경한 때에는 본점소재지에서는 2주간 내, 지점소재지에서는 3주간 내에 합명회사에 있어서는 해산등기, 합자회사에 있어서는 설립등기를 하여야 한다(법243). 합명회사사원으로서 조직변경에 의하여 유한책임사원이 된 자는 조직변경에 의한 본점등기를 하기 전에 생긴 회사채무에 대하여는 등기 후 2년 내에는 무한책임사원의 책임을 면하지 못한다(법244).

합자회사는 사원전원의 동의로 그 조직을 합명회사로 변경하여 계속할 수 있다(법286①). 유한책임사원 전원이 퇴사한 경우에도 무한책임사원은 그 전원의 동의로 합명회사로 변경하여 계속할 수 있다(법286②). 이 경우 본점소재지에서는 2주간 내, 지점소재지에서는 3주간 내에 합자회사에 있어서는 해산등기를, 합명회사에 있어서는 설립등기를 하여야 한다(법286③).

2. 주식·유한회사 상호간의 조직변경

주식회사는 총주주의 일치에 의한 총회의 결의로 그 조직을 변경하여 이를 유한회사로 할 수 있다(법604① 본문). 이 조직변경의 경우에는 회사에 현존하는 순재산액보다 많은 금액을 자본금의 총액으로 하지 못한다(법604②). 주식회사가 그 조직을 변경한 때에는 본점소재지에서는 2주간, 지점소재지에서는 3주간 내에 주식회사에 있어서는 해산등기, 유한회사에 있어서는 설립등기를 하여야 한다(법606).

유한회사는 총사원의 일치에 의한 총회의 결의로 주식회사로 조직을 변경할 수 있다(법607① 전단). 이에 따라 조직을 변경할 때 발행하는 주식의 발행가액의 총액은 회사에 현존하는 순재산액을 초과하지 못한다(법607②). 이 조직변경은 법원의 인가를 받지 아니하면 효력이 없다(법607③). 유한회사가 그 조직을 변경한 때에는 본점소재지에서는 2주간, 지점소재지에서는 3주간 내에 유한회사에 있어서는 해산등기, 주식회사에 있어서는 설립등기를 하여야 한다(법607⑤, 법606).

** 관련 판례

① 대법원 1985. 11. 12. 선고 85누69 판결

소외 계룡건설합자회사가 그 목적, 주소, 대표자등이 동일한 주식회사인 원고 회사를 설립한 다음 동 소외 회사를 흡수합병하는 형식을 밟아 사실상 합자회사를 주식회사로 변경하는 효과를 꾀하였다 하더라도 이를 법률상의 회사조직변경으로 볼 수는 없다.

② 대법원 2012. 2. 9. 선고 2010두6731 판결

상법상 주식회사의 유한회사로의 조직변경은 주식회사가 법인격의 동일성을 유지하면서 조직을 변경하여 유한회사로 되는 것이다. 그럼에도 주식회사의 해산 등기와 유한회사의 설립등기를 하는 것은 유한회사의 등기기록을 새로 개설하는 방편일 뿐이고, 주식회사가 해산하고 유한회사가 설립되기 때문이 아니다.

③ 대법원 2021. 12. 10. 선고 2021후10855 판결

상법상 주식회사의 유한회사로의 조직변경은 주식회사가 법인격의 동일성을 유지하면서 조직을 변경하여 유한회사로 되는 것이고(대법원 2012. 2. 9. 선고 2010두6731 판결 등 참조), 이는 유한회사가 주식회사로 조직변경을 하는 경우에도 동일한바, 그와 같은 사유로는 소송절차가 중단되지 아니하므로 조직이 변경된 유한회사나 주식회사가 소송절차를 수계할 필요가 없다. 따라서 유한회사에서 주식회사로 조직변경을 하였다는 이유로 원고가 한 이 사건 소송수계신청은 받아들이지 않는다(다만, 이에 따라 원고의 당사자표시를 정정하였다).

3. 주식·유한책임회사 상호간의 조직변경

주식회사는 총회에서 총주주의 동의로 결의한 경우에는 그 조직을 변경하여 이 장에 따른 유한책임회사로 할 수 있다(법287의43①).

유한책임회사는 총사원의 동의에 의하여 주식회사로 변경할 수 있다(법287의43②). 유한책임회사의 조직의 변경에 관하여는 제232조 및 제604조부터 제607조까지의 규정을 준용한다(법287의44).

제2절 정관의 변경

Ⅰ. 정관변경의 의의

정관변경이란 회사의 조직과 활동에 관한 근본규칙인 정관의 내용을 변경하는 것이다.

** 관련 판례

① 대법원 1993. 1. 26. 선고 92다11008 판결

주식회사의 정관으로 수인의 대표이사가 공동으로 회사를 대표할 것을 특별히 정하지 않은 이상 이사회가 공동대표이사제도를 폐지하는 결의를 함에 있어서 반드시 정관변경의 절차를 거쳐야 되는 것은 아니다.

② 대법원 2007. 5. 10. 선고 2005다60147 판결

[주주 간의 분쟁 등 일정한 사유가 발생할 경우 특정 주주를 제명하고 회사가 그 주주에게 출자금 등을 환급하도록 규정한 정관이나 내부규정의 효력(무효)]

상법은 제218조 제6호, 제220조, 제269조에서 인적 회사인 합명회사, 합자회사에 대하여 사원의 퇴사사유의 하나로서 '제명'을 규정하면서 제명의 사유가 있는 때에는 다른 사원 과반수의 결의에 의하여 그 사원의 제명의 선고를 법원에 청구할 수 있도록 규정하고 있음에 반하여, 주식회사의 경우에는 주주의 제명에 관한 근거 규정과 절차 규정을 두고 있지 아니한바, 이는 상법이 인적 결합이 아닌 자본의 결합을 본질로 하는 물적 회사로서의 주식회사의 특성을 특별히 고려한 입법이라고 해석되므로, 회사의 주주의 구성이 소수에 의하여 제한적으로 이루어져 있다거나 주주 상호간의 신뢰관계를 기초로 하고 있다는 등의 사정이 있다 하더라도, 그러한 사정만으로 인적 회사인 합명회사, 합자회사의 사원 제명에 관한 규정을 물적 회사인 주식회사에 유추적용하여 주주의 제명을 허용할 수 없을 뿐만 아니라, 주주 간의 분쟁 등 일정한 사유가 발생할 경우 어느 주주를 제명시키되 회사가 그 주주에게 출자금 등을 환급해 주기로 하는 내용의 규정을 회사의 정관이나 내부규정에 두는 것은 그것이 회사 또는 주주 등에게 생길지 모르는

중대한 손해를 회피하기 위한 것이라 하더라도 법정사유 이외에는 자기주식의 취득을 금지하는 상법 제341조의 규정에 위반되므로(대법원 2003. 5. 16. 선고 2001 다44109 판결 참조), 결국 주주를 제명하고 회사가 그 주주에게 출자금 등을 환급하도록 하는 내용을 규정한 정관이나 내부규정은 물적 회사로서의 주식회사의 본질에 반하고 자기주식의 취득을 금지하는 상법의 규정에도 위반되어 무효이다. 같은 취지에서 원심이 주주 제명에 관한 피고 회사의 운영규약 및 운영규정의 관련 규정이 무효이므로, 이를 근거로 한 원고에 대한 주주 제명처분이 무효라는 취지로 판단하였음은 정당하다.

Ⅱ. 정관변경의 절차

1. 주주총회의 특별결의

주식회사의 정관변경은 주주총회의 특별결의에 속하며(법433①), 그 결의는 출석한 주주의 의결권의 3분의 2 이상의 수와 발행주식총수의 3분의 1 이상의 수로써 하여야 한다(법434).

정관변경을 위한 주주총회의 소집통지와 공고에는 의안의 요령을 기재하여야 한다(법433②). 이는 정관변경의 구체적인 내용이 무엇인지를 명확히 기재하는 것을 의미한다. 정관의 변경이 회의의 목적사항인 경우 해당 주주총회 소집통지서에는 단순히 '정관변경의 건'이라는 회의목적사항만을 기재한 것으로는 충분하지 않고, 이에 덧붙여 목적변경인 때에는 삭제 또는 추가되는 업종, 이사보수액 변경이면 그 액수나 기준, 이사 및 감사의 인원수 변경이면 그 인원수까지 기재할 필요가 있다.

2. 종류주주총회의 결의

회사가 종류주식을 발행한 경우에 정관을 변경함으로써 어느 종류주식의 주주에게 손해를 미치게 될 때에는 주주총회의 결의 외에 그 종류주식의 주주의 총회의 결의가 있어야 한다(법435①). 이 결의는 출석한 주주의 의결권의 3분의 2 이상의 수와 그 종류의 발행주식총수의 3분의 1 이상의 수로써 하여야 한다(법435②).

3. 등기

정관변경 자체의 효력발생을 위해 등기가 필요한 것은 아니나, 정관변경으로 등기사항이 변동된 때에는 변경등기가 필요하다(법317④, 법183).

Ⅲ. 정관변경의 효력

주주총회 특별결의가 있으면 즉시 효력이 발생한다.

** 관련 판례: 대법원 2007. 6. 28. 선고 2006다62362 판결

[주주총회의 특별결의에 의하여 정관변경이 이루어진 경우, 정관변경의 등기 내지 공증인의 인증 여부와 관계없이 정관변경의 효력이 발생하는지 여부(적극)]

[1] 관련 법리

주식회사의 원시정관은 공증인의 인증을 받음으로써 효력이 생기는 것이지만 일단 유효하게 작성된 정관을 변경할 경우에는 주주총회의 특별결의가 있으면 그때 유효하게 정관변경이 이루어지는 것이고, 서면인 정관이 고쳐지거나 변경 내용이 등기사항인 때의 등기 여부 내지는 공증인의 인증 여부는 정관변경의 효력발생에는 아무 소장이 없다(대법원 1978. 12. 26. 선고 78누167 판결 참조).

[2] 판단

원심이 그 판결에서 들고 있는 증거들을 종합하여 피고의 설립 당시의 정관에 주주총회의 결의는 법령 또는 정관에 다른 규정이 있는 경우를 제외하고는 출석한 주주의 의결권의 과반수와 발행주식총수의 2/3 이상의 수로써 한다고 규정(제19조)되어 있었으나, 2000. 12. 8.경 이후로는 출석한 주주의 의결권의 과반수와 발행주식총수의 1/2 이상의 수로써 하는 것으로 변경되었다고 판단한 것은 정당하다.

제3절 자본금의 감소

Ⅰ. 의의

자본금의 감소란 회사의 자본금을 감소하는 것을 말한다. 회사재산이 지나치게 많거나 또는 회사에 결손이 발생한 경우에는 자본금을 감소할 필요성이 크므로 상법은 엄격한 절차를 규정하고 있다. 자본금은 회사 신용의 기초가 되고 회사채권자에 대한 담보로서 기능을 하기 때문이다.

실질상의 자본금 감소는 주주에 대한 환급으로 회사재산이 줄어들게 된다. 대주주가 출자를 회수하기 위해 자본금감소를 하는 경우 주주가 채권자에 우선하여 투하자본을 회수하게 된다. 따라서 채권자 보호는 매우 중요하다.

Ⅱ. 자본금감소의 절차

1. 주주총회의 특별결의

자본금감소는 주주의 권리를 감축 또는 소멸시키는 것으로서 주주의 이익에 중대한 영향이 있으므로 자본금의 감소에는 주주총회의 특별결의가 있어야 한다(법438①). 그러나 결손의 보전(補塡)을 위한 자본금의 감소는 주주총회 보통결의에 의한다(법438②).

자본금 감소에 관한 주주총회의 소집통지와 공고에는 회의의 목적사항 외에 의안의 주요내용을 기재하여야 한다(법438③). 자본금 감소의 결의에서는 그 감소의 방법을 정하여야 한다(법439①).

2. 채권자보호절차

(1) 공고와 최고

회사는 자본금감소의 결의가 있은 날로부터 2주 내에 회사채권자에 대하여 자본금감소에 이의가 있으면 일정한 기간 내에 이를 제출할 것을 공고하고, 알고 있는 채권자에 대하여는 따로따로 이를 최고하여야 한다. 그 기간은 1월 이상이어야 한다(법439② 본문, 법232①).

(2) 이의가 없는 경우

채권자가 이의제출 기간 내에 이의를 제출하지 아니한 때에는 자본금감소를 승인한 것으로 본다(법439② 본문, 법232②). 따라서 자본금감소 절차를 계속 진행한다.

(3) 이의가 있는 경우

이의를 제출한 채권자가 있는 때에는 회사는 그 채권자에 대하여 변제 또는 상당한 담보를 제공하거나 이를 목적으로 하여 상당한 재산을 신탁회사에 신탁하여야 한다(법439② 본문, 법232③).

사채권자가 이의를 제기하려면 사채권자집회의 결의가 있어야 한다(법439③ 전단). 이 경우에는 법원은 이해관계인의 청구에 의하여 사채권자를 위하여 이의제기 기간을 연장할 수 있다(법439③ 후단).

** 관련 판례: 대법원 2008. 7. 10. 선고 2005다24981 판결
[주식 임의소각의 효력발생시기 / 주식 임의소각의 경우, 주식소각대금채권의 발생시기]
[1] 관련 법리
주식의 강제소각의 경우와 달리, 회사가 특정 주식의 소각에 관하여 주주의 동의를 얻고 그 주식을 자기주식으로서 취득하여 소각하는 이른바 주식의 임의소각에 있어서는, 회사가 그 주식을 취득하고 상법 소정의 자본감소의 절차뿐만 아니라 상법 제342조가 정한 주식실효 절차까지 마친 때에 소각의 효력이 생기는 것이다(대법원 1992. 4. 14. 선고 90다카22698 판결 등 참조). 그런데 임의소각의 경우 그 소각의 효력이 위와 같이 상법 제342조의 주식실효 절차가 마쳐진 때에 발생한다 하더라도, 주주가 주식소각대금채권을 취득하는 시점은 임의소각의 효력발생시점과 동일한 것은 아니며, 적어도 임의소각에 관한 주주의 동의가 있고 상법 소정의 자본감소의 절차가 마쳐진 때에는 주식소각대금채권이 발생하고, 다만 그때까지 주주로부터 회사에 주권이 교부되지 않은 경우에는 회사는 주주의

주식소각대금청구에 대하여 주권의 교부를 동시이행항변 사유로 주장할 수 있을 뿐이라고 봄이 상당하다.

[2] 판단

앞서 본 법리와 기록에 비추어 살펴보면, 피고의 이 사건 주식소각은 피고가 소각대상 주식의 주주인 대우자동차의 동의를 얻어 대우자동차로부터 그가 보유하는 이 사건 주식을 자기주식으로 취득하여 소각하는 방법에 의하기로 한 것이므로 임의소각에 해당한다 할 것인바, 이러한 이 사건 주식 임의소각의 효력은 피고가 대우자동차로부터 소각대상 주식을 자기주식으로 취득한 후 상법 제342조의 주식실효 절차를 마친 때에 발생한다고 보아야 할 것임은 상고이유 제1점의 주장과 같으나, 다만 대우자동차가 주식소각대금채권을 취득한 것은 임의소각의 효력발생시점과는 달리 임의소각에 관한 주주의 동의와 상법 소정의 자본감소 절차의 완료 요건이 갖추어진 회사채권자 이의기간 만료일 다음날인 2000. 11. 28.이라고 할 것이다.

3. 주식병합절차

액면주식을 발행하여 주식을 감소시키는 방법으로 자본금을 감소하는 경우에는 주식을 병합 또는 소각해야 한다.

(1) 주식병합절차
(가) 주권제출을 위한 공고와 최고

주식을 병합할 경우에는 회사는 1월 이상의 기간을 정하여 그 뜻과 그 기간 내에 주권을 회사에 제출할 것을 공고하고 주주명부에 기재된 주주와 질권자에 대하여는 각별로 그 통지를 하여야 한다(법440).

(나) 주식병합의 효력발생시기

주식의 병합은 상법 제440조의 기간이 만료한 때에 그 효력이 생긴다(법441 본문). 그러나 제232조(채권자의 이의)의 규정에 의한 절차가 종료하지 아니한 때에는 그 종료한 때에 효력이 생긴다(법441 단서).

(다) 신주권의 교부

주식을 병합하는 경우에 구주권을 회사에 제출할 수 없는 자가 있는 때에는 회사는 그 자의 청구에 의하여 3월 이상의 기간을 정하고 이해관계인에 대하여 그 주권에 대한 이의가 있으면 그 기간 내에 제출할 뜻을 공고하고 그 기간이 경과한 후에 신주권을 청구자에게 교부할 수 있다(법442①). 이 경우 공고의 비용은 청구자의 부담으로 한다(법442②).

(라) 단주의 처리

병합에 적당하지 아니한 수의 주식이 있는 때에는 그 병합에 적당하지 아니한 부분에 대하여 발행한 신주를 경매하여 각 주수에 따라 그 대금을 종전의 주주에게 지급하여야 한다(법443① 본문). 그러나 거래소의 시세있는 주식은 거래소를 통하여 매각하고, 거래소의 시세없는 주식은 법원의 허가를 받아 경매외의 방법으로 매각할 수 있다(법443① 단서).

(2) 주식소각절차

자본금감소에 관한 규정에 따라 주식을 소각하는 경우에는 제440조 및 제441조를 준용한다(법343②).

III. 감자무효의 소

1. 의의

자본금 감소의 무효는 주주·이사·감사·청산인·파산관재인 또는 자본금의 감소를 승인하지 아니한 채권자만이 자본금 감소로 인한 변경등기가 된 날부터 6개월 내에 소(訴)만으로 주장할 수 있다(법445).

2. 무효원인

상법은 무효원인을 규정하고 있지 않다. 따라서 일반원칙에 따라 자본금감소의 절차나 내용에서 무효원인이 나타날 수 있다. 예를 들어 자본금감소의 결의가 무효 또는 부존재하는 경우, 채권자보호절차를 위반한 경우 등이다.

** 관련 판례: 대법원 2020. 11. 26. 선고 2018다283315 판결
[자본금감소 무효의 소를 제기할 수 있는 경우 / 소수주식의 강제매수제도를 통

한 소수주주 축출제도를 회피하기 위하여 탈법적으로 동일한 효과를 갖는 다른 방식을 활용하는 것이 위법한지 여부(적극) 및 주식병합으로 소수주주가 주주의 지위를 상실한 경우, 그 자체로 위법하다고 볼 수 있는지 여부(소극)]

[1] 관련 법리

(가) 주식병합이란 회사가 다수의 주식을 합하여 소수의 주식을 만드는 행위를 말한다. 상법은 자본금감소(제440조)와 합병(제530조 제3항)·분할(제530조의11 제1항) 등 조직재편의 경우 수반되는 주식병합의 절차에 대해 규정하고 있다. 주식병합을 통한 자본금감소를 위해서는 주주총회의 특별결의와 채권자보호절차 등을 거쳐야 하고(제438조, 제439조), 주식병합으로 발생한 단주는 경매를 통해 그 대금을 종전의 주주에게 지급하는 방식으로 처리한다(제443조 본문). 그러나 거래소의 시세 있는 주식은 거래소를 통해, 거래소의 시세없는 주식은 법원의 허가를 받아 경매 외의 방법으로 매각할 수 있다(제443조 단서). 법원의 허가를 받아 주식을 매각하는 경우 법원은 단주를 보유한 주주와 단주를 보유하지 않은 주주 사이의 공평을 유지하기 위해, 주식의 액면가, 기업가치에 따라 환산한 주당 가치, 장외시장에서의 거래가액 등 제반요소를 고려하여 매매가액의 타당성을 판단한 후 임의매각의 허가여부를 결정하여야 한다.

(나) 주식병합을 통한 자본금감소에 이의가 있는 주주·이사·감사·청산인·파산관재인 또는 자본금의 감소를 승인하지 않은 채권자는 자본금 감소로 인한 변경등기가 된 날부터 6개월 내에 자본금감소 무효의 소를 제기할 수 있다(상법 제445조). 상법은 자본금감소의 무효와 관련하여 개별적인 무효사유를 열거하고 있지 않으므로, 자본금감소의 방법 또는 기타 절차가 주주평등의 원칙에 반하는 경우, 기타 법령·정관에 위반하거나 민법상 일반원칙인 신의성실원칙에 반하여 현저히 불공정한 경우에 무효소송을 제기할 수 있다. 즉 주주평등의 원칙은 그가 가진 주식의 수에 따른 평등한 취급을 의미하는데, 만일 주주의 주식 수에 따라 다른 비율로 주식병합을 하여 차등감자가 이루어진다면 이는 주주평등의 원칙에 반하여 자본금감소 무효의 원인이 될 수 있다. 또한 주식병합을 통한 자본금감소가 현저하게 불공정하게 이루어져 권리남용금지의 원칙이나 신의성실의 원칙에 반하는 경우에도 자본금감소 무효의 원인이 될 수 있다.

[2] 판단

앞서 본 사실관계를 위 법리에 따라 살펴보면 다음과 같이 판단된다.

(가) 먼저 이 사건 주식병합 및 자본금감소가 주주평등의 원칙을 위반하였는지에 관하여 본다. 이 사건 주식병합은 법에서 정한 절차에 따라 주주총회 특별결의와 채권자보호절차를 거쳐 모든 주식에 대해 동일한 비율로 주식병합이 이

루어졌다. 원심에서 지적한 바와 같이 단주의 처리 과정에서 주식병합 비율에 미치지 못하는 주식 수를 가진 소수주주가 자신의 의사와 무관하게 주주의 지위를 상실하게 되지만, 이러한 단주의 처리 방식은 상법에서 명문으로 인정한 주주평등의 원칙의 예외이다(제443조). 따라서 이 사건 주식병합의 결과 주주의 비율적 지위에 변동이 발생하지 않았고, 달리 원고가 그가 가진 주식의 수에 따라 평등한 취급을 받지 못한 사정이 없는 한 이를 주주평등원칙의 위반으로 볼 수 없다.

(나) 다음으로 이 사건 주식병합 및 자본금감소가 신의성실의 원칙 및 권리남용금지의 원칙을 위반하였는지에 관하여 본다. 우리 상법이 2011년 상법 개정을 통해 소수주주 강제매수제도를 도입한 입법취지와 그 규정의 내용에 비추어 볼 때, 엄격한 요건 아래 허용되고 있는 소수주주 축출제도를 회피하기 위하여 탈법적으로 동일한 효과를 갖는 다른 방식을 활용하는 것은 위법하다. 그러나 소수주식의 강제매수제도는 지배주주에게 법이 인정한 권리로 반드시 지배주주가 이를 행사하여야 하는 것은 아니고, 우리 상법에서 소수주식의 강제매수제도를 도입하면서 이와 관련하여 주식병합의 목적이나 요건 등에 별다른 제한을 두지 않았다. 또한 주식병합을 통해 지배주주가 회사의 지배권을 독점하려면, 단주로 처리된 주식을 소각하거나 지배주주 또는 회사가 단주로 처리된 주식을 취득하여야 하고 이를 위해서는 법원의 허가가 필요하다. 주식병합으로 단주로 처리된 주식을 임의로 매도하기 위해서는 대표이사가 사유를 소명하여 법원의 허가를 받아야 하고(비송사건절차법 제83조), 이 때 단주 금액의 적정성에 대한 판단도 이루어지므로 주식가격에 대해 법원의 결정을 받는다는 점은 소수주식의 강제매수제도와 유사하다. 따라서 결과적으로 주식병합으로 소수주주가 주주의 지위를 상실했다 할지라도 그 자체로 위법이라고 볼 수는 없다.

(다) 이 사건 주식병합 및 자본금감소는 주주총회 참석주주의 99.99% 찬성(발행주식총수의 97% 찬성)을 통해 이루어졌다. 이러한 회사의 결정은 지배주주뿐만 아니라 소수주주의 대다수가 찬성하여 이루어진 것으로 볼 수 있고, 이와 같은 회사의 단체법적 행위에 현저한 불공정이 있다고 보기 어렵다. 또한 해당 주주총회의 안건 설명에서 단주의 보상금액이 1주당 5,000원이라고 제시되었고, 이러한 사실을 알고도 대다수의 소수 주주가 이 사건 주식병합 및 자본금감소를 찬성하였기에 단주의 보상금액도 회사가 일방적으로 지급한 불공정한 가격이라고 보기 어렵다.

3. 당사자

원고는 주주·이사·감사·청산인·파산관재인 또는 자본금의 감소를 승인하지 아니한 채권자이다(법445). 피고는 회사이다.

4. 제소기간

자본금감소로 인한 변경등기가 된 날부터 6개월 내에 소(訴)만으로 주장할 수 있다(법445).

** 관련 판례: 대법원 2010. 4. 29. 선고 2007다12012 판결
[자본감소무효의 소의 출소기간이 경과한 후에 새로운 무효사유를 주장하는 것이 허용되는지 여부(소극)]

상법 제445조는 "자본감소의 무효는 주주·이사·감사·청산인·파산관재인 또는 자본감소를 승인하지 아니한 채권자에 한하여 자본감소로 인한 변경등기가 있는 날로부터 6월 내에 소만으로 주장할 수 있다"고 규정하고 있는바, 이는 자본감소에 수반되는 복잡한 법률관계를 조기에 확정하고자 하는 것이므로 새로운 무효사유를 출소기간의 경과 후에도 주장할 수 있도록 하면 법률관계가 불안정하게 되어 위 규정의 취지가 몰각된다는 점에 비추어 위 규정은 무효사유의 주장시기도 제한하고 있는 것이라고 해석함이 상당하고 자본감소로 인한 변경등기가 있는 날로부터 6월의 출소기간이 경과한 후에는 새로운 무효사유를 추가하여 주장할 수 없다고 보아야 할 것이다(대법원 2004. 6. 25. 선고 2000다37326 판결, 대법원 2007. 2. 22. 선고 2005다77060, 77077 판결 등 참조). 원심이 이와 달리 자본감소무효의 소의 출소기간이 경과한 후에도 새로운 무효사유를 주장하는 것이 허용된다는 전제에서 이 사건 자본감소무효의 소의 출소기간이 경과한 후에 추가된 원고(선정당사자) 주장에 관하여 그 당부를 판단한 것은 적절하지 아니하다.

---

5. 재량기각

감자무효의 소가 그 심리 중에 원인이 된 하자가 보완되고 회사의 현황과 제반사정을 참작하여 자본금감소를 무효로 하는 것이 부적당하다고 인정한 때에는 법원은 그 청구를 기각할 수 있다(법446, 법189).

** **관련 판례**: 대법원 2004. 4. 27. 선고 2003다29616 판결

[감자무효의 소의 원인이 된 하자가 자본감소 결의의 효력에 아무런 영향을 미치지 않는 것인 경우, 그 하자가 추후 보완되지 아니하더라도 법원이 제반 사정을 참작하여 감자무효의 소를 재량기각할 수 있는지 여부(적극)]

[1] 관련 법리

(가) 피고 회사가 강행규정인 상법 제368조 제3항을 위배하여 주주총회에 앞서 다른 일부 소액주주들을 위한 원고 등의 대리권 증명에 신분증의 사본 등을 요구하면서 그 접수를 거부하여 원고 등의 의결권의 대리권 행사를 부당하게 제한하여 이루어진 위 주주총회의 감자결의에는 결의방법상의 하자가 있고 이는 감자무효의 소의 원인이 된다고 할 것인바, 상법 제446조는 감자무효의 소에 관하여 상법 제189조를 준용하고 있고, 상법 제189조는 "설립무효의 소 또는 설립취소의 소가 그 심리중에 원인이 된 하자가 보완되고 회사의 현황과 제반 사정을 참작하여 설립을 무효 또는 취소하는 것이 부적당하다고 인정한 때에는 법원은 그 청구를 기각할 수 있다."고 규정하고 있다.

(나) 따라서 법원이 감자무효의 소를 재량 기각하기 위해서는 원칙적으로 그 소제기 전이나 그 심리중에 원인이 된 하자가 보완되어야 한다고 할 수 있을 것이지만, 이 사건의 하자와 같이 추후 보완될 수 없는 성질의 것으로서 자본감소 결의의 효력에는 아무런 영향을 미치지 않는 것인 경우 등에는 그 하자가 보완되지 아니하였다 하더라도 회사의 현황 등 제반 사정을 참작하여 자본감소를 무효로 하는 것이 부적당하다고 인정한 때에는 법원은 그 청구를 기각할 수 있다고 하여야 할 것이다.

[2] 판단

기록에 의하여 살펴보면, 원심이 위와 같이 피고 회사가 신분증의 사본 등이 첨부되지 아니한 위임장(단 팩스로 출력된 위임장 제외)에 대하여 그 접수를 거부한 하자는 이 사건 결의의 결과에 아무런 영향을 미치지 않았다고 본 것은 정당하고, 또한 피고 회사는 이 사건 자본감소 후 이를 기초로 하여 채권은행 등에 대하여 부채의 출자전환 형식으로 신주발행을 하였고 수차례에 걸쳐 제3자에게 영업을 양도하였음을 엿볼 수 있어, 이 사건 자본감소를 무효로 할 경우 부채의 출자전환 형식으로 발행된 신주를 인수한 채권은행 등의 이익이나 거래의 안전을 해할 염려가 있는 등 이 사건 자본감소를 무효로 하는 것이 부적당하다고 볼 사정이 있음을 알 수 있다. 그렇다면 원심의 이유 설시에는 다소 미흡한 점이 있으나 원고들의 이 사건 청구를 기각한 결론에 있어서는 정당하다.

6. 기타 절차

감자무효의 소의 관할, 소제기의 공고, 병합심리, 판결의 효력, 패소원고의 책임, 무효판결의 등기는 신주발행무효의 소에서와 같다(법446, 법186 내지 법189, 법191, 법192, 법377).

7. 주주총회결의의 하자를 다투는 소와의 관계

자본금감소의 효력이 발생한 후에는 감자무효의 소만을 제기할 수 있다.

** 관련 판례

① 대법원 2010. 2. 11. 선고 2009다83599 판결

[자본감소 결의의 무효확인을 구하는 청구취지의 기재에도 불구하고 자본감소 무효의 소를 제기한 것으로 볼 여지가 충분한데도, 석명권을 행사하여 이를 분명히 하고 그에 따른 청구취지와 청구원인을 정리하지 아니한 채 자본감소 결의의 무효확인 판결을 선고한 원심판결을 파기한 사례]

[1] 관련 법리

(가) 상법 제445조는 자본감소의 무효는 주주 등이 자본감소로 인한 변경등기가 있은 날로부터 6월 내에 소만으로 주장할 수 있다고 규정하고 있으므로, 설령 주주총회의 자본감소 결의에 취소 또는 무효의 하자가 있다고 하더라도 그 하자가 극히 중대하여 자본감소가 존재하지 아니하는 정도에 이르는 등의 특별한 사정이 없는 한 자본감소의 효력이 발생한 후에는 자본감소 무효의 소에 의해서만 다툴 수 있다(대법원 1993. 5. 27. 선고 92누14908 판결, 대법원 2004. 8. 20. 선고 2003다20060 판결 등 참조).

(나) 그리고 민사소송법 제136조 제4항은 "법원은 당사자가 명백히 간과한 것으로 인정되는 법률상 사항에 관하여 당사자에게 의견을 진술할 기회를 주어야 한다."라고 규정하고 있으므로, 당사자가 부주의 또는 오해로 인하여 명백히 간과한 법률상의 사항이 있거나 당사자의 주장이 법률상의 관점에서 보아 모순이나 불명료한 점이 있는 경우 법원은 적극적으로 석명권을 행사하여 당사자에게 의견진술의 기회를 주어야 하고 만일 이를 게을리 한 경우에는 석명 또는 지적의무를 다하지 아니한 것으로서 위법하다(대법원 2003. 1. 10. 선고 2002다41435 판결 등 참조).

[2] 원심의 판단

원심은 제1심판결의 이유를 인용하여, 피고 회사는 2008. 4. 24. 주주총회를 개최하여 1주당 액면금액 500원의 기명식 보통주 10주를 1주로 병합하여 발행주식수를 79,041,000주에서 7,904,100주로 변경하는 내용의 이 사건 자본감소 결의를 하고, 이에 따라 채권자 보호 절차, 주식병합 절차를 모두 완료한 다음, 2008. 5. 28. 피고 회사의 발행주식수 및 자본의 총액에 대한 변경등기를 마친 사실, 그런데 원고들은 위 주주총회에 참석하지 않았고, 피고 회사는 원고들이 피고 회사를 대리인으로 선임하여 피고 회사에게 의결권을 행사할 권한을 위임한다는 내용의 위임장을 위조하여 원고들의 대리인이 출석한 것으로 집계하였으며, 당시 출석한 것으로 집계된 주식 수 29,311,701주에서 원고들의 주식 수 3,637,000주를 제외하면 당시 출석한 주식 수는 25,674,701주가 되고 이는 발행주식총수의 32.48%에 불과할 뿐이어서 상법 제438조 제1항, 제434조에서 정한 요건인 발행주식총수의 3분의 1에 미달하는 사실 등을 인정한 다음, 이 사건 자본감소 결의는 상법상의 자본감소의 요건을 갖추지 못하여 무효라고 판단하여 이 사건 자본감소 결의는 무효임을 확인한다고 판결하였다.

[3] 대법원 판단

그러나 위와 같은 원심의 조치는 다음과 같은 이유에서 그대로 받아들일 수 없다.

(가) 앞서 본 법리에 의하면, 원고들의 청구취지는 자본감소의 효력이 이미 발생한 후에 주주총회의 자본감소 결의에 취소 또는 무효의 하자가 있으므로 그 확인을 구한다는 것으로서 기록상 그 하자가 극히 중대하여 자본감소가 존재하지 아니하는 정도에 이르는 등의 특별한 사정을 찾아볼 수 없으므로, 이 사건 소를 자본감소 결의의 무효의 확인을 구하는 소로 본다면 이는 소의 이익이 없어 부적법한 것이라고 보아야 할 것이다. 그런데 기록에 의하면, 원고들은 비록 소장의 청구취지에서 위 자본감소 결의의 무효확인을 구하였으나, 사건명을 "감자무효의 소"라고 표시하였을 뿐 아니라, 원고들과 피고 회사 모두 제1심과 원심의 변론과정에서 근거조문까지 명시하면서 상법 제445조의 자본감소 무효의 소를 제기한 것임을 전제로 상법 제446조, 제189조에 의한 재량기각 여부를 주된 쟁점으로 삼아 변론하였음을 알 수 있으므로, 원고들의 진정한 의사는 청구취지의 기재에도 불구하고 상법 제445조의 자본감소 무효의 소를 제기한 것으로 볼 여지가 충분하다.

(나) 그렇다면 원심으로서는 원고들이 제기한 이 사건 소가 '상법 제445조에 의한 자본감소 무효의 소'인지 아니면 '위 자본감소 결의의 무효확인의 소'인지를

분명하게 하고 거기에 알맞은 청구취지와 청구원인으로 정리하도록 석명한 다음 본안에 대하여 심리·판단하였어야 마땅하다. 그럼에도 불구하고 원심은 이에 이르지 아니한 채 원고의 청구가 정당하다고 하여 위 자본감소의 결의가 무효임을 확인한다는 판결을 선고하고 말았으니, 원심판결에는 소의 요건으로서의 확인의 이익에 관한 법리 또는 '상법 제445조에 의한 자본감소 무효의 소' 또는 '자본감소 결의의 무효확인의 소'에 관한 법리를 오해하였거나 석명의무를 다하지 아니하여 판결에 영향을 미친 위법이 있다고 할 것이다.

② 광주고등법원 2022. 4. 28. 선고 (전주)2019나12751 판결

상법 제445조는 '자본금 감소의 무효는 주주 등이 자본금 감소에 따른 변경등기가 된 날부터 6개월 내에 소만으로 주장할 수 있다'라고 규정하고 있다. 이처럼 자본금 감소의 무효에 관하여 소 제기의 방법으로만 주장할 수 있게 방법을 한정하고, 그 제소권자와 제소기간을 제한하여 무효 주장이 남발되는 것을 억제하는 한편, 상법 제446조, 제190조 본문에 따라 판결의 대세적 효력을 인정하고 있는 것은 주식회사의 자본금 감소에 관한 단체법적 법률관계의 안정과 획일적 처리를 위한 것이므로, 설령 주주총회의 자본금 감소 결의에 취소 또는 무효의 하자가 있다고 하더라도 그 하자가 극히 중대하여 자본금 감소가 존재하지 않는 정도에 이르는 등의 특별한 사정이 없는 한 자본금 감소의 효력이 발생한 후에는 자본금 감소 무효의 소로만 다툴 수 있고, 소송 내에서 독립된 청구에 의하지 않은 항변이나 선결문제로 다툴 수 없다.

제4절 해산과 청산

Ⅰ. 해산

회사의 해산이란 회사의 법인격을 소멸시키는 원인이 되는 법률요건을 말한다.

1. 해산사유

주식회사의 해산사유는 존립기간의 만료 기타 정관으로 정한 사유의 발생,

합병, 파산, 법원의 해산명령 또는 해산판결, 회사의 분할·분할합병, 주주총회의
해산결의이다(법517).

** 관련 판례

① 대법원 1964. 5. 5.자 63마29 결정

[주식회사정리신청 각하에 대한 재항고]

회사 해산등기의 효력에 대하여는 상법상 회사설립등기 등과 같은 특별한 규
정이 없으므로 상법 총칙의 규정에 의하여 회사 해산등기는 제3자에게 대한 대항
요건에 불과하다고 해석하여야 할 것이므로 해산결의가 있고 청산인의 선임 결
의가 있는 이상 그 해산등기가 없다 하여도 청산중인 회사라고 해석하여야 할 것
이다.

② 대법원 1985. 6. 25. 선고 84다카1954 판결

회사가 부채과다로 사실상 파산지경에 있어 업무도 수행하지 아니하고 대표
이사나 그외의 이사도 없는 상태에 있다고 하여도 적법한 해산절차를 거쳐 청산
을 종결하기까지는 법인의 권리능력이 소멸한 것으로 볼 수 없으므로, 이 사건에
서 소외 대명모방주식회사(이하 소외회사라 한다)가 소론 주장과 같이 부채과다로
사실상 활동을 전혀 하지 않는 법인이라고 하여도 이런 사실만으로 그 권리능력
이 소멸되어 존재하지 않는다고까지 말할 수는 없다.

---

2. 휴면회사의 해산의제

(1) 해산의제

법원행정처장이 최후의 등기 후 5년을 경과한 회사는 본점의 소재지를 관할
하는 법원에 아직 영업을 폐지하지 아니하였다는 뜻의 신고를 할 것을 관보로써
공고한 경우에, 그 공고한 날에 이미 최후의 등기 후 5년을 경과한 회사로써 공
고한 날로부터 2월 이내에 대통령령이 정하는 바에 의하여 신고를 하지 아니한
때에는 그 회사는 그 신고기간이 만료된 때에 해산한 것으로 본다(법520의2① 본
문). 그러나 그 기간 내에 등기를 한 회사에 대하여는 그러하지 아니하다(법520의
2① 단서). 공고가 있는 때에는 법원은 해당 회사에 대하여 그 공고가 있었다는
뜻의 통지를 발송하여야 한다(법520의2③).

(2) 회사계속

해산이 의제된 회사는 그 후 3년 이내에는 주주총회 특별결의에 의하여 회사를 계속할 수 있다(법520의2③).

(3) 청산의제

해산이 의제된 회사가 회사를 계속하지 아니한 경우에는 그 회사는 그 3년이 경과한 때에 청산이 종결된 것으로 본다(법520의2④).

** 관련 판례

① 대법원 2023. 2. 2. 선고 2022다276703 판결

[회사에 대하여 개인이 부담한 채무의 이행을 청구하는 법리가 채무면탈을 목적으로 회사가 새로 설립된 경우뿐 아니라 기존 회사의 법인격이 이용되는 경우에도 적용되는지 여부(적극) 및 이 경우 법인격 형해화 또는 법인격 남용을 판단하는 기준시점]

상법 제520조의2에 의하면, 법원행정처장이 최후의 등기 후 5년을 경과한 회사에 대하여 본점의 소재지를 관할하는 법원에 아직 영업을 폐지하지 않았다는 뜻의 신고를 할 것을 관보로써 공고하고 일정한 기간 내에 신고가 없으면 그 회사는 신고기간이 만료된 때에 해산한 것으로 보고(제1항), 해산간주된 회사는 그로부터 3년 이내에 회사를 계속할 수 있으나(제3항), 회사계속 없이 3년이 경과하면 청산이 종결된 것으로 본다(제4항). 그러나 휴면회사의 해산간주 제도는 거래 안전 보호와 주식회사 제도에 대한 신뢰를 회복하기 위한 것으로서 해산간주 등기만으로 곧바로 법인격이 형해화되었다고 단정할 수는 없다.

② 대법원 1994. 5. 27. 선고 94다7607 판결

[해산 및 청산종결 간주된 휴면회사의 대표자]

상법 제520조의2의 규정에 의하여 주식회사가 해산되고 그 청산이 종결된 것으로 보게 되는 회사라도 어떤 권리관계가 남아 있어 현실적으로 정리할 필요가 있으면 그 범위 내에서는 아직 완전히 소멸하지 아니하고, 이러한 경우 그 회사의 해산 당시의 이사는 정관에 다른 규정이 있거나 주주총회에서 따로 청산인을 선임하지 아니한 경우에 당연히 청산인이 되고, 그러한 청산인이 없는 때에는 이해관계인의 청구에 의하여 법원이 선임한 자가 청산인이 되므로, 이러한 청산

인만이 청산 중인 회사의 청산사무를 집행하고 대표하는 기관이 된다.

③ 대법원 1991. 4. 30.자 90마672 결정

[청산종결회사의 소멸관계]

상법 제520조의2 제1항 내지 제4항에 의하여 회사가 해산되고 그 청산이 종결된 것으로 보게 되는 회사라도 권리관계가 남아있어 현실적으로 정리할 필요가 있는 때에는 그 범위 내에서는 아직 완전히 소멸하지 아니한다 할 것이다(당원 1968. 6. 18. 선고 67다2528 판결 참조).

3. 해산명령제도

회사의 활동이 공익을 해치는 등 회사의 법인격이 남용되는 경우 공익적 입장에서 법인격을 박탈하는 제도이다. 법원은 i) 회사의 설립목적이 불법한 것인 때(제1호), ii) 회사가 정당한 사유없이 설립 후 1년 내에 영업을 개시하지 아니하거나 1년 이상 영업을 휴지하는 때(제2호), iii) 이사 또는 회사의 업무를 집행하는 사원이 법령 또는 정관에 위반하여 회사의 존속을 허용할 수 없는 행위를 한 때(제3호)에는 이해관계인이나 검사의 청구에 의하여 또는 직권으로 회사의 해산을 명할 수 있다(법176①). 법원은 해산을 명하기 전일지라도 이해관계인이나 검사의 청구에 의하여 또는 직권으로 관리인의 선임 기타 회사재산의 보전에 필요한 처분을 할 수 있다(법176②).

** 관련 판례

① 대법원 1995. 9. 12.자 95마686 결정

[상법 제176조 제1항에 의하여 법원에 해산명령을 청구할 수 있는 이해관계인의 의미]

상법 제176조 제1항에 의하여 법원에 회사의 해산명령을 청구할 수 있는 이해관계인이란 회사 존립에 직접 법률상 이해관계가 있는 자라고 보아야 할 것이므로 재항고인이 해산명령을 구한 소외 "전자랜드판매주식회사"의 명칭과 동일한 "전자랜드"라는 명칭의 빌딩을 소유하고, 같은 명칭의 서비스표 등록 및 상표등록을 하였으며, 재항고인의 상호를 "전자랜드주식회사"로 변경하려고 하는데 휴면회사인 위 소외 회사로 인하여 상호변경 등기를 할 수 없다는 사실만으로는

재항고인을 위 법조 소정의 이해관계인이라 보기 어렵다

② 대법원 1987. 3. 6.자 87마1 결정

[회사의 해산을 재판의 항고심절차에서 필요적 변론을 거쳐야 하는지 여부]

원심결정과 제1심결정 이유에 의하면, 원심은 재항고인 회사(낙천관광주식회사)는 1980. 1. 16. 자본금 10,000,000원, 관광개발준비업(그 후 관광호텔업, 부동산임대업으로 변경되었음)을 목적으로 하여 설립된 회사로서, 설립직후 당시 대표이사이던 신청외 1 개인소유의 부산 남구 남천동 5의 3 대지와 그 지상의 미완성(공정 40퍼센트) 호텔용 건축물(지하 1층, 지상 7층) 연건평 4,228평방미터 43을 양수하였으나, 신청외 1과 함께 대표이사가 되었던 신청외 2가 발기인으로서 주금납입을 가장하고 약정한 투자도 하지 않을 뿐 아니라 위 호텔용 건축물 공사에 따른 공사보증금까지 횡령하는 바람에 자본불실로 대표이사만 빈번하게 교체될 뿐 공사를 제대로 진척시키지 못하여 이렇다 할 영업실적을 갖지 못하고 있던중, 1981. 7. 15. 남부산세무서장으로부터 영업실적이 없다고 그 세적이 제적되기에 이르렀고(현재는 위 본점 소재지에 "주식회사 신라"라는 별개의 회사가 설립되어 그 명의로 사업자등록을 하여 그 회사가 영업중에 있다), 그 후에도 대표이사로 있던 자들이 위 공사를 추진함에 있어 자본을 끌어들이는 과정에서 사기행위를 하여 형사처벌을 받는 등으로 공사를 중단하기도 하고 영업을 옳게 하지 못하고 있다가 1984. 8. 14.에는 유일한 재산이던 위 대지와 건축물중 대지는 강제경매에 의하여 제3자에게 경락되어 버리고, 건물도 1986. 8. 13. 제3자에게 양도함으로서 현재 아무런 자산을 갖고 있지 않으며, 앞으로도 전혀 갱생할 가능성이 없음을 인정할 수 있고 반증없으므로 재항고인 회사는 정당한 사유없이 설립 후 1년 내에 영업을 개시하지 아니하거나 1년 이상 영업을 휴지하였을 뿐만 아니라 이사가 법령 또는 정관에 위반하여 회사의 존속을 허용할 수 없는 행위를 한 때에 각 해당하므로 재항고인 회사에 대하여 해산을 명한 제1심결정을 정당하다 하여 항고를 기각하였는바, 그 사실인정에 거친 증거의 취사선택 과정을 기록에 대조하여 살펴보아도 정당하고 원심결정에 채증법칙을 위반한 허물이 있다고 할 수 없으며, 재항고인 회사가 소론과 같이 위 호텔 건축물을 준공예정기일까지 준공하지 못하고 영업개시를 못한 이유가 호텔의 내부구조 변경과 위 호텔공정이 교통부 관광진흥자금 융자조건을 충족할 수 있는 정도에 이르지 아니하여 관광진흥자금이 배정되지 아니한 때문이었다 하더라도 이러한 사유는 회사가 영업을 개시하지 아니한 정당한 사유가 된다고는 할 수 없다.

4. 해산판결제도

다음의 경우, 즉 ⅰ) 회사의 업무가 현저한 정돈상태를 계속하여 회복할 수 없는 손해가 생긴 때 또는 생길 염려가 있는 때(제1호), ⅱ) 회사재산의 관리 또는 처분의 현저한 실당으로 인하여 회사의 존립을 위태롭게 한 때(제2호)에 부득이한 사유가 있는 때에는 발행주식의 총수의 100분의 10 이상에 해당하는 주식을 가진 주주는 회사의 해산을 법원에 청구할 수 있다(법520①).

** 관련 판례: 대법원 2015. 10. 29. 선고 2013다53175 판결
[상법 제520조 제1항에서 정한 회사의 업무가 현저한 정돈상태를 계속하여 회복할 수 없는 손해가 생긴 때 또는 생길 염려가 있는 때와 부득이한 사유가 있는 때의 의미]
[1] 관련 법리
상법 제520조 제1항은 주식회사에 대한 해산청구에 관하여 "다음의 경우에 부득이한 사유가 있는 때에는 발행주식의 총수의 100분의 10 이상에 해당하는 주식을 가진 주주는 회사의 해산을 법원에 청구할 수 있다."라고 하면서, 제1호로 "회사의 업무가 현저한 정돈(停頓)상태를 계속하여 회복할 수 없는 손해가 생긴 때 또는 생길 염려가 있는 때"를 규정하고 있다. 여기서 '회사의 업무가 현저한 정돈상태를 계속하여 회복할 수 없는 손해가 생긴 때 또는 생길 염려가 있는 때'란 이사 간, 주주 간의 대립으로 회사의 목적 사업이 교착상태에 빠지는 등 회사의 업무가 정체되어 회사를 정상적으로 운영하는 것이 현저히 곤란한 상태가 계속됨으로 말미암아 회사에 회복할 수 없는 손해가 생기거나 생길 염려가 있는 경우를 말하고, '부득이한 사유가 있는 때'란 회사를 해산하는 것 외에는 달리 주주의 이익을 보호할 방법이 없는 경우를 말한다.
[2] 판단
위와 같은 사실관계를 앞서 본 법리에 따라 살펴본다.
(가) 위 사실관계에 의하여 알 수 있는 다음과 같은 사정들, 즉 ① 원고 측과 한신공영 측은 공동으로 이 사건 사업을 할 목적으로 이 사건 합작투자계약 등을 체결하고, 이 사건 사업을 하기 위한 특수목적법인으로 피고를 설립한 점, ② 그러한 이유로 원고 측이 추천한 2인과 한신공영 측이 추천한 3인이 피고의 이사가 되고, 원고 본인과 한신공영 측이 추천한 1인이 피고의 공동대표이사가 되어 피

고를 운영한 점, ③ 그런데 한신공영의 수익권 범위 등과 관련하여 원고 측과 한신공영 측 사이에 분쟁이 발생하여 이 사건 사업의 인허가 관련 업무가 제대로 진행되지 못하는 상태가 계속된 점, ④ 그러던 중 원고가 한신공영 측에 의하여 공동대표이사에서 해임되었고, 그 후 원고 측과 피고 및 한신공영 측이 서로 이 사건 매매계약 및 제1차 변경계약을 해제한다는 의사표시를 하여 결국 이 사건 매매계약이 해제된 점, ⑤ 이후 한신공영의 요청으로 이 사건 토지의 대부분을 차지하는 원심 별지 목록1 기재 각 토지 및 지상 건물이 공매되었고, 원고도 이를 전후하여 원심 별지 목록2 기재 각 토지 및 이 사건 토지 지상 입목 등을 제3자에게 매도함으로써 피고가 이 사건 토지의 소유권을 취득할 수 없게 된 점, ⑥ 이 사건 토지의 공매대금 및 매매대금은 이 사건 토지의 원래 가치인 500억 원에 훨씬 미치지 못하는 점, ⑦ 한신공영은 이미 자신의 투자자금을 모두 회수하여 실질적으로 피고에 출자한 것이 전혀 없음에도 과반수 주주의 지위에 있음을 이용하여 원고 측을 배제한 채 이 사건 사업과 무관한 다른 사업을 하고 있는 점 등을 종합하여 보면, 원고 측과 한신공영 측의 분쟁으로 이 사건 사업이 진행되지 못하다가 피고가 이 사건 사업을 위하여 반드시 필요한 이 사건 토지를 취득할 수 없게 됨으로써 더 이상 본래의 설립 목적인 이 사건 사업을 할 수 없는 상태가 되었고, 현재 피고가 다른 사업을 하고 있다고 하더라도 이는 한신공영 측이 원고 측을 배제한 채 본래의 설립 목적과는 무관한 사업을 하고 있는 것에 불과하다고 할 것이므로, 피고의 업무가 현저한 정돈상태를 계속하여 피고에게 회복할 수 없는 손해가 생긴 때 또는 생길 염려가 있는 때에 해당한다고 봄이 타당하다.

(나) 그리고 ① 이 사건 토지가 이미 공매 등으로 처분되어 피고가 취득할 수 없게 되었고, 원고 측과 대립하고 있는 한신공영 측이 과반수의 이사와 대표이사를 선임하여 피고를 단독으로 운영하고 있는 상황에서 원고가 대표소송제기 등 소수주주권 행사를 통하여 현재의 상태를 타개하고 다시 이 사건 사업을 추진한다는 것은 사실상 불가능한 점, ② 원고가 피고 이사회에 피고의 해산을 위한 임시주주총회소집을 청구하여 주주총회가 개최되더라도 한신공영 측이 발행주식의 과반수를 보유하고 있는 상황에서 특별결의를 요건으로 하는 해산결의가 성립될 가능성도 사실상 없는 점, ③ 이러한 상황은 한신공영 측이 피고의 과반수 주주의 지위를 차지하고 있는 한 앞으로도 계속될 것인 점 등을 종합하여 보면, 피고를 해산하는 것 외에는 달리 원고의 이익을 보호할 방법이 없다고 할 것이므로, 원고가 피고의 해산을 청구할 부득이한 사유도 있다고 봄이 타당하다.

Ⅱ. 청산

청산이란 회사가 합병 등 이외의 사유로 해산한 경우 회사의 법률관계를 종국적으로 처리하고 잔여재산의 분배를 목적으로 하는 절차이다. 회사가 해산한 때에는 합병·분할·분할합병 또는 파산의 경우 외에는 이사가 청산인이 된다(법531① 본문). 다만, 정관에 다른 정함이 있거나 주주총회에서 타인을 선임한 때에는 그러하지 아니하다(법531① 단서). 청산인이 없는 때에는 법원은 이해관계인의 청구에 의하여 청산인을 선임한다(법531②).

** 관련 판례

① 대법원 1982. 3. 23. 선고 81도1450 판결

[피고사건이 미결이나 청산종결등기가 경료된 회사의 당사자능력]

회사가 해산 및 청산등기 전에 재산형에 해당하는 사건으로 소추당한 후 청산종결의 등기가 경료되었다고 하여도 그 피고사건이 종결되기까지는 회사의 청산사무는 종료되지 아니하고 형사소송법상 당사자능력도 존속한다고 할 것이다.

② 대법원 1991. 11. 22. 선고 91다22131 판결

[주식회사가 해산된 경우 주주와 이사의 지위]

주식회사는 해산된 뒤에도 청산법인으로 되어 청산의 목적범위 내에서 존속하므로, 그 주주는 주주총회의 결의에 참여할 수 있을 뿐더러 잔여재산의 분배청구권 및 청산인의 해임청구권이 있고(상법 제538, 539조), 한편 해산 당시의 이사는 정관에 다른 규정이 있거나 주주총회에서 따로 청산인을 선임하지 아니한 경우에 당연히 청산인이 되고(상법 제531조 제1항) 가사 자기의 임기가 만료되더라도 (해산 당시 또는 그 후에) 새로 청산인이 선임되어 취임할 때까지는 청산인으로서 권리의무를 가진다(제542조 제2항에 의한 제386조 제1항의 준용). 따라서 주식회사가 해산되었다 하더라도 해산 당시의 이사 또는 주주가 해산 전에 이루어진 주주총회 결의의 무효확인을 구하는 청구에는 청산인 선임결의의 무효를 다투는 청구가 포함되어 있을 수 있고 이 경우 그 중요 쟁점은 회사의 청산인이 될 지위에 관한 것이므로 항상 소의 이익이 없다고 단정할 수 없다(당원 1982. 4. 27. 선고 81다358 판결 참조). 그러나 주식회사가 법원의 해산판결로 해산되는 경우에 그 주주는 여전히 위 권리를 보유하지만 그 이사의 지위는 전혀 다르다. 왜냐하면 상법은 이 경우 이사가 당연히 청산인으로 되는게 아니라 법원이 임원 기타 이해

관계인 또는 검사의 청구에 의하여 또는 직권으로 청산인을 선임하도록 규정하고 있고(제542조 제1항에 의한 제252조의 준용), 청산법인에서는 이사에 갈음하여 청산인만이 회사의 청산사무를 집행하고 회사를 대표하는 기관이 되기 때문이다.

③ 대법원 1991. 12. 24. 선고 91다4355 판결

[이사 직무대행자가 선임된 회사가 해산되고 해산 전의 가처분이 실효되지 않은 채 새로운 가처분에 의하여 해산된 회사의 청산인 직무대행자가 선임된 경우에 있어서 적법한 청산인 직무대행권자]

주식회사의 이사의 직무집행을 정지하고 그 직무대행자를 선임하는 가처분은 그 성질상 당사자 사이뿐만 아니라 제3자에게도 효력이 미치며 가처분에 반하여 이루어진 행위는 제3자에 대한 관계에 있어서도 무효인 한편 가처분에 의하여 선임된 이사 직무대행자의 권한은 법원의 취소판결이 있기까지 유효하게 존속하고 그 판결이 있어야만 소멸한다 할 것이다. 따라서 이사 직무대행자가 선임된 회사가 해산되고 해산 전의 가처분이 실효되지 않은 채 새로운 가처분에 의하여 해산된 회사의 청산인 직무대행자가 선임되었다 하더라도 선행가처분의 효력은 그대로 유지되어 그 가처분에 의하여 선임된 직무대행자만이 청산인 직무대행자로서의 권한이 있다 할 것이다.

④ 대법원 1989. 9. 12. 선고 87다카2691 판결

[주식회사의 청산인의 수 / 청산법인의 주주총회에서 한 이사선임 결의의 효력]

주식회사의 청산인의 수에 대하여는 제한이 없으므로 1인이라도 상관없으며 그 경우에는 1인 청산인이 당연히 대표청산인이 된다. 회사가 해산한 경우 합병 또는 파산의 경우 외에는 정관에 다른 규정이 있거나 주주총회에서 따로 청산인을 선임하지 아니하였다면 이사가 당연히 청산인이 되고 이사가 임기만료 되면 새로운 이사를 선임할 수 있다 할 것이므로 청산법인의 주주총회에서 청산인을 선임하지 아니하고 이사를 선임하였다 하여 그 선임결의가 그 자체로서 무효가 된다고 볼 수 없다.

⑤ 대법원 1968. 6. 18. 선고 67다2528 판결

[청산법인의 청산종결의 등기와 당사자 능력]

피고 회사는 본건 소송제기 후에 해산결의를 하였으므로, 본건 채권은 계출이 없었다 할지라도, 청산으로 부터 제외될 수 없고, 청산법인이 청산종결의 등기를 하였더라도, 채권채무가 남아있는 이상, 청산은 종료되지 아니한 것이므로, 그 한도에 있어서 청산법인은 당사자 능력을 가진다.

제 7 장

회사의 조직재편

제1절 합병

Ⅰ. 의의

합병이란 상법의 절차에 따라 2개 이상의 회사가 그중 1개의 회사를 제외하고 소멸하거나 전부 소멸하되 청산절차를 거치지 아니하고, 소멸하는 회사의 모든 권리와 의무를 존속회사 또는 신설회사가 포괄적으로 승계하고 주주를 수용하는 회사법상의 법률사실이다. 합병은 기업매수(M&A)의 가장 중요한 전략의 하나이다.

Ⅱ. 합병의 종류

1. 흡수합병과 신설합병

당사회사의 소멸 여부에 따라 흡수합병과 신설합병으로 구별된다. 흡수합병이란 수개의 합병당사회사 중 하나의 회사만이 존속하고 나머지 회사는 모두 소멸하며, 존속회사가 소멸회사의 권리와 의무를 포괄적으로 승계하는 방법이다. 존속회사를 합병회사라 하고 소멸회사를 피합병회사라 하며, 피합병회사의 주주는 합병회사의 주식과 합병교부금을 교부받는다. 신설합병이란 당사회사 전부가 소멸하고, 이들에 의해 신설된 회사가 소멸회사의 권리와 의무를 포괄적으로 승계하는 방법이다. 신설회사를 합병회사라 하고 소멸되는 회사를 피합병회사라 하며, 소멸되는 합병당사회사의 주주는 신설회사의 주식과 합병교부금을 교부받는다. 실무상으로는 흡수합병이 압도적으로 많이 이용되고 있다.

2. 간이합병(약식합병)과 소규모합병

합병은 상법상 합병절차의 엄격성에 따라 보통의 합병과 약식합병 내지 간이합병과 소규모합병으로 나누어진다. 보통의 합병은 합병계약서에 대한 승인은 반드시 합병당사회사의 전부가 주주총회의 특별결의를 거쳐야 하며, 합병반대주주의 주식매수청구권을 인정하는 방법이다.

이에 반하여 간이합병과 소규모합병은 합병당사회사의 어느 일방에서는 주주총회의 승인결의를 요하지 않고 이사회의 결의만으로 하는 합병을 말한다. 약식합병은 소멸하는 회사의 주주총회의 승인결의를 요하지 않는 경우이고, 소규모합병은 존속하는 회사의 주주총회의 승인결의를 요하지 않는 경우를 말한다. 약식합병과 소규모합병은 주식회사에 한하여 인정되고, 유한회사에 대하여는 허용되지 않는다(법603, 법526①②, 법527①②③).

Ⅲ. 합병의 절차

1. 이사회 결의와 자본시장법상의 공시

(1) 이사회 결의

합병을 하기 위해서는 합병당사회사의 대표기관은 합병조건·합병방식 등 합병에 필요한 사항을 합의하게 되는데, 주식회사의 경우 각 당사회사의 대표이사의 합의 이전에 합병당사회사의 이사회의 사전 결의가 있어야 한다.

(2) 공시(거래소 신고 및 주요사항보고서의 제출)

주권상장법인은 합병(간이합병 및 소규모합병 포함)에 관한 이사회의 결정이 있은 때에는 그 결정내용을 그 사유발생 당일에 거래소에 신고하여야 한다(유가증권 공시규정 제7조 제1항 제3호 가목 (5) 및 (6)). 주권상장법인은 이사회에서 "합병의 사실이 발생한 때" 그 사실이 발생한 날의 다음 날까지 그 내용을 기재한 주요사항보고서를 금융위원회에 제출하여야 한다(법161①(6)).

(3) 주권의 일시적인 매매거래정지

거래소는 주가 또는 거래량에 중대한 영향을 미칠 수 있는 사항이 결의된 경우 주가에 대한 충격을 완화하기 위하여 당해 이사회 결의에 대한 공시가 있을 경우 일시적으로 매매거래를 정지하고 있다(유가증권시장 공시규정40①(2), 동시행세칙16①③). 이에 따라 합병의 경우는 해당 회사 주권의 일시적인 매매거래가 정지된다.

2. 합병계약서의 작성

합병당사회사의 대표기관에 의해 합병조건·합병방식 등 합병에 관한 필요한 사항이 합의되어야 한다. 합병계약은 특별한 방식을 요하지 않는다. 그러나 주식회사의 합병에는 법정사항을 기재한 합병계약서를 작성하여야 한다(법522①). 그 내용은 일반적으로 합병조건, 합병절차, 합병실시를 위한 필요한 조치 등의 합병의 진행에 관한 것이다.

3. 합병계약서 등의 공시

상법은 주주 또는 채권자가 합병승인결의 또는 이의 여부에 관해 의사결정을 하기 위해서는 사전에 합병의 구체적인 사항을 파악할 필요가 있음을 고려하여 사전에 공시하게 하고 있다. 따라서 이사는 합병승인결의를 위한 주주총회 회일의 2주전부터 합병을 한 날 이후 6월이 경과하는 날까지 ⅰ) 합병계약서(제1호), ⅱ) 합병으로 인하여 소멸하는 회사의 주주에게 발행하는 주식의 배정에 관하여 그 이유를 기재한 서면(제2호), ⅲ) 각 회사의 최종의 대차대조표와 손익계산서(제3호)를 본점에 비치하여야 한다(법522의2①).

주주 및 회사채권자는 영업시간 내에는 언제든지 위 서류의 열람을 청구하거나, 회사가 정한 비용을 지급하고 그 등본 또는 초본의 교부를 청구할 수 있다(법522의2②).

4. 반대주주의 주식매수청구권

합병 이사회 결의에 반대하는 주주는 서면으로 반대의사를 통지하여야 한다. 즉 합병승인의 주주총회 결의사항에 관하여 이사회의 결의가 있는 때에 그 결의에 반대하는 주주는 주주총회 전에 회사에 대하여 서면으로 그 결의에 반대하는 의사를 통지한 경우에는 그 총회의 결의일부터 20일 이내에 주식의 종류와 수를 기재한 서면으로 회사에 대하여 자기가 소유하고 있는 주식의 매수를 청구할 수 있다(법522의3①).

** 관련 판례: 대법원 2018. 12. 17.자 2016마272 결정
[합병 등에 반대하는 주주가 회사에 비상장주식의 매수를 청구하는 경우, 그 매수가액을 결정하는 방법]
　[1] 비상장주식의 거래가격에 따른 주식매수가액 산정
　(가) 회사의 합병 등에 반대하는 주주가 회사에 대하여 비상장주식의 매수를 청구하는 경우, 그 주식에 대하여 회사의 객관적 가치가 적정하게 반영된 것으로 볼 수 있는 정상적인 거래의 실례가 있으면 그 거래가격을 주식의 공정한 가액으로 보아 매수가액을 정하여야 한다. 그러나 그러한 거래사례가 없으면 비상장주식의 평가에 관하여 보편적으로 인정되는 시장가치방식, 순자산가치방식, 수익가

치방식 등 여러 가지 평가방법을 활용하되, 회사의 상황이나 업종의 특성 등을 종합적으로 고려하여 공정한 가액을 산정하여야 한다(대법원 2006. 11. 23.자 2005마958 결정 등 참조).

(나) 만일 비상장주식에 관한 거래가격이 회사의 객관적 가치를 적정하게 반영하지 못한다고 판단되는 경우에는 법원은 그와 같이 판단되는 사유 등을 감안하여 그 거래가격을 배제하거나 그 거래가격 또는 이를 합리적인 기준에 따라 조정한 가격을 순자산가치나 수익가치 등 다른 평가 요소와 함께 주식의 공정한 가액을 산정하기 위한 요소로서 고려할 수 있다(대법원 2012. 2. 24.자 2010마315 결정 참조).

[2] 비상장주식의 수익가치 평가

(가) 상속세 및 증여세법(이하 '상증세법'이라 한다) 제60조는 상속세나 증여세가 부과되는 재산의 가액을 평가기준일 현재의 시가에 따른다고 정하고, 시가를 산정하기 어려운 경우에는 제61조부터 제65조에서 정한 보충적 평가방법에 따라 평가한 가액을 시가로 보고 있다. 상속세 및 증여세법 시행령(이하 '상증세법 시행령'이라 한다) 제54조 제1항, 제56조 제1항은 상증세법의 위임에 따라 비상장주식의 보충적 평가방법을 '1주당 순손익가치와 1주당 순자산가치의 가중평균'으로 정하면서, 1주당 순손익가치를 산정할 때 '평가기준일 이전 3년간 사업연도의 1주당 순손익액'을 기준으로 정하였다. 이는 과거의 실적을 기초로 미래수익을 예측하여 현재의 주식가치를 정확히 파악하려는 취지이다(대법원 2007. 11. 29. 선고 2005두15311 판결 등 참조).

(나) 법원이 합병반대주주의 신청에 따라 비상장주식의 매수가액을 결정할 때에도 상증세법과 그 시행령에 따른 주식가치 평가를 활용할 수 있다. 즉, 회사의 객관적 가치가 적정하게 반영된 것으로 볼 수 있는 정상적인 거래의 실례가 없는 경우 상증세법 시행령에서 정한 순손익가치 산정방법에 따라 수익가치를 평가하여 비상장주식의 매수가액을 정할 수 있다. 회사의 순손익액이 사업연도마다 변동하기 때문에 3년간의 순손익액을 기준으로 회사의 미래수익을 예측하는 것은 합리적이라고 할 수 있다. 그러나 상증세법과 그 시행령의 위 규정들은 납세자의 법적 안정성과 예측가능성을 보장하기 위하여 비상장주식의 가치평가방법을 정한 것이기 때문에, 합병반대주주의 비상장주식에 대한 매수가액을 정하는 경우에 그대로 적용해야 하는 것은 아니다.

(다) 비상장주식의 평가기준일이 속하는 사업연도의 순손익액이 급격하게 변동한 경우에 이러한 순손익액을 포함하여 순손익가치를 산정할 것인지는 그 변동의 원인이 무엇인지를 고려하여 결정해야 한다. 가령 비상장주식의 평가기준

일이 속하는 사업연도의 순손익액이 급격하게 변동하였더라도 일시적이고 우발
적인 사건으로 인한 것에 불과하다면 평가기준일이 속하는 사업연도의 순손익액
을 제외하고 순손익가치를 산정해야 한다고 볼 수 있다. 그러나 그 원인이 일시
적이거나 우발적인 사건이 아니라 사업의 물적 토대나 기업환경의 근본적 변화
라면 평가기준일이 속하는 사업연도의 순손익액을 포함해서 순손익가치를 평가
하는 것이 회사의 미래수익을 적절하게 반영한 것으로 볼 수 있다. 법원이 합병
반대주주의 주식매수가액결정신청에 따라 비상장주식의 가치를 산정할 때 위와
같은 경우까지 상증세법 시행령 제56조 제1항에서 정한 산정방법을 그대로 적용
하여 평가기준일이 속하는 사업연도의 순손익액을 산정기준에서 제외하는 것은
주식의 객관적 가치를 파악할 수 없어 위법하다.

5. 주주총회의 합병승인결의

각 회사의 합병승인결의는 특별결의의 방법에 의하여 합병계약서를 승인하
는 형식을 취한다(법522의2①③). 합병당사회사의 주주총회의 합병승인결의를 요
건으로 하고 있는 것은 합병절차에 있어서 합병비율의 공정성을 확보하여 주주
의 이익을 보호하기 위한 것이다. 소멸회사만이 아니라 존속회사의 주주총회의
승인결의도 요구하는 것은 합병에 의하여 소멸회사의 주주들에게 존속회사의 신
주가 발행·교부되므로 존속회사의 주주들도 존속회사에 대한 종전의 지분비율
중 일부를 상실하게 되는 이해관계가 있기 때문이다.

6. 채권자보호절차(이의제출의 공고 및 최고)

합병에 관하여 회사채권자도 주주와 같은 이해관계를 갖는다. 합병으로 인
하여 당사회사들의 재산은 전부 합일귀속되어 당사회사들의 총채권자에 대한 책
임재산이 되므로 합병 전의 신용이 그대로 유지된다고 볼 수 없기 때문이다. 따
라서 소멸회사와 존속회사 모두 채권자보호절차를 밟아야 한다.

회사는 주주총회의 승인결의가 있은 날부터 2주 내에 채권자에 대하여 합병
에 이의가 있으면 1월 이상의 기간 내에 이를 제출할 것을 공고하고, 알고 있는
채권자에 대하여는 따로따로 이를 최고하여야 한다(법527의5①). 채권자가 위 기
간 내에 이의를 제출하지 아니한 때에는 합병을 승인한 것으로 본다(법527의5③).
이의를 제출한 채권자가 있는 때에는 회사는 그 채권자에 대하여 변제 또는 상

당한 담보를 제공하거나 이를 목적으로 하여 상당한 재산을 신탁회사에 신탁하여야 한다(법제527의5③). 사채권자가 이의를 제기하려면 사채권자집회의 결의가 있어야 하며, 이 경우에는 법원은 이해관계인의 청구에 의하여 사채권자를 위하여 이의 제기 기간을 연장할 수 있다(법530②).

7. 주식의 병합 및 주권의 제출

흡수합병의 경우에는 소멸회사의 주주에게 존속회사의 주식이 배정되나 반드시 구주 1주에 대하여 신주 1주가 배정되는 것은 아니고 합병비율에 따라 배정되므로, 경우에 따라 주식수가 감소할 수도 있다. 이 경우에 주식의 배정을 위한 준비로서 주식을 병합할 수 있다. 이 경우 자본감소시의 주식병합의 절차를 준용한다(법530③ 및 440-444).

소멸회사가 주식병합을 위하여 주권등의 제출을 요구받은 경우 거래소는 주권등의 매매거래를 정지할 수 있다(유가증권시장 상장규정95①(3)).

8. 총회의 개최

(1) 보고총회

흡수합병의 경우 존속회사의 이사는 채권자보호절차의 종료 후, 합병으로 인한 주식의 병합이 있을 때에는 그 효력이 생긴 후, 병합에 적당하지 아니한 주식이 있을 때에는 합병 후, 존속하는 회사에 있어서는 단주의 처분을 한 후 지체없이 주주총회를 소집하고 합병에 관한 사항을 보고하여야 한다(법526①). 신주인수인이 된 소멸회사의 주주는 아직 존속회사의 주주는 아니지만 주주총회에서 주주와 동일한 권리가 있다(법526②). 이사회는 공고로써 주주총회에 대한 보고에 갈음할 수 있다(법526③).

(2) 창립총회

신설합병의 경우에는 설립위원은 채권자보호절차의 종료 후, 합병으로 인한 주식의 병합이 있을 때에는 그 효력이 생긴 후, 병합에 적당하지 아니한 주식이 있을 때에는 단주의 처분을 한 후 지체없이 창립총회를 소집하여야 한다(법527①). 창립총회에서는 정관변경의 결의를 할 수 있다. 그러나 합병계약의 취지에 위반하는 결의는 하지 못한다(법527②). 창립총회에서는 설립위원의 보고를 들으며, 임원을 선임해야 한다(법527③). 창립총회에 관하여는 주식회사 설립시의 창립총회에 관한 규정이 준용된다(법527⑤).

이사회는 공고로써 주주총회에 대한 보고에 갈음할 수 있다(법527④). 신설회사의 이사 및 감사를 선임해야 하므로 창립총회를 생략하고자 하는 경우에는 합병계약에서 신설회사의 이사 및 감사를 정하여야 한다(법524(6)). 합병계약에서 이사 및 감사를 정하면 합병계약을 승인하는 주주총회결의에서 이사 및 감사를 선임하는 결의를 포함하므로 이사 및 감사를 선임하기 위한 창립총회는 개최할 필요가 없다.

9. 합병의 효력발생시기

회사가 합병을 한 때에는 흡수합병의 경우에는 주주총회가 종결한 날 또는 보고에 갈음하는 공고일, 신설합병의 경우에는 창립총회가 종결한 날 또는 보고에 갈음하는 공고일부터 본점소재지에서는 2주 내, 지점소재지에서는 3주 내에 합병 후 존속회사에 있어서는 변경등기, 소멸회사에 있어서는 해산등기, 신설회사에 있어서는 설립등기를 하여야 한다(법528①). 존속회사 또는 신설회사가 합병으로 인하여 전환사채 또는 신주인수권부사채를 승계한 때에는 합병등기와 동시에 사채의 등기를 하여야 한다(법528②).

합병은 존속회사의 본점소재지에서 변경등기를 한 때 또는 신설회사의 본점소재지에서 설립등기를 한 때 그 효력이 생긴다(법530② 및 법234).

10. 합병에 관한 서류의 사후공시

이사는 채권자보호절차의 경과, 합병을 한 날, 합병으로 인하여 소멸하는 회사로부터 승계한 재산의 가액과 채무액 기타 합병에 관한 사항을 기재한 서면을 합병을 한 날부터 6월간 본점에 비치하여야 한다(법527의6①). 주주 및 회사채권자는 영업시간 내에는 언제든지 위 서류의 열람을 청구하거나, 회사가 정한 비용을 지급하고 그 등본 또는 초본의 교부를 청구할 수 있다(법527의6②).

11. 특수절차(간이합병과 소규모합병)

(1) 간이합병

흡수합병을 하는 경우에 소멸회사의 합병승인결의를 생략할 수 있는 경우이

다. 합병할 회사의 일방이 합병 후 존속하는 경우에 합병으로 인하여 소멸하는
회사의 총주주의 동의가 있거나 그 회사의 발행주식총수의 90% 이상을 합병 후
존속하는 회사가 소유하고 있는 때에는 합병으로 인하여 소멸하는 회사의 주주
총회의 승인은 이를 이사회의 승인으로 갈음할 수 있다(법527의2①).

간이합병은 비상장법인의 폐쇄회사를 흡수합병할 경우에 합병절차를 간소
화하는 방법이 될 수 있고, 합병을 예정하고 존속회사가 사전에 소멸회사의 주식
을 취득함으로써 유용하게 활용될 수 있다. 간이합병은 흡수합병을 할 경우 소멸
회사에만 적용된다. 따라서 신설합병을 할 경우에는 간이합병을 할 수 없으며,
흡수합병을 하더라도 존속회사에는 적용되지 않는다.

(2) 소규모합병

합병 후 존속회사가 합병으로 인하여 발행하는 신주의 총수가 그 회사의 발
행주식총수의 10%를 초과하지 아니하는 때에는 그 존속하는 회사의 주주총회의
승인은 이를 이사회의 승인으로 갈음할 수 있다(법527의3①).

합병을 하는 경우 당사회사의 주주총회의 결의를 요함은 합병이 주주들에게
있어 출자 당시 예상하지 못했던 구조적인 변동이므로 그로 인한 위험을 부담하
는 출자자들로 하여금 직접 의사결정을 할 기회를 주기 위한 것이다. 그런데 대
규모회사가 극히 소규모의 회사를 흡수합병하는 경우에는 대규모회사의 입장에
서는 일상적인 영업활동의 규모에 지나지 않는 자산취득임에도 불구하고 주주총
회의 결의와 주식매수청구절차를 거치는 것은 비경제적이라고 생각할 수 있다.
따라서 상법은 이와 같은 효율성에 기초하여 일정한 소규모의 회사를 흡수합병
하는 경우 주주총회의 승인결의를 생략하고 이사회의 결의로 대신할 수 있는 소
규모합병제도를 인정하고 있다.

Ⅳ. 합병의 효과

흡수합병의 경우에는 존속회사 이외의 합병당사회사(해산회사)가, 신설합병
의 경우에는 합병당사회사의 전부가 해산하고(법227(4), 법269, 법517(1), 법609①
(1)), 합병과 동시에 청산을 거치지 않고 소멸한다(법250, 법269, 법531).

합병으로 인해 존속회사 또는 신설회사는 소멸회사의 권리의무를 포괄적으

로 승계한다(법235, 법269, 법530②, 법603).

** 관련 판례

① 대법원 2019. 12. 12. 선고 2018두63563 판결

[회사합병이 있는 경우 피합병회사의 권리·의무가 모두 합병으로 인하여 존속한 회사에 승계되는지 여부(원칙적 적극)]

[1] 관련 법리

회사합병이 있는 경우에는 피합병회사의 권리·의무는 사법상의 관계나 공법상의 관계를 불문하고 그의 성질상 이전을 허용하지 않는 것을 제외하고는 모두 합병으로 인하여 존속한 회사에 승계되는 것으로 보아야 한다(대법원 1994. 10. 25. 선고 93누21231 판결, 대법원 2004. 7. 8. 선고 2002두1946 판결 등 참조).

[2] 판단

원심은 다음과 같은 이유로 피고가 원고를 상대로 이 사건 처분을 한 것은 적법하다고 판단하였다. ① 흡수합병으로 소멸한 회사인 경북방송이 흡수합병 전 이미 이행강제금 부과처분을 받은 지위에 있었고, 흡수합병의 경우 이행강제금의 부과처분을 받은 지위가 성질상 이전이 되지 않는 것이라고 보기 어렵다. ② 선행판결에서 당초의 이행강제금 부과처분을 전부 취소한 이유는 정당한 이행강제금액의 재산정을 위해서이지, 경북방송 또는 원고에게 이행강제금 부과를 금하기 위한 것이 아니었다. ③ 경북방송이 이 사건 시정조치를 부과 받을 당시부터 원고가 경북방송의 지분 97.04%를 보유하고 있었던 점과 원고가 선행판결의 소송절차를 수계하였던 점을 고려하면, 원고에게 이 사건 처분을 한다고 하더라도 예기치 못한 법적 불안이나 손해를 야기한다고 보기도 어렵다. 이러한 원심 판단은 앞서 본 법리에 기초한 것으로서, 상고이유와 같이 법인의 흡수합병으로 인한 의무승계에 관한 법리를 오해한 위법이 없다.

② 대법원 2022. 5. 12. 선고 2022두31433 판결

[회사합병이 있는 경우, 피합병회사의 권리·의무는 모두 합병으로 존속한 회사에 승계되는지 여부(원칙적 적극)]

회사합병이 있는 경우에는 피합병회사의 권리·의무는 사법상의 관계 혹은 공법상의 관계를 불문하고 그 성질상 이전이 허용되지 않는 것을 제외하고는 모두 합병으로 인하여 존속한 회사에 승계되는 것으로 보아야 한다(대법원 2004. 7. 8. 선고 2002두1946 판결 등 참조). 합병 전 주식회사 티브로드(이하 '합병 전 티브로

드'라 한다)의 구입강제 행위, 경제상 이익 제공 강요행위, 불이익 제공행위(이하 통틀어 '이 사건 위반행위'라 한다)를 이유로 합병 후 존속회사인 원고 에스케이브 로드밴드에 대하여 이 사건 시정명령을 한 것은 적법하다.

③ 대법원 2003. 2. 11. 선고 2001다14351 판결

[회사합병의 의미 및 합병으로 소멸되는 회사의 사원(주주)의 지위]

[1] 관련 법리

회사의 합병이라 함은 두 개 이상의 회사가 계약에 의하여 신회사를 설립하 거나 또는 그 중의 한 회사가 다른 회사를 흡수하고, 소멸회사의 재산과 사원(주 주)이 신설회사 또는 존속회사에 법정 절차에 따라 이전·수용되는 효과를 가져 오는 것으로서, 소멸회사의 사원(주주)은 합병에 의하여 1주 미만의 단주만을 취 득하게 되는 경우나 혹은 합병에 반대한 주주로서의 주식매수청구권을 행사하는 경우 등과 같은 특별한 경우를 제외하고는 원칙적으로 합병계약상의 합병비율과 배정방식에 따라 존속회사 또는 신설회사의 사원권(주주권)을 취득하여, 존속회사 또는 신설회사의 사원(주주)이 되는 것이다.

[2] 판단

(가) 기록에 비추어 살펴보면, 피고 회사가 2000. 6.경 동림건설을 흡수합병 함에 있어 그 합병비율이 피고 회사와 동림건설 사이에 1:1의 비율로 결정됨으로 써 소멸되는 동림건설 사원에게 배정되는 피고 회사의 주식에 단주가 발생할 여 지가 없었고, 동림건설은 합자회사로서 합병에 반대하는 사원의 주식매수청구권 이 발생할 여지도 없어서, 동림건설의 사원이던 최익환은 위 합병일자에 정상적 으로 피고 회사의 주식을 배정받아 피고 회사의 주주가 되었음을 알 수 있다.

(나) 그럼에도 불구하고, 동림건설이 피고 회사에 흡수합병되어 소멸됨으로 써 동림건설의 사원이던 최익환이 동림건설에서 당연히 퇴사하는 효과가 생겼다 고 판단한 원심은 필경 회사의 합병에 관한 법리를 오해한 위법을 범하였다고 할 것이다. 더구나 원심은, 최익환이 위 합병에 따라 동림건설에 대한 출자이행금 환급채권에 상응하는 피고 회사의 주식을 배정받고 피고 회사의 이사에 취임한 사실을 인정하고서도, 동림건설의 사원으로서의 지위와 피고 회사의 주주 및 이 사로서의 지위는 법적 성격이 서로 다르다는 이유 설시만으로 최익환이 동림건 설의 소멸에 따라 동림건설로부터 퇴사하는 결과가 발행하였다고 단정하고 있어 도저히 그 설시가 수긍되지 아니한다.

Ⅴ. 합병의 무효

1. 합병무효의 원인

합병 요건의 결여나 합병절차에 하자가 있는 경우 합병의 효력이 문제이다. 상법은 합병의 무효원인에 관하여 규정을 두고 있지 않다. 예를 들어 합병계약서를 작성하지 않거나 합병승인결의에 무효 또는 취소원인이 있는 경우 등이다. 또한 합병비율의 불공정성이 합병무효의 원인이 되는가는 문제이다.

** 관련 판례

① 대법원 2008. 1. 10. 선고 2007다64136 판결

[흡수합병시 합병비율이 현저하게 불공정한 경우, 합병할 각 회사의 주주 등이 상법 제529조에 의한 합병무효의 소를 제기할 수 있는지 여부(적극) / 흡수합병시 합병비율이 현저하게 불공정하여 합병계약이 무효인지 여부의 판단 방법]

[1] 관련 법리

흡수합병시 존속회사가 발행하는 합병신주를 소멸회사의 주주에게 배정·교부함에 있어서 적용할 합병비율을 정하는 것은 합병계약의 가장 중요한 내용이고, 그 합병비율은 합병할 각 회사의 재산 상태와 그에 따른 주식의 실제적 가치에 비추어 공정하게 정함이 원칙이며, 만일 그 비율이 합병할 각 회사의 일방에게 불리하게 정해진 경우에는 그 회사의 주주가 합병 전 회사의 재산에 대하여 가지고 있던 지분비율을 합병 후에 유지할 수 없게 됨으로써 실질적으로 주식의 일부를 상실케 되는 결과를 초래할 것이므로, 현저하게 불공정한 합병비율을 정한 합병계약은 사법관계를 지배하는 신의성실의 원칙이나 공평의 원칙 등에 비추어 무효라 할 것이고, 따라서 합병비율이 현저하게 불공정한 경우 합병할 각 회사의 주주 등은 상법 제529조에 의하여 소로써 합병의 무효를 구할 수 있다 할 것이다. 다만, 합병비율은 자산가치 이외에 시장가치, 수익가치, 상대가치 등의 다양한 요소를 고려하여 결정되어야 할 것인 만큼 엄밀한 객관적 정확성에 기하여 유일한 수치로 확정할 수 없는 것이고, 그 제반 요소의 고려가 합리적인 범위 내에서 이루어진 것이라면 결정된 합병비율이 현저하게 부당하다고 할 수 없을 것이므로, 합병당사자 회사의 전부 또는 일부가 주권상장법인인 경우 증권거래법과 그 시행령 등 관련 법령이 정한 요건과 방법 및 절차 등에 기하여 합병가액을

산정하고 그에 따라 합병비율을 정하였다면 그 합병가액 산정이 허위자료에 의한 것이라거나 터무니없는 예상 수치에 근거한 것이라는 등의 특별한 사정이 없는 한, 그 합병비율이 현저하게 불공정하여 합병계약이 무효로 된다고 볼 수 없을 것이다.

[2] 판단

원심은, 그 채용 증거들을 종합하여 판시와 같은 사실을 인정한 다음, 피고가 증권거래법 시행령 등에 근거하여 피고와 풍만제지의 각 합병가액을 정하고 이 사건 합병비율을 산정한 후 외부평가기관인 회계법인 이촌의 '적정' 평가를 거쳐 금융감독위원회에 이 사건 합병에 관한 신고를 한 점을 비롯하여 이 사건 합병의 경위 및 시장상황 등 그 판시와 같은 제반 사정들을 고려하면, 이 사건 합병은 풍만제지의 회생 및 계성그룹 제지3사의 구조조정의 일환으로서 풍만제지 대주주의 자금출연 및 채권금융기관의 출자전환 등을 통한 풍만제지의 재무구조 개선을 거친 후 시장상황 등을 고려하고 관련 법령에 근거하여 산정된 합병비율에 따라 적정하게 시행된 것이라고 봄이 상당하고, 이 사건 합병 당시 피고의 순자산, 주당 자산가치, 경상손익 등 재무제표상의 각종 지표가 풍만제지의 각종 지표를 상회하고 있었다는 등의 원고 주장과 같은 사정만으로는 이 사건 합병비율이 현저하게 불공정한 것이어서 이 사건 합병계약이 무효로 된다고 볼 수는 없다고 판단하였다. 앞서 본 법리와 기록에 비추어 살펴보면, 원심의 이러한 사실 인정과 판단은 옳은 것으로 수긍이 가고, 거기에 상고이유의 주장과 같은 채증법칙 위배나 합병비율에 관한 법리오해 등의 위법이 있다고 할 수 없다.

② **인천지방법원 1986. 8. 29. 선고 85가합1526 제2민사부판결**

[합병결의에 찬성한 주주의 합병무효청구의 당부]

합병당시 순자산액을 기준으로 할 때 피고회사와 소멸회사의 발행주식 1주의 가치가 무려 17:1이나 됨에도 불구하고 합병비율은 1:1로 정해졌다는 것이니 그렇다면 기업자체나 주식의 가치가 대차대조표상의 자산상태나 영업실적에 의하여 엄밀하게 측정할 수 있는 성질의 것이 못 되고 장래의 사업전망이나 경기변동등 불확실한 요인에 의하여 영향을 받게 된다는 점을 감안한다 하더라도 달리 위와 같은 합병비율을 수긍할 만한 아무런 합리적 이유도 찾아 볼 수 없는 이 사건에 있어 위 합병비율은 현저하게 불공정하다고 할 수밖에 없고, 따라서 피고회사와 소멸회사 사이에 체결된 이 사건 합병계약은 그 내용으로 된 합병비율이 현저하게 부당하여 무효라 할 것이다.

2. 합병무효의 소

합병무효는 각 회사의 주주·이사·감사·청산인·파산관재인 또는 합병을 승인하지 아니한 채권자에 한하여 소만으로 이를 주장할 수 있다(법529①). 소는 합병등기가 있은 날로부터 6월 내에 제기하여야 한다(법529②). 합병무효의 소의 관할 및 절차는 설립무효의 소와 같다(법240, 법186 내지 190, 법269, 법530②, 법603).

** 관련 판례: 대법원 2020. 10. 15. 선고 2016도10654 판결

[이른바 차입매수 또는 LBO(Leveraged Buy-Out) 방식에 의한 기업인수를 주도한 관련자들에게 배임죄가 성립하는지 판단하는 기준]

[1] 이른바 차입매수 또는 LBO(Leveraged Buy-Out의 약어이다)란 일의적인 법적 개념이 아니라 일반적으로 기업인수를 위한 자금의 상당 부분에 관하여 피인수회사의 자산을 담보로 제공하거나 그 상당 부분을 피인수회사의 자산으로 변제하기로 하여 차입한 자금으로 충당하는 방식의 기업인수 기법을 일괄하여 부르는 용어로, 거래 현실에서 그 구체적인 태양은 매우 다양하다. 이러한 차입매수에 관하여는 이를 따로 규율하는 법률이 없는 이상 일률적으로 차입매수방식에 의한 기업인수를 주도한 관련자들에게 배임죄가 성립한다거나 성립하지 아니한다고 단정할 수 없고, 배임죄의 성립 여부는 차입매수가 이루어지는 과정에서의 행위가 배임죄의 구성요건에 해당하는지 여부에 따라 개별적으로 판단되어야 한다(대법원 2010. 4. 15. 선고 2009도6634 판결, 대법원 2011. 12. 22. 선고 2010도1544 판결 등 참조).

[2] 한편 주식회사 상호 간 및 주식회사와 주주는 별개의 법인격을 가진 존재로서 동일인이라 할 수 없으므로 1인 주주나 대주주라 하여도 그 본인인 주식회사에 손해를 주는 임무위배행위가 있는 경우에는 배임죄가 성립하고, 회사의 임원이 그 임무에 위배되는 행위로 재산상 이익을 취득하거나 제3자로 하여금 이를 취득하게 하여 회사에 손해를 가한 때에는 이로써 배임죄가 성립하며 위와 같은 임무위배행위에 대하여 사실상 주주의 양해를 얻었다고 하여 본인인 회사에게 손해가 없었다거나 또는 배임의 범의가 없었다고 볼 수 없다(대법원 1983. 12. 13. 선고 83도2330 전원합의체 판결, 대법원 2006. 11. 9. 선고 2004도7027 판결, 대법원 2011. 9. 29. 선고 2011도1764 판결 등 참조).

[3] 기업인수에 필요한 자금을 마련하기 위하여 그 인수자가 금융기관으로부터 대출을 받고 나중에 피인수회사의 자산을 담보로 제공하는 방식을 사용하는 경우, 피인수회사로서는 주채무가 변제되지 아니할 경우에는 담보로 제공되는 자산을 잃게 되는 위험을 부담한다. 그러므로 위와 같이 인수자만을 위한 담보제공이 무제한 허용된다고 볼 수는 없고, 인수자가 피인수회사의 담보제공으로 인한 위험 부담에 상응하는 대가를 지급하는 등의 반대급부를 제공하는 경우에 한하여 허용될 수 있다. 만일 인수자가 피인수회사에 아무런 반대급부를 제공하지 않고 피인수회사의 대표이사가 임의로 피인수회사의 재산을 담보로 제공하게 하였다면, 인수자 또는 제3자에게 담보 가치에 상응한 재산상 이익을 취득하게 하고 피인수회사에 그 재산상 손해를 가하였다고 봄이 상당하다(대법원 2015. 4. 23. 선고 2014도17703 판결, 대법원 2012. 6. 14. 선고 2012도1283 판결, 대법원 2008. 2. 28. 선고 2007도5987 판결 등 참조).

제2절   회사의 분할

Ⅰ. 의의

회사의 분할이란 회사재산의 전부 또는 일부가 분할하여 신회사로 설립되는 경우(단순분할) 또는 기존 회사와 합병하는(분할합병) 단체법상의 법률요건을 말한다.

회사분할의 유용성은 분할회사와 분할신설회사 또는 기업경영진 등 분할 관련 이해당사자들의 입장에서 여러 가지로 설명할 수 있지만, 가장 중요한 것은 변화하는 기업환경에 적응하기 위하여 회사의 구조를 근본적으로 개혁하려는 이른바 기업구조조정의 동기라고 할 수 있으며, 이는 회사분할에 대한 세제상의 우대조치에 의하여 뒷받침되고 있다. 회사분할은 특정사업부문의 전문화를 도모하고, 한계사업부문의 정리, 불량자산의 분리 수단으로 이용된다. 또한 기업의 회생수단으로서의 기능, 위험부담의 분산 및 신규사업 진출, 외자유치 및 사업부문 매각의 추진, 독립채산제의 실행, 지주회사의 설립 및 전환 수단으로서의 기능을 수행할 수 있으며, 이해관계의 조정 및 재산의 분배, 고용조정의 수단, 노무관리의 차별화, 주가관리의 수단 등으로 기능을 수행할 수 있다.

Ⅱ. 분할의 효과

1. 권리의무의 포괄적 승계

단순분할신설회사, 분할승계회사 또는 분할합병신설회사는 분할회사의 권리와 의무를 분할계획서 또는 분할합병계약서에서 정하는 바에 따라 승계한다(법530의10).

** 관련 판례

① 대법원 2002. 11. 26. 선고 2001다44352 판결

[법인의 권리의무가 법률의 규정에 의하여 새로 설립된 법인에게 승계되는 경우 소송상 지위의 승계 여부(적극)]

[1] 관련 법리

법인의 권리의무가 법률의 규정에 의하여 새로 설립된 법인에 승계되는 경우에는 특별한 사유가 없는 한 계속중인 소송에서 그 법인의 법률상 지위도 새로 설립된 법인에 승계되는 것이다(대법원 1963. 4. 11. 선고 63다8 판결, 대법원 1970. 4. 28. 선고 67다1262 판결, 대법원 1984. 6. 12. 선고 83다카1409 판결 등 참조).

[2] 판단

기록에 의하면, 피고는 2001. 4. 2. 전력산업구조개편촉진에관한법률 및 상법 제530조의 12에 의하여 피고는 그대로 존속하면서 발전부분을 6개의 별도 회사로 신설하는 방식으로 회사를 분할하였는바, 상법 제530조의9 제2항, 제530조의5 제1항 제8호에 의하여 작성된 회사분할의 분할계획서에는 존속회사와 신설회사 간의 채무분담에 관하여 발전회사별로 해당 발전소에 관계된 소송으로 인한 권리·의무는 피고로부터 해당 발전회사로 이전되는 것으로 되어 있고, 각 소송의 내용도 특정되어 있으며, 이 사건 소송의 경우 피고로부터 한국중부발전에로 그 권리·의무가 이전되는 것으로 규정되어 있음을 알 수 있다. 이와 같이 상법 제530조의9 제2항이 분할로 인하여 설립되는 회사와 존속회사 사이에 채무의 부담에 관하여 분할계획서에 정할 수 있도록 하고, 이 사건 피고와 한국중부발전 사이에 분할계획서상 이 사건 소송으로 인한 권리·의무를 모두 신설된 한국중부

발전이 승계하기로 한 이상, 상법 제530조의10에 의하여 해당 소송에 관한 포괄적 권리·의무의 승계가 이루어지는 것이므로, 이는 법인의 권리의무가 법률의 규정에 의하여 새로 설립된 법인에 승계되는 경우로서 한국중부발전이 이 사건 소송절차를 수계함이 마땅하다.

② 대법원 2007. 11. 29. 선고 2006두18928 판결

[회사분할의 경우, 분할 전 위반행위를 이유로 신설회사에 대하여 과징금을 부과하는 것이 허용되는지 여부(소극)]

상법은 회사분할에 있어서 분할되는 회사의 채권자를 보호하기 위하여, 분할로 인하여 설립되는 신설회사와 존속회사는 분할 전의 회사채무에 관하여 연대책임을 지는 것을 원칙으로 하고 있으나(제530조의9 제1항), 한편으로는 회사분할에 있어서 당사자들의 회사분할 목적에 따른 자산 및 채무 배정의 자유를 보장하기 위하여 소정의 특별의결 정족수에 따른 결의를 거친 경우에는 신설회사가 분할되는 회사의 채무 중에서 출자한 재산에 관한 채무만을 부담할 것을 정할 수 있다고 규정하고 있고(제530조의9 제2항), 신설회사 또는 존속회사는 분할하는 회사의 권리와 의무를 분할계획서가 정하는 바에 따라서 승계하도록 규정하고 있다(제530조의10). 그런데 이때 신설회사 또는 존속회사가 승계하는 것은 분할하는 회사의 권리와 의무라 할 것인바, 분할하는 회사의 분할 전 법 위반행위를 이유로 과징금이 부과되기 전까지는 단순한 사실행위만 존재할 뿐 그 과징금과 관련하여 분할하는 회사에게 승계의 대상이 되는 어떠한 의무가 있다고 할 수 없고, 특별한 규정이 없는 한 신설회사에 대하여 분할하는 회사의 분할 전 법 위반행위를 이유로 과징금을 부과하는 것은 허용되지 않는다.

③ 서울행정법원 2008. 9. 11. 선고 2007구합45583 판결

[회사분할로 분할대상 사업에 종사하던 근로자들의 근로관계가 신설회사에 포괄적으로 승계되는지 여부(원칙적 적극)]

[1] 회사분할로 인하여 근로관계의 일방 당사자의 지위가 변경되는 경우, 근로자의 근로관계가 신설회사에 포괄승계됨으로써 근로관계의 존속 보호를 꾀하는 것은 기존의 근로계약 상대방과 완전히 동일하다고는 할 수 없는 사용자와의 근로관계를 형성하는 것을 의미한다. 이는 근로관계의 존속 보호에는 충실할 수 있으나, 당사자의 자유로운 의사결정으로 법률관계를 형성한다는 계약자유의 원칙의 입장에서 볼 때, 실질적으로는 근로자 스스로가 자유롭게 선택하지 않은 사용자와의 근로관계가 강제되는 것과 같은 결과를 초래하여 자기결정의 원리에 반할 수 있다. 따라서 회사분할시 근로관계의 승계 문제는 근로관계 존속 보호와

근로자의 자기결정의 원리가 조화를 이룰 수 있도록 해결하여야 한다.

　[2] 우리나라 기업에서 통상 근로자의 배치전환과 관련한 인사권은 대부분 사용자가 상당한 재량권을 가지고 행사하고 있는 점, 여러 개의 사업을 운영하고 있는 회사가 경영상 위기를 극복하기 위하여 구조조정의 일환으로 특정 사업부분을 분할하는 경우, 신설회사가 경영상의 위기를 극복하지 못하고 도산하게 되면, 회사는 근로기준법상 경영상 해고에 관한 절차를 거치지 아니하고 특정 사업부문을 폐지하는 효과를 거둘 수 있는 점, 회사분할로 사용자이던 회사가 신설회사로 변경되는 경우, 이는 실질적으로는 사용자의 변경과 차이가 크지 아니하므로 이에 대한 근로자의 의사가 적절히 반영될 수 있도록 하는 것이 근로관계의 전속성에 합치하는 점, 회사분할로 인하여 근로관계가 포괄승계되므로, 특정승계되는 영업양도와는 달리 양도성을 제한하는 당사자의 의사보다는 법률에 의한 포괄승계의 효력에 우선권을 부여하는 것이 민사상의 법률관계의 체계에 합당한 점 등을 종합적으로 고려하면, 회사분할시 분할대상이 되는 사업에 종사하던 근로자들의 근로관계는 원칙적으로 신설회사에 포괄적으로 승계되고, 예외적으로 근로자가 거부권을 행사하는 경우에는 거부권을 행사한 근로자의 근로관계는 승계대상에서 제외된다고 봄이 상당하다.

　[3] 회사분할시 사용자는 근로자의 거부권 행사를 보장하기 위하여 원칙적으로 포괄승계의 대상이 되는 근로자에게 거부권 행사에 필요한 상당한 기간을 부여하여야 한다. 만약 사용자가 근로자에게 거부권 행사에 필요한 상당한 기간을 부여하지 아니한 경우, 이는 근로자의 자기의사결정권을 침해한 것이므로 무효이고, 그 기간은 사회통념상 거부권행사에 필요한 상당한 기간까지 연장된다고 보아야 한다.

2. 분할회사 등의 연대책임

분할회사, 단순분할신설회사, 분할승계회사 또는 분할합병신설회사는 분할 또는 분할합병 전의 분할회사 채무에 관하여 연대하여 변제할 책임이 있다(법530의9①).

** 관련 판례

① 대법원 2017. 5. 30. 선고 2016다34687 판결

['분할 또는 분할합병으로 인하여 설립되는 회사 또는 존속하는 회사'와 '분할 또는 분할합병 전의 회사'가 부담하는 연대책임의 법적 성질(=부진정연대채무) 등]

[1] 구 상법(2015. 12. 1. 법률 제13523호로 개정되기 전의 것) 제530조의9 제1항은 "분할 또는 분할합병으로 인하여 설립되는 회사 또는 존속하는 회사(이하 '수혜회사'라 한다)는 분할 또는 분할합병 전의 회사채무에 관하여 연대하여 변제할 책임이 있다."라고 정하고 있다(2015. 12. 1. 개정된 상법 제530조의9 제1항은 "분할회사, 단순분할신설회사, 분할승계회사 또는 분할합병신설회사는 분할 또는 분할합병 전의 분할회사 채무에 관하여 연대하여 변제할 책임이 있다."라고 정하여, '분할회사'와 '분할합병신설회사' 등이 동일한 분할회사 채무에 관해 연대책임을 부담한다는 점을 명시하고 있다). 이는 회사분할로 채무자의 책임재산에 변동이 생겨 채권 회수에 불리한 영향을 받는 채권자를 보호하기 위하여 부과된 법정책임을 정한 것으로, 수혜회사와 분할 또는 분할합병 전의 회사는 분할 또는 분할합병 전의 회사채무에 대하여 부진정연대책임을 진다.

[2] 구 상법(2015. 12. 1. 법률 제13523호로 개정되기 전의 것)에서 제530조의9 제1항에 따라 채권자가 연대책임을 물을 수 있는 기간이나 금액에 대해서 아무런 제한규정을 두고 있지 않지만 채권자를 분할 또는 분할합병 이전의 상태보다 더욱 두텁게 보호할 필요는 없다. 분할 또는 분할합병으로 인하여 설립되는 회사 또는 존속하는 회사(이하 '수혜회사'라 한다)가 채권자에게 연대하여 변제할 책임을 부담하는 채무는 분할 또는 분할합병 전의 회사가 채권자에게 부담하는 채무와 동일한 채무이다. 따라서 수혜회사가 채권자에게 부담하는 연대채무의 소멸시효 기간과 기산점은 분할 또는 분할합병 전의 회사가 채권자에게 부담하는 채무와 동일한 것으로 봄이 타당하다. 결국, 채권자는 해당 채권의 시효기간 내에서 분할로 인하여 승계되는 재산의 가액과 무관하게 연대책임을 물을 수 있다.

[3] 부진정연대채무에서는 채무자 1인에 대한 이행청구 또는 채무자 1인이 행한 채무의 승인 등 소멸시효의 중단사유나 시효이익의 포기가 다른 채무자에게 효력을 미치지 않는다. 따라서 채권자가 분할 또는 분할합병이 이루어진 후에 분할회사를 상대로 분할 또는 분할합병 전의 분할회사 채무에 관한 소를 제기하여 분할회사에 대한 관계에서 시효가 중단되거나 확정판결을 받아 소멸시효 기간이 연장된다고 하더라도 그와 같은 소멸시효 중단이나 연장의 효과는 다른 채무자인 분할 또는 분할합병으로 인하여 설립되는 회사 또는 존속하는 회사에 효

력이 미치지 않는다.

② 대법원 2010. 12. 23. 선고 2010다71660 판결

[분할 또는 분할합병 당시에는 아직 그 변제기가 도래하지 아니한 채무의 포함 여부]

[1] 관련 법리

상법 제530조의9 제1항에 따라 주식회사의 분할 또는 분할합병으로 인하여 설립되는 회사와 존속하는 회사가 회사 채권자에게 연대하여 변제할 책임이 있는 분할 또는 분할합병 전의 회사 채무에는 회사 분할 또는 분할합병의 효력발생 전에 발생하였으나 분할 또는 분할합병 당시에는 아직 그 변제기가 도래하지 아니한 채무도 포함된다고 할 것이고(대법원 2008. 2. 14. 선고 2007다73321 판결 참조), 나아가 회사 분할 또는 분할합병의 효력발생 전에 아직 발생하지는 아니하였으나 이미 그 성립의 기초가 되는 법률관계가 발생하여 있는 채무도 포함된다고 할 것이다.

[2] 판단

따라서 원심이 인정한 바와 같이 2007. 5. 18.자 및 2007. 7. 11.자 각 신용보증약정이 이 사건 제1, 제2의 각 신용보증약정에 대한 경개가 아니라 그 보증조건을 단순히 갱신한 것에 불과한 이상, 이 사건 구상금 채무는 분할 전의 신용보증약정 및 이를 담보로 한 각 대출계약에 의해 그 기초가 되는 법률관계가 이미 성립되어 있었다 할 것이므로, 비록 원고가 피고의 분할 후인 2008. 3. 21. 및 같은 해 5. 30. 소외 주식회사의 대출채무를 대위변제하였다 하여도 피고는 그로인한 구상금 채무를 소외 주식회사와 연대하여 변제할 책임이 있다.

3. 단순분할신설회사의 연대책임 제한

분할회사가 주주총회 특별결의로 분할에 의하여 회사를 설립하는 경우에는 단순분할신설회사는 분할회사의 채무 중에서 분할계획서에 승계하기로 정한 채무에 대한 책임만을 부담하는 것으로 정할 수 있다(법530의9② 전단). 이 경우 분할회사가 분할 후에 존속하는 경우에는 단순분할신설회사가 부담하지 아니하는 채무에 대한 책임만을 부담한다(법530의9② 후단).

4. 채권자 보호 절차

분할의 경우에도 합병과 동일하게 채권자보호절차가 마련되어 있다(법530의
9④). 분할회사는 주주총회의 분할승인결의가 있은 날부터 2주 내에 채권자에 대
하여 합병에 이의가 있으면 1월 이상의 기간 내에 이를 제출할 것을 공고하고 알고
있는 채권자에 대하여는 따로따로 이를 최고하여야 한다(법530의9④, 법527의5①).

***

** 관련 판례

① 대법원 2011. 9. 29. 선고 2011다38516 판결

[회사의 분할 또는 분할합병에서 상법 제530조의9 제4항, 제527조의5 제1항에
따라 개별 최고가 필요한 '회사가 알고 있는 채권자'의 의미 및 회사 대표이사 개인
이 알고 있는 채권자가 이에 포함되는지 여부(적극) 등]

[1] 상법은 분할 또는 분할합병으로 인하여 설립되는 회사 또는 존속하는 회
사(이하 '수혜회사'라 한다)는 분할 전의 회사채무에 관하여, 분할되는 회사와 연대
하여 변제할 책임이 있고(상법 제530조의9 제1항), 다만 주주총회의 특별결의로써
수혜회사가 분할되는 회사의 채무 중에서 출자한 재산에 관한 채무만을 부담할
것을 정할 수 있고, 이 경우 분할되는 회사가 분할 후에 존속하는 때에는 수혜회
사가 부담하지 아니하는 채무만을 부담하며(상법 제530조의9 제2항, 제3항), 이때에
는 분할되는 회사는 주주총회의 승인결의가 있은 날로부터 2주 내에 알고 있는
채권자에게 분할에 이의가 있으면 일정한 기간 내에 이의를 제출할 것을 최고하
는 등의 채권자보호절차를 취하여야 하고(상법 제530조의9 제4항, 제530조의11 제2
항, 제527조의5), 한편 채권자가 이의기간 내에 이의를 제출하지 아니한 때에는 분
할을 승인한 것으로 본다(상법 제530조의9 제4항, 제530조의11 제2항, 제527조의5 제
3항, 제232조 제2항)고 규정하고 있다.

[2] 분할되는 회사와 수혜회사가 분할 전 회사의 채무에 대하여 연대책임을
지지 않는 경우에는 채무자의 책임재산에 변동이 생기게 되어 채권자의 이해관
계에 중대한 영향을 미치므로 채권자의 보호를 위하여 분할되는 회사가 알고 있
는 채권자에게 개별적으로 이를 최고하도록 규정하고 있는 것이고, 따라서 분할
되는 회사와 수혜회사의 채무관계가 분할채무관계로 바뀌는 것은 분할되는 회사
가 자신이 알고 있는 채권자에게 개별적인 최고절차를 제대로 거쳤을 것을 요건
으로 하는 것이라고 보아야 하며, 만약 그러한 개별적인 최고를 누락한 경우에는

그 채권자에 대하여 분할채무관계의 효력이 발생할 수 없고 원칙으로 돌아가 수혜회사와 분할되는 회사가 연대하여 변제할 책임을 지게 된다(대법원 2004. 8. 30. 선고 2003다25973 판결 참조).

[3] 이와 같이 분할 또는 분할합병으로 인하여 회사의 책임재산에 변동이 생기게 되는 채권자를 보호하기 위하여 상법이 채권자의 이의제출권을 인정하고 그 실효성을 확보하기 위하여 알고 있는 채권자에게 개별적으로 최고하도록 한 입법 취지를 고려하면, 개별 최고가 필요한 '회사가 알고 있는 채권자'라 함은 채권자가 누구이고 그 채권이 어떠한 내용의 청구권인지가 대체로 회사에게 알려져 있는 채권자를 말하는 것이고, 그 회사에 알려져 있는지 여부는 개개의 경우에 제반 사정을 종합적으로 고려하여 판단하여야 할 것인바, 회사의 장부 기타 근거에 의하여 그 성명과 주소가 회사에 알려져 있는 자는 물론이고 회사 대표이사 개인이 알고 있는 채권자도 이에 포함된다고 봄이 상당하다.

② 대법원 2010. 2. 25. 선고 2008다74963 판결

[상법 제530조의9 제2항에 의한 회사분할에서, 채권자가 회사분할에 관여되어 있고 회사분할을 미리 알고 있는 지위에 있는 등 예측하지 못한 손해를 입을 우려가 없다고 인정되는 경우, '알고 있는 채권자에 대한 개별최고의 절차'를 누락하였다는 사정만으로 신설회사와 분할되는 회사의 채권자에 대한 연대책임이 부활하는지 여부(소극)]

[1] 회사가 분할되는 경우 분할로 인하여 설립되는 회사 또는 존속하는 회사는 분할전 회사채무에 관하여 연대하여 변제할 책임이 있으나(상법 제530조의9 제1항), 분할되는 회사가 상법 제530조의3 제2항에 따라 분할계획서를 작성하여 출석한 주주의 의결권의 3분의 2 이상의 수와 발행주식총수의 3분의 1 이상의 수로써 주주총회의 승인을 얻은 결의로 분할에 의하여 회사를 설립하는 경우에는 설립되는 회사가 분할되는 회사의 채무 중에서 출자한 재산에 관한 채무만을 부담할 것을 정하여(상법 제530조의9 제2항) 설립되는 회사의 연대책임을 배제할 수 있고, 이 경우 분할되는 회사가 '출자한 재산'이라 함은 분할되는 회사의 특정재산을 의미하는 것이 아니라 조직적 일체성을 가진 영업, 즉 특정의 영업과 그 영업에 필요한 재산을 의미하는 것으로 해석된다.

[2] 분할되는 회사와 신설회사가 분할 전 회사의 채무에 대하여 연대책임을 지지 않는 경우에는 채무자의 책임재산에 변동이 생기게 되어 채권자의 이해관계에 중대한 영향을 미치므로 채권자의 보호를 위하여 분할되는 회사가 알고 있는 채권자에게 개별적으로 이를 최고하고 만약 그러한 개별적인 최고를 누락한

경우에는 그 채권자에 대하여 신설회사와 분할되는 회사가 연대하여 변제할 책임을 지게 된다고 할 것이나, 채권자가 회사분할에 관여되어 있고 회사분할을 미리 알고 있는 지위에 있으며, 사전에 회사분할에 대한 이의제기를 포기하였다고 볼만한 사정이 있는 등 예측하지 못한 손해를 입을 우려가 없다고 인정되는 경우에는 개별적인 최고를 누락하였다고 하여 그 채권자에 대하여 신설회사와 분할되는 회사가 연대하여 변제할 책임이 되살아난다고 할 수 없다.

Ⅲ. 분할의 무효

분할에 무효원인이 있는 경우에는 분할무효의 소를 제기할 수 있다. 회사분할의 무효는 소송으로만 주장할 수 있으며, 합병무효의 소의 규정이 준용된다(법 530의11①, 법529).

** 관련 판례

① 대법원 2010. 7. 22. 선고 2008다37193 판결

[주주가 회사를 상대로 제기한 분할합병무효의 소에서 분할합병계약을 승인한 주주총회결의의 존부 및 그 하자에 관한 증명책임의 소재]

[1] 관련 법리

주주가 회사를 상대로 제기한 분할합병무효의 소에서 당사자 사이에 분할합병계약을 승인한 주주총회결의 자체가 있었는지 및 그 결의에 이를 부존재로 볼 만한 중대한 하자가 있는지 등 주주총회결의의 존부에 관하여 다툼이 있는 경우 주주총회결의 자체가 있었다는 점에 관해서는 회사가 증명책임을 부담하고 그 결의에 이를 부존재로 볼 만한 중대한 하자가 있다는 점에 관해서는 주주가 증명책임을 부담하는 것이 타당하다.

[2] 판단

원심은 그 채택 증거를 종합하여, ① 피고 주식회사 이랜드(이하 '피고 이랜드'라고 한다)와 피고 주식회사 이랜드월드(이하 '피고 이랜드월드'라고 한다)가 2005. 11. 2. 피고 이랜드의 투자부분을 분할하여 피고 이랜드월드에 합병(이하 '이 사건 분할합병'이라고 한다)시키는 내용의 분할합병계약(이하 '이 사건 분할합병계약'이라고 한다)을 체결한 사실, ② 피고 이랜드가 2005. 11. 25. 09:00경 임시주주총회(이하 '이 사건 주주총회'라고 한다)를 개최하였는데 피고 이랜드의 의결권 있는

주식 2,881,367주 중 1,974,737주를 보유한 소외 1, 438,539주를 보유한 소외 2, 202,498주를 보유한 이랜드복지재단이 출석하여 출석 주주 전원 찬성으로 이 사건 분할합병계약을 승인하는 결의를 한 사실, ③ 피고 이랜드가 이 사건 주주총회를 소집하면서 소외 1, 2, 이랜드복지재단에게는 구두로 소집통지를 하였으나 원고 1을 비롯한 나머지 소수주주들에게는 소집통지를 하지 아니한 사실, ④ 피고 이랜드월드도 같은 날 14:00경 임시주주총회를 개최하여 이 사건 분할합병계약을 승인하는 결의를 한 사실 등을 인정한 다음, 피고 이랜드가 이 사건 주주총회를 개최함에 있어 발행주식의 9.22%를 보유한 원고 1 등 소수주주들에게 소집통지를 하지 아니한 하자만으로 이 사건 주주총회결의가 부존재한다고 할 수 없고 이는 결의 취소사유에 해당한다고 판단하였다. 위 법리와 기록에 비추어 살펴보면, 원심의 위와 같은 사실인정 및 판단은 정당한 것으로 수긍할 수 있고 거기에 상고이유에서 주장하는 바와 같은 피고 이랜드의 이 사건 주주총회결의 및 피고 이랜드월드의 2005. 11. 25.자 임시주주총회결의의 존부에 관한 채증법칙 위반, 심리미진, 증명책임과 주주총회결의의 효력에 관한 법리오해의 위법 등이 있다고 할 수 없다.

② 대법원 2010. 7. 22. 선고 2008다37193 판결
[분할합병무효의 소의 원인이 된 하자가 추후 보완될 수 없는 성질의 것인 경우, 그 하자가 보완되지 아니하더라도 법원이 제반 사정을 참작하여 분할합병무효의 소를 재량기각할 수 있는지 여부(적극)]
[1] 관련 법리
상법 제530조의11 제1항 및 제240조는 분할합병무효의 소에 관하여 상법 제189조를 준용하고 있고 상법 제189조는 "설립무효의 소 또는 설립취소의 소가 그 심리 중에 원인이 된 하자가 보완되고 회사의 현황과 제반 사정을 참작하여 설립을 무효 또는 취소하는 것이 부적당하다고 인정한 때에는 법원은 그 청구를 기각할 수 있다."고 규정하고 있으므로 법원이 분할합병무효의 소를 재량기각하기 위해서는 원칙적으로 그 소 제기 전이나 그 심리 중에 원인이 된 하자가 보완되어야 할 것이나, 그 하자가 추후 보완될 수 없는 성질의 것인 경우에는 그 하자가 보완되지 아니하였다고 하더라도 회사의 현황 등 제반 사정을 참작하여 분할합병무효의 소를 재량기각할 수 있다(대법원 2004. 4. 27. 선고 2003다29616 판결 참조).
[2] 원심의 판단
원심은 그 채택 증거를 종합하여, ① 피고 이랜드가 이 사건 주주총회를 소

집하면서 원고 1을 비롯한 소수주주들에게는 소집통지를 하지 않았고 이로 인하여 위 주주들이 주식매수청구권 행사 기회를 갖지 못한 사실, ② 2005. 12. 30. 피고들의 법인등기부에 이 사건 분할합병에 관한 등기가 경료되었고 원고 1은 자신이 보유하고 있던 피고 이랜드 주식 2,251주(이하 '이 사건 주식'이라고 한다)를 2006. 2. 7. 원고 주식회사 세이브존(이하 '원고 세이브존'이라고 한다)에게 주당 50,000원 총 매매대금 112,550,000원에 매도(이하 '이 사건 주식매매'라고 한다)한 사실, ③ 피고 이랜드가 2007. 3. 30. 10:00경 정기주주총회를 개최하였는데 발행주식 총수 937,314주(원심이 인용한 제1심판결문 8면에는 "908,336주"로 되어 있으나 이는 "937,314주"의 오기로 보인다) 중 908,336주를 보유한 주주 74명이 출석하여 찬성 907,808주, 반대 528주로 이 사건 분할합병에 따른 효과를 승인하는 결의를 한 사실, ④ 피고 이랜드월드도 같은 날 14:00경 정기주주총회를 개최하였는데 발행주식 총수 2,280,461주 중 2,242,140주를 보유한 주주 75명이 출석하여 찬성 2,241,455주, 반대 685주로 이 사건 분할합병에 따른 효과를 승인하는 결의를 한 사실 등을 인정한 다음, 피고 이랜드가 이 사건 주주총회를 개최하면서 원고 1을 비롯한 소수주주들에게 소집통지를 하지 아니한 하자는 피고 이랜드의 2007. 3. 30.자 정기주주총회결의에 의해 치유되었고, 주식매수청구권은 분할합병승인에 반대하는 주주들로 하여금 투하자본을 회수할 수 있게 하는 절차일 뿐인 점, 이 사건 분할합병의 목적이 공정거래법상 피고들의 상호출자의 위법 상태를 해소하기 위한 점 등을 고려할 때 원고 1을 비롯한 소수주주들이 주식매수청구권 행사 기회를 갖지 못한 것만으로는 이 사건 분할합병을 무효라고 할 수 없다고 하여 원고 세이브존의 이 사건 분할합병무효청구를 기각하였다.

[3] 대법원 판단

원심이 이 사건 분할합병으로 피고 이랜드의 주주 구성이 달라진 후에 이루어진 2007. 3. 30.자 정기주주총회결의에 의해 이 사건 분할합병계약승인결의를 한 이 사건 주주총회의 소집통지 누락의 하자가 치유되었다고 판단한 것은 부당하나, 원심이 설시한 사정과 아울러 원심이 적법하게 채택한 증거에 의하여 인정되는 다음과 같은 사정, 즉 ① 이 사건 주주총회에 피고 이랜드의 의결권 있는 주식 2,881,367주 중 90.78%에 해당하는 2,615,774주를 보유한 소외 1, 2, 이랜드복지재단이 출석하여 전원 찬성으로 이 사건 분할합병계약승인결의를 한 점, ② 이 사건 주주총회의 소집통지를 받지 못한 주주들 중 원고 1만이 이 사건 분할합병무효의 소를 제기한 점, ③ 원고 세이브존은 피고들이 원고 세이브존의 경영권 탈취를 시도하자 2006. 2. 7. 원고 1로부터 이 사건 주식을 양수한 후 그 다음날인 2006. 2. 8. 피고 이랜드에게 내용증명우편으로 명의개서를 요청하였는데 위 내용증명우편에서는 이 사건 분할합병의 효력을 문제삼지 않은 채 이 사건 분할합병이 유효함을 전제로 이 사건 주식이 이 사건 분할합병으로 어떻게 변환되었는지 알려줄 것을 요청하였으나 피고 이랜드가 이에 응하지 않자 비로소 이 사건 분할합병무효의 소를 제기한 점, ④ 주식매수청구권은 분할합병에 반대하는 주주로 하여금 투하자본을 회수할 수 있도록 하기 위해 부여된 것인데 원고 1은 이 사건 주식을 원고 세이브존에게 매도함으로써 그 투하자본을 이미 회수하였다고 볼 수 있고 원고 세이브존은 이와 같이 주식매수청구권을 행사한 것과 마찬가지의 상태가 된 원고 1의 주식매수청구권 행사 기회 상실을 문제삼고 있을 뿐인 점, ⑤ 피고들은 2005. 4.경 공정거래위원회로부터 독점규제 및 공정거래에 관한 법률 제9조에서 정한 "상호출자 제한 기업집단"으로 지정받음에 따라 그 지정일로부터 1년 내에 상호출자관계를 해소하기 위해 이 사건 분할합병을 한 것인데 이 사건 분할합병이 무효가 된다면 피고들이 위 제한기간 내에 상호출자관계를 해소하지 않은 결과가 되어 과징금을 부과받을 수 있는 반면 이 사건 분할합병을 무효로 함으로 인하여 피고들 및 그 주주들에게 이익이 된다는 사정은 엿보이지 아니하는 점 등을 참작해 볼 때, 원고 세이브존의 이 사건 분할합병무효청구를 기각한 원심의 결론은 정당한 것으로 수긍할 수 있고 거기에 상고이유로 주장하는 바와 같은 판결에 영향을 미친 주식매수청구권 행사 기회를 박탈한 분할합병의 효력에 관한 법리오해 등의 위법이 있다고 할 수 없다.

제3절   주식의 포괄적 교환·이전

I. 주식의 포괄적 교환·이전의 의의

1. 주식의 포괄적 교환의 의의

상법상 주식의 포괄적 교환[1]("주식교환")은 기존 주식회사(A)가 기존의 다른

---

1) 주식교환은 기존회사의 신주가 다른 회사의 구주 전부와 교환되는지 또는 다른 회사의 구주 일부와 교환되는지 여부에 따라 주식의 포괄적 교환 또는 주식의 부분적 교환으로 구분할 수 있다. 상법에 도입된 주식의 포괄적 교환은 기존회사의 신주가 다른 회사 구주 100%와 교환되는 형태로서 기존회사는 완전모회사가 되고 다른 회사는 완전자회사가 되는 형태이다. 그리고 주식의 부분적 교환은 기존회사 신주가 다른 회사 구주 일부와 교환이 이루어지는 형태로서 기존 회사와 다른 회사는 완전모회사 및 완전자회사의 관계를 형

주식회사(B)의 완전모회사(지주회사)가 되기 위한 제도로써, 회사는 주식교환에 의해 다른 회사의 발행주식의 총수를 소유하는 회사(완전모회사)가 될 수 있으며, 그 대가로서 자기회사(A)의 주식을 교부하는 것을 말한다(법360의2①). 주식교환에 의하여 완전자회사가 되는 회사의 주주가 가지는 그 회사(완전자회사)의 주식은 주식을 교환하는 날에 주식교환에 의하여 완전모회사가 되는 회사에 이전하고, 완전자회사가 되는 회사의 주주는 완전모회사가 발행하는 신주의 배정을 받음으로써 완전모회사의 주주가 된다(법360의2②). 여기서 신주발행은 통상의 유상증자를 위한 신주발행(법416)이 아니고, 완전자회사의 주주들로부터 이전된 완전자회사의 주식을 재원으로 하여 주식을 교환하는 날에 자동적으로 발행되는 것이다. 따라서 B회사의 주주의 입장에서 보면 B회사의 주식을 A회사에 이전하고 그 대신 A회사의 주식을 받게 되므로 양 회사주식을 교환하는 것이 된다.

2. 주식의 포괄적 이전의 의의

주식의 포괄적 이전("주식이전")은 기존 주식회사가 그 자체는 자회사가 되고 완전모회사를 설립하는 제도이다. 즉 기존의 주식회사(B)의 주식의 전부를 신설하는 회사(A)에 포괄적으로 이전하고 신설회사(A)의 설립시에 발행하는 주식을 기존회사(B)의 주주에게 교부함으로써 성립하는 완전모회사의 창설행위를 말한다(법360의15). 이 경우 B회사는 A회사의 완전자회사가 되고, B회사의 주주는 A회사(완전모회사)의 주주가 되는 것이다. 주식이전은 기존회사의 주주총회의 특별결의 기타 일정한 요건과 절차에 따라 진행되고, 반대주주의 주식도 일괄하여 신설되는 완전모회사에 강제적으로 이전되는 효과를 가지는 것이므로 기존회사의 주주가 회사와 관계없이 그 소유주식을 현물출자하여 신회사를 설립하는 경우에는 상법상의 주식이전이 되지는 않는다.

성하지는 않는다.

Ⅱ. 주식의 포괄적 교환·이전의 절차

1. 이사회 결의와 자본시장법상 공시

(1) 이사회 결의와 주식교환·이전계약의 체결

명문의 규정은 없으나 계약체결 이전에 이사회의 결의가 있어야 한다. 이사회 결의 후 당사회사의 대표이사가 주식교환·이전계약을 체결하게 된다.

(2) 공시(거래소 신고 및 주요사항보고서의 제출)

주권상장법인은 주식교환 또는 주식이전에 관한 이사회의 결정이 있은 때에는 그 결정내용을 그 사유발생 당일에 거래소에 신고하여야 한다(유가증권 공시규정7①(3) 가목 (4)). 주권상장법인은 이사회에서 "주식의 포괄적 교환·이전의 사실이 발생한 때" 그 사실이 발생한 날의 다음 날까지 그 내용을 기재한 주요사항보고서를 금융위원회에 제출하여야 한다(자본시장법161①(6)).

(3) 주권의 일시적인 매매거래정지

거래소는 주가 또는 거래량에 중대한 영향을 미칠 수 있는 사항이 결의된 경우 주가에 대한 충격을 완화하기 위하여 당해 이사회 결의에 대한 공시가 있을 경우 일시적으로 매매거래를 정지하고 있다(유가증권시장 공시규정40①(2), 동 시행세칙16①③).

2. 주식교환계약서 또는 주식이전계획서의 작성

(1) 주식교환계약서의 작성

모회사로 예정된 회사와 자회사로 예정된 회사의 대표이사에 의해 주식교환의 조건 등 주식교환에 필요한 사항이 합의되어야 한다. 주식교환계약은 특별한 방식을 요하지 않는다. 그러나 주식교환계약서에는 다음의 사항을 적어야 한다(법360의3③). 대체로 흡수합병의 계약서와 같다.

1. 완전모회사가 되는 회사가 주식교환으로 인하여 정관을 변경하는 경우에는 그 규정

2. 완전모회사가 되는 회사가 주식교환을 위하여 신주를 발행하거나 자기주
   식을 이전하는 경우에는 발행하는 신주 또는 이전하는 자기주식의 총
   수·종류, 종류별 주식의 수 및 완전자회사가 되는 회사의 주주에 대한
   신주의 배정 또는 자기주식의 이전에 관한 사항
3. 완전모회사가 되는 회사의 자본금 또는 준비금이 증가하는 경우에는 증
   가할 자본금 또는 준비금에 관한 사항
4. 완전자회사가 되는 회사의 주주에게 제2호에도 불구하고 그 대가의 전부
   또는 일부로서 금전이나 그 밖의 재산을 제공하는 경우에는 그 내용 및
   배정에 관한 사항
5. 각 회사가 제1항의 결의를 할 주주총회의 기일
6. 주식교환을 할 날
7. 각 회사가 주식교환을 할 날까지 이익배당을 할 때에는 그 한도액
8. 삭제 [2015. 12. 1]
9. 완전모회사가 되는 회사에 취임할 이사와 감사 또는 감사위원회의 위원
   을 정한 때에는 그 성명 및 주민등록번호

(2) 주식이전계획서의 작성

주식교환에서는 모회사와 자회사가 될 회사간의 계약을 체결하여야 하나, 주식이전은 어느 회사가 자신의 의지에 의해 자신의 모회사를 신설하는 제도이므로 주식교환계약에서와 같은 계약은 존재하지 않는다. 다만 모회사를 신설하고자 하는 회사의 일방적인 계획으로 실행된다. 따라서 주식이전을 하고자 하는 회사는 다음 사항을 적은 주식이전계획서를 작성하여 주주총회의 특별결의를 받아야 한다(법360의16①).

1. 설립하는 완전모회사의 정관의 규정
2. 설립하는 완전모회사가 주식이전에 있어서 발행하는 주식의 종류와 수
   및 완전자회사가 되는 회사의 주주에 대한 주식의 배정에 관한 사항
3. 설립하는 완전모회사의 자본금 및 자본준비금에 관한 사항
4. 완전자회사가 되는 회사의 주주에게 제2호에도 불구하고 금전이나 그 밖
   의 재산을 제공하는 경우에는 그 내용 및 배정에 관한 사항

5. 주식이전을 할 시기
6. 완전자회사가 되는 회사가 주식이전의 날까지 이익배당을 할 때에는 그 한도액
7. 설립하는 완전모회사의 이사와 감사 또는 감사위원회의 위원의 성명 및 주민등록번호
8. 회사가 공동으로 주식이전에 의하여 완전모회사를 설립하는 때에는 그 뜻

3. 주식교환계약서 또는 주식이전계획서 등의 공시

상법은 주주가 주식교환 승인결의 또는 주식이전 승인결의에 관하여 의사결정을 하기 위해서는 사전에 주식교환 또는 주식이전의 구체적인 사항을 파악할 필요가 있음을 고려하여 사전에 공시하게 하고 있다.

(1) 주식교환계획서 등 관련서류의 공시

이사는 주주총회의 회일의 2주 전부터 주식교환의 날 이후 6월이 경과하는 날까지 다음의 서류를 본점에 비치하여야 한다(법360의4①).

1. 주식교환계약서
2. 완전모회사가 되는 회사가 주식교환을 위하여 신주를 발행하거나 자기주식을 이전하는 경우에는 완전자회사가 되는 회사의 주주에 대한 신주의 배정 또는 자기주식의 이전에 관하여 그 이유를 기재한 서면
3. 주주총회의 회일(제360조의9의 규정에 의한 간이주식교환의 경우에는 동조 제2항의 규정에 의하여 공고 또는 통지를 한 날)전 6월 이내의 날에 작성한 주식교환을 하는 각 회사의 최종 대차대조표 및 손익계산서

주주는 영업시간 내에 언제든지 위 서류의 열람 또는 등본을 청구할 수 있다(법360의4②, 법391의3③). 그러나 채권자의 열람은 허용되지 않는다(동조항의 반대해석). 주식교환은 회사의 재산에 변동을 가져오는 것이 아니므로 채권자의 이해는 없기 때문이다.

(2) 주식이전계획서 등 관련서류의 공시

이사는 주식이전 승인을 위한 주주총회의 회일의 2주 전부터 주식이전의 날 이후 6월을 경과하는 날까지 다음의 서류를 본점에 비치하여야 한다(법360의17①).

1. 주식이전계획서
2. 완전자회사가 되는 회사의 주주에 대한 주식의 배정에 관하여 그 이유를 기재한 서면
3. 주식이전 승인을 위한 주주총회의 회일 전 6월 이내의 날에 작성한 완전자회사가 되는 회사의 최종 대차대조표 및 손익계산서

주주는 영업시간 내에 언제든지 위 서류의 열람 또는 등본을 청구할 수 있다(법360의17②).

4. 주주총회의 승인결의

(1) 주식교환

주식교환계약서는 완전모회사가 될 회사와 완전자회사가 될 회사에서 각각 주주총회의 특별결의에 의한 승인을 얻어야 한다(법360의3①②).

회사는 주주총회를 소집하는 통지에 다음의 사항을 기재하여야 한다(법363의3④).

1. 주식교환계약서의 주요내용
2. 반대주주의 주식매수청구권의 내용 및 행사방법
3. 일방회사의 정관에 주식의 양도에 관하여 이사회의 승인을 요한다는 뜻의 규정이 있고 다른 회사의 정관에 그 규정이 없는 경우 그 뜻

주식교환으로 인하여 주식교환에 관련되는 각 회사의 주주의 부담이 가중되는 경우에는 제1항의 주주총회의 승인결의 및 주식교환으로 인하여 어느 종류의 주주에게 손해를 미치게 될 경우(법436)에는 해당 종류주주총회의 특별결의 외에 그 주주 전원의 동의가 있어야 한다(법360의3⑤).

(2) 주식이전

주식이전계획서는 주주총회의 특별결의에 의하여 승인을 받아야 한다(법360 의16①②). 주주총회 소집을 위한 통지 및 공고에 기재할 사항은 주식교환의 경우와 동일하다(법360의16③). 주식이전으로 인하여 주식이전에 관련되는 각 회사의 주주의 부담이 가중되는 경우에는 제1항의 주주총회 승인결의 및 주식이전으로 인하여 어느 종류의 주주에게 손해를 미치게 될 경우(상법436)에는 해당 종류 주주총회의 특별결의 외에 그 주주 전원의 동의가 있어야 한다(법360의16④).

Ⅲ. 주식의 포괄적 교환·이전의 효과

1. 주식교환의 효과

주식교환에 의하여 완전자회사가 되는 회사의 주주가 가지는 그 회사의 주식은 주식을 교환하는 날에 주식교환에 의하여 완전모회사가 되는 회사에 이전하고, 그 완전자회사가 되는 회사의 주주는 그 완전모회사가 되는 회사가 주식교환을 위하여 발행하는 신주의 배정을 받거나 그 회사 자기주식의 이전을 받음으로써 그 회사의 주주가 된다(법360의2②).

2. 주식이전의 효과

주식이전에 의하여 완전자회사가 되는 회사의 주주가 소유하는 그 회사의 주식은 주식이전에 의하여 설립하는 완전모회사에 이전하고, 그 완전자회사가 되는 회사의 주주는 그 완전모회사가 주식이전을 위하여 발행하는 주식의 배정을 받음으로써 그 완전모회사의 주주가 된다(법360의15②).

Ⅳ. 주식의 포괄적 교환·이전의 무효

1. 주식교환의 무효

주식교환의 무효는 각 회사의 주주·이사·감사·감사위원회의 위원 또는 청산인에 한하여 주식교환의 날부터 6월 내에 소만으로 이를 주장할 수 있다(법

360의14①).

> ** **관련 판례**: 서울남부지방법원 2020. 11. 27. 선고 2020가합102328 판결
>
> 상법상의 주식의 포괄적 교환은 법에 정한 절차에 따라 회사 대 회사 간에 이루어지는 고도의 단체법상 행위로 이미 이루어진 주식교환의 효력을 부정하는 것은 다수주주의 의사를 무시하는 것이 되거나 단체법적 법률관계에 큰 혼란을 초래하는 것인바, 상법 제360조의14는 단체법적 법률관계를 획일적으로 확정하기 위하여 주식교환절차에 하자가 있는 경우에는 주주, 이사, 감사 등 일정한 자격이 있는 자에 한해 소에 의해서만 그 무효를 주장할 수 있도록 규정하고 있다. 주식교환이 무효로 되는 사유에 대하여 상법은 특별한 규정을 두고 있지 않지만, 주식교환의 단체법적 속성, 주식교환 무효로 인한 법률관계의 불안정 등을 고려하여 주식교환 무효사유는 엄격하게 판단하되, 법률이 정한 교환절차에 위반하거나 법률이 정한 교환의 실질적 제약에 위반한 경우, 교환대가가 현저히 불공정한 경우 등은 주식교환무효의 소의 원인이 된다고 할 것이다.

2. 주식이전의 무효

주식이전의 무효는 각 회사의 주주·이사·감사·감사위원회의 위원 또는 청산인에 한하여 주식이전의 날부터 6월 내에 소만으로 이를 주장할 수 있다(법 360의23①).

제4절 소수주식의 강제매수제도

> ** **관련 판례**: 대법원 2020. 11. 26. 선고 2018다283315 판결
>
> [소수주식의 강제매수제도를 통한 소수주주 축출제도를 회피하기 위하여 탈법적으로 동일한 효과를 갖는 다른 방식을 활용하는 것이 위법한지 여부(적극) 및 주식병합으로 소수주주가 주주의 지위를 상실한 경우, 그 자체로 위법하다고 볼 수

있는지 여부(소극)]

우리 상법이 2011년 상법 개정을 통해 소수주식의 강제매수제도를 도입한 입법 취지와 그 규정의 내용에 비추어 볼 때, 엄격한 요건 아래 허용되고 있는 소수주주 축출제도를 회피하기 위하여 탈법적으로 동일한 효과를 갖는 다른 방식을 활용하는 것은 위법하다. 그러나 소수주식의 강제매수제도는 지배주주에게 법이 인정한 권리로 반드시 지배주주가 이를 행사하여야 하는 것은 아니고, 우리 상법에서 소수주식의 강제매수제도를 도입하면서 이와 관련하여 주식병합의 목적이나 요건 등에 별다른 제한을 두지 않았다. 또한 주식병합을 통해 지배주주가 회사의 지배권을 독점하려면, 단주로 처리된 주식을 소각하거나 지배주주 또는 회사가 단주로 처리된 주식을 취득하여야 하고 이를 위해서는 법원의 허가가 필요하다. 주식병합으로 단주로 처리된 주식을 임의로 매도하기 위해서는 대표이사가 사유를 소명하여 법원의 허가를 받아야 하고(비송사건절차법 제83조), 이때 단주 금액의 적정성에 대한 판단도 이루어지므로 주식가격에 대해 법원의 결정을 받는다는 점은 소수주식의 강제매수제도와 유사하다. 따라서 결과적으로 주식병합으로 소수주주가 주주의 지위를 상실했다 할지라도 그 자체로 위법이라고 볼 수는 없다.

I. 지배주주의 매도청구권

회사의 발행주식총수의 100분의 95 이상을 자기의 계산으로 보유하고 있는 주주("지배주주")는 회사의 경영상 목적을 달성하기 위하여 필요한 경우에는 회사의 다른 주주("소수주주")에게 그 보유하는 주식의 매도를 청구할 수 있다(법360의24①). 매도청구를 할 때에는 미리 주주총회의 승인을 받아야 한다(법360의24③).

매도청구를 받은 소수주주는 매도청구를 받은 날부터 2개월 내에 지배주주에게 그 주식을 매도하여야 한다(법360의24⑥). 이 경우 그 매매가액은 매도청구를 받은 소수주주와 매도를 청구한 지배주주 간의 협의로 결정한다(법360의24⑦).

** 관련 판례

① 헌법재판소 2015. 5. 28. 선고 2013헌바82, 2014헌바347, 356 결정

제360조의24는 특정주주가 주식의 대부분을 보유하는 경우 주주 간 대등한 관계를 유지하기 어렵기 때문에 주주총회 개최비용 등 소수주주 관리비용을 절

감하고 기동성 있는 의사결정을 할 수 있도록 하고자 함에 그 입법취지가 있다. 다만 소수주식의 강제매수제도는 회사의 주주로서 가지는 기대이익을 일방적으로 박탈하여 소수주주의 재산권, 자기결정권 등에 제한을 가하게 되는바, 상법은 회사의 발행주식 총수의 95% 이상을 보유하는 주주인 지배주주가 회사의 경영상 목적을 달성하기 위하여 필요한 경우에만 주주총회의 승인을 받아 공정한 가격을 지불하고 소수주주의 주식을 강제로 매수할 수 있도록 함으로써 엄격한 요건 하에 허용되고 있다.

② 대법원 2020. 6. 11. 선고 2018다224699 판결

[지배주주가 매도청구권을 행사하는 경우, 반드시 소수주주가 보유하는 주식 전부에 대하여 권리를 행사하여야 하는지 여부(적극)]

상법 제360조의24 제1항은 회사의 발행주식총수의 100분의 95 이상을 자기의 계산으로 보유하고 있는 주주(이하 '지배주주'라고 한다)는 회사의 경영상 목적을 달성하기 위하여 필요한 경우에는 회사의 다른 주주(이하 '소수주주'라고 한다)에게 그 보유하는 주식의 매도를 청구할 수 있다고 규정하고 있다. 이는 95% 이상의 주식을 보유한 지배주주가 소수주주에게 공정한 가격을 지급한다면, 일정한 요건하에 발행주식 전부를 지배주주 1인의 소유로 할 수 있도록 함으로써 회사경영의 효율성을 향상시키고자 한 제도이다. 이러한 입법 의도와 목적 등에 비추어 보면, 지배주주가 본 조항에 따라 매도청구권을 행사할 때에는 반드시 소수주주가 보유하고 있는 주식 전부에 대하여 권리를 행사하여야 한다.

Ⅱ. 소수주주의 매수청구권

지배주주가 있는 회사의 소수주주는 언제든지 지배주주에게 그 보유주식의 매수를 청구할 수 있다(법360의25①). 매수청구를 받은 지배주주는 매수를 청구한 날을 기준으로 2개월 내에 매수를 청구한 주주로부터 그 주식을 매수하여야 한다(법360의25②). 이 경우 그 매매가액은 매수를 청구한 주주와 매수청구를 받은 지배주주 간의 협의로 결정한다(법360의25③).

** 관련 판례: 대법원 2017. 7. 14.자 2016마230 결정

[자회사의 소수주주가 상법 제360조의25 제1항에 따라 모회사에 주식매수청구를 한 경우, 모회사가 지배주주에 해당하는지는 자회사가 보유한 자기주식을 발행

주식총수 및 모회사의 보유주식에 각각 합산하여 판단하여야 하는지 여부(적극)]

자회사의 소수주주가 상법 제360조의25 제1항에 따라 모회사에게 주식매수청구를 한 경우에 모회사가 지배주주에 해당하는지 여부를 판단함에 있어, 상법 제360조의24 제1항은 회사의 발행주식총수를 기준으로 보유주식의 수의 비율을 산정하도록 규정할 뿐 발행주식총수의 범위에 제한을 두고 있지 않으므로 자회사의 자기주식은 발행주식총수에 포함되어야 한다. 또한 상법 제360조의24 제2항은 보유주식의 수를 산정할 때에는 모회사와 자회사가 보유한 주식을 합산하도록 규정할 뿐 자회사가 보유한 자기주식을 제외하도록 규정하고 있지 않으므로 자회사가 보유하고 있는 자기주식은 모회사의 보유주식에 합산되어야 한다.

Ⅲ. 주식의 이전 등

상법 제360조의24와 제360조의25에 따라 주식을 취득하는 지배주주가 매매가액을 소수주주에게 지급한 때에 주식이 이전된 것으로 본다(법360의26①). 매매가액을 지급할 소수주주를 알 수 없거나 소수주주가 수령을 거부할 경우에는 지배주주는 그 가액을 공탁할 수 있다. 이 경우 주식은 공탁한 날에 지배주주에게 이전된 것으로 본다(법360의26②).

** 관련 판례: 대법원 2020. 6. 11. 선고 2018다224699 판결
[상법 제360조의26 제1항, 제2항에서 말하는 '매매가액'의 의미]

상법 제360조의26 제1항은 상법 제360조의24에 따라 주식을 취득하는 지배주주는 매매가액을 소수주주에게 지급한 때에 주식이 이전된 것으로 본다고 규정하고, 같은 조 제2항은 제1항의 매매가액을 지급할 소수주주를 알 수 없거나 소수주주가 수령을 거부할 경우에는 지배주주는 그 가액을 공탁할 수 있다고 규정하고 있다. 이때의 '매매가액'은 지배주주가 일방적으로 산정하여 제시한 가액이 아니라 소수주주와 협의로 결정된 금액 또는 법원이 상법 제360조의24 제9항에 따라 산정한 공정한 가액으로 보아야 한다. 이유는 다음과 같다. ① 지배주주의 일방적인 매도청구권 행사로 소수주주가 그 의사에 반하여 회사로부터 축출될 수 있기 때문에, 공정한 가격을 지급함으로써 소수주주를 보호할 필요성이 인정된다. 상법에서 '지배주주의 매도청구권이 주주총회에서 승인된 때' 또는 '소수주주가 매도청구권의 통지를 수령한 때'가 아니라 '지배주주가 매매가액을 지급

한 때'에 비로소 주식이 이전된다고 규정하고, 또 지배주주의 매도청구권에 대응하는 권리로 상법 제360조의25에서 소수주주에게도 매수청구권을 부여한 점에 비추어 보더라도 그러하다. ② 상법 제360조의26은 상법 제360조의24에 따라 지배주주가 매도청구권을 행사한 경우뿐 아니라 상법 제360조의25에 따라 지배주주가 있는 회사의 소수주주가 지배주주를 상대로 매수청구권을 행사한 경우에도 동일하게 적용된다. 그런데 후자의 경우, 지배주주가 일방적으로 산정하여 제시하는 매매가액이라는 개념은 상정하기 어렵다.

판례색인

사항색인

저자소개

이상복

서강대학교 법학전문대학원 교수. 서울고등학교와 연세대학교 경제학과를 졸업하고, 고려대학교에서 법학 석사와 박사학위를 받았다. 사법연수원 28기로 변호사 일을 하기도 했다. 미국 스탠퍼드 로스쿨 방문학자, 숭실대학교 법과대학 교수를 거쳐 서강대학교에 자리 잡았다. 서강대학교 금융법센터장, 서강대학교 법학부 학장 및 법학전문대학원 원장을 역임하고, 재정경제부 금융발전심의회 위원, 기획재정부 국유재산정책 심의위원, 관세청 정부업무 자체평가위원, 한국공항공사 비상임이사, 금융감독원 분쟁조정위원, 한국거래소 시장감시위원회 비상임위원, 한국증권법학회 부회장, 한국법학교수회 부회장, 금융위원회 증권선물위원회 비상임위원으로 활동했다.

저서로는 〈부동산개발금융법〉(2023), 〈상호금융업법〉(2023), 〈새마을금고법〉(2023), 〈산림조합법〉(2023), 〈수산업협동조합법〉(2023), 〈농업협동조합법〉(2023), 〈신용협동조합법〉(2023), 〈경제학입문: 돈의 작동원리〉(2023), 〈금융법입문〉(2023), 〈외부감사법〉(2021), 〈상호저축은행법〉(2021), 〈외국환거래법〉(개정판)(2023), 〈금융소비자보호법〉(2021), 〈자본시장법〉(2021), 〈여신전문금융업법〉(2021), 〈금융법강의 1: 금융행정〉(2020), 〈금융법강의 2: 금융상품〉(2020), 〈금융법강의 3: 금융기관〉(2020), 〈금융법강의 4: 금융시장〉(2020), 〈경제민주주의, 책임자본주의〉(2019), 〈기업공시〉(2012), 〈내부자거래〉(2010), 〈헤지펀드와 프라임 브로커: 역서〉(2009), 〈기업범죄와 내부통제〉(2005), 〈증권범죄와 집단소송〉(2004), 〈증권집단소송론〉(2004) 등 법학 관련 저술과 철학에 관심을 갖고 쓴 〈행복을 지키는 法〉(2017), 〈자유·평등·정의〉(2013)가 있다. 연구 논문으로는 '기업의 컴플라이언스와 책임에 관한 미국의 논의와 법적 시사점'(2017), '외국의 공매도 규제와 법적시사점'(2009), '기업지배구조와 기관투자자의 역할'(2008) 등이 있다. 문학에도 관심이 많아 장편소설 〈모래무지와 두우쟁이〉(2005), 〈우리는 다시 강에서 만난다〉(2021)와 에세이 〈방황도 힘이 된다〉(2014)를 쓰기도 했다.

판례 회사법

초판발행	2023년 8월 25일
지은이	이상복
펴낸이	안종만·안상준
편 집	김선민
기획/마케팅	최동인
표지디자인	이솔비
제 작	우인도·고철민·조영환
펴낸곳	(주) **박영사**
	서울특별시 금천구 가산디지털2로 53, 210호(가산동, 한라시그마밸리)
	등록 1959. 3. 11. 제300-1959-1호(倫)
전 화	02)733-6771
f a x	02)736-4818
e-mail	pys@pybook.co.kr
homepage	www.pybook.co.kr
ISBN	979-11-303-4532-1 93360

정 가   35,000원